LANDMANN/ROHMER, UMWELTRECHT

Anweisung zum Einordnen der 92. Ergänzungslieferung (Stand: Februar 2020)

Herauszunehmen:	Zahl der Blätter	**Einzufügen:**	Zahl der Blätter
		Band I	
Titelblatt (Band I)–**Geleitwort** ...	2	**Titelblatt** (Band I)–**Geleitwort** ...	2
Inhaltsübersicht	1	**Inhaltsübersicht**	1
Bearbeiter 1–6	3	**Bearbeiter** 1–6	3
UVPG 1 1/2	1	**UVPG 1 § 1** 1–**Anlage 6** 34	95
UAG 12.1 §§ 1, 2 1–**§ 3** 2	1	**UAG 12.1 §§ 1, 2** 1–**§ 3** 2	1
§ 7 1/2	1	**§ 7** 1/2	1
§ 9 1/2	1	**§ 9** 1/2	1
§ 10 1/2	1	**§ 10** 1/2	1
§ 15 1/**§ 16** 2	1	**§ 15** 1/**§ 16** 2	1
		Band II	
Titelblatt (Band II)	1	**Titelblatt** (Band II)	1
Inhaltsübersicht 1/2	1	**Inhaltsübersicht** 1/2	1
Inhalt 1–6	5	**Inhalt** 1–10	5
Bearbeiter 1–6	3	**Bearbeiter** 1–6	3
KrWG 6 § 56 1/2	1	**KrWG 6 § 56** 1–22	11
§ 57 1/2	1	**§ 57** 1–4	2
		nach **ElektroG 6.4 §§ 3–46** 2 *einfügen:* **BattG 6.42 Vorb.** 1–**§ 1** 6	12
		nach **AbfAEV 6.52 Anlge 2–4** 60 *einfügen:* **VerpackG 6.60 § 1** 1–**§§ 8–35** 2	32
BNatSchG 11 § 69 1–**§ 74** 4	20	**BNatSchG 11 § 69** 1–**§ 74** 4	28
EG-Artenschutz-VO 11.5 1/2 ..	1	**EG-Artenschutz-VO 11.5** 1/2 ..	1
Art. 15 1/2	1	**Art. 15** 1/2	1
		Band III	
Titelblatt *(Band III)*	1	**Titelblatt** (Band III)	1
Inhaltsübersicht 1/2	1	**Inhaltsübbersicht** 1/2	1
Bearbeiter 1–6	3	**Bearbeiter** 1–6	3
Übertrag:	52	Übertrag:	208

Herausnehmen:	Zahl der Blätter	Einzufügen:	Zahl der Blätter
Übertrag:	52	Übertrag:	208
Band IV			
Titelblatt (Band IV)	1	**Titelblatt** (Band IV)	1
Inhaltsübersicht 1/2	1	**Inhaltsübersicht** 1/2	1
Inhalt 1/2	1	**Inhalt** 1/2	1
Bearbeiter 1–6	3	**Bearbeiter** 1–6	3
10. BImSchV 2.10 1–38	19	**10. BImSchV 2.10** 1–50	26
30. BImSchV 2.30 1–4	2	**30. BImSchV 2.30** 1–4a	3
9-18	5	9-18a	6
Insgesamt herauszunehmen:	84	Insgesamt einzufügen:	249

LANDMANN/ROHMER

UMWELTRECHT

BAND I

KOMMENTAR

Herausgegeben von

Prof. Dr. Martin Beckmann
Rechtsanwalt und Fachanwalt für Verwaltungsrecht,
Honorarprofessor der Universität Münster

Prof. Dr. Dr. Wolfgang Durner LL. M.
Rheinische Friedrich-Wilhelms-Universität Bonn und Direktor des Instituts für das Recht der Wasser- und Entsorgungswirtschaft

Prof. Dr. Thomas Mann
Direktor des Instituts für Öffentliches Recht,
Lehrstuhl für Verwaltungsrecht der Georg-August-Universität Göttingen

Prof. Dr. Marc Röckinghausen
Hochschule für Polizei und öffentliche Verwaltung NRW, Abteilung Gelsenkirchen,
Fachbereich Allgemeine Verwaltung/
Rentenversicherung

Stand: 1. Februar 2020
(92. Ergänzungslieferung)

(Zum Bearbeitungsstand im Einzelnen siehe die Datumszeile am unteren Ende jeder Seite)

C.H.BECK

Dieses Titelblatt entstammt der 92. Ergänzungslieferung Februar 2020

(Anschluss an die 91. Ergänzungslieferung September 2019)

ISBN 978 3 406 75341 1

Der Kommentar wurde von der 1. bis zur 50. Ergänzungslieferung
von Prof. Dr. Klaus Hansmann und von der 51. bis zur 58. Ergänzungslieferung von
Prof. Dr. Martin Beckmann herausgegeben.

Zitiervorschläge:

Beckmann in Landmann/Rohmer UmweltR KrWG § 17 Rn. 1
Landmann/Rohmer UmweltR/*Beckmann* KrWG § 17 Rn. 1

www.beck.de

Grundwerk ISBN 978 3 406 34327 8 ergänzt bis ISBN 978 3 406 75341 1

Wilhelmstraße 9, 80801 München
Satz und Druck: Druckerei C. H. Beck Nördlingen
(Adresse wie Verlag)

CO_2 neutral
chbeck.de/nachhaltig

Gedruckt auf säurefreiem, alterungsbeständigem Papier
(hergestellt aus chlorfrei gebleichtem Zellstoff)

Geleitwort zur 92. Ergänzungslieferung

Die 92. Ergänzungslieferung des *Landmann/Rohmer* enthält Bearbeitungen zum Kreislaufwirtschaftsrecht, zum Naturschutzrecht und zum Immissionsschutzrecht und bringt das Gesamtwerk auf den Stand vom Februar 2020. Mit den enthaltenen Kommentierungen zu den §§ 56, 57 KrWG (*Beckmann*), einer Vorbemerkung zum Batteriegesetz und einer Kommentierung zu § 1 BattG (*Schleifenbaum*) sowie Kommentierungen zu den §§ 2,3, 7 VerpackG (*Konzak/Körner*), §§ 69–74 BNatSchG (*Flatter*) und zur 10. und 30. BImSchV (*Röckinghausen*) verdeutlicht gerade diese Lieferung einmal mehr jenes Ineinandergreifen der Erläuterungen der formell-gesetzlichen Ebene des Umweltrechts mit jenen der untergesetzlichen Verordnungsebene, das diesen Großkommentar seit langem in einzigartiger Weise prägt.

Zugleich tritt mit dieser Lieferung eine Reihe von Bearbeitern neu in das Autorenteam ein, die mit den durch sie erläuterten Rechtsakten unmittelbar aus ihrer beruflichen Praxis vertraut sind. Verlag und Herausgeber begrüßen herzlich Dr. *Henrik Flatter* vom Bundesamt für Naturschutz, Bonn, sowie die Rechtsanwälte Dr. *Olaf Konzak*, Dr. *Michael Körner* LL.M. und *Matthias Schleifenbaum* LL.M., allesamt aus Köln. Ihnen und den übrigen Autoren gilt diesmal ein besonders herzlicher Dank, weil die Korrektur und die Fertigstellung der Lieferung im Zeichen der Corona-Krise besonderen Herausforderungen unterworfen waren und durch alle Beteiligten im Wesentlichen vom Home-Office aus betrieben wurden.

Schon jetzt ist aber absehbar, dass nicht nur die Erläuterungen, sondern auch das Umweltrecht selbst von der Corona-Krise nicht unberührt bleiben kann. Speziell im Wasserbereich wird derzeit wegen der erkannten Risiken des COVID-19-Virus für Arbeiten in abwassertechnischen Anlagen u. a. der unmittelbare Anpassungsbedarf der Biostoffverordnung geprüft. Offenkundiger gesetzgeberischer Handlungsbedarf ergibt sich zudem schon jetzt aus der Tatsache, dass derzeit bundesweit sämtliche Genehmigungsverfahren mit Öffentlichkeitsbeteiligung auf Eis liegen dürften, weil die Unterlagen nicht wie vorgeschrieben in den Gemeinden ausgelegt werden können. Das erfasst nicht nur Neuvorhaben z. B. des Netzausbaus. Betroffen sind vielmehr auch zahlreiche bestehende Genehmigungen im Bereich der zentralen Infrastrukturen, aber auch maßgeblicher Industriezweige, die gerade im Wasserrecht vielfach zum Jahresende 2020 turnusgemäß auslaufen, aber bis dahin sowohl aus Gründen der Versorgungssicherheit wie auch des Schutzes unserer Volkswirtschaft unbedingt erneuert werden müssen. Mutmaßlich wird der Gesetzgeber nicht umhinkommen, hier noch im Laufe dieses Jahres gesetzliche Genehmigungsfiktionen zu schaffen. Generell stellt sich zudem die Frage, ob nicht anlässlich dieser Krise und der in ihr sichtbar gewordenen Tragweite der Digitalisierung aller Lebensbereiche auch die Auslegung der Plan- und Genehmigungsunterlagen komplett ins Internet verlagert werden kann. Die physische Auslegung der Planunterlagen in den Gemeinden ist mittlerweile zu einem aus rechtstaatlichen Erwägungen beibehaltenen Angebot geworden, das einerseits teuer und aufwendig ist, andererseits aber seitens der Betroffenen längst kaum mehr wahrgenommen wird. Generell dürften zahlreiche Strukturen nicht nur des Gesundheitswesens, sondern auch des weiteren Rechts der Nachhaltigkeit im Lichte der gegenwärtigen Krise neu überdacht werden.

All diese Entwicklungen und Herausforderungen werden gewiss schon bald auch in den Kommentierungen des *Landmann/Rohmer* ankommen, der in seinem bald hundertvierzigjährigen Bestehen bereits zahlreiche grundlegende Neuausrichtungen zunächst des

Gewerberechts und später dann auch des Umweltrechts begleitet hat. Verlag und Herausgeber hoffen, dass der Kommentar den Rechtsanwendern, der Justiz und der Wissenschaft gerade auch zum jetzigen schwierigen Zeitpunkt weiterhin Orientierung und Lösungen liefern kann.

Bonn, im April 2020

Prof. Dr. Dr. Wolfgang Durner
für die Herausgeber

Inhaltsübersicht

Band I

Band II

Band III

Übersicht

Band IV

Umweltrecht Besonderer Teil

Bearbeiterverzeichnis (Band I–IV)

Prof. Dr. Martin Beckmann Rechtsanwalt in Münster	Vorb. Abfallrecht, §§ 1–2, 4–39, 41–57, 62–68, 70–72 KrWG § 5 UVPG, Umweltschadensgesetz (mit Wittmann)
Dr. Christian-Dietrich Bracher Rechtsanwalt in Bonn	§§ 41 bis 43 BImSchG, 16. und 24. BImSchV
Prof. Dr. Peter Bruckmann Landesamt für Natur, Umwelt und Verbraucherschutz Nordrhein-Westfalen, Essen	39. BImSchV (mit Strecker und Vogt), 43. BImSchV (mit van Endern und Vogt)
Prof. Dr. Pascale Cancik O. Professorin an der Universität Osnabrück	Vorb. §§ 47a ff. BImSchG, §§ 47a–47f BImSchG (§§ 47a–47c, 47e und 47f mit Hansmann)
Prof. Dr. Johannes Dietlein O. Professor an der Universität Düsseldorf	§§ 1, 2, Vorb. §§ 4–21, 4 bis 8, 9 bis 11, 16a, 19, 23a–23c und 25a BImSchG, 9. BImSchV
Prof. Dr. Matthias Dombert Rechtsanwalt in Potsdam	§§ 4–6, 8, 13, 14, 20, 24, 25 BBodSchG
Rolf-Dieter Dörr Ministerialrat a. D.	OberflächengewässerV (mit Walter)
Prof. Dr. Dr. Wolfgang Durner LL. M. O. Professor an der Universität Bonn	Umweltvölkerrecht, Vorb. §§ 27 ff. WHG, §§ 27–31, 34, 35, 82–85 WHG
Benedikt van Endern Ministerium für Umwelt, Landwirtschaft, Natur- und Verbraucherschutz des Landes Nordrhein-Westfalen	43. BImSchV (mit Bruckmann und Vogt)
Prof. Dr. Astrid Epiney LL. M. O. Professorin an der Université de Fribourg	Art. 191–193 AEUV
Prof. Dr. Wolfgang Ewer Rechtsanwalt in Kiel	Vorb. BBodSchG, §§ 9, 15, 16 BBodSchG
Prof. Dr. Kurt Faßbender O. Professor an der Universität Leipzig	§§ 1–5, 33, 36–38 WHG
Dr. Frank Fellenberg LL. M. Rechtsanwalt in Berlin	Fluglärmgesetz (mit Reidt und Schiller), Umweltrechtsbehelfsgesetz (mit Schiller)
Dr. Henrik Flatter Bundesamt für Naturschutz, Bonn	§§ 69–74 BNatSchG
Dr. Matthias Ganske Rechtsanwalt in Bonn	§§ 25, 26, 54–61 WHG

Bearbeiter	Bearbeiterverzeichnis (Band I–IV)
Prof. Dr. Klaus Ferdinand Gärditz O. Professor an der Universität Bonn	Art. 20a GG
Prof. Dr. Martin Gellermann Rechtsanwalt, apl. Professor an der Universität Osnabrück	Vorb. BNatSchG, §§ 4, 7–48, §§ 49–51, §§ 52–56, §§ 57–68 Vorb. §§ 37, 38, §§ 37–40, BNatSchG (§§ 41–43 mit Sanden)
Nela Gies Richterin am Verwaltungsgericht Gelsenkirchen	§§ 41, 42 WHG
Prof. Dr. Christoph Görisch Hochschule für Polizei und öffentliche Verwaltung NRW, Abteilung Münster	§§ 4–14 UAG
Dipl.-Met. Arno Graff Umweltbundesamt, Dessau	Nr. 5.5 TA Luft (mit Hansmann), Vorb. zu Anhang 3 der TA Luft
Moritz Grunow Rechtsanwalt in Düsseldorf	Vorb. AwSV, § 1 AwSV
Prof. Dr. Günter Hager O. Professor an der Universität Freiburg	§ 1 UmweltHG (mit Rehbinder), §§ 6–10, 19–23 UmweltHG
Prof. Dr. Klaus Hansmann Leitender Ministerialrat a. D.	§§ 17, 18, 20, 21, 26–37, 38–40, 44–47c, 47e, 47f, 52, 52b–58d, 59, 60, 62–72, 74 BImSchG (§§ 17, 18 mit Ohms, Vor § 26, §§ 26–31 mit Pabst, Vor § 38, §§ 38–40 mit Hofmann, §§ 20, 21, Vor 32, §§ 32–37, Vorb. §§ 44–47, §§ 45, 46, 46a, 47, 52, 52b, 62, 66 und 67 mit Röckinghausen, §§ 47a–47c, 47e und 47f mit Cancik), Vor § 53, §§ 53–58d mit Maciejewski, 14., 32. und 34. BImSchV, TA Lärm, TA Luft (ohne Vorb. zu Anhang 3), 4., 11., 20., 21., 25., 27., 28., 30. und 35. BImSchV (mit Röckinghausen), 2. BImSchV (mit Mahrwald und Röckinghausen), 5. BImSchV mit Maciejewski, 12. BImSchV (mit König), BzBlG, 1. DVO BzBlG
Dr. Felix Hardach Bundesministerium für Umwelt, Naturschutz und nukleare Sicherheit	§§ 1, 8, 11–13, 17, 20, 22, 23, 26 31, 32, 35 TEHG
Prof. Dr. Torsten Heilshorn Rechtsanwalt in Freiburg	Vor § 22 BImSchG, §§ 22–25 BImSchG (mit Sparwasser)
Michael Heugel Bundesministerium für Umwelt, *Naturschutz und nukleare Sicherheit*	§§ 5, 6 BNatSchG

Prof. Dr. Ekkehard Hofmann O. Professor an der Universität Trier	Vorb. § 38, §§ 38–40 BImSchG
Dr. Frank Hofmann Bundesministerium für Umwelt, Naturschutz und nukleare Sicherheit	§ 23 WHG
Dr. Georg Hünnekens Rechtsanwalt in Münster	§§ 50–53 WHG, Vorb. §§ 64–66, §§ 64–66 WHG, Vorb. §§ 72–81 WHG, §§ 72–81 WHG
Georg Kahl † Ministerialrat a. D.	7. BImSchV
Lutz Keppner Bundesministerium für Umwelt, Naturschutz und nukleare Sicherheit	Grundwasserverordnung
Dr. Andreas Kersting Rechtsanwalt in Münster	§§ 58–61 KrWG
Dr. Heike Kieserling Deutsche Bahn AG	§§ 13, 14, 25–38 AwSV
Dr. Jens Martin König Hessisches Ministerium für Umwelt, Klimaschutz, Landwirtschaft und Verbraucherschutz	12. BImSchV (mit Hansmann)
Dr. Olaf Konzak Rechtsanwalt in Köln	§§ 2, 3 und 7 VerpackG (mit Körner)
Dr. Michael Körner, LL.M. Rechtsanwalt in Köln	§§ 2, 3 und 7 VerpackG (mit Konzak)
Dr. Philip Kubitza Richter auf Probe, Rheinland-Pfalz	§§ 100–102 WHG
Prof. Dr. Silke Ruth Laskowski O. Professorin an der Universität Kassel	§ 24 WHG, § 58e BImSchG mit der EMASPrivilegV
Prof. Dr. Joachim Lege O. Professor an der Universität Greifswald	§§ 96–99 WHG
Dr. Rasso Ludwig LL. M. Bayerisches Staatsministerium für Umwelt und Verbraucherschutz	§§ 19, 21–23, 26 BBodSchG
Prof. Dr. Karim Maciejewski Hochschule des Bundes für öffentliche Verwaltung	Vor § 53 BImSchG, §§ 53–58d BImSchG (mit Hansmann), 5. BImSchV (mit Hansmann)
Birgit Mahrwald Bundesministerium für Umwelt, Naturschutz und nukleare Sicherheit	2. BImSchV (mit Hansmann und Röckinghausen)
Prof. Dr. Thomas Mann O. Professor an der Universität Göttingen	§§ 8a, 12 BImSchG, Vorb. ElektroG, §§ 1, 2 ElektroG
Dr. Cedric Christian Meyer Rechtsanwalt in Köln	§§ 46–49, 62–63 WHG
Dr. Uwe Neuser Bundesministerium für Umwelt, Naturschutz und nukleare Sicherheit	§§ 2, 27, 33, 34 TEHG

Bearbeiter

Volkmar Nies Landwirtschaftsdirektor bei der Landwirtschaftskammer Rheinland	§§ 1, 2, 7, 17, 18 BBodSchG
Dr. Martin Ohms Rechtsanwalt in Berlin	§§ 17, 18 BImSchG (mit Hansmann), 13. BImSchV, 17. BImSchV (z. T. mit Sahm)
Prof. Dr. Heinz-Joachim Pabst Hochschule des Bundes für öffentliche Verwaltung	Vor § 26, §§ 26–31 BImSchG (mit Hansmann), § 61 BImSchG, 41. BImSchV
Dr. Kay Artur Pape Rechtsanwalt in Bonn	Vorb. WHG, §§ 6–22 WHG
Dr. Malte Petersen LL. M. Bundesnetzagentur, Bonn	§§ 89–95 WHG
Prof. Dr. Alexander Proelß O. Professor an der Universität Trier	§§ 43–45l WHG
Prof. Dr. Eckard Rehbinder Em. Professor an der Universität Frankfurt/Main	§ 14 BImSchG §§ 1–5, 11–18 UmweltHG (§ 1 mit Hager)
Prof. Dr. Olaf Reidt Rechtsanwalt in Berlin	§ 16 BImSchG (mit Schiller), 18. BImSchV (mit Schiller), Fluglärmgesetz (mit Fellenberg und Schiller), Umweltinformationsgesetz (mit Schiller)
Dr. Christoph Riese Rechtsanwalt in Berlin	§§ 67–71, 86 WHG
Prof. Dr. Marc Röckinghausen Hochschule für Polizei und öffentliche Verwaltung NRW, Abteilung Gelsenkirchen	§§ 20, 21, Vor § 32, §§ 32–37, Vorb. §§ 44–47, §§ 45, 46, 46a, 47, 52, 52b, 62, 66, 67 BImSchG (mit Hansmann), §§ 37a bis 37f, 52a, 73 BImSchG, 1., 10., 26., 36., 37., 38., 42. BImSchV, 4., 11., 20., 21., 25., 27., 28., 30. und 35. BImSchV (mit Hansmann), 2. BImSchV (mit Hansmann und Mahrwald), Schadstofffreisetzungs- und Verbringungsregistergesetz
Christoph Sahm LL. M. E.ON Kernkraft GmbH	§§ 23–25, 27 der 17. BImSchV (mit Ohms)
Prof. Dr. Dr. Joachim Sanden † Behörde für Stadtentwicklung und Umwelt, Freie und Hansestadt Hamburg, zugl. Apl. Prof. an der Universität Lüneburg	§§ 41–43 (mit Gellermann)
Dr. Gernot Schiller Rechtsanwalt in Berlin	§ 16 BImSchG (mit Reidt), 18. BImSchV (mit Reidt), Fluglärmgesetz (mit Reidt und Fellenberg), Umweltinformationsgesetz (mit Reidt) Umweltrechtsbehelfsgesetz (mit Fellenberg), §§ 14a, 15 BImSchG

Matthias Schleifenbaum, LL.M. Rechtsanwalt in Köln	Vorb. BattG, § 1 BattG
Prof. Dr. Hendrik Schoen Hochschule für Polizei und öffentliche Verwaltung NRW, Abteilung Münster	§ 50 BImSchG
Prof. Dr. Meinhard Schröder Em. Professor an der Universität Trier	EG-Abfallverbringungs-VO
Prof. Dr. Max-Jürgen Seibert Vorsitzender Richter am Oberverwaltungsgericht Münster	§ 13 BImSchG
Prof. Dr. Reinhard Sparwasser Rechtsanwalt in Freiburg	Vor § 22 BImSchG, §§ 22–25 BImSchG (mit Heilshorn)
Prof. Dr. Indra Spiecker genannt Döhmann, LL.M. O. Professorin an der Universität Frankfurt a. M.	UStatG
Prof. Dr. Peter-Tobias Stoll O. Professor an der Universität Göttingen	EG-Artenschutzverordnung
Silvia Strecker Ministerium für Umwelt, Landwirtschaft, Natur- und Verbraucherschutz des Landes Nordrhein-Westfalen	39. BImSchV (mit Bruckmann und Vogt)
Prof. Dr. Dr. Markus Thiel Deutsche Hochschule der Polizei, Münster	§§ 3, 48–48b BImSchG
Dr. Christian Tünnesen-Harmes Rechtsanwalt in Duisburg	AbfAEV
Dr. Klaus Vogt Landesamt für Natur, Umwelt und Verbraucherschutz Nordrhein-Westfalen	39. BImSchV (mit Bruckmann und Strecker), 43. BImSchV (mit Bruckmann und van Endern)
Anne-Barbara Walter Umweltbundesamt	OberflächengewässerV (mit Dörr)
Dr. Dirk Weinreich Bundesministerium für Umwelt, Naturschutz und nukleare Sicherheit	Vorb. TEHG, §§ 7, 19 TEHG
Dr. Armin von Weschpfennig Akademischer Rat, Universität Bonn	§§ 13a, 13b, 103–107 WHG
Dr. Antje Wittmann Rechtsanwältin in Münster	UmweltschadensG (zusammen mit Beckmann)
Frank Wolke Umweltbundesamt, Deutsche Emissionshandelsstelle	§§ 4, 18, 24 TEHG

Bearbeiter

1. Gesetz über die Umweltverträglichkeitsprüfung (UVPG)[1]

In der Fassung der Bekanntmachung vom 24. Februar 2010[2]

(BGBl. I S. 94), zuletzt geändert durch Art. 2 G zur Einführung eines Bundes-KlimaschutzG und zur Änderung weiterer Vorschriften v. 12.12.2019 (BGBl. I S. 2513)

Teil 1. Allgemeine Vorschriften für die Umweltprüfungen

§ 1 Anwendungsbereich

(1) Dieses Gesetz gilt für

1. die in Anlage 1 aufgeführten Vorhaben,

2. die in Anlage 5 aufgeführten Pläne und Programme,

3. sonstige Pläne und Programme, für die nach den §§ 35 bis 37 eine Strategische Umweltprüfung oder Vorprüfung durchzuführen ist, sowie

4. die grenzüberschreitende Behörden- und Öffentlichkeitsbeteiligung bei UVP-pflichtigen Vorhaben im Ausland nach den §§ 58 und 59 und bei SUP-pflichtigen Plänen und Programmen eines anderen Staates nach den §§ 62 und 63.

(2) Bei Vorhaben oder Teilen von Vorhaben, die ausschließlich Zwecken der Verteidigung dienen, kann das Bundesministerium der Verteidigung oder eine von ihm benannte Stelle im Einzelfall entscheiden, dieses Gesetz ganz oder teilweise nicht anzuwenden, soweit sich die Anwendung nach Einschätzung des Bundesministeriums der Verteidigung oder der von ihm benannten Stelle nachteilig auf die Erfüllung dieser Zwecke auswirken würde, insbesondere wegen Eilbedürftigkeit des Vorhabens oder aus Gründen der Geheimhaltung. Zwecke der Verteidigung schließen auch zwischenstaatliche Verpflichtungen ein. Bei der Entscheidung ist der Schutz vor erheblichen nachteiligen Umweltauswirkungen zu berücksichtigen. Sonstige Rechtsvorschriften, die das Zulassungsverfahren betreffen, bleiben unberührt. Wird eine Entscheidung nach Satz 1 getroffen, unterrichtet das Bundesministerium der Verteidigung hierüber das für Umwelt zuständige Ministerium des betroffenen Landes unverzüglich sowie das Bundesministerium für Umwelt, Naturschutz, Bau und Reaktorsicherheit spätestens bis zum Ablauf des 31. März des Folgejahres.

---

[1] **[Amtl. Anm.:]** Das Gesetz dient der Umsetzung der Richtlinie 85/337/EWG des Rates vom 27. Juni 1985 über die Umweltverträglichkeitsprüfung bei bestimmten öffentlichen und privaten Projekten (ABl. L 175 vom 5.7.1985, S. 40), der Richtlinie 97/11/EG des Rates vom 3. März 1997 zur Änderung der Richtlinie 85/337/EWG über die Umweltverträglichkeitsprüfung bei bestimmten öffentlichen und privaten Projekten (ABl. L 73 vom 14.3.1997, S. 5), der Richtlinie 2001/42/EG des Europäischen Parlaments und des Rates vom 27. Juni 2001 über die Prüfung der Umweltauswirkungen bestimmter Pläne und Programme (ABl. L 197 vom 21.7.2001, S. 30) sowie der Umsetzung von Artikel 3 der Richtlinie 2003/35/EG des Europäischen Parlaments und des Rates vom 26. Mai 2003 über die Beteiligung der Öffentlichkeit bei der Ausarbeitung bestimmter umweltbezogener Pläne und Programme und zur Änderung der Richtlinien 85/337/EWG und 96/61/EG des Rates in Bezug auf die Öffentlichkeitsbeteiligung und den Zugang zu Gerichten (ABl. L 156 vom 25.6.2003, S. 17).

[2] Neubekanntmachung des UVPG idF der Bek. v. 25.6.2005 (BGBl. I S. 1757) in der ab 2.3.2010 geltenden Fassung.

(3) **Bei Vorhaben oder Teilen von Vorhaben, die ausschließlich der Bewältigung von Katastrophenfällen dienen, kann die zuständige Behörde im Einzelfall entscheiden, dieses Gesetz ganz oder teilweise nicht anzuwenden, soweit sich die Anwendung nach Einschätzung der zuständigen Behörde negativ auf die Erfüllung dieses Zwecks auswirken würde. Bei der Entscheidung ist der Schutz vor erheblichen nachteiligen Umweltauswirkungen zu berücksichtigen. Sonstige Rechtsvorschriften, die das Zulassungsverfahren betreffen, bleiben unberührt.**

(4) **Dieses Gesetz findet Anwendung, soweit Rechtsvorschriften des Bundes oder der Länder die Umweltverträglichkeitsprüfung nicht näher bestimmen oder die wesentlichen Anforderungen dieses Gesetzes nicht beachten. Rechtsvorschriften mit weitergehenden Anforderungen bleiben unberührt.**

(Kommentierung folgt)

§ 2 Begriffsbestimmungen

(1) Schutzgüter im Sinne dieses Gesetzes sind
1. Menschen, insbesondere die menschliche Gesundheit,
2. Tiere, Pflanzen und die biologische Vielfalt,
3. Fläche, Boden, Wasser, Luft, Klima und Landschaft,
4. kulturelles Erbe und sonstige Sachgüter sowie
5. die Wechselwirkung zwischen den vorgenannten Schutzgütern.

(2) Umweltauswirkungen im Sinne dieses Gesetzes sind unmittelbare und mittelbare Auswirkungen eines Vorhabens oder der Durchführung eines Plans oder Programms auf die Schutzgüter. Dies schließt auch solche Auswirkungen des Vorhabens ein, die aufgrund von dessen Anfälligkeit für schwere Unfälle oder Katastrophen zu erwarten sind, soweit diese schweren Unfälle oder Katastrophen für das Vorhaben relevant sind.

(3) Grenzüberschreitende Umweltauswirkungen im Sinne dieses Gesetzes sind Umweltauswirkungen eines Vorhabens in einem anderen Staat.

(4) Vorhaben im Sinne dieses Gesetzes sind nach Maßgabe der Anlage 1
1. bei Neuvorhaben
   a) die Errichtung und der Betrieb einer technischen Anlage,
   b) der Bau einer sonstigen Anlage,
   c) die Durchführung einer sonstigen in Natur und Landschaft eingreifenden Maßnahme,
2. bei Änderungsvorhaben
   a) die Änderung, einschließlich der Erweiterung, der Lage, der Beschaffenheit oder des Betriebs einer technischen Anlage,
   b) die Änderung, einschließlich der Erweiterung, der Lage oder der Beschaffenheit einer sonstigen Anlage,
   c) die Änderung, einschließlich der Erweiterung, der Durchführung einer sonstigen in Natur und Landschaft eingreifenden Maßnahme.

(5) Windfarm im Sinne dieses Gesetzes sind drei oder mehr Windkraftanlagen, deren Einwirkungsbereich sich überschneidet und die in einem funktionalen Zusammenhang stehen, unabhängig davon, ob sie von einem oder mehreren Vorhabenträgern errichtet und betrieben werden. Ein funktionaler Zusammenhang wird insbesondere angenommen, wenn sich die Windkraftanlagen in derselben Konzentrationszone oder in einem Gebiet nach § 7 Absatz 3 des Raumordnungsgesetzes befinden.

(6) Zulassungsentscheidungen im Sinne dieses Gesetzes sind
1. die Bewilligung, die Erlaubnis, die Genehmigung, der Planfeststellungsbeschluss und sonstige behördliche Entscheidungen über die Zulässigkeit von Vorhaben, die in einem Verwaltungsverfahren getroffen werden, einschließlich des Vorbescheids, der Teilgenehmigung und anderer Teilzulassungen, mit Ausnahme von Anzeigeverfahren,
2. Linienbestimmungen und andere Entscheidungen in vorgelagerten Verfahren nach den §§ 47 und 49,
3. Beschlüsse nach § 10 des Baugesetzbuchs über die Aufstellung, Änderung oder Ergänzung von Bebauungsplänen, durch die die Zulässigkeit von bestimmten Vorhaben im Sinne der Anlage 1 begründet werden soll, sowie Beschlüsse nach § 10 des Baugesetzbuchs über Bebauungspläne, die Planfeststellungsbeschlüsse für Vorhaben im Sinne der Anlage 1 ersetzen.

(7) **Pläne und Programme im Sinne dieses Gesetzes sind nur solche bundesrechtlich oder durch Rechtsakte der Europäischen Union vorgesehenen Pläne und Programme, die**

1. von einer Behörde ausgearbeitet und angenommen werden,

2. von einer Behörde zur Annahme durch eine Regierung oder im Wege eines Gesetzgebungsverfahrens ausgearbeitet werden oder

3. von einem Dritten zur Annahme durch eine Behörde ausgearbeitet werden.

Ausgenommen sind Pläne und Programme, die ausschließlich Zwecken der Verteidigung oder der Bewältigung von Katastrophenfällen dienen, sowie Finanz- und Haushaltspläne und -programme.

(8) **Öffentlichkeit im Sinne dieses Gesetzes sind einzelne oder mehrere natürliche oder juristische Personen sowie deren Vereinigungen.**

(9) **Betroffene Öffentlichkeit im Sinne dieses Gesetzes ist jede Person, deren Belange durch eine Zulassungsentscheidung oder einen Plan oder ein Programm berührt werden; hierzu gehören auch Vereinigungen, deren satzungsmäßiger Aufgabenbereich durch eine Zulassungsentscheidung oder einen Plan oder ein Programm berührt wird, darunter auch Vereinigungen zur Förderung des Umweltschutzes.**

(10) **Umweltprüfungen im Sinne dieses Gesetzes sind Umweltverträglichkeitsprüfungen und Strategische Umweltprüfungen.**

(11) **Einwirkungsbereich im Sinne dieses Gesetzes ist das geographische Gebiet, in dem Umweltauswirkungen auftreten, die für die Zulassung eines Vorhabens relevant sind.**

(Kommentierung folgt)

§ 3 Grundsätze für Umweltprüfungen

Umweltprüfungen umfassen die Ermittlung, Beschreibung und Bewertung der erheblichen Auswirkungen eines Vorhabens oder eines Plans oder Programms auf die Schutzgüter. Sie dienen einer wirksamen Umweltvorsorge nach Maßgabe der geltenden Gesetze und werden nach einheitlichen Grundsätzen sowie unter Beteiligung der Öffentlichkeit durchgeführt.

(Kommentierung folgt)

Teil 2. Umweltverträglichkeitsprüfung

Abschnitt 1. Voraussetzungen für eine Umweltverträglichkeitsprüfung

§§ 3a–3f *(aufgehoben)*

§ 4 Umweltverträglichkeitsprüfung

Die Umweltverträglichkeitsprüfung ist unselbständiger Teil verwaltungsbehördlicher Verfahren, die Zulassungsentscheidungen dienen.

(Kommentierung folgt)

§ 5 Feststellung der UVP-Pflicht

(1) Die zuständige Behörde stellt auf der Grundlage geeigneter Angaben des Vorhabenträgers sowie eigener Informationen unverzüglich fest, dass nach den §§ 6 bis 14 für das Vorhaben eine Pflicht zur Durchführung einer Umweltverträglichkeitsprüfung (UVP-Pflicht) besteht oder nicht. Die Feststellung trifft die Behörde

1. auf Antrag des Vorhabenträgers oder

2. bei einem Antrag nach § 15 oder

3. von Amts wegen nach Beginn des Verfahrens, das der Zulassungsentscheidung dient.

(2) Sofern eine Vorprüfung vorgenommen worden ist, gibt die zuständige Behörde die Feststellung der Öffentlichkeit bekannt. Dabei gibt sie die wesentlichen Gründe für das Bestehen oder Nichtbestehen der UVP-Pflicht unter Hinweis auf die jeweils einschlägigen Kriterien nach Anlage 3 an. Gelangt die Behörde zu dem Ergebnis, dass keine UVP-Pflicht besteht, geht sie auch darauf ein, welche Merkmale des Vorhabens oder des Standorts oder welche Vorkehrungen für diese Einschätzung maßgebend sind. Bei der Feststellung der UVP-Pflicht kann die Bekanntgabe mit der Bekanntmachung nach § 19 verbunden werden.

(3) Die Feststellung ist nicht selbständig anfechtbar. Beruht die Feststellung auf einer Vorprüfung, so ist die Einschätzung der zuständigen Behörde in einem gerichtlichen Verfahren betreffend die Zulassungsentscheidung nur daraufhin zu überprüfen, ob die Vorprüfung entsprechend den Vorgaben des § 7 durchgeführt worden ist und ob das Ergebnis nachvollziehbar ist.

(Kommentierung folgt)

§ 6 Unbedingte UVP-Pflicht bei Neuvorhaben

Für ein Neuvorhaben, das in Anlage 1 Spalte 1 mit dem Buchstaben „X" gekennzeichnet ist, besteht die UVP-Pflicht, wenn die zur Bestimmung der Art des Vorhabens genannten Merkmale vorliegen. Sofern Größen- oder Leistungswerte angegeben sind, besteht die UVP-Pflicht, wenn die Werte erreicht oder überschritten werden.

(Kommentierung folgt)

§ 7 Vorprüfung bei Neuvorhaben

(1) Bei einem Neuvorhaben, das in Anlage 1 Spalte 2 mit dem Buchstaben „A" gekennzeichnet ist, führt die zuständige Behörde eine allgemeine Vorprüfung zur Feststellung der UVP-Pflicht durch. Die allgemeine Vorprüfung wird als überschlägige Prüfung unter Berücksichtigung der in Anlage 3 aufgeführten Kriterien durchgeführt. Die UVP-Pflicht besteht, wenn das Neuvorhaben nach Einschätzung der zuständigen Behörde erhebliche nachteilige Umweltauswirkungen haben kann, die nach § 25 Absatz 2 bei der Zulassungsentscheidung zu berücksichtigen wären.

(2) Bei einem Neuvorhaben, das in Anlage 1 Spalte 2 mit dem Buchstaben „S" gekennzeichnet ist, führt die zuständige Behörde eine standortbezogene Vorprüfung zur Feststellung der UVP-Pflicht durch. Die standortbezogene Vorprüfung wird als überschlägige Prüfung in zwei Stufen durchgeführt. In der ersten Stufe prüft die zuständige Behörde, ob bei dem Neuvorhaben besondere örtliche Gegebenheiten gemäß den in Anlage 3 Nummer 2.3 aufgeführten Schutzkriterien vorliegen. Ergibt die Prüfung in der ersten Stufe, dass keine besonderen örtlichen Gegebenheiten vorliegen, so besteht keine UVP-Pflicht. Ergibt die Prüfung in der ersten Stufe, dass besondere örtliche Gegebenheiten vorliegen, so prüft die Behörde auf der zweiten Stufe unter Berücksichtigung der in Anlage 3 aufgeführten Kriterien, ob das Neuvorhaben erhebliche nachteilige Umweltauswirkungen haben kann, die die besondere Empfindlichkeit oder die Schutzziele des Gebietes betreffen und nach § 25 Absatz 2 bei der Zulassungsentscheidung zu berücksichtigen wären. Die UVP-Pflicht besteht, wenn das Neuvorhaben nach Einschätzung der zuständigen Behörde solche Umweltauswirkungen haben kann.

(3) Die Vorprüfung nach den Absätzen 1 und 2 entfällt, wenn der Vorhabenträger die Durchführung einer Umweltverträglichkeitsprüfung beantragt und die zuständige Behörde das Entfallen der Vorprüfung als zweckmäßig erachtet. Für diese Neuvorhaben besteht die UVP-Pflicht. Die Entscheidung der zuständigen Behörde ist nicht anfechtbar.

(4) Zur Vorbereitung der Vorprüfung ist der Vorhabenträger verpflichtet, der zuständigen Behörde geeignete Angaben nach Anlage 2 zu den Merkmalen des Neuvorhabens und des Standorts sowie zu den möglichen erheblichen Umweltauswirkungen des Neuvorhabens zu übermitteln.

(5) Bei der Vorprüfung berücksichtigt die Behörde, ob erhebliche nachteilige Umweltauswirkungen durch Merkmale des Vorhabens oder des Standorts oder durch Vorkehrungen des Vorhabenträgers offensichtlich ausgeschlossen werden. Liegen der Behörde Ergebnisse vorgelagerter Umweltprüfungen oder anderer rechtlich vorgeschriebener Untersuchungen zu den Umweltauswirkungen des Vorhabens vor, bezieht sie diese Ergebnisse in die Vorprüfung ein. Bei der allgemeinen Vorprüfung kann sie ergänzend berücksichtigen, inwieweit Prüfwerte für Größe oder Leistung, die die allgemeine Vorprüfung eröffnen, überschritten werden.

(6) Die zuständige Behörde trifft die Feststellung zügig und spätestens sechs Wochen nach Erhalt der nach Absatz 4 erforderlichen Angaben. In Ausnahmefällen kann sie die Frist für die Feststellung um bis zu drei Wochen oder, wenn dies wegen der besonderen Schwierigkeit der Prüfung erforderlich ist, um bis zu sechs Wochen verlängern.

(7) Die zuständige Behörde dokumentiert die Durchführung und das Ergebnis der allgemeinen und der standortbezogenen Vorprüfung.

(Kommentierung folgt)

§ 8 UVP-Pflicht bei Störfallrisiko

Sofern die allgemeine Vorprüfung ergibt, dass aufgrund der Verwirklichung eines Vorhabens, das zugleich benachbartes Schutzobjekt im Sinne des § 3 Absatz 5d des Bundes-Immissionsschutzgesetzes ist, innerhalb des angemessenen Sicherheitsabstandes zu Betriebsbereichen im Sinne des § 3 Absatz 5a des Bundes-Immissionsschutzgesetzes die Möglichkeit besteht, dass ein Störfall im Sinne des § 2 Nummer 7 der Störfall-Verordnung eintritt, sich die Eintrittswahrscheinlichkeit eines solchen Störfalls vergrößert oder sich die Folgen eines solchen Störfalls verschlimmern können, ist davon auszugehen, dass das Vorhaben erhebliche nachteilige Umweltauswirkungen haben kann.

(Kommentierung folgt)

§ 9 UVP-Pflicht bei Änderungsvorhaben

(1) **Wird ein Vorhaben geändert, für das eine Umweltverträglichkeitsprüfung durchgeführt worden ist, so besteht für das Änderungsvorhaben die UVP-Pflicht, wenn**

1. allein die Änderung die Größen- oder Leistungswerte für eine unbedingte UVP-Pflicht gemäß § 6 erreicht oder überschreitet oder

2. die allgemeine Vorprüfung ergibt, dass die Änderung zusätzliche erhebliche nachteilige oder andere erhebliche nachteilige Umweltauswirkungen hervorrufen kann.

Wird ein Vorhaben geändert, für das keine Größen- oder Leistungswerte vorgeschrieben sind, so wird die allgemeine Vorprüfung nach Satz 1 Nummer 2 durchgeführt. Wird ein Vorhaben der Anlage 1 Nummer 18.1 bis 18.8 geändert, so wird die allgemeine Vorprüfung nach Satz 1 Nummer 2 nur durchgeführt, wenn allein durch die Änderung der jeweils für den Bau des entsprechenden Vorhabens in Anlage 1 enthaltene Prüfwert erreicht oder überschritten wird.

(2) **Wird ein Vorhaben geändert, für das keine Umweltverträglichkeitsprüfung durchgeführt worden ist, so besteht für das Änderungsvorhaben die UVP-Pflicht, wenn das geänderte Vorhaben**

1. den Größen- oder Leistungswert für die unbedingte UVP-Pflicht gemäß § 6 erstmals erreicht oder überschreitet oder

2. einen in Anlage 1 angegebenen Prüfwert für die Vorprüfung erstmals oder erneut erreicht oder überschreitet und eine Vorprüfung ergibt, dass die Änderung erhebliche nachteilige Umweltauswirkungen hervorrufen kann.

Wird ein Städtebauprojekt oder eine Industriezone nach Anlage 1 Nummer 18.5, 18.7 und 18.8 geändert, gilt Satz 1 mit der Maßgabe, dass allein durch die Änderung der Größen- oder Leistungswert nach Satz 1 Nummer 1 oder der Prüfwert nach Satz 1 Nummer 2 erreicht oder überschritten wird.

(3) **Wird ein Vorhaben geändert, für das keine Umweltverträglichkeitsprüfung durchgeführt worden ist, so wird für das Änderungsvorhaben eine Vorprüfung durchgeführt, wenn für das Vorhaben nach Anlage 1**

1. eine UVP-Pflicht besteht und dafür keine Größen- oder Leistungswerte vorgeschrieben sind oder

2. eine Vorprüfung, aber keine Prüfwerte vorgeschrieben sind.

Die UVP-Pflicht besteht, wenn die Vorprüfung ergibt, dass die Änderung erhebliche nachteilige Umweltauswirkungen hervorrufen kann.

(4) **Für die Vorprüfung bei Änderungsvorhaben gilt § 7 entsprechend.**

(5) **Der in den jeweiligen Anwendungsbereich der Richtlinien 85/337/EWG und 97/11/EG fallende, aber vor Ablauf der jeweiligen Umsetzungsfristen erreichte Bestand bleibt hinsichtlich des Erreichens oder Überschreitens der Größen- oder Leistungswerte und der Prüfwerte unberücksichtigt.**

(Kommentierung folgt)

§ 9 UVP-Pflicht bei Änderungsvorhaben

(1) Wird ein Vorhaben geändert, für das eine Umweltverträglichkeitsprüfung durchgeführt worden ist, so besteht für das Änderungsvorhaben die UVP-Pflicht, wenn

1. allein die Änderung die Größen- oder Leistungswerte für eine unbedingte UVP-Pflicht gemäß § 6 erreicht oder überschreitet oder
2. die allgemeine Vorprüfung ergibt, dass die Änderung zusätzliche erhebliche nachteilige oder andere erhebliche nachteilige Umweltauswirkungen hervorrufen kann.

Wird ein Vorhaben geändert, für das keine Größen- oder Leistungswerte vorgeschrieben sind, so wird die allgemeine Vorprüfung nach Satz 1 Nummer 2 durchgeführt. Wird ein Vorhaben der Anlage 1 Nummer 18.1 bis 18.8 geändert, so wird die allgemeine Vorprüfung nach Satz 1 Nummer 2 nur durchgeführt, wenn allein durch die Änderung der jeweils für den Bau des entsprechenden Vorhabens in Anlage 1 enthaltene Prüfwert erreicht oder überschritten wird.

(2) Wird ein Vorhaben geändert, für das keine Umweltverträglichkeitsprüfung durchgeführt worden ist, so besteht für das Änderungsvorhaben die UVP-Pflicht, wenn das geänderte Vorhaben

1. den Größen- oder Leistungswert für die unbedingte UVP-Pflicht gemäß § 6 erstmals erreicht oder überschreitet oder
2. einen in Anlage 1 angegebenen Prüfwert für die Vorprüfung erstmals oder erneut erreicht oder überschreitet und eine Vorprüfung ergibt, dass die Änderung erhebliche nachteilige Umweltauswirkungen hervorrufen kann.

Wird ein Städtebauprojekt oder eine Industriezone nach Anlage 1 Nummer 18.5, 18.7 und 18.8 geändert, gilt Satz 1 mit der Maßgabe, dass allein durch die Änderung der Größen- oder Leistungswert nach Satz 1 Nummer 1 oder der Prüfwert nach Satz 1 Nummer 2 erreicht oder überschritten wird.

(3) Wird ein Vorhaben geändert, für das keine Umweltverträglichkeitsprüfung durchgeführt worden ist, so wird für das Änderungsvorhaben eine Vorprüfung durchgeführt, wenn für das Vorhaben nach Anlage 1

1. eine UVP-Pflicht besteht und dafür keine Größen- oder Leistungswerte vorgeschrieben sind oder
2. eine Vorprüfung, aber keine Prüfwerte vorgeschrieben sind.

Die UVP-Pflicht besteht, wenn die Vorprüfung ergibt, dass die Änderung erhebliche nachteilige Umweltauswirkungen hervorrufen kann.

(4) Für die Vorprüfung bei Änderungsvorhaben gilt § 7 entsprechend.

(5) Der in den jeweiligen Anwendungsbereich der Richtlinien 85/337/EWG und 97/11/EG fallende, aber vor Ablauf der jeweiligen Umsetzungsfristen erreichte Bestand bleibt hinsichtlich des Erreichens oder Überschreitens der Größen- oder Leistungswerte und der Prüfwerte unberücksichtigt.

§§ 9a–b *(nicht mehr belegt)*

§ 10 UVP-Pflicht bei kumulierenden Vorhaben

(1) **Für kumulierende Vorhaben besteht die UVP-Pflicht, wenn die kumulierenden Vorhaben zusammen die maßgeblichen Größen- oder Leistungswerte nach § 6 erreichen oder überschreiten.**

(2) **Bei kumulierenden Vorhaben, die zusammen die Prüfwerte für eine allgemeine Vorprüfung erstmals oder erneut erreichen oder überschreiten, ist die allgemeine Vorprüfung durchzuführen. Für die allgemeine Vorprüfung gilt § 7 Absatz 1 und 3 bis 7 entsprechend.**

(3) **Bei kumulierenden Vorhaben, die zusammen die Prüfwerte für eine standortbezogene Vorprüfung erstmals oder erneut erreichen oder überschreiten, ist die standortbezogene Vorprüfung durchzuführen. Für die standortbezogene Vorprüfung gilt § 7 Absatz 2 bis 7 entsprechend.**

(4) **Kumulierende Vorhaben liegen vor, wenn mehrere Vorhaben derselben Art von einem oder mehreren Vorhabenträgern durchgeführt werden und in einem engen Zusammenhang stehen. Ein enger Zusammenhang liegt vor, wenn**

1. sich der Einwirkungsbereich der Vorhaben überschneidet und

2. die Vorhaben funktional und wirtschaftlich aufeinander bezogen sind.

Technische und sonstige Anlagen müssen zusätzlich mit gemeinsamen betrieblichen oder baulichen Einrichtungen verbunden sein.

(5) **Für die in Anlage 1 Nummer 14.4, 14.5 und 19.1 aufgeführten Vorhaben gilt Absatz 4 mit der Maßgabe, dass zusätzlich ein enger zeitlicher Zusammenhang besteht.**

(6) **Der in den jeweiligen Anwendungsbereich der Richtlinien 85/337/EWG und 97/11/EG fallende, aber vor Ablauf der jeweiligen Umsetzungsfristen erreichte Bestand bleibt hinsichtlich des Erreichens oder Überschreitens der Größen- oder Leistungswerte und der Prüfwerte unberücksichtigt.**

(Kommentierung folgt)

§ 11 UVP-Pflicht bei hinzutretenden kumulierenden Vorhaben, bei denen das Zulassungsverfahren für das frühere Vorhaben abgeschlossen ist

(1) Hinzutretende kumulierende Vorhaben liegen vor, wenn zu einem beantragten oder bestehenden Vorhaben (früheren Vorhaben) nachträglich ein kumulierendes Vorhaben hinzutritt.

(2) Wenn für das frühere Vorhaben eine Zulassungsentscheidung getroffen worden ist, so besteht für den Fall, dass für das frühere Vorhaben bereits eine Umweltverträglichkeitsprüfung durchgeführt worden ist, für das hinzutretende kumulierende Vorhaben die UVP-Pflicht, wenn

1. das hinzutretende Vorhaben allein die Größen- oder Leistungswerte für eine UVP-Pflicht gemäß § 6 erreicht oder überschreitet oder
2. eine allgemeine Vorprüfung ergibt, dass durch sein Hinzutreten zusätzliche erhebliche nachteilige oder andere erhebliche nachteilige Umweltauswirkungen hervorgerufen werden können.

Für die allgemeine Vorprüfung gilt § 7 Absatz 1 und 3 bis 7 entsprechend.

(3) Wenn für das frühere Vorhaben eine Zulassungsentscheidung getroffen worden ist, so ist für den Fall, dass für das frühere Vorhaben keine Umweltverträglichkeitsprüfung durchgeführt worden ist, für das hinzutretende kumulierende Vorhaben

1. die Umweltverträglichkeitsprüfung durchzuführen, wenn die kumulierenden Vorhaben zusammen die maßgeblichen Größen- oder Leistungswerte nach § 6 erreichen oder überschreiten oder
2. die allgemeine Vorprüfung durchzuführen, wenn die kumulierenden Vorhaben zusammen die Prüfwerte für die allgemeine Vorprüfung erstmals oder erneut erreichen oder überschreiten oder
3. die standortbezogene Vorprüfung durchzuführen, wenn die kumulierenden Vorhaben zusammen die Prüfwerte für die standortbezogene Vorprüfung erstmals oder erneut erreichen oder überschreiten.

Für die Vorprüfung gilt § 7 entsprechend.

(4) Erreichen oder überschreiten in den Fällen des Absatzes 3 die kumulierenden Vorhaben zwar zusammen die maßgeblichen Größen- oder Leistungswerte nach § 6, werden jedoch für das hinzutretende kumulierende Vorhaben weder der Prüfwert für die standortbezogene Vorprüfung noch der Prüfwert für die allgemeine Vorprüfung erreicht oder überschritten, so besteht für das hinzutretende kumulierende Vorhaben die UVP-Pflicht nur, wenn die allgemeine Vorprüfung ergibt, dass durch sein Hinzutreten zusätzliche erhebliche nachteilige oder andere erhebliche nachteilige Umweltauswirkungen eintreten können. Für die allgemeine Vorprüfung gilt § 7 Absatz 1 und 3 bis 7 entsprechend.

(5) In der Vorprüfung für das hinzutretende kumulierende Vorhaben ist das frühere Vorhaben als Vorbelastung zu berücksichtigen.

(6) Der in den jeweiligen Anwendungsbereich der Richtlinien 85/337/EWG und 97/11/EG fallende, aber vor Ablauf der jeweiligen Umsetzungsfristen erreichte Bestand bleibt hinsichtlich des Erreichens oder Überschreitens der Größen- oder Leistungswerte und der Prüfwerte unberücksichtigt.

(Kommentierung folgt)

§ 12 UVP-Pflicht bei hinzutretenden kumulierenden Vorhaben, bei denen das frühere Vorhaben noch im Zulassungsverfahren ist

(1) Wenn für das frühere Vorhaben zum Zeitpunkt der Antragstellung für das hinzutretende kumulierende Vorhaben noch keine Zulassungsentscheidung getroffen worden ist, so besteht für den Fall, dass für das frühere Vorhaben allein die UVP-Pflicht besteht, für das hinzutretende kumulierende Vorhaben die UVP-Pflicht, wenn

1. das hinzutretende Vorhaben allein die Größen- und Leistungswerte für die UVP-Pflicht gemäß § 6 erreicht oder überschreitet oder
2. die allgemeine Vorprüfung ergibt, dass durch das hinzutretende Vorhaben zusätzliche erhebliche nachteilige oder andere erhebliche Umweltauswirkungen hervorgerufen werden können.

Für die allgemeine Vorprüfung gilt § 7 Absatz 1 und 3 bis 7 entsprechend.

(2) Wenn für das frühere Vorhaben zum Zeitpunkt der Antragstellung für das hinzutretende kumulierende Vorhaben noch keine Zulassungsentscheidung getroffen worden ist, so ist für den Fall, dass für das frühere Vorhaben allein keine UVP-Pflicht besteht und die Antragsunterlagen für dieses Zulassungsverfahren bereits vollständig eingereicht sind, für das hinzutretende kumulierende Vorhaben

1. die Umweltverträglichkeitsprüfung durchzuführen, wenn die kumulierenden Vorhaben zusammen die maßgeblichen Größen- oder Leistungswerte nach § 6 erreichen oder überschreiten,
2. die allgemeine Vorprüfung durchzuführen, wenn die kumulierenden Vorhaben zusammen die Prüfwerte für die allgemeine Vorprüfung erstmals oder erneut erreichen oder überschreiten, oder
3. die standortbezogene Vorprüfung durchzuführen, wenn die kumulierenden Vorhaben zusammen die Prüfwerte für die standortbezogene Vorprüfung erstmals oder erneut erreichen oder überschreiten.

Für die Vorprüfung gilt § 7 entsprechend. 3Für das frühere Vorhaben besteht keine UVP-Pflicht und keine Pflicht zur Durchführung einer Vorprüfung.

(3) Wenn für das frühere Vorhaben zum Zeitpunkt der Antragstellung für das hinzutretende kumulierende Vorhaben noch keine Zulassungsentscheidung getroffen worden ist, so ist für den Fall, dass für das frühere Vorhaben allein keine UVP-Pflicht besteht und die Antragsunterlagen für dieses Zulassungsverfahren noch nicht vollständig eingereicht sind, für die kumulierenden Vorhaben jeweils

1. eine Umweltverträglichkeitsprüfung durchzuführen, wenn die kumulierenden Vorhaben zusammen die maßgeblichen Größen- oder Leistungswerte nach § 6 erreichen oder überschreiten,
2. eine allgemeine Vorprüfung durchzuführen, wenn die kumulierenden Vorhaben zusammen die Prüfwerte für eine allgemeine Vorprüfung erstmals oder erneut erreichen oder überschreiten, oder
3. eine standortbezogene Vorprüfung durchzuführen, wenn die kumulierenden Vorhaben zusammen die Prüfwerte für eine standortbezogene Vorprüfung erstmals oder erneut erreichen oder überschreiten.

Für die Vorprüfung gilt § 7 entsprechend. 3Bei einem Vorhaben, das einer Betriebsplanpflicht nach § 51 des Bundesberggesetzes unterliegt, besteht für das frühere Vorhaben keine Verpflichtung zur Durchführung einer Umweltverträglich-

keitsprüfung oder einer Vorprüfung nach den Sätzen 1 und 2, wenn für das frühere Vorhaben zum Zeitpunkt der Antragstellung für das hinzutretende kumulierende Vorhaben ein zugelassener Betriebsplan besteht.

(4) **Erreichen oder überschreiten in den Fällen des Absatzes 2 oder Absatzes 3 die kumulierenden Vorhaben zwar zusammen die maßgeblichen Größen- oder Leistungswerte nach § 6, werden jedoch für das hinzutretende kumulierende Vorhaben weder der Prüfwert für die standortbezogene Vorprüfung noch der Prüfwert für die allgemeine Vorprüfung erreicht oder überschritten, so besteht für das hinzutretende kumulierende Vorhaben die UVP-Pflicht nur, wenn die allgemeine Vorprüfung ergibt, dass durch sein Hinzutreten zusätzliche erhebliche nachteilige oder andere erhebliche nachteilige Umweltauswirkungen hervorgerufen werden können. Für die allgemeine Vorprüfung gilt § 7 Absatz 1 und 3 bis 7 entsprechend. Im Fall des Absatzes 3 sind die Sätze 1 und 2 für das frühere Vorhaben entsprechend anzuwenden.**

(5) **Das frühere Vorhaben und das hinzutretende kumulierende Vorhaben sind in der Vorprüfung für das jeweils andere Vorhaben als Vorbelastung zu berücksichtigen.**

(6) **Der in den jeweiligen Anwendungsbereich der Richtlinien 85/337/EWG und 97/11/EG fallende, aber vor Ablauf der jeweiligen Umsetzungsfristen erreichte Bestand bleibt hinsichtlich des Erreichens oder Überschreitens der Größen- oder Leistungswerte und der Prüfwerte unberücksichtigt.**

(Kommentierung folgt)

§ 13 Ausnahme von der UVP-Pflicht bei kumulierenden Vorhaben

Für die in Anlage 1 Nummer 18.5, 18.7 und 18.8 aufgeführten Industriezonen und Städtebauprojekte gelten die §§ 10 bis 12 nicht.

(Kommentierung folgt)

§ 14 Entwicklungs- und Erprobungsvorhaben

(1) **Sofern ein in Anlage 1 Spalte 1 mit einem „X" gekennzeichnetes Vorhaben ein Entwicklungs- und Erprobungsvorhaben ist und nicht länger als zwei Jahre durchgeführt wird, besteht für dieses Vorhaben eine UVP-Pflicht abweichend von § 6 nur, wenn sie durch die allgemeine Vorprüfung festgestellt wird. Für die Vorprüfung gilt § 7 Absatz 1 und 3 bis 7 entsprechend. Bei der allgemeinen Vorprüfung ist die Durchführungsdauer besonders zu berücksichtigen.**

(2) **Ein Entwicklungs- und Erprobungsvorhaben ist ein Vorhaben, das ausschließlich oder überwiegend der Entwicklung und Erprobung neuer Verfahren oder Erzeugnisse dient.**

(Kommentierung folgt)

§§ 14a–14n *(nicht mehr belegt)*

Abschnitt 2. Verfahrensschritte der Umweltverträglichkeitsprüfung

§ 15 Unterrichtung über den Untersuchungsrahmen

(1) Auf Antrag des Vorhabenträgers oder wenn die zuständige Behörde es für zweckmäßig hält, unterrichtet und berät die zuständige Behörde den Vorhabenträger entsprechend dem Planungsstand des Vorhabens frühzeitig über Inhalt, Umfang und Detailtiefe der Angaben, die der Vorhabenträger voraussichtlich in den UVP-Bericht aufnehmen muss (Untersuchungsrahmen). Die Unterrichtung und Beratung kann sich auch auf weitere Gesichtspunkte des Verfahrens, insbesondere auf dessen zeitlichen Ablauf, auf die zu beteiligenden Behörden oder auf die Einholung von Sachverständigengutachten erstrecken. Verfügen die zuständige Behörde oder die zu beteiligenden Behörden über Informationen, die für die Erarbeitung des UVP-Berichts zweckdienlich sind, so stellen sie diese Informationen dem Vorhabenträger zur Verfügung.

(2) Der Vorhabenträger hat der zuständigen Behörde geeignete Unterlagen zu den Merkmalen des Vorhabens, einschließlich seiner Größe oder Leistung, und des Standorts sowie zu den möglichen Umweltauswirkungen vorzulegen.

(3) Vor der Unterrichtung über den Untersuchungsrahmen kann die zuständige Behörde dem Vorhabenträger sowie den nach § 17 zu beteiligenden Behörden Gelegenheit zu einer Besprechung geben. Die Besprechung soll sich auf den Gegenstand, den Umfang und die Methoden der Umweltverträglichkeitsprüfung erstrecken. Zur Besprechung kann die zuständige Behörde hinzuziehen:

1. Sachverständige,
2. nach § 55 zu beteiligende Behörden,
3. nach § 3 des Umwelt-Rechtsbehelfsgesetzes anerkannte Umweltvereinigungen sowie
4. sonstige Dritte.

Das Ergebnis der Besprechung wird von der zuständigen Behörde dokumentiert.

(4) Ist das Vorhaben Bestandteil eines mehrstufigen Planungs- und Zulassungsprozesses und ist dem Verfahren nach § 4 ein anderes Planungs- oder Zulassungsverfahren vorausgegangen, als dessen Bestandteil eine Umweltprüfung durchgeführt wurde, soll sich die Umweltverträglichkeitsprüfung auf zusätzliche erhebliche oder andere erhebliche Umweltauswirkungen sowie auf erforderliche Aktualisierungen und Vertiefungen beschränken.

(5) Die zuständige Behörde berät den Vorhabenträger auch nach der Unterrichtung über den Untersuchungsrahmen, soweit dies für eine zügige und sachgerechte Durchführung des Verfahrens zweckmäßig ist.

(Kommentierung folgt)

§ 16 UVP-Bericht

(1) Der Vorhabenträger hat der zuständigen Behörde einen Bericht zu den voraussichtlichen Umweltauswirkungen des Vorhabens (UVP-Bericht) vorzulegen, der zumindest folgende Angaben enthält:

1. eine Beschreibung des Vorhabens mit Angaben zum Standort, zur Art, zum Umfang und zur Ausgestaltung, zur Größe und zu anderen wesentlichen Merkmalen des Vorhabens,
2. eine Beschreibung der Umwelt und ihrer Bestandteile im Einwirkungsbereich des Vorhabens,
3. eine Beschreibung der Merkmale des Vorhabens und des Standorts, mit denen das Auftreten erheblicher nachteiliger Umweltauswirkungen des Vorhabens ausgeschlossen, vermindert oder ausgeglichen werden soll,
4. eine Beschreibung der geplanten Maßnahmen, mit denen das Auftreten erheblicher nachteiliger Umweltauswirkungen des Vorhabens ausgeschlossen, vermindert oder ausgeglichen werden soll, sowie eine Beschreibung geplanter Ersatzmaßnahmen,
5. eine Beschreibung der zu erwartenden erheblichen Umweltauswirkungen des Vorhabens,
6. eine Beschreibung der vernünftigen Alternativen, die für das Vorhaben und seine spezifischen Merkmale relevant und vom Vorhabenträger geprüft worden sind, und die Angabe der wesentlichen Gründe für die getroffene Wahl unter Berücksichtigung der jeweiligen Umweltauswirkungen sowie
7. eine allgemein verständliche, nichttechnische Zusammenfassung des UVP-Berichts.

Bei einem Vorhaben nach § 1 Absatz 1, das einzeln oder im Zusammenwirken mit anderen Vorhaben, Projekten oder Plänen geeignet ist, ein Natura 2000-Gebiet erheblich zu beeinträchtigen, muss der UVP-Bericht Angaben zu den Auswirkungen des Vorhabens auf die Erhaltungsziele dieses Gebiets enthalten.

(2) Der UVP-Bericht ist zu einem solchen Zeitpunkt vorzulegen, dass er mit den übrigen Unterlagen ausgelegt werden kann.

(3) Der UVP-Bericht muss auch die in Anlage 4 genannten weiteren Angaben enthalten, soweit diese Angaben für das Vorhaben von Bedeutung sind.

(4) Inhalt und Umfang des UVP-Berichts bestimmen sich nach den Rechtsvorschriften, die für die Zulassungsentscheidung maßgebend sind. In den Fällen des § 15 stützt der Vorhabenträger den UVP-Bericht zusätzlich auf den Untersuchungsrahmen.

(5) Der UVP-Bericht muss den gegenwärtigen Wissensstand und gegenwärtige Prüfmethoden berücksichtigen. Er muss die Angaben enthalten, die der Vorhabenträger mit zumutbarem Aufwand ermitteln kann. Die Angaben müssen ausreichend sein, um

1. der zuständigen Behörde eine begründete Bewertung der Umweltauswirkungen des Vorhabens nach § 25 Absatz 1 zu ermöglichen und
2. Dritten die Beurteilung zu ermöglichen, ob und in welchem Umfang sie von den Umweltauswirkungen des Vorhabens betroffen sein können.

(6) Zur Vermeidung von Mehrfachprüfungen hat der Vorhabenträger die vorhandenen Ergebnisse anderer rechtlich vorgeschriebener Prüfungen in den UVP-Bericht einzubeziehen.

(7) **Der Vorhabenträger muss durch geeignete Maßnahmen sicherstellen, dass der UVP-Bericht den Anforderungen nach den Absätzen 1 bis 6 entspricht. Die zuständige Behörde hat Nachbesserungen innerhalb einer angemessenen Frist zu verlangen, soweit der Bericht den Anforderungen nicht entspricht.**

(8) **Sind kumulierende Vorhaben, für die jeweils eine Umweltverträglichkeitsprüfung durchzuführen ist, Gegenstand paralleler oder verbundener Zulassungsverfahren, so können die Vorhabenträger einen gemeinsamen UVP-Bericht vorlegen. Legen sie getrennte UVP-Berichte vor, so sind darin auch jeweils die Umweltauswirkungen der anderen kumulierenden Vorhaben als Vorbelastung zu berücksichtigen.**

(9) **Der Vorhabenträger hat den UVP-Bericht auch elektronisch vorzulegen.**

(Kommentierung folgt)

§ 17 Beteiligung anderer Behörden

(1) **Die zuständige Behörde unterrichtet die Behörden, deren umweltbezogener Aufgabenbereich durch das Vorhaben berührt wird, einschließlich der von dem Vorhaben betroffenen Gemeinden und Landkreise sowie der sonstigen im Landesrecht vorgesehenen Gebietskörperschaften, über das Vorhaben und übermittelt ihnen den UVP-Bericht.**

(2) **Die zuständige Behörde holt die Stellungnahmen der unterrichteten Behörden ein. Für die Stellungnahmen gilt § 73 Absatz 3a des Verwaltungsverfahrensgesetzes entsprechend.**

(Kommentierung folgt)

§ 18 Beteiligung der Öffentlichkeit

(1) **Die zuständige Behörde beteiligt die Öffentlichkeit zu den Umweltauswirkungen des Vorhabens. Der betroffenen Öffentlichkeit wird im Rahmen der Beteiligung Gelegenheit zur Äußerung gegeben. Dabei sollen nach dem Umwelt-Rechtsbehelfsgesetz anerkannte Vereinigungen die zuständige Behörde in einer dem Umweltschutz dienenden Weise unterstützen. Das Beteiligungsverfahren muss den Anforderungen des § 73 Absatz 3 Satz 1 und Absatz 5 bis 7 des Verwaltungsverfahrensgesetzes entsprechen.**

(2) **In einem vorgelagerten Verfahren oder in einem Planfeststellungsverfahren über einen Wege- und Gewässerplan mit landschaftspflegerischem Begleitplan nach § 41 des Flurbereinigungsgesetzes kann die zuständige Behörde abweichend von Absatz 1 und abweichend von § 73 Absatz 6 des Verwaltungsverfahrensgesetzes auf die Durchführung eines Erörterungstermins verzichten. Auf eine Benachrichtigung nach § 73 Absatz 5 Satz 3 des Verwaltungsverfahrensgesetzes kann in einem vorgelagerten Verfahren verzichtet werden.**

(Kommentierung folgt)

§ 19 Unterrichtung der Öffentlichkeit

(1) Bei der Bekanntmachung zu Beginn des Beteiligungsverfahrens unterrichtet die zuständige Behörde die Öffentlichkeit

1. über den Antrag auf Zulassungsentscheidung oder über eine sonstige Handlung des Vorhabenträgers zur Einleitung eines Verfahrens, in dem die Umweltverträglichkeit geprüft wird,
2. über die Feststellung der UVP-Pflicht des Vorhabens nach § 5 sowie, falls erforderlich, über die Durchführung einer grenzüberschreitenden Beteiligung nach den §§ 54 bis 56,
3. über die für das Verfahren und für die Zulassungsentscheidung jeweils zuständigen Behörden, bei denen weitere relevante Informationen erhältlich sind und bei denen Äußerungen oder Fragen eingereicht werden können, sowie über die festgelegten Fristen zur Übermittlung dieser Äußerungen oder Fragen,
4. über die Art einer möglichen Zulassungsentscheidung,
5. darüber, dass ein UVP-Bericht vorgelegt wurde,
6. über die Bezeichnung der das Vorhaben betreffenden entscheidungserheblichen Berichte und Empfehlungen, die der zuständigen Behörde zum Zeitpunkt des Beginns des Beteiligungsverfahrens vorliegen,
7. darüber, wo und in welchem Zeitraum die Unterlagen nach den Nummern 5 und 6 zur Einsicht ausgelegt werden sowie
8. über weitere Einzelheiten des Verfahrens der Beteiligung der Öffentlichkeit.

(2) Im Rahmen des Beteiligungsverfahrens legt die zuständige Behörde zumindest folgende Unterlagen zur Einsicht für die Öffentlichkeit aus:

1. den UVP-Bericht,
2. die das Vorhaben betreffenden entscheidungserheblichen Berichte und Empfehlungen, die der zuständigen Behörde zum Zeitpunkt des Beginns des Beteiligungsverfahrens vorgelegen haben.

In Verfahren nach § 18 Absatz 2 und § 1 der Atomrechtlichen Verfahrensverordnung können die Unterlagen abweichend von § 18 Absatz 1 Satz 4 bei der Genehmigungsbehörde oder bei einer geeigneten Stelle in der Nähe des Standorts des Vorhabens ausgelegt werden.

(3) Weitere Informationen, die für die Zulassungsentscheidung von Bedeutung sein können und die der zuständigen Behörde erst nach Beginn des Beteiligungsverfahrens vorliegen, sind der Öffentlichkeit nach den Bestimmungen des Bundes und der Länder über den Zugang zu Umweltinformationen zugänglich zu machen.

(Kommentierung folgt)

§§ 19a–19b *(nicht mehr belegt)*

§ 20 Zentrale Internetportale; Verordnungsermächtigung

(1) **Für die Zugänglichmachung des Inhalts der Bekanntmachung nach § 19 Absatz 1 und der nach § 19 Absatz 2 auszulegenden Unterlagen im Internet richten Bund und Länder zentrale Internetportale ein. Die Zugänglichmachung erfolgt im zentralen Internetportal des Bundes, wenn die Zulassungsbehörde eine Bundesbehörde ist. Für den Aufbau und Betrieb des zentralen Internetportals des Bundes ist das Umweltbundesamt zuständig.**

(2) **Die zuständige Behörde macht den Inhalt der Bekanntmachung nach § 19 Absatz 1 und die in § 19 Absatz 2 Satz 1 Nummer 1 und 2 genannten Unterlagen über das einschlägige zentrale Internetportal zugänglich. Maßgeblich ist der Inhalt der ausgelegten Unterlagen.**

(3) **Der Inhalt der zentralen Internetportale kann auch für die Zwecke der Berichterstattung nach § 73 verwendet werden.**

(4) **Die Bundesregierung wird ermächtigt, durch Rechtsverordnung mit Zustimmung des Bundesrates Folgendes zu regeln:**

1. die Art und Weise der Zugänglichmachung nach den Absätzen 1 und 2 sowie

2. die Dauer der Speicherung der Unterlagen.

(5) **Alle in das zentrale Internetportal einzustellenden Unterlagen sind elektronisch vorzulegen.**

(Kommentierung folgt)

§ 21 Äußerungen und Einwendungen der Öffentlichkeit

(1) **Die betroffene Öffentlichkeit kann sich im Rahmen der Beteiligung schriftlich oder zur Niederschrift bei der zuständigen Behörde äußern.**

(2) **Die Äußerungsfrist endet einen Monat nach Ablauf der Frist für die Auslegung der Unterlagen.**

(3) **Bei Vorhaben, für die Unterlagen in erheblichem Umfang eingereicht worden sind, kann die zuständige Behörde eine längere Äußerungsfrist festlegen. Die Äußerungsfrist darf die nach § 73 Absatz 3a Satz 1 des Verwaltungsverfahrensgesetzes zu setzende Frist nicht überschreiten.**

(4) **Mit Ablauf der Äußerungsfrist sind für das Verfahren über die Zulässigkeit des Vorhabens alle Äußerungen, die nicht auf besonderen privatrechtlichen Titeln beruhen, ausgeschlossen. Hierauf weist die zuständige Behörde in der Bekanntmachung der Auslegung oder bei der Bekanntgabe der Äußerungsfrist hin.**

(5) **Die Äußerungsfrist gilt auch für solche Einwendungen, die sich nicht auf die Umweltauswirkungen des Vorhabens beziehen.**

(Kommentierung folgt)

§ 22 Erneute Beteiligung der Öffentlichkeit bei Änderungen im Laufe des Verfahrens

(1) **Ändert der Vorhabenträger im Laufe des Verfahrens die Unterlagen, die nach § 19 Absatz 2 auszulegen sind, so ist eine erneute Beteiligung der Öffentlichkeit erforderlich. Sie ist jedoch auf die Änderungen zu beschränken. Hierauf weist die zuständige Behörde in der Bekanntmachung hin.**

(2) **Die zuständige Behörde soll von einer erneuten Beteiligung der Öffentlichkeit absehen, wenn zusätzliche erhebliche oder andere erhebliche Umweltauswirkungen nicht zu besorgen sind. Dies ist insbesondere dann der Fall, wenn solche Umweltauswirkungen durch die vom Vorhabenträger vorgesehenen Vorkehrungen ausgeschlossen werden.**

(Kommentierung folgt)

§ 22 Erneute Beteiligung der Öffentlichkeit bei Änderungen im Laufe des Verfahrens

(1) Ändert der Vorhabenträger während des Verfahrens die Unterlagen, die nach § 19 Absatz 2 auszulegen sind, so ist eine erneute Beteiligung der Öffentlichkeit erforderlich. Sie ist jedoch auf die Änderungen zu beschränken. Hierauf weist die zuständige Behörde in der Bekanntmachung hin.

(2) Die zuständige Behörde soll von einer erneuten Beteiligung der Öffentlichkeit absehen, wenn zusätzliche erhebliche oder andere erhebliche Umweltauswirkungen nicht zu besorgen sind. Dies ist insbesondere dann der Fall, wenn solche Umweltauswirkungen durch die vom Vorhabenträger vorgesehenen Vorkehrungen ausgeschlossen werden.

(Fortsetzung nächste Seite)

§ 23 Geheimhaltung und Datenschutz sowie Schutz der Rechte am geistigen Eigentum

(1) **Die Rechtsvorschriften über Geheimhaltung und Datenschutz sowie über die Rechte am geistigen Eigentum bleiben unberührt. Insbesondere sind Urkunden, Akten und elektronische Dokumente geheim zu halten, wenn das Bekanntwerden ihres Inhalts dem Wohl des Bundes oder eines Landes Nachteile bereiten würde oder wenn die Vorgänge nach einem Gesetz oder ihrem Wesen nach geheim gehalten werden müssen.**

(2) **Soweit die nach § 19 Absatz 2 zur Einsicht für die Öffentlichkeit auszulegenden Unterlagen Informationen der in Absatz 1 genannten Art enthalten, kennzeichnet der Vorhabenträger diese Informationen und legt zusätzlich eine Darstellung vor, die den Inhalt der Unterlagen ohne Preisgabe des Geheimnisses beschreibt. Die Inhaltsdarstellung muss so ausführlich sein, dass Dritten die Beurteilung ermöglicht wird, ob und in welchem Umfang sie von den Umweltauswirkungen des Vorhabens betroffen sein können.**

(3) **Geheimhaltungsbedürftige Unterlagen sind bei der Auslegung durch die Inhaltsdarstellung zu ersetzen.**

(Kommentierung folgt)

§ 24 Zusammenfassende Darstellung

(1) **Die zuständige Behörde erarbeitet eine zusammenfassende Darstellung**

1. **der Umweltauswirkungen des Vorhabens,**
2. **der Merkmale des Vorhabens und des Standorts, mit denen erhebliche nachteilige Umweltauswirkungen ausgeschlossen, vermindert oder ausgeglichen werden sollen, und**
3. **der Maßnahmen, mit denen erhebliche nachteilige Umweltauswirkungen ausgeschlossen, vermindert oder ausgeglichen werden sollen, sowie**
4. **der Ersatzmaßnahmen bei Eingriffen in Natur und Landschaft.**

Die Erarbeitung erfolgt auf der Grundlage des UVP-Berichts, der behördlichen Stellungnahmen nach § 17 Absatz 2 und § 55 Absatz 4 sowie der Äußerungen der betroffenen Öffentlichkeit nach den §§ 21 und 56. Die Ergebnisse eigener Ermittlungen sind einzubeziehen.

(2) **Die zusammenfassende Darstellung soll möglichst innerhalb eines Monats nach dem Abschluss der Erörterung im Beteiligungsverfahren erarbeitet werden.**

(Kommentierung folgt)

§ 25 Begründete Bewertung der Umweltauswirkungen und Berücksichtigung des Ergebnisses bei der Entscheidung

(1) **Auf der Grundlage der zusammenfassenden Darstellung bewertet die zuständige Behörde die Umweltauswirkungen des Vorhabens im Hinblick auf eine wirksame Umweltvorsorge im Sinne des § 3 nach Maßgabe der geltenden Gesetze. Die Bewertung ist zu begründen.**

(2) **Bei der Entscheidung über die Zulässigkeit des Vorhabens berücksichtigt die zuständige Behörde die begründete Bewertung nach dem in Absatz 1 bestimmten Maßstab.**

(3) **Bei der Entscheidung über die Zulassung des Vorhabens müssen die zusammenfassende Darstellung und die begründete Bewertung nach Einschätzung der zuständigen Behörde hinreichend aktuell sein.**

(Kommentierung folgt)

§ 26 Inhalt des Bescheids über die Zulassung oder Ablehnung des Vorhabens

(1) Der Bescheid zur Zulassung des Vorhabens muss zumindest die folgenden Angaben enthalten:

1. die umweltbezogenen Nebenbestimmungen, sofern sie mit der Zulassungsentscheidung verbunden sind,

2. eine Beschreibung der vorgesehenen Überwachungsmaßnahmen nach § 28 oder nach entsprechenden bundes- oder landesrechtlichen Vorschriften sowie

3. eine Begründung, aus der die wesentlichen tatsächlichen und rechtlichen Gründe hervorgehen, die die Behörde zu ihrer Entscheidung bewogen haben; hierzu gehören

a) Angaben über das Verfahren zur Beteiligung der Öffentlichkeit,

b) die zusammenfassende Darstellung gemäß § 24,

c) die begründete Bewertung gemäß § 25 Absatz 1 und

d) eine Erläuterung, wie die begründete Bewertung, insbesondere die Angaben des UVP-Berichts, die behördlichen Stellungnahmen nach § 17 Absatz 2 und § 55 Absatz 4 sowie die Äußerungen der Öffentlichkeit nach den §§ 21 und 56, in der Zulassungsentscheidung berücksichtigt wurden oder wie ihnen anderweitig Rechnung getragen wurde.

(2) Wird das Vorhaben nicht zugelassen, müssen im Bescheid die dafür wesentlichen Gründe erläutert werden.

(3) Im Übrigen richtet sich der Inhalt des Bescheids nach den einschlägigen fachrechtlichen Vorschriften.

(Kommentierung folgt)

§ 27 Bekanntmachung der Entscheidung und Auslegung des Bescheids

Die zuständige Behörde hat in entsprechender Anwendung des § 74 Absatz 5 Satz 2 des Verwaltungsverfahrensgesetzes die Entscheidung zur Zulassung oder Ablehnung des Vorhabens öffentlich bekannt zu machen sowie in entsprechender Anwendung des § 74 Absatz 4 Satz 2 des Verwaltungsverfahrensgesetzes den Bescheid zur Einsicht auszulegen. § 20 gilt hierfür entsprechend. Soweit der Bescheid geheimhaltungsbedürftige Angaben im Sinne von § 23 Absatz 2 enthält, sind die entsprechenden Stellen unkenntlich zu machen.

(Kommentierung folgt)

§ 28 Überwachung

(1) Soweit bundes- oder landesrechtliche Regelungen keine Überwachungsmaßnahmen vorsehen, ergreift die zuständige Behörde die geeigneten Überwachungsmaßnahmen, um die Einhaltung der umweltbezogenen Bestimmungen des Zulassungsbescheids nach § 26 zu überprüfen. Dies gilt insbesondere für

1. die im Zulassungsbescheid festgelegten Merkmale des Vorhabens und des Standorts sowie
2. die Maßnahmen, mit denen erhebliche nachteilige Umweltauswirkungen ausgeschlossen, vermindert oder ausgeglichen werden sollen, und die Ersatzmaßnahmen bei Eingriffen in Natur und Landschaft.

Die zuständige Behörde kann dem Vorhabenträger Überwachungsmaßnahmen nach den Sätzen 1 und 2 aufgeben.

(2) Soweit bundes- oder landesrechtliche Regelungen keine entsprechenden Überwachungsmaßnahmen vorsehen, ergreift die zuständige Behörde geeignete Maßnahmen zur Überwachung erheblicher nachteiliger Umweltauswirkungen, wenn die Auswirkungen des Vorhabens schwer vorhersehbar oder die Wirksamkeit von Maßnahmen, mit denen erhebliche Umweltauswirkungen ausgeschlossen, vermindert oder ausgeglichen werden sollen, oder die Wirksamkeit von Ersatzmaßnahmen unsicher sind. Die zuständige Behörde kann dem Vorhabenträger Überwachungsmaßnahmen nach Satz 1 aufgeben.

(Kommentierung folgt)

Abschnitt 3. Teilzulassungen, Zulassung eines Vorhabens durch mehrere Behörden, verbundene Prüfverfahren

§ 29 Umweltverträglichkeitsprüfung bei Teilzulassungen

(1) **In Verfahren zur Vorbereitung eines Vorbescheids und zur Erteilung einer ersten Teilgenehmigung oder einer sonstigen ersten Teilzulassung hat sich die Umweltverträglichkeitsprüfung vorläufig auf die nach dem jeweiligen Planungsstand erkennbaren Umweltauswirkungen des Gesamtvorhabens zu erstrecken und abschließend auf die Umweltauswirkungen, die Gegenstand der Teilzulassung sind. Dem jeweiligen Umfang der Umweltverträglichkeitsprüfung ist bei der Unterrichtung über den Untersuchungsrahmen und beim UVP-Bericht Rechnung zu tragen.**

(2) **Bei weiteren Teilzulassungen soll die Umweltverträglichkeitsprüfung auf zusätzliche erhebliche oder andere erhebliche Umweltauswirkungen des Vorhabens beschränkt werden. Absatz 1 gilt entsprechend.**

(Kommentierung folgt)

§ 30 Erneute Öffentlichkeitsbeteiligung bei Teilzulassungen

(1) Ist für ein Vorhaben bereits eine Teilzulassung nach § 29 erteilt worden, so ist im Verfahren zur Erteilung der Zulassung oder weiterer Teilzulassungen eine erneute Beteiligung der Öffentlichkeit erforderlich. Sie ist jedoch auf den Gegenstand der weiteren Teilzulassung zu beschränken. Hierauf weist die zuständige Behörde in der Bekanntmachung hin.

(2) Die zuständige Behörde kann von einer erneuten Beteiligung der Öffentlichkeit absehen, soweit zusätzliche erhebliche oder andere erhebliche Umweltauswirkungen nicht zu besorgen sind. Dies ist insbesondere dann der Fall, wenn solche Umweltauswirkungen durch die vom Vorhabenträger vorgesehenen Vorkehrungen ausgeschlossen werden.

(Kommentierung folgt)

§ 31 Zulassung eines Vorhabens durch mehrere Behörden; federführende Behörde

(1) Bedarf ein Vorhaben der Zulassung durch mehrere Landesbehörden, so bestimmen die Länder eine federführende Behörde.

(2) Die federführende Behörde ist zumindest für folgende Aufgaben zuständig:

1. die Feststellung der UVP-Pflicht (§ 5),
2. die Unterrichtung über den Untersuchungsrahmen (§ 15),
3. die Erarbeitung der zusammenfassenden Darstellung (§ 24),
4. die Benachrichtigung eines anderen Staates (§ 54),
5. die grenzüberschreitende Behördenbeteiligung (§ 55 Absatz 1 bis 4 und 6) und
6. die grenzüberschreitende Öffentlichkeitsbeteiligung (§ 56).

Die Länder können der federführenden Behörde weitere verfahrensrechtliche Zuständigkeiten übertragen. Die federführende Behörde nimmt ihre Aufgaben im Zusammenwirken zumindest mit denjenigen Zulassungsbehörden und mit derjenigen für Naturschutz und Landschaftspflege zuständigen Behörde wahr, deren Aufgabenbereich durch das Vorhaben berührt wird. Sie erfüllt diese Aufgaben nach den Verfahrensvorschriften, die für die Umweltverträglichkeitsprüfung in dem von ihr durchzuführenden Zulassungsverfahren gelten.

(3) Bedarf ein Vorhaben einer Genehmigung nach dem Atomgesetz sowie einer Zulassung durch eine oder mehrere weitere Behörden und ist eine der zuständigen Behörden eine Bundesbehörde, so ist die atomrechtliche Genehmigungsbehörde federführende Behörde. Sie ist neben den in Absatz 2 Satz 1 genannten Aufgaben auch für die Beteiligung der Öffentlichkeit (§§ 18 und 19) zuständig.

(4) Wird über die Zulässigkeit eines Vorhabens im Rahmen mehrerer Verfahren entschieden, so wird eine gemeinsame zusammenfassende Darstellung nach § 24 für das gesamte Vorhaben erstellt. Auf der Grundlage der zusammenfassenden Darstellung nehmen die Zulassungsbehörden eine Gesamtbewertung der Umweltauswirkungen des Vorhabens vor und berücksichtigen nach § 25 Absatz 2 die Gesamtbewertung bei den Zulassungsentscheidungen. Die federführende Behörde stellt das Zusammenwirken der Zulassungsbehörden sicher.

(Kommentierung folgt)

§ 32 Verbundene Prüfverfahren

Für ein Vorhaben, das einzeln oder im Zusammenwirken mit anderen Vorhaben, Projekten oder Plänen geeignet ist, ein Natura 2000-Gebiet erheblich zu beeinträchtigen, wird die Verträglichkeitsprüfung nach § 34 Absatz 1 des Bundesnaturschutzgesetzes im Verfahren zur Zulassungsentscheidung des Vorhabens vorgenommen. Die Umweltverträglichkeitsprüfung kann mit der Prüfung nach Satz 1 und mit anderen Prüfungen zur Ermittlung oder Bewertung von Umweltauswirkungen verbunden werden.

(Kommentierung folgt)

Teil 3. Strategische Umweltprüfung

Abschnitt 1. Voraussetzungen für eine Strategische Umweltprüfung

§ 33 Strategische Umweltprüfung

Die Strategische Umweltprüfung (SUP) ist unselbständiger Teil behördlicher Verfahren zur Aufstellung oder Änderung von Plänen und Programmen.

(Kommentierung folgt)

§ 34 Feststellung der SUP-Pflicht

(1) **Die zuständige Behörde stellt frühzeitig fest, ob nach den §§ 35 bis 37 eine Verpflichtung zur Durchführung einer Strategischen Umweltprüfung (SUP-Pflicht) besteht.**

(2) **Die Feststellung der SUP-Pflicht ist, sofern eine Vorprüfung des Einzelfalls nach § 35 Absatz 2 oder § 37 vorgenommen worden ist, der Öffentlichkeit nach den Bestimmungen des Bundes und der Länder über den Zugang zu Umweltinformationen zugänglich zu machen; soll eine Strategische Umweltprüfung unterbleiben, ist dies einschließlich der dafür wesentlichen Gründe bekannt zu geben. Die Feststellung ist nicht selbständig anfechtbar.**

(Kommentierung folgt)

§ 35 SUP-Pflicht in bestimmten Plan- oder Programmbereichen und im Einzelfall

(1) Eine Strategische Umweltprüfung ist durchzuführen bei Plänen und Programmen, die

1. in der Anlage 5 Nummer 1 aufgeführt sind oder
2. in der Anlage 5 Nummer 2 aufgeführt sind und für Entscheidungen über die Zulässigkeit von in der Anlage 1 aufgeführten Vorhaben oder von Vorhaben, die nach Landesrecht einer Umweltverträglichkeitsprüfung oder Vorprüfung des Einzelfalls bedürfen, einen Rahmen setzen.

(2) Bei nicht unter Absatz 1 fallenden Plänen und Programmen ist eine Strategische Umweltprüfung nur dann durchzuführen, wenn sie für die Entscheidung über die Zulässigkeit von in der Anlage 1 aufgeführten oder anderen Vorhaben einen Rahmen setzen und nach einer Vorprüfung im Einzelfall im Sinne von Absatz 4 voraussichtlich erhebliche Umweltauswirkungen haben. § 34 Absatz 4 und § 35 Absatz 6 des Baugesetzbuchs bleiben unberührt.

(3) Pläne und Programme setzen einen Rahmen für die Entscheidung über die Zulässigkeit von Vorhaben, wenn sie Festlegungen mit Bedeutung für spätere Zulassungsentscheidungen, insbesondere zum Bedarf, zur Größe, zum Standort, zur Beschaffenheit, zu Betriebsbedingungen von Vorhaben oder zur Inanspruchnahme von Ressourcen, enthalten.

(4) Hängt die Durchführung einer Strategischen Umweltprüfung von einer Vorprüfung des Einzelfalls ab, hat die zuständige Behörde aufgrund einer überschlägigen Prüfung unter Berücksichtigung der in Anlage 6 aufgeführten Kriterien einzuschätzen, ob der Plan oder das Programm voraussichtlich erhebliche Umweltauswirkungen hat, die im weiteren Aufstellungsverfahren nach § 43 Absatz 2 zu berücksichtigen wären. Bei der Vorprüfung nach Satz 1 ist zu berücksichtigen, inwieweit Umweltauswirkungen durch Vermeidungs- und Verminderungsmaßnahmen offensichtlich ausgeschlossen werden. Die in § 41 genannten Behörden sind bei der Vorprüfung nach Satz 1 zu beteiligen. Die Durchführung und das Ergebnis der Vorprüfung sind zu dokumentieren.

(Kommentierung folgt)

§ 36 SUP-Pflicht aufgrund einer Verträglichkeitsprüfung

Eine Strategische Umweltprüfung ist durchzuführen bei Plänen und Programmen, die einer Verträglichkeitsprüfung nach § 36 Satz 1 Nummer 2 des Bundesnaturschutzgesetzes unterliegen.

(Kommentierung folgt)

§ 37 Ausnahmen von der SUP-Pflicht

Werden Pläne und Programme nach § 35 Absatz 1 und § 36 nur geringfügig geändert oder legen sie die Nutzung kleiner Gebiete auf lokaler Ebene fest, so ist eine Strategische Umweltprüfung nur dann durchzuführen, wenn eine Vorprüfung des Einzelfalls im Sinne von § 35 Absatz 4 ergibt, dass der Plan oder das Programm voraussichtlich erhebliche Umweltauswirkungen hat. Die §§ 13 und 13a des Baugesetzbuchs sowie § 8 Absatz 2 des Raumordnungsgesetzes bleiben unberührt.

(Kommentierung folgt)

Abschnitt 2. Verfahrensschritte der Strategischen Umweltprüfung

§ 38 Vorrang anderer Rechtsvorschriften bei der SUP

Unbeschadet des § 52 finden die Vorschriften dieses Abschnitts Anwendung, soweit Rechtsvorschriften des Bundes und der Länder die Strategische Umweltprüfung nicht näher bestimmen oder in ihren Anforderungen diesem Gesetz nicht entsprechen. Rechtsvorschriften mit weitergehenden Anforderungen bleiben unberührt.

(Kommentierung folgt)

Abschnitt 2. Verfahrensschritte der Strategischen Umweltprüfung

§ 38 Vorrang anderer Rechtsvorschriften bei der SUP

Unbeschadet des § 52 finden die Vorschriften dieses Abschnitts Anwendung, soweit Rechtsvorschriften des Bundes und der Länder die Strategische Umweltprüfung nicht näher bestimmen oder in ihren Anforderungen diesem Gesetz nicht entsprechen. Rechtsvorschriften mit weitergehenden Anforderungen bleiben unberührt.

[illegible]

§ 39 Festlegung des Untersuchungsrahmens

(1) **Die für die Strategische Umweltprüfung zuständige Behörde legt den Untersuchungsrahmen der Strategischen Umweltprüfung einschließlich des Umfangs und Detaillierungsgrads der in den Umweltbericht nach § 40 aufzunehmenden Angaben fest.**

(2) **Der Untersuchungsrahmen einschließlich des Umfangs und Detaillierungsgrads der in den Umweltbericht aufzunehmenden Angaben bestimmen sich unter Berücksichtigung von § 33 in Verbindung mit § 2 Absatz 1 nach den Rechtsvorschriften, die für die Entscheidung über die Ausarbeitung, Annahme oder Änderung des Plans oder Programms maßgebend sind. Der Umweltbericht enthält die Angaben, die mit zumutbarem Aufwand ermittelt werden können, und berücksichtigt dabei den gegenwärtigen Wissensstand und der Behörde bekannte Äußerungen der Öffentlichkeit, allgemein anerkannte Prüfungsmethoden, Inhalt und Detaillierungsgrad des Plans oder Programms sowie dessen Stellung im Entscheidungsprozess.**

(3) **Sind Pläne und Programme Bestandteil eines mehrstufigen Planungs- und Zulassungsprozesses, soll zur Vermeidung von Mehrfachprüfungen bei der Festlegung des Untersuchungsrahmens bestimmt werden, auf welcher der Stufen dieses Prozesses bestimmte Umweltauswirkungen schwerpunktmäßig geprüft werden sollen. Dabei sind Art und Umfang der Umweltauswirkungen, fachliche Erfordernisse sowie Inhalt und Entscheidungsgegenstand des Plans oder Programms zu berücksichtigen. Bei nachfolgenden Plänen und Programmen sowie bei der nachfolgenden Zulassung von Vorhaben, für die der Plan oder das Programm einen Rahmen setzt, soll sich die Umweltprüfung auf zusätzliche oder andere erhebliche Umweltauswirkungen sowie auf erforderliche Aktualisierungen und Vertiefungen beschränken.**

(4) **Die Behörden, deren umwelt- und gesundheitsbezogener Aufgabenbereich durch den Plan oder das Programm berührt wird, werden bei der Festlegung des Untersuchungsrahmens der Strategischen Umweltprüfung sowie des Umfangs und Detaillierungsgrads der in den Umweltbericht aufzunehmenden Angaben beteiligt. Die zuständige Behörde gibt auf der Grundlage geeigneter Informationen den zu beteiligenden Behörden Gelegenheit zu einer Besprechung oder zur Stellungnahme über die nach Absatz 1 zu treffenden Festlegungen. Sachverständige, betroffene Gemeinden, nach § 60 Absatz 1 zu beteiligende Behörden, nach § 3 des Umwelt-Rechtsbehelfsgesetzes anerkannte Umweltvereinigungen sowie sonstige Dritte können hinzugezogen werden. Verfügen die zu beteiligenden Behörden über Informationen, die für den Umweltbericht zweckdienlich sind, übermitteln sie diese der zuständigen Behörde.**

(Kommentierung folgt)

§ 40 Umweltbericht

(1) **Die zuständige Behörde erstellt frühzeitig einen Umweltbericht. Dabei werden die voraussichtlichen erheblichen Umweltauswirkungen der Durchführung des Plans oder Programms sowie vernünftiger Alternativen ermittelt, beschrieben und bewertet.**

(2) **Der Umweltbericht nach Absatz 1 muss nach Maßgabe des § 39 folgende Angaben enthalten:**

1. **Kurzdarstellung des Inhalts und der wichtigsten Ziele des Plans oder Programms sowie der Beziehung zu anderen relevanten Plänen und Programmen,**
2. **Darstellung der für den Plan oder das Programm geltenden Ziele des Umweltschutzes sowie der Art, wie diese Ziele und sonstige Umwelterwägungen bei der Ausarbeitung des Plans oder des Programms berücksichtigt wurden,**
3. **Darstellung der Merkmale der Umwelt, des derzeitigen Umweltzustands sowie dessen voraussichtliche Entwicklung bei Nichtdurchführung des Plans oder des Programms,**
4. **Angabe der derzeitigen für den Plan oder das Programm bedeutsamen Umweltprobleme, insbesondere der Probleme, die sich auf ökologisch empfindliche Gebiete nach Nummer 2.6 der Anlage 6 beziehen,**
5. **Beschreibung der voraussichtlichen erheblichen Auswirkungen auf die Umwelt nach § 3 in Verbindung mit § 2 Absatz 1 und 2,**
6. **Darstellung der Maßnahmen, die geplant sind, um erhebliche nachteilige Umweltauswirkungen aufgrund der Durchführung des Plans oder des Programms zu verhindern, zu verringern und so weit wie möglich auszugleichen,**
7. **Hinweise auf Schwierigkeiten, die bei der Zusammenstellung der Angaben aufgetreten sind, zum Beispiel technische Lücken oder fehlende Kenntnisse,**
8. **Kurzdarstellung der Gründe für die Wahl der geprüften Alternativen sowie eine Beschreibung, wie die Umweltprüfung durchgeführt wurde,**
9. **Darstellung der geplanten Überwachungsmaßnahmen gemäß § 45.**

Die Angaben nach Satz 1 sollen entsprechend der Art des Plans oder Programms Dritten die Beurteilung ermöglichen, ob und in welchem Umfang sie von den Umweltauswirkungen des Plans oder Programms betroffen werden können. Eine allgemein verständliche, nichttechnische Zusammenfassung der Angaben nach diesem Absatz ist dem Umweltbericht beizufügen.

(3) **Die zuständige Behörde bewertet vorläufig im Umweltbericht die Umweltauswirkungen des Plans oder Programms im Hinblick auf eine wirksame Umweltvorsorge im Sinne** *der*[1] **§ 3 in Verbindung mit § 2 Absatz 1 und 2 nach Maßgabe der geltenden Gesetze.**

(4) **Angaben, die der zuständigen Behörde aus anderen Verfahren oder Tätigkeiten vorliegen, können in den Umweltbericht aufgenommen werden, wenn sie für den vorgesehenen Zweck geeignet und hinreichend aktuell sind.**

(Kommentierung folgt)

---

[1] [Redaktionelle Anm.] Richtig wohl: „des".

§ 41 Beteiligung anderer Behörden

Die zuständige Behörde übermittelt den Behörden, deren umwelt- und gesundheitsbezogener Aufgabenbereich durch den Plan oder das Programm berührt wird, den Entwurf des Plans oder Programms sowie den Umweltbericht und holt die Stellungnahmen dieser Behörden ein. Die zuständige Behörde setzt für die Abgabe der Stellungnahmen eine angemessene Frist von mindestens einem Monat.

(Kommentierung folgt)

§ 42 Beteiligung der Öffentlichkeit

(1) **Für die Öffentlichkeitsbeteiligung gelten § 18 Absatz 1 sowie die §§ 19 und 22 entsprechend, soweit nachfolgend nichts anderes bestimmt wird.**

(2) **Der Entwurf des Plans oder Programms, der Umweltbericht sowie weitere Unterlagen, deren Einbeziehung die zuständige Behörde für zweckmäßig hält, werden frühzeitig für eine angemessene Dauer von mindestens einem Monat öffentlich ausgelegt. Auslegungsorte sind unter Berücksichtigung von Art und Inhalt des Plans oder Programms von der zuständigen Behörde so festzulegen, dass eine wirksame Beteiligung der betroffenen Öffentlichkeit gewährleistet ist.**

(3) **Die betroffene Öffentlichkeit kann sich zu dem Entwurf des Plans oder Programms und zu dem Umweltbericht äußern. Die zuständige Behörde bestimmt für die Äußerung eine angemessene Frist von mindestens einem Monat nach Ende der Auslegungsfrist. Mit Ablauf der Äußerungsfrist sind alle Äußerungen ausgeschlossen, die nicht auf besonderen privatrechtlichen Titeln beruhen. Hierauf ist in der Bekanntmachung der Auslegung oder bei der Bekanntgabe der Äußerungsfrist hinzuweisen. Ein Erörterungstermin ist durchzuführen, soweit Rechtsvorschriften des Bundes dies für bestimmte Pläne und Programme vorsehen.**

(Kommentierung folgt)

§ 43 Abschließende Bewertung und Berücksichtigung

(1) **Nach Abschluss der Behörden- und Öffentlichkeitsbeteiligung überprüft die zuständige Behörde die Darstellungen und Bewertungen des Umweltberichts unter Berücksichtigung der ihr nach den §§ 41, 42, 60 Absatz 1 und § 61 Absatz 1 übermittelten Stellungnahmen und Äußerungen. Bei der Überprüfung gelten die in § 40 Absatz 3 bestimmten Maßstäbe.**

(2) **Das Ergebnis der Überprüfung nach Absatz 1 ist im Verfahren zur Aufstellung oder Änderung des Plans oder Programms zu berücksichtigen.**

(Kommentierung folgt)

§ 44 Bekanntgabe der Entscheidung über die Annahme oder Ablehnung des Plans oder Programms

(1) **Die Annahme eines Plans oder Programms ist öffentlich bekannt zu machen. Die Ablehnung eines Plans oder Programms kann öffentlich bekannt gemacht werden.**

(2) **Bei Annahme des Plans oder Programms sind folgende Informationen zur Einsicht auszulegen:**

1. der angenommene Plan oder das angenommene Programm,

2. eine zusammenfassende Erklärung, wie Umwelterwägungen in den Plan oder das Programm einbezogen wurden, wie der Umweltbericht nach § 40 sowie die Stellungnahmen und Äußerungen nach den §§ 41, 42, 60 Absatz 1 und § 61 Absatz 1 berücksichtigt wurden und aus welchen Gründen der angenommene Plan oder das angenommene Programm nach Abwägung mit den geprüften Alternativen gewählt wurde,

3. eine Aufstellung der Überwachungsmaßnahmen nach § 45 sowie

4. eine Rechtsbehelfsbelehrung, soweit über die Annahme des Plans oder Programms nicht durch Gesetz entschieden wird.

(Kommentierung folgt)

§ 45 **Überwachung**

(1) **Die erheblichen Umweltauswirkungen, die sich aus der Durchführung des Plans oder Programms ergeben, sind zu überwachen, um insbesondere frühzeitig unvorhergesehene nachteilige Auswirkungen zu ermitteln und geeignete Abhilfemaßnahmen ergreifen zu können. Die erforderlichen Überwachungsmaßnahmen sind mit der Annahme des Plans oder Programms auf der Grundlage der Angaben im Umweltbericht festzulegen.**

(2) **Soweit Rechtsvorschriften des Bundes oder der Länder keine abweichende Zuständigkeit regeln, obliegt die Überwachung der für die Strategische Umweltprüfung zuständigen Behörde.**

(3) **Andere Behörden haben der nach Absatz 2 zuständigen Behörde auf Verlangen alle Umweltinformationen zur Verfügung zu stellen, die zur Wahrnehmung der Aufgaben nach Absatz 1 erforderlich sind.**

(4) **Die Ergebnisse der Überwachung sind der Öffentlichkeit nach den Vorschriften des Bundes und der Länder über den Zugang zu Umweltinformationen sowie den in § 41 genannten Behörden zugänglich zu machen und bei einer erneuten Aufstellung oder einer Änderung des Plans oder Programms zu berücksichtigen.**

(5) **Zur Erfüllung der Anforderungen nach Absatz 1 können bestehende Überwachungsmechanismen, Daten- und Informationsquellen genutzt werden. § 40 Absatz 4 gilt entsprechend.**

(Kommentierung folgt)

§ 46 Verbundene Prüfverfahren

Für einen Plan nach § 35 oder § 36, der einzeln oder im Zusammenwirken mit anderen Vorhaben, Projekten oder Plänen geeignet ist, ein Natura 2000-Gebiet erheblich zu beeinträchtigen, ist die Verträglichkeitsprüfung nach § 34 Absatz 1 des Bundesnaturschutzgesetzes im Verfahren zur Aufstellung oder Änderung des Plans vorzunehmen. Die Strategische Umweltprüfung kann mit der Prüfung nach Satz 1 und mit anderen Prüfungen zur Ermittlung oder Bewertung von Umweltauswirkungen verbunden werden.

(Kommentierung folgt)

Teil 4. Besondere Verfahrensvorschriften für bestimmte Umweltprüfungen

§ 47 Linienbestimmung und Genehmigung von Flugplätzen

(1) **Für die Linienbestimmung nach § 16 Absatz 1 des Bundesfernstraßengesetzes und für die Linienbestimmung nach § 13 Absatz 1 des Bundeswasserstraßengesetzes sowie im Verfahren zur Genehmigung von Flugplätzen nach § 6 Absatz 1 des Luftverkehrsgesetzes wird bei Vorhaben die Umweltverträglichkeit nach dem jeweiligen Planungsstand des Vorhabens geprüft. In die Prüfung der Umweltverträglichkeit sind bei der Linienbestimmung alle ernsthaft in Betracht kommenden Trassenvarianten einzubeziehen.**

(2) **Absatz 1 gilt nicht, wenn in einem Raumordnungsverfahren bereits die Umweltverträglichkeit geprüft wurde und wenn dabei im Falle einer Linienbestimmung alle ernsthaft in Betracht kommenden Trassenvarianten einbezogen wurden.**

(3) **Im nachfolgenden Zulassungsverfahren kann die Prüfung der Umweltverträglichkeit auf zusätzliche erhebliche oder andere erhebliche Umweltauswirkungen des Vorhabens beschränkt werden.**

(4) **Die Linienbestimmung nach § 16 Absatz 1 des Bundesfernstraßengesetzes und die Linienbestimmung nach § 13 Absatz 1 des Bundeswasserstraßengesetzes kann nur im Rahmen des Rechtsbehelfsverfahrens gegen die nachfolgende Zulassungsentscheidung überprüft werden.**

(Kommentierung folgt)

§ 48 Raumordnungspläne

Besteht für die Aufstellung eines Raumordnungsplans nach diesem Gesetz die SUP-Pflicht, so wird die Strategische Umweltprüfung einschließlich der Überwachung nach dem Raumordnungsgesetz durchgeführt. Auf einen Raumordnungsplan nach Anlage 5 Nummer 1.5 oder 1.6, der Flächen für die Windenergienutzung oder für den Abbau von Rohstoffen ausweist, ist § 1 Absatz 1 Satz 1 Nummer 4 des Umwelt-Rechtsbehelfsgesetzes nicht anzuwenden.

(Kommentierung folgt)

§ 49 Raumordnungsverfahren

(1) **Für das Raumordnungsverfahren bei Vorhaben, für die nach diesem Gesetz die UVP-Pflicht besteht, wird die Umweltverträglichkeitsprüfung nach dem Planungsstand des jeweiligen Vorhabens, einschließlich der Standortalternativen nach § 15 Absatz 1 Satz 3 des Raumordnungsgesetzes, durchgeführt, soweit durch Landesrecht nicht etwas anderes bestimmt ist.**

(2) **Im nachfolgenden Zulassungsverfahren kann die Prüfung der Umweltverträglichkeit auf zusätzliche erhebliche oder andere erhebliche Umweltauswirkungen des Vorhabens beschränkt werden.**

(3) **Das Ergebnis des Raumordnungsverfahrens nach § 15 des Raumordnungsgesetzes kann nur im Rahmen des Rechtsbehelfsverfahrens gegen die nachfolgende Zulassungsentscheidung überprüft werden.**

(Kommentierung folgt)

§ 50 Bauleitpläne

(1) **Werden Bebauungspläne im Sinne des § 2 Absatz 6 Nummer 3, insbesondere bei Vorhaben nach Anlage 1 Nummer 18.1 bis 18.9, aufgestellt, geändert oder ergänzt, so wird die Umweltverträglichkeitsprüfung einschließlich der Vorprüfung nach den §§ 1 und 2 Absatz 1 und 2 sowie nach den §§ 3 bis 13 im Aufstellungsverfahren als Umweltprüfung sowie die Überwachung nach den Vorschriften des Baugesetzbuchs durchgeführt. Eine nach diesem Gesetz vorgeschriebene Vorprüfung entfällt, wenn für den aufzustellenden Bebauungsplan eine Umweltprüfung nach den Vorschriften des Baugesetzbuchs durchgeführt wird.**

(2) **Besteht für die Aufstellung, Änderung oder Ergänzung eines Bauleitplans nach diesem Gesetz eine Verpflichtung zur Durchführung einer Strategischen Umweltprüfung, wird hierfür unbeschadet der §§ 13, 13a und 13b des Baugesetzbuchs eine Umweltprüfung einschließlich der Überwachung nach den Vorschriften des Baugesetzbuchs durchgeführt.**

(3) **Wird die Umweltverträglichkeitsprüfung in einem Aufstellungsverfahren für einen Bebauungsplan und in einem nachfolgenden Zulassungsverfahren durchgeführt, soll die Umweltverträglichkeitsprüfung im nachfolgenden Zulassungsverfahren auf zusätzliche oder andere erhebliche Umweltauswirkungen des Vorhabens beschränkt werden.**

(Kommentierung folgt)

§ 51 Bergrechtliche Verfahren

Bei bergbaulichen Vorhaben, die in der Anlage 1 aufgeführt sind und dem Bergrecht unterliegen, werden die Umweltverträglichkeitsprüfung und die Überwachung des Vorhabens nach den Vorschriften des Bundesberggesetzes durchgeführt. Teil 2 Abschnitt 2 und 3 in Verbindung mit Anlage 4 findet nur Anwendung, soweit das Bundesberggesetz dies anordnet.

(Kommentierung folgt)

§ 52 Landschaftsplanungen

Bei Landschaftsplanungen richten sich die Erforderlichkeit und die Durchführung einer Strategischen Umweltprüfung nach Landesrecht.

(Kommentierung folgt)

§ 53 Verkehrswegeplanungen auf Bundesebene

(1) **Bei Bedarfsplänen nach Nummer 1.1 der Anlage 5 ist eine Strategische Umweltprüfung nur für solche erheblichen Umweltauswirkungen erforderlich, die nicht bereits Gegenstand einer Strategischen Umweltprüfung im Verfahren zur Aufstellung oder Änderung von anderen Plänen und Programmen nach Nummer 1.1 der Anlage 5 waren.**

(2) **Bei der Verkehrswegeplanung auf Bundesebene nach Nummer 1.1 der Anlage 5 werden bei der Erstellung des Umweltberichts in Betracht kommende vernünftige Alternativen, die die Ziele und den geographischen Anwendungsbereich des Plans oder Programms berücksichtigen, insbesondere alternative Verkehrsnetze und alternative Verkehrsträger ermittelt, beschrieben und bewertet. Auf die Verkehrswegeplanung auf Bundesebene ist § 1 Absatz 1 Satz 1 Nummer 4 des Umwelt-Rechtsbehelfsgesetzes nicht anzuwenden.**

(3) **Das Bundesministerium für Verkehr und digitale Infrastruktur wird ermächtigt, im Einvernehmen mit dem Bundesministerium für Umwelt, Naturschutz, Bau und Reaktorsicherheit durch Rechtsverordnung ohne Zustimmung des Bundesrates für das Verfahren der Durchführung der Strategischen Umweltprüfung bei Plänen und Programmen nach Nummer 1.1 der Anlage 5 besondere Bestimmungen zur praktikablen und effizienten Durchführung zu erlassen über**

1. **die Einzelheiten des Verfahrens zur Festlegung des Untersuchungsrahmens nach § 39 im Hinblick auf Besonderheiten der Verkehrswegeplanung,**
2. **das Verfahren der Erarbeitung und über Inhalt und Ausgestaltung des Umweltberichts nach § 40 im Hinblick auf Besonderheiten der Verkehrswegeplanung,**
3. **die Einzelheiten der Beteiligung von Behörden und der Öffentlichkeit nach den §§ 41, 42, 60 und 61, unter Berücksichtigung der Verwendungsmöglichkeiten von elektronischen Kommunikationsmitteln,**
4. **die Form der Bekanntgabe der Entscheidung nach § 44, unter Berücksichtigung der Verwendungsmöglichkeiten von elektronischen Kommunikationsmitteln,**
5. **die Form, den Zeitpunkt und die Berücksichtigung von Ergebnissen der Überwachung nach § 45.**

(4) **Das Bundesministerium für Verkehr und digitale Infrastruktur wird ferner ermächtigt, im Einvernehmen mit dem Bundesministerium für Umwelt, Naturschutz, Bau und Reaktorsicherheit durch Rechtsverordnung mit Zustimmung des Bundesrates zu bestimmen, dass die Länder zur Anmeldung von Verkehrsprojekten für Pläne und Programme nach Nummer 1.1 der Anlage 5 bestimmte vorbereitende Prüfungen vorzunehmen und deren Ergebnisse oder sonstigen Angaben beizubringen haben, die für die Durchführung der Strategischen Umweltprüfung notwendig sind.**

(Kommentierung folgt)

Teil 5. Grenzüberschreitende Umweltprüfungen

Abschnitt 1. Grenzüberschreitende Umweltverträglichkeitsprüfung

§ 54 Benachrichtigung eines anderen Staates

(1) **Wenn ein Vorhaben, für das eine UVP-Pflicht besteht, erhebliche grenzüberschreitende Umweltauswirkungen haben kann, benachrichtigt die zuständige deutsche Behörde frühzeitig die von dem anderen Staat benannte Behörde durch Übersendung geeigneter Unterlagen über das Vorhaben. Wenn der andere Staat keine Behörde benannt hat, so wird die oberste für Umweltangelegenheiten zuständige Behörde des anderen Staates benachrichtigt.**

(2) **Absatz 1 gilt entsprechend, wenn ein anderer Staat um Benachrichtigung ersucht.**

(3) **Die Benachrichtigung und die geeigneten Unterlagen sind in deutscher Sprache und in einer Amtssprache des anderen Staates zu übermitteln.**

(4) **Die zuständige deutsche Behörde bittet die von dem anderen Staat benannte Behörde um Mitteilung innerhalb einer angemessenen Frist, ob eine Beteiligung erwünscht wird.**

(5) **Teilt der andere Staat mit, dass eine Beteiligung gewünscht wird, so findet eine grenzüberschreitende Behörden- und Öffentlichkeitsbeteiligung nach Maßgabe der §§ 55 bis 57 statt.**

(6) **Wenn ein Vorhaben, für das die UVP-Pflicht besteht, grenzüberschreitende Umweltauswirkungen haben kann und der andere Staat eine Beteiligung nicht wünscht, kann sich die betroffene Öffentlichkeit des anderen Staates am inländischen Beteiligungsverfahren nach Maßgabe der §§ 18 bis 22 beteiligen.**

(Kommentierung folgt)

§ 55 Grenzüberschreitende Behördenbeteiligung bei inländischen Vorhaben

(1) Die zuständige deutsche Behörde übermittelt der benannten Behörde des anderen Staates sowie weiteren von dieser angegebenen Behörden, soweit die Angaben nicht in der Benachrichtigung enthalten waren,

1. den Inhalt der Bekanntmachung nach § 19 Absatz 1 und
2. die Unterlagen, die nach § 19 Absatz 2 zur Einsicht für die Öffentlichkeit auszulegen sind.

(2) Folgende Unterlagen sind in deutscher Sprache und in einer Amtssprache des anderen Staates zu übermitteln:

1. der Inhalt der Bekanntmachung nach § 19 Absatz 1,
2. die nichttechnische Zusammenfassung des UVP-Berichts sowie
3. die Teile des UVP-Berichts, die es den beteiligten Behörden und der Öffentlichkeit des anderen Staates ermöglichen, die voraussichtlichen erheblichen nachteiligen grenzüberschreitenden Umweltauswirkungen des Vorhabens einzuschätzen und dazu Stellung zu nehmen oder sich zu äußern.

Die zuständige Behörde kann verlangen, dass ihr der Vorhabenträger eine Übersetzung dieser Angaben in die entsprechende Amtssprache zur Verfügung stellt.

(3) Die zuständige deutsche Behörde unterrichtet die benannte Behörde des anderen Staates sowie weitere von dieser angegebene Behörden über den geplanten zeitlichen Ablauf des Genehmigungsverfahrens.

(4) Die zuständige deutsche Behörde gibt der benannten Behörde des anderen Staates sowie weiteren von dieser angegebenen Behörden mindestens im gleichen Umfang wie den nach § 17 zu beteiligenden Behörden Gelegenheit zur Stellungnahme. Für die Stellungnahmen gilt § 73 Absatz 3a des Verwaltungsverfahrensgesetzes entsprechend.

(5) Soweit erforderlich oder soweit der andere Staat darum ersucht, führen die zuständigen obersten Bundes- und Landesbehörden innerhalb eines vereinbarten, angemessenen Zeitrahmens mit dem anderen Staat Konsultationen durch, insbesondere über die grenzüberschreitenden Umweltauswirkungen des Vorhabens und über die Maßnahmen zu deren Vermeidung oder Verminderung. Die Konsultationen können von einem geeigneten Gremium durchgeführt werden, das aus Vertretern der zuständigen obersten Bundes- und Länderbehörden und aus Vertretern des anderen Staates besteht.

(6) Die zuständige deutsche Behörde übermittelt den beteiligten Behörden des anderen Staates in einer Amtssprache des anderen Staates sonstige für das Verfahren der grenzüberschreitenden Umweltverträglichkeitsprüfung wesentliche Unterlagen, insbesondere Einladungen zum Erörterungstermin und zu Konsultationen.

(7) Die beteiligten Behörden des anderen Staates können ihre Mitteilungen und Stellungnahmen in einer ihrer Amtssprachen übermitteln.

(Kommentierung folgt)

§ 56 Grenzüberschreitende Öffentlichkeitsbeteiligung bei inländischen Vorhaben

(1) Bei der grenzüberschreitenden Öffentlichkeitsbeteiligung kann sich die Öffentlichkeit des anderen Staates am Verfahren nach den §§ 18 bis 22 beteiligen.

(2) Die zuständige deutsche Behörde wirkt darauf hin, dass

1. das Vorhaben in dem anderen Staat auf geeignete Weise bekannt gemacht wird und
2. dabei angegeben wird,
   a) wo, in welcher Form und in welchem Zeitraum die Unterlagen nach § 19 Absatz 2 der Öffentlichkeit des anderen Staates zugänglich gemacht werden,
   b) welcher deutschen Behörde in welcher Form und innerhalb welcher Frist die betroffene Öffentlichkeit des anderen Staates Äußerungen übermitteln kann sowie
   c) dass im Verfahren zur Beteiligung der Öffentlichkeit mit Ablauf der festgelegten Frist alle Äußerungen für das Verfahren über die Zulässigkeit des Vorhabens ausgeschlossen sind, die nicht auf besonderen privatrechtlichen Titeln beruhen.

(3) Die zuständige deutsche Behörde kann der betroffenen Öffentlichkeit des anderen Staates die elektronische Übermittlung von Äußerungen auch abweichend von den Voraussetzungen des § 3a Absatz 2 des Verwaltungsverfahrensgesetzes gestatten, sofern im Verhältnis zum anderen Staat für die elektronische Übermittlung die Voraussetzungen der Grundsätze von Gegenseitigkeit und Gleichwertigkeit erfüllt sind.

(4) Die Öffentlichkeit des anderen Staates kann ihre Äußerungen in einer ihrer Amtssprachen übermitteln.

(Kommentierung folgt)

§ 57 Übermittlung des Bescheids

(1) **Die zuständige deutsche Behörde übermittelt der benannten Behörde des anderen Staates sowie denjenigen Behörden des anderen Staates, die Stellungnahmen abgegeben haben, in deutscher Sprache den Zulassungsbescheid. Zusätzlich übermittelt sie in einer Amtssprache des anderen Staates**

1. die Teile des Bescheids, die es den beteiligten Behörden und der Öffentlichkeit des anderen Staates ermöglichen, zu erkennen,
   a) auf welche Art und Weise die voraussichtlichen erheblichen nachteiligen grenzüberschreitenden Umweltauswirkungen des Vorhabens sowie Gesichtspunkte oder Maßnahmen zum Ausschluss, zur Verminderung oder zum Ausgleich solcher Auswirkungen bei der Zulassungsentscheidung berücksichtigt worden sind und
   b) auf welche Art und Weise die Stellungnahmen der Behörden und die Äußerungen der betroffenen Öffentlichkeit des anderen Staates sowie die Ergebnisse der Konsultationen nach § 55 Absatz 5 bei der Zulassungsentscheidung berücksichtigt worden sind sowie

2. die Rechtsbehelfsbelehrung.

(2) **Die zuständige deutsche Behörde wirkt darauf hin, dass der betroffenen Öffentlichkeit des anderen Staates**

1. die Zulassungsentscheidung auf geeignete Weise bekannt gemacht wird und

2. der Bescheid einschließlich der übersetzten Teile zugänglich gemacht wird.

(Kommentierung folgt)

§ 58 Grenzüberschreitende Behördenbeteiligung bei ausländischen Vorhaben

(1) **Erhält die zuständige Behörde die Benachrichtigung eines anderen Staates über ein geplantes Vorhaben, für das in dem anderen Staat eine Pflicht zur Durchführung einer Umweltverträglichkeitsprüfung besteht und das erhebliche Umweltauswirkungen in Deutschland haben kann, so ersucht die zuständige deutsche Behörde, soweit entsprechende Angaben der Benachrichtigung nicht bereits beigefügt sind, die zuständige Behörde des anderen Staates um Unterlagen über das Vorhaben, insbesondere um eine Beschreibung des Vorhabens und um Angaben über dessen Umweltauswirkungen in Deutschland. Die zuständige deutsche Behörde soll die zuständige Behörde des anderen Staates ersuchen, ihr in deutscher Sprache die Angaben des § 55 Absatz 2 zu übermitteln.**

(2) **Auf der Grundlage der erhaltenen Angaben teilt die zuständige Behörde der zuständigen Behörde des anderen Staates mit, ob sie eine Beteiligung am Zulassungsverfahren für erforderlich hält. Benötigt sie hierfür weitere Angaben, so ersucht sie die zuständige Behörde des anderen Staates um weitere Angaben im Sinne des § 16 Absatz 1 und 3 in deutscher Sprache.**

(3) **Die zuständige Behörde unterrichtet die Behörden, die bei einem inländischen Vorhaben nach § 17 zu beteiligen wären, über das Vorhaben und übermittelt ihnen die Unterlagen und Angaben, die ihr vorliegen. Sofern sie nicht die Abgabe einer einheitlichen Stellungnahme für angezeigt hält, weist sie die beteiligten Behörden darauf hin, welcher Behörde des anderen Staates eine Stellungnahme zugeleitet werden kann und welche Frist es für die Stellungnahme gibt.**

(4) **Erhält die zuständige Behörde auf andere Weise Kenntnis von einem geplanten ausländischen Vorhaben, das erhebliche Umweltauswirkungen in Deutschland haben kann, gelten die Absätze 1 bis 3 entsprechend.**

(5) **Zuständig ist die Behörde, die für ein gleichartiges Vorhaben in Deutschland zuständig wäre. Sind mehrere Behörden zuständig, so verständigen sie sich unverzüglich auf eine federführende Behörde. Die federführende Behörde nimmt in diesem Fall zumindest die in den Absätzen 1 und 2 genannten Aufgaben der zuständigen deutschen Behörde wahr. Die anderen zuständigen Behörden können der federführenden Behörde im Einvernehmen mit der federführenden Behörde weitere Aufgaben übertragen.**

(6) **Für Konsultationen mit dem anderen Staat gilt § 55 Absatz 5 entsprechend.**

(Kommentierung folgt)

§ 58 Grenzüberschreitende Behördenbeteiligung bei ausländischen Vorhaben

§ 59 Grenzüberschreitende Öffentlichkeitsbeteiligung bei ausländischen Vorhaben

(1) **Auf der Grundlage der von dem anderen Staat zu diesem Zweck übermittelten Unterlagen macht die zuständige deutsche Behörde das Vorhaben in geeigneter Weise in den voraussichtlich betroffenen Gebieten der Öffentlichkeit bekannt.**

(2) **In der Bekanntmachung weist die zuständige deutsche Behörde darauf hin, welcher Behörde des anderen Staates eine Stellungnahme zugeleitet werden kann und welche Frist es für die Stellungnahme gibt.**

(3) **Die zuständige Behörde macht die Unterlagen öffentlich zugänglich.**

(4) **Die Bekanntmachung und die nach Absatz 3 öffentlich zugänglich zu machenden Unterlagen sind zumindest über das zentrale Internetportal zugänglich zu machen.**

(5) **Die Vorschriften über die öffentliche Bekanntmachung der Entscheidung und die Auslegung des Bescheids nach § 27 gelten entsprechend, soweit Rechtsvorschriften des Bundes oder der Länder für die Form der Bekanntmachung und Zugänglichmachung des Bescheids nicht etwas Abweichendes regeln.**

(Kommentierung folgt)

Abschnitt 2. Grenzüberschreitende Strategische Umweltprüfung

§ 60 Grenzüberschreitende Behördenbeteiligung bei inländischen Plänen und Programmen

(1) **Für die grenzüberschreitende Behördenbeteiligung bei Strategischen Umweltprüfungen gelten die Vorschriften über die Benachrichtigung eines anderen Staates nach § 54 und für die grenzüberschreitende Behördenbeteiligung nach § 55 entsprechend. Bei der Benachrichtigung der zuständigen Behörde eines anderen Staates ist ein Exemplar des Plan- oder Programmentwurfs und des Umweltberichts zu übermitteln.**

(2) **Die zuständige deutsche Behörde übermittelt den beteiligten Behörden des anderen Staates die Benachrichtigung in einer Amtssprache des anderen Staates. Bei der Durchführung der grenzüberschreitenden Behördenbeteiligung übermittelt sie zumindest folgende Unterlagen in der Amtssprache des anderen Staates:**

1. **den Inhalt der Bekanntmachung nach § 42 in Verbindung mit § 19 Absatz 1,**
2. **die nichttechnische Zusammenfassung des Umweltberichts sowie**
3. **die Teile des Plan- oder Programmentwurfs und des Umweltberichts, die es den beteiligten Behörden und der Öffentlichkeit des anderen Staates ermöglichen, die voraussichtlichen erheblichen nachteiligen grenzüberschreitenden Umweltauswirkungen des Vorhabens einzuschätzen und dazu Stellung zu nehmen oder sich zu äußern.**

(3) **Die zuständige deutsche Behörde setzt eine angemessene Frist, innerhalb derer die zuständige Behörde des anderen Staates Gelegenheit zur Stellungnahme hat.**

(Kommentierung folgt)

§ 61 Grenzüberschreitende Öffentlichkeitsbeteiligung bei inländischen Plänen und Programmen

(1) **Für die grenzüberschreitende Öffentlichkeitsbeteiligung bei Strategischen Umweltprüfungen gilt § 56 entsprechend. Die in dem anderen Staat betroffene Öffentlichkeit kann sich am Verfahren nach § 42 beteiligen.**

(2) **Die zuständige deutsche Behörde übermittelt bei der Annahme des Plans oder Programms dem beteiligten anderen Staat die in § 44 Absatz 2 genannten Informationen. Dabei übermittelt sie folgende Informationen auch in einer Amtssprache des anderen Staates:**

1. die Entscheidung zur Annahme des Programms,

2. die Teile der zusammenfassenden Erklärung, die es den beteiligten Behörden und der Öffentlichkeit des anderen Staates ermöglichen zu erkennen, auf welche Art und Weise

a) der Plan oder das Programm die im Umweltbericht dargestellten voraussichtlichen erheblichen nachteiligen grenzüberschreitenden Umweltauswirkungen sowie Maßnahmen zum Ausschluss, zur Verringerung oder zum Ausgleich dieser Auswirkungen berücksichtigt,

b) die Stellungnahmen der Behörden und die Äußerungen der betroffenen Öffentlichkeit des anderen Staates sowie die Ergebnisse der Konsultationen nach § 60 Absatz 1 in Verbindung mit § 55 Absatz 5 berücksichtigt,

3. eine Rechtsbehelfsbelehrung, soweit über die Annahme des Plans oder Programms nicht durch Gesetz entschieden wird, und

4. sonstige Unterlagen, die für das Verfahren der grenzüberschreitenden Strategischen Umweltprüfung wesentlich sind.

(Kommentierung folgt)

§ 62 Grenzüberschreitende Behördenbeteiligung bei ausländischen Plänen und Programmen

Für die Beteiligung der deutschen Behörden bei Plänen und Programmen eines anderen Staates gelten die Vorschriften für die grenzüberschreitende Behördenbeteiligung bei ausländischen Vorhaben nach § 58 und für die Konsultation mit dem anderen Staat nach § 55 Absatz 5 entsprechend.

(Kommentierung folgt)

§ 63 Grenzüberschreitende Öffentlichkeitsbeteiligung bei ausländischen Plänen und Programmen

(1) **Für die Beteiligung der deutschen Öffentlichkeit bei Plänen und Programmen eines anderen Staates gilt § 59 Absatz 1 bis 3 und 5 entsprechend.**

(2) **Für die Bekanntgabe der Entscheidung über die Annahme oder Ablehnung des Plans oder Programms und für die Auslegung von Unterlagen im Falle der Annahme gilt § 44 entsprechend.**

(Kommentierung folgt)

Abschnitt 3. Gemeinsame Vorschriften

§ 64 Völkerrechtliche Verpflichtungen

Weitergehende Regelungen zur Umsetzung völkerrechtlicher Verpflichtungen von Bund und Ländern bleiben unberührt.

(Kommentierung folgt)

Teil 6. Vorschriften für bestimmte Leitungsanlagen (Anlage 1 Nummer 19)

§ 65 Planfeststellung; Plangenehmigung

(1) **Vorhaben, die in der Anlage 1 unter den Nummern 19.3 bis 19.9 aufgeführt sind, sowie die Änderung solcher Vorhaben bedürfen der Planfeststellung durch die zuständige Behörde, sofern dafür nach den §§ 6 bis 14 eine Verpflichtung zur Durchführung einer Umweltverträglichkeitsprüfung besteht.**

(2) **Sofern keine Verpflichtung zur Durchführung einer Umweltverträglichkeitsprüfung besteht, bedarf das Vorhaben der Plangenehmigung. Die Plangenehmigung entfällt in Fällen von unwesentlicher Bedeutung. Diese liegen vor, wenn die Prüfwerte nach § 7 Absatz 1 und 2 für Größe und Leistung, die die Vorprüfung eröffnen, nicht erreicht werden oder die Voraussetzungen des § 74 Absatz 7 Satz 2 des Verwaltungsverfahrensgesetzes erfüllt sind; die §§ 10 bis 12 gelten entsprechend. Die Sätze 2 und 3 gelten nicht für Errichtung, Betrieb und Änderung von Rohrleitungsanlagen zum Befördern wassergefährdender Stoffe sowie für die Änderung ihres Betriebs, ausgenommen Änderungen von unwesentlicher Bedeutung.**

(Kommentierung folgt)

§ 66 Entscheidung; Nebenbestimmungen; Verordnungsermächtigung

(1) Der Planfeststellungsbeschluss darf nur ergehen, wenn

1. sichergestellt ist, dass das Wohl der Allgemeinheit nicht beeinträchtigt wird, insbesondere
   a) Gefahren für die Schutzgüter nicht hervorgerufen werden können und
   b) Vorsorge gegen die Beeinträchtigung der Schutzgüter, insbesondere durch bauliche, betriebliche oder organisatorische Maßnahmen entsprechend dem Stand der Technik getroffen wird,
2. umweltrechtliche Vorschriften und andere öffentlich-rechtliche Vorschriften dem Vorhaben nicht entgegenstehen,
3. Ziele der Raumordnung beachtet und Grundsätze und sonstige Erfordernisse der Raumordnung berücksichtigt sind,
4. Belange des Arbeitsschutzes gewahrt sind.

Bei Vorhaben im Sinne der Nummer 19.3 der Anlage 1 darf der Planfeststellungsbeschluss darüber hinaus nur erteilt werden, wenn eine nachteilige Veränderung der Wasserbeschaffenheit nicht zu besorgen ist.

(2) Der Planfeststellungsbeschluss kann mit Bedingungen versehen, mit Auflagen verbunden und befristet werden, soweit dies zur Wahrung des Wohls der Allgemeinheit oder zur Erfüllung von öffentlich-rechtlichen Vorschriften, die dem Vorhaben entgegenstehen können, erforderlich ist. Die Aufnahme, Änderung oder Ergänzung von Auflagen über Anforderungen an das Vorhaben ist auch nach dem Ergehen des Planfeststellungsbeschlusses zulässig.

(3) Die Absätze 1 und 2 gelten für die Plangenehmigung entsprechend.

(4) Der Planfeststellungsbeschluss muss zumindest die folgenden Angaben enthalten:

1. die umweltbezogenen Nebenbestimmungen, die mit der Zulassungsentscheidung verbunden sind,
2. eine Beschreibung der vorgesehenen Überwachungsmaßnahmen,
3. eine Begründung, aus der die wesentlichen tatsächlichen und rechtlichen Gründe hervorgehen, die die Behörde zu ihrer Entscheidung bewogen haben; hierzu gehören
   a) Angaben über das Verfahren zur Beteiligung der Öffentlichkeit,
   b) die zusammenfassende Darstellung gemäß § 24,
   c) die begründete Bewertung gemäß § 25 Absatz 1 sowie
   d) eine Erläuterung, wie die begründete Bewertung, insbesondere die Angaben des UVP-Berichts, die behördlichen Stellungnahmen nach § 17 Absatz 2 und § 55 Absatz 4 sowie die Äußerungen der Öffentlichkeit nach den §§ 21 und 56, in der Zulassungsentscheidung berücksichtigt wurden oder wie ihnen anderweitig Rechnung getragen wurde.

(5) Wird das Vorhaben nicht zugelassen, müssen im Bescheid die dafür wesentlichen Gründe erläutert werden.

(6) Die Bundesregierung wird ermächtigt, nach Anhörung der beteiligten Kreise durch Rechtsverordnung mit Zustimmung des Bundesrates Vorschriften zur Erfüllung der Voraussetzungen des Absatzes 1 Satz 1 Nummer 1 zu erlassen über

1. die dem Stand der Technik entsprechenden baulichen, betrieblichen oder organisatorischen Maßnahmen zur Vorsorge gegen die Beeinträchtigung der Schutzgüter,
2. die Pflichten von Vorhabenträgern und Dritten,
   a) Behörden und die Öffentlichkeit zu informieren,

b) Behörden Unterlagen vorzulegen,
c) Behörden technische Ermittlungen und Prüfungen zu ermöglichen sowie ihnen dafür Arbeitskräfte und technische Hilfsmittel zur Verfügung zu stellen,

2a. die behördlichen Befugnisse,
a) technische Ermittlungen und Prüfungen vorzunehmen,
b) während der Betriebszeit Betriebsräume sowie unmittelbar zugehörige befriedete Betriebsgrundstücke zu betreten,
c) bei Erforderlichkeit zur Verhütung dringender Gefahren für die öffentliche Sicherheit oder Ordnung Wohnräume und außerhalb der Betriebszeit Betriebsräume sowie unmittelbar zugehörige befriedete Betriebsgrundstücke zu betreten,
d) jederzeit Anlagen zu betreten sowie Grundstücke, die nicht unmittelbar zugehörige befriedete Betriebsgrundstücke nach den Buchstaben b und c sind,

3. die Überprüfung von Vorhaben durch Sachverständige, Sachverständigenorganisationen und zugelassene Überwachungsstellen sowie über die Anforderungen, die diese Sachverständigen, Sachverständigenorganisationen und zugelassene Überwachungsstellen erfüllen müssen, sowie über das Verfahren ihrer Anerkennung,

4. die Anpassung bestehender Vorhaben an die Anforderungen der geltenden Vorschriften,

5. die Anzeige von Änderungen, die nach § 65 weder einer Planfeststellung noch einer Plangenehmigung bedürfen, an die zuständige Behörde,

6. die Befugnis für behördliche Anordnungen im Einzelfall.

In der Rechtsverordnung können Vorschriften über die Einsetzung technischer Kommissionen getroffen werden. Die Kommissionen sollen die Bundesregierung oder das Bundesministerium für Umwelt, Naturschutz, Bau und Reaktorsicherheit in technischen Fragen beraten. Sie schlagen dem Stand der Technik entsprechende Regeln (technische Regeln) unter Berücksichtigung der für andere Schutzziele vorhandenen Regeln und, soweit dessen Zuständigkeiten berührt sind, in Abstimmung mit der Kommission für Anlagensicherheit nach § 51a Absatz 1 des Bundes-Immissionsschutzgesetzes vor. In die Kommissionen sind Vertreter der beteiligten Bundesbehörden und Landesbehörden, der Sachverständigen, Sachverständigenorganisationen und zugelassenen Überwachungsstellen, der Wissenschaft sowie der Hersteller und Betreiber von Leitungsanlagen zu berufen. Technische Regeln können vom Bundesministerium für Umwelt, Naturschutz, Bau und Reaktorsicherheit im Bundesanzeiger veröffentlicht werden. In der Rechtsverordnung können auch die Stoffe, die geeignet sind, die Wasserbeschaffenheit nachteilig zu verändern (wassergefährdende Stoffe im Sinne von Nummer 19.3 der Anlage 1), bestimmt werden. Das Grundrecht der Unverletzlichkeit der Wohnung (Artikel 13 des Grundgesetzes) wird durch Satz 1 Nummer 2a Buchstabe c eingeschränkt.

(7) **Die Bundesregierung wird ermächtigt, für Rohrleitungsanlagen, die keiner Planfeststellung oder Plangenehmigung bedürfen, nach Anhörung der beteiligten Kreise im Sinne von § 23 Absatz 2 des Wasserhaushaltsgesetzes durch Rechtsverordnung mit Zustimmung des Bundesrates**

1. eine Anzeigepflicht vorzuschreiben,

2. Regelungen entsprechend Absatz 6 Satz 1 Nummer 1 bis 4, 6 oder entsprechend Absatz 6 Satz 2 und 7 zu erlassen.

(8) **Für Anlagen, die militärischen Zwecken dienen, obliegen dem Bundesministerium der Verteidigung und den von ihm benannten Stellen die Aufgaben des Vollzugs und der Überwachung.**

(Kommentierung folgt)

§ 67 Verfahren; Verordnungsermächtigung

Für die Durchführung des Planfeststellungsverfahrens und des Plangenehmigungsverfahrens gelten die §§ 72 bis 78 des Verwaltungsverfahrensgesetzes. Die Bundesregierung wird ermächtigt, durch Rechtsverordnung mit Zustimmung des Bundesrates weitere Einzelheiten des Planfeststellungsverfahrens, insbesondere zu Art und Umfang der Antragsunterlagen, zu regeln.

(Kommentierung folgt)

§ 68 Überwachung

(1) **Die zuständige Behörde hat durch geeignete Maßnahmen zu überwachen, dass Vorhaben, die in Anlage 1 unter den Nummern 19.3 bis 19.9 aufgeführt sind, im Einklang mit den umweltbezogenen Bestimmungen des Zulassungsbescheids nach § 65 durchgeführt werden. Bei UVP-pflichtigen Vorhaben gilt dies insbesondere für die im Planfeststellungsbescheid festgelegten Merkmale des Vorhabens und des Standorts, für die Maßnahmen, mit denen erhebliche nachteilige Umweltauswirkungen ausgeschlossen, vermindert oder ausgeglichen werden sollen, sowie für die Ersatzmaßnahmen bei Eingriffen in Natur und Landschaft.**

(2) **Die Überwachung nach Absatz 1 kann dem Vorhabenträger aufgegeben werden, soweit dies nach landesrechtlichen Vorschriften vorgesehen ist.**

(Kommentierung folgt)

§ 69 Bußgeldvorschriften

(1) **Ordnungswidrig handelt, wer vorsätzlich oder fahrlässig**

1. ohne Planfeststellungsbeschluss nach § 65 Absatz 1 oder ohne Plangenehmigung nach § 65 Absatz 2 Satz 1 ein Vorhaben durchführt,

2. einer vollziehbaren Auflage nach § 66 Absatz 2 zuwiderhandelt oder

3. einer Rechtsverordnung nach

a) § 66 Absatz 6 Satz 1 Nummer 1, 3, 4 oder 6, jeweils auch in Verbindung mit Absatz 7 Nummer 2, oder

b) § 66 Absatz 6 Satz 1 Nummer 2, auch in Verbindung mit Absatz 7 Nummer 2, oder § 66 Absatz 6 Satz 1 Nummer 5 oder Absatz 7 Nummer 1

oder einer vollziehbaren Anordnung aufgrund einer solchen Rechtsverordnung zuwiderhandelt, soweit die Rechtsverordnung für einen bestimmten Tatbestand auf diese Bußgeldvorschrift verweist.

(2) **Die Ordnungswidrigkeit kann in den Fällen des Absatzes 1 Nummer 3 Buchstabe b mit einer Geldbuße bis zu zwanzigtausend Euro, in den übrigen Fällen mit einer Geldbuße bis zu fünfzigtausend Euro geahndet werden.**

(Kommentierung folgt)

Teil 7. Schlussvorschriften

§ 70 Ermächtigung zum Erlass von Verwaltungsvorschriften

Die Bundesregierung kann mit Zustimmung des Bundesrates allgemeine Verwaltungsvorschriften erlassen, insbesondere über

1. Kriterien und Verfahren, die zu dem in § 3 Satz 2 und § 25 Absatz 1 genannten Zweck bei der Ermittlung, Beschreibung und Bewertung von Umweltauswirkungen zugrunde zu legen sind,

2. Grundsätze für den Untersuchungsrahmen nach § 15,

3. Grundsätze für die zusammenfassende Darstellung nach § 24 und für die begründete Bewertung nach § 25 Absatz 1,

4. Grundsätze und Verfahren zur Vorprüfung nach § 7 sowie über die in Anlage 3 aufgeführten Kriterien,

5. Grundsätze für die Erstellung des Umweltberichts nach § 40,

6. Grundsätze für die Überwachung nach den §§ 28, 45 und 68.

(Kommentierung folgt)

§ 71 Bestimmungen zum Verwaltungsverfahren

Von den Regelungen des Verwaltungsverfahrens, die in diesem Gesetz und aufgrund dieses Gesetzes getroffen werden, kann durch Landesrecht nur in dem Umfang abgewichen werden, der in § 1 Absatz 4 und § 38 bestimmt ist.

(Kommentierung folgt)

§ 72 Vermeidung von Interessenkonflikten

Ist die zuständige Behörde bei der Umweltverträglichkeitsprüfung zugleich Vorhabenträger, so ist die Unabhängigkeit des Behördenhandelns bei der Wahrnehmung der Aufgaben nach diesem Gesetz durch geeignete organisatorische Maßnahmen sicherzustellen, insbesondere durch eine angemessene funktionale Trennung.

(Kommentierung folgt)

§ 73 Berichterstattung an die Europäische Kommission

(1) Zur Vorbereitung der Berichterstattung an die Europäische Kommission teilen die zuständigen Behörden des Bundes und der Länder dem für Umweltschutz zuständigen Bundesministerium erstmals am 31. März 2023 und sodann alle sechs Jahre für ihren Zuständigkeitsbereich folgende Angaben mit:

1. die Anzahl der Vorhaben, für die im Betrachtungszeitraum eine Umweltverträglichkeitsprüfung durchgeführt worden ist, getrennt nach den in Anlage 1 genannten Vorhabenarten sowie

2. die Anzahl der Vorhaben nach Anlage 1 Spalte 2, für die im Betrachtungszeitraum eine Vorprüfung nach § 7 Absatz 1 oder 2 durchgeführt worden ist.

(2) Sofern entsprechende Angaben verfügbar sind, sind ebenfalls mitzuteilen:

1. die durchschnittliche Verfahrensdauer der im Betrachtungszeitraum durchgeführten Umweltverträglichkeitsprüfungen,

2. eine Abschätzung der durchschnittlichen unmittelbaren Kosten

a) aller im Betrachtungszeitraum durchgeführten Umweltverträglichkeitsprüfungen sowie

b) der Umweltverträglichkeitsprüfungen, die im Betrachtungszeitraum für Vorhaben kleiner und mittlerer Unternehmen durchgeführt worden sind.

(Kommentierung folgt)

§ 74 Übergangsvorschrift

(1) Für Vorhaben, für die das Verfahren zur Feststellung der UVP-Pflicht im Einzelfall nach § 3c oder nach § 3e Absatz 1 Nummer 2 in der Fassung dieses Gesetzes, die vor dem 16. Mai 2017 galt, vor dem 16. Mai 2017 eingeleitet wurde, sind die Vorschriften des Teils 2 Abschnitt 1 über die Vorprüfung des Einzelfalls in der bis dahin geltenden Fassung weiter anzuwenden.

(2) Verfahren nach § 4 sind nach der Fassung dieses Gesetzes, die vor dem 16. Mai 2017 galt, zu Ende zu führen, wenn vor diesem Zeitpunkt

1. das Verfahren zur Unterrichtung über voraussichtlich beizubringende Unterlagen in der bis dahin geltenden Fassung des § 5 Absatz 1 eingeleitet wurde oder
2. die Unterlagen nach § 6 in der bis dahin geltenden Fassung dieses Gesetzes vorgelegt wurden.

(3) Verfahren nach § 33 sind nach der Fassung dieses Gesetzes, die vor dem 16. Mai 2017 galt, zu Ende zu führen, wenn vor diesem Zeitpunkt der Untersuchungsrahmen nach § 14f Absatz 1 in der bis dahin geltenden Fassung dieses Gesetzes festgelegt wurde.

(4) Besteht nach den Absätzen 1 und 2 eine Verpflichtung zur Durchführung einer Umweltverträglichkeitsprüfung und ist diese gemäß § 50 im Bebauungsplanverfahren nach den Vorschriften des Baugesetzbuchs durchzuführen, gilt insoweit § 244 des Baugesetzbuchs.

(5) *(weggefallen)*

(6) Verfahren zur Errichtung und zum Betrieb sowie zur Änderung von Rohrleitungsanlagen nach Nummer 19.3 der Anlage 1, die vor dem 25. Juni 2002 eingeleitet worden sind, sind nach den Bestimmungen des Gesetzes zur Umsetzung der UVP-Änderungsrichtlinie, der IVU-Richtlinie und weiterer EG-Richtlinien zum Umweltschutz vom 27. Juli 2001 (BGBl. I S. 1950) zu Ende zu führen.

(6a) Eine Genehmigung für eine Rohrleitungsanlage zum Befördern wassergefährdender Stoffe, die nach § 19a Absatz 1 Satz 1 des Wasserhaushaltsgesetzes in der am 28. Februar 2010 geltenden Fassung erteilt worden ist, gilt, soweit eine Umweltverträglichkeitsprüfung durchgeführt worden ist, als Planfeststellung nach § 65 Absatz 1, in den übrigen Fällen als Plangenehmigung nach § 65 Absatz 2 fort. Eine Rohrleitungsanlage zum Befördern wassergefährdender Stoffe, die nach § 19e Absatz 2 Satz 1 und 2 des Wasserhaushaltsgesetzes in der am 28. Februar 2010 geltenden Fassung angezeigt worden ist oder keiner Anzeige bedurfte, bedarf keiner Planfeststellung oder Plangenehmigung; § 66 Absatz 2 und 6 gilt entsprechend.

(7) *(weggefallen)*

(8) Die Vorschriften des Teils 3 gelten für Pläne und Programme, deren erster förmlicher Vorbereitungsakt nach dem 29. Juni 2005 erfolgt. Verfahren zur Aufstellung oder Änderung von Plänen und Programmen, deren erster förmlicher Vorbereitungsakt nach dem 20. Juli 2004 erfolgt ist, sind nach den Vorschriften dieses Gesetzes zu Ende zu führen.

(9) Pläne und Programme, deren erster förmlicher Vorbereitungsakt vor dem 21. Juli 2004 erfolgt ist und die später als am 20. Juli 2006 angenommen oder in ein Gesetzgebungsverfahren eingebracht werden, unterliegen den Vorschriften des Teils 3. § 48 dieses Gesetzes sowie § 27 Absatz 1 und 3 des Raumordnungsgesetzes bleiben unberührt.

(10) Verfahren, für die nach § 49 Absatz 1 eine Umweltverträglichkeitsprüfung durchzuführen ist und die vor dem 1. März 2010 begonnen worden sind, sind nach diesem Gesetz in der ab dem 1. März 2010 geltenden Fassung zu Ende zu führen.

Hat eine Öffentlichkeitsbeteiligung bereits stattgefunden, ist von einer erneuten Beteiligung der Öffentlichkeit nach § 9 in der vor dem 29. Juli 2017 geltenden Fassung abzusehen, soweit keine zusätzlichen oder anderen erheblichen Umweltauswirkungen zu erwarten sind. Hat eine Behördenbeteiligung bereits stattgefunden, bedarf es einer erneuten Beteiligung nach den §§ 7 und 8 in der vor dem 29. Juli 2017 geltenden Fassung nur, wenn neue Unterlagen zu erheblichen Umweltauswirkungen des Vorhabens vorliegen.

(11) **Verfahren nach § 4, die der Entscheidung über die Zulässigkeit von Vorhaben dienen und die vor dem 25. Juni 2005 begonnen worden sind, sind nach den Vorschriften dieses Gesetzes in der ab dem 15. Dezember 2006 geltenden Fassung zu Ende zu führen. Satz 1 findet keine Anwendung auf Verfahren, bei denen das Vorhaben vor dem 25. Juni 2005 bereits öffentlich gemacht worden ist.**

(12) **Für Verfahren nach § 4, die der Entscheidung über die Zulässigkeit von Vorhaben nach Nummer 13.2.2 der Anlage 1 dienen, findet dieses Gesetz nur Anwendung, wenn das Verfahren nach dem 1. März 2010 eingeleitet worden ist. Verfahren nach § 4, die der Entscheidung über die Zulässigkeit von Vorhaben nach den Nummern 3.15, 13.1 bis 13.2.1.3, 13.3 bis 13.18 und 17 der Anlage 1 dienen und die vor dem 1. März 2010 eingeleitet worden sind, sind nach der bis zu diesem Tag geltenden Fassung des Gesetzes zu Ende zu führen.**

(13) **Für Verfahren nach § 4, die der Entscheidung über die Zulässigkeit von Vorhaben nach Nummer 17.3 der Anlage 1 dienen, ist dieses Gesetz nur anzuwenden, wenn das Verfahren nach dem 1. August 2013 eingeleitet worden ist.**

(Kommentierung folgt)

Anlage 1[1]

Liste „UVP-pflichtige Vorhaben"

Nachstehende Vorhaben fallen nach § 1 Absatz 1 Nummer 1 in den Anwendungsbereich dieses Gesetzes. Soweit nachstehend eine allgemeine Vorprüfung oder eine standortbezogene Vorprüfung des Einzelfalls vorgesehen ist, nimmt dies Bezug auf die Regelungen des § 7 Absatz 1 und 2.

Legende:

Nummer	=	Nummer des Vorhabens
Vorhaben	=	Art des Vorhabens mit ggf. Größen- oder Leistungswerten nach § 6 Satz 2 sowie Prüfwerten für Größe oder Leistung nach § 7 Absatz 5 Satz 3
X in Spalte 1	=	Vorhaben ist UVP-pflichtig
A in Spalte 2	=	allgemeine Vorprüfung des Einzelfalls: siehe § 7 Absatz 1 Satz 1
S in Spalte 2	=	standortbezogene Vorprüfung des Einzelfalls: siehe § 7 Absatz 2

Nummer	Vorhaben	Sp. 1	Sp. 2
1.	**Wärmeerzeugung, Bergbau und Energie:**		
1.1	Errichtung und Betrieb einer Anlage zur Erzeugung von Strom, Dampf, Warmwasser, Prozesswärme oder erhitztem Abgas durch den Einsatz von Brennstoffen in einer Verbrennungseinrichtung (wie Kraftwerk, Heizkraftwerk, Heizwerk, Gasturbine, Verbrennungsmotoranlage, sonstige Feuerungsanlage), einschließlich des jeweils zugehörigen Dampfkessels, mit einer Feuerungswärmeleistung von		
1.1.1	mehr als 200 MW,	X	
1.1.2	50 MW bis 200 MW;		A
1.2	Errichtung und Betrieb einer Anlage zur Erzeugung von Strom, Dampf, Warmwasser, Prozesswärme oder erhitztem Abgas in einer Verbrennungseinrichtung (wie Kraftwerk, Heizkraftwerk, Heizwerk, Gasturbinenanlage, Verbrennungsmotoranlage, sonstige Feuerungsanlage), einschließlich des jeweils zugehörigen Dampfkessels, ausgenommen Verbrennungsmotoranlagen für Bohranlagen und Notstromaggregate, durch den Einsatz von		
1.2.1	Kohle, Koks einschließlich Petrolkoks, Kohlebriketts, Torfbriketts, Brenntorf, naturbelassenem Holz, emulgiertem Naturbitumen, Heizölen, ausgenommen Heizöl EL, mit einer Feuerungswärmeleistung von 1 MW bis weniger als 50 MW,		S
1.2.2	gasförmigen Brennstoffen (insbesondere Koksofengas, Grubengas, Stahlgas, Raffineriegas, Synthesegas, Erdölgas aus der Tertiärförderung von Erdöl, Klärgas, Biogas), ausgenommen naturbelassenem Erdgas, Flüssiggas, Gasen der öffentlichen Gasversorgung oder Wasserstoff, mit einer Feuerungswärmeleistung von		
1.2.2.1	10 MW bis weniger als 50 MW,		S

[1] Anl. 1 geänd. mWv 18.8.2010 durch G v. 11.8.2010 (BGBl. I S. 1163); geänd. mWv 21.5.2011 durch VO v. 18.5.2011 (BGBl. I S. 892); geänd. mWv 1.6.2012 durch G v. 24.2.2012 (BGBl. I S. 212); geänd. mWv 24.8.2012 durch G v. 17.8.2012 (BGBl. I S. 1726); geänd. mWv 1.8.2013 durch G v. 21.1.2013 (BGBl. I S. 95); geänd. mWv 2.5.2013 durch G v. 8.4.2013 (BGBl. I S. 734); geänd. mWv 31.12.2015 (BGBl. I S. 2490).

Nummer	Vorhaben	Sp. 1	Sp. 2
1.2.2.2	1 MW bis weniger als 10 MW, bei Verbrennungsmotoranlagen oder Gasturbinenanlagen,		S
1.2.3	Heizöl EL, Dieselkraftstoff, Methanol, Ethanol, naturbelassenen Pflanzenölen oder Pflanzenölmethylestern, naturbelassenem Erdgas, Flüssiggas, Gasen der öffentlichen Gasversorgung oder Wasserstoff mit einer Feuerungswärmeleistung von		
1.2.3.1	20 MW bis weniger als 50 MW,		S
1.2.3.2	1 MW bis weniger als 20 MW, bei Verbrennungsmotoranlagen oder Gasturbinenanlagen,		S
1.2.4	anderen als in Nummer 1.2.1 oder 1.2.3 genannten festen oder flüssigen Brennstoffen mit einer Feuerungswärmeleistung von		
1.2.4.1	1 MW bis weniger als 50 MW,		A
1.2.4.2	100 KW bis weniger als 1 MW;		S
1.3	(weggefallen)		
1.4	Errichtung und Betrieb einer Verbrennungsmotoranlage oder Gasturbinenanlage zum Antrieb von Arbeitsmaschinen für den Einsatz von		
1.4.1	Heizöl EL, Dieselkraftstoff, Methanol, Ethanol, naturbelassenen Pflanzenölen, Pflanzenölmethylestern Koksofengas, Grubengas, Stahlgas, Raffineriegas, Synthesegas, Erdölgas aus der Tertiärförderung von Erdöl, Klärgas, Biogas, naturbelassenem Erdgas, Flüssiggas, Gasen der öffentlichen Gasversorgung oder Wasserstoff mit einer Feuerungswärmeleistung von		
1.4.1.1	mehr als 200 MW,	X	
1.4.1.2	50 MW bis 200 MW,		A
1.4.1.3	1 MW bis weniger als 50 MW, ausgenommen Verbrennungsmotoranlagen für Bohranlagen,		S
1.4.2	anderen als in Nummer 1.4.1 genannten Brennstoffen mit einer Feuerungswärmeleistung von		
1.4.2.1	mehr als 200 MW,	X	
1.4.2.2	50 MW bis 200 MW		A
1.4.2.3	1 MW bis weniger als 50 MW;		S
1.5	(weggefallen)		
1.6	Errichtung und Betrieb einer Windfarm mit Anlagen in einer Gesamthöhe von jeweils mehr als 50 Metern mit		
1.6.1	20 oder mehr Windkraftanlagen,	X	
1.6.2	6 bis weniger als 20 Windkraftanlagen,		A
1.6.3	3 bis weniger als 6 Windkraftanlagen;		S
1.7	Errichtung und Betrieb einer Anlage zum Brikettieren von Braun- oder Steinkohle;	X	
1.8	Errichtung und Betrieb einer Anlage zur Trockendestillation von Steinkohle oder Braunkohle (z. B. Kokerei, Gaswerk, Schwelerei) mit einem Durchsatz von		
1.8.1	500 t oder mehr je Tag,	X	
1.8.2	weniger als 500 t je Tag, ausgenommen Holzkohlenmeiler;		A

Nummer	Vorhaben	Sp. 1	Sp. 2
1.9	Errichtung und Betrieb einer Anlage zur Vergasung oder Verflüssigung von Kohle oder bituminösem Schiefer mit einem Durchsatz von		
1.9.1	500 t oder mehr je Tag,	**X**	
1.9.2	weniger als 500 t je Tag		**A**
1.10	Errichtung und Betrieb einer Anlage zur Abscheidung von Kohlendioxid zur dauerhaften Speicherung		
1.10.1	aus einer Anlage, die nach Spalte 1 UVP-pflichtig ist,	**X**	
1.10.2	mit einer Abscheidungsleistung von 1,5 Mio. t oder mehr pro Jahr, soweit sie nicht unter Nummer 1.10.1 fällt,	**X**	
1.10.3	mit einer Abscheidungsleistung von weniger als 1,5 Mio. t pro Jahr;		**A**
1.11	Errichtung und Betrieb einer Anlage zur		
1.11.1	Erzeugung von Biogas, soweit nicht durch Nummer 8.4 erfasst, mit einer Produktionskapazität von		
1.11.1.1	2 Mio. Normkubikmetern oder mehr Rohgas je Jahr,		**A**
1.11.1.2	1,2 Mio. bis weniger als 2 Mio. Normkubikmetern Rohgas je Jahr,		**S**
1.11.2	Aufbereitung von Biogas mit einer Verarbeitungskapazität von		
1.11.2.1	2 Mio. Normkubikmetern oder mehr Rohgas je Jahr,		**A**
1.11.2.2	1,2 Mio. bis weniger als 2 Mio. Normkubikmetern Rohgas je Jahr;		**S**
2.	**Steine und Erden, Glas, Keramik, Baustoffe:**		
2.1	Errichtung und Betrieb eines Steinbruchs mit einer Abbaufläche von		
2.1.1	25 ha oder mehr,	**X**	
2.1.2	10 ha bis weniger als 25 ha,		**A**
2.1.3	weniger als 10 ha, soweit Sprengstoffe verwendet werden;		**S**
2.2	Errichtung und Betrieb einer Anlage zur Herstellung von Zementklinkern oder Zementen mit einer Produktionskapazität von		
2.2.1	1000 t oder mehr je Tag,	**X**	
2.2.2	weniger als 1000 t je Tag;		**A**
2.3	Errichtung und Betrieb einer Anlage zur Gewinnung von Asbest;	**X**	
2.4	Errichtung und Betrieb einer Anlage zur Bearbeitung oder Verarbeitung von Asbest oder Asbesterzeugnissen mit		
2.4.1	einer Jahresproduktion von		
2.4.1.1	20 000 t oder mehr Fertigerzeugnissen bei Asbestzementerzeugnissen,	**X**	
2.4.1.2	50 t oder mehr Fertigerzeugnissen bei Reibungsbelägen,	**X**	
2.4.2	einem Einsatz von 200 t oder mehr Asbest bei anderen Verwendungszwecken,	**X**	
2.4.3	einer geringeren Jahresproduktion oder einem geringeren Einsatz als in den vorstehenden Nummern angegeben;		**A**
2.5	Errichtung und Betrieb einer Anlage zur Herstellung von Glas, auch soweit es aus Altglas hergestellt wird, einschließlich Anlagen zur Herstellung von Glasfasern mit einer Schmelzkapazität von		

Nummer	Vorhaben	Sp. 1	Sp. 2
2.5.1	200 000 t oder mehr je Jahr oder bei Flachglasanlagen, die nach dem Floatglasverfahren betrieben werden, 100 000 t oder mehr je Jahr,	X	
2.5.2	20 t je Tag bis weniger als in der vorstehenden Nummer angegeben,		A
2.5.3	100 kg bis weniger als 20 t je Tag, ausgenommen Anlagen zur Herstellung von Glasfasern, die für medizinische oder fernmeldetechnische Zwecke bestimmt sind;		S
2.6	Errichtung und Betrieb einer Anlage zum Brennen keramischer Erzeugnisse (einschließlich Anlagen zum Blähen von Ton) mit einer Produktionskapazität von		
2.6.1	75 t oder mehr je Tag,		A
2.6.2	weniger als 75 t je Tag, soweit der Rauminhalt der Brennanlage 4 m^3 oder mehr beträgt oder die Besatzdichte mehr als 100 kg je Kubikmeter Rauminhalt der Brennanlage beträgt, ausgenommen elektrisch beheizte Brennöfen, die diskontinuierlich und ohne Abluftführung betrieben werden;		S
2.7	Errichtung und Betrieb einer Anlage zum Schmelzen mineralischer Stoffe, einschließlich Anlagen zur Herstellung von Mineralfasern;		A
3.	**Stahl, Eisen und sonstige Metalle einschließlich Verarbeitung:**		
3.1	Errichtung und Betrieb einer Anlage zum Rösten (Erhitzen unter Luftzufuhr zur Überführung in Oxide) oder Sintern (Stückigmachen von feinkörnigen Stoffen durch Erhitzen) von Erzen;	X	
3.2	Errichtung und Betrieb eines integrierten Hüttenwerkes (Anlage zur Herstellung oder zum Erschmelzen von Roheisen und zur Weiterverarbeitung zu Rohstahl, bei der sich Gewinnungs- und Weiterverarbeitungseinheiten nebeneinander befinden und in funktioneller Hinsicht miteinander verbunden sind);	X	
3.3	Errichtung und Betrieb einer Anlage zur Herstellung oder zum Erschmelzen von Roheisen oder Stahl einschließlich Stranggießen, auch soweit Konzentrate oder sekundäre Rohstoffe eingesetzt werden, mit einer Schmelzkapazität von		
3.3.1	2,5 t Roheisen oder Stahl je Stunde oder mehr,		A
3.3.2	weniger als 2,5 t Stahl je Stunde;		S
3.4	Errichtung und Betrieb einer Anlage zur Herstellung von Nichteisenrohmetallen aus Erzen, Konzentraten oder sekundären Rohstoffen durch metallurgische, chemische oder elektrolytische Verfahren;	X	
3.5	Errichtung und Betrieb einer Anlage zum Schmelzen, zum Legieren oder zur Raffination von Nichteisenmetallen mit einer Schmelzkapazität von		
3.5.1	100 000 t oder mehr je Jahr,	X	
3.5.2	4 t oder mehr je Tag bei Blei und Cadmium oder von 20 t oder mehr je Tag bei sonstigen Nichteisenmetallen, jeweils bis weniger als 100 000 t je Jahr,		A
3.5.3	0,5 t bis weniger als 4 t je Tag bei Blei und Cadmium oder von 2 t bis weniger als 20 t je Tag bei sonstigen Nichteisenmetallen, ausgenommen – Vakuum-Schmelzanlagen, – Schmelzanlagen für Gusslegierungen aus Zinn und Wismut oder aus Feinzink und Aluminium in Verbindung mit Kupfer oder Magnesium,		S

Nummer	Vorhaben	Sp. 1	Sp. 2
	– Schmelzanlagen, die Bestandteil von Druck- oder Kokillengießmaschinen sind oder die ausschließlich im Zusammenhang mit einzelnen Druck- oder Kokillengießmaschinen gießfertige Nichteisenmetalle oder gießfertige Legierungen niederschmelzen, – Schmelzanlagen für Edelmetalle oder für Legierungen, die nur aus Edelmetallen oder aus Edelmetallen und Kupfer bestehen, – Schwalllötbäder und – Heißluftverzinnungsanlagen;		
3.6	Errichtung und Betrieb einer Anlage zur Umformung von Stahl durch Warmwalzen;		**A**
3.7	Errichtung und Betrieb einer Eisen-, Temper- oder Stahlgießerei mit einer Verarbeitungskapazität an Flüssigmetall von		
3.7.1	200 000 t oder mehr je Jahr,	**X**	
3.7.2	20 t oder mehr je Tag,		**A**
3.7.3	2 t bis weniger als 20 t je Tag;		**S**
3.8	Errichtung und Betrieb einer Anlage zum Aufbringen von metallischen Schutzschichten auf Metalloberflächen mit Hilfe von schmelzflüssigen Bädern mit einer Verarbeitungskapazität von		
3.8.1	100 000 t Rohgut oder mehr je Jahr,	**X**	
3.8.2	2 t Rohgut je Stunde bis weniger als 100 000 t Rohgut je Jahr,		**A**
3.8.3	500 kg bis weniger als 2 t Rohgut je Stunde, ausgenommen Anlagen zum kontinuierlichen Verzinken nach dem Sendzimirverfahren;		**S**
3.9	Errichtung und Betrieb einer Anlage zur Oberflächenbehandlung von Metallen durch ein elektrolytisches oder chemisches Verfahren mit einem Volumen der Wirkbäder von		
3.9.1	30 m^3 oder mehr,		**A**
3.9.2	1 m^3 bis weniger als 30 m^3 bei Anlagen durch Beizen oder Brennen unter Verwendung von Fluss- oder Salpetersäure;		**S**
3.10	Errichtung und Betrieb einer Anlage, die aus einem oder mehreren maschinell angetriebenen Hämmern oder Fallwerken besteht, wenn die Schlagenergie eines Hammers oder Fallwerkes		
3.10.1	20 Kilojoule oder mehr beträgt,		**A**
3.10.2	1 Kilojoule bis weniger als 20 Kilojoule beträgt;		**S**
3.11	Errichtung und Betrieb einer Anlage zur Sprengverformung oder zum Plattieren mit Sprengstoffen bei einem Einsatz von 10 kg Sprengstoff oder mehr je Schuss;		**A**
3.12	Errichtung und Betrieb einer Schiffswerft		
3.12.1	zum Bau von Seeschiffen mit einer Größe von 100 000 Bruttoregistertonnen,	**X**	
3.12.2	zur Herstellung oder Reparatur von Schiffskörpern oder Schiffssektionen aus Metall mit einer Länge von 20m oder mehr, soweit nicht ein Fall der vorstehenden Nummer vorliegt;		**A**
3.13	Errichtung und Betrieb einer Anlage zum Bau von Schienenfahrzeugen mit einer Produktionskapazität von 600 oder mehr Schienenfahrzeugeinheiten je Jahr (1 Schienenfahrzeugeinheit entspricht 0,5 Lokomotive, 1 Straßenbahn, 1 Wagen eines Triebzuges, 1 Triebkopf, 1 Personenwagen oder 3 Güterwagen);		**A**

Nummer	Vorhaben	Sp. 1	Sp. 2
3.14	Errichtung und Betrieb einer Anlage für den Bau und die Montage von Kraftfahrzeugen oder einer Anlage für den Bau von Kraftfahrzeugmotoren mit einer Kapazität von jeweils 100 000 Stück oder mehr je Jahr;		A
3.15	Errichtung und Betrieb einer Anlage für den Bau und die Instandsetzung von Luftfahrzeugen, soweit je Jahr mehr als 50 Luftfahrzeuge hergestellt oder repariert werden können, ausgenommen Wartungsarbeiten;		A
4.	**Chemische Erzeugnisse, Arzneimittel, Mineralölraffination und Weiterverarbeitung:**		
4.1	Errichtung und Betrieb einer integrierten chemischen Anlage (Verbund zur Herstellung von Stoffen oder Stoffgruppen durch chemische Umwandlung im industriellen Umfang, bei dem sich mehrere Einheiten nebeneinander befinden und in funktioneller Hinsicht miteinander verbunden sind und – zur Herstellung von organischen Grundchemikalien, – zur Herstellung von anorganischen Grundchemikalien, – zur Herstellung von phosphor-, stickstoff- oder kaliumhaltigen Düngemitteln (Einnährstoff oder Mehrnährstoff), – zur Herstellung von Ausgangsstoffen für Pflanzenschutzmittel und von Bioziden, – zur Herstellung von Grundarzneimitteln unter Verwendung eines chemischen oder biologischen Verfahrens oder – zur Herstellung von Explosivstoffen dienen), ausgenommen Anlagen zur Erzeugung oder Spaltung von Kernbrennstoffen oder zur Aufarbeitung bestrahlter Kernbrennstoffe nach Nummer 11.1;	X	
4.2	Errichtung und Betrieb einer Anlage zur Herstellung von Stoffen oder Stoffgruppen durch chemische Umwandlung im industriellen Umfang, ausgenommen integrierte chemische Anlagen nach Nummer 4.1, Anlagen nach Nummer 10.1 und Anlagen zur Erzeugung oder Spaltung von Kernbrennstoffen oder zur Aufarbeitung bestrahlter Kernbrennstoffe nach Nummer 11.1;		A
4.3	Errichtung und Betrieb einer Anlage zur Destillation oder Raffination oder sonstigen Weiterverarbeitung von Erdöl in Mineralölraffinerien;	X	
4.4	Errichtung und Betrieb einer Anlage zur Herstellung von Anstrich- oder Beschichtungsstoffen (Lasuren, Firnisse, Lacke, Dispersionsfarben) oder Druckfarben unter Einsatz von 25 t flüchtiger organischer Verbindungen oder mehr je Tag, die bei einer Temperatur von 293,15 Kelvin einen Dampfdruck von mindestens 0,01 Kilopascal haben;		A
5.	**Oberflächenbehandlung von Kunststoffen:**		
5.1	Errichtung und Betrieb einer Anlage zur Oberflächenbehandlung von Kunststoffen durch ein elektrolytisches oder chemisches Verfahren mit einem Volumen der Wirkbäder von 30 m^3 oder mehr;		A
6.	**Holz, Zellstoff:**		
6.1	Errichtung und Betrieb einer Anlage zur Gewinnung von Zellstoff aus Holz, Stroh oder ähnlichen Faserstoffen;	X	
6.2	Errichtung und Betrieb einer Anlage zur Herstellung von Papier oder Pappe mit einer Produktionskapazität von		

Nummer	Vorhaben	Sp. 1	Sp. 2
6.2.1	200 t oder mehr je Tag,	**X**	
6.2.2	20 t bis weniger als 200 t je Tag;		**A**
7.	**Nahrungs-, Genuss- und Futtermittel, landwirtschaftliche Erzeugnisse:**		
7.1	Errichtung und Betrieb einer Anlage zur Intensivhaltung von Hennen mit		
7.1.1	60 000 oder mehr Plätzen,	**X**	
7.1.2	40 000 bis weniger als 60 000 Plätzen,		**A**
7.1.3	15 000 bis weniger als 40 000 Plätzen;		**S**
7.2	Errichtung und Betrieb einer Anlage zur Intensivhaltung oder -aufzucht von Junghennen mit		
7.2.1	85 000 oder mehr Plätzen,	**X**	
7.2.2	40 000 bis weniger als 85 000 Plätzen,		**A**
7.2.3	30 000 bis weniger als 40 000 Plätzen;		**S**
7.3	Errichtung und Betrieb einer Anlage zur Intensivhaltung oder -aufzucht von Mastgeflügel mit		
7.3.1	85 000 oder mehr Plätzen,	**X**	
7.3.2	40 000 bis weniger als 85 000 Plätzen,		**A**
7.3.3	30 000 bis weniger als 40 000 Plätzen;		**S**
7.4	Errichtung und Betrieb einer Anlage zur Intensivhaltung oder -aufzucht von Truthühnern mit		
7.4.1	60 000 oder mehr Plätzen,	**X**	
7.4.2	40 000 bis weniger als 60 000 Plätzen,		**A**
7.4.3	15 000 bis weniger als 40 000 Plätzen;		**S**
7.5	Errichtung und Betrieb einer Anlage zur Intensivhaltung oder -aufzucht von Rindern mit		
7.5.1	800 oder mehr Plätzen,		**A**
7.5.2	600 bis weniger als 800 Plätzen;		**S**
7.6	Errichtung und Betrieb einer Anlage zur Intensivhaltung oder -aufzucht von Kälbern mit		
7.6.1	1000 oder mehr Plätzen,		**A**
7.6.2	500 bis weniger als 1000 Plätzen;		**S**
7.7	Errichtung und Betrieb einer Anlage zur Intensivhaltung oder -aufzucht von Mastschweinen (Schweine von 30 kg Lebendgewicht oder mehr) mit		
7.7.1	3000 oder mehr Plätzen,	**X**	
7.7.2	2000 bis weniger als 3000 Plätzen;		**A**
7.7.3	1500 bis weniger als 2000 Plätzen;		**S**
7.8	Errichtung und Betrieb einer Anlage zur Intensivhaltung oder -aufzucht von Sauen einschließlich dazugehörender Ferkel (Ferkel bis weniger als 30 kg Lebendgewicht) mit		
7.8.1	900 oder mehr Plätzen,	**X**	

Nummer	Vorhaben	Sp. 1	Sp. 2
7.8.2	750 bis weniger als 900 Plätzen;		A
7.8.3	560 bis weniger als 750 Plätzen;		S
7.9	Errichtung und Betrieb einer Anlage zur getrennten Intensivaufzucht von Ferkeln (Ferkel von 10 bis weniger als 30 kg Lebendgewicht) mit		
7.9.1	9000 oder mehr Plätzen,	X	
7.9.2	6000 bis weniger als 9000 Plätzen;		A
7.9.3	4500 bis weniger als 6000 Plätzen;		S
7.10	Errichtung und Betrieb einer Anlage zur Intensivhaltung oder -aufzucht von Pelztieren mit		
7.10.1	1000 oder mehr Plätzen,		A
7.10.2	750 bis weniger als 1000 Plätzen;		S
7.11	Errichtung und Betrieb einer Anlage zur Intensivhaltung oder -aufzucht von Tieren in gemischten Beständen, wenn		
7.11.1	die jeweils unter den Nummern 7.1.1, 7.2.1, 7.3.1, 7.4.1, 7.7.1, 7.8.1, 7.9.1 und 7.10.1 genannten Platzzahlen nicht erreicht werden, die Summe der Vom-Hundert-Anteile, bis zu denen die Platzzahlen ausgeschöpft werden, aber den Wert 100 erreicht oder überschreitet,	X	
7.11.2	die jeweils unter den Nummern 7.1.2, 7.2.2, 7.3.2, 7.4.2, 7.5.1, 7.6.1, 7.7.2, 7.8.2, 7.9.2 und 7.10.1 genannten Platzzahlen nicht erreicht werden, die Summe der Vom-Hundert-Anteile, bis zu denen die Platzzahlen ausgeschöpft werden, aber den Wert 100 erreicht oder überschreitet,		A
7.11.3	die jeweils unter den Nummern 7.1.3, 7.2.3, 7.3.3, 7.4.3, 7.5.2, 7.6.2, 7.7.3 und 7.8.3, 7.9.3, 7.10.2 genannten Platzzahlen nicht erreicht werden, die Summe der Vom-Hundert-Anteile, bis zu denen die Platzzahlen ausgeschöpft werden, aber den Wert 100 erreicht oder überschreitet;		S
7.12	(weggefallen)		
7.13	Errichtung und Betrieb einer Anlage zum Schlachten von Tieren mit einer Kapazität von		
7.13.1	50 t Lebendgewicht oder mehr je Tag,		A
7.13.2	0,5 t bis weniger als 50 t Lebendgewicht je Tag bei Geflügel oder 4 t bis weniger als 50 t Lebendgewicht je Tag bei sonstigen Tieren;		S
7.14	Errichtung und Betrieb einer Anlage zur Erzeugung von Speisefetten aus tierischen Rohstoffen, ausgenommen Milch, mit einer Produktionskapazität von		
7.14.1	75 t Fertigerzeugnissen oder mehr je Tag,		A
7.14.2	weniger als 75 t Fertigerzeugnissen je Tag, ausgenommen Anlagen zur Erzeugung von Speisefetten aus selbstgewonnenen tierischen Fetten in Fleischereien mit einer Kapazität von bis zu 200 kg Speisefett je Woche;		S
7.15	Errichtung und Betrieb einer Anlage zum Schmelzen von tierischen Fetten mit einer Produktionskapazität von		
7.15.1	75 t Fertigerzeugnissen oder mehr je Tag,		A

Nummer	Vorhaben	Sp. 1	Sp. 2
7.15.2	weniger als 75 t Fertigerzeugnissen je Tag, ausgenommen Anlagen zur Verarbeitung von selbstgewonnenen tierischen Fetten zu Speisefetten in Fleischereien mit einer Kapazität von bis zu 200 kg Speisefett je Woche;		**S**
7.16	Errichtung und Betrieb einer Anlage zur Herstellung von Fleischkonserven mit einer Produktionskapazität von		
7.16.1	75 t Konserven oder mehr je Tag,		**A**
7.16.2	1 t bis weniger als 75 t Konserven je Tag;		**S**
7.17	Errichtung und Betrieb einer Anlage zur Herstellung von Gemüsekonserven mit einer Produktionskapazität von		
7.17.1	600 t Konserven oder mehr je Tag, wenn die Anlage an nicht mehr als 90 aufeinanderfolgenden Tagen im Jahr in Betrieb ist,		**A**
7.17.2	300 t Konserven oder mehr je Tag, wenn die Anlage an mehr als 90 aufeinanderfolgenden Tagen im Jahr in Betrieb ist,		**A**
7.17.3	10 t bis weniger als den in den Nummern 7.17.1 oder 7.17.2 angegebenen Kapazitäten für Tonnen Konserven je Tag und unter den dort genannten Voraussetzungen im Übrigen, ausgenommen Anlagen zum Sterilisieren oder Pasteurisieren dieser Nahrungsmittel in geschlossenen Behältnissen;		**S**
7.18	Errichtung und Betrieb einer Anlage zur Herstellung von Futtermittelerzeugnissen aus tierischen Rohstoffen, soweit in einer solchen Anlage eine fabrikmäßige Herstellung von Tierfutter durch Erwärmen der Bestandteile tierischer Herkunft erfolgt,		**A**
7.19	Errichtung und Betrieb einer Anlage zur Beseitigung oder Verwertung von Tierkörpern oder tierischen Abfällen mit einer Verarbeitungskapazität von		
7.19.1	10 t oder mehr je Tag,		**A**
7.19.2	weniger als 10 t je Tag;		**S**
7.20	Errichtung und Betrieb einer Anlage zum Gerben einschließlich Nachgerben von Tierhäuten oder Tierfellen mit einer Verarbeitungskapazität von		
7.20.1	12 t Fertigerzeugnissen oder mehr je Tag,		**A**
7.20.2	weniger als 12 t Fertigerzeugnissen je Tag, ausgenommen Anlagen, in denen weniger Tierhäute oder Tierfelle behandelt werden als beim Schlachten von weniger als 4 t sonstigen Tieren nach Nummer 7.13.2 anfallen;		**S**
7.21	Errichtung und Betrieb einer Anlage zur Herstellung von Fischmehl oder Fischöl;	**X**	
7.22	Errichtung und Betrieb einer Anlage zur Herstellung von Braumalz (Mälzerei) mit einer Produktionskapazität von		
7.22.1	600 t Darrmalz oder mehr je Tag, wenn die Anlage an nicht mehr als 90 aufeinanderfolgenden Tagen im Jahr in Betrieb ist,		**A**
7.22.2	300 t Darrmalz oder mehr je Tag, wenn die Anlage an mehr als 90 aufeinanderfolgenden Tagen im Jahr in Betrieb ist,		**A**
7.22.3	weniger als den in den Nummern 7.22.1 oder 7.22.2 angegebenen Kapazitäten für Tonnen Darrmalz je Tag und unter den dort genannten Voraussetzungen im Übrigen;		**S**

Nummer	Vorhaben	Sp. 1	Sp. 2
7.23	Errichtung und Betrieb einer Anlage zur Herstellung von Stärkemehlen mit einer Produktionskapazität von		
7.23.1	600 t Stärkemehlen oder mehr je Tag, wenn die Anlage an nicht mehr als 90 aufeinanderfolgenden Tagen im Jahr in Betrieb ist,		**A**
7.23.2	300 t Stärkemehlen oder mehr je Tag, wenn die Anlage an mehr als 90 aufeinanderfolgenden Tagen im Jahr in Betrieb ist,		**A**
7.23.3	1 t bis weniger als den in den Nummern 7.23.1 oder 7.23.2 angegebenen Kapazitäten für Tonnen Stärkemehle je Tag und unter den dort genannten Voraussetzungen im Übrigen;		**S**
7.24	Errichtung und Betrieb einer Anlage zur Herstellung oder Raffination von Ölen oder Fetten aus pflanzlichen Rohstoffen mit einer Produktionskapazität von		
7.24.1	600 t Fertigerzeugnissen oder mehr je Tag, wenn die Anlage an nicht mehr als 90 aufeinanderfolgenden Tagen im Jahr in Betrieb ist,		**A**
7.24.2	300 t Fertigerzeugnissen oder mehr je Tag, wenn die Anlage an mehr als 90 aufeinanderfolgenden Tagen im Jahr in Betrieb ist,		**A**
7.24.3	weniger als den in den Nummern 7.24.1 oder 7.24.2 angegebenen Kapazitäten für Tonnen Fertigerzeugnisse je Tag mit Hilfe von Extraktionsmitteln und unter den dort genannten Voraussetzungen im Übrigen, soweit die Menge des eingesetzten Extraktionsmittels 1 t oder mehr je Tag beträgt;		**S**
7.25	Errichtung und Betrieb einer Anlage zur Herstellung oder Raffination von Zucker unter Verwendung von Zuckerrüben oder Rohzucker;		**A**
7.26	Errichtung und Betrieb einer Brauerei mit einer Produktionskapazität von		
7.26.1	6000 hl Bier oder mehr je Tag, wenn die Brauerei an nicht mehr als 90 aufeinanderfolgenden Tagen im Jahr in Betrieb ist,		**A**
7.26.2	3000 hl Bier oder mehr je Tag, wenn die Brauerei an mehr als 90 aufeinanderfolgenden Tagen im Jahr in Betrieb ist,		**A**
7.26.3	200 hl bis weniger als den in den Nummern 7.26.1 oder 7.26.2 angegebenen Kapazitäten für Hektoliter Bier je Tag und unter den dort genannten Voraussetzungen im Übrigen;		**S**
7.27	Errichtung und Betrieb einer Anlage zur Herstellung von Süßwaren oder Sirup aus tierischen Rohstoffen, ausgenommen Milch, mit einer Produktionskapazität von		
7.27.1	75 t Süßwaren oder Sirup oder mehr je Tag,		**A**
7.27.2	50 kg bis weniger als 75 t Süßwaren oder Sirup je Tag bei Herstellung von Lakritz;		**S**
7.28	Errichtung und Betrieb einer Anlage zur Herstellung von Süßwaren oder Sirup aus pflanzlichen Rohstoffen mit einer Produktionskapazität von		
7.28.1	600 t oder mehr Süßwaren oder Sirup je Tag, wenn die Anlage an nicht mehr als 90 aufeinanderfolgenden Tagen im Jahr in Betrieb ist,		**A**
7.28.2	300 t oder mehr Süßwaren oder Sirup je Tag, wenn die Anlage an mehr als 90 aufeinanderfolgenden Tagen im Jahr in Betrieb ist,		**A**

Nummer	Vorhaben	Sp. 1	Sp. 2
7.28.3	50 kg bis weniger als den in den Nummern 7.28.1 oder 7.28.2 angegebenen Kapazitäten für Tonnen Süßwaren je Tag und unter den dort genannten Voraussetzungen im Übrigen bei Herstellung von Kakaomasse aus Rohkakao oder bei thermischer Veredelung von Kakao- oder Schokoladenmasse;		**S**
7.29	Errichtung und Betrieb einer Anlage zur Behandlung oder Verarbeitung von Milch, Milcherzeugnissen oder Milchbestandteilen mit einer Produktionskapazität als Jahresdurchschnittswert von		
7.29.1	200 t Milch oder mehr je Tag,		**A**
7.29.2	5 t bis weniger als 200 t Milch, Milcherzeugnissen oder Milchbestandteilen je Tag bei Sprühtrocknern;		**S**
8.	**Verwertung und Beseitigung von Abfällen und sonstigen Stoffen:**		
8.1	Errichtung und Betrieb einer Anlage zur Beseitigung oder Verwertung fester, flüssiger oder in Behältern gefasster gasförmiger Abfälle, Deponiegas oder anderer gasförmiger Stoffe mit brennbaren Bestandteilen durch		
8.1.1	thermische Verfahren, insbesondere Entgasung, Plasmaverfahren, Pyrolyse, Vergasung, Verbrennung oder eine Kombination dieser Verfahren		
8.1.1.1	bei gefährlichen Abfällen,	**X**	
8.1.1.2	bei nicht gefährlichen Abfällen mit einer Durchsatzkapazität von 3 t Abfällen oder mehr je Stunde,	**X**	
8.1.1.3	bei nicht gefährlichen Abfällen mit einer Durchsatzkapazität von weniger als 3 t Abfällen je Stunde,		**A**
8.1.2	Verbrennen von Altöl oder Deponiegas in einer Verbrennungsmotoranlage mit einer Feuerungswärmeleistung von		
8.1.2.1	50 MW oder mehr,		**A**
8.1.2.2	1 MW bis weniger als 50 MW,		**A**
8.1.2.3	weniger als 1 MW,		**S**
8.1.3	Abfackeln von Deponiegas oder anderen gasförmigen Stoffen, ausgenommen über Notfackeln, die für den nicht bestimmungsgemäßen Betrieb erforderlich sind;		**S**
8.2	Errichtung und Betrieb einer Anlage zur Erzeugung von Strom, Dampf, Warmwasser, Prozesswärme oder erhitztem Abgas in einer Verbrennungseinrichtung (wie Kraftwerk, Heizkraftwerk, Heizwerk, sonstige Feuerungsanlage), einschließlich zugehöriger Dampfkessel, durch den Einsatz von – gestrichenem, lackiertem oder beschichtetem Holz oder – Sperrholz, Spanplatten, Faserplatten oder sonst verleimtem Holz sowie daraus anfallenden Resten, soweit keine Holzschutzmittel aufgetragen oder infolge einer Behandlung enthalten sind oder Beschichtungen keine halogenorganischen Verbindungen oder Schwermetalle enthalten, mit einer Feuerungswärmeleistung von		
8.2.1	50 MW oder mehr,	**X**	
8.2.2	1 MW bis weniger als 50 MW;		**S**

Nummer	Vorhaben	Sp. 1	Sp. 2
8.3	Errichtung und Betrieb einer Anlage zur biologischen Behandlung von gefährlichen Abfällen mit einer Durchsatzkapazität an Einsatzstoffen von		
8.3.1	10 t oder mehr je Tag,	X	
8.3.2	1 t bis weniger als 10 t je Tag;		S
8.4	Errichtung und Betrieb einer Anlage zur biologischen Behandlung von		
8.4.1	nicht gefährlichen Abfällen, soweit nicht durch Nummer 8.4.2 erfasst, mit einer Durchsatzkapazität an Einsatzstoffen von		
8.4.1.1	50 t oder mehr je Tag,		A
8.4.1.2	10 t bis weniger als 50 t je Tag,		S
8.4.2	Gülle, soweit die Behandlung ausschließlich durch anaerobe Vergärung (Biogaserzeugung) erfolgt, mit einer Durchsatzkapazität von		
8.4.2.1	50 t oder mehr je Tag,		A
8.4.2.2	weniger als 50 t je Tag, soweit die Produktionskapazität von Rohgas 1,2 Mio. Normkubikmeter je Jahr oder mehr beträgt;		S
8.5	Errichtung und Betrieb einer Anlage zur chemischen Behandlung, insbesondere zur chemischen Emulsionsspaltung, Fällung, Flockung, Neutralisation oder Oxidation, von gefährlichen Abfällen;	X	
8.6	Errichtung und Betrieb einer Anlage zur chemischen Behandlung, insbesondere zur chemischen Emulsionsspaltung, Fällung, Flockung, Neutralisation oder Oxidation, von nicht gefährlichen Abfällen mit einer Durchsatzkapazität an Einsatzstoffen von		
8.6.1	100 t oder mehr je Tag,	X	
8.6.2	50 t bis weniger als 100 t je Tag,		A
8.6.3	10 t bis weniger als 50 t je Tag;		S
8.7	Errichtung und Betrieb einer Anlage zur zeitweiligen Lagerung von Abfällen, ausgenommen die zeitweilige Lagerung bis zum Einsammeln auf dem Gelände der Entstehung der Abfälle, bei		
8.7.1	Eisen- oder Nichteisenschrotten, einschließlich Autowracks, mit einer Gesamtlagerkapazität von		
8.7.1.1	1500 t oder mehr,		A
8.7.1.2	100 t bis weniger als 1500 t,		S
8.7.2	gefährlichen Schlämmen mit einer Gesamtlagerkapazität von		
8.7.2.1	50 t oder mehr,		A
8.7.2.2	30 t bis weniger als 50 t;		S
8.8	(weggefallen)		
8.9	Errichtung und Betrieb einer Anlage zur Lagerung von Abfällen über einen Zeitraum von jeweils mehr als einem Jahr, bei		
8.9.1	gefährlichen Abfällen mit		
8.9.1.1	einer Aufnahmekapazität von 10 t je Tag oder mehr oder einer Gesamtlagerkapazität von 150 t oder mehr,	X	
8.9.1.2	geringeren Kapazitäten als in Nummer 8.9.1.1 angegeben,		A

Nummer	Vorhaben	Sp. 1	Sp. 2
8.9.2	nicht gefährlichen Abfällen mit		
8.9.2.1	einer Aufnahmekapazität von 10 t je Tag oder mehr oder einer Gesamtlagerkapazität von 150 t oder mehr,		A
8.9.2.2	geringeren Kapazitäten als in Nummer 8.9.2.1 angegeben;		S
9.	**Lagerung von Stoffen und Gemischen:**		
9.1	Errichtung und Betrieb einer Anlage, die der Lagerung von Stoffen oder Gemischen, die bei einer Temperatur von 293,15 Kelvin einen absoluten Dampfdruck von mindestens 101,3 Kilopascal und einen Explosionsbereich mit Luft haben (brennbare Gase), in Behältern oder von Erzeugnissen, die diese Stoffe oder Gemische z. B. als Treibmittel oder Brenngas enthalten, dient, ausgenommen Erdgasröhrenspeicher und Anlagen, die von Nummer 9.3 erfasst werden,		
9.1.1	soweit es sich nicht ausschließlich um Einzelbehältnisse mit einem Volumen von jeweils nicht mehr als 1000 cm^3 handelt, mit einem Fassungsvermögen von		
9.1.1.1	200 000 t oder mehr,	X	
9.1.1.2	30 t bis weniger als 200 000 t,		A
9.1.1.3	3 t bis weniger als 30 t,		S
9.1.2	soweit es sich ausschließlich um Einzelbehältnisse mit einem Volumen von jeweils nicht mehr als 1000 cm^3 handelt, mit einem Fassungsvermögen von		
9.1.2.1	200 000 t oder mehr,	X	
9.1.2.2	30 t bis weniger als 200 000 t;		S
9.2	Errichtung und Betrieb einer Anlage, die der Lagerung von Flüssigkeiten dient, ausgenommen Anlagen, die von Nummer 9.3 erfasst werden, soweit		
9.2.1	die Flüssigkeiten einen Flammpunkt von 373,15 Kelvin oder weniger haben, mit einem Fassungsvermögen von		
9.2.1.1	200 000 t oder mehr,	X	
9.2.1.2	50 000 t bis weniger als 200 000 t,		A
9.2.1.3	10 000 t bis weniger als 50 000 t,		S
9.2.2	die Flüssigkeiten einen Flammpunkt unter 294,15 Kelvin haben und deren Siedepunkt bei Normaldruck (101,3 Kilopascal) über 293,15 Kelvin liegt, mit einem Fassungsvermögen von 5000 t bis weniger als 10 000 t;		S
9.3	Errichtung und Betrieb einer Anlage, die der Lagerung von im Anhang 2 (Stoffliste zu Nummer 9.3 Anhang 1) der Verordnung über genehmigungsbedürftige Anlagen in der jeweils geltenden Fassung genannten Stoffen dient, mit einer Lagerkapazität von		
9.3.1	200 000 t oder mehr,	X	
9.3.2	den in Spalte 4 des Anhangs 2 (Stoffliste zu Nummer 9.3 Anhang 1) der Verordnung über genehmigungsbedürftige Anlagen in der jeweils geltenden Fassung ausgewiesenen Mengen bis weniger als 200 000 t,		A
9.3.3	den in Spalte 3 bis weniger als den in Spalte 4 des Anhangs 2 (Stoffliste zu Nummer 9.3 Anhang 1) der Verordnung über genehmigungsbedürftige Anlagen in der jeweils geltenden Fassung ausgewiesenen Mengen;		S

Nummer	Vorhaben	Sp. 1	Sp. 2
9.4	Errichtung und Betrieb einer Anlage, die der Lagerung von Erdöl, petrochemischen oder chemischen Stoffen oder Erzeugnissen dient, ausgenommen Anlagen, die von den Nummern 9.1, 9.2 oder 9.3 erfasst werden, mit einem Fassungsvermögen von		
9.4.1	200 000 t oder mehr,	**X**	
9.4.2	25 000 t bis weniger als 200 000 t;		**A**
10.	**Sonstige Industrieanlagen:**		
10.1	Errichtung und Betrieb einer Anlage zur Herstellung, Bearbeitung oder Verarbeitung von explosionsgefährlichen Stoffen im Sinne des Sprengstoffgesetzes, die zur Verwendung als Sprengstoffe, Zündstoffe, Treibstoffe, pyrotechnische Sätze oder zur Herstellung dieser Stoffe bestimmt sind; hierzu gehört auch eine Anlage zum Laden, Entladen oder Delaborieren von Munition oder sonstigen Sprengkörpern, ausgenommen Anlagen im handwerklichen Umfang oder zur Herstellung von Zündhölzern sowie ortsbewegliche Mischladegeräte;	**X**	
10.2	Errichtung und Betrieb einer Anlage zur Wiedergewinnung oder Vernichtung von explosionsgefährlichen Stoffen im Sinne des Sprengstoffgesetzes;	**X**	
10.3	Errichtung und Betrieb einer Anlage zum Vulkanisieren von Natur- oder Synthesekautschuk unter Verwendung von Schwefel oder Schwefelverbindungen mit einem Einsatz von		
10.3.1	25 t Kautschuk oder mehr je Stunde,		**A**
10.3.2	weniger als 25 t Kautschuk je Stunde, ausgenommen Anlagen, in denen weniger als 50 kg Kautschuk je Stunde verarbeitet wird oder ausschließlich vorvulkanisierter Kautschuk eingesetzt wird;		**S**
10.4	Errichtung und Betrieb einer Anlage zur Vorbehandlung (Waschen, Bleichen, Mercerisieren) oder zum Färben von Fasern oder Textilien mit		
10.4.1	einer Verarbeitungskapazität von 10 t Fasern oder Textilien oder mehr je Tag,		**A**
10.4.2	einer Färbekapazität von 2 t bis weniger als 10 t Fasern oder Textilien je Tag bei Anlagen zum Färben von Fasern oder Textilien unter Verwendung von Färbebeschleunigern einschließlich Spannrahmenanlagen, ausgenommen Anlagen, die unter erhöhtem Druck betrieben werden,		**S**
10.4.3	einer Bleichkapazität von weniger als 10 t Fasern oder Textilien je Tag bei Anlagen zum Bleichen von Fasern oder Textilien unter Verwendung von Chlor oder Chlorverbindungen;		**S**
10.5	Errichtung und Betrieb eines Prüfstandes für oder mit Verbrennungsmotoren, ausgenommen – Rollenprüfstände, die in geschlossenen Räumen betrieben werden, und – Anlagen, in denen mit Katalysator oder Dieselrußfilter ausgerüstete Serienmotoren geprüft werden, mit einer Feuerungswärmeleistung von insgesamt		
10.5.1	10 MW oder mehr,		**A**
10.5.2	300 KW bis weniger als 10 MW;		**S**
10.6	Errichtung und Betrieb eines Prüfstandes für oder mit Gasturbinen oder Triebwerken mit einer Feuerungswärmeleistung von insgesamt		

Nummer	Vorhaben	Sp. 1	Sp. 2
10.6.1	mehr als 200 MW,	**X**	
10.6.2	100 MW bis 200 MW,		**A**
10.6.3	weniger als 100 MW;		**S**
10.7	Errichtung und Betrieb einer ständigen Renn- oder Teststrecke für Kraftfahrzeuge;		**A**
11.	**Kernenergie:**		
11.1	Errichtung und Betrieb einer ortsfesten Anlage zur Erzeugung oder zur Bearbeitung oder Verarbeitung oder zur Spaltung von Kernbrennstoffen oder zur Aufarbeitung bestrahlter Kernbrennstoffe sowie bei ortsfesten Anlagen zur Spaltung von Kernbrennstoffen die insgesamt geplanten Maßnahmen zur Stilllegung, zum sicheren Einschluss oder zum Abbau der Anlage oder von Anlagenteilen; ausgenommen sind ortsfeste Anlagen zur Spaltung von Kernbrennstoffen, deren Höchstleistung 1 KW thermische Dauerleistung nicht überschreitet; einzelne Maßnahmen zur Stilllegung, zum sicheren Einschluss oder zum Abbau der in Halbsatz 1 bezeichneten Anlagen oder von Anlagenteilen gelten als Änderung im Sinne von § 3e Absatz 1 Nummer 2;	**X**	
11.2	Errichtung und Betrieb einer Anlage zur Sicherstellung oder zur Endlagerung radioaktiver Abfälle;	**X**	
11.3	außerhalb der in den Nummern 11.1 und 11.2 bezeichneten Anlagen Errichtung und Betrieb einer Anlage oder Einrichtung zur Bearbeitung oder Verarbeitung bestrahlter Kernbrennstoffe oder hoch radioaktiver Abfälle oder zu dem ausschließlichen Zweck der für mehr als zehn Jahre geplanten Lagerung bestrahlter Kernbrennstoffe oder radioaktiver Abfälle an einem anderen Ort als dem Ort, an dem diese Stoffe angefallen sind;	**X**	
11.4	außerhalb der in den Nummern 11.1 und 11.2 bezeichneten Anlagen, soweit nicht Nummer 11.3 Anwendung findet, Errichtung und Betrieb einer Anlage oder Einrichtung zur Lagerung, Bearbeitung oder Verarbeitung radioaktiver Abfälle, deren Aktivitäten die Werte erreichen oder überschreiten, bei deren Unterschreiten es für den beantragten Umgang nach einer aufgrund des Strahlenschutzgesetzes erlassenen Rechtsverordnung keiner Vorbereitung der Schadensbekämpfung bei Abweichungen vom bestimmungsgemäßen Betrieb bedarf;		**A**
12.	**Abfalldeponien:**		
12.1	Errichtung und Betrieb einer Deponie zur Ablagerung von gefährlichen Abfällen im Sinne des Kreislaufwirtschaftsgesetzes;	**X**	
12.2	Errichtung und Betrieb einer Deponie zur Ablagerung von nicht gefährlichen Abfällen im Sinne des Kreislaufwirtschaftsgesetzes, mit Ausnahme der Deponien für Inertabfälle nach Nummer 12.3, mit einer Aufnahmekapazität von		
12.2.1	10 t oder mehr je Tag oder mit einer Gesamtkapazität von 25 000 t oder mehr,	**X**	
12.2.2	weniger als 10 t je Tag oder mit einer Gesamtkapazität von weniger als 25 000 t;		**S**
12.3	Errichtung und Betrieb einer Deponie zur Ablagerung von Inertabfällen im Sinne des Kreislaufwirtschaftsgesetzes;		**A**

Nummer	Vorhaben	Sp. 1	Sp. 2
13.	**Wasserwirtschaftliche Vorhaben mit Benutzung oder Ausbau eines Gewässers:**		
13.1	Errichtung und Betrieb einer Abwasserbehandlungsanlage, die ausgelegt ist für		
13.1.1	organisch belastetes Abwasser von 9000 kg/d oder mehr biochemischen Sauerstoffbedarfs in fünf Tagen (roh) oder anorganisch belastetes Abwasser von 4500 m^3 oder mehr Abwasser in zwei Stunden (ausgenommen Kühlwasser),	**X**	
13.1.2	organisch belastetes Abwasser von 600 kg/d bis weniger als 9000 kg/d biochemischen Sauerstoffbedarfs in fünf Tagen (roh) oder anorganisch belastetes Abwasser von 900 m^3 bis weniger als 4500 m^3 Abwasser in zwei Stunden (ausgenommen Kühlwasser),		**A**
13.1.3	organisch belastetes Abwasser von 120 kg/d bis weniger als 600 kg/d biochemischen Sauerstoffbedarfs in fünf Tagen (roh) oder anorganisch belastetes Abwasser von 10 m^3 bis weniger als 900 m^3 Abwasser in zwei Stunden (ausgenommen Kühlwasser);		**S**
13.2	Errichtung und Betrieb einer Anlage zur intensiven Fischzucht		
13.2.1	in oberirdischen Gewässern oder Küstengewässern oder verbunden mit dem Einbringen oder Einleiten von Stoffen in oberirdische Gewässer oder Küstengewässer mit einem Fischertrag je Jahr von		
13.2.1.1	1000 t oder mehr, wenn dies durch Landesrecht vorgeschrieben ist,	**X**	
13.2.1.2	100 t oder mehr, soweit nicht von Nummer 13.2.1.1 erfasst,		**A**
13.2.1.3	50 t bis weniger als 100 t;		**S**
13.2.2	in der ausschließlichen Wirtschaftszone Deutschlands mit einem Fischertrag je Jahr von		
13.2.2.1	mehr als 2500 t,	**X**	
13.2.2.2	500 t bis 2500 t,		**A**
13.2.2.3	250 t bis weniger als 500 t;		**S**
13.3	Entnehmen, Zutagefördern oder Zutageleiten von Grundwasser oder Einleiten von Oberflächenwasser zum Zwecke der Grundwasseranreicherung, jeweils mit einem jährlichen Volumen an Wasser von		
13.3.1	10 Mio. m^3 oder mehr,	**X**	
13.3.2	100 000 m^3 bis weniger als 10 Mio. m^3,		**A**
13.3.3	5000 m^3 bis weniger als 100 000 m^3, wenn durch die Gewässerbenutzung erhebliche nachteilige Auswirkungen auf grundwasserabhängige Ökosysteme zu erwarten sind;		**S**
13.4	Tiefbohrung zum Zweck der Wasserversorgung;		**A**
13.5	Wasserwirtschaftliches Projekt in der Landwirtschaft (sofern nicht von Nummer 13.3 oder Nummer 13.18 erfasst), einschließlich Bodenbewässerung oder Bodenentwässerung, mit einem jährlichen Volumen an Wasser von		
13.5.1	100 000 m^3 oder mehr,		**A**
13.5.2	5000 m^3 bis weniger als 100 000 m^3, wenn durch die Gewässerbenutzung erhebliche nachteilige Auswirkungen auf grundwasserabhängige Ökosysteme zu erwarten sind;		**S**

Nummer	Vorhaben	Sp. 1	Sp. 2
13.6	Bau eines Stauwerkes oder einer sonstigen Anlage zur Zurückhaltung oder dauerhaften Speicherung von Wasser, wobei		
13.6.1	10 Mio. m^3 oder mehr Wasser zurückgehalten oder gespeichert werden,	X	
13.6.2	weniger als 10 Mio. m^3 Wasser zurückgehalten oder gespeichert werden;		A
13.7	Umleitung von Wasser von einem Flusseinzugsgebiet in ein anderes, ausgenommen Transport von Trinkwasser in Rohrleitungen, mit einem Volumen von		
13.7.1	– 100 Mio. oder mehr m^3 Wasser pro Jahr, wenn durch die Umleitung Wassermangel verhindert werden soll, oder – 5 % oder mehr des Durchflusses, wenn der langjährige durchschnittliche Wasserdurchfluss des Flusseinzugsgebietes, dem Wasser entnommen wird, 2000 Mio. m^3 übersteigt,	X	
13.7.2	weniger als den in Nummer 13.7.1 angegebenen Werten;		A
13.8	Flusskanalisierungs- und Stromkorrekturarbeiten;		A
13.9	Bau eines Hafens für die Binnenschifffahrt, wenn der Hafen für Schiffe mit		
13.9.1	mehr als 1350 t zugänglich ist,	X	
13.9.2	1350 t oder weniger zugänglich ist;		A
13.10	Bau eines Binnen- oder Seehandelshafens für die Seeschifffahrt;	X	
13.11	Bau eines mit einem Binnen- oder Seehafen für die Seeschifffahrt verbundenen Landungssteges zum Laden und Löschen von Schiffen (ausgenommen Fährschiffe), der		
13.11.1	Schiffe mit mehr als 1350 t aufnehmen kann,	X	
13.11.2	Schiffe mit 1350 t oder weniger aufnehmen kann;		A
13.12	Bau eines sonstigen Hafens, einschließlich Fischereihafens oder Jachthafens, oder einer infrastrukturellen Hafenanlage;		A
13.13	Bau eines Deiches oder Dammes, der den Hochwasserabfluss beeinflusst (sofern nicht von Nummer 13.16 erfasst);		A
13.14	Errichtung und Betrieb einer Wasserkraftanlage;		A
13.15	Baggerung in Flüssen oder Seen zur Gewinnung von Mineralien;		A
13.16	Bauten des Küstenschutzes zur Bekämpfung der Erosion und meerestechnische Arbeiten, die geeignet sind, Veränderungen der Küste mit sich zu bringen (zum Beispiel Bau von Deichen, Molen, Hafendämmen und sonstigen Küstenschutzbauten), mit Ausnahme der Unterhaltung und Wiederherstellung solcher Bauten, soweit nicht durch Landesrecht etwas anderes als in dieser Nummer bestimmt ist;		A
13.17	Landgewinnung am Meer, soweit nicht durch Landesrecht etwas anderes bestimmt ist;		A
13.18	sonstige der Art nach nicht von den Nummern 13.1 bis 13.17 erfasste Ausbaumaßnahmen im Sinne des Wasserhaushaltsgesetzes		
13.18.1	soweit die Ausbaumaßnahmen nicht von Nummer 13.18.2 erfasst sind,		A

Nummer	Vorhaben	Sp. 1	Sp. 2
13.18.2[1]	naturnaher Ausbau von Bächen, Gräben, Rückhaltebecken und Teichen, kleinräumige naturnahe Umgestaltungen, wie die Beseitigung von Bach- und Grabenverrohrungen, Verlegung von Straßenseitengräben in der bebauten Ortslage und ihre kleinräumige Verrohrung, Umsetzung von Kiesbänken in Gewässern;		S
14.	**Verkehrsvorhaben:**		
14.1	Bau einer Bundeswasserstraße durch		
14.1.1	Vorhaben im Sinne der Nummern 13.6.1 und 13.7.1	X	
14.1.2	Vorhaben im Sinne der Nummern 13.6.2, 13.7.2, 13.8, 13.12 und 13.13 (unabhängig von einer Beeinflussung des Hochwasserabflusses);		A
14.2	Bau einer Bundeswasserstraße, die für Schiffe mit		
14.2.1	mehr als 1350 t zugänglich ist,	X	
14.2.2	1350 t oder weniger zugänglich ist;		A
14.3	Bau einer Bundesautobahn oder einer sonstigen Bundesstraße, wenn diese eine Schnellstraße im Sinne der Begriffsbestimmung des Europäischen Übereinkommens über die Hauptstraßen des internationalen Verkehrs vom 15. November 1975 ist;	X	
14.4	Bau einer neuen vier- oder mehrstreifigen Bundesstraße, wenn diese neue Straße eine durchgehende Länge von 5 km oder mehr aufweist;	X	
14.5	Bau einer vier- oder mehrstreifigen Bundesstraße durch Verlegung und/oder Ausbau einer bestehenden Bundesstraße, wenn dieser geänderte Bundesstraßenabschnitt eine durchgehende Länge von 10 km oder mehr aufweist;	X	
14.6	Bau einer sonstigen Bundesstraße;		A
14.7	Bau eines Schienenweges von Eisenbahnen mit den dazugehörenden Betriebsanlagen einschließlich Bahnstromfernleitungen;	X	
14.8	Bau einer sonstigen Betriebsanlage von Eisenbahnen, insbesondere einer intermodalen Umschlagsanlage oder eines Terminals für Eisenbahnen, soweit der Bau nicht Teil des Baues eines Schienenweges nach Nummer 14.7 ist;		A
14.9	Bau einer Magnetschwebebahnstrecke mit den dazugehörenden Betriebsanlagen;	X	
14.10	Bau einer anderen Bahnstrecke für den öffentlichen spurgeführten Verkehr mit den dazugehörenden Betriebsanlagen;		A
14.11	Bau einer Bahnstrecke für Straßenbahnen, Stadtschnellbahnen in Hochlage, Untergrundbahnen oder Hängebahnen im Sinne des Personenbeförderungsgesetzes, jeweils mit den dazugehörenden Betriebsanlagen;		A
14.12	Bau eines Flugplatzes im Sinne der Begriffsbestimmungen des Abkommens von Chicago von 1944 zur Errichtung der Internationalen Zivilluftfahrt-Organisation (Anhang 14) mit einer Start- und Landebahngrundlänge von		
14.12.1	1500 m oder mehr,	X	
14.12.2	weniger als 1500 m;		A
15.	**Bergbau und dauerhafte Speicherung von Kohlendioxid:**		

[1] Abweichendes Landesrecht in Niedersachsen siehe Hinweis in BGBl. 2010 I S. 970.

Nummer	Vorhaben	Sp. 1	Sp. 2
15.1	bergbauliche Vorhaben, einschließlich der zu ihrer Durchführung erforderlichen betriebsplanpflichtigen Maßnahmen dieser Anlage, nur nach Maßgabe der aufgrund des § 57c Nummer 1 des Bundesberggesetzes erlassenen Rechtsverordnung,		
15.2	Errichtung, Betrieb und Stilllegung von Kohlendioxidspeichern;	X	
16.	**Flurbereinigung:**		
16.1	Bau der gemeinschaftlichen und öffentlichen Anlagen im Sinne des Flurbereinigungsgesetzes;		A
17.	**Forstliche und landwirtschaftliche Vorhaben:**		
17.1	Erstaufforstung im Sinne des Bundeswaldgesetzes mit		
17.1.1	50 ha oder mehr Wald,	X	
17.1.2[1]	20 ha bis weniger als 50 ha Wald,		A
17.1.3[1]	2 ha bis weniger als 20 ha Wald;		S
17.2	Rodung von Wald im Sinne des Bundeswaldgesetzes zum Zwecke der Umwandlung in eine andere Nutzungsart mit		
17.2.1	10 ha oder mehr Wald,	X	
17.2.2	5 ha bis weniger als 10 ha Wald,		A
17.2.3[1]	1 ha bis weniger als 5 ha Wald;		S
17.3	Projekte zur Verwendung von Ödland oder naturnahen Flächen zu intensiver Landwirtschaftsnutzung mit		
17.3.1	20 ha oder mehr,	X	
17.3.2	10 ha bis weniger als 20 ha,		A
17.3.3	1 ha bis weniger als 10 ha;		S
18.	**Bauvorhaben:**		
18.1	Bau eines Feriendorfes, eines Hotelkomplexes oder einer sonstigen großen Einrichtung für die Ferien- und Fremdenbeherbergung, für den im bisherigen Außenbereich im Sinne des § 35 des Baugesetzbuchs ein Bebauungsplan aufgestellt wird, mit		
18.1.1	einer Bettenzahl von jeweils insgesamt 300 oder mehr oder mit einer Gästezimmerzahl von jeweils insgesamt 200 oder mehr,	X	
18.1.2	einer Bettenzahl von jeweils insgesamt 100 bis weniger als 300 oder mit einer Gästezimmerzahl von jeweils insgesamt 80 bis weniger als 200;		A
18.2	Bau eines ganzjährig betriebenen Campingplatzes, für den im bisherigen Außenbereich im Sinne des § 35 des Baugesetzbuchs ein Bebauungsplan aufgestellt wird, mit einer Stellplatzzahl von		
18.2.1	200 oder mehr,	X	
18.2.2	50 bis weniger als 200;		A
18.3	Bau eines Freizeitparks, für den im bisherigen Außenbereich im Sinne des § 35 des Baugesetzbuchs ein Bebauungsplan aufgestellt wird, mit einer Größe des Plangebiets von		
18.3.1	10 ha oder mehr,	X	

[1] Abweichendes Landesrecht in Schleswig-Holstein siehe Hinweis in BGBl. 2011 I S. 244.

Nummer	Vorhaben	Sp. 1	Sp. 2
18.3.2	4 ha bis weniger als 10 ha;		A
18.4	Bau eines Parkplatzes, für den im bisherigen Außenbereich im Sinne des § 35 des Baugesetzbuchs ein Bebauungsplan aufgestellt wird, mit einer Größe von		
18.4.1	1 ha oder mehr,	X	
18.4.2	0,5 ha bis weniger als 1 ha;		A
18.5	Bau einer Industriezone für Industrieanlagen, für den im bisherigen Außenbereich im Sinne des § 35 des Baugesetzbuchs ein Bebauungsplan aufgestellt wird, mit einer zulässigen Grundfläche im Sinne des § 19 Absatz 2 der Baunutzungsverordnung oder einer festgesetzten Größe der Grundfläche von insgesamt		
18.5.1	100 000 m^2 oder mehr,	X	
18.5.2	20 000 m^2 bis weniger als 100 000 m^2;		A
18.6	Bau eines Einkaufszentrums, eines großflächigen Einzelhandelsbetriebes oder eines sonstigen großflächigen Handelsbetriebes im Sinne des § 11 Absatz 3 Satz 1 der Baunutzungsverordnung, für den im bisherigen Außenbereich im Sinne des § 35 des Baugesetzbuchs ein Bebauungsplan aufgestellt wird, mit einer zulässigen Geschossfläche von		
18.6.1	5000 m^2 oder mehr,	X	
18.6.2	1200 m^2 bis weniger als 5000 m^2;		A
18.7	Bau eines Städtebauprojektes für sonstige bauliche Anlagen, für den im bisherigen Außenbereich im Sinne des § 35 des Baugesetzbuchs ein Bebauungsplan aufgestellt wird, mit einer zulässigen Grundfläche im Sinne des § 19 Absatz 2 der Baunutzungsverordnung oder einer festgesetzten Größe der Grundfläche von insgesamt		
18.7.1	100 000 m^2 oder mehr,	X	
18.7.2	20 000 m^2 bis weniger als 100 000 m^2;		A
18.8	Bau eines Vorhabens der in den Nummern 18.1 bis 18.7 genannten Art, soweit der jeweilige Prüfwert für die Vorprüfung erreicht oder überschritten wird und für den in sonstigen Gebieten ein Bebauungsplan aufgestellt, geändert oder ergänzt wird;		A
18.9	Vorhaben, für das nach Landesrecht zur Umsetzung der Richtlinie 85/337/EWG des Rates über die Umweltverträglichkeitsprüfung bei bestimmten öffentlichen und privaten Projekten (ABl. EG Nummer L 175 S. 40) in der durch die Änderungsrichtlinie 97/11/EG des Rates (ABl. EG Nummer L 73 S. 5) geänderten Fassung eine Umweltverträglichkeitsprüfung vorgesehen ist, sofern dessen Zulässigkeit durch einen Bebauungsplan begründet wird oder ein Bebauungsplan einen Planfeststellungsbeschluss ersetzt;		
19.	**Leitungsanlagen und andere Anlagen:**		
19.1	Errichtung und Betrieb einer Hochspannungsfreileitung im Sinne des Energiewirtschaftsgesetzes mit		
19.1.1	einer Länge von mehr als 15 km und mit einer Nennspannung von 220 kV oder mehr,	X	
19.1.2	einer Länge von mehr als 15 km und mit einer Nennspannung von 110 kV bis zu 220 kV,		A
19.1.3	einer Länge von 5 km bis 15 km und mit einer Nennspannung von 110 kV oder mehr,		A

Nummer	Vorhaben	Sp. 1	Sp. 2
19.1.4	einer Länge von weniger als 5 km und einer Nennspannung von 110 kV oder mehr;		S
19.2	Errichtung und Betrieb einer Gasversorgungsleitung im Sinne des Energiewirtschaftsgesetzes, ausgenommen Anlagen, die den Bereich eines Werksgeländes nicht überschreiten, mit		
19.2.1	einer Länge von mehr als 40 km und einem Durchmesser von mehr als 800 mm,	X	
19.2.2	einer Länge von mehr als 40 km und einem Durchmesser von 300 mm bis zu 800 mm,		A
19.2.3	einer Länge von 5 km bis 40 km und einem Durchmesser von mehr als 300 mm,		A
19.2.4	einer Länge von weniger als 5 km und einem Durchmesser von mehr als 300 mm;		S
19.3	Errichtung und Betrieb einer Rohrleitungsanlage zum Befördern wassergefährdender Stoffe im Sinne von § 21 Absatz 4 Satz 7 dieses Gesetzes, ausgenommen Rohrleitungsanlagen, die – den Bereich eines Werksgeländes nicht überschreiten, – Zubehör einer Anlage zum Umgang mit solchen Stoffen sind oder – Anlagen verbinden, die in engem räumlichen und betrieblichen Zusammenhang miteinander stehen und kurzräumig durch landgebundene öffentliche Verkehrswege getrennt sind, mit		
19.3.1	einer Länge von mehr als 40 km,	X	
19.3.2	einer Länge von 2 km bis 40 km und einem Durchmesser der Rohrleitung von mehr als 150 mm,		A
19.3.3	einer Länge von weniger als 2 km und einem Durchmesser der Rohrleitung von mehr als 150 mm;		S
19.4	Errichtung und Betrieb einer Rohrleitungsanlage, soweit sie nicht unter Nummer 19.3 fällt, zum Befördern von verflüssigten Gasen, ausgenommen Anlagen, die den Bereich eines Werksgeländes nicht überschreiten, mit		
19.4.1	einer Länge von mehr als 40 km und einem Durchmesser der Rohrleitung von mehr als 800 mm,	X	
19.4.2	einer Länge von mehr als 40 km und einem Durchmesser der Rohrleitung von 150 mm bis zu 800 mm,		A
19.4.3	einer Länge von 2 km bis 40 km und einem Durchmesser der Rohrleitung von mehr als 150 mm,		A
19.4.4	einer Länge von weniger als 2 km und einem Durchmesser der Rohrleitung von mehr als 150 mm;		S
19.5	Errichtung und Betrieb einer Rohrleitungsanlage, soweit sie nicht unter Nummer 19.3 oder als Energieanlage im Sinne des Energiewirtschaftsgesetzes unter Nummer 19.2 fällt, zum Befördern von nichtverflüssigten Gasen, ausgenommen Anlagen, die den Bereich eines Werksgeländes nicht überschreiten, mit		
19.5.1	einer Länge von mehr als 40 km und einem Durchmesser der Rohrleitung von mehr als 800 mm,	X	
19.5.2	einer Länge von mehr als 40 km und einem Durchmesser der Rohrleitung von 300 mm bis zu 800 mm,		A

Nummer	Vorhaben	Sp. 1	Sp. 2
19.5.3	einer Länge von 5 km bis 40 km und einem Durchmesser der Rohrleitung von mehr als 300 mm,		A
19.5.4	einer Länge von weniger als 5 km und einem Durchmesser der Rohrleitung von mehr als 300 mm;		S
19.6	Errichtung und Betrieb einer Rohrleitungsanlage zum Befördern von Stoffen im Sinne von § 3a des Chemikaliengesetzes, soweit sie nicht unter eine der Nummern 19.2 bis 19.5 fällt und ausgenommen Abwasserleitungen sowie Anlagen, die den Bereich eines Werksgeländes nicht überschreiten oder Zubehör einer Anlage zum Lagern solcher Stoffe sind, mit		
19.6.1	einer Länge von mehr als 40 km und einem Durchmesser der Rohrleitung von mehr als 800 mm,	X	
19.6.2	einer Länge von mehr als 40 km und einem Durchmesser der Rohrleitung von 300 mm bis 800 mm,		A
19.6.3	einer Länge von 5 km bis 40 km und einem Durchmesser der Rohrleitung von mehr als 300 mm,		A
19.6.4	einer Länge von weniger als 5 km und einem Durchmesser der Rohrleitung von mehr als 300 mm;		S
19.7	Errichtung und Betrieb einer Rohrleitungsanlage zum Befördern von Dampf oder Warmwasser aus einer Anlage nach den Nummern 1 bis 10, die den Bereich des Werksgeländes überschreitet (Dampf- oder Warmwasserpipeline), mit		
19.7.1	einer Länge von 5 km oder mehr außerhalb des Werksgeländes,		A
19.7.2	einer Länge von weniger als 5 km im Außenbereich;		S
19.8	Errichtung und Betrieb einer Rohrleitungsanlage, soweit sie nicht unter Nummer 19.6 fällt, zum Befördern von Wasser, die das Gebiet einer Gemeinde überschreitet (Wasserfernleitung), mit		
19.8.1	einer Länge von 10 km oder mehr,		A
19.8.2	einer Länge von 2 km bis weniger als 10 km;		S
19.9	Errichtung und Betrieb eines künstlichen Wasserspeichers mit		
19.9.1	10 Mio. m^3 oder mehr Wasser,	X	
19.9.2	2 Mio. m^3 bis weniger als 10 Mio. m^3 Wasser,		A
19.9.3	5000 m^3 bis weniger als 2 Mio. m^3 Wasser;		S
19.10	Errichtung und Betrieb einer Kohlendioxidleitung im Sinne des Kohlendioxid-Speicherungsgesetzes, ausgenommen Anlagen, die den Bereich eines Werksgeländes nicht überschreiten, mit		
19.10.1	einer Länge von mehr als 40 km und einem Durchmesser der Rohrleitung von mehr als 800 mm,	X	
19.10.2	einer Länge von mehr als 40 km und einem Durchmesser der Rohrleitung von 150 mm bis zu 800 mm,		A
19.10.3	einer Länge von 2 km bis 40 km und einem Durchmesser der Rohrleitung von mehr als 150 mm,		A
19.10.4	einer Länge von weniger als 2 km und einem Durchmesser der Rohrleitung von mehr als 150 mm.		S
19.11	Errichtung und Betrieb eines Erdkabels nach § 2 Absatz 5 des Bundesbedarfsplangesetzes	X	

Nummer	Vorhaben	Sp. 1	Sp. 2
19.12	Errichtung und Betrieb einer Anbindungsleitung von LNG-Anlagen an das Fernleitungsnetz im Sinne des Energiewirtschaftsgesetzes, ausgenommen Leitungsanlagen, die den Bereich eines Werksgeländes nicht überschreiten, mit		
19.12.1	einer Länge von mehr als 40 km und einem Durchmesser von mehr als 800 mm,	**X**	
19.12.2	einer Länge von mehr als 40 km und einem Durchmesser von 300 mm bis zu 800 mm,		**A**
19.12.3	einer Länge von 5 km bis 40 km und einem Durchmesser von mehr als 300 mm,		**A**
19.12.4	einer Länge von weniger als 5 km und einem Durchmesser von mehr als 300 mm.		**S**

Anlage 2

Angaben des Vorhabenträgers zur Vorbereitung der Vorprüfung

1. Nachstehende Angaben sind nach § 7 Absatz 4 vom Vorhabenträger zu übermitteln, wenn nach § 7 Absatz 1 und 2, auch in Verbindung mit den §§ 8 bis 14, eine Vorprüfung durchzuführen ist.
   a) Eine Beschreibung des Vorhabens, insbesondere
      aa) der physischen Merkmale des gesamten Vorhabens und, soweit relevant, der Abrissarbeiten,
      bb) des Standorts des Vorhabens und der ökologischen Empfindlichkeit der Gebiete, die durch das Vorhaben beeinträchtigt werden können.
   b) Eine Beschreibung der Schutzgüter, die von dem Vorhaben erheblich beeinträchtigt werden können.
   c) Eine Beschreibung der möglichen erheblichen Auswirkungen des Vorhabens auf die betroffenen Schutzgüter infolge
      aa) der erwarteten Rückstände und Emissionen sowie gegebenenfalls der Abfallerzeugung,
      bb) der Nutzung der natürlichen Ressourcen, insbesondere Fläche, Boden, Wasser, Tiere, Pflanzen und biologische Vielfalt.
2. Bei der Zusammenstellung der Angaben für die Vorprüfung ist den Kriterien nach Anlage 3, die für das Vorhaben von Bedeutung sind, Rechnung zu tragen. Soweit der Vorhabenträger über Ergebnisse vorgelagerter Umweltprüfungen oder anderer rechtlich vorgeschriebener Untersuchungen zu den Umweltauswirkungen des Vorhabens verfügt, sind diese ebenfalls einzubeziehen.
3. Zusätzlich zu den Angaben nach Nummer 1 Buchstabe a kann der Vorhabenträger auch eine Beschreibung aller Merkmale des Vorhabens und des Standorts und aller Vorkehrungen vorlegen, mit denen erhebliche nachteilige Umweltauswirkungen ausgeschlossen werden sollen.
4. Wird eine standortbezogene Vorprüfung durchgeführt, können sich die Angaben des Vorhabenträgers in der ersten Stufe auf solche Angaben beschränken, die sich auf das Vorliegen besonderer örtlicher Gegebenheiten gemäß den in Anlage 3 Nummer 2.3 aufgeführten Schutzkriterien beziehen.

Anlage 3

Kriterien für die Vorprüfung im Rahmen einer Umweltverträglichkeitsprüfung

Nachstehende Kriterien sind anzuwenden, soweit in § 7 Absatz 1 und 2, auch in Verbindung mit den §§ 8 bis 14, auf Anlage 3 Bezug genommen wird.

1. Merkmale der Vorhaben

Die Merkmale eines Vorhabens sind insbesondere hinsichtlich folgender Kriterien zu beurteilen:

1.1 Größe und Ausgestaltung des gesamten Vorhabens und, soweit relevant, der Abrissarbeiten,

1.2 Zusammenwirken mit anderen bestehenden oder zugelassenen Vorhaben und Tätigkeiten,

1.3 Nutzung natürlicher Ressourcen, insbesondere Fläche, Boden, Wasser, Tiere, Pflanzen und biologische Vielfalt,

1.4 Erzeugung von Abfällen im Sinne von § 3 Absatz 1 und 8 des Kreislaufwirtschaftsgesetzes,

1.5 Umweltverschmutzung und Belästigungen,

1.6 Risiken von Störfällen, Unfällen und Katastrophen, die für das Vorhaben von Bedeutung sind, einschließlich der Störfälle, Unfälle und Katastrophen, die wissenschaftlichen Erkenntnissen zufolge durch den Klimawandel bedingt sind, insbesondere mit Blick auf:

1.6.1 verwendete Stoffe und Technologien,

1.6.2 die Anfälligkeit des Vorhabens für Störfälle im Sinne des § 2 Nummer 7 der Störfall-Verordnung, insbesondere aufgrund seiner Verwirklichung innerhalb des angemessenen Sicherheitsabstandes zu Betriebsbereichen im Sinne des § 3 Absatz 5a des Bundes-Immissionsschutzgesetzes,

1.7 Risiken für die menschliche Gesundheit, z.B. durch Verunreinigung von Wasser oder Luft.

2. Standort der Vorhaben

Die ökologische Empfindlichkeit eines Gebiets, das durch ein Vorhaben möglicherweise beeinträchtigt wird, ist insbesondere hinsichtlich folgender Nutzungs- und Schutzkriterien unter Berücksichtigung des Zusammenwirkens mit anderen Vorhaben in ihrem gemeinsamen Einwirkungsbereich zu beurteilen:

2.1 bestehende Nutzung des Gebietes, insbesondere als Fläche für Siedlung und Erholung, für land-, forst- und fischereiwirtschaftliche Nutzungen, für sonstige wirtschaftliche und öffentliche Nutzungen, Verkehr, Ver- und Entsorgung (Nutzungskriterien),

2.2 Reichtum, Verfügbarkeit, Qualität und Regenerationsfähigkeit der natürlichen Ressourcen, insbesondere Fläche, Boden, Landschaft, Wasser, Tiere, Pflanzen, biologische Vielfalt, des Gebiets und seines Untergrunds (Qualitätskriterien),

2.3 Belastbarkeit der Schutzgüter unter besonderer Berücksichtigung folgender Gebiete und von Art und Umfang des ihnen jeweils zugewiesenen Schutzes (Schutzkriterien):

2.3.1 Natura 2000-Gebiete nach § 7 Absatz 1 Nummer 8 des Bundesnaturschutzgesetzes,

2.3.2 Naturschutzgebiete nach § 23 des Bundesnaturschutzgesetzes, soweit nicht bereits von Nummer 2.3.1 erfasst,

2.3.3 Nationalparke und Nationale Naturmonumente nach § 24 des Bundesnaturschutzgesetzes, soweit nicht bereits von Nummer 2.3.1 erfasst,

2.3.4 Biosphärenreservate und Landschaftsschutzgebiete gemäß den §§ 25 und 26 des Bundesnaturschutzgesetzes,

2.3.5 Naturdenkmäler nach § 28 des Bundesnaturschutzgesetzes,

2.3.6 geschützte Landschaftsbestandteile, einschließlich Alleen, nach § 29 des Bundesnaturschutzgesetzes,

2.3.7 gesetzlich geschützte Biotope nach § 30 des Bundesnaturschutzgesetzes,

2.3.8 Wasserschutzgebiete nach § 51 des Wasserhaushaltsgesetzes, Heilquellenschutzgebiete nach § 53 Absatz 4 des Wasserhaushaltsgesetzes, Risikogebiete nach § 73 Absatz 1 des Wasserhaushaltsgesetzes sowie Überschwemmungsgebiete nach § 76 des Wasserhaushaltsgesetzes,

2.3.9 Gebiete, in denen die in Vorschriften der Europäischen Union festgelegten Umweltqualitätsnormen bereits überschritten sind,

2.3.10 Gebiete mit hoher Bevölkerungsdichte, insbesondere Zentrale Orte im Sinne des § 2 Absatz 2 Nummer 2 des Raumordnungsgesetzes,

2.3.11 in amtlichen Listen oder Karten verzeichnete Denkmäler, Denkmalensembles, Bodendenkmäler oder Gebiete, die von der durch die Länder bestimmten Denkmalschutzbehörde als archäologisch bedeutende Landschaften eingestuft worden sind.

3. Art und Merkmale der möglichen Auswirkungen

Die möglichen erheblichen Auswirkungen eines Vorhabens auf die Schutzgüter sind anhand der unter den Nummern 1 und 2 aufgeführten Kriterien zu beurteilen; dabei ist insbesondere folgenden Gesichtspunkten Rechnung zu tragen:

3.1 der Art und dem Ausmaß der Auswirkungen, insbesondere, welches geographische Gebiet betroffen ist und wie viele Personen von den Auswirkungen voraussichtlich betroffen sind,

3.2 dem etwaigen grenzüberschreitenden Charakter der Auswirkungen,

3.3 der Schwere und der Komplexität der Auswirkungen,

3.4 der Wahrscheinlichkeit von Auswirkungen,

3.5 dem voraussichtlichen Zeitpunkt des Eintretens sowie der Dauer, Häufigkeit und Umkehrbarkeit der Auswirkungen,

3.6 dem Zusammenwirken der Auswirkungen mit den Auswirkungen anderer bestehender oder zugelassener Vorhaben,

3.7 der Möglichkeit, die Auswirkungen wirksam zu vermindern.

Anlage 4

Angaben des UVP-Berichts für die Umweltverträglichkeitsprüfung

Soweit die nachfolgenden Aspekte über die in § 16 Absatz 1 Satz 1 genannten Mindestanforderungen hinausgehen und sie für das Vorhaben von Bedeutung sind, muss nach § 16 Absatz 3 der UVP-Bericht hierzu Angaben enthalten.

1. Eine Beschreibung des Vorhabens, insbesondere
   a) eine Beschreibung des Standorts,
   b) eine Beschreibung der physischen Merkmale des gesamten Vorhabens, einschließlich der erforderlichen Abrissarbeiten, soweit relevant, sowie des Flächenbedarfs während der Bau- und der Betriebsphase,
   c) eine Beschreibung der wichtigsten Merkmale der Betriebsphase des Vorhabens (insbesondere von Produktionsprozessen), z. B.
      aa) Energiebedarf und Energieverbrauch,
      bb) Art und Menge der verwendeten Rohstoffe und
      cc) Art und Menge der natürlichen Ressourcen (insbesondere Fläche, Boden, Wasser, Tiere, Pflanzen und biologische Vielfalt),
   d) eine Abschätzung, aufgeschlüsselt nach Art und Quantität,
      aa) der erwarteten Rückstände und Emissionen (z. B. Verunreinigung des Wassers, der Luft, des Bodens und Untergrunds, Lärm, Erschütterungen, Licht, Wärme, Strahlung) sowie
      bb) des während der Bau- und Betriebsphase erzeugten Abfalls.
2. Eine Beschreibung der vom Vorhabenträger geprüften vernünftigen Alternativen (z. B. in Bezug auf Ausgestaltung, Technologie, Standort, Größe und Umfang des Vorhabens), die für das Vorhaben und seine spezifischen Merkmale relevant sind, und Angabe der wesentlichen Gründe für die getroffene Wahl unter Berücksichtigung der jeweiligen Umweltauswirkungen.
3. Eine Beschreibung des aktuellen Zustands der Umwelt und ihrer Bestandteile im Einwirkungsbereich des Vorhabens und eine Übersicht über die voraussichtliche Entwicklung der Umwelt bei Nichtdurchführung des Vorhabens, soweit diese Entwicklung gegenüber dem aktuellen Zustand mit zumutbarem Aufwand auf der Grundlage der verfügbaren Umweltinformationen und wissenschaftlichen Erkenntnisse abgeschätzt werden kann.
4. Eine Beschreibung der möglichen erheblichen Umweltauswirkungen des Vorhabens;
   Die Darstellung der Umweltauswirkungen soll den Umweltschutzzielen Rechnung tragen, die nach den Rechtsvorschriften, einschließlich verbindlicher planerischer Vorgaben, maßgebend sind für die Zulassungsentscheidung. Die Darstellung soll sich auf die Art der Umweltauswirkungen nach Buchstabe a erstrecken. Anzugeben sind jeweils die Art, in der Schutzgüter betroffen sind nach Buchstabe b, und die Ursachen der Auswirkungen nach Buchstabe c.
   a) Art der Umweltauswirkungen
      Die Beschreibung der zu erwartenden erheblichen Umweltauswirkungen soll sich auf die direkten und die etwaigen indirekten, sekundären, kumulativen, grenzüberschreitenden, kurzfristigen, mittelfristigen und langfristigen, ständigen und vorübergehenden, positiven und negativen Auswirkungen des Vorhaben erstrecken.
   b) Art, in der Schutzgüter betroffen sind
      Bei der Angabe, in welcher Hinsicht die Schutzgüter von den Auswirkungen des Vorhabens betroffen sein können, sind in Bezug auf die nachfolgenden Schutzgüter insbesondere folgende Auswirkungen zu berücksichtigen:

Schutzgut (Auswahl)	mögliche Art der Betroffenheit
Menschen, insbesondere die menschliche Gesundheit	Auswirkungen sowohl auf einzelne Menschen als auch auf die Bevölkerung
Tiere, Pflanzen, biologische Vielfalt	Auswirkungen auf Flora und Fauna
Fläche	Flächenverbrauch

Schutzgut (Auswahl)	mögliche Art der Betroffenheit
Boden	Veränderung der organischen Substanz, Bodenerosion, Bodenverdichtung, Bodenversiegelung
Wasser	hydromorphologische Veränderungen, Veränderungen von Quantität oder Qualität des Wassers
Klima	Veränderungen des Klimas, z. B. durch Treibhausgasemissionen, Veränderung des Kleinklimas am Standort
kulturelles Erbe	Auswirkungen auf historisch, architektonisch oder archäologisch bedeutende Stätten und Bauwerke und auf Kulturlandschaften

c) Mögliche Ursachen der Umweltauswirkungen
Bei der Beschreibung der Umstände, die zu erheblichen Umweltauswirkungen des Vorhabens führen können, sind insbesondere folgende Gesichtspunkte zu berücksichtigen:
aa) die Durchführung baulicher Maßnahmen, einschließlich der Abrissarbeiten, soweit relevant, sowie die physische Anwesenheit der errichteten Anlagen oder Bauwerke,
bb) verwendete Techniken und eingesetzte Stoffe,
cc) die Nutzung natürlicher Ressourcen, insbesondere Fläche, Boden, Wasser, Tiere, Pflanzen und biologische Vielfalt, und, soweit möglich, jeweils auch auf die nachhaltige Verfügbarkeit der betroffenen Ressource einzugehen,
dd) Emissionen und Belästigungen sowie Verwertung oder Beseitigung von Abfällen,
ee) Risiken für die menschliche Gesundheit, für Natur und Landschaft sowie für das kulturelle Erbe, zum Beispiel durch schwere Unfälle oder Katastrophen,
ff) das Zusammenwirken mit den Auswirkungen anderer bestehender oder zugelassener Vorhaben oder Tätigkeiten; dabei ist auch auf Umweltprobleme einzugehen, die sich daraus ergeben, dass ökologisch empfindliche Gebiete nach Anlage 3 Nummer 2.3 betroffen sind oder die sich aus einer Nutzung natürlicher Ressourcen ergeben,
gg) Auswirkungen des Vorhabens auf das Klima, zum Beispiel durch Art und Ausmaß der mit dem Vorhaben verbundenen Treibhausgasemissionen,
hh) die Anfälligkeit des Vorhabens gegenüber den Folgen des Klimawandels (zum Beispiel durch erhöhte Hochwassergefahr am Standort),
ii) die Anfälligkeit des Vorhabens für die Risiken von schweren Unfällen oder Katastrophen, soweit solche Risiken nach der Art, den Merkmalen und dem Standort des Vorhabens von Bedeutung sind.

5. Die Beschreibung der grenzüberschreitenden Auswirkungen des Vorhabens soll in einem gesonderten Abschnitt erfolgen.

6. Eine Beschreibung und Erläuterung der Merkmale des Vorhabens und seines Standorts, mit denen das Auftreten erheblicher nachteiliger Umweltauswirkungen ausgeschlossen, vermindert, ausgeglichen werden soll.

7. Eine Beschreibung und Erläuterung der geplanten Maßnahmen, mit denen das Auftreten erheblicher nachteiliger Umweltauswirkungen ausgeschlossen, vermindert oder ausgeglichen werden soll, sowie geplanter Ersatzmaßnahmen und etwaiger Überwachungsmaßnahmen des Vorhabenträgers.

8. Soweit Auswirkungen aufgrund der Anfälligkeit des Vorhabens für die Risiken von schweren Unfällen oder Katastrophen zu erwarten sind, soll die Beschreibung, soweit möglich, auch auf vorgesehene Vorsorge- und Notfallmaßnahmen eingehen.

9. Die Beschreibung der Auswirkungen auf Natura 2000-Gebiete soll in einem gesonderten Abschnitt erfolgen.

10. Die Beschreibung der Auswirkungen auf besonders geschützte Arten soll in einem gesonderten Abschnitt erfolgen.

11. Eine Beschreibung der Methoden oder Nachweise, die zur Ermittlung der erheblichen Umweltauswirkungen genutzt wurden, einschließlich näherer Hinweise auf Schwierigkeiten und Unsicherheiten, die bei der Zusammenstellung der Angaben aufgetreten sind, zum Beispiel technische Lücken oder fehlende Kenntnisse.

12. Eine Referenzliste der Quellen, die für die im UVP-Bericht enthaltenen Angaben herangezogen wurden.

Anlage 5

Liste „SUP-pflichtiger Pläne und Programme"

Nachstehende Pläne und Programme fallen nach § 2 Absatz 7 in den Anwendungsbereich dieses Gesetzes.

Legende:

Nr. = Nummer des Plans oder Programms
Plan oder Programm = Art des Plans oder Programms

Nr.	Plan oder Programm
1.	**Obligatorische Strategische Umweltprüfung nach § 35 Absatz 1 Nummer 1**
1.1	Verkehrswegeplanungen auf Bundesebene einschließlich Bedarfspläne nach einem Verkehrswegeausbaugesetz des Bundes
1.2	Ausbaupläne nach § 12 Absatz 1 des Luftverkehrsgesetzes, wenn diese bei ihrer Aufstellung oder Änderung über den Umfang der Entscheidungen nach § 8 Absatz 1 und 2 des Luftverkehrsgesetzes wesentlich hinausreichen
1.3	Risikomanagementpläne nach § 75 des Wasserhaushaltsgesetzes und die Aktualisierung der vergleichbaren Pläne nach § 75 Absatz 6 des Wasserhaushaltsgesetzes.
1.4	Maßnahmenprogramme nach § 82 des Wasserhaushaltsgesetzes
1.5	Raumordnungsplanungen nach § 13 des Raumordnungsgesetzes
1.6	Raumordnungsplanungen des Bundes nach § 17 Absatz 1 und 2 des Raumordnungsgesetzes
1.7	[aufgehoben]
1.8	Bauleitplanungen nach den §§ 6 und 10 des Baugesetzbuchs
1.9	Maßnahmenprogramme nach § 45h des Wasserhaushaltsgesetzes
1.10	Bundesbedarfspläne nach § 12e des Energiewirtschaftsgesetzes
1.11	Bundesfachplanungen nach den §§ 4 und 5 des Netzausbaubeschleunigungsgesetzes Übertragungsnetz
1.12	Nationale Aktionsprogramme nach Artikel 5 Absatz 1 der Richtlinie 91/676/EWG des Rates vom 12. Dezember 1991 zum Schutz der Gewässer vor Verunreinigung durch Nitrat aus landwirtschaftlichen Quellen (ABl. L 375 vom 31.12.1991, S. 1), die zuletzt durch die Verordnung (EG) Nr. 1137/2008 (ABl. L 311 vom 21.11.2008, S. 1) geändert worden ist
1.13	Das Nationale Entsorgungsprogramm nach § 2c des Atomgesetzes
1.14	Bundesfachpläne Offshore nach § 17a des Energiewirtschaftsgesetzes
1.15	Festlegung der Standortregionen für die übertägige Erkundung nach § 15 Absatz 3 des Standortauswahlgesetzes
1.16	Festlegung der Standorte für die untertägige Erkundung nach § 17 Absatz 2 des Standortauswahlgesetzes
1.17	Flächenentwicklungspläne nach § 5 des Windenergie-auf-See-Gesetzes
1.18	Feststellungen der Eignung einer Fläche und der installierbaren Leistung auf der Fläche nach § 12 Absatz 5 des Windenergie-auf-See-Gesetzes
2.	**Strategische Umweltprüfung bei Rahmensetzung nach § 35 Absatz 1 Nummer 2**

Nr.	Plan oder Programm
2.1	Lärmaktionspläne nach § 47d des Bundes-Immissionsschutzgesetzes
2.2	Luftreinhaltepläne nach § 47 Absatz 1 des Bundes-Immissionsschutzgesetzes
2.3	Abfallwirtschaftskonzepte nach § 21 des Kreislaufwirtschaftsgesetzes
2.4	Fortschreibung der Abfallwirtschaftskonzepte nach § 16 Absatz 3 Satz 4, 2. Alternative des Kreislaufwirtschafts- und Abfallgesetzes vom 27. September 1994 (BGBl. I S. 2705), das zuletzt durch Artikel 5 des Gesetzes vom 6. Oktober 2011 (BGBl. I S. 1986) geändert worden ist,
2.5	Abfallwirtschaftspläne nach § 30 des Kreislaufwirtschaftsgesetzes, einschließlich von besonderen Kapiteln oder gesonderten Teilplänen über die Entsorgung von gefährlichen Abfällen, Altbatterien und Akkumulatoren oder Verpackungen und Verpackungsabfällen
2.6	Abfallvermeidungsprogramme nach § 33 des Kreislaufwirtschaftsgesetzes
2.7	Operationelle Programme aus dem Europäischen Fonds für Regionale Entwicklung, dem Europäischen Sozialfonds, dem Kohäsionsfonds und dem Europäischen Meeres- und Fischereifonds sowie Entwicklungsprogramme für den ländlichen Raum aus dem Europäischen Landwirtschaftsfonds für die Entwicklung des ländlichen Raumes
2.8	Besondere Notfallpläne des Bundes oder der Länder nach § 99 Absatz 2 Nummer 9 oder § 100, jeweils auch in Verbindung mit § 103 Absatz 1 des Strahlenschutzgesetzes, für die Entsorgung von Abfällen bei möglichen Notfällen
2.9	Pläne des Bundes oder der Länder nach § 118 Absatz 2 oder 5, jeweils auch in Verbindung mit § 103 Absatz 1 des Strahlenschutzgesetzes, für die Entsorgung von Abfällen
2.10	Bestimmung von Maßnahmen durch Rechtsverordnung nach § 123 Satz 2 des Strahlenschutzgesetzes
2.11	Radonmaßnahmenplan nach § 122 Absatz 1 des Strahlenschutzgesetzes
2.12	Aktionspläne nach § 40d des Bundesnaturschutzgesetzes
2.13	Klimaschutzprogramme nach § 9 des Bundes-Klimaschutzgesetzes

Anlage 6

Kriterien für die Vorprüfung des Einzelfalls im Rahmen einer Strategischen Umweltprüfung

Nachstehende Kriterien sind anzuwenden, soweit auf Anlage 6 Bezug genommen wird.

1. Merkmale des Plans oder Programms, insbesondere in Bezug auf

1.1 das Ausmaß, in dem der Plan oder das Programm einen Rahmen setzen;

1.2 das Ausmaß, in dem der Plan oder das Programm andere Pläne und Programme beeinflusst;

1.3 die Bedeutung des Plans oder Programms für die Einbeziehung umweltbezogener, einschließlich gesundheitsbezogener Erwägungen, insbesondere im Hinblick auf die Förderung der nachhaltigen Entwicklung;

1.4 die für den Plan oder das Programm relevanten umweltbezogenen, einschließlich gesundheitsbezogener Probleme;

1.5 die Bedeutung des Plans oder Programms für die Durchführung nationaler und europäischer Umweltvorschriften.

2. Merkmale der möglichen Auswirkungen und der voraussichtlich betroffenen Gebiete, insbesondere in Bezug auf

2.1 die Wahrscheinlichkeit, Dauer, Häufigkeit und Umkehrbarkeit der Auswirkungen;

2.2 den kumulativen und grenzüberschreitenden Charakter der Auswirkungen;

2.3 die Risiken für die Umwelt, einschließlich der menschlichen Gesundheit (zum Beispiel bei Unfällen);

2.4 den Umfang und die räumliche Ausdehnung der Auswirkungen;

2.5 die Bedeutung und die Sensibilität des voraussichtlich betroffenen Gebiets aufgrund der besonderen natürlichen Merkmale, des kulturellen Erbes, der Intensität der Bodennutzung des Gebiets jeweils unter Berücksichtigung der Überschreitung von Umweltqualitätsnormen und Grenzwerten;

2.6 Gebiete nach Nummer 2.3 der Anlage 3.

12. Umweltauditgesetz und Verordnungen

12.1 Gesetz zur Ausführung der Verordnung (EG) Nr. 1221/2009 des Europäischen Parlaments und des Rates vom 25. November 2009 über die freiwillige Teilnahme von Organisationen an einem Gemeinschaftssystem für Umweltmanagement und Umweltbetriebsprüfung und zur Aufhebung der Verordnung (EG) Nr. 761/2001, sowie der Beschlüsse der Kommission 2001/681/EG und 2006/193/EG (Umweltauditgesetz – UAG)

In der Fassung der Bekanntmachung vom 4. September 2002

(BGBl. I S. 3490, ber. BGBl. 03 I S. 60), zuletzt geändert durch Art. 1 G v. 12.12.2019 (BGBl. I S. 2510)

Teil 1. Allgemeine Vorschriften

§ 1 Zweck des Gesetzes

(1) Zweck dieses Gesetzes ist es, eine wirksame Durchführung der Verordnung (EG) Nr. 1221/2009 des Europäischen Parlaments und des Rates vom 25. November 2009 über die freiwillige Teilnahme von Organisationen an einem Gemeinschaftssystem für Umweltmanagement und Umweltbetriebsprüfung und zur Aufhebung der Verordnung (EG) Nr. 761/2001, sowie der Beschlüsse der Kommission 2001/681/EG und 2006/193/EG (ABl. L 342 vom 22.12.2009, S. 1) in der jeweils geltenden Fassung sicherzustellen, auch in Bezug auf die Umweltdimension der nachhaltigen Entwicklung und die Grundlagen einer nachhaltigen Unternehmensführung, und insbesondere dadurch, dass

1. unabhängige, zuverlässige und fachkundige Umweltgutachter und Umweltgutachterorganisationen zugelassen werden,

2. eine wirksame Aufsicht über zugelassene Umweltgutachter und Umweltgutachterorganisationen ausgeübt wird und

3. Register über die geprüften Organisationen geführt werden.

(2) Sofern Ergebnisse der Umweltprüfung freiwillig oder auf Grund einer gesetzlichen Verpflichtung in einen Jahresabschluss, einen Einzelabschluss nach internationalen Rechnungslegungsstandards (§ 325 Abs. 2a des Handelsgesetzbuchs), einen Lagebericht, einen Konzernabschluss oder einen Konzernlagebericht aufgenommen werden, bleibt die Verantwortung des Abschlussprüfers nach den §§ 322, 323 des Handelsgesetzbuchs unberührt.

(Kommentierung folgt)

§ 2 Begriffsbestimmungen

(1) Für Zwecke dieses Gesetzes sind die in Artikel 2 der Verordnung (EG) Nr. 1221/2009 genannten Begriffsbestimmungen anzuwenden. Ergänzend gelten die Begriffsbestimmungen der Absätze 2 bis 4.

(2) **Umweltgutachter im Sinne dieses Gesetzes sind natürliche Personen, die zur Wahrnehmung der Aufgaben im Sinne der Artikel 4 Absatz 5 sowie Artikel 6 in Verbindung mit Artikel 18, 19 und 25 bis 27 der Verordnung (EG) Nr. 1221/2009 nach diesem Gesetz zugelassen sind oder die in einem anderen Mitgliedstaat der Europäischen Union im Rahmen des Artikels 28 Absätze 1 bis 5 der Verordnung (EG) Nr. 1221/2009 nach dessen innerstaatlichem Recht zugelassen sind.**

(3) **Umweltgutachterorganisationen sind eingetragene Vereine, Aktiengesellschaften, Kommanditgesellschaften auf Aktien, Gesellschaften mit beschränkter Haftung, eingetragene Genossenschaften, offene Handelsgesellschaften, Kommanditgesellschaften und Partnerschaftsgesellschaften, die zur Wahrnehmung der Aufgaben im Sinne der Artikel 4 Absatz 5 sowie Artikel 6 in Verbindung mit Artikel 18, 19 und 25 bis 27 der Verordnung (EG) Nr. 1221/2009 nach diesem Gesetz zugelassen sind, sowie Personenvereinigungen, die in einem anderen Mitgliedstaat der Europäischen Union im Rahmen des Artikels 28 der Verordnung (EG) Nr. 1221/2009 nach dessen innerstaatlichem Recht als Umweltgutachterorganisationen zugelassen sind.**

(4) **Zulassungsbereiche im Sinne dieses Gesetzes sind die gemäß der Verordnung (EWG) Nr. 761/93 der Kommission vom 24. März 1993 zur Änderung der Verordnung (EWG) Nr. 3037/90 des Rates betreffend die statistische Systematik der Wirtschaftszweige in der Europäischen Gemeinschaft (ABl. EG Nr. L 83 S. 1, Nr. L 159 S. 31) in Verbindung mit der deutschen Klassifikation der Wirtschaftszweige des Statistischen Bundesamtes, Ausgabe 1993 (WZ 93) beschriebenen Ebenen und Zwischenstufen der Klassifizierung. NACE Rev. 1 ist die gemäß Artikel 2 der genannten Verordnung in deren Anhang beigefügte gemeinsame Grundlage für statistische Systematiken der Wirtschaftszweige in den Europäischen Gemeinschaften.**

(Kommentierung folgt)

§ 3 (weggefallen)

§ 7 Fachkunde[1]

(1) **Die erforderliche Fachkunde besitzt ein Umweltgutachter, wenn er auf Grund seiner Ausbildung, beruflichen Bildung und praktischen Erfahrung zur ordnungsgemäßen Erfüllung der ihm obliegenden Aufgaben geeignet ist.**

(2) **Die Fachkunde erfordert**

1. **den Abschluss eines einschlägigen Studiums, insbesondere auf den Gebieten der Wirtschafts- oder Verwaltungswissenschaften, der Naturwissenschaften oder Technik, der Biowissenschaften, Agrarwissenschaften, Forstwissenschaften, Geowissenschaften, der Medizin oder des Rechts, an einer Hochschule im Sinne des § 1 des Hochschulrahmengesetzes, soweit nicht die Voraussetzungen des Absatzes 3 gegeben sind,**
2. **ausreichende Fachkenntnisse gemäß Artikel 20 Absatz 2 Buchstabe a bis j der Verordnung (EG) Nr. 1221/2009, die in den nachfolgenden Fachgebieten geprüft werden:**
   a) **Methodik, Durchführung und Beurteilung der Umweltbetriebsprüfung,**
   b) **Umweltmanagement und die Begutachtung von Umweltinformationen (Umwelterklärung sowie Ausschnitte aus dieser),**
   c) **zulassungsbereichsspezifische Angelegenheiten des Umweltschutzes, auch in Bezug auf die Umweltdimension der nachhaltigen Entwicklung, einschließlich der einschlägigen Rechts- und veröffentlichten Verwaltungsvorschriften und**
   d) **Allgemeines Umweltrecht, nach Artikel 30 Absatz 3 und 6 in Verbindung mit Artikel 49 Absatz 3 der Verordnung (EG) Nr. 1221/2009 erstellte Leitlinien der Kommission und einschlägige Normen zum Umweltmanagement,**
3. **eine mindestens dreijährige eigenverantwortliche hauptberufliche Tätigkeit, bei der praktische Kenntnisse über den betrieblichen Umweltschutz erworben wurden.**

(3) **Von der Anforderung eines Hochschulstudiums nach Absatz 2 Nr. 1 können Ausnahmen erteilt werden, wenn in den Zulassungsbereichen, für die die Zulassung beantragt ist,**

1. **eine Fachschulausbildung, die Qualifikation als Meister oder eine gleichwertige Zulassung oder Anerkennung durch eine oberste Bundes- oder Landesbehörde oder eine Körperschaft des öffentlichen Rechts vorliegt und**
2. **Aufgaben in leitender Stellung oder als Selbständiger mindestens fünf Jahre hauptberuflich wahrgenommen wurden.**

(4) **Soweit die Ausnahme des Artikels 22 Absatz 3 der Verordnung (EG) Nr. 1221/2009 nicht vorliegt, wird ein Umweltgutachter für eine Tätigkeit in einem Land außerhalb der Europäischen Union in folgenden Fachgebieten geprüft:**

a) **Kenntnis und Verständnis der Rechts- und Verwaltungsvorschriften im Umweltbereich des Landes, für das die Zulassung beantragt wird, sowie**
b) **Kenntnis und Verständnis der Amtssprache dieses Landes.**

Die Fachkundeanforderungen der Absätze 1 bis 3 bleiben hiervon unberührt.

Schrifttum: *Benecke,* Europarechtliche Aspekte des Umweltaudits, 2001; *van Bon,* Der Umweltgutachter und vérificateur in Deutschland und Frankreich im System der EG-Umwelt-Audit-

[1] Die Änderung des § 7 UAG durch G v. 12.12.2019 (BGBl. I S. 2510) ist im Gesetzestext und in der Kommentierung noch nicht berücksichtigt. Eine Anpassung erfolgt mit einer der nächsten Ergänzungslieferungen.

Verordnung, 2000; *Erbrath,* Der Umweltgutachter nach der EMAS-Verordnung als Vollzugsorgan des europäischen und nationalen Umweltrechts, 2001; *Ewer/Lechelt/Theuer* (Hrsg.), Handbuch Umweltaudit, 1998; *Kämmerer,* Die Umsetzung des Umwelt-Audit-Rechts, 2001; *Kenzler,* Das umweltrechtliche und vergaberechtliche Privilegierungspotential des gemeinschaftsrechtlichen Umwelt-Audit-Systems (EMAS), 2009; *Kothe,* Das neue Umweltauditrecht, 1997; *Lübbe-Wolff,* Das Umweltauditgesetz, NuR 1996, 217ff.; *Metzler/Alt,* Der Umweltgutachter, 1997; *von Röpenack,* Anforderungen an die Unabhängigkeit von Umweltgutachtern, in: Bohne (Hrsg.), Erfahrungen mit dem Umweltauditgesetz, 2001, S. 33ff.; *Rhein,* Das Gemeinschaftssystem für das Umweltmanagement und die Umweltbetriebsprüfung, 1996; *Scheuß,* Die Zulassung und Beaufsichtigung der Umweltgutachter, UPR 2000, 104ff.; *Schickert,* Der Umweltgutachter der EG-Umwelt-Audit-Verordnung, 2001; *Streck,* Der EMAS-Umweltgutachter und die Deregulierung des deutschen Umweltrechts, 2001; *Waskow,* Betriebliches Umweltmanagement, 2. Aufl., 1997.

Übersicht

A. Allgemeines

I. Bedeutung der Vorschrift

1 Die Vorschrift umschreibt in Form einer **generalklauselartigen** Normierung in Abs. 1 und konkreter **Einzelanforderungen** in Abs. 2 (ggf. i.V.m. Abs. 3) an Ausbildung (Nr. 1), spezifische Fachkenntnisse (Nr. 2) und Berufserfahrung (Nr. 3) das in § 4 Abs. 1 allgemein normierte Fachkundeerfordernis näher. Außerdem werden in Abs. 4 Zusatzanforderungen für eine Drittlandstätigkeit normiert. An die Fachkunde als zentrales Kriterium (*Metzler/Alt,* S. 38) werden vergleichsweise hohe Anforderungen gestellt (*Lübbe-Wolff,* NuR 1996, 217, 222; *von Röpenack,* S. 34f.; differenzierend *Erbrath,* S. 160: insbesondere hinsichtlich der Umweltmanagement- und -betriebsprüfungskontrolle; aus rechtsvergleichender Perspektive relativierend *van Bon,* S. 170), um eine qualitativ hochwertige Aufgabenwahrnehmung der Umweltgutachter zu ermöglichen und sicherzustellen (*van Bon,* S. 161; *Erbrath,* S. 160).

II. Rechtsentwicklung

2 Die Norm war mit Ausnahme des Abs. 4, welcher im Jahre 2011 entsprechend der unionsrechtlichen Anwendungsbereichserweiterung des Umweltauditsystems eingefügt wurde (BT-Drs. 17/6611, S. 12f.), in ihren Grundzügen bereits inhaltsgleich in der **Ursprungsfassung** des UAG von 1995 enthalten. Die Verweise auf die EMAS-VO wurden jeweils an deren aktuelle Fassung angepasst. Stellenweise wurden die Vorgaben im Jahre 2002 auch inhaltlich präzisierend umformuliert und an entsprechend geänderte Unionsvorgaben angeglichen; gleichzeitig wurde darüber hinaus der (unionsrechtlich nicht vorgegebene) Zeitraum der nachzuweisenden praktischen Tätigkeit nach Abs. 3 Nr. 2 von ursprünglich acht auf fünf Jahre abgesenkt (vgl. im Ein-

§ 9 Zulassung als Umweltgutachter[1]

(1) **Die Zulassung als Umweltgutachter ist von der Zulassungsstelle zu erteilen, wenn der Antragsteller die Anforderungen nach § 4 Abs. 1 und den §§ 5, 6 und 7 Absatz 1 bis 3 erfüllt. Die Zulassung ist auch auf Zulassungsbereiche zu erstrecken, für die der Umweltgutachter nicht selbst über die erforderliche Fachkunde verfügt,**

1. **wenn er im Hinblick auf die Erstellung der Gültigkeitserklärung nach Artikel 4 Absatz 6 der Verordnung (EWG) Nr. 1836/93 des Rates vom 29. Juni 1993 über die freiwillige Beteiligung gewerblicher Unternehmen an einem Gemeinschaftssystem für das Umweltmanagement und die Umweltbetriebsprüfung (ABl. L 168 vom 10.7.1993, S. 1, L 203 vom 29.8.1995, S. 17) oder nach Artikel 3 Absatz 2 und 3, Anhang V Abschnitte 5.4, 5.5 und 5.6 der Verordnung (EG) Nr. 761/2001 des Europäischen Parlaments und des Rates vom 19. März 2001 über die freiwillige Beteiligung von Organisationen an einem Gemeinschaftssystem für das Umweltmanagement und die Umweltbetriebsprüfung (EMAS) (ABl. L 114 vom 24.4.2001, S. 1) oder im Hinblick auf die Begutachtung und Validierung nach Artikel 4 Absatz 5, Artikel 18, 19 und 25 Absatz 4 und 8 der Verordnung (EG) Nr. 1221/2009 Personen angestellt hat, die für diese Zulassungsbereiche**
   a) **als Umweltgutachter zugelassen sind oder**
   b) **die erforderlichen Fachkenntnisbescheinigungen besitzen und**
2. **wenn er sicherstellt, dass die in Nummer 1 Buchstabe b genannten Personen regelmäßig an Fortbildungsmaßnahmen teilnehmen können.**

Die Erteilung der Zulassung für die Tätigkeit in einem Land außerhalb der Europäischen Union (Drittlandszulassung) setzt neben der Erfüllung der Anforderungen nach den Sätzen 1 und 2 voraus, dass der Antragsteller die Anforderungen nach § 7 Absatz 4 erfüllt.

(2) **In dem Zulassungsbescheid ist anzugeben,**

1. **für welche Zulassungsbereiche der Umweltgutachter selbst die erforderliche Fachkunde besitzt,**
2. **auf welche Zulassungsbereiche sich die Zulassung auf Grund angestellter fachkundiger Personen im Sinne des Absatzes 1 Satz 2 Nummer 1 erstreckt,**
3. **im Falle der Drittlandszulassung**
   a) **auf welches Drittland sich die Zulassung erstreckt, sowie**
   b) **ob die Drittlandszulassung erfolgt auf Grund**
      aa) **eigener Rechts- und Sprachkenntnisse des Umweltgutachters gemäß Artikel 22 Absatz 2 der Verordnung (EG) Nr. 1221/2009 oder**
      bb) **einer gemäß Artikel 22 Absatz 3 der Verordnung (EG) Nr. 1221/2009 mit einer qualifizierten Person oder Organisation getroffenen vertraglichen Vereinbarung.**

Im Falle der Nummer 3 Buchstabe b Doppelbuchstabe bb sind die Personen, die die Voraussetzungen des Artikels 22 Absatz 2 Buchstabe a und b der Verordnung (EG) Nr. 1221/2009 erfüllen, in dem Zulassungsbescheid genau zu bezeichnen.

(3) **Soweit sich die Zulassung auf Zulassungsbereiche erstreckt, für die der Umweltgutachter nicht selbst über die erforderliche Fachkunde verfügt, gestattet die Zulassung eine gutachterliche Tätigkeit nur im Zusammenwirken**

---

[1] Die Änderung des § 9 UAG durch G v. 12.12.2019 (BGBl. I S. 2510) ist im Gesetzestext und in der Kommentierung noch nicht berücksichtigt. Eine Anpassung erfolgt mit einer der nächsten Ergänzungslieferungen.

mit den in Absatz 1 Satz 2 Nr. 1 genannten Personen oder mit den qualifizierten Personen oder Organisationen, mit denen der Umweltgutachter eine vertragliche Vereinbarung gemäß Artikel 22 Absatz 3 der Verordnung (EG) Nr. 1221/2009 geschlossen hat; insbesondere sind Berichte und die Validierung von Umwelterklärungen sowie die Erklärung nach Anhang VII der Verordnung (EG) Nr. 1221/2009 von diesen Personen oder Organisationen mitzuzeichnen.

(4) **Die Zulassung umfasst die Befugnis, gemäß Artikel 9 Absatz 1 der Verordnung (EG) Nr. 761/2001 oder Artikel 4 Absatz 3 und Artikel 45 der Verordnung (EG) Nr. 1221/2009 Zertifizierungsbescheinigungen nach den von der Europäischen Kommission anerkannten Zertifizierungsverfahren zu erteilen. Sie umfasst ferner die Befugnis, Zertifizierungsbescheinigungen nach DIN EN ISO 14 001:2004+AC:2009 (Ausgabe 11/2009), DIN EN ISO 14 001:2015 (Ausgabe 11/2015), DIN EN 16 001:2009 (Ausgabe 8/2009) und DIN EN ISO 50 001:2011 (Ausgabe 12/2011) zu erteilen. Die genannten DIN-Normen sind bei der Beuth Verlag GmbH, 10 772 Berlin, zu beziehen und bei der Deutschen Nationalbibliothek in Leipzig archivmäßig gesichert niedergelegt.**

Schrifttum: *van Bon,* Der Umweltgutachter und vérificateur in Deutschland und Frankreich im System der EG-Umwelt-Audit-Verordnung, 2000; *Chiodo,* Umweltgerechte Unternehmensführung, 2012; *Ensthaler/Funk/Gesmann-Nuissl/Selz,* Umweltauditgesetz/EMAS-Verordnung, 2. Aufl., 2002; *Erbrath,* Der Umweltgutachter nach der EMAS-Verordnung als Vollzugsorgan des europäischen und nationalen Umweltrechts, 2001; *Ewer/Lechelt/Theuer* (Hrsg.), Handbuch Umweltaudit, 1998; *Kämmerer,* Die Umsetzung des Umwelt-Audit-Rechts, 2001; *Kothe,* Das neue Umweltauditrecht, 1997; *Lübbe-Wolff,* Das Umweltauditgesetz, NuR 1996, 217 ff.; *Metzler/Alt,* Der Umweltgutachter, 1997; *Racke,* Probleme der Zulassung von Umweltgutachtern und Umweltgutachterorganisationen sowie der Erteilung von Fachkenntnisbescheinigungen, in: Bohne (Hrsg.), Erfahrungen mit dem Umweltauditgesetz, 2001, S. 23 ff.; *Rhein,* Das Gemeinschaftssystem für das Umweltmanagement und die Umweltbetriebsprüfung, 1996; *Schickert,* Der Umweltgutachter der EG-Umwelt-Audit-Verordnung, 2001; *Waskow,* Betriebliches Umweltmanagement, 2. Aufl., 1997.

Übersicht

A. Allgemeines

I. Bedeutung der Vorschrift

1 Die Vorschrift enthält **verfahrensabschließende Regelungen** im Hinblick auf die für die Aufnahme der Tätigkeit als Umweltgutachter notwendige **Zulassungserteilung** (Abs. 1) in Form eines **Bescheides** (Abs. 2) und auf die dadurch eröffneten ***Betätigungsfelder*** (Abs. 3, 4).

§ 10 Zulassung als Umweltgutachterorganisation[1]

(1) **Die Zulassung als Umweltgutachterorganisation setzt voraus, dass**

1. mindestens ein Drittel der persönlich haftenden Gesellschafter oder Partner oder der Mitglieder des Vorstandes oder der Geschäftsführer
 a) als Umweltgutachter zugelassen sind oder
 b) aus bei der Umweltgutachterorganisation angestellten Personen mit Fachkenntnisbescheinigungen und mindestens einem Umweltgutachter besteht,

2. im Hinblick auf Artikel 4 Absatz 5, Artikel 18, 19, 25 Absatz 4 und 8 der Verordnung (EG) Nr. 1221/2009 zeichnungsberechtigte Vertreter oder zeichnungsberechtigte Angestellte für die Zulassungsbereiche, für die die Zulassung beantragt ist,
 a) als Umweltgutachter zugelassen sind oder
 b) die erforderlichen Fachkenntnisbescheinigungen besitzen und

3. sichergestellt ist, dass die in Nummer 2 genannten Personen regelmäßig an Fortbildungsmaßnahmen teilnehmen können,

4. geordnete wirtschaftliche Verhältnisse bestehen,

5. kein wirtschaftlicher, finanzieller oder sonstiger Druck die gutachterliche Tätigkeit beeinflussen oder das Vertrauen in die unparteiische Aufgabenwahrnehmung in Frage stellen können, wobei § 6 Abs. 2 Nr. 1 Buchstabe a und Nr. 2 und 3 entsprechend gilt,

6. die Organisation über ein Organigramm mit ausführlichen Angaben über die Strukturen und Verantwortungsbereiche innerhalb der Organisation verfügt und dieses sowie eine Erklärung über den Rechtsstatus, die Eigentumsverhältnisse und die Finanzierungsquellen der Zulassungsstelle auf Verlangen vorlegt und

7. der Zulassungsstelle der Nachweis erbracht wird, dass die Antragstellerin über dokumentierte Prüfungsmethoden und -verfahren (einschließlich der Qualitätskontrolle und der Vorkehrungen zur Wahrung der Vertraulichkeit) zur Erfüllung ihrer gutachterlichen Aufgaben verfügt.

Eine Drittlandszulassung setzt neben der Erfüllung der Anforderungen nach Satz 1 voraus, dass die Umweltgutachterorganisation, soweit nicht die Ausnahme des Artikels 22 Absatz 3 der Verordnung (EG) Nr. 1221/2009 vorliegt, über einen oder mehrere Umweltgutachter mit einer Drittlandszulassung für das Land verfügt, auf das sich der Zulassungsantrag der Umweltgutachterorganisation bezieht, und die im Hinblick auf Artikel 4 Absatz 5, die Artikel 18, 19, 25 Absatz 4 und 8 der Verordnung (EG) Nr. 1221/2009 zeichnungsberechtigte Vertreter oder Angestellte der Umweltgutachterorganisation sind.

(2) **Die Zulassung ist von der Zulassungsstelle zu erteilen, wenn die Voraussetzungen des Absatzes 1 erfüllt sind. Die Zulassung gestattet gutachterliche Tätigkeiten nur in denjenigen Zulassungsbereichen, für die die Voraussetzungen des Absatzes 1 Satz 1 Nummer 2 oder Absatz [gemeint wohl: Absatzes] 1 Satz 2 vorliegen. In dem Zulassungsbescheid ist anzugeben,**

1. auf welche Zulassungsbereiche sich die Zulassung der Umweltgutachterorganisation auf Grund von fachkundigen Personen im Sinne des Absatzes 1 Satz 1 Nummer 2 erstreckt,

2. im Falle der Drittlandszulassung

---

[1] Die Änderung des § 10 UAG durch G v. 12.12.2019 (BGBl. I S. 2510) ist im Gesetzestext und in der Kommentierung noch nicht berücksichtigt. Eine Anpassung erfolgt mit einer der nächsten Ergänzungslieferungen.

a) auf welches Drittland sich die Zulassung erstreckt sowie

b) ob die Drittlandszulassung erfolgt auf Grund

aa) des Vorhandenseins eines oder mehrerer Umweltgutachter im Sinne von Absatz 1 Satz 2, die im Hinblick auf Artikel 4 Absatz 5, die Artikel 18, 19, 25 Absatz 4 und 8 der Verordnung (EG) Nr. 1221/2009 zeichnungsberechtigte Vertreter oder Angestellte der Organisation sind oder

bb) einer gemäß Artikel 22 Absatz 3 der Verordnung (EG) Nr. 1221/2009 mit einer qualifizierten Person oder Organisation getroffenen vertraglichen Vereinbarung.

Im Falle des Satzes 3 Nummer 2 Buchstabe b sind die Personen, die die Voraussetzungen des Artikels 22 Absatz 2 Buchstabe a und b der Verordnung (EG) Nr. 1221/2009 erfüllen, in dem Zulassungsbescheid genau zu bezeichnen.

(3) **Die Zulassung gestattet gutachterliche Tätigkeiten von fachkundigen Personen im Sinne des Absatzes 1 Nr. 2 Buchstabe b nur im Zusammenwirken mit einem zugelassenen Umweltgutachter, der Berichte und die Validierung der Umwelterklärungen verantwortlich zeichnet; die genannten Personen müssen mitzeichnen.**

(4) **§ 9 Absatz 4 gilt entsprechend.**

(5) **Die zugelassene Umweltgutachterorganisation hat die Bezeichnung „Umweltgutachter" in die Firma oder den Namen aufzunehmen. Die Bezeichnung darf in die Firma oder den Namen nicht aufgenommen werden, wenn keine Zulassung nach Absatz 2 erteilt ist.**

Schrifttum: *van Bon,* Der Umweltgutachter und vérificateur in Deutschland und Frankreich im System der EG-Umwelt-Audit-Verordnung, 2000; *Erbrath,* Der Umweltgutachter nach der EMAS-Verordnung als Vollzugsorgan des europäischen und nationalen Umweltrechts, 2001; *Ewer/Lechelt/Theuer* (Hrsg.), Handbuch Umweltaudit, 1998; *Lübbe-Wolff,* Das Umweltauditgesetz, NuR 1996, 217 ff.; *Schickert,* Der Umweltgutachter der EG-Umwelt-Audit-Verordnung, 2001; *Waskow,* Betriebliches Umweltmanagement, 2. Aufl., 1997.

Übersicht

A. Allgemeines

I. Bedeutung der Vorschrift

1 Die Vorschrift enthält die **Voraussetzungen** (zum diesbezüglichen Regelungszweck → Rn. 6 aE; § 5 Rn. 1; § 6 Rn. 1; § 7 Rn. 1) und verschiedene **Verfahrensregelungen** für die zur Aufnahme der Tätigkeit als Umweltgutachterorganisation

Abschnitt 2. Aufsicht

§ 15 Überprüfung von Umweltgutachtern, Umweltgutachterorganisationen und Inhabern von Fachkenntnisbescheinigungen

(1) Umweltgutachter, Umweltgutachterorganisationen und Inhaber von Fachkenntnisbescheinigungen sind von der Zulassungsstelle in regelmäßigen Abständen, mindestens alle 24 Monate nach Wirksamwerden der Zulassung oder der Fachkenntnisbescheinigung dahin zu überprüfen, ob die Voraussetzungen für die Zulassung nach den §§ 9 und 10 und für die Erteilung der Fachkenntnisbescheinigung nach § 8 weiterhin vorliegen. Dabei muss auch eine Überprüfung der Qualität der vorgenommenen Begutachtungen erfolgen. Dies umfasst eine mindestens alle 24 Monate durchzuführende Überprüfung der vom Umweltgutachter oder der Umweltgutachterorganisation validierten oder vom Inhaber einer Fachkenntnisbescheinigung mitgezeichneten Umwelterklärungen und der erstellten Begutachtungsberichte.

(2) Umweltgutachter und Inhaber einer Fachkenntnisbescheinigung sind zur Feststellung der erforderlichen Fähigkeiten und Fachkunde spätestens alle sechs Jahre nach Wirksamwerden der Zulassung einer praktischen Überprüfung bei ihrer Arbeit in Organisationen zu unterziehen. Organisationen haben die Durchführung einer Überprüfung nach Satz 1 durch die Zulassungsstelle zu dulden.

(3) Die Zulassungsstelle kann, falls erforderlich, das Fortbestehen der Zulassungsvoraussetzungen, insbesondere die erforderlichen Fähigkeiten des Umweltgutachters, der Umweltgutachterorganisation oder des Inhabers einer Fachkenntnisbescheinigung anhand einer Überprüfung im Umweltgutachterbüro oder im Büro des Inhabers der Fachkenntnisbescheinigung überprüfen (Geschäftsstellenprüfung). In diesem Fall soll die Überprüfung gemäß Absatz 1 Satz 3 im Rahmen der Geschäftsstellenprüfung durchgeführt werden.

(4) Unbeschadet der Absätze 1 bis 3 können aus besonderem Anlass geeignete Aufsichtsmaßnahmen ergriffen werden, wenn die Zulassungsstelle Anhaltspunkte dafür hat, dass der Umweltgutachter, die Umweltgutachterorganisation oder der Inhaber der Fachkenntnisbescheinigung die Voraussetzungen der Zulassung nicht mehr erfüllt oder seinen Aufgaben nach der Verordnung (EG) Nr. 1221/2009, nach diesem Gesetz oder nach den auf Grund dieses Gesetzes erlassenen Rechtsverordnungen nicht ordnungsgemäß nachgeht.

(5) Stellt die Zulassungsstelle im Rahmen der Aufsicht Mängel in der Qualität einer Begutachtung oder sonstige Tatsachen fest, die einen Grund für eine vorübergehende Aussetzung oder Streichung gemäß Artikel 15 Absätze 1 oder 4 der Verordnung (EG) Nr. 1221/2009 darstellen können, so setzt sie die Register führende Stelle über den Inhalt des Aufsichtsberichts in Kenntnis.

(6) Umweltgutachter, Umweltgutachterorganisationen und Inhaber von Fachkenntnisbescheinigungen sind verpflichtet,

1. Zweitschriften der von ihnen gezeichneten oder mitgezeichneten
   a) Vereinbarungen mit den Unternehmen über Gegenstand und Umfang der Begutachtung,
   b) Berichte an die Leitung der Organisation,
   c) in Abstimmung mit der Organisation erstellten Begutachtungsprogramme,

d) validierten Umwelterklärungen, aktualisierten Umwelterklärungen und Umweltinformationen und

e) Niederschriften über Besuche auf dem Betriebsgelände und über Gespräche mit dem Betriebspersonal

im Sinne der Artikel 19 Absatz 1 und 25 Absatz 1 und 5 bis 9 der Verordnung (EG) Nr. 1221/2009 bis zur Überprüfung durch die Zulassungsstelle, jedoch nicht länger als fünf Jahre, aufzubewahren,

2. die Zulassungsstelle unverzüglich über alle Veränderungen zu unterrichten, die auf die Zulassung oder die Fachkenntnisbescheinigung Einfluss haben können,
3. sich bei Begutachtungen unparteiisch zu verhalten,
4. der Zulassungsstelle zur Vorbereitung der regelmäßig durchzuführenden Aufsichtsverfahren die erforderlichen Angaben zu machen und auf Verlangen der Zulassungsstelle die zur Überprüfung erforderlichen Unterlagen vorzulegen, wobei Umweltgutachterorganisationen auf Anforderung durch die Zulassungsstelle auch die zur Überprüfung der bei ihnen angestellten Umweltgutachter und Inhaber von Fachkenntnisbescheinigungen erforderlichen Unterlagen vorzulegen haben und
5. bei der Überprüfung von Organisationen neben den an den einzelnen Standorten der Organisation geltenden Rechtsvorschriften auch die hierzu ergangenen amtlich veröffentlichten Verwaltungsvorschriften des Bundes und der Länder zu berücksichtigen.

(7) Umweltgutachter und Inhaber von Fachkenntnisbescheinigungen sind verpflichtet, sich fortzubilden.

(8) Die Geschäftsräume der zu überprüfenden Umweltgutachter, Inhaber von Fachkenntnisbescheinigungen, Umweltgutachterorganisationen sowie, im Falle der Durchführung einer Überprüfung nach Absatz 2 Satz 1, der begutachteten Organisation, können zu den üblichen Geschäftszeiten betreten werden, wenn dies zur Feststellung der Anforderungen nach den §§ 8 bis 10 erforderlich ist.

(9) Der Aufsicht nach diesem Gesetz unterliegen Umweltgutachter oder Umweltgutachterorganisationen auch, soweit sie auf Grund ihrer Zulassung als Umweltgutachter oder Umweltgutachterorganisation befugt sind, Tätigkeiten auf Grund anderer rechtlicher Regelungen auszuüben. Dieser Paragraf gilt bei der Ausübung von Tätigkeiten durch Umweltgutachter oder Umweltgutachterorganisationen auf Grund anderer rechtlicher Regelungen entsprechend.

(Kommentierung folgt)

§ 16 Anordnung, Untersagung

(1) Zur Erfüllung der Anforderungen und Pflichten nach der Verordnung (EG) Nr. 1221/2009, nach diesem Gesetz, nach den auf Grund dieses Gesetzes erlassenen Rechtsverordnungen und bei Tätigkeiten auf Grund anderer rechtlicher Regelungen im Sinne von § 15 Absatz 9 kann die Zulassungsstelle die erforderlichen Maßnahmen gegenüber Umweltgutachtern, Umweltgutachterorganisationen und Inhabern von Fachkenntnisbescheinigungen treffen.

(2) Die Zulassungsstelle kann insbesondere die Fortführung gutachterlicher Tätigkeiten ganz oder teilweise vorläufig untersagen, wenn Umweltgutachter, Umweltgutachterorganisationen und Inhaber von Fachkenntnisbescheinigungen

1. unter Verstoß gegen die Pflichten nach Artikel 4 Absatz 5 und Artikel 25 Absatz 8, jeweils in Verbindung mit Artikel 18 und 19, der Verordnung (EG) Nr. 1221/2009 eine Umwelterklärung mit unzutreffenden Angaben und Beur-

LANDMANN/ROHMER

UMWELTRECHT

BAND II

KOMMENTAR

Herausgegeben von

Prof. Dr. Martin Beckmann
Rechtsanwalt und Fachanwalt für Verwaltungsrecht, Honorarprofessor der Universität Münster

Prof. Dr. Dr. Wolfgang Durner LL. M.
Rheinische Friedrich-Wilhelms-Universität Bonn und Direktor des Instituts für das Recht der Wasser- und Entsorgungswirtschaft

Prof. Dr. Thomas Mann
Direktor des Instituts für Öffentliches Recht, Lehrstuhl für Verwaltungsrecht der Georg-August-Universität Göttingen

Prof. Dr. Marc Röckinghausen
Hochschule für Polizei und öffentliche Verwaltung NRW, Abteilung Gelsenkirchen, Fachbereich Allgemeine Verwaltung/ Rentenversicherung

Stand: 1. Februar 2020
(92. Ergänzungslieferung)

(Zum Bearbeitungsstand im Einzelnen siehe die Datumszeile am unteren Ende jeder Seite)

C.H.BECK

Dieses Titelblatt entstammt der 92. Ergänzungslieferung Februar 2020

(Anschluss an die 91. Ergänzungslieferung September 2019)

ISBN 978 3 406 75341 1

Der Kommentar wurde von der 1. bis zur 50. Ergänzungslieferung von Prof. Dr. Klaus Hansmann und von der 51. bis zur 58. Ergänzungslieferung von Prof. Dr. Martin Beckmann herausgegeben.

Zitiervorschläge:

Beckmann in Landmann/Rohmer UmweltR KrWG § 17 Rn. 1
Landmann/Rohmer UmweltR/*Beckmann* KrWG § 17 Rn. 1

www.beck.de

Grundwerk ISBN 978 3 406 34327 8 ergänzt bis ISBN 978 3 406 75341 1

Wilhelmstraße 9, 80801 München
Satz und Druck: Druckerei C. H. Beck Nördlingen
(Adresse wie Verlag)

CO2 neutral
chbeck.de/nachhaltig

Gedruckt auf säurefreiem, alterungsbeständigem Papier
(hergestellt aus chlorfrei gebleichtem Zellstoff)

Inhaltsübersicht

Band I

Umweltverfassungsrecht

Umweltrecht Allgemeiner Teil

Umweltrecht Besonderer Teil

Band II

Umweltrecht Besonderer Teil

Band III

Umweltrecht Besonderer Teil

Übersicht

Band IV

Umweltrecht Besonderer Teil

2. Verordnungen zum Bundes-Immissionsschutzgesetz (BImSchV)
3. Verwaltungsvorschriften zum Bundes-Immissionsschutzgesetz (TA Luft, TA Lärm)
4. Hinweise und Empfehlungen der Bund/Länder-Arbeitsgemeinschaft für Immissionsschutz
5. Handel mit Emmissionsberechtigungen (TEHG, ZuV 2020)

Inhaltsverzeichnis (Band II)

Umweltrecht Besonderer Teil (Fortsetzung)

1. Wasserrecht (Verordnungen)

2. und 3. *(zur Zeit nicht besetzt)*

4. Benzinbleigesetz (BzBlG) und Verordnung

Kommentierung

5. Fluglärmgesetz

Kommentierung

6. Kreislaufwirtschaftsrecht

6. Kreislaufwirtschaftsgesetz (KrWG)

Erster Teil. Allgemeine Vorschriften

Zweiter Teil. Grundsätze und Pflichten der Erzeuger und Besitzer von Abfällen sowie der Entsorgungsträger

1. Abschnitt. Grundsätze der Abfallvermeidung und Abfallbewirtschaftung

2. Abschnitt. Kreislaufwirtschaft

3. Abschnitt. Abfallbeseitigung

4. Abschnitt. Öffentlich-rechtliche Entsorgung und Beauftragung Dritter

Dritter Teil. Produktverantwortung

Vierter Teil. Planungsverantwortung

1. Abschnitt. Ordnung und Durchführung der Abfallbeseitigung

2. Abschnitt. Abfallwirtschaftspläne und Abfallvermeidungsprogramme

3. Abschnitt. Zulassung von Anlagen, in denen Abfälle entsorgt werden

Fünfter Teil. Absatzförderung und Abfallberatung

Sechster Teil. Überwachung

Siebenter Teil. Entsorgungsfachbetriebe

Achter Teil. Betriebsorganisation, Betriebsbeauftragter für Abfall und Erleichterungen für auditierte Unternehmensstandorte

Neunter Teil. Schlußbestimmungen

9. Bodenschutzrecht (BBodSchG mit Verordnung)

9.1 Bundes-Bodenschutzgesetz (BBodSchG)

Kommentierung

Erster Teil. Allgemeine Vorschriften

Zweiter Teil. Grundsätze und Pflichten

Dritter Teil. Ergänzende Vorschriften für Altlasten

Vierter Teil. Landwirtschaftliche Bodennutzung

Fünfter Teil. Schlußvorschriften

10. *(zur Zeit unbesetzt)*

11. Bundesnaturschutzgesetz (BNatSchG)

Kommentierung

Kapitel 1. Allgemeine Vorschriften

Kapitel 2. Landschaftsplanung

Kapitel 3. Allgemeiner Schutz von Natur und Landschaft

Kapitel 4. Schutz bestimmter Teile von Natur und Landschaft

Abschnitt 1. Biotopverbund und Biotopvernetzung: geschützte Teile von Natur und Landschaft

Abschnitt 5. Auskunfts- und Zutrittsrecht; Gebühren und Auslagen

Abschnitt 6. Ermächtigungen

Kapitel 6. Meeresnaturschutz

Kapitel 7. Erholung in Natur und Landschaft

Kapitel 8. Mitwirkung von anerkannten Naturschutzvereinigungen

Kapitel 9. Eigentumsbindung, Befreiungen

Kapitel 10. Bußgeld- und Strafvorschriften

Kapitel 11. Übergangs- und Überleitungsvorschrift

12.–14. *(zur Zeit unbesetzt)*

15. Schadstofffreisetzungs- und Verbringungsregistergesetz (PRTR-Gesetz)

Kommentierung

Bearbeiterverzeichnis (Band I–IV)

Prof. Dr. Martin Beckmann Rechtsanwalt in Münster	Vorb. Abfallrecht, §§ 1–2, 4–39, 41–57, 62–68, 70–72 KrWG § 5 UVPG, Umweltschadensgesetz (mit Wittmann)
Dr. Christian-Dietrich Bracher Rechtsanwalt in Bonn	§§ 41 bis 43 BImSchG, 16. und 24. BImSchV
Prof. Dr. Peter Bruckmann Landesamt für Natur, Umwelt und Verbraucherschutz Nordrhein-Westfalen, Essen	39. BImSchV (mit Strecker und Vogt), 43. BImSchV (mit van Endern und Vogt)
Prof. Dr. Pascale Cancik O. Professorin an der Universität Osnabrück	Vorb. §§ 47a ff. BImSchG, §§ 47a–47f BImSchG (§§ 47a–47c, 47e und 47f mit Hansmann)
Prof. Dr. Johannes Dietlein O. Professor an der Universität Düsseldorf	§§ 1, 2, Vorb. §§ 4–21, 4 bis 8, 9 bis 11, 16a, 19, 23a–23c und 25a BImSchG, 9. BImSchV
Prof. Dr. Matthias Dombert Rechtsanwalt in Potsdam	§§ 4–6, 8, 13, 14, 20, 24, 25 BBodSchG
Rolf-Dieter Dörr Ministerialrat a. D.	OberflächengewässerV (mit Walter)
Prof. Dr. Dr. Wolfgang Durner LL. M. O. Professor an der Universität Bonn	Umweltvölkerrecht, Vorb. §§ 27 ff. WHG, §§ 27–31, 34, 35, 82–85 WHG
Benedikt van Endern Ministerium für Umwelt, Landwirtschaft, Natur- und Verbraucherschutz des Landes Nordrhein-Westfalen	43. BImSchV (mit Bruckmann und Vogt)
Prof. Dr. Astrid Epiney LL. M. O. Professorin an der Université de Fribourg	Art. 191–193 AEUV
Prof. Dr. Wolfgang Ewer Rechtsanwalt in Kiel	Vorb. BBodSchG, §§ 9, 15, 16 BBodSchG
Prof. Dr. Kurt Faßbender O. Professor an der Universität Leipzig	§§ 1–5, 33, 36–38 WHG
Dr. Frank Fellenberg LL. M. Rechtsanwalt in Berlin	Fluglärmgesetz (mit Reidt und Schiller), Umweltrechtsbehelfsgesetz (mit Schiller)
Dr. Henrik Flatter Bundesamt für Naturschutz, Bonn	§§ 69–74 BNatSchG
Dr. Matthias Ganske Rechtsanwalt in Bonn	§§ 25, 26, 54–61 WHG

Bearbeiter

Prof. Dr. Klaus Ferdinand Gärditz O. Professor an der Universität Bonn	Art. 20a GG
Prof. Dr. Martin Gellermann Rechtsanwalt, apl. Professor an der Universität Osnabrück	Vorb. BNatSchG, §§ 4, 7–48, §§ 49–51, §§ 52–56, §§ 57–68 Vorb. §§ 37, 38, §§ 37–40, BNatSchG (§§ 41–43 mit Sanden)
Nela Gies Richterin am Verwaltungsgericht Gelsenkirchen	§§ 41, 42 WHG
Prof. Dr. Christoph Görisch Hochschule für Polizei und öffentliche Verwaltung NRW, Abteilung Münster	§§ 4–14 UAG
Dipl.-Met. Arno Graff Umweltbundesamt, Dessau	Nr. 5.5 TA Luft (mit Hansmann), Vorb. zu Anhang 3 der TA Luft
Moritz Grunow Rechtsanwalt in Düsseldorf	Vorb. AwSV, § 1 AwSV
Prof. Dr. Günter Hager O. Professor an der Universität Freiburg	§ 1 UmweltHG (mit Rehbinder), §§ 6–10, 19–23 UmweltHG
Prof. Dr. Klaus Hansmann Leitender Ministerialrat a. D.	§§ 17, 18, 20, 21, 26–37, 38–40, 44–47c, 47e, 47f, 52, 52b–58d, 59, 60, 62–72, 74 BImSchG (§§ 17, 18 mit Ohms, Vor § 26, §§ 26–31 mit Pabst, Vor § 38, §§ 38–40 mit Hofmann, §§ 20, 21, Vor 32, §§ 32–37, Vorb. §§ 44–47, §§ 45, 46, 46a, 47, 52, 52b, 62, 66 und 67 mit Röckinghausen, §§ 47a–47c, 47e und 47f mit Cancik), Vor § 53, §§ 53–58d mit Maciejewski, 14., 32. und 34. BImSchV, TA Lärm, TA Luft (ohne Vorb. zu Anhang 3), 4., 11., 20., 21., 25., 27., 28., 30. und 35. BImSchV (mit Röckinghausen), 2. BImSchV (mit Mahrwald und Röckinghausen), 5. BImSchV mit Maciejewski, 12. BImSchV (mit König), BzBlG, 1. DVO BzBlG
Dr. Felix Hardach Bundesministerium für Umwelt, Naturschutz und nukleare Sicherheit	§§ 1, 8, 11–13, 17, 20, 22, 23, 26 31, 32, 35 TEHG
Prof. Dr. Torsten Heilshorn Rechtsanwalt in Freiburg	Vor § 22 BImSchG, §§ 22–25 BImSchG (mit Sparwasser)
Michael Heugel Bundesministerium für Umwelt, Naturschutz und nukleare Sicherheit	§§ 5, 6 BNatSchG

Prof. Dr. Ekkehard Hofmann O. Professor an der Universität Trier	Vorb. § 38, §§ 38–40 BImSchG
Dr. Frank Hofmann Bundesministerium für Umwelt, Naturschutz und nukleare Sicherheit	§ 23 WHG
Dr. Georg Hünnekens Rechtsanwalt in Münster	§§ 50–53 WHG, Vorb. §§ 64–66, §§ 64–66 WHG, Vorb. §§ 72–81 WHG, §§ 72–81 WHG
Georg Kahl † Ministerialrat a. D.	7. BImSchV
Lutz Keppner Bundesministerium für Umwelt, Naturschutz und nukleare Sicherheit	Grundwasserverordnung
Dr. Andreas Kersting Rechtsanwalt in Münster	§§ 58–61 KrWG
Dr. Heike Kieserling Deutsche Bahn AG	§§ 13, 14, 25–38 AwSV
Dr. Jens Martin König Hessisches Ministerium für Umwelt, Klimaschutz, Landwirtschaft und Verbraucherschutz	12. BImSchV (mit Hansmann)
Dr. Olaf Konzak Rechtsanwalt in Köln	§§ 2, 3 und 7 VerpackG (mit Körner)
Dr. Michael Körner, LL.M. Rechtsanwalt in Köln	§§ 2, 3 und 7 VerpackG (mit Konzak)
Dr. Philip Kubitza Richter auf Probe, Rheinland-Pfalz	§§ 100–102 WHG
Prof. Dr. Silke Ruth Laskowski O. Professorin an der Universität Kassel	§ 24 WHG, § 58e BImSchG mit der EMASPrivilegV
Prof. Dr. Joachim Lege O. Professor an der Universität Greifswald	§§ 96–99 WHG
Dr. Rasso Ludwig LL. M. Bayerisches Staatsministerium für Umwelt und Verbraucherschutz	§§ 19, 21–23, 26 BBodSchG
Prof. Dr. Karim Maciejewski Hochschule des Bundes für öffentliche Verwaltung	Vor § 53 BImSchG, §§ 53–58d BImSchG (mit Hansmann), 5. BImSchV (mit Hansmann)
Birgit Mahrwald Bundesministerium für Umwelt, Naturschutz und nukleare Sicherheit	2. BImSchV (mit Hansmann und Röckinghausen)
Prof. Dr. Thomas Mann O. Professor an der Universität Göttingen	§§ 8a, 12 BImSchG, Vorb. ElektroG, §§ 1, 2 ElektroG
Dr. Cedric Christian Meyer Rechtsanwalt in Köln	§§ 46–49, 62–63 WHG
Dr. Uwe Neuser Bundesministerium für Umwelt, Naturschutz und nukleare Sicherheit	§§ 2, 27, 33, 34 TEHG

Bearbeiter

Volkmar Nies Landwirtschaftsdirektor bei der Landwirtschaftskammer Rheinland	§§ 1, 2, 7, 17, 18 BBodSchG
Dr. Martin Ohms Rechtsanwalt in Berlin	§§ 17, 18 BImSchG (mit Hansmann), 13. BImSchV, 17. BImSchV (z. T. mit Sahm)
Prof. Dr. Heinz-Joachim Pabst Hochschule des Bundes für öffentliche Verwaltung	Vor § 26, §§ 26–31 BImSchG (mit Hansmann), § 61 BImSchG, 41. BImSchV
Dr. Kay Artur Pape Rechtsanwalt in Bonn	Vorb. WHG, §§ 6–22 WHG
Dr. Malte Petersen LL. M. Bundesnetzagentur, Bonn	§§ 89–95 WHG
Prof. Dr. Alexander Proelß O. Professor an der Universität Trier	§§ 43–45l WHG
Prof. Dr. Eckard Rehbinder Em. Professor an der Universität Frankfurt/Main	§ 14 BImSchG §§ 1–5, 11–18 UmweltHG (§ 1 mit Hager)
Prof. Dr. Olaf Reidt Rechtsanwalt in Berlin	§ 16 BImSchG (mit Schiller), 18. BImSchV (mit Schiller), Fluglärmgesetz (mit Fellenberg und Schiller), Umwelt- informationsgesetz (mit Schiller)
Dr. Christoph Riese Rechtsanwalt in Berlin	§§ 67–71, 86 WHG
Prof. Dr. Marc Röckinghausen Hochschule für Polizei und öffentliche Verwaltung NRW, Abteilung Gelsenkirchen	§§ 20, 21, Vor § 32, §§ 32–37, Vorb. §§ 44–47, §§ 45, 46, 46a, 47, 52, 52b, 62, 66, 67 BImSchG (mit Hansmann), §§ 37a bis 37f, 52a, 73 BImSchG, 1., 10., 26., 36., 37., 38., 42. BImSchV, 4., 11., 20., 21., 25., 27., 28., 30. und 35. BImSchV (mit Hansmann), 2. BImSchV (mit Hansmann und Mahrwald), Schadstofffreisetzungs- und Verbringungsregistergesetz
Christoph Sahm LL. M. E.ON Kernkraft GmbH	§§ 23–25, 27 der 17. BImSchV (mit Ohms)
Prof. Dr. Dr. Joachim Sanden † Behörde für Stadtentwicklung und Umwelt, Freie und Hansestadt Hamburg, zugl. Apl. Prof. an der Universität Lüneburg	§§ 41–43 (mit Gellermann)
Dr. Gernot Schiller Rechtsanwalt in Berlin	§ 16 BImSchG (mit Reidt), 18. BImSchV (mit Reidt), Fluglärmgesetz (mit Reidt und Fellenberg), Umweltinformations- gesetz (mit Reidt) Umweltrechtsbehelfsgesetz (mit Fellenberg), §§ 14a, 15 BImSchG

Matthias Schleifenbaum, LL.M. Rechtsanwalt in Köln	Vorb. BattG, § 1 BattG
Prof. Dr. Hendrik Schoen Hochschule für Polizei und öffentliche Verwaltung NRW, Abteilung Münster	§ 50 BImSchG
Prof. Dr. Meinhard Schröder Em. Professor an der Universität Trier	EG-Abfallverbringungs-VO
Prof. Dr. Max-Jürgen Seibert Vorsitzender Richter am Oberverwaltungsgericht Münster	§ 13 BImSchG
Prof. Dr. Reinhard Sparwasser Rechtsanwalt in Freiburg	Vor § 22 BImSchG, §§ 22–25 BImSchG (mit Heilshorn)
Prof. Dr. Indra Spiecker genannt Döhmann, LL.M. O. Professorin an der Universität Frankfurt a. M.	UStatG
Prof. Dr. Peter-Tobias Stoll O. Professor an der Universität Göttingen	EG-Artenschutzverordnung
Silvia Strecker Ministerium für Umwelt, Landwirtschaft, Natur- und Verbraucherschutz des Landes Nordrhein-Westfalen	39. BImSchV (mit Bruckmann und Vogt)
Prof. Dr. Dr. Markus Thiel Deutsche Hochschule der Polizei, Münster	§§ 3, 48–48b BImSchG
Dr. Christian Tünnesen-Harmes Rechtsanwalt in Duisburg	AbfAEV
Dr. Klaus Vogt Landesamt für Natur, Umwelt und Verbraucherschutz Nordrhein-Westfalen	39. BImSchV (mit Bruckmann und Strecker), 43. BImSchV (mit Bruckmann und van Endern)
Anne-Barbara Walter Umweltbundesamt	OberflächengewässerV (mit Dörr)
Dr. Dirk Weinreich Bundesministerium für Umwelt, Naturschutz und nukleare Sicherheit	Vorb. TEHG, §§ 7, 19 TEHG
Dr. Armin von Weschpfennig Akademischer Rat, Universität Bonn	§§ 13a, 13b, 103–107 WHG
Dr. Antje Wittmann Rechtsanwältin in Münster	UmweltschadensG (zusammen mit Beckmann)
Frank Wolke Umweltbundesamt, Deutsche Emissionshandelsstelle	§§ 4, 18, 24 TEHG

Bearbeiter

§ 56 Zertifizierung von Entsorgungsfachbetrieben

(1) Entsorgungsfachbetriebe wirken an der Förderung der Kreislaufwirtschaft und der Sicherstellung des Schutzes von Mensch und Umwelt bei der Erzeugung und Bewirtschaftung von Abfällen nach Maßgabe der hierfür geltenden Rechtsvorschriften mit.

(2) Entsorgungsfachbetrieb ist ein Betrieb, der

1. gewerbsmäßig, im Rahmen wirtschaftlicher Unternehmen oder öffentlicher Einrichtungen Abfälle sammelt, befördert, lagert, behandelt, verwertet, beseitigt, mit diesen handelt oder makelt und
2. in Bezug auf eine oder mehrere der in Nummer 1 genannten Tätigkeiten durch eine technische Überwachungsorganisation oder eine Entsorgergemeinschaft als Entsorgungsfachbetrieb zertifiziert ist.

(3) Das Zertifikat darf nur erteilt werden, wenn der Betrieb die für die ordnungsgemäße Wahrnehmung seiner Aufgaben erforderlichen Anforderungen an seine Organisation, seine personelle, gerätetechnische und sonstige Ausstattung, seine Tätigkeit sowie die Zuverlässigkeit und Fach- und Sachkunde seines Personals erfüllt. In dem Zertifikat sind die zertifizierten Tätigkeiten des Betriebes, insbesondere bezogen auf seine Standorte und Anlagen sowie die Abfallarten, genau zu bezeichnen. Das Zertifikat ist zu befristen. Die Gültigkeitsdauer darf einen Zeitraum von 18 Monaten nicht überschreiten. Das Vorliegen der Voraussetzungen des Satzes 1 wird mindestens jährlich von der technischen Überwachungsorganisation oder der Entsorgergemeinschaft überprüft.

(4) Mit Erteilung des Zertifikats ist dem Betrieb von der technischen Überwachungsorganisation oder Entsorgergemeinschaft die Berechtigung zum Führen eines Überwachungszeichens zu erteilen, das die Bezeichnung „Entsorgungsfachbetrieb" in Verbindung mit dem Hinweis auf die zertifizierte Tätigkeit und die das Überwachungszeichen erteilende technische Überwachungsorganisation oder Entsorgergemeinschaft aufweist. Ein Betrieb darf das Überwachungszeichen nur führen, soweit und solange er als Entsorgungsfachbetrieb zertifiziert ist.

(5) Eine technische Überwachungsorganisation ist ein rechtsfähiger Zusammenschluss mehrerer Sachverständiger, deren Sachverständigentätigkeit auf dauernde Zusammenarbeit angelegt ist. Die Erteilung des Zertifikats und der Berechtigung zum Führen des Überwachungszeichens durch die technische Überwachungsorganisation erfolgt auf der Grundlage eines Überwachungsvertrages, der insbesondere die Anforderungen an den Betrieb und seine Überwachung sowie an die Erteilung und den Entzug des Zertifikats und der Berechtigung zum Führen des Überwachungszeichens festlegt. Der Überwachungsvertrag bedarf der Zustimmung der zuständigen Behörde.

(6) Eine Entsorgergemeinschaft ist ein rechtsfähiger Zusammenschluss von Entsorgungsfachbetrieben im Sinne des Absatzes 2. Sie bedarf der Anerkennung der zuständigen Behörde. Die Erteilung des Zertifikats und der Berechtigung zum Führen des Überwachungszeichens durch die Entsorgergemeinschaft erfolgt auf der Grundlage einer Satzung oder sonstigen Regelung, die insbesondere die Anforderungen an die zu zertifizierenden Betriebe und ihre Überwachung sowie an die Erteilung und den Entzug des Zertifikats und der Berechtigung zum Führen des Überwachungszeichens festlegt.

(7) Technische Überwachungsorganisation und Entsorgergemeinschaft haben sich für die Überprüfung der Betriebe Sachverständiger zu bedienen, die die für die

Durchführung der Überwachung erforderliche Zuverlässigkeit, Unabhängigkeit sowie Fach- und Sachkunde besitzen.

(8) **Entfallen die Voraussetzungen für die Erteilung des Zertifikats, hat die technische Überwachungsorganisation oder die Entsorgergemeinschaft dem Betrieb das von ihr erteilte Zertifikat und die Berechtigung zum Führen des Überwachungszeichens zu entziehen sowie den Betrieb aufzufordern, das Zertifikat zurückzugeben und das Überwachungszeichen nicht weiterzuführen. Kommt der Betrieb dieser Aufforderung innerhalb einer von der technischen Überwachungsorganisation oder Entsorgergemeinschaft gesetzten Frist nicht nach, kann die zuständige Behörde dem Betrieb das erteilte Zertifikat und die Berechtigung zum Führen des Überwachungszeichens entziehen sowie die sonstige weitere Verwendung der Bezeichnung „Entsorgungsfachbetrieb" untersagen.**

Schrifttum: *Blümcke/Cosson,* Der Entsorgungsfachbetrieb: von Schiedsrichtern, Regeln und Abseitsfallen – ein Spielbericht, AbfallR 2006, 133; *Dünnwald,* Die Rechtsnatur des Überwachungsvertrags zwischen einer technischen Überwachungsorganisation und einem Entsorgungsfachbetrieb, AbfallR 2017, 306; *Heidmann,* Selbstüberwachung im Spannungsfeld zwischen behördlicher Überwachung und Gewerbefreiheit, AbfallR 2016, 2; *Petersen,* Entsorgungsfachbetriebe als besondere Form des Dritten im Kreislaufwirtschafts- und Abfallrecht, UPR 1997, 211; *Schomerus,* Zur Notwendigkeit einer Novellierung der Regelung über die Entsorgungsfachbetriebe in § 52 KrW-/AbfG, AbfallR 2009, 98 ff., 174 ff.

Übersicht

A. Allgemeines

I. Überblick

1 Nach § 56 Abs. 1 wirken Entsorgungsfachbetriebe an der Förderung der Kreislauf*wirtschaft und* der Sicherstellung des Schutzes von Mensch und Umwelt bei der Erzeu-

gung und Bewirtschaftung von Abfällen mit. § 56 Abs. 2 enthält eine **Legaldefinition** des Begriffs „Entsorgungsfachbetriebe". Ein Entsorgungsfachbetrieb ist danach ein Betrieb, der gewerbsmäßig, im Rahmen wirtschaftlicher Unternehmen oder öffentlicher Einrichtungen Abfälle sammelt, befördert, lagert, behandelt, verwertet, beseitigt, mit diesen handelt oder makelt und in Bezug auf eine oder mehrere der genannten Tätigkeiten durch eine technische Überwachungsorganisation oder eine Entsorgergemeinschaft als Entsorgungsfachbetrieb zertifiziert ist.

§ 56 Abs. 3 bestimmt die **Voraussetzungen,** die ein Betrieb erfüllen muss, um als Entsorgungsfachbetrieb zu gelten. Erforderlich ist entweder der Abschluss eines **Überwachungsvertrags** mit einer technischen Überwachungsorganisation im Sinne des § 56 Abs. 5 oder die Berechtigung, als Mitglied einer anerkannten Entsorgergemeinschaft im Sinne des § 56 Abs. 6 deren **Gütezeichen** zu führen. Diese beiden Möglichkeiten, Entsorgungsfachbetrieb zu werden, stehen gleichberechtigt nebeneinander. Es gelten die gleichen Mindeststandards, so dass grundsätzlich auch dieselben Anforderungen zu erfüllen sind. 2

Nach § 7 Abs. 1 S. 1 EfbV hat der Entsorgungsfachbetrieb die für seine abfallwirtschaftliche Tätigkeit geltenden öffentlich-rechtlichen Vorschriften zu beachten. Der Inhaber des Betriebs hat den Nachweis zu erbringen, dass die für die abfallwirtschaftliche Tätigkeit des Entsorgungsfachbetriebes erforderlichen behördlichen Entscheidungen, insbesondere Planfeststellungen, Genehmigungen, Zulassungen, Erlaubnisse und Bewilligungen, vorliegen und die mit ihnen verbundenen Auflagen und sonstigen Anordnungen der zuständigen Behörden erfüllt werden. Die Beachtung der gesetzlichen und genehmigungsrechtlichen Anforderungen an den Entsorgungsfachbetrieb hat die technische Überwachungsorganisation vor der Zertifizierung und regelmäßig danach zu überprüfen (§ 11 Abs. 2 S. 2 EbfV). Gleichwohl ist das Überwachungszertifikat „Entsorgungsfachbetrieb" lediglich ein Indiz dafür, dass die gesetzlichen Vorgaben eingehalten werden (*Schomerus* in Versteyl/Mann/Schomerus Rn. 4; *Versteyl/Jacobi* AbfallR 2008, 247). 3

§ 56 Abs. 8 S. 1 schreibt vor, dass die technische Überwachungsorganisation oder die Entsorgergemeinschaft den Betrieb auffordern muss, das erteilte Überwachungszertifikat zurückzugeben und das Überwachungszeichen nicht weiter zu führen, wenn die Voraussetzungen für die Anerkennung als Entsorgungsfachbetriebs entfallen sind und deshalb das Zertifikat und die Berechtigung zum Führen des Überwachungszeichens durch die technische Überwachungsorganisation oder die Entsorgergemeinschaft entzogen werden musste. Kommt der Betrieb dieser Aufforderung innerhalb einer zu setzenden Frist nicht nach, so kann nach § 56 Abs. 8 S. 2 die zuständige Behörde dem Betrieb das erteilte Zertifikat und die Berechtigung zum Führen des Überwachungszeichens entziehen sowie die weitere Verwendung der Bezeichnung „Entsorgungsfachbetrieb" untersagen. 4

Die gesetzlichen Regelungen zur Zertifizierung von Entsorgungsfachbetrieben in § 56 werden ergänzt durch die Verordnungsermächtigung zur Regelung von Anforderungen an Entsorgungsfachbetriebe in § 57 und die auf dieser Ermächtigungsgrundlage ergangene Entsorgungsfachbetriebeverordnung, die die Anforderungen an den Entsorgungsfachbetriebe weiter konkretisiert. 5

Mit der Zweiten Verordnung zur Fortentwicklung der abfallrechtlichen Überwachung vom 7. Dezember 2016 (BGBl. I S. 2770) wurden im Nachgang zum Kreislaufwirtschaftsgesetz vom 24.2.2012 und der Ersten Verordnung zur Fortentwicklung der abfallrechtlichen Überwachung vom 5. Dezember 2013 (BGBl. I S. 4043) weitere notwendige Änderungen des untergesetzlichen Regelwerks beschlossen, unter anderem auch die neue Verordnung über Entsorgungsfachbetriebe, technische Überwachungsorganisationen und Entsorgergemeinschaften (**Entsorgungsfachbetriebeverordnung** – 6

EfbV), die in ihren wesentlichen Teilen am 1.6.2017 in Kraft getreten ist. Die neue EfbV entwickelt das Qualitätsprofil des Entsorgungsfachbetriebs auf Grundlage der §§ 56, 57 fort und berücksichtigt dabei auch die Erfahrungen von Wirtschaft und Vollzug. Sie verfolgt das Ziel, das bewährte Instrument der Zertifizierung von Betrieben zu Entsorgungsfachbetrieben weiter auszubauen und bestehende Rechts- und Anwendungsunsicherheiten abzubauen. Abfallerzeuger und -besitzer, die einen Entsorgungsfachbetrieb beauftragen, sollen auf eine rechtlich ordnungsgemäße Entsorgung ihrer Abfälle vertrauen können. Die beiden Zertifizierungswege, der Abschluss eines Überwachungsvertrags mit einer technischen Überwachungsorganisation und die Mitgliedschaft in einer Entsorgungsgemeinschaft, sind beibehalten worden, die Anforderungen wurden aber weitestgehend vereinheitlicht. Ziel der neuen EfbV ist ein einheitliches Regelwerk für Entsorgungsfachbetriebe. Dazu definiert die EfbV Anforderungen an Organisation, Ausstattung und Tätigkeit eines Entsorgungsfachbetriebs sowie an Zuverlässigkeit und Fach- und Sachkunde des Betriebsinhabers und der im Betrieb beschäftigten Personen. Sie enthält Regelungen zum Abschluss eines Überwachungsvertrags mit einer technischen Überwachungsorganisation und zur Mitgliedschaft in einer Entsorgergemeinschaft. Geregelt werden zudem die Anforderungen an die Sachverständigen sowie deren Kontrolle. Die EfbV bestimmt die Anforderungen an die Überwachung sowie den Umfang der Zertifizierung und die Zertifikatsgestaltung. Sie enthält schließlich Bestimmungen zur elektronischen Errichtung eines bundesweit einheitlichen elektronischen Entsorgungsfachbetrieberegisters und zum Entzug des Zertifikats sowie Bußgeldvorschriften (zur EfbV 2017 siehe *Doumet* in v. Lersner/Wendenburg Rn. 23 ff.; Vollzugshilfe „Entsorgungsfachbetriebe“ der Bund/Länder-Arbeitsgemeinschaft Abfall (LAGA) 36 Stand 31.1.2018).

7 Die Zertifizierung von Entsorgungsfachbetrieben dient einer Verbesserung der Qualität der Abfallentsorgung. Die Anforderungen an die Zertifizierung und die Verpflichtung zu einer kontinuierlichen Fortbildung sollen sicherstellen, dass die abfallwirtschaftlichen Aufgaben auf einem hohen **Qualitätsniveau** erfüllt werden (*Hurst* in Jarass/Petersen, Rn. 2). Das gesetzliche System der Entsorgungsfachbetriebe reiht sich insoweit zwischen den rein privaten Qualitätssicherungssystemen sowie den unionsrechtlichen EMAS-Verfahren ein. Mit den standardisierten Qualitätssicherungssystemen und dem Öko-Audit unter EMAS hat das Instrument der Entsorgungsfachbetriebe das Ziel der Qualitätssicherung gemein. Die Anforderungen richten sich unter anderem auf die Einhaltung der gesetzlichen Anforderungen; sie sollen den Vertragspartnern der Entsorgungsfachbetriebe die Gewähr eines minimierten umweltrechtlichen Haftungsrisikos bieten (*Dünnwald* AbfallR 2017, 306; *Hurst* in Jarass/Petersen Rn. 3, 41; *Ley* in Schink/Versteyl Rn. 10).

8 Darüber ist die Zertifizierung von Entsorgungsfachbetrieben ein Instrument der **Deregulierung** durch Selbstregulierung. Denn die Zertifizierung soll die zuständigen Behörden von Überwachungsaufgaben entlasten, weil und insoweit bei den zertifizierten Entsorgungsfachbetrieben eine jährliche Überprüfung durch unabhängige Sachverständige vorgesehen ist. Die Anerkennung als Entsorgungsfachbetrieb wird vom Aufgabenbereich der Behörden in den Bereich der privatwirtschaftlichen Eigenkontrolle verlagert.

9 Auch für den Betreiber eines Entsorgungsfachbetriebs hat die Zertifizierung verschiedene Vorteile. Sie ist zwar nicht Voraussetzung dafür, gewerbliche Abfälle sammeln, befördern, lagern, behandeln, verwerten oder beseitigen zu dürfen. Die Zertifizierung verschafft jedoch einige Erleichterungen hinsichtlich der Genehmigung, zB die Ausnahme von der Erlaubnispflicht nach § 54 Abs. 3 Nr. 2 und hinsichtlich der Nachweispflichten für gefährliche Abfälle. Entsorgungsfachbetrieb zu sein, bedeutet demnach für Entsor-

gungsunternehmen in erster Linie einen **Wettbewerbsvorteil** gegenüber Unternehmen, die kein Entsorgungsfachbetrieb sind (*Klett/Heidmann* AbfallR 2016, 2, 3).

Hinzu kommt, dass bei einer öffentlichen oder auch privaten Ausschreibung von Entsorgungsdienstleistungen eine Zertifizierung vorausgesetzt werden kann. Dabei muss allerdings berücksichtigt werden, dass der Dienstleistungsverkehr zwischen den Mitgliedstaaten frei von Beschränkungen sein soll (Art. 56, 57 AEUV; siehe dazu *Beckmann/Gesterkamp* AbfallR 2016, 66 ff.). Auch wenn die Zertifizierung als Entsorgungsfachbetrieb freiwillig ist, kann die Zertifizierung für Entsorgungsunternehmen aus anderen EU-Mitgliedsstaaten den Zugang im deutschen Entsorgungsmarkt erschweren. Deshalb muss zumindest bei der öffentlichen Auftragsvergabe sichergestellt werden, dass die Zuverlässigkeit des Bieters auch anderweitig, zB durch Referenzen von Kunden als durch das Zertifikat „Entsorgungsfachbetrieb" erbracht werden kann (*Schomerus* in Versteyl/Mann/Schomerus Rn. 7 ff.; *Queitsch* in BeckOK UmweltR Rn. 8). 10

Nicht zuletzt ergeben sich für den entsorgungspflichtigen Abfallbesitzer und Abfallerzeuger Vorteile hinsichtlich ihrer **Haftung** bzw. Verantwortung für die Abfallentsorgung, weil die Auswahl eines zertifizierten Entsorgungsfachbetriebs geeignet ist, einen ansonsten möglichen Vorwurf, der Abfallbesitzer/Abfallerzeuger habe sich nicht genügend über den von ihm beauftragten Entsorgungsbetrieb bzw. den vorgesehenen Entsorgungsweg erkundigt, entgegenzuwirken. Zwar werden Abfallbesitzer und Abfallerzeuger durch die Beauftragung eines Dritten mit der Abfallentsorgung gemäß § 22 nicht von ihren Entsorgungspflichten befreit. Nach § 22 S. 2 bleibt ihre Verantwortlichkeit für die Erfüllung der Pflichten so lange bestehen, bis die Entsorgung endgültig und ordnungsgemäß abgeschlossen ist (siehe dazu OVG BB Beschl. v. 14.11.2019 – OVG 11 S 11.18, juris). Abfallbesitzer und Abfallerzeuger bleiben insoweit regelmäßig in der zivilrechtlichen, öffentlich-rechtlichen und auch strafrechtlichen Verantwortung für die Gefahren, die von ihren Abfällen ausgehen können. Insbesondere hinsichtlich der strafrechtlichen Verantwortung kann die Beauftragung eines zertifizierten Entsorgungsfachbetriebs jedoch entscheidend entlastend wirken (OLG Karlsruhe Beschl. v. 9.4.2019 – 2 Rb 8 Ss 58/19, juris). Dafür ist allerdings wichtig, dass der Entsorgungsfachbetrieb für die Entsorgungstätigkeiten zertifiziert ist, für die ihm der der Auftrag erteilt werden soll. 11

Bedient sich ein Abfallbesitzer/-erzeuger zur Erfüllung seiner Pflichten eines Entsorgungsfachbetriebs, so muss er sich vergewissern, wofür die Entsorgungsfachbetriebseigenschaft besteht. § 56 Abs. 4 S. 1 sieht vor, dass mit der Erteilung des Zertifikats dem Betrieb von der technischen Überwachungsorganisation oder Entsorgergemeinschaft die Berechtigung zum Führen eines Überwachungszeichens zu erteilen ist, welches die Bezeichnung „Entsorgungsfachbetrieb" in Verbindung mit dem Hinweis auf die zertifizierte Tätigkeit und die das Überwachungszeichen erteilende technische Überwachungsorganisation oder Entsorgergemeinschaft aufweist. Damit kann sich ein Abfallbesitzer/-erzeuger über das Überwachungszertifikat und das Überwachungszeichen vergewissern, wofür der Betrieb zertifiziert ist. 12

Die §§ 56, 57 dienen nicht der Umsetzung von Vorgaben der AbfRRl; diese enthält keine Regelungen zu Entsorgungsfachbetrieben. Auch die EMAS-Verordnung regelt keine Anforderungen an Entsorgungsfachbetriebe (*Doumet* in v. Lersner/Wendenburg Rn. 1; *Schomerus* in Versteyl/Mann/Schomerus § 56 Rn. 7; *Brinktrine* in Schmehl Rn. 9). Es gibt allerdings einige Parallelen zu EMAS. Die EMAS-Zertifizierung ähnelt der Zertifizierung zum Entsorgungsfachbetrieb. Auch die regelmäßig stattfindenden Umweltbetriebsprüfungen sind mit der jährlichen Überwachung im Rahmen der Zertifizierung nach § 56 vergleichbar. Unterschiede bestehen allerdings hinsichtlich der Maßstäbe für die Zertifizierung (*Doumet* in v. Lersner/Wendenburg Rn. 4 ff.). Der Ver- 13 ordnungsgeber hat in der EbfV versucht, Synergieeffekte der beiden Zertifizierungssysteme zu ermöglichen. Das gilt zB für die Anforderungen an die Sachverständigen bei der Zertifizierung von Entsorgungsfachbetrieben und den Anforderungen an die Umweltgutachter bei EMAS. Nach § 20 EbfV gelten die in den §§ 17–19 EbfV gestellten Anforderungen an Sachverständige als erfüllt, wenn der Sachverständige als Umweltgutachter zugelassen ist oder die technische Überwachungsorganisation oder die Entsorgergemeinschaft eine Zulassung als Umweltgutachterorganisation nach § 10 Umweltauditgesetz besitzt. Die Ergebnisse der EMAS-Prüfung sind außerdem bei der Prüfung der Voraussetzungen für die Zertifizierung von Entsorgungsfachbetriebe nach § 22 Abs. 4 EbfV zu berücksichtigen.

14 Die Zertifizierung von Entsorgungsfachbetrieben verstößt auch nicht gegen das Verbot von Doppelprüfungen nach Art. 10 Abs. 3 **Dienstleistungsrichtlinie.** Nach dieser Vorschrift dürfen die Voraussetzungen für die Erteilung einer Genehmigung für eine neue Niederlassung nicht zu einer doppelten Anwendung von gleichwertigen oder aufgrund ihrer Zielsetzung im Wesentlichen vergleichbaren Anforderungen und Kontrollen führen, denen der Dienstleistungserbringer bereits in einem anderen oder in demselben Mitgliedstaat unterworfen ist. Die Zertifizierung als Entsorgungsfachbetrieb ist in diesem Sinne jedoch keine Genehmigungsregelung (*Doumet* in v. Lersner/Wendenburg Rn. 10). Denn eine Genehmigungsregelung ist nach Art. 4 Nr. 6 dieser Richtlinie nur ein Verfahren, das einen Dienstleistungserbringer oder Dienstleistungsempfänger verpflichtet, bei einer zuständigen Behörde eine förmliche oder stillschweigende Entscheidung über die Aufnahme oder Ausübung einer Dienstleistungstätigkeit zu erwirken. Bei der Erteilung des Zertifikats handelt es sich in diesem Sinne nicht um ein behördliches Verfahren, sondern um die Anerkennung einer privatrechtlichen Organisation. Außerdem ist die Zertifizierung nicht die Voraussetzung für die Durchführung der zertifizierten Dienstleistungstätigkeiten (*Doumet* in v. Lersner/Wendenburg Rn. 10).

II. Entstehungsgeschichte

15 § 56 baut auf der Vorgängervorschrift des § 52 KrW-/AbfG auf; allerdings reicht die Regelung des § 56 deutlich weiter. Denn es werden nicht nur die Anforderungen an Entsorgungsfachbetriebe präzisiert, sondern auch zentrale Begriffe klarer gefasst und inhaltlich umfassender bestimmt (*Brinktrine* in Schmehl Rn. 6; *Schomerus* in Versteyl/Mann/Schomerus Rn. 2). In Weiterentwicklung des § 52 KrW-/AbfG wurde sowohl der zentrale Qualitätsbegriff „Entsorgungsfachbetrieb" mit seinen Anforderungen als auch das Zertifizierungssystem mit seinen Trägern „technische Überwachungsorganisation" und „Entsorgergemeinschaft" durch den Gesetzgeber definiert.

16 Die Vorgängerregelung des § 52 KrW-/AbfG ging auf einen Vorschlag des Bundesrats zurück (BT-Drs. 12/5672, S. 76); mit ihr war der Gesetzgeber bemüht, die Pflichten der Abfallentsorgung schrittweise zu privatisieren und staatliche bzw. kommunale Tätigkeiten auf dem Gebiet der Abfallwirtschaft auf Kontrollbefugnisse zu beschränken. Der Staat sollte in diesem Zusammenhang nur noch die (privaten) „Kontrolleure" überwachen, in dem er die Zertifizierungsstelle (Entsorgergemeinschaften oder technische Überwachungsorganisationen) überprüft und zulässt (siehe dazu *Klett/Heidmann* AbfallR 2016, 2).

17 Mit der Einführung einer Zertifizierung von Entsorgungsfachbetrieben sollte außerdem der Ruf der Entsorgungsbranche verbessert werden. Das Vertrauen der Verbraucher in die private Abfallwirtschaft, welches zeitweilig durch einzelne Umwelt- oder Müllskandale strapaziert worden war, sollte gestärkt werden (*Klett/Heidmann* AbfallR 2016, 2, 4). Gleichzeitig sollte es den ordnungsgemäß arbeitenden Betrieben ermöglicht werden, sich von kriminellen und zweifelhaften Dienstleistern im Entsorgungsbereich eindeutig abzugrenzen. Aufgrund zunehmender Gefährdungen durch Illegalität und Kriminalität im Bereich der Abfallwirtschaft sah der Gesetzgeber damals die Einführung der in § 52 KrW-/AbfG geregelten Zertifizierungslösung für Entsorgungsfachbetriebe als dringend notwendig an (BT-Drs. 13/6356, S. 40). Dubiosen Abfallmaklern und Briefkastenfirmen sollte die Geschäftsgrundlage entzogen werden (BT-Drs. 12/5672, S. 88, 103 ff.). Mittels einer Zertifizierung zum Entsorgungsfachbetrieb sollte der Betrieb die Öffentlichkeit darüber in Kenntnis setzen können, dass er sich regelmäßigen Kontrollen unterwirft und die gesetzlichen Anforderungen an seinen Betrieb erfüllt.

Als Vorbild für die Zertifizierung diente § 191 WHG in der damaligen Fassung (*Petersen/Stöhr/Kracht* DVBl 1996, 1161 (1167)). Diese Vorschrift ermöglichte Entsorgungsbetrieben die Qualifikation als Fachbetrieb, sofern sie die gesetzlichen Vorgaben erfüllten, sich regelmäßig überwachen ließen und das Überwachungszeichen einer anerkannten Überwachung und Gütergemeinschaft führten. Nur solche Fachbetriebe durften bestimmte Arbeiten an Anlagen zum Umgang mit wassergefährdenden Stoffen durchführen. In Anlehnung an diese Vorschrift schlug der Bundesrat einen Gesetzesentwurf vor, der die Einführung von Entsorgungsfachbetrieben und Entsorgergemeinschaften im Abfallrecht vorsah (BT-Drs. 12/5672, S. 76). **18**

B. Aufgabe des Entsorgungsfachbetriebs (Absatz 1)

Mit § 56 Abs. 1 formuliert Gesetzgeber ein **Leitbild** für den Entsorgungsfachbetrieb und bestimmt damit seine Funktion (Gesetzesbegründung der Bundesregierung, BT-Drs. 17/6052, S. 100). Unmittelbare Rechtsfolgen ergeben sich aus der Vorschrift für Abfallerzeuger/Abfallbesitzer und Entsorgungsunternehmen nicht (*Doumet* in v. Lersner/Wendenburg Rn. 28). Die Funktion des Entsorgungsfachbetriebs im Zusammenhang mit der Förderung der Kreislaufwirtschaft und der Sicherstellung des Schutzes von Mensch und Umwelt bei der Erzeugung und Bewirtschaftung von Abfällen bildet eine wichtige Leitlinie für die Rechtsetzung des Verordnungsgebers auf der Grundlage der Verordnungsermächtigung des § 57. **19**

§ 56 Abs. 1 legt fest, dass Entsorgungsfachbetriebe an der Förderung der Kreislaufwirtschaft und der Sicherstellung des Schutzes von Mensch und Umwelt bei der Erzeugung und Bewirtschaftung von Abfällen nach Maßgabe der hierfür geltenden Rechtsvorschriften mitwirken. Als „Mitwirken" wird jeder Beitrag zur Zielerreichung verstanden (*Doumet* in v. Lersner/Wendenburg Rn. 32). Mit dieser Funktionsbestimmung wurde das Instrument des Entsorgungsfachbetriebes an der Zielsetzung des Kreislaufwirtschaftsgesetzes orientiert. Über die für alle Entsorgungsbetriebe geltenden grundlegenden Anforderungen an die Tätigkeit hinaus können für Entsorgungsfachbetriebe durch Rechtsverordnung nach § 57 auch ergänzende Anforderungen festgelegt werden. Die Neubestimmung der Funktion bildet ausweislich der Gesetzesbegründung für den Erlass dieser Rechtsverordnungen eine wichtige Orientierung (BT-Drs. 17/6052, S. 100). **20**

C. Begriff des Entsorgungsfachbetriebs (Absatz 2)

§ 56 Abs. 2 definiert den Begriff des Entsorgungsfachbetriebs. Entsorgungsfachbetrieb ist danach ein Betrieb, der 1. gewerbsmäßig, im Rahmen wirtschaftlicher Unternehmen oder öffentlicher Einrichtungen Abfälle sammelt, befördert, lagert, behandelt, **21** verwertet, beseitigt, mit diesen handelt oder makelt und 2. in Bezug auf eine oder mehrere der in Nummer 1 genannten Tätigkeiten durch eine technische Überwachungsorganisation oder eine Entsorgergemeinschaft als Entsorgungsfachbetrieb zertifiziert ist.

22 Als **Betrieb** im Sinne dieser Definition wird eine örtliche, technische und organisatorische Einheit in einem räumlichen Zusammenhang verstanden. Zertifiziert werden grundsätzlich einzelne Betriebe. Auch einzelne Teile von Betrieben können jedoch zertifiziert werden, wenn ihre Eigenständigkeit gewährleistet ist. Das bedeutet, dass die abfallwirtschaftlichen Entscheidungen für diesen Betriebsteil in eigener Verantwortung getroffen werden können (*Doumet* in v. Lersner/Wendenburg Rn. 35f.). Es muss aber sichergestellt sein, dass sich die Zertifizierung eines Betriebs nicht auf Betriebsteile erstreckt, für die Voraussetzungen der Zertifizierung nicht vorliegen.

23 § 56 Abs. 2 Nr. 1 nimmt auch die Händler-, Makler-, Sammler- und die Befördertätigkeit in den Kreis der zertifizierungsfähigen Betätigungen auf. Im Ergebnis ist für jede abfallwirtschaftliche Tätigkeit eine Zertifizierung als Entsorgungsfachbetrieb möglich (BT-Drs. 17/6052, S. 101). Damit können nicht nur gewerbsmäßig tätige, private Abfallentsorgungsunternehmen, sondern auch **wirtschaftliche Unternehmen** (zB produzierende Unternehmen mit eigener Entsorgungsanlage) sowie **kommunale Entsorgungsunternehmen,** unabhängig davon, ob sie als Eigenbetrieb, öffentliche Anstalt oder privatrechtliche Gesellschaft tätig sind, Entsorgungsfachbetrieb sein bzw. werden. Dieses folgt daraus, dass nicht nur der gewerbsmäßige Umgang mit Abfällen genannt wird, der auf Sammler, Beförderer, Händler oder Makler von Abfällen zutrifft, sondern Betriebe einbezogen werden, die im Rahmen wirtschaftlicher Unternehmen oder öffentlicher Einrichtungen Abfälle sammeln, befördern, lagern, behandeln, verwerten oder beseitigen, wobei mit den öffentlichen Einrichtungen kommunale Entsorgungseinrichtungen der öffentlich-rechtlichen Entsorgungsträger gemeint sind, die der Erfüllung der Abfallentsorgungspflicht dienen und die als Regiebetrieb, eigenbetriebsähnliche Einrichtung oder als Anstalt des öffentlichen Rechts organisiert sein können (*Queitsch* in BeckOK UmweltR Rn. 9).

24 § 56 Abs. 2 Nr. 2 regelt eine formale **Qualitätsanforderung** für die Eigenschaft des Entsorgungsfachbetriebs, nämlich die Zertifizierung in Bezug auf eine oder mehrere der in § 56 Abs. 2 Nr. 1 genannten abfallwirtschaftlichen Tätigkeiten. Das Zertifikat muss dabei dem Entsorgungsbetrieb von einer technischen Überwachungsorganisation – auf Grund eines zwischen dieser und dem Entsorgungsbetrieb abgeschlossenen Überwachungsvertrags – oder von einer Entsorgergemeinschaft, welcher der Betrieb als Mitglied angehört, erteilt worden sein. Die näheren Anforderungen an die Zertifizierung durch technische Überwachungsorganisationen sind in der EfbV geregelt. Sie können auf Grund der Verordnungsermächtigung des § 57 auch in Zukunft weiter konkretisiert und an die Vollzugserfahrungen angepasst werden (BT-Drs. 17/6052, S. 101).

25 Aus § 56 Abs. 2 Nr. 2 ergibt sich, dass ein Entsorgungsunternehmen nicht für alle abfallwirtschaftlichen Tätigkeiten zertifiziert und damit Entsorgungsfachbetrieb werden muss. Vielmehr kann die Zertifizierung auf **einzelne Tätigkeiten,** zB nur für das Einsammeln und Befördern von Abfällen oder lediglich für den Betrieb einer Abfallentsorgungsanlage beschränkt werden, so dass der Betrieb auch nur insoweit Entsorgungsfachbetrieb wird (*Queitsch* in BeckOK UmweltR § 56 Rn. 10; siehe auch § 24 EfbV). Zulässig ist es außerdem, die Zertifizierung als Entsorgungsfachbetrieb auf **einzelne Abfallarten** oder Abfälle aus bestimmten Herkunftsbereichen, auf bestimmte Verwertungs- und Beseitigungsverfahren oder bestimmte Standorte zu beschränken. Das bewirkt, dass auch kleinere Entsorgungsunternehmen Entsorgungsfachbetrieb werden kön-

nen. Der Gesetzgeber verlangt dementsprechend nicht, dass ein Entsorgungsfachbetrieb in der Lage ist, die gesamte Bandbreite aller denkbaren abfallwirtschaftlichen Tätigkeiten zu erledigen. Das dient nicht zuletzt dazu, einer Konzentration im Bereich der privaten Entsorgungswirtschaft entgegenzuwirken (*Queitsch* in BeckOK UmweltR Rn. 10).

D. Erteilung der Zertifikate (Absatz 3)

Die Zertifizierung als Entsorgungsfachbetrieb setzt voraus, dass der Betrieb die Tätigkeit im Inland durchführt, denn nur dann unterliegt er dem deutschen Recht. Dazu muss entweder die gesamte oder zumindest ein Teil der abfallwirtschaftlichen Tätigkeit im Inland stattfinden. Betriebe, die nur im Ausland tätig sind und keine abfallwirtschaftliche Tätigkeit im Inland durchführen, können daher nicht Entsorgungsfachbetriebe nach deutschem Recht werden (LAGA-Vollzugshilfe „Entsorgungsfachbetriebe"; S. 5): 26

I. Voraussetzungen der Erteilung

§ 56 Abs. 3 S. 1 bestimmt in generalisierender Weise die Voraussetzungen, unter denen eine technische Überwachungsorganisation oder eine Entsorgergemeinschaft das Zertifikat erteilen darf. Das Zertifikat darf nur erteilt werden, wenn der Betrieb die für die ordnungsgemäße Wahrnehmung seiner Aufgaben erforderlichen Anforderungen an seine Organisation, seine personelle, gerätetechnische und sonstige Ausstattung, seine Tätigkeit sowie die Zuverlässigkeit und Fach- und Sachkunde seines Personals erfüllt. Die Voraussetzungen werden durch die EfbV konkretisiert (BT-Drs. 17/6052, S. 101). Ein Ermessen steht der für die Erteilung des Zertifikats zuständigen Überwachungsorganisation bzw. Entsorgergemeinschaft nicht zu. Sie sind unabhängig davon ohnehin private und keine behördlichen Einrichtungen, die Verwaltungsermessen ausüben könnten (*Brinktrine* in Schmehl Rn. 18). Bei Vorliegen der Voraussetzungen besteht demnach ein Anspruch auf die Erteilung des Zertifikats (*Schomerus* in Versteyl/Mann/Schomerus Rn. 20). Dieser Anspruch gegen die technische Überwachungsorganisation oder Entsorgergemeinschaft auf Erteilung eines Zertifikats ist nötigenfalls bei den ordentlichen Gerichten einzuklagen (*Brinktrine* in Schmehl Rn. 20). Die Voraussetzungen müssen spätestens zum Zeitpunkt der abschließenden Entscheidung der technischen Überwachungsorganisation oder der Entsorgergemeinschaft über die erstmalige Zertifizierung bzw. über die jeweils folgende Zertifizierung vorliegen (*Doumet* in v. Lersner/Wendenburg Rn. 50). 27

1. Anforderungen an den Entsorgungsfachbetrieb. Die EfbV regelt Anforderungen, die sich einerseits an die Organisation, Ausstattung und Tätigkeit des Entsorgungsfachbetriebs und anderseits an den Inhaber des Betriebs und an die im Entsorgungsfachbetrieb beschäftigten Personen richten. 28

a) Anforderungen an Organisation, Ausstattung und Tätigkeit. Nach § 3 Abs. 1 EfbV ist der Entsorgungsfachbetrieb so zu organisieren, dass die erforderliche Überwachung und Kontrolle der vom Betrieb durchgeführten abfallwirtschaftlichen Tätigkeiten sichergestellt sind. Dazu müssen für die notwendigen Arbeitsabläufe **Arbeitsanweisungen** an die weisungsgebundenen Mitarbeiter formuliert werden. Die Arbeitsanweisungen sollen nachvollziehbar dokumentieren und sicherstellen, dass die abfallwirtschaftlichen Tätigkeiten entsprechend den rechtlichen und den betriebsinternen Qualitätsanforderun- 29 gen durchgeführt werden. Dazu müssen sie den Mitarbeitern verständlich und jederzeit zugänglich sein.

30 Bei der Gestaltung der Betriebsorganisation sind insbesondere zu berücksichtigen der Zweck des Betriebes, die Tätigkeiten und die Größe des Betriebes, die Tätigkeiten der im Betrieb beschäftigten Personen sowie die Art, Menge und Herkunft der Abfälle, auf die sich die Tätigkeiten beziehen, insbesondere Gefährlichkeit und Beschaffenheit dieser Abfälle.

31 Nach § 3 Abs. 2 EfbV sind für die im Betrieb durchgeführten abfallwirtschaftlichen Tätigkeiten die Verantwortung sowie die Entscheidungs- und Mitwirkungsbefugnisse des Inhabers, der für die Leitung und Beaufsichtigung des Betriebes verantwortlichen Personen, des sonstigen Personals sowie der Betriebsbeauftragten, die nach Umwelt- oder Gefahrgutvorschriften für den Betrieb zu bestellen sind, festzulegen.

32 Zu beachten sind dazu die **Begriffsdefinitionen** des § 2 EfbV.

33 **Inhaber** im Sinne der EfbV ist diejenige natürliche oder juristische Person oder Personenvereinigung, die den Entsorgungsfachbetrieb betreibt. Sofern es sich bei dem Inhaber um eine juristische Person oder Personenvereinigung handelt, kommt es für die Erfüllung der personenbezogenen Anforderungen der EfbV an den Inhaber auf die nach Gesetz, Satzung oder Gesellschaftsvertrag zur Vertretung oder Geschäftsführung des Betriebes berechtigten Personen an (§ 2 Abs. 1 EfbV). Als Nachweis der Funktion der Betriebsinhaberschaft bedarf der Berechtigte einer Vertretungsvollmacht (zB Prokura oder Handlungsvollmacht), die ggf. zu belegen ist (zB Vorlage eines Handelsregisterauszugs) und im Organisationsplan entsprechend ausgewiesen sein muss (LAGA-Vollzugshilfe „Entsorgungsfachbetrieb“, S. 8).

34 **Für die Leitung und Beaufsichtigung des Betriebes verantwortliche Personen** sind nach § 2 Abs. 2 S. 1 EfbV diejenigen natürlichen Personen, die vom Inhaber mit der fachlichen Leitung, Überwachung und Kontrolle der vom Betrieb durchgeführten abfallwirtschaftlichen Tätigkeiten, insbesondere im Hinblick auf die Beachtung der hierfür geltenden Vorschriften und Anordnungen, beauftragt worden sind. Die Beauftragung setzt die Übertragung der für die in § 2 Abs. 2 Satz 1 EbfV beschriebenen Aufgaben erforderlichen Entscheidungs- und Mitwirkungsbefugnisse voraus. **Sonstiges Personal** sind nach § 3 Abs. 3 EfbV diejenigen Arbeitnehmerinnen und Arbeitnehmer und anderen im Betrieb beschäftigten Personen, die bei der Ausführung der abfallwirtschaftlichen Tätigkeiten mitwirken.

35 Die Festlegungen nach § 3 Abs. 2 S. 1 EfbV sind gem. § 3 Abs. 2 S. 2 EfbV schriftlich, elektronisch oder in gleich geeigneter Weise in Form von Funktionsbeschreibungen und Organisationsplänen darzustellen und den betroffenen Mitarbeitern bekannt zu geben. Die Arbeitsabläufe für die im Betrieb durchgeführten abfallwirtschaftlichen Tätigkeiten sind schriftlich, elektronisch oder in gleich geeigneter Weise durch Arbeitsanweisungen festzulegen (§ 3 Abs. 3 EfbV).

36 Nach § 4 Abs. 1 S. 1 EfbV hat der Entsorgungsfachbetrieb für jeden zu zertifizierenden Standort mindestens eine für die Leitung und Beaufsichtigung des Betriebes verantwortliche Person zu bestellen, soweit der Inhaber nicht selbst für die Leitung und Beaufsichtigung des Betriebes verantwortlich ist. Hat ein Entsorgungsfachbetrieb **mehrere Standorte** oder sind mehrere Entsorgungsfachbetriebe Teile des gleichen Betriebes, so kann gem. § 4 Abs. 1 S. 2 EfbV abweichend von § 4 Abs. 1 S. 1 EfbV für diese eine gemeinsame für die Leitung und Beaufsichtigung verantwortliche Person bestellt werden, wenn hierdurch die sachgemäße Erfüllung der ihr obliegenden Aufgaben nicht beeinträchtigt wird.

37 Der Entsorgungsfachbetrieb muss nach § 4 Abs. 2 S. 1 EfbV über ausreichend **sonstiges Personal** verfügen. Diese Anforderung ist nach § 4 Abs. 2 S. 2 EfbV erfüllt, wenn mit dem vorhandenen sonstigen Personal ein fach- und sachgerechter Betriebsablauf sichergestellt ist. Der Nachweis der ausreichenden Personalstärke erfolgt auf der Grundlage

eines Einsatzplanes, der schriftlich, elektronisch oder in gleich geeigneter Weise zu erstellen ist. Bei der Erstellung des **Einsatzplans** sind übliche Ausfälle einzelner Personen durch Urlaub, Krankheit und Fortbildungsmaßnahmen zu berücksichtigen (§ 4 Abs. 3 EfbV). Schließlich hat der Entsorgungsfachbetrieb gem. § 4 Abs. 4 EfbV an jedem zu zertifizierenden Standort und für jede zu zertifizierende Tätigkeit über die **gerätetechnische Ausstattung** und über die sonstigen Betriebsmittel zu verfügen, die zur fach- und sachgerechten Ausführung der abfallwirtschaftlichen Tätigkeit notwendig sind.

Zum Nachweis einer fach- und sachgerechten Durchführung der abfallwirtschaftlichen Tätigkeiten hat der Entsorgungsfachbetrieb für jeden zu zertifizierenden Standort nach § 5 EfbV ein **Betriebstagebuch** zu führen. Einzelheiten zum Inhalt und zur Form des Betriebstagebuchs regelt § 5 EfbV. Das Betriebstagebuch enthält die Informationen, die für den Nachweis einer ordnungsgemäßen Bewirtschaftung der Abfälle wesentlich sind. Die Liste der Inhalte in § 5 Abs. 1 Satz 2 EfbV ist nicht abschließend. Das Betriebstagebuch ist für die Überprüfung des Betriebs durch den Sachverständigen von zentraler Bedeutung. **38**

Der Entsorgungsfachbetrieb muss außerdem über einen für seine abfallwirtschaftlichen Tätigkeiten ausreichenden **Versicherungsschutz** verfügen. Art und Umfang des erforderlichen Versicherungsschutzes sind auf der Grundlage einer betrieblichen Risikoabschätzung zu bestimmen. Einzelheiten zu dem notwendigen Umfang des Versicherungsschutzes regelt § 6 EfbV. Nachzuweisen ist auch eine Umweltschadensversicherung. Die öffentlich-rechtliche Verpflichtung für die Unternehmen resultiert aus dem USchadG. Ein unzureichender Versicherungsschutz liegt vor, wenn im Rahmen der Haftpflichtversicherung und der Umweltschadenversicherung zu Lasten des Entsorgungsfachbetriebes in unangemessenem Umfang entweder ein Risikoausschluss oder eine Selbstbeteiligung vereinbart ist (LAGA-Vollzugshilfe „Entsorgungsfachbetrieb", S. 18). **39**

Der Entsorgungsfachbetrieb hat nach § 7 EfbV Anforderungen der Rechtmäßigkeit und Genehmigungskonformität der durchgeführten abfallwirtschaftlichen Tätigkeiten zu erfüllen. Er muss sämtliche für seine abfallwirtschaftliche Tätigkeit geltenden öffentlich-rechtlichen Vorschriften beachten. Der Inhaber hat außerdem den Nachweis zu erbringen, dass die für die abfallwirtschaftliche Tätigkeit des Entsorgungsfachbetriebs erforderlichen behördlichen Entscheidungen, insbesondere Planfeststellungen, Genehmigungen, Zulassungen, Erlaubnisse und Bewilligungen, vorliegen und die mit ihnen verbundenen Auflagen und sonstigen Anordnungen der zuständigen Behörden erfüllt werden (§ 7 Abs. 1 EfbV). Zutreffend wird darauf hingewiesen, dass eine vollständige Überprüfung sämtlicher öffentlich-rechtlicher Anforderungen sowie sämtlicher Auflagen und Nebenbestimmungen der erteilten Genehmigungen sehr aufwendig sein kann und zahlreiche tatsächliche und rechtliche Zweifelsfragen auslösen kann, mit denen auch der beauftragte Sachverständige im Einzelfall überfordert sein kann (siehe dazu *Doumet* in v. Lersner/Wendenburg Rn. 54). **40**

Der Entsorgungsfachbetrieb darf nach § 7 Abs. 2 EfbV im Rahmen der zertifizierten Tätigkeit einen **Dritten** (Subunternehmer) nur beauftragen, wenn dieser hinsichtlich der übernommenen Tätigkeit ebenfalls als Entsorgungsfachbetrieb zertifiziert ist oder die Anforderungen des § 7 Abs. 3 EfbV erfüllt sind. Die Verantwortlichkeit des beauftragenden Entsorgungsfachbetriebes für die ordnungsgemäße Durchführung der Tätigkeiten bleibt hiervon unberührt. Das Zertifikat und damit die Entsorgungsfachbetriebseigenschaft gilt nur für den jeweiligen Betrieb, erstreckt sich also nicht auf das durch den Entsorgungsfachbetrieb beauftragte andere Unternehmen (LAGA-Vollzugshilfe „Entsorgungsfachbetriebe, S. 8). **41**

b) Anforderungen an den Inhaber und an Beschäftigte. Der Inhaber und die für die Leitung und Beaufsichtigung des Betriebes verantwortlichen Personen müssen zuverlässig sein. Die erforderliche **Zuverlässigkeit** ist gegeben, wenn die betroffene Per- **42**

son auf Grund ihrer persönlichen Eigenschaften, ihres Verhaltens und ihrer Fähigkeiten zur ordnungsgemäßen Erfüllung der ihr obliegenden Aufgaben geeignet ist (§ 8 Abs. 1 EfbV). Der Verordnungsgeber bestimmt in § 8 Abs. 2 EfbV, in welchen Fällen regelmäßig nicht mehr von der erforderlichen Zuverlässigkeit ausgegangen werden kann. Zum Nachweis der Zuverlässigkeit sind der technischen Überwachungsorganisation oder der Entsorgergemeinschaft **Unterlagen** vorzulegen, die in § 8 Abs. 3 EfbV im Einzelnen aufgelistet sind.

43 Der Inhaber, soweit er für die Leitung und Beaufsichtigung des Betriebes verantwortlich ist, und die für die Leitung und Beaufsichtigung des Betriebes verantwortlichen Personen müssen nach § 9 Abs. 1 EfbV die für ihren Tätigkeitsbereich erforderliche **Fachkunde** besitzen. Diese liegt vor, wenn die betroffene Person auf einem Fachgebiet, dem der Betrieb hinsichtlich seiner Betriebsvorgänge zuzuordnen ist, ein Hochschul- oder Fachhochschulstudium abgeschlossen hat, eine kaufmännische oder technische Fachschul- oder Berufsausbildung besitzt oder eine Qualifikation als Meister vorweisen kann, während einer zweijährigen praktischen Tätigkeit Kenntnisse über die abfallwirtschaftliche Tätigkeit, für die die Übertragung einer Leitungs- oder Beaufsichtigungsfunktion beabsichtigt ist, erworben hat und an einem oder mehreren von der zuständigen Behörde anerkannten Lehrgängen, in denen Kenntnisse entsprechend der Anlage 1 zur EfbV vermittelt werden, teilgenommen hat.

44 **2. Anforderungen an das Zertifikat.** § 56 Abs. 3 Satz 2 bestimmt den Inhalt des Zertifikats. In dem Zertifikat sind die zertifizierten Tätigkeiten des Betriebes, insbesondere bezogen auf seine Standorte und Anlagen, genau zu bezeichnen. Nach § 56 Abs. 3 Satz 3 ist das Zertifikat zu befristen und nach § 56 Abs. 3 S. 4 darf die Gültigkeitsdauer einen Zeitraum von 18 Monaten nicht überschreiten. Die Frist von 18 Monaten soll den Sachverständigen einen hinreichenden Zeitraum zur Auswertung der bei der jährlichen Überprüfung gesammelten Erkenntnisse verschaffen und zudem dem Entsorgungsfachbetrieb die Möglichkeit geben, die bei der jährlichen Überprüfung festgestellten Mängel innerhalb einer angemessenen Frist zu beheben (*Doumet* in v. Lersner/Wendenburg Rn. 51). § 56 Abs. 3 Satz 5 übernimmt die bereits zuvor bestehende Pflicht der technischen Überwachungsorganisation oder der Entsorgergemeinschaft, das Vorliegen der Voraussetzungen der in § 56 Abs. 3 Satz 1 aufgeführten Voraussetzungen mindestens jährlich zu überprüfen (BT-Drs. 17/6052, S. 101). Basis der jährlichen Überprüfung sind die Festlegungen im **Überwachungsplan** (§ 22 Abs. 1 S. 2 EfbV), der auf die Besonderheiten des jeweiligen Betriebs abzustimmen ist.

45 Das Zertifikat kann nach § 24 Abs. 1 EfbV für einen Teil des Betriebs nur erteilt werden, wenn die Eigenständigkeit des Betriebsteils hinsichtlich der zu zertifizierenden Tätigkeit gewährleistet ist, der Betriebsteil den in den §§ 3–7 EfbV genannten Anforderungen entspricht; die §§ 8 bis 10 EfbV bleiben insoweit unberührt, und wenn keine Anhaltspunkte dafür vorliegen, dass in anderen Betriebsteilen, die nicht Gegenstand der Zertifizierung sind, die Anforderungen des § 7 Abs. 1 S. 1 EfbV nicht erfüllt werden.

46 Die technische Überwachungsorganisation oder die Entsorgergemeinschaft kann nach § 24 Abs. 2 EfbV die Zertifizierung auf Antrag des Betriebes beschränken auf bestimmte Abfallarten, bestimmte Tätigkeiten oder bestimmte Standorte. Grundsätzlich ist zwar das Zertifikat auf den gesamten Betrieb zu erstrecken. Davon kann nach § 24 Abs. 1 EfbV abgewichen und das Zertifikat auch für einen Betriebsteil erteilt werden, wenn die Eigenständigkeit des betroffenen Betriebsteils hinsichtlich der zu zertifizierenden Tätigkeit gewährleistet ist und der Betriebsteil alle Anforderungen an die Organisation, Ausstattung und Tätigkeit eines Entsorgungsfachbetriebes erfüllt (§ 24 Abs. 1 Nr. 1 und 2 EfbV).

Unter **Betriebsteil** ist eine organisatorisch selbstständige Einheit innerhalb eines Betriebes zu verstehen. Eine rechtliche Selbstständigkeit ist nicht erforderlich. Eigenständigkeit bedeutet, dass die notwendigen abfallwirtschaftlichen Entscheidungen in eigener Verantwortung getroffen werden können. **47**

3. Anforderungen an die Überwachung. Nach § 56 Abs. 3 S. 3 wird das Vorliegen der Voraussetzungen des § 56 Abs. 1 S. 1 mindestens jährlich von der technischen Überwachungsorganisation oder der Entsorgergemeinschaft überprüft. Im Rahmen der erstmaligen und der jährlichen Überprüfung muss nach § 22 Ab. 1 S. 1 EfbV geprüft werden, ob der Betrieb die Anforderungen erfüllt, die im Überwachungsvertrag der technischen Überwachungsorganisation oder in der Satzung oder sonstigen Regelung der Entsorgergemeinschaft enthalten sind. **48**

Die Überprüfung erfolgt auf der Grundlage eines von der technischen Überwachungsorganisation oder der Entsorgergemeinschaft schriftlich oder elektronisch festgelegten **Überwachungsplans,** der allgemeinverbindliche – für die Überwachung aller Betriebe geltende – Kriterien zu enthalten hat und auf die Besonderheiten des jeweiligen Betriebes abzustimmen ist. Der Überwachungsplan muss sicherstellen, dass die Entsorgungsfachbetriebe nach einheitlichen Kriterien und nach einem einheitlichen Verfahren überwacht und zertifiziert werden; hierzu gehört auch die Festlegung des Vorgehens bei Änderungen im Betrieb. **49**

Die erstmalige und die jährliche Überprüfung umfassen nach § 22 Abs. 2 S. 1 EfbV mindestens einen Vor-Ort-Termin des beauftragten Sachverständigen an jedem zu zertifizierenden Standort, bei dem dieser die tatsächlichen Gegebenheiten im Betrieb begutachtet. Sofern es erforderlich ist, hat der nach § 22 Abs. 2 S. 2 EfbV beauftragte Sachverständige weitere Vor-Ort-Termine durchzuführen. Die technischen Überwachungsorganisationen und die Entsorgergemeinschaften entwickeln ein System zusätzlicher **unangekündigter Vor-Ort-Termine** und führen die Vor-Ort-Termine entsprechend dem System durch. Dabei ist jedoch zu bedenken, dass dass regelmäßig eine Ankündigung des Vor-Ort-Termins erforderlich ist. Etwas anderes gilt nur dann, wenn sie den Zweck des Zutritts- und Prüfungsrechts vereiteln würde (VG Düsseldorf Urt. v. 21.2.2017 – 3 K 3004/15, juris Rn. 25; VG Düsseldorf Gerichtsbescheid v. 21.4.2016 – 3 K 3886/15; *Dederer* in Kotulla Rn. 128; *Lechelt* in Führ Rn. 56). Der Zeitrahmen für die Vor-Ort-Termine ist so zu bemessen, dass eine sachgerechte Überprüfung des Betriebes sichergestellt ist (§ 22 Abs. 2 EfbV). **50**

Der Dauer der Vor-Ort-Termine ist von der Behörde so zu bemessen, dass eine sachgerechte Überprüfung des Betriebes möglich ist; es muss genügend Zeit zur Verfügung stehen, die Betriebstätten zu inspizieren, mit Mitarbeitern zu sprechen, die vorzulegenden Unterlagen zu sichten und gegebenenfalls mit den Verantwortlichen zu besprechen. Die Vor-Ort-Termine müssen sich also nicht in einem bloßen Betriebsrundgang erschöpfen. **51**

Nach der Überprüfung im Rahmen der Erstzertifizierung findet eine weitere Überprüfung des Betriebes nicht nur als jährliche Wiederholungsprüfung, sondern auch nach jeder wesentlichen Änderung statt. **Wesentliche Änderungen** sind zB die Inbetriebnahme neuer Anlagen, die Aufnahme neuer Tätigkeiten, die Änderung oder Hinzunahme gefährlicher Abfälle oder wenn der Betrieb zu einer neuen Gesellschaft gehört. Nicht jede wesentliche Änderung bedarf der Überprüfung vor Ort (LAGA-Vollzugshinweise, S. 48). **52**

Die Zustimmungsbehörde ist nach § 22 Abs. 3 S. 1 EfbV berechtigt, die beauftragten Sachverständigen bei Vor-Ort-Terminen zu begleiten. Die Überwachungsbehörde ist nach § 22 Abs. 3 S. 1 EfbV berechtigt, im Rahmen der allgemeinen Überwachung nach § 47 an den Vor-Ort-Terminen teilzunehmen. **53**

54 Der Sachverständige dokumentiert den Verlauf und das Ergebnis der Überprüfung nach § 23 EfbV gegenüber dem Betrieb schriftlich in einem **Überwachungsbericht.** Der Mindestinhalt des Überwachungsberichts ergibt sich aus Anlage 2 der EfbV. Der Überwachungsbericht enthält möglicherweise **Betriebs- und Geschäftsgeheimnisse** der Entsorgungsfachbetriebe und **personenbezogene Daten.** Bei Auskunftsansprüchen nach den Umweltinformationsgesetzen oder den Informationsfreiheitsgesetzen müssen die Vorschriften zum Schutz personenbezogene Daten (§ 9 Abs. 1 Satz 1 Nr. 1 UIG) und für Betriebs- und Geschäftsgeheimnisse (§ 9 Abs. 1 Satz 1 Nr. 3 UIG) beachtet werden. Nach § 9 Abs. 1 Satz 3 UIG haben informationspflichtige Stellen i. d. R. vom Vorliegen von Betriebs- und Geschäftsgeheimnissen auszugehen, soweit diese als solche gekennzeichnet sind.

II. Rechtswirkungen des Zertifikats

55 Die Erteilung des Zertifikats hat nach § 56 Abs. 4 S. 1 hat eine Berechtigung zum Führen eines Überwachungszeichens zur Folge. Außerdem gelten verschiedene Privilegierungen. Der zertifizierte Entsorgungsfachbetrieb ist zB nach § 54 Abs. 3 Nr. 2 von der Erlaubnispflicht nach § 54 Abs. 1 für Sammler, Beförderer, Händler und Makler von gefährlichen Abfällen befreit. Außerdem können Entsorgungsfachbetrieben überwachungsrechtliche Erleichterungen gewährt werden. So entfällt gem. § 7 Abs. 1 S. 1 Nr. 2 NachwV die Pflicht zur Erteilung einer Eingangsbestätigung nach § 4 NachwV und zur Einholung einer Bestätigung nach § 5 NachwV, soweit der Abfallentsorger für die von ihm betriebene Abfallentsorgungsanlage und die dort durchzuführende Behandlung, stoffliche oder energetische Verwertung, Lagerung oder Ablagerung als Entsorgungsfachbetrieb zertifiziert ist.

E. Berechtigung zur Führung eines Überwachungszeichens (Absatz 4)

56 Aus § 56 Abs. 4 Satz 1 ergibt sich, dass mit der Erteilung des Zertifikats die Berechtigung verbunden ist, ein Gütezeichen mit der Bezeichnung „Entsorgungsfachbetrieb" zu führen. Zusätzlich zu der Bezeichnung „Entsorgungsfachbetrieb" sind die jeweils zertifizierte Tätigkeit und die jeweilige Zertifizierungsorganisation anzugeben. Das Überwachungszeichen unterscheidet sich von dem Zertifikat funktionell dadurch, dass das Zertifikat eine Urkunde ist, die eine Erfüllung der Voraussetzungen des Entsorgungsfachbetriebs bescheinigt, während das Überwachungszeichen für die Außendarstellung, zB auf Fahrzeugen des Betriebs, auf dem Geschäftsverkehr verwendet werden kann und soll. Das Aussehen des Überwachungszeichens ist gesetzlich nicht geregelt. Die technische Überwachungsorganisation oder die Entsorgergemeinschaft kann insoweit das Überwachungszeichen grundsätzlich frei gestalten. Im Sinne der gewünschten Wiedererkennung bietet es sich an, alle von einer technischen Überwachungsorganisation oder einer Entsorgergemeinschaft stammenden Überwachungszeichen einheitlich zu gestalten (*Doumet* in v. Lersner/Wendenburg Rn. 69).

57 § 56 Abs. 4 Satz 2 bestimmt, dass ein Betrieb das Gütezeichen nur führen darf, soweit und solange er hierzu berechtigt ist. Das Gütezeichen „Entsorgungsfachbetrieb" soll damit vor **unbefugter Nutzung** geschützt werden. Eine solche kommt nach der Gesetzesbegründung (BT-Drs. 17/6052, S. 101) auch in Betracht, wenn die Reichweite des Zertifikats überschritten wird („soweit") oder das Zertifikat nicht mehr existent, insbesondere abgelaufen und nicht verlängert worden ist („solange"). Eine vorsätzliche

oder fahrlässige Führung des Überwachungszeichen abweichend von § 56 Abs. 4 S 2 stellt eine **Ordnungswidrigkeit** im Sinne von § 69 Abs. 1 Nr. 1 iVm § 69 Abs. 3 dar.

F. Technische Überwachungsorganisation (Absatz 5)

§ 56 Abs. 5 enthält eine **Legaldefinition** der technischen Überwachungsorganisation. Eine technische Überwachungsorganisation ist danach ein rechtsfähiger Zusammenschluss mehrerer Sachverständiger, deren Sachverständigentätigkeit auf dauernde Zusammenarbeit angelegt ist. **58**

Der Gesetzgeber fordert die **Rechtsfähigkeit** der Organisation. Insoweit kommen vor allem eingetragene Vereine und Gesellschaften mit beschränkter Haftung in Betracht. Ein Zusammenschluss als Gesellschaft bürgerlichen Rechts soll hingegen nicht ausreichen. Fehle es dem Zusammenschluss an der Rechtsfähigkeit, könne die zuständige Behörde den Sachverständigen gem. § 62 die weitere Auditierungstätigkeit bezüglich von ihnen bereits zertifizierter Entsorgungsfachbetriebe untersagen (VG Gießen Beschl. v. 12.12.2016 – 6 L 2246/16.GI, GewArch 2017, 150; *Brinktrine* in Schmehl Rn. 25). Fraglich ist allerdings, ob nicht auch in diesem Zusammenhang Personenvereinigungen einbezogen werden können, die – wie Gesellschaften bürgerlichen Rechts (BGH Beschl. v. 4.11.1991 – II ZB 10/91 – BGHZ 116, 86 u. Urt. v. 29.1.2001 – II ZR 331/00 – BGHZ 146, 341) – teilrechtsfähig sind. Das BVerwG hat dies zur Auslegung des § 3 Abs. 10 KrWG festgestellt (BVerwG Urt. v. 1.10.2015 – 7 C b 8/14, GewArch 2016, 199) Für Art. 19 Abs. 3 GG sei anerkannt, dass juristische Personen iS dieser Vorschrift über den Wortlaut hinaus auch teilrechtsfähige inländische Vereinigungen sein könnten (vgl. BVerfG Beschl. v. 19.7.2000 – 1 BvR 539/96 – BVerfGE 102, 197, 212 ff.; Kammerbeschl. v. 2.9.2002 – 1 BvR 1103/02, NJW 2002, 3533, 3533). Es ist deshalb nicht auszuschließen, dass Gesellschaften bürgerlichen Rechts angesichts ihrer Teilrechtsfähigkeit auch als technische Überwachungsorganisation nicht ausgeschlossen sind (offen dazu wohl auch *Doumet* in v. Lersner/Wendenburg Rn. 72). **59**

Weitere Voraussetzung ist, dass es sich um einen **Zusammenschluss mehrerer Sachverständiger** handelt. Damit scheidet ein einzelner Sachverständiger als technische Überwachungsorganisation aus. **60**

Technische Überwachungsorganisation und Entsorgergemeinschaft dürfen keinem wirtschaftlichen, finanziellen oder sonstigen Druck ausgesetzt sein, der die Tätigkeit beeinflussen oder das Vertrauen in die unparteiische Aufgabenwahrnehmung in Frage stellen könnte. Sie dürfen keine Bindungen eingehen, welche die Entscheidungsfreiheit hinsichtlich der Überwachung und Zertifizierung von Betrieben einschränken oder einschränken könnten (LAGA-Vollzugshilfe „Entsorgungsfachbetriebe, S. 10). **61**

Die Erteilung des Zertifikats und der Berechtigung zum Führen des Überwachungszeichens durch die technische Überwachungsorganisation erfolgt auf der Grundlage eines **Überwachungsvertrags,** der insbesondere die Anforderungen an den Betrieb und seine Überwachung sowie an die Erteilung und den Entzug des Zertifikats und der Berechtigung zum Führen des Überwachungszeichens festlegt. Bei dem Überwachungsvertrag handelt es sich nicht um einen öffentlich-rechtlichen Vertrag, sondern um eine **zivilrechtliche Vereinbarung** (*Dünnwald* AbfallR 2017, 306, 307; *Doumet* in v. Lersner/Wendenburg Rn. 108; *Schomerus* in Versteyl/Mann/Schomerus Rn. 34) und zwar regelmäßig um einen **Dienstvertrag,** nicht um einen Werkvertrag (*Dünnwald* AbfallR 2017, 306). Die Überwachung und Zertifizierung von Entsorgungsfachbetrieben durch die technischen Überwachungsorganisationen und Entsorgergemeinschaften ist keine **62** hoheitliche, beliehene Tätigkeit, sondern ein Instrument der Eigenüberwachung der privaten und öffentlichen Entsorgungswirtschaft (*Strohmeyer* in Kopp-Assenmacher Rn. 65; *Brinktrine* in Schmehl Rn. 37).

63 Für den Vertrag ist nach § 56 Abs. 5 S. 3 die **behördliche Zustimmung** erforderlich. Deshalb kann der Überwachungsvertrag nur mit dem Vorbehalt einer behördlichen Zustimmung wirksam werden. Im Überwachungsvertrag hat der Entsorgungsbetrieb außerdem sein Einverständnis zur Weitergabe von ihn betreffenden Erkenntnissen der Zustimmungsbehörde an die TÜO zu erklären.

64 **Zustimmungsbehörde** ist nach § 12 Abs. 1 S. 1 EfbV die Behörde am Hauptsitz der technischen Überwachungsorganisation. Die Zustimmungsbehörde trifft ihre Entscheidung hinsichtlich der Frage, ob die Anforderung des § 11 Abs. 5 S. 2 Nr. 2 EfbV erfüllt ist, im **Benehmen** mit der für die Überwachung des Betriebs zuständigen Behörde **(Überwachungsbehörde).** Dazu übersendet die Zustimmungsbehörde der Überwachungsbehörde die Dokumentation über die Ergebnisse der Vorprüfung. Die Überwachungsbehörde hat sich innerhalb einer Frist von vier Wochen nach der Aufforderung zur Erteilung des Benehmens gegenüber der Zustimmungsbehörde zu äußern (§ 12 Abs. 1 EfbV). Die Erforderlichkeit eines Benehmens bedeutet, dass die Zustimmungsbehörde den Versuch unternehmen muss, im Einvernehmen mit der Überwachungsbehörde zu entscheiden. Eine Zustimmung der Überwachungsbehörde ist jedoch nicht erforderlich. Die Entscheidung bleibt insoweit bei der Zustimmungsbehörde.

65 Die Zustimmung zum Überwachungsvertrag ist nach § 12 Abs. 2 EfbV zu erteilen, wenn der Überwachungsvertrag den in § 11 Abs. 1 bis 4 EfbV genannten Anforderungen entspricht, die Vorprüfung der technischen Überwachungsorganisation nach § 11 Abs. 5 S. 1 und 2 EfbV ergeben hat, dass der Betrieb die Gewähr dafür bietet, die in der EfbV festgelegten Anforderungen an Entsorgungsfachbetriebe zu erfüllen, und die von der technischen Überwachungsorganisation mit der Durchführung des Überwachungsauftrages beauftragten Sachverständigen die in den §§ 17 bis 20 EfbV genannten Anforderungen zu erfüllen. Die Zustimmung soll auch dann verweigert werden dürfen, wenn die zu zertifizierte Tätigkeit in dem Betrieb gar nicht ausgeübt wird (BVerwG, Beschl. v. 22.4.2010 – 7 B 43/09, NVwZ 2010, 1034; *Schomerus* in Versteyl/Mann/Schomerus Rn. 35).

66 Die Zustimmung kann nach § 12 Abs. 3 EfbV unter Bedingungen erteilt sowie mit Auflagen und Auflagenvorbehalten verbunden werden, soweit dies erforderlich ist, um die Erfüllung der in § 12 Abs. 2 EfbV genannten Anforderungen sicherzustellen.

67 Die Zustimmung zum Überwachungsvertrag kann nach § 12 Abs. 4 EfbV **widerrufen** werden, wenn mit der Zustimmung eine Auflage verbunden ist und die Vertragspartei, der die Auflage erteilt worden ist, sie nicht oder nicht innerhalb einer gesetzten Frist erfüllt hat, wenn die Zustimmungsbehörde auf Grund nachträglich eingetretener Tatsachen berechtigt wäre, die Zustimmung nicht zu erteilen, wenn die technische Überwachungsorganisation ihre Pflichten aus dem Überwachungsvertrag nicht ordnungsgemäß wahrnimmt, wenn die technische Überwachungsorganisation ihre Pflichten nach § 56 Abs. 8 S. 1 in Verbindung mit § 26 Abs. 1 S. 1 EfbV nicht erfüllt oder um schwere Nachteile für das Wohl der Allgemeinheit zu verhindern oder zu beseitigen.

68 Der Überwachungsvertrag bedarf nach § 11 Abs. 1 S. 1 EfbV der **Schriftform.**

69 Die technische Überwachungsorganisation muss sich im Überwachungsvertrag nach § 11 Abs. 1 S. 3 EfbV verpflichten, den Betrieb hinsichtlich seiner zu zertifizierenden Tätigkeit nach § 56 Abs. 2 Nr. 1 einzustufen; zu der Einstufung gehört eine Beschreibung der abfallwirtschaftlichen Tätigkeit, insbesondere die Bezeichnung der verwendeten Anlagentechnik; bei der Tätigkeit des Verwertens gehört zu der Einstufung ferner die Festlegung, welche Verwertungsmaßnahme nach § 6 Abs. 1 Nr. 2 bis 4 vorliegt sowie ob es sich um ein vorbereitendes oder abschließendes Verfahren handelt, die dort festgelegten Anforderungen an Entsorgungsfachbetriebe vor der Erstzertifizierung, nach wesentlichen Änderungen des Betriebes und im Übrigen mindestens jährlich zu überprüfen, bei der Überprüfung neben den einschlägigen Rechtsvorschriften auch die hierzu ergangenen amtlich veröffentlichten Verwaltungsvorschriften des Bundes und der Länder zu berücksichtigen, den Verlauf und das Ergebnis der Überprüfung gegenüber dem Betrieb schriftlich in einem Überwachungsbericht zu dokumentieren, soweit auf Grund der Überprüfung festgestellt wird, dass die in dieser Verordnung genannten Anforderungen nicht erfüllt sind, dem Betrieb gegenüber die festgestellten Mängel konkret zu bezeichnen und alle Unterlagen und Informationen, einschließlich des Inhalts und der Ergebnisse von Gesprächen, Untersuchungen und Überprüfungen, von denen die technische Überwachungsorganisation oder die von ihr beauftragten Sachverständigen im Rahmen der Durchführung des Überwachungsvertrages Kenntnis erlangt haben, vertraulich zu behandeln und Dritten nicht zugänglich zu machen; öffentlich-rechtliche Pflichten zur Mitteilung gegenüber Behörden bleiben hiervon unberührt (§ 11 Abs. 2 EfbV).

Nach § 11 Abs. 3 EfbV muss sich der Betrieb im Überwachungsvertrag außerdem verpflichten, den von der technischen Überwachungsorganisation beauftragten Sachverständigen alle Informationen, Unterlagen und Nachweise zur Verfügung zu stellen, die für die Überprüfung der in dieser Verordnung genannten Anforderungen benötigt werden, den von der technischen Überwachungsorganisation beauftragten Sachverständigen, soweit es zur Überprüfung der im Überwachungsvertrag festgelegten Anforderungen erforderlich ist, das Betreten des Grundstücks, der Geschäfts- und Betriebsräume, die Einsicht in Unterlagen und die Vornahme von technischen Ermittlungen und Überprüfungen zu gestatten sowie Arbeitskräfte und Werkzeuge zur Verfügung zu stellen und der technischen Überwachungsorganisation alle Änderungen im Betrieb, die für die Erfüllung der in dieser Verordnung genannten Anforderungen an Entsorgungsfachbetriebe erheblich sind, unverzüglich anzuzeigen. 70

Die technische Überwachungsorganisation darf nach § 11 Abs. 5 S. 1 EfbV den Überwachungsvertrag mit einem noch nicht zertifizierten Betrieb nur abschließen, wenn eine **Vorprüfung** ergibt, dass der Betrieb die Gewähr dafür bietet, die in dieser Verordnung festgelegten Anforderungen an Entsorgungsfachbetriebe zu erfüllen. Worauf sich die Vorprüfung zu erstrecken hat, ergibt sich aus § 11 Abs. 5 S. 2 EfbV. Die technische Überwachungsorganisation entscheidet, ob ein **Vor-Ort-Termin** erforderlich ist. Die Ergebnisse der Vorprüfung sowie die abschließende Einschätzung der technischen Überwachungsorganisation, ob der Betrieb die Gewähr dafür bietet, die in dieser Verordnung festgelegten Anforderungen an Entsorgungsfachbetriebe zu erfüllen, sind zu dokumentieren und der Zustimmungsbehörde mit dem Antrag auf Zustimmung zum Überwachungsvertrag vorzulegen. Die Vorprüfungspflicht gilt nicht für bereits zertifizierte Betriebe, die den Zertifizierer wechseln wollen. 71

G. Entsorgergemeinschaft (Absatz 6)

Hauptaufgabe einer Entsorgergemeinschaft ist die Erteilung des Zertifikats und die Verleihung der Berechtigung zum Führen des Überwachungszeichens auf der Grundlage einer Satzung oder einer sonstigen Regelung. 72

73 § 56 Abs. 6 S. 1 enthält eine **Legaldefinition** der Entsorgergemeinschaft. Eine Entsorgergemeinschaft ist danach ein rechtsfähiger Zusammenschluss von Entsorgungsfachbetrieben im Sinne des § 56 Abs. 2. Sie bedarf der Anerkennung durch die zuständige Behörde. Diese Anerkennung ist zu erteilen, wenn die Entsorgergemeinschaft die in § 16 Abs. 1 EfbV genannten Voraussetzungen erfüllt. Die Anerkennung gilt bundesweit. Bei der Anerkennung handelt es sich um einen feststellenden Verwaltungsakt. Anders als die Zustimmung zum Überwachungsvertrag entfalte die in § 56 Abs. 6 S. 2 geregelten Anerkennung der Entsorgergemeinschaft nicht nur Rechtswirkung im Verhältnis zwischen den Entsorgungsfachbetrieben und der Entsorgergemeinschaft; vielmehr gilt die Anerkennung allgemein.

74 Das Verfahren für die Entscheidung über die Anerkennung einer Entsorgergemeinschaft beginnt mit einem Antrag der Entsorgergemeinschaft bei der zuständigen Landesbehörde am Sitz der Entsorgergemeinschaft (Anerkennungsbehörde) voraus, dem die dazu erforderliche Unterlagen beizufügen sind.

75 Die Erteilung des Zertifikats und der Berechtigung zum Führen des Überwachungszeichens durch die Entsorgergemeinschaft erfolgt auf der Grundlage einer **Satzung** oder sonstigen Regelung, die insbesondere die Anforderungen an die zu zertifizierenden Betriebe und ihre Überwachung sowie an die Erteilung und den Entzug des Zertifikats und der Berechtigung zum Führen des Überwachungszeichens festlegt. Die Satzung oder sonstige Regelung der Entsorgergemeinschaft nach § 56 Abs. 6 S. 3 bedarf nach § 13 Abs. 1 EfbV der **Schriftform.** Sie muss die in § 11 Abs. 1 S. 2 und Abs. 2 und 3 EfbV festgelegten Inhalte entsprechend regeln (§ 13 Abs. 1 S. 2 EfbV). In der Satzung oder sonstigen Regelung können nach § 13 Abs. 2 EfbV weitergehende oder ergänzende Regelungen getroffen werden, soweit diese den Anforderungen des § 56 und der EfbV nicht widersprechen.

76 Die Entsorgergemeinschaft hat nach § 14 Abs. 1 S. 1 EfbV einen **Überwachungsausschuss** zu bilden. Dieser Ausschuss hat die Aufgabe, die Überwachung von Mitgliedsbetrieben zu sichern. Er entscheidet insbesondere über die Erteilung und den Entzug von Zertifikaten und der Berechtigung zum Führen von Überwachungszeichen auf der Grundlage von Gutachten der mit der Überwachung beauftragten Sachverständigen und ahndet Verstöße gegen die Bestimmungen über das Überwachungsverfahren und über das Führen von Überwachungszeichen (§ 14 Abs. 1 EfbV). Einzelheiten zur Zusammensetzung und zum Verfahren des Überwachungsausschusses regelt § 14 EfbV. Nach § 14 Abs. 2 Satz 4 EfbV müssen die Mitglieder des Überwachungsausschusses Inhaber eines von der Entsorgergemeinschaft zertifizierten Mitgliedsbetriebes oder mit der Leitung und Beaufsichtigung eines solchen Betriebes beauftragt sein. Die Mitglieder des Überwachungsausschusses sollen die Tätigkeitsbereiche der in der Mitgliedsbetriebe repräsentieren, damit ausreichender Sachverstand zu den unterschiedlichen zertifizierbaren Tätigkeiten im Ausschuss vorhanden ist, um die Ergebnisse der Überwachung durch die Sachverständigen beurteilen zu können. Die Ausschussmitglieder sind nicht an Weisungen gebunden. Besteht der Verdacht der Befangenheit, darf das betroffene Ausschussmitglied nicht an der entscheidenden Abstimmung teilnehmen. Befangenheit besteht dann, wenn die Entscheidung dem Ausschussmitglied, einem nahen Angehörigen oder einer vom Ausschussmitglied vertretenen natürlichen oder juristischen Person oder Personengesellschaft (zB dem eigenen Entsorgungsbetrieb) einen unmittelbaren Vor- oder Nachteil bringen kann (LAGA-Vollzugshinweise, S. 35).

77 Die Entsorgergemeinschaft darf nach § 15 Abs. 1 S. 1 EfbV einen Betrieb nur als Mitglied aufnehmen, wenn eine **Vorprüfung** ergibt, dass der Betrieb die Gewähr dafür bietet, die in der EfbV festgelegten Anforderungen an Entsorgungsfachbetriebe zu erfüllen. Für den Umfang der Vorprüfung und ihre Dokumentation gilt § 11 Abs. 5 S. 2 bis 4

EfbV entsprechend. Die Mitgliedschaft in einer Entsorgergemeinschaft darf nach § 15 Abs. 2 EfbV nicht von der Zugehörigkeit zu einem Verband oder einer sonstigen Organisation abhängig gemacht werden.

Nach § 16 Abs. 4 EfbV kann die Anerkennung einer Entsorgergemeinschaft von der zuständigen Behörde widerrufen werden, wenn diese eine Auflage nicht innerhalb der ihr gesetzten Zeit nachgekommen ist, wenn die zuständige Behörde aufgrund nachträglich eingetretener Tatsachen berechtigt wäre, die Anerkennung nicht zu erteilen oder um schwere Nachteile für das Wohl der Allgemeinheit zu verhindern oder zu beseitigen. Durch einen **Widerruf** verliert auch der Mitgliedsbetrieb die Berechtigung, das von der Entsorgergemeinschaft erteilte Überwachungstätigkeit und die von ihr verliehene Berechtigung zur Führung eines Überwachungszeichen weiter zu nutzen. Dasselbe gilt, wenn die Entsorgergemeinschaft aufgelöst wird (§ 26 Abs. 2 S. 2 EfbV). Allerdings kann die zuständige Behörde einzelnen Mitgliedsbetrieben eine **Übergangsfrist** einräumen, wenn die Unwirksamkeit der Anerkennung der Entsorgergemeinschaft auf Gründen beruht, die nicht von den betroffenen Mitgliedsbetrieben zu vertreten sind (§ 26 Abs. 2 S. 4 EfbV). 78

H. Sachverständige (Absatz 7)

§ 56 Abs. 7 regelt einen wesentlichen Kernbereich des der Zertifizierung zugrunde liegenden Überwachungssystems, nämlich die Überprüfung des Entsorgungsbetriebs durch Sachverständige. Nach dieser Regelung müssen sich technische Überwachungsorganisationen und Entsorgergemeinschaften für die Überprüfung der Betriebe Sachverständiger bedienen, welche die für die Durchführung der Überwachung erforderliche Zuverlässigkeit, Unabhängigkeit und Fach- und Sachkunde besitzen müssen. Die gebotene Unabhängigkeit fehlt, wenn der oder die Sachverständige einem wirtschaftlichen, finanziellen oder sonstigen Druck unterliegt, der sein Urteil beeinflussen oder das Vertrauen in die unparteiische Aufgabenwahrnehmung in Frage stellen kann. 79

Der Begriff des Sachverständigen ist vom Gesetzgeber nicht definiert worden. Es muss sich um Personen handelt, die in der Lage sind, die ihnen zugewiesenen Aufgaben, nämlich die Prüfung der Gesetzmäßigkeit und Genehmigungskonformität des Betriebs zu prüfen, die notwendigen Termine vor Ort durchzuführen und den erforderlichen Überwachungsbericht zu schreiben. Sie brauchen dafür die erforderliche Zuverlässigkeit, Unabhängigkeit und Fach- und Sachkunde. Eine besondere behördliche Zulassung ist aber nicht erforderlich. 80

Einzelheiten zur Zuverlässigkeit und Unabhängigkeit von Sachverständigen regeln §§ 17 ff. EfbV. Die technische Überwachungsorganisation und die Entsorgergemeinschaft haben nach § 21 Abs. 1 EfbV durch Kontrollen sicherzustellen, dass die von ihnen beauftragten Sachverständigen die Anforderungen der §§ 17 bis 20 EfbV erfüllen. Der Sachverständige muss nach fünf Jahren durchgängiger Überwachung eines Betriebs gewechselt werden (§ 22 Abs. 5 EfbV). Dadurch soll einer „Betriebsblindheit" und möglicherweise entstehenden engeren Verbindungen des oder der Sachverständigen zum zu überprüfenden Betrieb vorgebeugt werden (LAGA-Vollzugshinweise, S. 52). 81

Die Sachverständigen üben bei ihrer Überwachungstätigkeit kein öffentliches Amt aus. Die technischen Überwachungsorganisationen und Entsorgergemeinschaften bereiten keine behördlichen Entscheidungen in Verwaltungsverfahren vor. Ein Amtshaftungsanspruch gegen den Sachverständigen scheidet insoweit aus. Ansprüche wegen einer Schlechtleistung seiner Tätigkeiten als Sachverständiger richten sich nach dem allgemeinen Zivilrecht. Auch die Behörden übernehmen für die Überwachungstätigkeit der 82

Sachverständigen im Auftrage der Überwachungsorganisation oder der Entsorgergemeinschaft keine Haftung.

I. Entzug des Zertifikats (Absatz 8)

83 Nach § 56 Abs. 8 S. 1 hat die technische Überwachungsorganisation oder die Entsorgergemeinschaft dem Betrieb das von ihr erteilte Zertifikat und die Berechtigung zum Führen des Gütezeichens zu entziehen, wenn die Voraussetzungen für die Erteilung des Zertifikats entfallen. Hierzu hat die technische Überwachungsorganisation oder die Entsorgergemeinschaft den Betrieb aufzufordern, das Zertifikat zurückzugeben und das Gütezeichen nicht weiterzuführen. Ein Ermessen steht für die Entscheidung über die Entziehung des Zertifikates weder der Überwachungsorganisation noch der Entsorgergemeinschaft zu (*Queitsch* in BeckOK UmweltR Rn. 44; *Schomerus* in Versteyl/Mann/Schomerus Rn. 47).

84 In den Fällen des § 56 Abs. 8 S. 1 hat der Entzug des Zertifikats nach § 26 Abs. 1 S. 1 EfbV unverzüglich zu erfolgen und die Frist zur Rückgabe des Zertifikats und zum Nichtweiterführen des Überwachungszeichens beträgt höchstens zwei Wochen. Kommt der Betrieb der Aufforderung zur Rückgabe des Zertifikats und zum Nichtweiterführen des Überwachungszeichens nicht nach, hat die technische Überwachungsorganisation dies der Zustimmungsbehörde und die Entsorgergemeinschaft dies der Anerkennungsbehörde nach § 26 Abs. 1 S. 2 EfbV unverzüglich mitzuteilen.

85 Nach § 56 Abs. 8 S. 2 kann die zuständige Behörde dem Betrieb das erteilte Zertifikat und die Berechtigung zum Führen des Gütezeichens entziehen sowie die sonstige weitere Verwendung der Bezeichnung „Entsorgungsfachbetrieb" untersagen. Voraussetzung dafür ist, dass der Betrieb der Aufforderung der technischen Überwachungsorganisation oder Entsorgergemeinschaft nach § 56 Abs. 8 S. 1 innerhalb der festgesetzten Frist nicht nachgekommen ist. Damit ist sichergestellt, dass die Behörde bei evidenter Rechtswidrigkeit des Zertifikats gegen den Betreib einschreiten kann, und dass die Technische Überwachungsorganisation bzw. die Entsorgergemeinschaft zunächst zum Handeln verpflichtet ist.

86 Die zuständige Behörde ist nicht verpflichtet, dem Betrieb das erteilte Zertifikat und die Berechtigung zum Führen des Überwachungszeichens zu entziehen sowie die sonstige weitere Verwendung der Bezeichnung zu untersagen. Ihr steht insoweit **Ermessen** zu. Bei der Ermessensausübung hat sie die Bedeutung und den Zweck der Einrichtung von Entsorgungsfachbetrieben zu berücksichtigen. Eine behördliche Untersagung dürfte nur bei einer evidenten Rechtswidrigkeit des Zertifikates infrage kommen (*Schomerus* in Versteyl/Mann/Schomerus Rn. 47 unter Verweis auf die Gesetzesbegründung, BT-Drs. 17/6052, 100). Die Behörde wird Anlass zu einem ordnungsbehördlichen Einschreiten sehen, wenn die technische Überwachungsorganisation oder die Entsorgergemeinschaft sich nicht in der Lage sehen, für ordnungsgemäße Zustände in dem in Rede stehenden Entsorgungsfachbetrieb zu sorgen. Soweit § 56 Abs. 8 S. 2 nur zu einem ordnungsbehördlichen Einschreiten gegen eine nichtberechtigte Nutzung des Zertifikates und des Überwachungszeichen berechtigt, muss die zuständige Aufsichtsbehörde gegen festgestellte Missstände in einem Entsorgungsfachbetrieb möglicherweise noch auf der Grundlage weiterer Ermächtigungsgrundlagen, insbesondere der des § 62 gesondert einschreiten.

87 Die staatliche Kontrolle im Bereich der Zertifizierung beschränkt sich auf die Zustimmung bzw. den Widerruf dieser Zustimmung zum Überwachungsvertrag durch die oberste Landesbehörde. Stellt die zuständige Behörde relevante Rechtsverstöße fest, hat sie die Möglichkeit, ihre Zustimmung zum Überwachungsvertrag zu widerrufen und/oder auf der Grundlage des § 62 Anordnungen im Einzelfall treffen. Sie ist jedoch nicht berechtigt, die Überwachungsorganisation im Wege einer Ordnungsverfügung zu verpflichten, das erteilte Zertifikat zu widerrufen (VG Gelsenkirchen, Beschl. v. 19.12.2012 – 14 L 1242/12, AbfallR 2013, 145; *Brinktrine* in Schmehl Rn. 55).

Die Zustimmungs- oder Anerkennungsbehörde trifft nach § 26 Abs. 1 S. 2 EfbV ihre Entscheidung nach § 56 Abs. 8 S. 2 im **Benehmen** mit der Überwachungsbehörde. Eine Entscheidung im „Benehmen" verlangt im Gegensatz zu einer solchen im „Einvernehmen" keine Willensübereinstimmung. Eine Entscheidung im Benehmen bedeutet nicht mehr als die Anhörung der anderen Behörde, die dadurch Gelegenheit erhält, ihre Vorstellungen in das Verfahren einzubringen (BVerwG Urt. v. 29.4.1993 – 7 A 2/92, juris Rn. 22). Sie hat ihre Entscheidung der Überwachungsbehörde sowie der technischen Überwachungsorganisation oder der Entsorgergemeinschaft mitzuteilen. Sofern das Zertifikat in den Fällen des § 56 Abs. 8 entzogen worden ist, hat die Zustimmungs- oder Anerkennungsbehörde dieses unverzüglich aus dem Entsorgungsfachbetrieberegister zu löschen (§ 26 Abs. 1 EfbV). In den Vollzugshinweisen der LAGA heißt es, dass die zur Entscheidung berufene Behörde zwar nicht wie beim Einvernehmen an die Stellungnahme der Überwachungsbehörde gebunden sei, dass sie diese aber in besonderem Maße berücksichtigen muss. Die Zustimmungsbehörde dürfe sich nur in Ausnahmefällen über die Stellungnahme der Überwachungsbehörde hinwegsetzen. Wenn die Überwachungsbehörde die Zertifizierung ablehne, habe die Zustimmungsbehörde ihr die Ablehnungsgründe darzulegen und mit entsprechenden Unterlagen zu belegen (LAGA-Vollzugshinweise, S. 29). Das dürfte zu weit gehen. Das Benehmenserfordernis verlangt, dass die entscheidende Behörde den Versuch einer Einigung mit der Behörde unternimmt, mit der sie sich ins Benehmen setzen soll. Die Vorgabe, dass die entscheidende Behörde sich nur in einem Ausnahmefall über die Stellungnahme der Überwachungsbehörde hinwegsetzen darf, ergibt sich genauso wenig aus der EfbV wie die von der LAGA zusätzlich formulierten Verfahrensanforderungen (Darlegungs- und Nachweispflichten). 88

Nach § 26 Abs. 1 S. 1, 2 Efb muss der Entzug des Zertifikates, wenn die Voraussetzungen dafür vorliegen, unverzüglich, dh ohne schuldhaftes Zögern erfolgen. 89

J. Kündigung von Überwachungsvertrag oder Mitgliedschaft

Nach § 27 EbfV hat die technische Überwachungsorganisation den Überwachungsvertrag oder die Entsorgergemeinschaft die Mitgliedschaft zu kündigen, wenn 1. nicht innerhalb von zwei Jahren nach der Zustimmung der Behörde zum Überwachungsvertrag oder nach der Aufnahme in die Entsorgergemeinschaft ein Zertifikat erteilt wird, 2. ein erteiltes Zertifikat a) nicht innerhalb von drei Monaten nach Ablauf seiner Gültigkeit neu erteilt worden ist oder b) vor Ablauf seiner Gültigkeit entzogen worden ist oder 3. der Betrieb die zertifizierte Tätigkeit auf Dauer eingestellt hat. 90

Entsorgungsfachbetrieberegisters und zum Entzug des Zertifikats sowie Bußgeldvorschriften.

B. Einzelne Ermächtigungstatbestände (Satz 2)

§ 57 S. 1 ermächtigt gemeinsam mit dem Katalog des § 57 S. 2 die Bundesregierung zum Erlass einer Rechtsverordnung. Die einzelnen Ermächtigungen sind in dem Katalog des S. 2 abschließend und insoweit auch mit Blick auf Art. 80 Abs. 1 S. 2 GG hinreichend bestimmt aufgezählt. Das gilt allerdings nur dann, wenn man den einleitenden Begriff des Katalogs „insbesondere" nicht als eine Blankettermächtigung zum Erlass von Verordnungen mit darüber hinausgehendem Inhalt versteht. Es bedarf insoweit einer einengenden Auslegung des Wortlauts (in diesem Sinne auch *Schomerus* in Versteyl/Mann/Schomerus Rn. 3; *Hurst* in Jarass/Petersen Rn. 1; aA *Strohmeyer* in Kopp-Assenmacher Rn. 9. 5

§ 57 S. 2 Nr. 1 stellt klar, dass **Anforderungen an die Organisation, die personelle, gerätetechnische und sonstige Ausstattung** und die Tätigkeit eines Entsorgungsfachbetriebes von der Bundesregierung als Verordnungsgeberin festgelegt werden können. Hierzu zählen Anforderungen an die betriebliche Organisation, die Festlegung von Verantwortungsbereichen, Entscheidungs- und Mitwirkungsbefugnissen und die Führung von speziellen Betriebstagebüchern. Für die Tätigkeit ist außer der Einhaltung der den Betrieb betreffenden öffentlich-rechtlichen Vorschriften auch die Frage relevant, in welchem Umfang der Betrieb Aufgaben an Dritte delegieren kann. Gleichzeitig kann durch Rechtsverordnung ein ausreichender Haftpflichtversicherungsschutz gefordert werden (Gesetzesbegründung, BT-Drs. 17/6052, S. 102). 6

§ 57 S. 2 Nr. 2 enthält eine Ermächtigung zum Erlass von **Anforderungen an den Inhaber und die im Entsorgungsfachbetrieb beschäftigten Personen,** insbesondere Mindestanforderungen an die Fach- und Sachkunde und die Zuverlässigkeit sowie an deren Nachweis. Die einzelnen Anforderungen können für die jeweilige Verantwortungsebene differenziert werden. So können auch Anforderungen an eine qualifizierte Fortbildung des Personals festgelegt werden, damit die Sachkunde auch über die gesamte Dauer der Geltung des Zertifikats gewährleistet bleibt. 7

§ 57 S. 2 Nr. 3 normiert eine Verordnungsermächtigung für den Erlass von **Anforderungen an die Tätigkeiten der technischen Überwachungsorganisationen** als einer der beiden Träger des Zertifizierungsverfahrens. Außerdem können **Mindestanforderungen an den Überwachungsvertrag** sowie dessen Abschluss, Durchführung, Auflösung und Erlöschen bestimmt werden, denn dieser bildet die Grundlage der Zertifizierung durch die technische Überwachungsorganisation. Für die Regelung von Anforderungen an die behördliche Zustimmung zum Vertrag ist in Nr. 7a eine spezielle Verordnungsermächtigung vorgesehen. 8

§ 57 S. 2 Nr. 4 ermächtigt die Bundesregierung zum Erlass von **Anforderungen an die Tätigkeiten von Entsorgergemeinschaften,** die neben den technischen Überwachungsorganisationen Träger der Zertifizierung von Entsorgungsfachbetrieben sind. Von besonderer Bedeutung ist nach Einschätzung der Gesetzesbegründung für die Qualität der Zertifizierung durch Entsorgergemeinschaften deren innere Struktur, die in besonderer Weise geeignet sein muss, das Zertifizierungsverfahren für die Mitgliedsbetriebe qualifiziert und vor allem unparteiisch durchzuführen. Durch Rechtsverordnung können daher Anforderungen an die Bildung, Auflösung, Organisation und Arbeitsweise der Entsorgergemeinschaften gestellt werden. Besonders wichtig sind nach der Gesetzesbegründung in diesem Zusammenhang die Bestimmungen zur Bestellung, Aufgaben und 9

Befugnissen der Prüforgane, sowie Anforderungen an deren Mitglieder. Für die Regelung von Anforderungen an die behördliche Anerkennung der Entsorgergemeinschaft ist in Nr. 7b eine spezielle Verordnungsermächtigung vorgesehen.

10 § 57 S. 2 Nr. 5 ermächtigt zur Festlegung von **Mindestanforderungen an die für die technischen Überwachungsorganisationen oder für die Entsorgergemeinschaften tätigen Sachverständigen** sowie an deren Bestellung, Tätigkeit und Kontrolle. Die Sachverständigen, die bereits nach § 56 Abs. 7 die für die Überwachung des Betriebes erforderliche Unabhängigkeit, Zuverlässigkeit und Sachkunde besitzen müssen, führen die Überwachung und Kontrolle der zertifizierungswilligen Betriebe durch, so dass das Gütezeichen letztlich auf deren Gutachten gestützt wird. Durch Rechtsverordnung können insbesondere konkrete Anforderungen an die Prüfungstätigkeit, aber auch an die Zuverlässigkeit, Unabhängigkeit und Fachkunde der Sach-verständigen bestimmt werden. Um die Qualität der Sachverständigenüberprüfung zu sichern, kann durch Verordnung auch die Kontrolle der Sachverständigen selbst („Kontrolle der Kontrolleure") festgelegt werden.

11 § 57 S. 2 Nr. 6 ermächtigt zur Festlegung von **Anforderungen an das Gütezeichen und das zugrunde liegende Zertifikat.** Das Zertifikat kann sowohl auf der Grundlage eines Überwachungsvertrages mit einer technischen Überwachungsorganisation als auch im Rahmen einer Entsorgergemeinschaft erlangt werden. Der Begriff „Überwachungszeichen" (vgl. § 52 Abs. 3 S. 4 KrW-/AbfG) wird aufgegeben, da es sich hierbei letztlich um einen Unterfall des Gütezeichens handelt.

12 § 57 S. 2 Nr. 7 enthält die Ermächtigung zur **Festlegung materiell- und verfahrensrechtlicher Anforderungen** an die behördlichen Mitwirkungsakte, die zum einen in der behördlichen Zustimmung zum Überwachungsvertrag (Buchstabe a), zum anderen in der Anerkennung der Entsorgergemeinschaften(Buchstabe b) bestehen.

13 § 57 S. 2 Nr. 8 enthält eine Neuerung gegenüber dem bisherigen Recht. Die Nummer enthält eine Verordnungsermächtigung zur **Bestimmung der näheren Anforderungen an den Entzug des Zertifikats und der Berechtigung zum Führen des Gütezeichens** sowie an die Untersagung der sonstigen weiteren Verwendung der Bezeichnung „Entsorgungsfachbetrieb" nach § 56 Abs. 8 Satz 2.

14 § 57 S. 2 Nr. 9 enthält die Möglichkeit, durch Rechtsverordnung die **elektronische Übermittlung** für Erklärungen, Benachrichtigungen oder sonstige Daten verbindlich vorzuschreiben. Die elektronische Übermittlung führt zu einer Entlastung der an der Zertifizierung Beteiligten und der Behörden.

6.42 Gesetz über das Inverkehrbringen, die Rücknahme und die umweltverträgliche Entsorgung von Batterien und Akkumulatoren (Batteriegesetz – BattG)

Vom 25.6.2009

(BGBl. I S. 1582), zuletzt geändert durch Art. 6 Abs. 10 des G v. 13.4.2017 (BGBl. I S. 872)

Schrifttum: *Ahlhaus/Waggershauser,* Das neue Batteriegesetz, 2011; *Alt,* Ökodesign und Kreislaufwirtschaft – Kohärenz von Steuerungsansätzen zur Abfallvermeidung und zum ‚recyclinggerechten Design' im Abfall- und Produktrecht am Beispiel von energieverbrauchsrelevanten Produkten, 2018; *Dieckmann,* Wechsel des Rücknahmesystems als Mittel zur Reduzierung der Rücknahme- und Verwertungsverpflichtungen nach dem Batteriegesetz?, AbfallR 2019, 156 ff.; *Fischer,* Strategien im Kreislaufwirtschafts- und Abfallrecht – Unter besonderer Berücksichtigung der Produktverantwortung der Wirtschaft, 2001; *Giesberts/Hilf,* ElektroG, 3. Aufl. 2018; *Scholl,* Instrumente des produktbezogenen Umweltschutzes – Das Beispiel Gerätebatterien, IÖW/VÖW-Informationsdienst 2/95, 11 ff.; *Schmitz,* Wie REACH, RoHS, WEEE und BattG das Inverkehrbringen gefährden, MPJ 2016, 107 ff.; *Wendenburg/Seitel,* Altbatterieentsorgung nach dem neuen Batteriegesetz, AbfallR 2009, 206 ff.

Übersicht

A. Überblick

Das BattG legt Anforderungen an die **Produktverantwortung** nach § 23 KrWG für Batterien und Akkumulatoren fest und dient der Umsetzung von entsprechendem Unionsrecht. 1

Die Regelungen zur **umweltgerechten Entsorgung** von Altbatterien gewinnen zunehmend an Bedeutung, nicht zuletzt durch den vermehrten Einsatz von zB Lithiumbatterien in diversen elektrischen oder elektronischen Geräten einschl. E-Bikes und Elektrofahrzeugen. Der Umsatz der Batterieindustrie am Standort Deutschland betrug 2 nach Angaben des Zentralverbands Elektrotechnik- und Elektronikindustrie e. V. (ZVEI) im Jahr 2016 2,4 Mrd. EUR bei rund 8000 Beschäftigten zum 31.12.2016. Zwischen 2011 und 2016 wuchs der deutsche Batteriemarkt demnach um eine Mrd. EUR („Faktenblatt Wachstumsmarkt Batterien", https://www.zvei.org/presse-medien/publikationen/wachstumsmarkt-batterien/, Stand 14.2.2018, letzter Zugriff 29.1.2020).

3 Das BattG richtet sich an alle **Hersteller, Vertreiber und Endverbraucher** von Batterien, **öffentlich-rechtliche Entsorgungsträger und Erstbehandlungsanlagen.** Nach Angaben des Umweltbundesamts sind derzeit ca. 5500 Batteriehersteller gemeldet und aktiv, davon ca. 82 Prozent Gerätebatteriehersteller, 13 Prozent Industriebatteriehersteller und sechs Prozent Fahrzeugbatteriehersteller (https://www.umweltbundesamt.de/themen/abfall-ressourcen/produktverantwortung-in-der-abfallwirtschaft/batterien/battg-melderegister, letzter Zugriff 29.1.2020).

B. Entstehung, Entwicklung, unionsrechtlicher Rahmen

I. Vorgehende Regelungen

4 Das BattG war bei seiner Einführung im Jahr 2009 nicht die erste Regelung dieses produktspezifischen Abfallstroms. Vorgehend galt die Verordnung über die Rücknahme und Entsorgung gebrauchter Batterien und Akkumulatoren vom 27.3.1998 (**Batterieverordnung** – BattV, BGBl. I S. 658).

5 Die BattV zielte nach der Begründung der Bundesregierung zunächst auf diejenigen Batterien und Akkumulatoren, die insbesondere wegen ihres Gehaltes an Schwermetallen wie Quecksilber, Cadmium oder Blei als **„schadstoffhaltige Batterien"** bezeichnet wurden (Verkaufsmenge ohne Starterbatterien 1994: 3500 t). Sie reichten von der Knopfzelle über Nickel-Cadmium-Akkumulatoren bis zu den Starterbatterien und speziellen Akkumulatoren für Industrie und Gewerbe sowie für Einrichtungen wie Bahnen und Bundeswehr. Dabei war auch EG-Recht umzusetzen. Unter den schadstoffhaltigen Batterien waren Starterbatterien für den Fahrzeugbereich besonders zu beachten, die zwar nach der Stückzahl (rd. 12 bis 14 Mio. Stück pro Jahr) gegenüber den anderen Batteriesystemen zurücktraten, aber ein erhebliches Schadstoffpotential aufwiesen (rd. 180 000 t Blei pro Jahr). Obwohl gerade bei diesen Batterien ein hoher Rücknahme- und Verwertungsgrad erreicht worden war, befürchtete die Bundesregierung, dass schon geringe Mengen nicht in den Wirtschaftskreislauf zurückgeführter Starterbatterien zu Umweltbelastungen führen könnten.

6 Aber auch auf die **„sonstigen Batterien"** war das für die schadstoffhaltigen Batterien vorgesehene Rücknahme-, Verwertungs- und Entsorgungssystem anzuwenden. Denn damals machten diese Batterien fast 50 Prozent aller vom Verbraucher beim Handel abgegebenen Batterien aus. 1996 wurden 23 130 t „sonstige Batterien" verkauft, von denen Zink-Kohle-Batterien mit 370 Mio. und Alkali-Mangan-Batterien mit 310 Mio. Stück eine Spitzenposition einnahmen.

7 Der Handel wurde daher verpflichtet, von ihm vertriebene Batterien nach Gebrauch vom Verbraucher unentgeltlich zurückzunehmen und den Herstellern zur Verwertung oder Beseitigung zu überlassen. Wegen der besonderen Struktur des Batteriemarktes hatten die Batteriehersteller ihre Rücknahme-, Verwertungs- und Beseitigungspflichten grundsätzlich in einem gemeinsam betriebenen Rücknahmesystem zu erfüllen. Einzelne Hersteller konnten auch ein eigenes Rücknahmesystem betreiben, soweit dieses densel-

ben Rücknahmeerfolg wie das gemeinsame Rücknahmesystem der übrigen Hersteller gewährleistete. Der Handel hatte den Verbraucher an der Verkaufsstelle über die Möglichkeit zur unentgeltlichen Rückgabe zu informieren. Der Verbraucher wurde zur Rückgabe von Altbatterien an den Handel oder an bestehende Rückgabestellen der öffentlich-rechtlichen Entsorgungsträger verpflichtet. Die Hersteller hatten die bereits von den öffentlich-rechtlichen Entsorgungsträgern zurückgenommenen Batterien unentgeltlich zur Verwertung oder Beseitigung zu übernehmen. Auch wurden unionsrechtlich vorgegebene Verbots- und Kennzeichnungsregelungen aus der RL 91/157/EWG nach deren Anpassung durch die RL 93/86/EWG umgesetzt (BT-Drs. 13/9516, 1 f.).

Mit Anpassung der RL 91/157/EWG durch die RL 98/101/EG wurde das Inver- 8
kehrbringen bestimmter Batterien und Akkumulatoren wegen ihres Quecksilbergehaltes ab dem 1.1.2000 verboten. Zudem wurde der zulässige **Quecksilbergehalt** in Batterien und Akkumulatoren von den Mitgliedstaaten auf 0,0005 Gewichtsprozent reduziert.

Diese Vorgaben wurden mit der Ersten Verordnung zur **Änderung der Batteriever-** 9
ordnung vom 26.6.2001 (BGBl. I 1361) umgesetzt. Nachdem der Bundestag dem Erstentwurf der Änderungsverordnung (BT-Drs. 14/4303) zunächst bereits am 16.11.2000 zugestimmt hatte, hatte der Bundesrat Änderungsmaßgaben beschlossen, die die Bundesregierung übernahm (BT-Drs. 14/5931) und denen der Bundestag ebenfalls zustimmte. Die dementsprechend ab dem 1.9.2001 geltende Fassung wurde neuerlich bekanntgemacht (BGBl. I 1486), die Ausdehnung der Hinweispflichten auf den Versandhandel (§ 12 S. 2 BattV 2001) trat allerdings erst zum 1.7.2002 in Kraft.

In der BattV waren damit bereits **wesentliche Elemente der heutigen Produkt-** 10
verantwortung nach dem BattG auf der Grundlage der Verordnungsermächtigung des damaligen KrW-/AbfG eingeführt worden. Zu nennen sind hier die Rücknahme- und Verwertungspflichten der Hersteller und Vertreiber (§§ 3 bis 5 BattV), die Pfandpflicht für Starterbatterien (heute Fahrzeugbatterien) (§ 6 BattV), die Mitwirkung der öffentlich-rechtlichen Entsorgungsträger bei der Sammlung (§ 9 BattV), die an Endverbraucher gerichtete Pflicht zur (getrennten) Rückgabe von Altbatterien an Rücknahmestellen (§ 7 BattV), Kennzeichnungspflichten (§ 11 BattV), Hinweispflichten gegenüber dem Endverbraucher (§ 12 BattV) und nicht zuletzt bestimmte Stoffverbote (§ 13 BattV). Auch die Konstellation von in Geräten fest verbauten Batterien war dort bereits adressiert (§ 14 BattV).

Dementsprechend stellte zumindest noch im Jahr 2013 der fehlerhafte Verbraucher- 11
hinweis eines Händlers von Batterien auf die Rückgabepflichten aus der BattV anstatt richtigerweise aus dem BattG keine irreführende Angabe dar, die im Wettbewerbsverhältnis für einen Mitbewerber Unterlassungsansprüche begründete, da diese fehlerhafte Angabe das Marktverhalten der Verbraucher nach Ansicht des Gerichts nicht beeinflussen würde (OLG Hamm, Urt. v. 23.5.2013 – U 196/12 = BeckRS 2013, 14560).

II. Einführung des BattG 2009

Die Ablösung der BattV durch das BattG erfolgte wiederum angestoßen durch neue 12
europäische **Richtlinienvorgaben**.

Ausgangslage war seinerzeit, dass in der Bundesrepublik Deutschland im Jahr 2006 13
nach Kenntnis der Bundesregierung rund 1,5 Milliarden Gerätebatterien in Verkehr gebracht wurden. Der Anteil an wieder-aufladbaren Batterien (Akkumulatoren) lag bei knapp 10 Prozent. Der ständig wachsende Verbrauch folgte dem steigenden Einsatz elektrischer und elektronischer Geräte und den zunehmenden Mobilitätsanforderungen

der Verbraucherinnen und Verbraucher. Neue Anwendungsgebiete für Industriebatterien wie zum Beispiel Hybridfahrzeuge wurden bereits damals als mittelfristig verbrauchssteigernd identifiziert. Alkali-Mangan-Batterien nahmen dabei mit ca. 940 Mio. Stück eine Spitzenposition ein; Zink-Kohle-Batterien verloren hingegen zunehmend an Bedeutung. Beide Systeme waren infolge der technischen Innovationen bereits damals weitgehend frei von Blei, Quecksilber oder Cadmium. Gleichzeitig beobachtete die Bundesregierung, dass Batterien zunehmend durch Akkumulatoren ersetzt wurden. Diese weisen gegenüber herkömmlichen Batterien eine längere Lebensdauer auf, enthalten jedoch häufig auch einen höheren Anteil an Schadstoffen (BT-Drs. 16/12227, 16).

14 Mit der RL 2006/66/EG ersetzte der europäische Richtliniengeber zum 26.9.2008 die vormals geltende RL 91/157/EWG und novellierte damit die europäischen Vorgaben bezüglich des Inverkehrbringens, der Rücknahme und der umweltverträglichen Entsorgung von Batterien und Akkumulatoren. Zusätzlich zu der bereits bestehenden Beschränkung für **Quecksilber** wird seitdem auch der Einsatz von **Cadmium** bei der Batterie- und Akkumulatorproduktion eingeschränkt. Die Hersteller von Batterien und Akkumulatoren werden zum **Aufbau und Betrieb von Rücknahmestrukturen** verpflichtet, welche die Erfassung und ordnungsgemäße Verwertung von Altbatterien und Altakkumulatoren sicherstellen; darüber hinaus wird jeder Hersteller verpflichtet, seine Marktteilnahme gegenüber einem zentralen Melderegister anzuzeigen, bevor er Batterien oder Akkumulatoren in Verkehr bringt. Hinsichtlich der Rücknahme von Gerätebatterien sind verbindliche Sammelquoten zu erfüllen. Batterien sind hinsichtlich ihres Schadstoffgehalts sowie ihrer Kapazität zu kennzeichnen. Ergänzend macht die RL 2006/s66/EG Vorgaben für die Konstruktion batteriebetriebener Elektro- und Elektronikgeräte im Sinne der damaligen RL 2002/96/EG (WEEE I). Zur Umsetzung wurde die BattV durch das BattG abgelöst (BT-Drs. 16/12227, 1).

15 Zum Gesetzentwurf der Bundesregierung hatte der **Bundesrat** in seiner Stellungnahme zahlreiche **Änderungsvorschläge** beschlossen (BT-Drs. 16/12227, 35ff.). Nach Einschätzung der Bundesregierung dienten diese überwiegend der Klarstellung des Gewollten oder betrafen technische Details; sie konnte demnach den Empfehlungen weitgehend zustimmen (Gegenäußerung der Bundesregierung, BT-Drs. 16/12301, 1). Bei einigen Empfehlungen hielt die Bundesregierung jedoch geringfügige Anpassungen für erforderlich, welche die vom Bundesrat jeweils verfolgte Intention in der Sache aber nicht beeinträchtigten sollten. Von der Bundesregierung inhaltlich **abgelehnt** wurden die Vorschläge, auch die Starterbatterien für Motorsportboote, die sich von „normalen Autobatterien" in Bauart oder Kennzeichnung unterscheiden (Spezialstarterbatterien), dem Bereich der sog. „Fahrzeugbatterien" zuzuordnen (BR-Vorschlag Nr. 1), das Genehmigungsverfahren für herstellereigenen Rücknahmesysteme in § 7 durch ein bloßes Anzeigeverfahren zu ersetzen (BR-Vorschlag Nr. 15), gewerblichen Altbatterieentsorgern zu ermöglichen, für die Rücknahme von Industrie-Altbatterien von § 8 Abs. 1 abweichende Vereinbarungen zu treffen und sie so – über die Position als Beauftragte Dritte hinaus – dem mit spezifisch-eigenen Produktverantwortungspflichten belegten Personenkreis gleichzustellen (BR-Vorschlag Nr. 19) sowie die gewerbliche Sammlung von Fahrzeug-Altbatterien unmittelbar auch bei privaten Endnutzern zu gestatten (BR-Vorschlag Nr. 21).

III. Änderungen des BattG 2009

16 Seit Inkrafttreten wurde das BattG mehrfach geändert, zumeist zur Angleichung an *andere Rechtsvorschriften* und zur **Umsetzung von Unionsrecht.**

17 So wurde die **Definition des Sachverständigen** in § 2 Abs. 18 im Zuge der Umsetzung der Dienstleistungsrichtlinie auf dem Gebiet des Umweltrechts (Art. 2 G v. 11.8.2010, BGBl. I 1163) angepasst.

18 Mit Art. 2 des Gesetzes zur Änderung des Energiebetriebene-Produkte-Gesetzes vom 16.11.2011 (BGBl. I 2224) wurde zunächst die Umbenennung des Energiebetriebene-Produkte-Gesetzes in Energieverbrauchsrelevante-Produkte-Gesetz in § 21 Abs. 2 und sodann mit Art. 11 des Gesetzes über die Neuordnung des Geräte- und Produktsicherheitsrechts vom 8.11.2011 (BGBl. I 2178) die Ablösung des Geräte- und Produktsicherheitsgesetzes durch das **Produktsicherheitsgesetz** 2011 nachvollzogen sowie zugleich der **Bußgeldrahmen** in § 22 Abs. 2 von 50 000 EUR auf 100 000 EUR erhöht.

19 Umfangreichere Änderungen hat das BattG erfahren durch Art. 4 des Gesetzes zur **Neuordnung des Kreislaufwirtschafts- und Abfallrechts.** Neben den Umstellungen der Verweise vom KrW-/AbfG auf das nunmehrige KrWG wurde in § 1 Abs. 3 die Erlaubnispflicht aus § 54 KrWG ausdrücklich von der entsprechenden Anwendung ausgenommen, eine eigenständige Definition der stofflichen Verwertung in § 2 Abs. 11 aufgenommen, bei der Definition des Vertreibers in § 2 Abs. 14 und der Herstellerfiktion in § 2 Abs. 15 S. 2 die maßgebliche Tätigkeit auf das Anbieten vorverlagert und die *invitatio ad offerendum* eingeschlossen, bei der Definition des Inverkehrbringens in § 2 Abs. 16 die wertende Zuordnung der Herstellerverantwortung nach dem Gedanken der verlängerten Werkbank verankert, in § 3 Abs. 4 ein Vertriebsverbot auch auf Vertreiberebene für Batterien normiert, deren Hersteller die Marktteilnahme nicht im BattG-Melderegister angezeigt haben, im Rahmen des Sammelziels nach § 16 eine Zwischenstufe ab dem Jahr 2014 von 40 Prozent eingezogen und schließlich der Verstoß gegen die Anzeigepflicht aus § 4 Abs. 1 S. 1 selbst in § 22 Nr. 4 als Ordnungswidrigkeit ausgestaltet.

20 Nach weiteren bloßen redaktionellen Änderungen zur Anpassung an geänderte Ressortbezeichnungen (Art. 113 Zehnte Zuständigkeitsanpassungsverordnung vom 31.8.2015, BGBl. I 1474) und der Novellierung des ElektroG (Art. 5 des Gesetzes zur Neuordnung des Rechts über das Inverkehrbringen, die Rücknahme und die umweltverträgliche Entsorgung von Elektro- und Elektronikgeräten vom 20.10.2015, BGBl. I 1739), wurde schließlich mit Art. 1 des Ersten Gesetzes zur Änderung des Batteriegesetzes und des Kreislaufwirtschaftsgesetzes vom 20.11.2015 (BGBl. I 2071) in § 1 Abs. 3 angefügt, dass Rechtsvorschriften, die besondere Anforderungen an die Rücknahme, Wiederverwendung oder Entsorgung von Altbatterien enthalten, sowie solche, die aus Gründen der Sicherheit im Zusammenhang mit der Beförderung gefährlicher Güter erlassen sind, unberührt bleiben, die vormalige Ausnahme vom Verkehrsverbot für Batterien, die mehr als 0,0005 Gewichtsprozent **Quecksilber** enthalten, für Knopfzellen und aus Knopfzellen aufgebaute Batteriesätze mit einem Quecksilbergehalt von höchstens 2 Gewichtsprozent, aufgehoben und die Ausnahmen vom Verkehrsverbot für Gerätebatterien, die mehr als 0,002 Gewichtsprozent **Cadmium** enthalten, auf Gerätebatterien, die für Notbeleuchtung bestimmt sind, ausdrücklich ausgedehnt und für Gerätebatterien, die für die Verwendung in schnurlosen Elektrowerkzeugen bestimmt sind, bis zum 31.12.2016 befristet. Ferner wurde die **Öffnung für abweichende Vereinbarungen** von den Rücknahmepflichten in § 8 Abs. 1 S. 1 auf **Fahrzeugbatterien** ausgedehnt, in § 9 Abs. 1 und § 18 der Begriff Verkaufsstelle durch den des Handelsgeschäfts ersetzt und im Rahmen der Pfanderstattung für Fahrzeugbatterien in § 10 ermöglicht, die Erstattung des Pfandes anstelle von der Rückgabe der Batterie von der Vorlage eines Rückgabenachweises abhängig zu machen. Schließlich wurden in § 13 – als Komplementärregelung zu § 10 Abs. 1 S. 2 ElektroG, wonach Besitzer von Altgeräten i. S. d. ElektroG Altbatterien und Altakkumulatoren, die nicht vom Altgerät umschlossen sind, vor der Abgabe an einer Erfassungsstelle von diesem zu trennen haben – die Verpflich-

tung der öffentlich-rechtlichen Entsorgungsträger aufgenommen, diese Geräte-Altbatterien unentgeltlich zurückzunehmen, und bei den **Verwertungsanforderungen** in § 14 die unionsrechtlichen Durchführungsbestimmungen zur Berechnung der Recyclingeffizienzen von Recyclingverfahren für Altbatterien und Altakkumulatoren ebenso wie in § 17 Abs. 6 die Beachtung der unionsrechtlichen Vorgaben bei der **Kapazitätskennzeichnungspflichten** verankert.

21 Zuletzt wurde mit Art. 6 des Gesetzes zur Reform der strafrechtlichen Vermögensabschöpfung vom 13.4.2017 (BGBl. I 872) in § 22 Abs. 4 der Begriff des Verfalls durch jenen der **Einziehung** nach § 29a des Gesetzes über Ordnungswidrigkeiten abgelöst.

IV. Gesetzgebungskompetenz des Bundes

22 Kompetenzrechtliche Grundlage ist Art. 74 Abs. 1 Nr. 24 GG, der dem Bund die konkurrierende Gesetzgebungskompetenz zur umfassenden **Regelung des Rechts der Abfallwirtschaft** einräumt. Eine Einschränkung nach Art. 72 Abs. 2 GG besteht insoweit nicht.

23 Hinsichtlich der im BattG geregelten Anforderungen bezüglich des Inverkehrbringens von Batterien und Akkumulatoren folgt die Gesetzgebungskompetenz des Bundes ergänzend aus Art. 74 Abs. 1 Nr. 11 iVm Art. 72 Abs. 2 GG, der dem Bund die konkurrierende Gesetzgebungskompetenz für das Recht der Wirtschaft insoweit einräumt, als eine bundesgesetzliche Regelung zur Herstellung gleicher Lebensverhältnisse im Bundesgebiet oder zur Wahrung der Rechts- und Wirtschaftseinheit im gesamtstaatlichen Interesse erforderlich ist. Eine divergierende Landesgesetzgebung bezüglich des zulässigen Schadstoffgehalts von Batterien und Akkumulatoren, die aber alle für den gesamtdeutschen Markt produziert bzw. importiert werden, würde erhebliche Nachteile für die Gesamtwirtschaft mit sich bringen und damit die Funktionsfähigkeit des Wirtschaftsraumes gefährden. Zugleich würde die Gesetzesvielfalt auf Länderebene zu einer Rechtszersplitterung führen, die bei Anforderungen an Verbrauchsgüter, die im gesamten Bundesgebiet gleichermaßen in Verkehr gebracht werden, im Interesse sowohl des Bundes als auch der Länder nicht hingenommen werden kann. Gleiches gilt für die Vorgaben des Gesetzentwurfs zur Kennzeichnung von Batterien und Akkumulatoren sowie zum Design von Elektro- und Elektronikgeräten. Eine bundesgesetzliche Regelung ist mithin zur Wahrung der Rechts- und Wirtschaftseinheit im gesamtstaatlichen Interesse erforderlich.

24 Die Befugnis des Bundes bezüglich der Übertragung von Aufgaben auf das Umweltbundesamt (§§ 4, 21 Abs. 1 und 22 Abs. 3) folgt aus Art. 87 Abs. 3 S. 1 GG. Es handelt sich ausschließlich um Aufgaben, die durch das Umweltbundesamt zentral für das gesamte Bundesgebiet und ohne bundeseigene Mittel- oder Unterbehörden wahrgenommen werden können (BT-Drs. 16/12227, 16f.). Die Zuständigkeit des Umweltbundesamts für Anordnungen gegenüber dem Gemeinsamen Rücknahmesystem wurde erst im parlamentarischen Verfahren ergänzt (Drucksache 16/12721, 15), der alleinige Berichtsweg gegenüber dem Umweltbundesamt hinsichtlich der Erfolgskontrolle (§ 15 Abs. 1) war auch bereits als Beitrag zum Bürokratieabbau vom Bundesrat angeregt worden (Drucksache 16/12227, 40).

V. Unionsrechtlicher Rahmen

25 **1. Von der RL 91/157/EWG zur RL 2006/66/EG.** Die RL 91/157/EWG hatte aus Sicht der Kommission versäumt, die von Altbatterien ausgehenden Risiken angemessen zu berücksichtigen und ein einheitliches System für die Sammlung und das Recycling von Bat-

terien zu schaffen. So wurden beispielsweise im Jahr 2002 mehr als 45 Prozent aller in der EU verkauften Gerätebatterien (dh 72 155 t) auf Deponien oder in der Verbrennung entsorgt, anstatt recycelt zu werden. Darüber hinaus sollte es in der EU ein einheitliches System für die Sammlung und das Recycling von Batterien und insbesondere für die Finanzierung dieser Vorgänge geben, um „Trittbrettfahrer" auf dem Markt zu vermeiden und gleiche Wettbewerbsbedingungen für alle Beteiligten zu schaffen (Frequently Asked Questions on Directive 2006/66/EU on Batteries and Accumulators and Waste Batteries and Accumulators (Mai 2014), abrufbar unter https://ec.europa.eu/environment/waste/batteries/pdf/faq.pdf, letzter Zugriff 29.1. 2020). Die RL 2006/66/EG geht demnach zurück auf den Vorschlag für eine Richtlinie des Europäischen Parlaments und des Rates über Batterien und Akkumulatoren sowie Altbatterien und Altakkumulatoren der Kommission vom 21.11.2003 (COM(2003) 723 final).

2. Wesentliche Inhalte der RL 2006/66/EG. Das Hauptziel der RL 2006/66/EG besteht darin, die **Umweltbelastung** durch Batterien und Akkumulatoren sowie Altbatterien und -akkumulatoren auf ein Mindestmaß zu beschränken und so zu Schutz, Erhaltung und Erhöhung der Qualität der Umwelt beizutragen. Dabei sollen auch die einzelstaatlichen Maßnahmen in Bezug auf Batterien und Akkumulatoren sowie Altbatterien und -akkumulatoren harmonisiert werden. Rechtsgrundlage ist deshalb neben der **Umweltkompetenz** aus Art. 175 Abs 1 EGV (heute Art. 192 Abs. 1 AEUV) die **Binnenmarktkompetenz** aus Art. 95 Abs. 1 EGV (heute Art. 114 Abs. 1 AEUV), soweit die Maßnahmen betroffen sind, die Anforderungen an den Schwermetallgehalt und die Kennzeichnung von Batterien und Akkumulatoren harmonisieren und dadurch das reibungslose Funktionieren des Binnenmarktes sicherstellen sowie Wettbewerbsverzerrungen in der Union verhindern sollen (Art. 4, 6 und 21, Erwägungsgrund 1). 26

Die Richtlinie enthält daher Vorschriften für das Inverkehrbringen von Batterien und Akkumulatoren, insbesondere das Verbot, Batterien und Akkumulatoren, die gefährliche Substanzen enthalten, in Verkehr zu bringen, und spezielle Vorschriften für die Sammlung, die Behandlung, das Recycling und die Beseitigung von Altbatterien und Altakkumulatoren, die die einschlägigen Abfallvorschriften der Gemeinschaft ergänzen und ein hohes Niveau der Sammlung und des Recyclings der Altbatterien und -akkumulatoren fördern (Art. 1 Abs. 1). 27

Sie zielt darauf ab, die Umweltbilanz der Batterien und Akkumulatoren sowie der Tätigkeiten aller am Lebenszyklus von Batterien und Akkumulatoren beteiligten Wirtschaftsakteure, dh Hersteller, Vertreiber und Endnutzer und insbesondere der Akteure, die direkt an der Behandlung und am Recycling von Altbatterien und -akkumulatoren beteiligt sind, zu verbessern (Art. 1 Abs. 2). 28

Anders als die Vorgängerregelung gilt die RL 2006/66/EG für **alle Typen von Batterien und Akkumulatoren,** unabhängig von Form, Volumen, Gewicht, stofflicher Zusammensetzung oder Verwendung (Art. 2 Abs. 1). Sie gilt unbeschadet der Altfahrzeug-Richtlinie (2000/53/EG) und der Elektro- und Elektronik-Altgeräte-Richtlinie (nun 2012/19/EU). Im BattG sind diese Vorgaben in § 1 Abs. 1 umgesetzt. 29

Die Richtlinie findet keine Anwendung auf Batterien und Akkumulatoren, die verwendet werden in Ausrüstungsgegenständen, die mit dem Schutz der **wesentlichen Sicherheitsinteressen** der Mitgliedstaaten in Zusammenhang stehen, in Waffen, Munition und Kriegsgerät, ausgenommen Erzeugnisse, die nicht für speziell **militärische Zwecke** bestimmt sind und in Ausrüstungsgegenständen für einen Einsatz im **Weltraum.** Im BattG sind diese Vorgaben in § 1 Abs. 2 umgesetzt. 30

31 **Zentrale Begriffe** der RL 2006/66/EG sind in Art. 3 definiert. Neben den Definitionen der Wirtschaftsbeteiligten wie **Hersteller und Vertreiber** und typisch abfallrechtlichen Begriffen wie Recycling und Beseitigung enthält Art. 3 sektorspezifische Begriffsdefinitionen wie Batterie oder Akkumulator und unterscheidet Gerätebatterien oder -akkumulatoren, Fahrzeugbatterien oder -akkumulatoren sowie Industriebatterien oder -akkumulatoren (Art. 3 Nr. 3, 5 und 6). Die Unterscheidung ist für die Ausgestaltung des Pflichtenprogramms der jeweiligen Wirtschaftsbeteiligten von Bedeutung (Art. 8), während die Definition der Knopfzellen (Art. 3 Nr. 4) bei der Ausgestaltung der Verkehrsverbote zum Tragen kommt (Art. 4 Abs. 2). Das BattG setzt die Begriffsdefinitionen jeweils in § 2 um, teils ergänzt und angepasst an die Begrifflichkeiten des deutschen Kreislaufwirtschafts- bzw. Abfallrechts (vgl. die Umsetzung der Definition des Recycling in Art. 2 Nr. 8 als stoffliche Verwertung in § 2 Abs. 11 in Anlehnung an den seinerzeitigen § 4 Abs. 3 KrW-/AbfG; dieser Begriff der „stofflichen Verwertung" ist daher von der in der Abfallrahmenrichtlinie nunmehr enthaltenen Definition der stofflichen Verwertung zu unterscheiden). Hervorzuheben ist, dass die Richtlinie in Art. 3 Abs. 14 bereits die **Einfuhr** in das Zollgebiet als Inverkehrbringen definiert und nicht erst die erstmalige Bereitstellung, also Abgabe zum Vertrieb, Verbrauch oder zur Verwendung auf dem Markt (so Art. 3 lit. j, k der WEEE-Richtlinie). Dies setzt das BattG in § 2 Abs. 16 um. Definiert wird schließlich auch die Sammelquote als der Prozentsatz, den das Gewicht der Geräte-Altbatterien und -akkumulatoren, die in einem Mitgliedstaat in einem Kalenderjahr gemäß Art. 8 Absatz 1 der Richtlinie oder gemäß der WEEE-Richtlinie gesammelt werden, im Verhältnis zu dem Gewicht der Gerätebatterien und -akkumulatoren ausmacht, die die Hersteller im Jahresdurchschnitt des betreffenden Kalenderjahres und der vorausgegangenen zwei Kalenderjahre in dem jeweiligen Mitgliedstaat entweder direkt an Endnutzer verkaufen oder Dritten liefern, damit sie an Endnutzer verkauft werden. Das BattG setzt dies in § 2 Abs. 19 um und nutzt diese Definition auch zur Konkretisierung der Sammelziele auf Systemebene (§ 16).

32 Art. 4 und 6 der Richtlinie regelt schließlich grundsätzliche **Verkehrsverbote** für Batterien und Akkumulatoren, die mehr als 0,0005 Gewichtsprozent Quecksilber enthalten, und für Gerätebatterien und -akkumulatoren, die mehr als 0,002 Gewichtsprozent Cadmium enthalten, nebst Ausnahmen für bestimmte Verwendungen, bei denen entsprechende Substitute fehlen. Das BattG setzt diese Regelungen in § 3 Abs. 1 und 2 um.

33 Art. 8 trifft schließlich Regelungen zu **Rücknahmesystemen** und verwirklicht damit zusammen mit den Finanzierungsvorgaben in Art. 16 auf Richtlinienebene das Konzept der abfallrechtlich erweiterten Produktverantwortung.

34 Art. 8 Abs. 1 verpflichtet die Mitgliedstaaten sicherzustellen, dass geeignete Rücknahmesysteme für Geräte-Altbatterien und -akkumulatoren vorhanden sind, stellt Anforderungen an solche Systeme auf (insbesondere für die Endnutzer leicht zugängliche Sammelstellen und kostenlose Rückgabemöglichkeiten für Endnutzer) und nimmt Rücknahmestellen solcher System zugleich von den Registrierungs- oder Genehmigungspflichten nach der der RL 2006/12/EG oder der RL 91/689/EWG des Rates vom 12.12.1991 über gefährliche Abfälle aus. Art. 8 Abs. 2 gestattet es den Mitgliedstaaten, den Herstellern die Verpflichtung aufzuerlegen, solche Systeme einzurichten, oder auch andere Wirtschaftsbeteiligte verpflichten, sich an diesen Systemen zu beteiligen. Das BattG setzt diese Vorgaben durch die §§ 6, 7 um.

35 Art. 8 Abs. 2 regelt schließlich die Rücknahmepflichten der Hersteller von Industriebatterien und -akkumulatoren und Art. 8 Abs. 3 die Rücknahmepflichten der Hersteller von Fahrzeugbatterien und -akkumulatoren. Wie bei den Gerätebatterien und -akkumulatoren ist auch im Fall der Fahrzeugbatterien und -akkumulatoren aus privaten, *nichtgewerblichen* Fahrzeugen gefordert, dass diese Rücknahmesysteme keine Kosten für

Endnutzer verursachen, wenn diese sich der Altbatterien oder -akkumulatoren entledigen, und auch keine Verpflichtung zum Kauf einer neuen Batterie oder eines neuen Akkumulators auslösen. Das BattG setzt diese Vorgaben vor allem in den §§ 8, 9 und teils auch §§ 11, 12 um.

Art. 10 gibt die Mindestsammelquote von – nunmehr – 45 % für Geräte-Altbatterien und -akkumulatoren vor und enthält entsprechende **Berichtspflichten** der Mitgliedstaaten. Das BattG setzt diese Vorgabe in § 16 um. 36

Art. 11 enthält Anforderungen an die **Gestaltung von Geräten,** konkret zur Entnehmbarkeit von Altbatterien und -akkumulatoren. Diese Vorgaben sind nicht im BattG umgesetzt, sondern im Rahmen der Pflichten beim Inverkehrbringen von Elektro- und Elektronikgeräten als Anforderungen an die Produktkonzeption in § 4 ElektroG enthalten. 37

Art. 12 legt die Anforderungen an die **Behandlung** und das **Recycling** von Altbatterien und -akkumulatoren fest. Das BattG setzt diese Vorgaben in § 14 um und enthält ferner in § 20 eine Verordnungsermächtigung, die mit der BattGDV ausgeschöpft wurde und die in ihrem § 3 bestimmte Mindestziele (Verwertungseffizienzen) festlegt. Das Beseitigungsverbot für Industrie- und Fahrzeug-Altbatterien und -akkumulatoren auf Abfalldeponien oder durch Verbrennung aus Art. 14 setzt das BattG in § 14 Abs. 2 um. Art. 15 schließlich enthält Bedingungen der Zulässigkeit von Behandlung und Recycling außerhalb des jeweiligen Mitgliedstaats oder außerhalb der Union. Diese Vorgaben setzt das BattG in § 14 Abs. 3 und 4 um. 38

Art. 16 Abs. 1 enthält mit den **Finanzierungsvorgaben** den Kern des Konzepts der abfallrechtlich erweiterten Produktverantwortung durch Internalisierung der Kosten für die Sammlung, Behandlung und Recycling der von den Rücknahmesystemen gesammelten Geräte-, Industrie- und Fahrzeug-Altbatterien und -akkumulatoren. Diese Regelungen werden im BattG jeweils in den §§ 6 bis 8 umgesetzt. Als Teil der Produktverantwortung werden nach Art. 16 Abs. 3 auch die Kosten der von Kampagnen zur Aufklärung der Öffentlichkeit über die Sammlung, die Behandlung und das Recycling sämtlicher Geräte-Altbatterien und -akkumulatoren den Herstellern zugewiesen. Diese Regelung setzt das BattG in § 18 Abs. 2 und 3 um. Nach Art. 16 Abs. 4 dürfen die Kosten für die Sammlung, die Behandlung und das Recycling beim Verkauf neuer Gerätebatterien und -akkumulatoren gegenüber dem Endnutzer nicht getrennt ausgewiesen werden. Hersteller und Nutzer von Industrie- und Fahrzeugbatterien und -akkumulatoren können jedoch abweichende Vereinbarungen über die Finanzierung der Kosten für die Sammlung, Behandlung und Recycling treffen. Im BattG ist diese Regelung in § 9 Abs. 4 umgesetzt. 39

Art. 17 sieht schließlich vor, dass die Hersteller gemäß den **Verfahrensanforderungen** nach Anhang IV der Richtlinie registriert sind. Das BattG setzt diese Regelung durch die **Anzeigepflicht** aus § 4 und der aufgrund von § 20 Nr. 1 erlassenen BattGDV um, auf deren Grundlage die Marktteilnahme beim BattG-Melderegister des Umweltbundesamts anzuzeigen ist. 40

Art. 18 sieht eine Ausnahmemöglichkeit für Kleinhersteller vor, von der das BattG indes keinen Gebrauch gemacht hat. 41

Art. 19 enthält Vorgaben zur Offenheit der Rücknahme-, Behandlungs- und Recyclingsysteme für alle Wirtschaftsbeteiligten und zuständigen Behörden und auch zu **diskriminierungsfreien Bedingungen** für aus Drittländern eingeführte Batterien und Akkumulatoren. Diese Vorgaben der Richtlinie sind im BattG an verschiedenen Stellen, zB in §§ 6, 8, 9, 11, 13, umgesetzt. 42

Art. 20 enthält Vorgaben zu **Informationen für die Endnutzer.** Insbesondere sind sie durch Informationskampagnen zu unterrichten über die möglichen Auswirkungen der in Batterien und Akkumulatoren enthaltenen Stoffe auf die Umwelt und auf die 43 menschliche Gesundheit, über den Umstand, dass es wünschenswert ist, Altbatterien und -akkumulatoren nicht als unsortierten Siedlungsabfall zu beseitigen, sondern sich an ihrer getrennten Sammlung zu beteiligen, um die Behandlung und das Recycling zu erleichtern, über die ihnen zur Verfügung stehenden Rücknahme- und Recyclingsysteme, über ihren Beitrag zum Recycling von Altbatterien und -akkumulatoren sowie über die Bedeutung der durchgestrichenen Abfalltonne auf Rädern, mit der alle Batterien, Akkumulatoren und Batteriesätze nach Art. 21 Abs. 1 zu kennzeichnen sind, und der chemischen Zeichen Hg, Cd und Pb. Das BattG setzt diese Vorgaben in § 18 um.

44 Art. 21 schließlich enthält neben der erwähnten **Kennzeichnungspflicht** mit der Abfalltonne auf Rädern weitere Pflichten zur Angabe der Kapazität und der evtl. enthaltenen chemischen Systeme. Die Kennzeichnungspflicht ist im BattG in § 17 umgesetzt. Zusätzlich besteht in § 20 Nr. 5 eine Verordnungsermächtigung, Ausnahmen zuzulassen, so dass Ausnahmen, die durch delegierte Rechtsakten nach Art. 21 Abs. 7 gewährt werden, vereinfacht umgesetzt werden könnten.

45 Der mittlerweile aufgehobene Art. 22 der Erstfassung der Richtlinie enthielt Berichtspflichten über die Umsetzung durch die Mitgliedstaaten und hat dementsprechend im BattG selbst keine Umsetzung erfahren. Art. 22 Abs. 5 enthielt aber auch eine Berichtspflicht der Kommission selbst über die Umsetzung der Richtlinie, ihrer Auswirkungen auf die Umwelt und auf das Funktionieren des Binnenmarkts. Einen solchen Bericht hat die Kommission unter dem Datum des 27.2.2017 vorgelegt (COM(2017) 88 final). Der mit der RL (EU) 2018/849 eingefügte Art. 22a ermöglicht den Mitgliedstatten ausdrücklich, auf wirtschaftliche Instrumente und sonstige Maßnahmen zurückgreifen, um Anreize für die Anwendung der Abfallhierarchie zu schaffen, wie etwa die in Anhang IVa der RL 2008/98/EG aufgeführten Maßnahmen oder sonstige geeignete Instrumente und Maßnahmen. Art. 23 schließlich verpflichtet die Kommission zu einem neuerlichen Bericht über die Durchführung der Richtlinie, ihrer Auswirkungen auf die Umwelt und auf das Funktionieren des Binnenmarkts, vormals nach der zweiten Runde der Berichte aus den Mitgliedstaaten, nunmehr fixiert auf den 31.12.2018. Die Kommission hat dementsprechend die Richtlinie evaluiert (**Evaluationsreport** vom 9.4.2019, SWD(2019) 1300 final) und ebenfalls unter dem Datum des 9.4.2019 den zweiten Bericht zur Umsetzung der Richtlinie veröffentlicht (COM(2019) 166 final). Art. 23a, eingefügt mit der RL 2013/56/EU, enthält eine Befugnisübertragung an die Kommission zum Erlass delegierter Rechtsakte gemäß Art. 15 Abs. 3 (Kriterien für die entsprechende Bedingungen des Recyclings zur Berücksichtigung in Fällen der Ausfuhr nach Art. 15 Abs. 2) und Art. 21 Abs. 2 bis 7 (Kennzeichnungspflichten). Art. 24 verweist auf das Ausschussverfahren (Komitolgieverfahren) und den gemäß Art. 39 der RL 2008/98/EG (Abfallrahmenrichtlinie) errichteten Ausschuss. Für die Durchführungsrechtsakte zu den Berechnungsmethoden gemäß Art. 10 Abs. 4 und Art. 12 Abs. 6 greift dabei jeweils das Prüfverfahren gemäß Art. 5 der VO (EU) Nr. 182/2011. Neben der Vorgabe zum Erlass wirksamer und angemessener Sanktionen (Art. 25) und Umsetzungspflichten (Art. 26) schafft die Richtlinie in Art. 27 auch einen Rahmen für **freiwillige Vereinbarungen.**

46 Freiwillige Selbstverpflichtungen haben im Bereich des Umweltrechts eine lange Tradition (vgl. Übersicht bei *Fischer,* Strategien im Kreislaufwirtschafts- und Abfallrecht – Unter besonderer Berücksichtigung der Produktverantwortung der Wirtschaft, 2001, 520 ff.; siehe auch Wissenschaftliche Dienste des Deutschen Bundestages, Fachbereich WD 5 (Wirtschaft und Technologie; Ernährung, Landwirtschaft und Verbraucherschutz; Tourismus, Sachstand), Sachstand vom 12. Oktober 2016, WD 5 – 3000 – 079/16). Auch für den Bereich der Altbatterien in Deutschland stand anfangs eine **Selbstverpflichtung** von Industrie und Handel. Bereits 1988 waren Industrie und Handel eine freiwillige „Vereinbarung über die Entsorgung von Altbatterien" eingegangen (Fischer, Strategien im Kreislaufwirtschafts- und Abfallrecht – Unter besonderer Berücksichtigung der Produktverantwortung der Wirtschaft, 2001, 533ff.). Ziel war, den Quecksilberanteil zu senken sowie eine Kennzeichnung, Rücknahme und Verwertung schadstoffhaltiger Batterien zu realisieren. Dadurch konnte zwar der Quecksilberanteil in den folgenden Jahren schrittweise deutlich reduziert werden, aber die Ergebnisse blieben – vor allem in puncto Rücknahme – trotz erheblicher Anstrengungen der Industrie aus Sicht der Bundesregierung insgesamt unbefriedigend. Auch das Verbraucherverhalten war zum Teil enttäuschend. Vielfach wurde dort, wo eine Rücknahme möglich war, nur wenig von diesem Angebot Gebrauch gemacht. Nach Erhebungen der Universität Dortmund im Auftrag des Umweltbundesamtes waren je nach Batterieart nur bis zu 36 Prozent der schadstoffhaltigen Batterien zurückgegeben worden. Dies führte dann bereits 1997 zur Abkehr von dem Instrument der freiwilligen Selbstverpflichtung und zur Einführung der Batterieverordnung (Pressemitteilung 32/97 S des BMU vom 28.4.1997, abrufbar unter https://www.bmu.de/pressemitteilung/kabinett-beschloss-batterieverordnung/, letzter Zugriff 29.1.2020).

3. Änderungen der RL 2006/66/EG. Die Richtlinie wurde bisher dreimal geändert (Übersicht in Frequently Asked Questions on Directive 2006/66/EU on Batteries and Accumulators and Waste Batteries and Accumulators (Mai 2014) [FAQ BattRL], abrufbar unter https://ec.europa.eu/environment/waste/batteries/pdf/faq.pdf, letzter Zugriff 29.1.2020, 6). Im Jahr 2008 wurde sie zweimal in Bezug auf die der Kommission übertragenen Durchführungsbefugnisse und das Inverkehrbringen von Batterien und Akkumulatoren geändert. Im Jahr 2013 wurde sie geändert, um Ausnahmen bezüglich der Verwendung von **Cadmium** in Gerätebatterien, die in schnurlosen Elektrowerkzeugen verwendet werden (Art. 4.3), und bezüglich der Verwendung von **Quecksilber** in Knopfzellen (Art. 4.2) zu streichen. Gleichzeitig wurden einige andere Bestimmungen der Richtlinie geändert, insbesondere das Inverkehrbringen (Art. 6.2) und die Entfernbarkeit von Batterien (Art. 11). Darüber hinaus wurden die Verfahrensanforderungen für die Registrierung von Herstellern (festgelegt in der Entscheidung 2009/603/EG der Kommission) in einen neuen Anhang IV der Richtlinie aufgenommen, und die Entscheidung 2009/603/EG wurde mit Wirkung vom 1.7.2015 aufgehoben. Die geänderte Richtlinie trat am 30.12.2013 in Kraft und musste von den Mitgliedstaaten bis zum 1.7.2015 umgesetzt werden. 47

4. Weiterer unionsrechtlicher Rahmen. Mit **Entscheidung 2008/763/EG** vom 29.9.2008 hat die Kommission eine **gemeinsame Methodik** für die Berechnung des Jahresabsatzes von Gerätebatterien und -akkumulatoren an Endnutzer gemäß Art. 10 Abs. 4 UAbs. 2 der RL 2006/66/EG festgelegt. 48

Mit **Entscheidung 2009/851/EG** vom 25.11.2009 hat die Kommission einen **Fragebogen** für die Berichte der Mitgliedstaaten über die Umsetzung der RL 2006/66/EG gemäß deren Art. 22 Abs. 2 festgelegt. 49

Mit **Verordnung (EU) Nr. 1103/2010** vom 29.11.2010 hat die Kommission Regeln für die **Kapazitätskennzeichnung** von tragbaren Sekundärbatterien (wiederaufladbaren Batterien) und Fahrzeugbatterien und -akkumulatoren einschließlich der Ausnahmen von den Kennzeichnungspflichten gemäß Art. 21 Abs. 2 und 7 der RL 2006/66/EG festgelegt. Nach den in Anhang I der Verordnung bestimmten Ausnahmen gelten die Kapazitätskennzeichnungsvorschriften nicht für sekundäre (wiederaufladbare) Gerätebatterien und -akkumulatoren, die in das Gerät eingebaut sind oder vor der Abgabe an die End- 50 nutzer eingebaut werden sollen und nicht gemäß Art. 11 der RL 2006/66/EG entnommen werden sollen (Erwägungsgrund 4 und 5 der Verordnung).

51 Mit **Verordnung (EU) Nr. 493/2012** vom 11.6.2012 hat die Kommission detaillierte Regeln für die Berechnung der **Recyclingeffizienz** der Recyclingprozesse von Altbatterien und -akkumulatoren gemäß Art. 12 Abs. 6 der RL 2006/66/EG festgelegt.

51a Schließlich hat die Kommission **Auslegungshinweise** veröffentlicht (Frequently Asked Questions on Directive 2006/66/EU on Batteries and Accumulators and Waste Batteries and Accumulators (Mai 2014), abrufbar unter https://ec.europa.eu/environment/waste/batteries/pdf/faq.pdf, letzter Zugriff 29.1.2020). Adressiert werden Fragen zum Ziel und zu dem Anwendungsbereich der RL 2006/66/EG, zu den Verboten, Sammel- und Recyclingvorgaben, wesentlichen Begriffsdefinitionen und Kennzeichnungs- und Hinweispflichten der RL 2006/66/EG sowie zu den Vorgaben RL der 2006/66/EG zur Entnehm- bzw. Abtrennbarkeit der Altbatterien vom Altgerät und beim Export vom Altbatterien. Neben einer Übersicht über die wesentlichen Maßnahmen jeweils für Gerätebatterien, Industriebatterien und Fahrzeugbatterien nach der RL 2006/66/EG enthält das Dokument auch Ausführungen zum Verhältnis der RL 2006/66/EG zu anderen produktbezogenen Richtlinie, namentlich zur RL 2000/53/EG (Altfahrzeugrichtlinie), zur RL 2011/65/EU (RoHS-RL) und zur RL 2012/19/EU (WEEE-RL).

52 Daneben hat die Kommission auch **Leitlinien** zur Anwendung der Verordnung EU 493/2012 veröffentlicht (abrufbar unter https://ec.europa.eu/environment/waste/batteries/pdf/Guidelines%20on%20RE.pdf, letzter Zugriff 29.1.2020).

53 Diesen Auslegungshinweisen und Leitlinien kommt allerdings **keine Verbindlichkeit** zu, worauf die Kommission im Vorwort der Auslegungshinweise bzw. in Fußnote 1 der Leitlinien ausdrücklich hinweist. Sie sind daher als bloße unverbindliche Arbeitshilfe zu behandeln (so zu vergleichbaren FAQ-Dokumenten der Kommission und nationalen Auslegungshinweisen zu ersten WEEE-Richtlinie: VG Ansbach, Urt. v. 16.7.2008 – AN 11 K 06.03206 = BeckRS 2008, 43893; ebenso zu bloßen „fachlichen Stellungnahmen“ des Umweltbundesamts: OLG Frankfurt, Urt. v. 28.2.2019 – 6 U 181/17 = BeckRS 2019, 4392).

54 Neben den Entscheidungen und Verordnungen aufgrund der RL 2006/66/EG ist zu beachten, dass die RL 2006/66/EG ihrerseits eingebettet ist in den allgemeinen abfallrechtlichen Rahmen der RL 2008/98/EG **(Abfallrahmenrichtlinie).** Spezielle Rechtsakte sind dabei im Lichte von Basisrechtsakten auszulegen, die als kodifizierende Grundlage für die Gesamtheit einer Rechtsmaterie gelten (*von Danwitz,* Europäisches Verwaltungsrecht, 2008, 202), wobei der **Basisrechtsakt** dennoch als allgemeinere Regelung nach dem Grundsatz ***lex specialis derogat legi generali*** durch den speziellen Rechtsakt verdrängt werden kann (EuGH, Urteil vom 19.6.2003, C-444/00 [Mayer Parry], Rn. 53, 92; zu ähnlichen Abgrenzungsfragen im Verhältnis des speziellen Verpackungsrechts zum allgemeinen Abfallrecht: *Fischer,* AbfallR 2019, 83). Mit der RL (EU) 2018/851 vom 30.5.2018 wurden nun in der Abfallrahmenrichtlinie allgemeine Vorschriften zur erweiterten Herstellerverantwortung und insbesondere allgemeine Mindestanforderungen an Regime der erweiterten Herstellerverantwortung verankert (Art. 8, 8a der RL 2008/98/EG). Soweit nicht dort ausdrücklich ausgenommen (vgl. etwa die allgemeinen Regelungen zur finanziellen Heranziehung der Hersteller in Art. 8a Abs. 4 lit. a der RL 2008/98/EG), sind diese Regelungen daher auch bei Umsetzung der erweiterten Herstellerverantwortung nach der RL 2006/66/EG zu beachten. Bestehende Regime der erweiterten Herstellerverantwortung müssen bis zum 5.1.2023 an die neuen Vorgaben angepasst werden (Art. 8a Abs. 7 der RL 2008/98/EG).

C. Ziele, Konzeption und Systematik des Gesetzes

I. Ziele des Gesetzes

Ziel des BattG ist es, den Eintrag von **Schadstoffen** in Abfälle durch Batterien zu verringern, indem Batterien, die bestimmte gefährliche Substanzen enthalten, nicht in Verkehr gebracht werden dürfen, Altbatterien zurückgenommen und entsprechend den Vorschriften des Kreislaufwirtschafts- und Abfallgesetzes hochwertig, ordnungsgemäß und schadlos verwertet und nicht verwertbare Altbatterien gemeinwohlverträglich beseitigt werden und Batterien mehrfach verwendbar und technisch langlebig hergestellt werden (BT-Drs. 16/12227, 22). 55

Dabei dient das BattG nicht zuletzt der Umsetzung der RL 2006/66/EG in nationales Recht. Die vormals geltende RL 91/157/EWG erfasste nur einen Teil der in Verkehr gebrachten Batterien, da sich diese Richtlinie auf Batterien mit einem hohen Gehalt an Schwermetallen (Quecksilber, Cadmium, Blei), so genannte schadstoffhaltige Batterien, beschränkte. Im Gegensatz dazu ist die RL 2006/66/EG darauf ausgerichtet, die durch Altbatterien insgesamt verursachten Umweltbelastungen auf ein Mindestmaß zu beschränken und so zur Erhaltung der Qualität der Umwelt und zum Schutz der menschlichen Gesundheit beizutragen. Um dieses Ziel zu erreichen, sieht die RL 2006/66/EG vor, dass zukünftig möglichst alle Arten von Altbatterien getrennt gesammelt und stofflich verwertet werden. Diese Ausrichtung der RL 2006/66/EG verfolgte im Ansatz bereits die zuvor geltende BattV. Das BattG sollte daher unter weitgehender Beibehaltung der auf Basis der vormaligen BattV bereits etablierten Rücknahmestrukturen die RL 2006/66/EG 1:1 umsetzen. 56

Im Bereich der **Gerätebatterien** bedeutete dies die Beibehaltung des bereits 1998 gegründeten Gemeinsamen **Rücknahmesystems** der Industrie (Stiftung Gemeinsames Rücknahmesystem Batterien) sowie daneben bestehender, effektiver herstellerindividueller Rücknahmesysteme. Diese sollten jedoch bereits durch das BattG einer verstärkten behördlichen Kontrolle unterworfen werden, was auch Forderungen aus den Ländern entsprach. 57

Für den Bereich der **Fahrzeug- und Industriebatterien** wurde kein einheitliches Rücknahmesystem vorgesehen. Hintergrund ist, dass jedenfalls bei Einführung des BattG diese Altbatterien in aller Regel positive Markterlöse erzielten und daher von gewerblichen Batterieentsorgern und Metallhütten kostenlos zurückgenommen bzw. angekauft werden. Der Fortbestand dieser **dezentralen Rücknahmestrukturen** sollte durch die Einführung des BattG gewährleistet werden. Das BattG beschränkt sich daher auf die verbindliche Anordnung der Rücknahme dieser Altbatterien durch den jeweiligen Vertreiber, ohne diesen zugleich zu einer Weitergabe der gesammelten Altbatterien an den Hersteller zu verpflichten. Gleiches gilt für die Behandlungseinrichtungen für Altfahrzeuge, Elektroaltgeräte und die dort anfallenden Fahrzeug- und Industrie-Altbatterien. Auf diesem Weg wird der Zugriff anderer Marktteilnehmer (insbesondere der gewerblichen Altbatterieentsorger und Metallhütten) auf der Ebene der Vertreiber bzw. der Behandlungseinrichtungen ermöglicht. Bei nicht privaten Endnutzern ist daneben die Möglichkeit der unmittelbaren Abnahme der Altbatterien durch gewerbliche Altbatterieentsorger zugelassen. Ergänzend werden die Hersteller von Fahrzeug- und Industriebatterien verpflichtet, den Vertreibern, den Behandlungseinrichtungen und den öffentlich-rechtlichen Entsorgungsträgern eine kostenfreie Möglichkeit der Rückgabe der dort erfassten Altbatterien anzubieten; hierdurch wird die ordnungsgemäße Rückgabe und 58

Entsorgung von Fahrzeug- und Industrie-Altbatterien auch für den Fall sich verändernder Marktgegebenheiten sichergestellt.

59 In Umsetzung der RL 2006/66/EG enthält das BattG eine **Anzeigepflicht** für alle Batteriehersteller. Auch wurden mit dem BattG zusätzliche Kennzeichnungspflichten für Batterien neu eingeführt und die Stoffverbote gegenüber der vormaligen BattV ausgeweitet (BT-Drs. 16/12227, 16).

II. Konzeption und Systematik

60 Formal gliedert sich das BattG in fünf Abschnitte. Nach den Allgemeinen Vorschriften wie Anwendungsbereich und Begriffsbestimmungen (Abschnitt 1) folgen **Regelungen zum Vertrieb und zur Rücknahme** von Batterien und damit der Kern des Gesetzes mit den **Verkehrsverboten** und der Ausformung der erweiterten Herstellerverantwortung (Abschnitt 2), **Kennzeichnungs- und Hinweispflichten** (Abschnitt 3) sowie die in den Gesetzen zur erweiterten Produktverantwortung üblichen Regelungen bezüglich zulässiger Drittbeauftragung, Verordnungsermächtigungen und Vollzugsvorschriften (Abschnitt 4). Der letzte Abschnitt (Abschnitt 5) enthält Bußgeldvorschriften und Übergangsvorschriften. Eine Abbildung des amtlichen Symbols, mit dem Batterien nach § 17 Abs. 1 zu kennzeichnen sind (durchgestrichene Mülltonne auf Rädern, „wheeled bin"), ist dem Gesetz als Anlage beigefügt.

61 Die näheren Vorgaben zur Anzeige der Marktteilnahme im **BattG-Melderegister** und für die Behandlung, Verwertung und Verwertungseffizienzen sind nicht im BattG selbst, sondern in der auf Grund des § 20 Nr. 1 und 2 erlassenen **BattGDV** vom 25.6.2009 (BGBl. I 1582) enthalten. Empfehlungen für das Format und den Aufbau der **Dokumentationen zur Erfolgskotrolle** ergeben sich aus der Bekanntmachung des Umweltbundesamts vom 16.2.2016 (BAnz AT 4.3.2016 B8).

62 Darüber hinaus hat das Umweltbundesamt auch einen **Leitfaden für die Prüfung und Bestätigung** einer Dokumentation nach § 15 Abs. 1 oder 2 durch unabhängige Sachverständige vom 6.12.2017 bekannt gemacht (BAnz AT 22.12.2017 B8 nebst Änderung vom 6.3.2018 (BAnz AT 21.3.2018 B10), zur Verbindlichkeit → Rn. 70).

63 Die inhaltliche Konzeption des BattG differenziert nach den jeweiligen Zielen und umzusetzenden unionsrechtlichen Vorgaben. Neben harten regulatorischen Instrumenten wie Verkehrsverboten und Kennzeichnungspflichten (§§ 3, 17) greift das BattG mit der erweiterten **Herstellerverantwortung** vor allem auf das Konzept der Internalisierung externer Kosten zurück. Damit verbunden ist eine wesentliche Verantwortung der Privatwirtschaft, vor allem der Hersteller, die im Ausgangspunkt individuell angelegt, tatsächlich aber weitestgehend, wenn nicht ausnahmslos kollektiv (durch Systembeteiligung, durch Zusammenwirken mit anderen Herstellern, durch gemeinsam beauftragte Dritte) wahrgenommen wird. Wesentliche **Schnittstellen** der Hersteller bestehen dabei zu den **Vertreibern, öffentlich-rechtlichen Entsorgungsträgern** sowie den **Behandlungseinrichtungen für Altgeräte und Altfahrzeuge** und sind in Form von Bereitstellungspflichten mit subsidiären Vorgaben bei der Eigenverwertung ausgestaltet. Ähnlichkeiten zur Umsetzung der erweiterten Herstellerverantwortung im Bereich der Verpackungen (VerpackG) und der Elektro- und Elektronik-Altgeräte (ElektroG) sind erkennbar, jedoch bestehen deutliche Unterschiede in der regulatorischen Ausgestaltung der Rücknahmesysteme, die ihrerseits nach den verschiedenen Batteriearten (Gerätebatterien, Industriebatterien, Fahrzeugbatterien) differenzieren.

64 Von der Systematik her trifft die Hersteller dabei die Grundpflicht, die von den Vertreibern zurückgenommenen oder von den öffentlich-rechtlichen Entsorgungsträgern *erfassten Altbatterien unent*geltlich zurückzunehmen und zu verwerten. Aufgrund von

§ 1 Abs. 3 S. 2 iVm § 27 KrWG unterliegen dabei die Hersteller, soweit sie Altbatterien zurücknehmen (lassen), den Pflichten eines Besitzers von Abfällen.

Für den Bereich der **Gerätebatterien** stellen die Hersteller die Erfüllung dieser Grundpflichten dadurch sicher, dass sie sich an dem sogenannten **Gemeinsamen Rücknahmesystem** nach § 6 beteiligen. Von dieser Beteiligungspflicht besteht gesetzlich eine **Ausnahme,** wenn die Hersteller ein eigenes, von der zuständigen obersten Landesbehörde genehmigtes **Rücknahmesystem nach § 7** einrichten und betreiben. Damit führt das BattG, nun um Vollzugselemente wie die Systemfeststellung bzw. -genehmigung ergänzt, die Konzeption der BattV aus § 4 Abs. 2 und 3 BattV fort. Die Rücknahmepflichten werden zum einen operativ konkretisiert und zum anderen trotz der im Ausgangspunkt individuellen Herstellerverpflichtung für kollektive Erfüllungsformen geöffnet. Anders jedoch als etwa das VerpackG (und bereits die Verpackungsverordnung nach der 5. Novelle) gestaltet das BattG damit die **Grundpflicht** der erweiterten Herstellerverantwortung auch im Bereich der Gerätebatterien als **Rücknahmepflicht** und nicht als (bloße) Systembeteiligungspflicht aus. Die Systembeteiligung am Gemeinsamen Rücknahmesystem nach § 6 stellt lediglich die primäre Erfüllungsmodalität, die Einrichtung und der Betrieb eines herstellereigenen Rücknahmesystems nach § 7 die Ausnahme dar, die allerdings zum Grundfall wird, wenn das Gemeinsame Rücknahmesystem nicht festgestellt ist, § 6 Abs. 5. 65

Die Funktion des Gemeinsamen Rücknahmesystems nach § 6 erfüllte seit dem 1.12.2009 die bereits als gemeinsames Rücknahmesystem nach § 4 Abs. 2 etablierte Stiftung Gemeinsames Rücknahmesystem Batterien mit Sitz Heidenkampsweg 44, 20097 Hamburg (Bekanntmachung des Bundesministeriums für Umwelt, Naturschutz und Reaktorsicherheit vom 1.12.2009, BAnz. 2009, AT, 4069). Die entsprechende Feststellung wurde jedoch mit Allgemeinverfügung vom 6.1.2020 widerrufen (Bekanntmachung des Bundesministeriums für Umwelt, Naturschutz und nukleare Sicherheit, BAnz AT 6.1.2020 B2 und Allgemeinverfügung vom 6.1.2020, abrufbar unter https://www.bmu.de/meldung/widerruf-der-feststellung-der-einrichtung-eines-gemeinsamen-ruecknahmesystems-fuer-geraete-altbatterien/, letzter Zugriff 29.1.2020). Damit greift die **subsidiäre Pflicht** aus § 6 Abs. 5 zur Einrichtung und zum Betrieb eines herstellereigenen Rücknahmesystems nach § 7 ein. 66

Auch im Bereich des § 7 besteht ungeachtet der Begriffswahl „herstellereigen" die Möglichkeit des **Zusammenwirkens** mehrerer Hersteller und dabei auch der Beauftragung eines gemeinsamen Dritten. Von dieser Regelung machen sämtliche der derzeit tätigen herstellereigenen Rücknahmesysteme Gebrauch (https://www.bmu.de/themen/wasser-abfall-boden/abfallwirtschaft/abfallarten-abfallstroeme/altbatterien/, letzter Zugriff 29.1.2020). 67

Anders als für Gerätebatterien wählt das BattG für **Fahrzeug- und Industriebatterien** nicht den Weg einer gesetzlich vorgeprägten Systembildung, sondern gibt den Herstellern lediglich auf, **zumutbare und kostenfreie Möglichkeiten der Rückgabe** anzubieten. Für Fahrzeugbatterien besteht zudem eine Pfandpflicht. Batterien für Fahrzeuge, mit denen Kinder selbst fahren können (Kinderautos), sind im Sinne des BattG keine „Gerätebatterien", sondern „Industriebatterien" (OLG Frankfurt, Urt. v 28.2.2019 – 6 U 181/17 = BeckRS 2019, 4392). 68

D. Novellierungsvorhaben, Ausblick

In den vergangenen Jahren hat sich die Situation auf dem Markt der Batterieentsorgung für Gerätealtbatterien deutlich verändert. Das Gemeinsame Rücknahmesystem sah 69 sich vermehrt einem Wettbewerb mit herstellereigenen Rücknahmesystemen ausgesetzt (Euwid – Recycling und Entsorgung 5/2018 v. 30.1.2018, 1 f.). Zudem sollte nach einem Hinweis des Umweltbundesamts vom 2.9.2013 auch bei dem **Wechsel eines Herstellers** von einem Rücknahmesystem (auch von dem Gemeinsamen Rücknahmesystem) zu einem anderen (herstellereigenen) Rücknahmesystem von jedem einzelnen System die im jeweiligen Zeitraum von seinem Mitgliedshersteller tatsächlich in Verkehr gebrachte Batteriemasse anzusetzen sein. Das zweite Rücknahmesystem sollte also lediglich die Masse des Herstellers ansetzen, die dieser im zweiten System im Durchschnitt der letzten drei Jahre in Verkehr gebracht hat. Für Zeiträume innerhalb der letzten drei Jahre, in denen keine Mitgliedschaft im (jeweiligen) System bestand, sollte das Rücknahmesystem die Masse der in Verkehr gebrachten Batterien mit Null ansetzen (http://www.umweltbundesamt.de/service/uba-fragen/wie-erfolgt-die-berechnung-der-sammelquote-im-falle, letzter Zugriff 13.12.2016). Verbunden mit der Durchschnittsbildung der letzten drei Jahre unter Ansatz von Null für die Zeiträume, in denen keine Mitgliedschaft im jeweiligen System bestand, kann dies zu einer Reduktion der Rücknahme- und Sammelverpflichtung für wechselwillige Hersteller auf ein Drittel (im ersten Jahr des Wechsels) bzw. zwei Drittel (im zweiten Jahr des Wechsels) im Vergleich zu einer durchgängigen Beteiligung bei ein und demselben Rücknahmesystem führen (*Dieckmann* AbfallR 2019, 156 (161 f.)).

70 Das Umweltbundesamt hat sodann Ende 2017 einen **Leitfaden für die Prüfung und Bestätigung der Erfolgskontrolle** nach § 15 Abs. 1 oder 2 durch unabhängige Sachverständige bekannt gemacht (BAnz AT 22.12.2017 B8) und darin unter anderem als Prüfschritt dargestellt, wie die Inverkehrbringungsmengen der einzelnen Hersteller im Fall des Übertritts eines Herstellers von einem Rücknahmesystem zu einem anderen Rücknahmesystem nun zu ermitteln waren, mit dem solche rein **wechselinduzierten Reduzierungen der Rücknahme- und Sammelverpflichtungen** der Hersteller vermieden werden sollten (Leitfaden Ziff. 5.3 „Besonderheiten bei der Überprüfung in Prüfschritt 1" sowie exemplarische Zuordnungen in Anlage 5 „Systematik zur Ermittlung der Sammelquote im eigenen RS", Anlage zu BAnz AT 22.12.2017 B8, 11, 38). Durch Änderung dieser Bekanntmachung vom 6.3.2018 sollte die Zuordnungssystematik gemäß Anlage 5 des Leitfadens erst ab dem Berichtsjahr 2019 greifen. Das VG Halle hat jedoch festgestellt, dass die Klägerin und Betreiberin eines herstellereigenen Rücknahmesystems nach § 7 nicht verpflichtet ist, die im genannten Leitfaden aufgestellten Dokumentationspflichten zu erfüllen (Urt. v. 29.8.2018 – 8 A 331/18 HAL und 8 A 382/18 HAL [noch nicht rechtskräftig]; krit. *Dieckmann* AbfallR 2019, 156 (161 f.)).

71 Parallel dazu sah die Bundesregierung das Erfordernis, das BattG anzupassen. Ziel einer Novelle des BattG sollte dabei sein, zu langfristig tragfähigen **Lösungen für eine flächendeckende Sammlung** von Gerätealtbatterien, ein wirtschaftliches Gesamtsystem und ein **qualitativ hochwertiges Batterierecycling** zu kommen. Wichtige Elemente sollten u. a. der Fortbestand einer verbrauchernahen Sammlung ebenso wie das Erreichen der Sammelquoten sein. Im Jahr 2018 Jahr hatte das BMU dazu ein **Eckpunktepapier** zur Diskussion gestellt (BT-Drs. Drucksache 19/8174, 2). Nach diesen Eckpunkten sollte die derzeit im BattG kodifizierte Rücknahme von Geräte-Altbatterien mit deutlich erkennbaren wettbewerblichen Elementen ausgestattet werden. Die Möglichkeit einer „Mitgliedschaft" für Hersteller im festgestellten Gemeinsamen Rücknahmesystem sollte aufgehoben werden. Die beim Gemeinsamen Rücknahmesystem angeschlossenen Hersteller sollten demnach zukünftig verpflichtet sein, ein herstellereigenes Rücknahmesystem einzurichten und zu betreiben oder sich an einem anderen, am Markt tätigen herstellereigenen Rücknahmesystem zu beteiligen. Das Gemeinsame Rücknahmesystem sollte es in seiner bisherigen Form zukünftig nicht mehr geben. Die grundsätz-

liche Struktur des Gemeinsamen Rücknahmesystems als von den Herstellern errichtete Stiftung sollte aber mit verändertem Aufgabenspektrum erhalten bleiben. Das Gemeinsame Rücknahmesystem sollte demnach in Zukunft die Funktion eines „Auffangsystems" erhalten, das neben der Sicherstellung der flächendeckenden Sammlung der Geräte-Altbatterien weitere Solidaraufgaben wahrnehmen sollte. Da Gerätebatterien in vielen Fällen in Elektro- und Elektronikgeräte integriert sind oder ihnen beigepackt sind, sollte nach den Eckpunkten des BMU auch ausdrücklich ein Gleichklang der Pflichten der Hersteller von Gerätebatterien einerseits und Elektro- und Elektronikgeräten andererseits hergestellt werden.

Tatsächlich kam es zu weiteren Preiserhöhungen und Austritten auf Seiten des Gemeinsamen Rücknahmesystems (Euwid – Recycling und Entsorgung 5/2019 v. 29.1.2019, 5, und 10/2019 v. 5.3.2019, 1.). Der Ende Juni 2019 vorgelegte Arbeitsentwurf des BMU zielte daher unter anderem darauf, das Nebeneinander des Gemeinsamen Rücknahmesystem und der parallel dazu agierenden herstellereigenen Rücknahmesysteme beizubehalten, das Gemeinsame Rücknahmesystem aber durch die Einführung eines Lastenausgleiches zwischen den Rücknahmesystemen und eine Änderung der Berechnungsmethodik für das Erreichen der Sammelquote zu stabilisieren. **72**

In der Folgezeit beantragte die Trägerin des Gemeinsamen Rücknahmesystems (auch) die Genehmigung als herstellereigenes Rücknahmesystem (Euwid – Recycling und Entsorgung 39/2019 v. 17.9.2019, 17). Die Genehmigung wurde durch die Behörde für Umwelt und Energie Hamburg mit Wirkung zum 6.1.2020 erteilt. Zeitgleich hat das Bundesumweltministerium im Einvernehmen mit dem Bundeswirtschaftsministerium die am 1.12.2009 erteilte **Feststellung,** dass ein **Gemeinsames Rücknahmesystem** für Geräte-Altbatterien nach Paragraph 6 Abs. 1 und 3 Batteriegesetz eingerichtet ist, **widerrufen.** **73**

Am 27.1.2020 veröffentlichte das Bundesministerium für Umwelt, Naturschutz und nukleare Sicherheit (BMU) einen **Referentenentwurf** für ein Erstes Gesetz zur Änderung des Batteriegesetzes. Ziel der Änderungen soll die Anpassung des gesetzlichen Rahmens an veränderte wettbewerbliche Randbedingungen auf dem Batteriemarkt sowie die Umsetzung von Vorgaben auf europäischer Ebene sein. Der Referentenentwurf bildet in Abkehr vom zuvor verfolgten Konzept der Beibehaltung eines Solidarsystems die entstandene Marktsituation ab. Das Zusammenwirken der fünf herstellergetragenen Rücknahmesysteme soll demnach zukünftig im Wettbewerb erfolgen und durch einen angepassten rechtlichen Rahmen flankiert werden. Ein Solidarsystem soll es zukünftig demnach nicht mehr geben. Wesentliche Elemente des Konzeptes sind der Wechsel von einer Anzeige- zu einer Registrierungspflicht für alle Hersteller von Batterien, neue Zuständigkeiten und Rahmenbedingungen für die Genehmigung der herstellereigenen Rücknahmesysteme, Einbindung der stiftung elektro-altgeräte register (der bereits gemäß § 40 ElektroG beliehenen Gemeinsamen Stelle der Hersteller nach § 5 ElektroG) mit Blick auf die Registrierung und Erteilung von Genehmigungen sowie den Vollzug in diesem Bereich sowie die Festlegung von Mindeststandards an die Behältnisse für die Sammlung und die Abholung durch die Rücknahmesysteme. **74**

Der Entwurf enthält zudem die erforderlichen Änderungen zur **Anpassung an die neuen unionsrechtlichen Vorgaben** auch für bestehende Regime der Herstellerverantwortung nach der Änderung der RL 2008/98/EG durch die RL (EU) 2018/851 vom 30.5.2018. Insoweit besteht nach Art. 8a Abs. 7 der RL 2008/98/EG eine Umsetzungspflicht bis zum 5.1.2023. **75**

Darüber hinaus steht auch die **Überarbeitung der EU-Batterierichtlinie** an. Nach dem Arbeitsprogramm der Kommission für das Jahr 2020 will sie einen Vorschlag zur Überarbeitung der Batterierichtlinie im vierten Quartal vorlegen (COM(2020) 37 final, **76**

Anhang II Nr. 9). Er soll die bisherigen Vorschriften insbesondere um Anforderungen an Entsorgung und Nachhaltigkeit ergänzen. Nach Auskunft der Bundesregierung waren sich die betroffenen Akteure allerdings bei der Konsultation zu den Eckpunkten 2018 einig, dass eine Anpassung des bestehenden BattG als Übergangslösung bis zur Novelle der europäischen Batterie-Richtlinie ein zielführender Ansatz sein kann (BT-Drs. 19/8174, 2).

Abschnitt 1. Allgemeine Vorschriften

§ 1 Anwendungsbereich

(1) Dieses Gesetz gilt für alle Arten von Batterien, unabhängig von Form, Größe, Masse, stofflicher Zusammensetzung oder Verwendung. Es gilt auch für Batterien, die in andere Produkte eingebaut oder anderen Produkten beigefügt sind. Das Elektro- und Elektronikgerätegesetz vom 20. Oktober 2015 (BGBl. I S. 1739) in der jeweils geltenden Fassung und die Altfahrzeug-Verordnung in der Fassung der Bekanntmachung vom 21. Juni 2002 (BGBl. I S. 2214), die zuletzt durch die Verordnung vom 3. April 2009 (BGBl. I S. 738) geändert worden ist, in der jeweils geltenden Fassung bleiben unberührt.

(2) Dieses Gesetz ist nicht anzuwenden auf Batterien, die verwendet werden

1. in Ausrüstungsgegenständen, die mit dem Schutz der wesentlichen Sicherheitsinteressen der Bundesrepublik Deutschland in Zusammenhang stehen,

2. in Waffen, Munition oder Wehrmaterial, ausgenommen Erzeugnisse, die nicht speziell für militärische Zwecke beschafft oder eingesetzt werden, oder

3. in Ausrüstungsgegenständen für den Einsatz im Weltraum.

(3) Soweit dieses Gesetz und die auf Grundlage dieses Gesetzes erlassenen Rechtsverordnungen keine abweichenden Vorschriften enthalten, sind das Kreislaufwirtschaftsgesetz mit Ausnahme von § 17 Absatz 4 und § 54 und die auf Grund des Kreislaufwirtschaftsgesetzes oder des bis zum 1. Juni 2012 geltenden Kreislaufwirtschafts- und Abfallgesetzes erlassenen Rechtsverordnungen in der jeweils geltenden Fassung anzuwenden. Die §§ 27, 50 Absatz 3, § 59 Absatz 1 Satz 1 und Absatz 2 sowie die §§ 60 und 66 des Kreislaufwirtschaftsgesetzes gelten entsprechend. Rechtsvorschriften, die besondere Anforderungen an die Rücknahme, Wiederverwendung oder Entsorgung von Altbatterien enthalten, sowie solche, die aus Gründen der Sicherheit im Zusammenhang mit der Beförderung gefährlicher Güter erlassen sind, bleiben unberührt.

Übersicht

A. Allgemeines

I. Bedeutung der Vorschrift

§ 1 regelt den Anwendungsbereich des BattG. Es gilt für **alle Arten von Batterien,** 1
unabhängig von Form, Größe, Masse, stofflicher Zusammensetzung oder Verwendung und auch für in andere Produkte eingebaute und anderen Produkten beigefügte Batte-

rien. Neben einzelnen Ausnahmen von diesem „offenen" Anwendungsbereich für Batterien regelt § 1 auch das Verhältnis zu anderen Vorschriften.

II. Rechtsentwicklung

2 Die Abs. 1 und 2 entsprechen nahezu unverändert dem ursprünglichen Entwurf der Bundesregierung (BT-Drs. 16/12227, 7); in Abs. 1 S. 3 wurde lediglich der Verweis auf die bei Inkrafttreten des BattG letzte Änderung der Altfahrzeug-Verordnung aktualisiert und 2015 der Verweis auf das neue Elektro- und Elektronikgerätegesetz angepasst.

3 Abs. 3 wurde gegenüber dem Regierungsentwurf und auch seit Inkrafttreten verschiedentlich geändert, zumeist jedoch lediglich redaktionell.

4 In Abs. 3 S. 1 wurden als Folgeänderungen der Ablösung des KrW-/AbfG durch das KrWG die Herausnahme von § 17 Abs. 4 KrWG (Öffnungsklausel für landesrechtliche Andienungs- und Überlassungspflichten für gefährliche Abfälle zur Beseitigung) und § 54 KrWG (Erlaubnispflicht für Sammler, Beförderer, Händler und Makler von gefährlichen Abfällen) aus der subsidiären Geltung des KrWG eingefügt. Die Herausnahme von § 17 Abs. 4 KrWG aus der subsidiären Geltung des KrWG war allerdings schon bei Inkrafttreten des BattG in Abs. 3 S. 3 aF (unter Verweis auf den damaligen § 13 Abs. 4 KrW-/AbfG) enthalten.

5 Die nun in Abs. 3 S. 2 enthaltene entsprechende Geltungsanordnung für § 66 KrWG war im Entwurf der Bundesregierung noch in § 21 Abs. 1 Satz 2 (auf § 58 KrW-/AbfG) verortet worden. Im parlamentarischen Verfahren wurde diese Regelung zu § 1 gezogen als Folgeänderung der in § 21 auf das Umweltbundesamt übertragenen Vollzugskompetenz, soweit das Gemeinsame Rücknahmesystem betroffen ist (BT-Drs. 16/12721, 3, 12).

6 Der geltende Abs. 3 S. 3 wurde schließlich zur Klarstellung ergänzt durch Art. 1 G. v. 20.11.2015 BGBl. I 2071 (Erstes Gesetz zur Änderung des Batteriegesetzes und des Kreislaufwirtschaftsgesetzes).

III. Abgrenzung zu anderen Vorschriften

7 Als Regelung des Anwendungsbereichs des Gesetzes trifft § 1 selbst die zentralen Regelungen der Abgrenzung des Gesetzes zu anderen Vorschriften. So wird durch die Regelungen in Abs. 1 S. 2 und 3 sowie die Regelungen in Abs. 3 das **Verhältnis zum ElektroG, zur Altfahrzeug-Verordnung und zum allgemeinen Kreislaufwirtschaftsrecht** ausdrücklich geregelt.

8 Während das ElektroG und die Altfahrzeug-Verordnung grundsätzlich neben dem BattG als bloß andere, produktspezifische Regelungen stehen und insofern unberührt bleiben (vgl. zum Verhältnis BattG/ElektroG: *Hilf/Schleifenbaum* in Giesberts/Hilf ElektroG § 2 Rn. 69 und § 3 Rn. 17), steht das BattG dem KrWG als *lex specialis* gegenüber (zum vergleichbaren Verhältnis ElektroG/KrWG → Vor ElektroG Rn. 53, § 2 ElektroG Rn. 33; vgl. *Hilf/Schleifenbaum* in Giesberts/Hilf ElektroG § 2 Rn. 52). Beim Vergleich der Vorschrift mit § 2 Abs. 2 S. 2 VerpackG fällt indes auf, dass § 1 Abs. 3 S. 2 keine entsprechende Geltungsanordnung im Hinblick auf § 17 Absatz 2 und 3 KrWG enthält. Eine Öffnung für gewerbliche Sammlungen im Bereich der Altbatterien ist damit im BattG nicht vorgesehen (Gegenäußerung der Bundesregierung, BT-Drs. 16/12301, 3 zu Nr. 19 und 21). Umgekehrt fällt beim Vergleich der Vorschrift mit § 2 Abs. 3 ElektroG allerdings auf, dass im Fall der Batterien nicht einmal eine partielle Geltungsanordnung von § 17 Abs. 4 und § 54 KrWG wie für aus Altgeräten ausgebaute Bauteile, Unterbaugruppen und Verbrauchsmaterialien besteht (→ Rn. 21).

IV. EU-Recht

9 Abs. 1 soll der Umsetzung von Erwägungsgrund 6, Erwägungsgrund 27, Erwägungsgrund 28 S. 1, Erwägungsgrund 29, Art. 2 Abs. 1, Art. 10 Abs. 1 S. 2 der RL 2006/66/EG dienen. Abs. 2 dient der Umsetzung von Art. 2 Abs. 2 der RL 2006/66/EG. Hintergrund der Ausnahme in Abs. 2 ist auch Art. 346 Abs. 1 lit. b AEUV. Hiernach kann jeder Mitgliedstaat Maßnahmen ergreifen, die für die Wahrung seiner wesentlichen Sicherheitsinteressen erforderlich sind, soweit sie die Erzeugung von Waffen, Munition und Kriegsmaterial oder den Handel damit betreffen. Für die Regelungen in Abs. 3 finden sich unionsrechtlichen Anknüpfungspunkte in Erwägungsgrund 5 S. 3 und Erwägungsgrund 27 der RL 2006/66/EG (BT-Drs. 16/12227, 23).

B. Erfasste Batterien

10 Abs. 1 bestimmt den Anwendungsbereich des Gesetzes. Nach Abs. 1 S. 1 gilt das BattG für alle Arten von Batterien, unabhängig von Form, Größe, Masse, stofflicher Zusammensetzung oder Verwendung und auch für in andere Produkte eingebaute und anderen Produkten beigefügte Batterien.

11 Um zu verhindern, dass Altbatterien in einer die Umwelt schädigenden Weise beseitigt werden, und um zu vermeiden, dass beim Endnutzer Verwirrung über die Abgrenzung zwischen besonders gefährlichen und weniger gefährlichen Batterien entsteht, gilt das BattG für alle Batterien, die in der Bundesrepublik Deutschland in Verkehr gebracht werden. Durch diesen weitgefassten Anwendungsbereich sollen Größenvorteile bei Sammlung und Verwertung sowie eine optimale Einsparung von Ressourcen sichergestellt werden.

12 Ähnlich wie – nunmehr – § 2 Abs. 1 S. 1 ElektroG gilt im Fall des BattG also ein **„offener" Anwendungsbereich** für sämtliche Batterien. Lediglich die jeweiligen Pflichtenprogramme differenzieren nach der Art der Batterie (Gerätebatterie, Industriebatterie, Fahrzeugbatterie).

13 Abs. 1 S. 2 stellt klar, dass die Regelungen des BattG auch Batterien erfassen, die in andere Produkte **eingebaut** oder anderen Produkten **beigefügt** sind (zB Notstromversorgung bzw. einem Gerät beigelegte Batterien für die Fernbedienung). Soweit andere Regelungen zur abfallrechtlichen Produktverantwortung Vorgaben zum Umgang mit Altbatterien aus elektrischen oder elektronischen Geräten sowie aus Fahrzeugen machen, stellt S. 3 klar, dass diese Vorschriften unberührt bleiben, sofern dieses Gesetz nicht ausdrücklich etwas anderes bestimmt.

14 Auch wenn daher die **Regelungen des ElektroG** grundsätzlich neben dem BattG als bloß andere, produktspezifische Regelungen stehen und insofern **unberührt** bleiben, kann im Einzelfall die Einordnung als Batterie einerseits oder als Elektro- oder Elektronikgerät andererseits Schwierigkeiten bereiten. Namentlich bei Produkten, die Quelle elektrischer Energie sind, die durch unmittelbare Umwandlung chemischer Energie gewonnen wird, und zugleich bestimmte weitere Funktionsmerkmale (wie zB ein Batteriemanagementsystem, Kontrollleuchten, Ladestandsanzeigen, Kontaktstellen zu anderen Produkten, Datenspeicher, Zeitanzeige, Weckfunktion oder Musik- oder Radiowiedergabe) aufweisen, stellt sich die Frage nach der Einordnung dieser Produkte als Batterie oder als Batterien enthaltendes Elektro- und Elektronikgerät. Entsprechende Produkte

könnten auf den ersten Blick sowohl den Batteriebegriff als auch den Elektrogerätebegriff erfüllen.

15 In der Praxis stellt sich damit für den Rechtsanwender die Frage, in welchen Anwendungsbereich (des BattG oder des ElektroG) das Produkt fällt, wenn es eine Batterie enthält oder im Wesentlichen daraus besteht, aber dennoch solche elektronischen Zusatzfunktionen aufweist. Ausgangspunkt müssen dann die Legaldefinitionen der Leitbegriffe Batterie bzw. Elektro- und Elektronikgerät im BattG bzw. ElektroG sein. § 2 Abs. 2 definiert Batterien als aus einer oder mehreren nicht wieder aufladbaren Primärzellen oder aus wieder aufladbaren Sekundärzellen bestehende Quellen elektrischer Energie, die durch unmittelbare Umwandlung chemischer Energie gewonnen wird. § 2 Abs. 3 definiert Batteriesatz als eine Gruppe von Batterien, die so miteinander verbunden oder in einem Außengehäuse zusammengebaut sind, dass sie eine vollständige, vom Endnutzer nicht zu trennende oder zu öffnende Einheit bilden. Gemäß § 2 Abs. 3 S. 2 sind Batteriesätze Batterien im Sinne des BattG. § 3 Nr. 1 ElektroG definiert Elektro- und Elektronikgerät als solche Geräte, die für den Betrieb mit Wechselspannung von höchstens 1000 Volt oder Gleichspannung von höchstens 1500 Volt ausgelegt sind und a) zu ihrem ordnungsgemäßen Betrieb von elektrischen Strömen oder elektromagnetischen Feldern abhängig sind oder b) der Erzeugung, Übertragung und Messung von elektrischen Strömen und elektromagnetischen Feldern dienen.

16 Mit dem ElektroG und dem BattG bestehen daher zwei grundsätzlich getrennte Entsorgungsregime für Batterien und Elektrogeräte, um den unterschiedlichen Anforderungen an die Sammlung und Entsorgung zweier separater bzw. separierbarer Produkte gerecht zu werden. Dies zeigen die definierten Schnittstellen und Regelungen zu Batterien im Zusammenhang mit Elektro- und Elektronikaltgeräten, namentlich in § 4 S. 2 und 3, § 10 Abs. 1 S. 2 sowie Nr. 1 lit. b der Anlage 4 zum ElektroG einerseits und § 12 Abs. 1 andererseits. Das ElektroG geht damit von einem selbständigen Batteriebegriff aus, der nicht nur den Unterfall des Elektrogeräts beschreibt (vgl. *Hilf/Schleifenbaum* in Giesberts/Hilf ElektroG § 3 Rn. 17). Eine eindeutige Zuordnung kann dabei anhand der Legaldefinition in § 2 Abs. 2 vorgenommen werden. Eine Batterie ist demnach eine Quelle elektrischer Energie, die durch unmittelbare Umwandlung chemischer Energie gewonnen wird. Erschöpft sich daher die Funktionalität des Produkts darin, im Sinne der Legaldefinition „Quelle elektrischer Energie" zu sein, liegt kein Elektro- und Elektronikgerät vor. Reine Batterien sind keine Elektro- und Elektronikgeräte. Ladeschnittstellen, Ladestandsanzeigen und Batteriemanagementsysteme gehören vor diesem Hintergrund zur Funktionalität „Quelle elektrischer Energie".

17 Als Batterie sind daher auch E-Bike-Akkus mit **Ladestandsanzeigen** oder auch mit verschiedenen Ladeschnittstellen einzuordnen oder sonstige Akkus mit Ladestandsanzeigen (zB für Powertools und Gartengeräte) sowie sog. **Powerbanks,** auch mit Ladestandsanzeigen oder auch mit verschiedenen Ladeschnittstellen (aA wohl noch LG München I, Urt. v. 15.5.2014, 17 HK O 24894/13 – unveröffentlicht). Powerbanks mit darüber hinausgehenden **Zusatzfunktionen,** wie zB Leuchte, Radio, Tassenwärmer, Wecker, USB-Datenspeicher, wären demgegenüber als Elektrogerät einzuordnen (Anwendungshilfe zur Abgrenzung BattG/ElektroG der stiftung elektro-altgeräte register, https://www.stiftung-ear.de/fileadmin/Dokumente/Anwendungshilfe_EinordngBattGElektroG.pdf, letzter Zugriff 29.1.2020). Dementsprechend unterfallen auch **Nachfüllkartuschen für E-Zigaretten** aufgrund ihrer Heizspirale zur Erwärmung der Flüssigkeit dem Elektrogesetz und nicht dem Batteriegesetz, auch wenn sie von dem Batteriestrom der E-Zigarette abhängig sind (LG Düsseldorf, Urt. vom 8.10.2019 – 34 O 87/89, juris).

C. Ausnahmetatbestände

Abs. 2 nimmt bestimmte Batterien ausgehend von ihrem besonderen Verwendungszweck vom Anwendungsbereich des Gesetzes aus und regelt insoweit eine Ausnahme von Abs. 1. Ausgenommen sind demnach Batterien, die in Ausrüstungsgegenständen, die mit dem **Schutz der wesentlichen Sicherheitsinteressen** der Bundesrepublik Deutschland in Zusammenhang stehen, verwendet werden (Nr. 1), die in **Waffen, Munition oder Wehrmaterial** verwendet werden (Nr. 2) oder die in Ausrüstungsgegenständen für den Einsatz im **Weltraum** verwendet werden (Nr. 3). Eine ausdrückliche Rückausnahme von der Ausnahme für Waffen. Munition oder Wehrmaterial regelt Abs. 2 Nr. 2 für Erzeugnisse, die nicht **speziell für militärische Zwecke** beschafft oder eingesetzt werden. 18

Die Ausnahmen in Abs. 2 erfassen daher insgesamt nur Batterien, die **konkret** für eine der genannten Anwendungen **bestimmt** sind. Identische Batterien, die in anderen Anwendungen zum Einsatz kommen, werden hingegen nicht erfasst. Mit den wesentlichen Sicherheitsinteressen der Bundesrepublik Deutschland stehen insbesondere solche Ausrüstungsgegenstände in Zusammenhang, die von Sicherheitsbehörden (insbesondere Polizei, Nachrichtendienste, Ordnungsbehörden) im Rahmen der Wahrnehmung von operativen Aufgaben eingesetzt werden oder bei staatlichen oder staatlich beauftragten Hilfs- und Rettungsdiensten (insb. Feuerwehr, Hilfsorganisationen, THW) operativen Einsatz finden (BT-Drs. 16/12227, 23). 19

Eine Abs. 2 Nr. 1 und 2 ähnliche Bereichsausnahme ist in § 2 Abs. 2 Nr. 1 ElektroG enthalten. Zur Auslegung kann daher auch auf die zu den dortigen Bestimmungen entwickelten Kriterien und ergangene Rechtsprechung zurückgegriffen werden (→ § 2 ElektroG Rn. 14 bis 16; vgl. *Hilf/Schleifenbaum* in Giesberts/Hilf ElektroG § 2 Rn. 32 bis 34). Zu den Sicherheitsinteressen gehören demnach sowohl Interessen der inneren als auch der äußeren Sicherheit der Bundesrepublik Deutschland. Die Tatbestandsmerkmale sind jedoch als Ausnahmevorschrift eng auszulegen. Eine generelle Ausnahme für alle Batterien, die bei Behörden und Organisationen mit sicherheitsrelevanten Aufgaben eingesetzt werden, besteht nicht. Entscheidend ist vielmehr, ob die Batterie speziell bestimmt ist für Ausrüstungsgegenstände, die als solche mit dem Schutz der wesentlichen Sicherheitsinteressen der Bundesrepublik Deutschland in Zusammenhang stehen. Batterien für Waffen, Munition, Wehrmaterial oder sonstige Erzeugnisse, die jeweils nicht speziell für militärische Zwecke beschafft oder eingesetzt werden, sind von der Ausnahme in Abs. 2 Nr. 2 nicht umfasst; für diese Batterien gilt also das BattG (entsprechend zu § 2 Abs. 2 Nr. 1 ElektroG für die betroffenen Elektro- und Elektronikgeräte: BayVGH, Urt. v. 30.6.2009 – 20 BV 08.2417 = BeckRS 2009, 45253 – thermische Sichtgeräte: verneint), VG Ansbach, Urt. v. 28.4.2008 – 11 K 06.00679 = BeckRS 2008, 43739 – mobile magnethaftende Warnleuchten für Kraftfahrzeuge, auch in gelbem Glas erhältlich: verneint). 20

Zur Ausnahme in Abs. 2 Nr. 3 (Batterien zur Verwendung in Ausrüstungsgegenständen für den Einsatz im Weltraum) findet sich eine parallele Bereichsausnahme in § 2 Abs. 2 Nr. 4 ElektroG. Hierzu gehören zB spezielle Batterien für Satelliten oder Raumsonden (→ § 2 ElektroG Rn. 24). Abgegrenzt werden kann danach, ob die Batterien konkret für Ausrüstungsgegenstände bestimmt sind, die ihrerseits für einen Einsatz oberhalb von 100 Kilometern über dem Meeresspiegel bestimmt sind (vgl. *Hilf/Schleifenbaum* in Giesberts/Hilf ElektroG § 2 Rn. 41). 21

D. Anwendung des KrWG und anderer Rechtsvorschriften

22 Abs. 3 regelt das Verhältnis des BattG und der auf Grundlage des BattG erlassenen Rechtsverordnungen zum KrWG und zu den auf Grundlage des KrWG erlassenen Rechtsverordnungen. Abs. 3 S. 1 erklärt die Vorschriften des **KrWG und die Vorschriften der auf Grundlage des KrW erlassenen Rechtsverordnungen** insoweit für anwendbar, als dieses Gesetz und die auf Grundlage dieses Gesetzes erlassenen Rechtsverordnungen keine abweichende Regelung des Sachverhalts enthalten. Aus der Geltungsanordnung **ausgenommen** wird dabei ausdrücklich **§ 17 Abs. 4 KrWG** (Befugnis der Länder, für bestimmte gefährliche Abfälle Andienungs- und Überlassungspflichten zu begründen). Hierdurch soll die Wahrnehmung der Produktverantwortung durch Hersteller und Vertreiber sowie die Tätigkeit gewerblicher Altbatterieentsorger gewährleistet werden. Auch die Erlaubnispflicht nach **§ 54 KrWG** für Sammler, Beförderer, Händler und Makler von gefährlichen Abfällen gilt insoweit nicht, als es sich um die Sammlung und Rücknahme von Altbatterien handelt (→ § 2 ElektroG Rn. 33; → § 12 AbfAEV Rn. 22; vgl. *Hilf/Schleifenbaum* in Giesberts/Hilf ElektroG § 2 Rn. 52). Im Fall der Batterien besteht nicht einmal eine partielle Geltungsanordnung von § 17 Abs. 4 und § 54 KrWG wie für aus Altgeräten ausgebaute Bauteile, Unterbaugruppen und Verbrauchsmaterialien (§ 2 Abs. 3 S. 5 ElektroG; → § 2 ElektroG Rn. 38; vgl. *Hilf/Schleifenbaum* in Giesberts/Hilf ElektroG § 2 Rn. 74).

23 Abs. 3 S. 2 erklärt bestimmte Vorschriften des KrWG darüber hinaus für entsprechend anwendbar. §§ 27, 50 Abs. 3, § 59 Abs. 1 S. 1 und Abs. 2 sowie die §§ 60 und 66 KrWG nehmen jeweils ihrem Wortlaut nach direkt oder mittelbar auf Rechtsverordnungen nach § 25 KrWG Bezug und greifen daher bei direkter Anwendung im Fall des BattG als einem förmlichen Gesetz nicht. Das Batteriegesetz regelt aber für den Bereich Batterien und Akkumulatoren auch die Fragen der abfallwirtschaftlichen Produktverantwortung, die grundsätzlich auch durch Rechtsverordnung nach § 25 KrWG hätten geregelt werden können (BT-Drs. 16/12227, 23; → § 2 ElektroG Rn. 37). In §§ 27, 50 Abs. 3, § 59 Abs. 1 S. 1 und Abs. 2 sowie §§ 60 und 66 KrWG ist daher unter einer Rechtsverordnung nach § 25 KrWG auch das BattG zu verstehen und sie sind dementsprechend in Bezug auf das BattG und Batterien anzuwenden.

24 Nach dem mit Art. 1 des G. v. 20.11.2015 (BGBl. I 2071) angefügten Abs. 3 S. 3 sind ferner gleichfalls andere Rechtsvorschriften anzuwenden, die ebenso Regelungen zur Rücknahme, Wiederverwendung und Entsorgung von Altbatterien enthalten. Dies soll insbesondere gelten für Rechtsvorschriften, die aus Gründen der Sicherheit im Zusammenhang mit der **Beförderung gefährlicher Güter** erlassen worden sind. Besondere Vorschriften enthalten u. a. die Altfahrzeug-Verordnung, das Elektro- und Elektronikgerätegesetz und das Gefahrgutbeförderungsgesetz iVm der Gefahrgutverordnung Straße, Eisenbahn und Binnenschifffahrt **(GGVSEB)** (BT-Drs. 18/5759, 10). Da das Verhältnis zum ElektroG und zu der Altfahrzeug-Verordnung bereits speziell in Abs. 1 S. 3 adressiert ist, bleibt als Regelungsgehalt von Abs. 3 S. 3 vor allem die Unberührtheit des Gefahrgutbeförderungsgesetz iVm der Gefahrgutverordnung Straße, Eisenbahn und Binnenschifffahrt und den dementsprechend einschlägigen **ADR-Vorschriften,** die gerade im Fall der Erfassung und des Transports von Lithium-Batterien besondere Bedeutung haben.

25 Eine Abs. 3 S. 1 vergleichbare Regelung findet sich in § 2 Abs. 3 S. 1 ElektroG. Zu Abs. 3 S. 2 findet sich eine vergleichbare Regelung in § 2 Abs. 3 S. 2 ElektroG, wobei die weiteren dort enthaltenen entsprechenden Geltungsanordnungen der §§ 47 und 62 KrWG im Fall des BattG noch in § 21 Abs. 2 S. 1 zu finden sind. Auch zu Abs. 3 S. 3 besteht eine vergleichbare Regelung in § 2 Abs. 3 S. 3 ElektroG.

6.60 Gesetz über das Inverkehrbringen, die Rücknahme und die hochwertige Verwertung von Verpackungen (Verpackungsgesetz – VerpackG)

Vom 5. Juli 2017 (BGBl. I S. 2234)

Abschnitt 1. Allgemeine Vorschriften

§ 1 Abfallwirtschaftliche Ziele

(1) [1] Dieses Gesetz legt Anforderungen an die Produktverantwortung nach § 23 des Kreislaufwirtschaftsgesetzes für Verpackungen fest. [2] Es bezweckt, die Auswirkungen von Verpackungsabfällen auf die Umwelt zu vermeiden oder zu verringern. [3] Um dieses Ziel zu erreichen, soll das Gesetz das Verhalten der Verpflichteten so regeln, dass Verpackungsabfälle vorrangig vermieden und darüber hinaus einer Vorbereitung zur Wiederverwendung oder dem Recycling zugeführt werden. [4] Dabei sollen die Marktteilnehmer vor unlauterem Wettbewerb geschützt werden.

(2) Durch eine gemeinsame haushaltsnahe Sammlung von Verpackungsabfällen und weiteren stoffgleichen Haushaltsabfällen sollen zusätzliche Wertstoffe für ein hochwertiges Recycling gewonnen werden.

(3) [1] Der Anteil der in Mehrweggetränkeverpackungen abgefüllten Getränke soll mit dem Ziel der Abfallvermeidung gestärkt und das Recycling von Getränkeverpackungen in geschlossenen Kreisläufen gefördert werden. [2] Zur Überprüfung der Wirksamkeit der in diesem Gesetz vorgesehenen Mehrwegförderung ermittelt das Bundesministerium für Umwelt, Naturschutz, Bau und Reaktorsicherheit jährlich den Anteil der in Mehrweggetränkeverpackungen abgefüllten Getränke und gibt die Ergebnisse bekannt. [3] Ziel ist es, einen Anteil von in Mehrweggetränkeverpackungen abgefüllten Getränken in Höhe von mindestens 70 Prozent zu erreichen.

(4) [1] Mit diesem Gesetz soll außerdem das Erreichen der europarechtlichen Zielvorgaben der Richtlinie 94/62/EG über Verpackungen und Verpackungsabfälle sichergestellt werden. [2] Danach sind von den im Geltungsbereich dieses Gesetzes anfallenden Verpackungsabfällen jährlich mindestens 65 Masseprozent zu verwerten und mindestens 55 Masseprozent zu recyceln. [3] Dabei muss das Recycling der einzelnen Verpackungsmaterialien mindestens für Holz 15, für Kunststoffe 22,5, für Metalle 50 und für Glas sowie Papier und Karton 60 Masseprozent erreichen, wobei bei Kunststoffen nur Material berücksichtigt wird, das durch Recycling wieder zu Kunststoff wird. [4] Zum Nachweis des Erreichens der Zielvorgaben nach den Sätzen 2 und 3 führt die Bundesregierung die notwendigen Erhebungen durch und veranlasst die Information der Öffentlichkeit und der Marktteilnehmer.

(Kommentierung folgt)

6.60 Gesetz über das Inverkehrbringen, die Rücknahme und die hochwertige Verwertung von Verpackungen (Verpackungsgesetz – VerpackG)

[illegible]

Abschnitt 1. Allgemeine Vorschriften

§ 1 Abfallwirtschaftliche Ziele

(1) [illegible]

(2) [illegible]

(3) [illegible]

(4) [illegible]

[illegible]

§ 2 Anwendungsbereich

(1) **Dieses Gesetz gilt für alle Verpackungen.**

(2) **Soweit dieses Gesetz keine abweichenden Vorschriften enthält, sind das Kreislaufwirtschaftsgesetz, mit Ausnahme von § 54, und die auf der Grundlage des Kreislaufwirtschaftsgesetzes oder des bis zum 31. Mai 2012 geltenden Kreislaufwirtschafts- und Abfallgesetzes erlassenen Rechtsverordnungen in der jeweils geltenden Fassung anzuwenden. § 17 Absatz 2 und 3, § 27, § 47 Absatz 1 bis 6, § 50 Absatz 3, § 60 Absatz 1 Satz 2 Nummer 2 und die §§ 62 und 66 des Kreislaufwirtschaftsgesetzes gelten entsprechend.**

(3) **Soweit auf Grund anderer Rechtsvorschriften besondere Anforderungen an Verpackungen, an die Entsorgung von Verpackungsabfällen oder an die Beförderung von verpackten Waren oder von Verpackungsabfällen bestehen, bleiben diese Anforderungen unberührt.**

(4) **Die Vorschriften des Gesetzes gegen Wettbewerbsbeschränkungen bleiben unberührt.**

(5) **Die Befugnis des Bundes, der Länder, der Kreise und der Gemeinden, Dritte bei der Nutzung ihrer Einrichtungen oder Grundstücke sowie der Sondernutzung öffentlicher Straßen zur Vermeidung und Verwertung von Abfällen zu verpflichten, bleibt unberührt.**

Schrifttum: *Fischer/Arndt* (Hrsg.), Kommentar zur Verpackungsverordnung, 2. Auflage, Frankfurt am Main 2007; *Flanderka/Stroetmann* (Hrsg.), Verpackungsverordnung, Praktiker-Kommentar, 4. Auflage, Heidelberg/München 2015; *Roder,* Die Verpackungsverordnung, Kommentar, Stuttgart 2009

Übersicht

A. Vorbemerkung

§ 2 Verpackungsgesetz (VerpackG) regelt den Geltungsbereich des Verpackungsgeset- 1
zes und enthält die wesentlichen Grundsätze zu dessen sachlichen und räumlichen Anwendungsbereich, welche allerdings erst im Kontext der Begriffsbestimmungen des § 3 VerpackG vollends zum Tragen kommen.

§ 2 Abs. 1 VerpackG legt den sachlichen Geltungsbereich des Verpackungsgesetzes positiv fest. Danach gilt das Gesetz für alle Verpackungen. Die Absätze 2 bis 4 des § 2 VerpackG betreffen das Verhältnis des Verpackungsgesetzes zu anderen Rechtsvorschriften.

§ 2 Abs. 5 VerpackG enthält Sonderregelungen zugunsten von Gebietskörperschaften, namentlich eine sog. Öffnungsklausel.

B. Anwendungsbereich des VerpackG

I. Sachlicher und räumlicher Anwendungsbereich (Abs. 1)

2 **1. Alle Verpackungen.** § 2 Abs. 1 VerpackG legt ausdrücklich nur den sachlichen Anwendungsbereich des Gesetzes fest. Das Gesetz gilt hiernach für alle Verpackungen, d. h. alle Erzeugnisse, welche dem Verpackungsbegriff des § 3 Abs. 1 VerpackG unterfallen. Ausweislich der Gesetzesbegründung knüpft § 2 Abs. 1 VerpackG an § 2 der Verpackungsverordnung (VerpackV) an und gewährleistet im Einklang mit der EU-Verpackungsrichtlinie (Richtlinie 94/62/EG) einen weiten Anwendungsbereich des Verpackungsgesetzes (BT-Drs. 18/11274, S. 80).

3 Im Vergleich zur Vorgängerregelung in § 2 Abs. 1 VerpackV weist der Wortlaut des § 2 Abs. 1 VerpackG einige Änderungen in Form von textlichen Reduzierungen auf. Wurde zuvor ausgeführt, dass die Verordnung „für alle im Geltungsbereich des Kreislaufwirtschaftsgesetzes in Verkehr gebrachten Verpackungen [gilt], unabhängig davon, ob sie in der Industrie, im Handel, in der Verwaltung, im Gewerbe, im Dienstleistungsbereich, in Haushaltungen oder anderswo anfallen und unabhängig von den Materialien, aus denen sie bestehen“, ist im Verpackungsgesetz in stark gekürzter Form nur noch von „alle[n] Verpackungen“ die Rede. Dabei deckte sich der Wortlaut, wie er in der Verpackungsverordnung zu finden war, mit der entsprechenden Regelung des Art. 2 Abs. 1 EU-Verpackungsrichtlinie.

4 Durch die erweiternden Ausführungen in der Verpackungsverordnung sollte klargestellt werden, dass die Empfänger bzw. die Anfallstellen für die Anwendbarkeit der Vorschriften der Verpackungsverordnung unbeachtlich sind (*Flanderka/Stroetmann* VerpackV § 2 Rn. 10). Aber auch ohne entsprechende Klarstellung durch das Verpackungsgesetz bleiben die in der Verpackungsverordnung zuvor ausdrücklich genannten Tatbestandsmerkmale für den Anwendungsbereich des Gesetzes grundsätzlich bedeutungslos. Das ergibt sich bereits aus der einschlägigen Formulierung „alle Verpackungen“, welche impliziert, dass der Anwendungsbereich insoweit keinerlei Einschränkungen, also auch nicht in Bezug auf den Ort des Anfalls oder dem Material, unterliegt.

5 Hinzu kommt, dass der Begriff des Inverkehrbringens im Rahmen des Verpackungsgesetzes nunmehr erstmals in § 3 Abs. 9 VerpackG legaldefiniert wird (vgl. hierzu die Kommentierung zu § 3 Abs. 9 VerpackG, → § 3 Rn. 116 ff.) und bereits aus dieser Definition hervorgeht, dass der Empfänger, jedenfalls für die grundsätzliche Anwendbarkeit des Gesetzes, keine Rolle spielen kann. Damit ist für die Anwendbarkeit des Verpackungsgesetzes grundsätzlich auch irrelevant, ob die Verpackung in Industrie, Handel, privaten Haushaltungen oder anderswo anfällt.

Anhaltspunkte dafür, dass die entsprechende Verkürzung des Wortlauts Gründe hat, die über die „Entschlackung“ der Vorschrift hinausgehen, sind anhand der Gesetzesbegründung oder der Gesetzessystematik nicht ersichtlich.

6 **2. Inverkehrbringen.** Im Verpackungsgesetz wurde zudem darauf verzichtet, das Inverkehrbringen als wesentlichen Bezugspunkt für die Anwendbarkeit des Gesetzes in den Wortlaut des § 2 Abs. 1 VerpackG aufzunehmen.

7 Aus der Gesetzesbegründung ergibt sich allerdings, dass weiterhin das Inverkehrbringen den Anknüpfungspunkt für die Anwendbarkeit des Gesetzes darstellt und sich hier-

durch ebenfalls keine sachlichen Änderungen im Vergleich zur Verpackungsverordnung und dessen § 2 Abs. 1 ergeben (BT-Drs. 18/11274, S. 80).

3. Räumlicher Geltungsbereich. Der räumliche Anwendungsbereich wird im Gesetzestext nicht näher spezifiziert. Aus der Gesetzesbegründung ergibt sich, dass das Verpackungsgesetz all diejenigen Verpackungen erfassen soll, die im Geltungsbereich des Verpackungsgesetzes in Verkehr (vgl. zum Begriff des Inverkehrbringens die Kommentierung zu § 3 Abs. 9 VerpackG → § 3 Nr. 116 ff.) gebracht werden (BT-Drs. 18/11274, S. 80). 8

Dem staatsrechtlichen Territorialprinzip entsprechend spielen Staatsangehörigkeit oder Unternehmenssitz für die Anwendbarkeit des Verpackungsgesetzes grundsätzlich keine Rolle (vgl. *Flanderka/Stroetmann* VerpackV § 2 Rn. 5). Vielmehr kommt es darauf an, dass die Verpackung im deutschen Bundesgebiet in den Verkehr gebracht wird, entscheidend ist also das Einbringen in den hiesigen Wirtschaftsverkehr. Beim Import von Verpackungen in die Bundesrepublik Deutschland finden die Vorschriften daher uneingeschränkt Anwendung, also auch wenn sich der Sitz der Niederlassung des Importeurs nicht in Deutschland befindet (vgl. *Fischer/Arndt* VerpackV § 2 Rn. 2). 9

Wie sich aus einem Umkehrschluss aus § 12 Nr. 3 VerpackG ergibt, wonach systembeteiligungspflichtige Verpackungen, die nachweislich nicht im Geltungsbereich dieses Gesetzes an den Endverbraucher abgegeben werden, nicht systembeteiligungspflichtig sind, ergibt sich, dass das Verpackungsgesetz im Übrigen grundsätzlich auch auf Verpackungen Anwendung findet, die für den Export bestimmt sind. Dies gilt insbesondere in Bezug auf die sich aus § 5 VerpackG ergebenden Stoffbeschränkungen (ähnlich *Roder* VerpackV § 2 Rn. 4 für die VerpackV). 10

4. Bewertung. Vergleicht man den Gesetzeswortlaut des Verpackungsgesetzes mit jenem der Verpackungsverordnung, so ist zu konstatieren, dass das „mehr" an Text in der Verpackungsverordnung auch ein „mehr" an Informationen über den Anwendungs- und Geltungsbereich des Gesetzes bzw. der Verordnung für den Rechtsanwender bereit gestellt hat. Auch wenn grundsätzlich eine Entschlackung von Gesetzestexten zu begrüßen ist, gilt dies immer nur unter der Maßgabe, dass aufgrund dessen die Verständlichkeit nicht leidet. Weniger ist im Fall des § 2 Abs. 1 VerpackG damit eben nicht mehr, da sich der räumliche und sachliche Geltungsbereich des Verpackungsgesetzes nicht ohne parallele Lektüre der Gesetzesbegründung und des § 2 Abs. 1 VerpackV ergibt. 11

II. Anwendung des Kreislaufwirtschaftsgesetzes (Abs. 2)

§ 2 Abs. 1 S. 1 VerpackG bestimmt, dass die Vorschriften des Kreislaufwirtschaftsgesetzes (KrWG), samt den auf seiner Grundlage, oder der Grundlage des vorigen Kreislaufwirtschafts- und Abfallgesetzes (KrWG-/AbfG) erlassenen Rechtsverordnungen, neben dem Verpackung ergänzend Geltung finden. Dies gilt unter dem Vorbehalt, dass das Verpackungsgesetz keine abweichende Regelung bzw. Normierung enthält. Darin liegt die Klarstellung des Gesetzgebers, dass es sich beim Verpackungsgesetz um ein Spezialgesetz handelt, welches für den speziellen Bereich der Verpackungen gesonderte Regelungen trifft und insoweit, nach den allgemeinen Regeln der Normenkollision *(lex specialis derogat legi generali),* den allgemeinen Regelungen des KrWG vorgeht. Von der subsidiären Geltung des KrWG ausdrücklich ausgeschlossen ist § 54 KrWG. 12

Einzelne andere Vorschriften des KrWG werden vom Verpackungsgesetz gesondert für entsprechend anwendbar erklärt. § 2 Abs. 1 Satz 2 bestimmt, dass die Ausnahmen bei der Überlassungspflicht nach § 17 Abs. 2 und den überwiegenden öffentlichen Interessen 13 nach Abs. 3 KrWG, die Besitzerpflichten nach Rücknahme § 27 KrWG, der allgemeinen Überwachung nach § 46 Abs. 1 bis 6 KrWG, zu der Privilegierung der Eigenentsorger nach § 50 Abs. 2 KrWG, § 60 Abs. 1 Satz 2 Nr. 2 KrWG, sowie die §§ 62 und 66 des KrWG entsprechend gelten. Hierdurch wird ausweislich der Gesetzesbegründung sichergestellt, dass die Behörden zum Beispiel entsprechend § 62 KrWG im Einzelfall die erforderlichen Anordnungen zur Durchführung dieses Gesetzes, d. h. des Verpackungsgesetzes treffen können (BT-Drs. 18/11274, S. 80).

III. Unberührtheit anderer Rechtsvorschriften (Abs. 3)

14 § 2 Abs. 3 VerpackG (zuvor nahezu inhaltsgleich in § 2 Abs. 2 VerpackV geregelt), enthält eine Klausel nach der andere Rechtsvorschriften unberührt bleiben, soweit diese Vorschriften besondere Anforderungen an Verpackungen, Entsorgung von Verpackungsabfällen oder die Beförderung von verpackten Waren oder von Verpackungsabfällen stellen. Beispiele für solche Regelungen stellen ganz allgemein gesprochen gewisse hygienerechtliche-, lebensmittelrechtliche- oder verkehrsrechtliche Vorschriften dar (BT-Drs. 18/11274, S. 80).

Im Einzelnen:

15 **1. Besondere Anforderungen an die Beschaffenheit und Kennzeichnung von Verpackungen:** z. B. Chemikalien-Verbotsverordnung (ChemVerbotsV); §§ 4, 5, 10 Gefahrstoffverordnung (GefStoffV); §§ 30, 31, 2 Abs. 6 Nr. 2 Lebensmittel- und Futtermittelgesetzbuch (LFGB), §§ 3, 10 Bedarfsgegenständeverordnung, VO (EG) Nr. 1935/2004, VO (EG) Nr. 2023/2006; §§ 4, 5 Kosmetik-Verordnung; § 8 Wasch- und Reinigungsmittelgesetz (WRMG); §§ 3 ff. Milcherzeugnisverordnung (MilchErzV).

16 **2. Entsorgung:** Hier sind insbesondere neben dem Abfallverbringungsgesetz sowie den Landesabfallgesetzen als Vorschriften des allgemeinen Abfallrechts mit Blick auf den Seuchen- und Hygieneschutz besondere Vorschriften von Relevanz, etwa das Infektionsschutzgesetz (vgl. *Flanderka/Stroetmann* VerpackV § 2 Rn. 18).

17 **3. Beförderung:** Hier spielen insbesondere Vorschriften des Gefahrgutrechts eine Rolle, etwa das Gesetz über die Beförderung gefährlicher Güter (GGBefG).

18 Was der Gesetzgeber mit der Regelung des § 2 Abs. 3 VerpackG nicht beantwortet hat, ist die Frage nach dem genauen Verhältnis zwischen diesen speziellen Vorschriften und den Vorschriften des Verpackungsgesetzes (*Fischer/Arndt* VerpackV § 2 Rn. 6). Das Gesetz lässt offen, ob die allgemeinen Anforderungen des Verpackungsgesetzes neben etwaigen speziellen Regelungen auf der Grundlage von Idealkonkurrenz bestehen bleiben oder ob sie verdrängt werden. Eine Beantwortung dieser Frage kann nur gesondert für den jeweiligen Einzelfall unter Anwendung der allgemeinen Kollisionsnormen vorgenommen werden (*Fischer/Arndt* VerpackV § 2, Rn. 6).

IV. Verhältnis zu den Vorschriften des GWB (Abs. 4)

19 Der Tatbestand des § 2 Abs. 4 VerpackG stellt klar, dass die Vorschriften des Gesetzes gegen Wettbewerbsbeschränkungen (GWB) durch das Verpackungsgesetz unberührt bleiben, d. h. dass ein vom Verpackungsgesetz vorgeschriebenes Zusammenwirken von Marktteilnehmern nicht gegen kartellrechtliche Vorschriften verstoßen darf. Dabei handelt es sich um eine Bestimmung, die in der Vorgängerregelung zum Anwendungsbereich der Verpackungsverordnung in § 2 VerpackV noch nicht zu finden war. Ausweislich der Gesetzesbegründung ist hierin aber völlig zu Recht lediglich eine Klarstellung zu sehen (BT-Drs. 18/11274, S. 80).

V. Befugnisse der öffentlichen Hand (Abs. 5)

Die Unberührtheitsklausel in § 2 Abs. 5 VerpackG statuiert, dass durch das VerpackG nicht die Befugnis von Bund, Ländern, Kreisen und Gemeinden, beschränkt wird, Dritte bei der Nutzung ihrer öffentlichen Einrichtungen und Grundstücken sowie bei der Sondernutzung öffentlicher Straßen Auflagen zur Vermeidung und Verwertung von Abfällen aufzuerlegen. Insoweit kommt dem Verpackungsgesetz also keine Sperrwirkung zu. **20**

Diese Regelung findet sich erstmalig in der Verpackungsverordnung aus dem Jahr 1998 und ist auf eine Initiative des *Bundesrates* zurückzuführen. Vor Einführung der entsprechenden Unberührtheitsklausel gestand das *BVerwG* in seinem Urteil aus dem Jahr 1997 der beklagten Gemeinde nicht die Möglichkeit zu, die Erteilung einer Sondernutzungserlaubnis für einen Imbiss, in der Fußgängerzone Stehtische aufzustellen, an die Auflage zu knüpfen, Speisen und Getränke nur mit Mehrweggeschirr und Mehrwegbesteck zu verwenden (*BVerwG,* Urteil vom 23.4.1997 – BVerwG 11 C 4/96). Die Gemeinde stützte ihr Vorgehen dabei auf ihre Sondernutzungssatzung, nach der sie im Interesse der Abfallvermeidung zu einem solchen Vorgehen berechtigt sei. Das *BVerwG* sah in diesem Vorgehen einen Verstoß gegen Bundesrecht begründet und hat die Rechtswidrigkeit des Bescheides der Gemeinde zu Gunsten der Klägerin festgestellt. In der Begründung stützte sich das *BVerwG* darauf, dass mit dem damaligen AbfG und der VerpackV erschöpfende Regelungen hinsichtlich der Pflichten, die mit Blick auf Einweggeschirr- und besteck bestehen, geschaffen worden seien. Diese Regelungen entfalten nach Auffassung des *BVerwG* eine Sperrwirkung, welche der Ermächtigung aus der Sondernutzungssatzung und dem hierauf gestützten Vorgehen der Gemeinde entgegensteht. Bereits im Jahr nach der Entscheidung des *BVerwG* wurde die Regelung über die Befugnis der öffentlichen Hand in die Verpackungsverordnung aufgenommen. **21**

§ 3 Begriffsbestimmungen

(1) Verpackungen sind aus beliebigen Materialien hergestellte Erzeugnisse zur Aufnahme, zum Schutz, zur Handhabung, zur Lieferung oder zur Darbietung von Waren, die vom Rohstoff bis zum Verarbeitungserzeugnis reichen können, vom Hersteller an den Vertreiber oder Endverbraucher weitergegeben werden und

1. typischerweise dem Endverbraucher als Verkaufseinheit aus Ware und Verpackung angeboten werden (Verkaufsverpackungen); als Verkaufsverpackungen gelten auch Verpackungen, die erst beim Letztvertreiber befüllt werden, um
   a) die Übergabe von Waren an den Endverbraucher zu ermöglichen oder zu unterstützen (Serviceverpackungen) oder
   b) den Versand von Waren an den Endverbraucher zu ermöglichen oder zu unterstützen (Versandverpackungen),
2. eine bestimmte Anzahl von Verkaufseinheiten nach Nummer 1 enthalten und typischerweise dem Endverbraucher zusammen mit den Verkaufseinheiten angeboten werden oder zur Bestückung der Verkaufsregale dienen (Umverpackungen) oder
3. die Handhabung und den Transport von Waren in einer Weise erleichtern, dass deren direkte Berührung sowie Transportschäden vermieden werden, und typischerweise nicht zur Weitergabe an den Endverbraucher bestimmt sind (Transportverpackungen); Container für den Straßen-, Schienen-, Schiffs- oder Lufttransport sind keine Transportverpackungen.

Die Begriffsbestimmung für Verpackungen wird durch die in der Anlage 1 genannten Kriterien ergänzt; die dort aufgeführten Gegenstände sind Beispiele für die Anwendung dieser Kriterien.

(2) Getränkeverpackungen sind geschlossene oder überwiegend geschlossene Verkaufsverpackungen für flüssige Lebensmittel im Sinne von Artikel 2 der Verordnung (EG) Nr. 178/2002 des Europäischen Parlaments und des Rates vom 28. Januar 2002 zur Festlegung der allgemeinen Grundsätze und Anforderungen des Lebensmittelrechts, zur Errichtung der Europäischen Behörde für Lebensmittelsicherheit und zur Festlegung von Verfahren zur Lebensmittelsicherheit (ABl. L 31 vom 1.2.2002, S. 1), die zuletzt durch die Verordnung (EU) Nr. 652/2014 (ABl. L 189 vom 27.6.2014, S. 1) geändert worden ist, die zum Verzehr als Getränk bestimmt sind.

(3) Mehrwegverpackungen sind Verpackungen, die dazu bestimmt sind, nach dem Gebrauch mehrfach zum gleichen Zweck wiederverwendet zu werden und deren tatsächliche Rückgabe und Wiederverwendung durch eine ausreichende Logistik ermöglicht sowie durch geeignete Anreizsysteme, in der Regel durch ein Pfand, gefördert wird.

(4) Einwegverpackungen sind Verpackungen, die keine Mehrwegverpackungen sind.

(5) Verbundverpackungen sind Verpackungen aus unterschiedlichen, von Hand nicht trennbaren Materialarten, von denen keine einen Masseanteil von 95 Prozent überschreitet.

(6) Restentleerte Verpackungen sind Verpackungen, deren Inhalt bestimmungsgemäß ausgeschöpft worden ist.

(7) Schadstoffhaltige Füllgüter sind die in der Anlage 2 näher bestimmten Füllgüter.

(8) **Systembeteiligungspflichtige Verpackungen sind mit Ware befüllte Verkaufs- und Umverpackungen, die nach Gebrauch typischerweise beim privaten Endverbraucher als Abfall anfallen.**

(9) **Inverkehrbringen ist jede entgeltliche oder unentgeltliche Abgabe an Dritte im Geltungsbereich dieses Gesetzes mit dem Ziel des Vertriebs, des Verbrauchs oder der Verwendung. Nicht als Inverkehrbringen gilt die Abgabe von im Auftrag eines Dritten befüllten Verpackungen an diesen Dritten, wenn die Verpackung ausschließlich mit dem Namen oder der Marke des Dritten oder beidem gekennzeichnet ist.**

(10) **Endverbraucher ist derjenige, der die Ware in der an ihn gelieferten Form nicht mehr gewerbsmäßig in Verkehr bringt.**

(11) **Private Endverbraucher sind private Haushaltungen und diesen nach der Art der dort typischerweise anfallenden Verpackungsabfälle vergleichbare Anfallstellen. Vergleichbare Anfallstellen im Sinne von Satz 1 sind insbesondere Gaststätten, Hotels, Raststätten, Kantinen, Verwaltungen, Kasernen, Krankenhäuser, Bildungseinrichtungen, karitative Einrichtungen, Niederlassungen von Freiberuflern, typische Anfallstellen des Kulturbereichs wie Kinos, Opern und Museen, sowie des Freizeitbereichs wie Ferienanlagen, Freizeitparks und Sportstadien. Vergleichbare Anfallstellen im Sinne von Satz 1 sind außerdem landwirtschaftliche Betriebe und Handwerksbetriebe, deren Verpackungsabfälle mittels haushaltsüblicher Sammelgefäße sowohl für Papier, Pappe und Karton als auch für Kunststoff-, Metall- und Verbundverpackungen, jedoch maximal mit einem 1100-Liter-Umleerbehälter je Sammelgruppe, im haushaltsüblichen Abfuhrrhythmus entsorgt werden können.**

(12) **Vertreiber ist jeder, der, unabhängig von der Vertriebsmethode oder Handelsstufe, Verpackungen gewerbsmäßig in Verkehr bringt.**

(13) **Letztvertreiber ist derjenige Vertreiber, der Verpackungen an den Endverbraucher abgibt.**

(14) **Hersteller ist derjenige Vertreiber, der Verpackungen erstmals gewerbsmäßig in Verkehr bringt. Als Hersteller gilt auch derjenige, der Verpackungen gewerbsmäßig in den Geltungsbereich dieses Gesetzes einführt.**

(15) **Registrierter Sachverständiger ist, wer 1. nach § 36 der Gewerbeordnung öffentlich bestellt ist, 2. als Umweltgutachter oder Umweltgutachterorganisation auf Grund einer Zulassung nach den §§ 9 und 10 oder nach Maßgabe des § 18 des Umweltauditgesetzes in der Fassung der Bekanntmachung vom 4. September 2002 (BGBl. I S. 3490), das zuletzt durch Artikel 3 des Gesetzes vom 25. November 2015 (BGBl. I S. 2092) geändert worden ist, in der jeweils geltenden Fassung, in dem Bereich tätig werden darf, der näher bestimmt wird durch Anhang I Abschnitt E Abteilung 38 der Verordnung (EG) Nr. 1893/2006 des Europäischen Parlaments und des Rates vom 20. Dezember 2006 zur Aufstellung der statistischen Systematik der Wirtschaftszweige NACE Revision 2 und zur Änderung der Verordnung (EWG) Nr. 3037/90 des Rates sowie einiger Verordnungen der EG über bestimmte Bereiche der Statistik (ABl. L 393 vom 30.12.2006, S. 1), die zuletzt durch die Verordnung (EG) Nr. 295/2008 (ABl. L 97 vom 9.4.2008, S. 13) geändert worden ist, in der jeweils geltenden Fassung, 3. seine Befähigung durch eine Akkreditierung der nationalen Akkreditierungsstelle in einem allgemein anerkannten Verfahren hat feststellen lassen oder 4. in einem anderen Mitgliedstaat der Europäischen Union oder in einem anderen Vertragsstaat des Abkommens über den Europäischen Wirtschaftsraum niedergelassen ist und eine Tätigkeit im Inland nur vorübergehend und gelegentlich ausüben will und seine Berufsqualifikation vor Aufnahme der Tätigkeit entsprechend den §§ 13a und 13b der Gewerbeordnung hat nachprüfen lassen; Verfahren nach dieser Nummer können über eine einheitliche Stelle abgewickelt werden, und von der Zentralen Stelle in dem Prüferregister nach § 27 geführt wird.**

(16) **System ist eine privatrechtlich organisierte juristische Person oder Personengesellschaft, die mit Genehmigung nach § 18 in Wahrnehmung der Produktverantwortung der beteiligten Hersteller die in ihrem Einzugsgebiet beim privaten Endverbraucher als Abfall anfallenden restentleerten Verpackungen flächendeckend erfasst und einer Verwertung zuführt. Einzugsgebiet im Sinne von Satz 1 ist jeweils das gesamte Gebiet eines Landes, in dem systembeteiligungspflichtige Verpackungen eines beteiligten Herstellers in Verkehr gebracht werden.**

(17) **Systemprüfer sind Wirtschaftsprüfer, die gemäß § 20 Absatz 4 von den Systemen benannt worden sind und gemäß § 20 Absatz 2 Satz 1 die Zwischen- und Jahresmeldungen der Systeme prüfen und bestätigen.**

(18) **Zentrale Stelle ist die nach § 24 zu errichtende Stiftung.**

(19) **Werkstoffliche Verwertung ist die Verwertung durch Verfahren, bei denen stoffgleiches Neumaterial ersetzt wird oder das Material für eine weitere stoffliche Nutzung verfügbar bleibt.**

(20) **Wertstoffhof ist eine zentrale Sammelstelle zur getrennten Erfassung von Abfällen verschiedener Materialien, die typischerweise bei privaten Endverbrauchern anfallen.**

Schrifttum: *Erbs/Kohlhaas* (Hrsg.), Strafrechtliche Nebengesetze, Kommentar, Werkstand: 226. EL August 2019, K 185h, Verpackungsgesetz; *Fischer/Arndt* (Hrsg.), Kommentar zur Verpackungsverordnung, 2. Auflage, Frankfurt am Main 2007; *Fischer,* Kooperative Produktverantwortung nach der novellierten Verpackungsverordnung, AbfallR 2008, 191–197; *Flanderka/Stroetmann* (Hrsg.), Verpackungsverordnung, Praktiker-Kommentar, 4. Auflage, Heidelberg/München 2015; *Fluck/Frenz/Fischer/Franßen* (Hrsg.), Kreislaufwirtschaftsrecht, Abfallrecht und Bodenschutzrecht, Kommentar, 145. Aktualisierung 2019; *Giesberts/Hilf,* Elektro- und Elektronikgerätegesetz, Kommentar, 3. Auflage 2018;*Helmerking/Rennebarth,* Der Steuerberater als Prüfer von Vollständigkeitserklärungen nach § 11 Verpackungsgesetz, DStR 2019, 948–952; *Hendler/Belz,* Neuordnung der Entsorgung von Verkaufsverpackungen durch die 5. Novelle der Verpackungsverordnung, GewArch 2009, 5–14; *Kurth/Oexle/Faulstich,* Praxishandbuch der Kreislauf- und Rohstoffwirtschaft, Wiesbaden 2018; *Pauly,* Das neue Verpackungsrecht, AbfallR 2008, 46–56; *Roder,* Die Verpackungsverordnung, Kommentar, Stuttgart 2009; *Rummler/Seitel,* Rahmenbedingungen der Verpackungsentsorgung nach der 5. Novelle der Verpackungsverordnung, AbfallR 2008, 129–139; *Strecker,* Kunststofftragetasche als Verkaufsverpackung i. S. d. VerpackV § 3 Abs. 1 Nr. 2, ZLR 1997, 660–661; *Waggershauser/Masserberg,* Spielräume bei der Drittbeauftragung gemäß § 11 VerpackV, AbfallR 2010, 10–13; *Wüstenberg,* Neue Verkäuferpflichten im aktualisierten Verpackungsgesetz, NJW 2018, 3614- 3619; *ders.,* Rechtsfragen zum „Wegdefinieren" der Systembeteiligungspflicht nach dem Verpackungsgesetz, AbfallR 2019, 91–97; *ders.,* Wer ist der Vorvertreiber des Herstellers von Serviceverpackungen?, AbfallR 2019, 30–35.

Übersicht

A. Vorbemerkung

1 § 3 Verpackungsgesetz (VerpackG) enthält die wesentlichen, für das Verständnis des Verpackungsgesetzes erforderlichen Begriffsbestimmungen. Die Definitionen der Verpackungsverordnung (VerpackV) in § 3 wurden weitestgehend in § 3 VerpackG übernommen, wobei in einigen Fällen Bestimmungen modifiziert und zum Teil auch neue Definitionen eingeführt wurden. Die Verpackungsdefinitionen wurden ausweislich der Gesetzesbegründung den entsprechenden Definitionen in der EU-Verpackungsrichtlinie (Richtlinie 94/62 EG über Verpackungen und Verpackungsabfälle) angenähert (BT-Drs. 18/11274, S. 51). Dies impliziert eine stärkere Berücksichtigung der von den Inverkehrbringern intendierten Bestimmung (BT-Drs. 18/11274, S. 81), d.h. des Entsorgungsweges, welchen der Inverkehrbringer für seine Verpackung grundsätzlich vorgesehen hat. Es wird nicht mehr nur auf die tatsächliche Anfallstelle der jeweiligen *Verpackung abgestellt*, sondern vielmehr eine typisierende Betrachtungsweise unter Be-

rücksichtigung der objektivierten Verkehrsanschauung zugrunde gelegt (BT-Drs. 18/11274, S. 51).

Darüber hinaus haben insbesondere folgende, nun im Verpackungsgesetz zu findende Begriffe, in der Verpackungsverordnung noch keine Regelung erfahren oder sind jedenfalls nicht näher definiert worden: Versandverpackungen (Abs. 1 Nr. 1b)), Systembeteiligungspflichtige Verpackungen (Abs. 8), Inverkehrbringen (Abs. 9), Letztvertreiber (Abs. 13), Registrierter Sachverständiger (Abs. 15, zuvor aber bereits legaldefiniert in Anhang I zu § 6 Nr. 2 Abs. 4), System (Abs. 16), Systemprüfer (Abs. 17), Zentrale Stelle (Abs. 18), Werkstoffliche Verwertung (Abs. 19), Wertstoffhof (Abs. 20). 2

B. Begriffsbestimmungen

I. Verpackungen (Abs. 1)

Die Definition der einzelnen Verpackungsarten setzt sich aus einem vorgeschalteten allgemeinen Teil, welcher eine einleitende, allgemeine Verpackungsdefinition enthält, und einem besonderen Definitionsteil, der die typische Funktion und Verwendung der jeweiligen Verpackungsart beschreibt, zusammen. 3

Ausweislich des allgemeinen Teils in § 3 Abs. 1 Satz 1 Halbsatz 1 VerpackG sind Verpackungen „aus beliebigen Materialien hergestellte Erzeugnisse zur Aufnahme, zum Schutz, zur Handhabung, zur Lieferung oder zur Darbietung von Waren, die vom Rohstoff bis zum Verarbeitungserzeugnis reichen können und vom Hersteller an den Vertreiber oder Endverbraucher weitergegeben werden". 4

Der Wortlaut des § 3 Abs. 1 VerpackV wurde in Bezug auf die allgemeine Definition des Verpackungsbegriffs fast vollständig übernommen. Indes wurde der Begriff des Produktes durch die Verwendung des Wortes Erzeugnisse ersetzt. Die Gesetzesbegründung verhält sich hierzu nicht. Diese lässt insbesondere keinen Rückschluss darauf zu, dass hiermit substantielle inhaltliche Änderungen verbunden sein sollen. Die Anpassung dient der Konkretisierung und Abgrenzung des Verpackungs- von dem Produktbegriff und trägt damit insbesondere den in den Anfängen der Verpackungsverordnung bestehenden Abgrenzungsschwierigkeiten Rechnung. Nichts anderes ergibt sich aus dem Umstand, dass der Gesetzgeber zwar durch die Fassung des § 3 VerpackG eine Angleichung an die EU-Verpackungsrichtlinie beabsichtigte, in Bezug auf den Verpackungsbegriff jedoch nunmehr weiter vom Richtlinientext abweicht, welcher in Art. 3 Abs. 1 Nr. 1 weiterhin den Terminus Produkt verwendet. 5

Eine Definition der vorzitierten Verpackungsfunktionen enthält das Verpackungsgesetz nicht. Hierbei handelt es sich um unbestimmte Rechtsbegriffe. Sofern mindestens eine dieser Funktionen erfüllt wird, ist der Anwendungsbereich des Verpackungsgesetzes insoweit eröffnet. Ausweislich von § 3 Abs. 1 Satz 2 VerpackG iVm Anlage 1 Nr. 1 Buchstabe a VerpackG bleiben andere Funktionen, welche die Verpackung möglicherweise ebenfalls erfüllt, außer Betracht (*Wüstenberg* AbfallR 2019, 91). 6

Wesensmerkmal der Verpackungen ist nach dem Verpackungsgesetz eine dienende Funktion der Verpackung im Verhältnis zur Ware. Das betreffende Erzeugnis im Sinne einer Verpackung besteht nicht seiner selbst willen, sondern steht stets in Relation zu einer Ware, welchem die Verpackung in den durch § 3 Abs. 1 Satz 1 Halbsatz 1 VerpackG genannten Funktionsweisen nutzt. Dieser gesetzlich vorgegebene Konnex zwischen Verpackung und Ware wird auch als Akzessorietät zwischen Verpackung und Ware bezeichnet (*Häberle* in Erbs/Kohlhaas Rn. 3). 7

8 An den allgemeinen Verpackungsbegriff anknüpfend werden in § 3 Abs. 1 Nr. 1–3 VerpackG die Funktionen und Anwendungsgebiete von einzelnen Arten von Verpackungen, nebst deren Spezifika, als Unterbegriffe definiert. Diese, wie auch die weiteren Verpackungsarten und Kategorien des § 3 VerpackG, implizieren den allgemeinen Teil des Verpackungsbegriffs des § 3 Abs. 1 Satz 1 Halbsatz 1 VerpackG.

9 Der sich kumulativ an den allgemeinen Teil anschließende besondere Teil dient der Identifizierung der Verpackungsart. In den Nr. 1–3 des Abs. 1 werden, je nach Funktionalität und Verwendungsart, drei verschiedene Arten von Verpackungen unterschieden: Verkaufsverpackungen (Nr. 1), unter die auch die besonderen Formen Service- und Versandverpackungen (Nr. 1a) bzw. b)) zu subsumieren sind, Umverpackungen (Nr. 2) und Transportverpackungen (Nr.).

10 Ebenso wie in der Verpackungsverordnung zuvor wird auch im Verpackungsgesetz zudem auf eine Anlage 1 verwiesen, in welcher Kriterien für Verpackungen sowie Verpackungsbeispiele angeführt werden.

11 **1. Verkaufsverpackungen (Abs. 1 Nr. 1).** Als Verkaufsverpackungen gelten nach dem Verpackungsgesetz diejenigen Verpackungen, die, zusätzlich zu den allgemeinen Verpackungsmerkmalen nach Abs. 1 Satz 1 Halbsatz 1, typischerweise dem Endverbraucher als Verkaufseinheit aus Ware und Verpackung angeboten werden.

12 Die drei wesentlichen Tatbestandsmerkmale dieser Definition sind also: (1) *Verpackung,* (2) *Verkaufseinheit* und (3) *typischerweise dem Endverbraucher angeboten werden.* Hinsichtlich des Begriffs der Verpackung wird auf die obigen Ausführungen verwiesen.

13 **a) Verkaufseinheit.** Der Begriff der Verkaufseinheit ist Art. 3 Abs. 1 Ziffer 1 Buchstabe a. der EU-Verpackungsrichtlinie entlehnt.

Bereits dem allgemeinen Verständnis des Begriffs „Einheit" nach, ist es erforderlich, dass die Verpackung nicht von der Ware getrennt sein darf. Vielmehr muss ein ausreichend enger Zusammenhang zwischen Verpackung und Ware bestehen (vgl. *Fischer/Arndt* VerpackV § 3 Rn. 24), so dass es dem Endverbraucher nicht möglich ist, Ware und Verpackung getrennt voneinander zu erwerben. Im Rahmen einer Transaktion von Gütern gelangt die Ware einschließlich der Verpackung an den Endverbraucher. Notwendige Voraussetzung ist insoweit, dass die Verpackung dem Endverbraucher in direktem räumlichen und zeitlichem Zusammenhang mit einer Ware angeboten wird (vgl. *Flanderka/Stroetmann* VerpackV § 3 Rn. 19).

14 Ein Beispiel für eine Verkaufseinheit sind etwa Schuhcreme und Dose (*BGH,* UPR 2000, 224 (225)). Erzeugnisse, die nicht unter den Begriff der Verkaufsverpackung zu subsumieren sind, sind etwa einzeln zu erwerbende Geschenkdosen sowie leere DVD- und CD-Hüllen, die ohne Medium erworben werden können (vgl. *Flanderka/Stroetmann* VerpackV § 3, Rn. 13).

15 **b) Typischerweise dem Endverbraucher angeboten werden.** Schließlich ist es erforderlich, dass die Verpackung typischerweise dem Endverbraucher angeboten wird. Endverbraucher ist, wer die Ware in der an ihn gelieferten Form nicht weiterveräußert. Er verbraucht/verarbeitet die Ware oder nimmt sie in bestimmungsgemäßen Gebrauch, vgl. im Einzelnen die Kommentierung zu § 3 Abs. 10 VerpackG.

16 Statt insoweit auf die Anfallstelle abzustellen, wird nun eine typisierende Betrachtung vorgenommen, bei der es entscheidend darauf ankommt, ob die Verpackungen typischerweise dem Endverbraucher angeboten wird. Damit ist für die Subsumtion unter den Begriff der Verkaufsverpackung nun keine konkrete, sondern lediglich eine abstrakte Zuordnung der Verpackung von Relevanz (BT-Drs. 18/11274, S. 81). Ex-ante ist auf Basis der allgemeinen Verkehrsanschauung zu beurteilen, ob dieses Kriterium für eine Verpa-

ckung erfüllt ist. Mit dieser Modifizierung entspricht der Gesetzgeber seinem Vorhaben, künftig stärker zu berücksichtigen, welches Ziel durch den Inverkehrbringer mit dem Inverkehrbringen einer gewissen Verpackung verfolgt wird und gleichzeitig nicht mehr allein auf das Anfallstellenprinzip abzustellen (BT-Drs. 18/11274, S. 81). Ebenso entspricht die „typischerweise"-Betrachtung der Intention des Gesetzgebers, den Verpackungsbegriff möglichst weitreichend zu gestalten, um der Zielvorgabe des § 1 VerpackG weitestgehend nachzukommen und das Verpackungsaufkommen zu reduzieren (vgl. so bereits bei vorheriger Gesetzeslage zur Verpackungsverordnung BR-Drs. 817/90, S. 24f.; *OLG Köln* OLGR 1995, 268 (269)).

c) Besondere Formen von Verkaufsverpackungen. Während § 3 Abs. 1 Satz 1 Nr. 1 Halbsatz 1 VerpackG die Verkaufsverpackungen im engeren Sinn betrifft (*Wüstenberg*, NJW 2018, 3614 (3615)), definiert § 3 Abs. 1 Satz 1 Nr. 1a) VerpackG die Serviceund § 3 Abs. 1 Satz 1 Nr. 1b) VerpackG die Versandverpackung als besondere Formen der Verkaufsverpackungen. Es kann insoweit nicht von „Untertypen" (*Wüstenberg* NJW 2018, 3614 (3615)) gesprochen werden. Diese Begrifflichkeit ist wenig geglückt, vielmehr handelt es sich um besondere Formen der Verkaufsverpackung, zumal in Bezug auf Versandverpackungen eine Erweiterung des sachlichen Anwendungsbereichs des Begriffs der Verkaufsverpackungen verbunden ist („gelten auch"). 17

aa) Serviceverpackungen im Sinne des § 3 Abs. 1 Satz 1 Nr. 1a). Die Serviceverpackung ist eine von zwei im Gesetz ausdrücklich aufgenommenen besonderen Formen der Verkaufsverpackung. Dass Serviceverpackungen dem Verpackungsbegriff, insbesondere jenem der Verkaufsverpackung unterfallen, hatte bereits das *OLG Köln* in zwei parallel gelagerten Entscheidungen vom 29.8.1997 – 6 U 17/97 und 6 U 27/97 festgestellt (aA *Strecker* ZLR 1997, 660f.). Auch die Verpackungsverordnung definierte Serviceverpackungen bereits als Unterfall der Verkaufsverpackungen. Abgesehen von den vorstehend dargestellten inhaltlichen Änderungen in Bezug auf Verkaufsverpackungen bestehen in Bezug auf die Spezifika der Serviceverpackung an sich keine substantiellen Unterschiede zur Verpackungsverordnung. 18

Die Serviceverpackung nach dem Verpackungsgesetz zeichnet sich dadurch aus, dass sie erst beim Letztvertreiber befüllt wird, mit dem Zweck, „die Übergabe von Waren an den Endverbraucher zu ermöglichen oder zu unterstützen", § 3 Abs. 1 Nr. 1a) VerpackG. Wesensmerkmal der Serviceverpackung ist, dass die Befüllung im situativen Kontext mit dem Inverkehrbringen, d.h. der Abgabe an den Endverbraucher steht. Ein unmittelbares „Zusammenfallen" ist hingegen weder in zeitlicher noch in örtlich, räumlicher Hinsicht erforderlich. Für das Kriterium der Befüllung beim Letztvertreiber ist es hinreichend, wenn die Befüllung in „räumlicher Nähe" zum Verkaufsort stattfindet (BT-Drs. 18/11274, S. 81). Eine räumliche Nähe liegt vor, wenn die Befüllung und die Abgabe an den Endverbraucher auf demselben Betriebsgelände eines Letztvertreibers oder allenfalls wenige hundert Meter davon entfernt erfolgen. Der Umstand, dass die Verbringung vom Abfüllort zum Verkaufs- bzw. Übergabeort öffentlichen Straßen- oder Verkehrsraum impliziert, mag als Indiz aber nicht als Ausschlusskriterium für eine räumliche Nähe gelten. Eine räumliche Einheit ist nicht zwingend. Auch genügt es, wenn die Befüllung mit Ware bereits im zeitlichen Vorfeld der Übergabe an den Endverbraucher stattgefunden hat. 19

Bedeutung erlangen Serviceverpackungen im Zusammenspiel mit der Regelung nach § 7 Abs. 2 VerpackG. Hierdurch ist es kleineren Direktvertreibern, etwa von selbst hergestellten Waren, zum Beispiel kleineren Gärtnereien oder Winzern, um diese von dem Aufwand einer eigenen Systembeteiligung zu entlasten, möglich, im Rahmen der Vorverlagerung der Systembeteiligungspflicht nach § 7 Abs. 2 VerpackG, ihre Waren in be- 20 reits systembeteiligten Verpackungen unmittelbar an private Endverbraucher abzugeben (BT-Drs. 18/11274, S. 81). Hiermit wird eine Ausnahme von dem Grundsatz statuiert, dass die Beteiligung an einem System durch den Erstinverkehrbringer zu erfolgen hat (vgl. § 7 Abs. 1 iVm § 3 Abs. 14 VerpackG). Insbesondere kleinere Betriebe, die selbst hergestellte Waren vertreiben und für die eine eigene Systembeteiligung zu viel Aufwand mit sich bringen würde, profitieren auf diese Weise von der Möglichkeit, bereits systembeteiligte Verpackungen zu verwenden (BT-Drs. 18/11274, S. 81). Eine annähernd vergleichbare Regelung war seit der 5. Novelle der Verpackungsverordnung auch in § 6 Abs. 1 Satz 2 VerpackV enthalten.

21 Beispiele für Serviceverpackungen sind in Anlage 1 unter Nr. 2, „Beispiele für Kriterium Buchstabe b)", aufgeführt. Hierzu zählen etwa Tragetaschen aus Papier oder Kunststoff, Frühstücksbeutel und Kunststofffolie für gereinigte Kleidung in Wäschereien oder der To-Go-Kaffeebecher.

22 **bb) Versandverpackungen (Abs. 1 Nr. 1b).** Neben der Serviceverpackung stellt auch die Versandverpackung eine besondere Form der Verkaufsverpackung dar. Dies wird mit der Einführung der Legaldefinition nun erstmalig ausdrücklich durch den Gesetzgeber klargestellt. Auch die Versandverpackung wird wie die Serviceverpackung erst beim Letztvertreiber befüllt. Bei der Versandverpackung erfolgt diese Befüllung allerdings mit dem Zweck, den Warenversand an den Endverbraucher zu ermöglichen oder zu unterstützen.

Die Einbeziehung der Versandverpackung in das Verpackungsgesetz trägt dem Umstand Rechnung, dass sich jenseits des klassischen „Vor-Ort-Handels" in Deutschland längst der Versandhandel als besonderes Vertriebssystem etabliert hat. Vertragsanbahnung, Vertragsschluss und Vertragsdurchführung erfolgen regelmäßig indirekt. Bei der Kommunikation von Warenangebot, Bestellung und Annahme sowie dem Austausch der Leistungen muss der fehlende Direktkontakt überwunden werden, was nicht zuletzt durch die Übermittelung der Ware durch einen wie auch immer gearteten Post- bzw. Transportdienstleister geschieht.

23 Wesentlich und besonders praxisrelevant ist die Abgrenzung der Versandverpackung von der Transportverpackung nach § 3 Abs. 1 Satz 1 Nr. 3 VerpackG. Der Unterschied besteht darin, dass Transportverpackungen in der Regel nicht an den Endverbraucher gelangen.

24 Für Versandverpackungen existiert keine dem § 7 Abs. 2 VerpackG entsprechende Möglichkeit der Vorverlagerung der Systembeteiligungspflicht. Vor dem Hintergrund, dass der Versandhandelsmarkt durch international agierende Direktvertreiber geprägt ist, hat der Gesetzgeber bewusst auf eine entsprechende Regelung verzichtet, da diese mangels Schutzbedürftigkeit der Marktteilnehmer nicht geboten ist (BT-Drs. 18/11274, S. 82).

25 **2. Umverpackungen (Abs. 1 Nr. 2).** Auch der Begriff der Umverpackung hat – vermeintlich – eine Annäherung an die europarechtliche Regelung in Art. 3 Nr. 1b) EU-Verpackungsrichtlinie erfahren, welche Umverpackungen mit Zweitverpackungen gleichsetzt. So liegt eine Umverpackung im Sinne des Verpackungsgesetzes nur dann vor, wenn diese eine bestimmte Anzahl von Verkaufseinheiten nach Nummer 1, d. h. aus Ware und (Verkaufs-) Verpackung enthält, die (Um-) Verpackung also zusätzlich zu der Verkaufsverpackung vorliegt.

26 Aufgrund des Gesetzestextes und der Gesetzesbegründung ist indes unklar, ob die Qualifizierung als Umverpackung voraussetzt, dass diese eine oder mindestens zwei Verkaufsverpackungen enthält.

27 Die Verwendung des Begriffes der „bestimmten Anzahl" legt terminologisch nahe, dass es sich um mehr als eine Verkaufsverpackung, d. h. mehr als eine Verkaufseinheit von Ware und Verpackung handeln muss. Dieses Verständnis wird durch die zweimalige Verwendung des Plurals in Bezug auf das Wort Verkaufseinheit in § 3 Abs. 1 Nr. 2 VerpackG gestützt, wohingegen dieses in § 3 Abs. 1 Nr. 1 VerpackG im Singular steht. Auch führt die Gesetzesbegründung in Bezug auf Umverpackungen als Beispiel die Bündelungsverpackungen an, welche von ihrer Zweckrichtung mit den im Gesetzestext ausdrücklich erwähnten Umverpackungen zur Bestückung von Verkaufsregalen (mit mehr als einer Verkaufseinheit) vergleichbar sind.

28 Daher spricht viel dafür, dass Umverpackungen nach dem Verständnis des Verpackungsgesetzes mindestens zwei Verkaufsverpackungen enthalten müssen. Hierin bestünde ein wesentlicher konzeptioneller Unterschied zu dem Verständnis einer Umverpackung, welches noch § 3 Abs. 1 Nr. 3 VerpackV zugrunde lag. Denn dies würde jedenfalls in Teilen eine Abkehr von der Wertung der Verpackungsverordnung bedeuten, wonach es sich bei Umverpackungen unter dem Gesichtspunkt der Abfallvermeidung um entbehrliche Verpackungen handelt (*Roder* VerpackV § 3 Rn. 10).

29 Auch hinsichtlich der Einordnung als Umverpackung findet fortan eine typisierende Betrachtung anhand der Frage statt, ob die Verpackung „typischerweise dem Endverbraucher […] angeboten [wird] oder zur Bestückung der Verkaufsregale [dient]" (§ 3 Abs. 1 Nr. 2 VerpackG).

30 Mit der Einführung des Verpackungsgesetzes besteht für Umverpackungen nun grundsätzlich die erstmalige Pflicht der vollständigen Systembeteiligung. Die vorherige Regelung in § 5 VerpackV, nach welcher der Vertreiber zum Einbehalten oder zur Rücknahme der Umverpackungen verpflichtet war, sofern der Endverbraucher dies nicht anders verlangt, entfällt damit.

31 **3. Transportverpackungen (Abs. 1 Nr. 3).** Bereits der Begriff der Transportverpackung lässt auf ihre Funktion sowie Verwendungsart schließen. Neben der Voraussetzung, die Handhabung (dieses Kriterium wurde im Verpackungsgesetz neu aufgenommen und war zuvor in der Verpackungsverordnung noch nicht enthalten) und den Transport von Waren zu erleichtern, kommt es darauf an, dass die Verpackung typischerweise nicht zur Weitergabe an den Endverbraucher bestimmt ist.

32 Eine Transportverpackung dient der Erleichterung der Handhabung von Ware, wenn die Verpackung den Transport der Ware etwa durch eine besser Fass- und Greifbarkeit sowie eine Bündelungsfunktion erleichtert, ferner wenn sie zu einer besseren Lager- und Stapelbarkeit führt.

33 Durch das Verpackungsgesetz wurde das der Begriffsdefinition des § 3 Abs. 1 Nr. 4 VerpackV zugrunde liegende Anfallstellenprinzip lediglich in modifizierter Form beibehalten. Das Anfallstellenprinzip wird durch das Kriterium des Abstellens auf die objektive Verkehrsanschauung im Sinne einer typisierenden Betrachtung ergänzt, so dass es nun darauf ankommt, dass die Verpackungen aufgrund der vom Inverkehrbringer intendierten Zweckbestimmung typischerweise nicht zur Weitergabe an den Endverbraucher bestimmt sind und im Handel verbleiben.

34 Hieraus ergibt sich gerade nicht, dass eine Verpackung rechtlich unterschiedlich eingeordnet werden kann und diese im zeitlichen Verlauf – je nach Anfallsort – von der Transportverpackung zur Verkaufsverpackung „mutieren" kann (a. A. *Häberle* in Erbs/Kohlhaas Rn. 19). Maßgeblich für eine Einordnung als Transportverpackung ist, dass diese bestimmungsgemäß üblicherweise nicht beim privaten Endverbraucher als Abfall anfällt. Wie schon unter Geltung der Verpackungsverordnung wird so der gesamte ge-

werbliche und industrielle Bereich bis hin zur Ebene des Einzelhändlers erfasst (vgl. *Flanderka/Stroetmann* VerpackV § 3 Rn. 26).

35 Eine andere Sichtweise hätte zur Konsequenz, dass eine zur Verkaufsverpackung „mutierte" Transportverpackung, welche grundsätzlich nicht systembeteiligungspflichtig ist, nachträglich systembeteiligt werden müsste. Gelangt eine Verpackung, die den Transport der Ware erleichtern soll bis zum Endverbraucher, so handelt es sich dann um eine Versandverpackung, wenn diese typischerweise beim privaten Endverbraucher als Abfall anfällt. Auch in diesem Fall handelt es sich jedoch nicht um eine nachträglich „mutierte" Transportverpackung, sondern von vorneherein um eine systembeteiligungspflichtige Versandverpackung (aA *Häberle* in Erbs/Kohlhaas Rn. 19).

36 Im Übrigen besteht auch an dieser Stelle weitgehende Einheitlichkeit mit Art. 3 Nr. 1c) EU-Verpackungsrichtlinie.

II. Getränkeverpackungen (Abs. 2)

37 Ausweislich von § 3 Abs. 2 VerpackG sind Getränkeverpackungen geschlossene oder überwiegend geschlossene Verkaufsverpackungen für flüssige Lebensmittel, wobei nun unmittelbar auf die einschlägige EU-Verordnung ((EG) Nr. 178/2002) verwiesen wird. Nach deren Art. 2 sind Lebensmittel alle Stoffe oder Erzeugnisse, die dazu bestimmt sind oder von denen nach vernünftigem Ermessen erwartet werden kann, dass sie in verarbeitetem, teilweise verarbeitetem oder unverarbeitetem Zustand von Menschen aufgenommen werden (können). Art. 2 Abs. 2 der vorbezeichneten Verordnung stellt klar, dass unter Lebensmittel auch Getränke fallen.

38 Soweit flüssige Lebensmittel oder Wasser vorliegen, handelt es sich bei deren Verpackung um eine Getränkeverpackung im Sinne des Verpackungsgesetzes. Inhaltlich besteht ein Gleichlauf mit der vorherigen Regelung der Verpackungsverordnung (§ 3 Abs. 2 VerpackV). Allerdings besteht anders als nach der Verpackungsverordnung nun keine Ausnahme mehr für joghurt- oder kefirbeinhaltende Verpackungen. An dieser Stelle gilt es aber § 31 Abs. 5 Nr. 7g) VerpackG zu beachten, nach dem für Einweggetränkeverpackungen dieses Inhalts weiterhin keine Pfandpflicht besteht.

III. Mehrwegverpackungen (Abs. 3)

39 Nach Maßgabe von § 3 Abs. 3 VerpackG sind Mehrwegverpackungen Verpackungen, „die dazu bestimmt sind, nach dem Gebrauch mehrfach zum gleichen Zweck wiederverwendet zu werden und deren tatsächliche Rückgabe und Wiederverwendung durch eine ausreichende Logistik ermöglicht sowie durch geeignete Anreizsysteme, in der Regel durch ein Pfand, gefördert wird", wobei die tatbestandlichen Voraussetzungen kumulativ erfüllt sein müssen. Die Definition der Mehrwegverpackung hat in ihrem Umfang im Vergleich zu § 3 Abs. 3 Satz 1 VerpackV Veränderungen erfahren und ist erweitert worden. Es kommt zwar nach wie vor darauf an, dass die Verpackung zum Mehrfachgebrauch bestimmt ist, neu hinzugekommen ist allerdings ein objektives Tatbestandsmerkmal, namentlich die Anforderung, durch eine ausreichende Logistik die tatsächliche Rückgabe sowie Wiederverwendung zu ermöglichen und dies durch entsprechende Anreizsysteme, beispielhaft genannt wird das Pfand, zu fördern.

40 Originäre Voraussetzung einer Mehrwegverpackung ist hierbei, dass sich das eingesetzte *Material der Verpackung* für eine mehrfache Wiederverwendung eignet (Roder Ver-

packV § 3 Rn. 14). Eine numerische Vorgabe im Sinne einer Mindestanzahl von Wiederverwendungen enthält das Verpackungsgesetz nicht. Zur ausreichenden Logistik, welche die tatsächliche Rückgabe und Wiederverwendung ermöglicht, gehört ausweislich der Gesetzesbegründung etwa das Vorhandensein von Spülvorrichtungen in hinreichendem Maße. Ein geeignetes Anreizsystem liegt dann vor, wenn der Endverbraucher, ohne dass es auf einen monetären Vorteil ankäme, gewöhnlich dazu motiviert wird, seine restentleerten Verpackungen an den Vertreiber beziehungsweise Hersteller zurückzugeben (BT-Drs. 18/11274, S. 82).

Der Sinn und Zweck dieser Verschärfung der Anforderungen an Mehrwegverpackungen in objektiver Hinsicht liegt darin, die rechtlichen Vorteile, die sie gegenüber Einwegverpackungen genießen, nur denjenigen Inverkehrbringern zu Teil werden zu lassen, bei denen den Umständen nach tatsächlich davon ausgegangen werden kann, dass eine Mehrfachverwendung erfolgt. So soll vermieden werden, dass die gesetzliche Bestimmung zur Mehrfachverwendung leerläuft. 41

Mehrwegverpackungen sind ausweislich von § 12 Nr. 1 VerpackG von der Systembeteiligungspflicht und den sich aus dem 2. Abschnitt des Verpackungsgesetzes ergebenden Verpflichtungen ausgenommen. Ob und inwieweit es sich bei einer Verpackung um eine Mehrwegverpackung handelt, kann auf Antrag gegenüber der Zentralen Stelle Verpackungsregister durch Verwaltungsakt festgestellt werden. 42

Den Letztvertreiber von mit Getränken befüllten Mehrwegverpackungen treffen die Hinweispflichten nach § 32 Abs. 2 VerpackG. 43

IV. Einwegverpackungen (Abs. 4)

§ 3 Abs. 4 VerpackG enthält in Bezug auf die Einwegverpackung eine Negativdefinition. Einwegverpackungen im Sinne des Verpackungsgesetzes sind danach Verpackungen, die keine Mehrwegverpackungen sind. Die vorstehende Begriffsbestimmung entspricht jener in § 3 Abs. 3 Satz 2 VerpackV. 44

Demgegenüber ist der Begriff der ökologisch vorteilhaften Einwegverpackung aus § 3 Abs. 4 der Verpackungsverordnung nicht ins Verpackungsgesetz übernommen worden und entfallen. 45

V. Verbundverpackungen (Abs. 5)

Der Begriff der Verbundverpackung nach § 3 Abs. 5 VerpackG entspricht der Definition des § 3 Abs. 5 in der VerpackV. Eine Verbundverpackung im Sinne des Verpackungsgesetzes liegt vor, wenn Verpackungen aus unterschiedlichen Materialarten bestehen, die von Hand nicht trennbar sind und von denen keine einen Masseanteil von 95% überschreitet. Die Verpackung muss aus mindestens zwei Materialien bestehen, um unter den Begriff der Verbundverpackung subsumiert werden zu können (vgl. *Flanderka/Stroetmann* VerpackV § 3 Rn. 33). Soweit sich eine Verpackung aus verschiedenen Kunststoffen zusammensetzt, ist diese nach dem inkorporierten Willen des Verordnungsgebers der Verpackungsverordnung als eine Kunststoffverpackung einzuordnen und stellt keine Verbundverpackung dar (BT-Drs. 13/5999, S. 19; 18/11274, S. 83). Diese Einschränkung gilt nicht für andere Materialien, etwa für das meist zitierte Beispiel für eine Verbundverpackung, die Getränkedose aus Weißblech mit Aluminiumdeckel, bei der die Komponenten nicht von Hand getrennt werden können. 46

VI. Restentleerte Verpackungen (Abs. 6)

47 Der Begriff der restentleerten Verpackung nach § 3 Abs. 6 VerpackG entspricht der Definition des § 3 Abs. 6 in der VerpackV.

48 Eine restentleerte Verpackung im Sinne des Verpackungsgesetzes liegt vor, wenn der entsprechende Inhalt bestimmungsgemäß ausgeschöpft wurde. Auf die Art der Entleerung kommt es im Rahmen des § 3 Abs. 6 VerpackG nicht an, sie kann etwa durch Ablassen oder aktive Entnahme des Produktes erfolgen. Indes muss die Verpackung nicht frei von jeglichen Anhaftungen oder Resten sein. Ausreichend ist vielmehr, dass nur noch unwesentliche Restmengen in der Verpackung verblieben sind, welche nicht mehr eigenständig verwertbar und durch bestimmungsgemäßen Gebrauch nicht mehr weiter reduzierbar sind (vgl. *Flanderka/Stroetmann* VerpackV § 3 Rn. 34). Eine restentleerte Verpackung liegt vor, wenn beim Versuch einer nochmaligen Entleerung keine Tropfen oder Feststoffe mehr austreten bzw. gelöst werden, vgl. den Technischen Leitfaden zur Abfalleinstufung der Europäischen Kommission vom 9.4.2018 – 2018/C 124/01. Der Begriff einer restentleerten Verpackung ist nicht mit einer gereinigten Verpackung gleichzusetzen, welche in Bezug auf § 3 Abs. 6 VerpackG nicht gemeint ist.

49 Eine Verpackung die noch Rückstände enthält ist nicht restentleert im Sinne des § 3 Abs. 6 VerpackG. Eine Verpackung weist Rückstände auf, wenn das in der Verpackung verbliebene Material (trotz einer gewissen Menge) aufgrund von technischen Eigenarten der Verpackung, etwa wegen der Größe der Öffnung oder jenes des Materials, nicht durch bestimmungsgemäßen Gebrauch entfernt werden kann, vgl. den Technischen Leitfaden zur Abfalleinstufung der Europäischen Kommission vom 9.4.2018 – 2018/C 124/01. Ein halb entleerter Eimer mit eingetrockneter Dispersionsfarbe kann folglich nicht als restentleert im Sinne des Verpackungsgesetzes angesehen werden.

50 Die Qualifizierung als restentleerte Verpackung im Sinne des § 3 Abs. 6 VerpackG ist grundsätzlich rechtlich unabhängig von der Frage zu beurteilen, ob die Verpackung als gefährlicher Abfall unter der Abfallschlüsselnummer 150110 oder nicht gefährlicher Abfall nach der Anlage zur Abfallverzeichnisverordnung einzustufen ist.

VII. Schadstoffhaltige Füllgüter (Abs. 7)

51 **1. Allgemeines.** Hinsichtlich der Begriffsbestimmung für schadstoffhaltige Füllgüter verweist § 3 Abs. 7 VerpackG auf Anlage 2 des Verpackungsgesetzes. Anders als noch die Verpackungsverordnung listet § 3 Abs. 7 VerpackG die verschiedenen Gruppen schadstoffhaltiger Füllgüter aus redaktionellen Gründen nicht mehr auf, ohne diese Gründe näher zu umreißen. An dieser Stelle wollte der Gesetzgeber wohl den ohnehin sehr umfangreichen und ausladenden § 3 VerpackG etwas entschlacken. Der Übersichtlichkeit und Lesbarkeit halber wurde an dieser Stelle darauf verzichtet, einen Katalog schadstoffhaltiger Füllgüter in die Norm mitaufzunehmen.

52 Die Anlage 2 schadstoffhaltigen Füllgüter im Sinne von § 3 Abs. 7 VerpackG lautet wie folgt:

1. „1. Stoffe und Gemische, die bei einem Vertrieb im Einzelhandel dem Selbstbedienungsverbot nach § 4 Absatz 1 der Chemikalienverbotsverordnung in der Fassung der Bekanntmachung vom 13. Juni 2003 (BGBl. I S. 867), die zuletzt durch Artikel 5 Absatz 40 des Gesetzes vom 24. Februar 2012 (BGBl. I S. 212) geändert worden ist, unterliegen würden,
2. Pflanzenschutzmittel, die nur für die Anwendung durch berufliche Anwender nach dem Pflanzenschutzgesetz vom 6. Februar 2012 (BGBl. I S. 148, 1281), das zuletzt durch Artikel 4 Absatz 84 des Gesetzes vom 18. Juli 2016 (BGBl. I S. 1666) geändert worden ist, zugelassen sind,

3. Gemische von Diphenylmethan-4,4'-diisocyanat (MDI), soweit diese nach der Verordnung (EG) Nr. 1272/2008 des Europäischen Parlaments und des Rates vom 16. Dezember 2008 über die Einstufung, Kennzeichnung und Verpackung von Stoffen und Gemischen, zur Änderung und Aufhebung der Richtlinien 67/548/EWG und 1999/45/EG und zur Änderung der Verordnung (EG) Nr. 1907/2006 (ABl. L 353 vom 31.12.2008, S. 1), die zuletzt durch Verordnung vom 24. Juli 2015 (ABl. L 197 vom 25.7.2015, S. 10) geändert worden ist, als atemwegssensibilisierend der Kategorie 1 (Resp. Sens. 1) einzustufen sowie mit dem H-Satz H334 zu kennzeichnen sind und in Druckgaspackungen in Verkehr gebracht werden, sowie
4. Öle, flüssige Brennstoffe und sonstige ölbürtige Produkte, die als Abfall unter die Abfallschlüssel 12 01 06, 12 01 07, 12 01 10, 16 01 13 oder 16 01 14 oder unter Kapitel 13 der Anlage zur Abfallverzeichnis-Verordnung fallen würden."

Ausweislich der Gesetzesbegründung enthält Anlage 2 zu § 3 Abs. 7 VerpackG eine abschließende Liste von Stoffen und Gemischen, die als schadstoffhaltige Füllgüter im Sinne von § 3 Abs. 7 VerpackG gelten (BT-Drs. 18/11274, S. 82). Dies ist insoweit ungenau, als dass Anlage 2 die betreffenden Stoffe und Gemische, vorbehaltlich von Ziffer 3, nicht enumerativ auflistet, sondern seinerseits – nach der Gesetzesbegründung als abschließend zu wertende – Bezugnahmen auf die vorzitierten Verordnungen und Gesetze enthält. **53**

Ausweislich der Gesetzesbegründung entspricht der Begriff der schadstoffhaltigen Füllgüter des Verpackungsgesetzes „materiell größtenteils" noch der Regelung in der Verpackungsverordnung. Die Definition ist jedoch in Nr. 2 und Nr. 3 an die europäischen Vorgaben im Gefahrstoffrecht angepasst worden (BT-Drs. 18/11274, S. 82), was zum Teil auch für Nr. 1 gilt. Zudem sind die unter Nummer 4 der Anlage erfassten Öle, flüssigen Brennstoffe und sonstigen ölbürtigen Produkte, die als Abfall unter einen der genannten Abfallschlüssel oder unter Kapitel 13 der Anlage zur Abfallverzeichnis-Verordnung fallen würden, neu zu der Definition schadstoffhaltiger Füllgüter hinzugekommen. **54**

Verkaufsverpackungen, welche schadstoffhaltige Füllgüter enthalten sind nach § 12 Nr. 4 VerpackG von der Systembeteiligungspflicht ausgenommen. **55**

2. Anlage 2 Nr. 1. a) Wortlaut der Norm. In Nr. 1 der Anlage 2 zu § 3 Abs. 7 VerpackG wird zur Bestimmung der „schadstoffhaltigen Füllgüter im Sinne von § 3 Abs. 7" auf Stoffe und Gemische, die bei einem Vertrieb im Einzelhandel dem Selbstbedienungsverbot unterliegen würden, verwiesen. Nr. 1 der Anlage 2 VerpackG nimmt ausdrücklich Bezug auf § 4 Abs. 1 der Chemikalienverbotsverordnung in der Fassung der Bekanntmachung vom 13. Juni 2003 (BGBl. I S. 867), zuletzt durch Artikel 5 Abs. 40 des Gesetzes vom 24. Februar 2012 (BGBl. I S. 212) geändert (ChemVerbotsV): „Stoffe und Zubereitungen nach § 3 Abs. 1 Satz 1 und 2 dürfen im Einzelhandel nicht durch Automaten oder durch andere Formen von Selbstbedienung in den Verkehr gebracht werden. Das Selbstbedienungsverbot nach § 22 Abs. 1 des Pflanzenschutzgesetzes bleibt unberührt. Die Ausnahmen nach § 3 Abs. 4 Satz 3 Nr. 1 bis 5 gelten entsprechend." **56**

Die Regelungen, auf die in § 4 Abs. 1 ChemVerbotsV verwiesen wird, lauten wie folgt: **57**

§ 3 Abs. 1, S. 1 ChemVerbotsV: „Stoffe und Zubereitungen, die nach der Gefahrstoffverordnung mit den Gefahrensymbolen T (giftig) oder T+ (sehr giftig) oder O (brandfördernd) oder F– (hochentzündlich) oder mit den R-Sätzen R 40, R 62, R 63 oder R 68 zu kennzeichnen sind, dürfen nur abgegeben werden, wenn
1. der Abgebende die Identität (Name und Anschrift) des Erwerbers und, falls der Erwerber eine andere Person zur Abholung beauftragt hat (Abholender), deren Identität bei gleichzeitiger Vorlage der Auftragsbestätigung, aus der Verwendungszweck und Identität des Erwerbers hervorgehen, festgestellt hat,
2. dem Abgebenden bekannt ist oder er sich durch den Erwerber hat bestätigen lassen, dass dieser

a) als Handelsgewerbetreibender für sehr giftige und giftige Stoffe und Zubereitungen im Besitz einer Erlaubnis nach § 2 Abs. 1 ist oder das Inverkehrbringen gemäß § 2 Abs. 6 angezeigt hat oder Stoffe sowie Zubereitungen, die nach der Gefahrstoffverordnung mit den Gefahrensymbolen, O (brandfördernd) oder F+ (hochentzündlich) oder mit den R-Sätzen R 40, R 62, R 63 oder R 68 zu kennzeichnen sind, an den privaten Endverbraucher nur durch eine im Betrieb beschäftigte Person abgeben lässt, die die Voraussetzungen des § 2 Abs. 2 erfüllt, oder
b) als Endabnehmer diese Stoffe und Zubereitungen in erlaubter Weise verwenden will, und keine Anhaltspunkte für eine unerlaubte Weiterveräußerung oder Verwendung bestehen,

3. der Erwerber, sofern es sich um eine natürliche Person handelt, mindestens 18 Jahre alt ist,
4. der Erwerber, sofern er ein Begasungsmittel nach der Gefahrstoffverordnung erwerben will, die Erlaubnis nach Anhang I Nummer 4.3.1 Absatz 1 der Gefahrstoffverordnung oder den Befähigungsschein nach Anhang I Nummer 4.3.1 Absatz 2 der Gefahrstoffverordnung vorgelegt hat und
5. der Abgebende den Erwerber über die mit dem Verwenden des Stoffes oder der Zubereitung verbundenen Gefahren, die notwendigen Vorsichtsmaßnahmen beim bestimmungsgemäßen Gebrauch und für den Fall des unvorhergesehenen Verschüttens oder Freisetzens sowie über die ordnungsgemäße Entsorgung unterrichtet hat."

§ 3 Abs. 1 S. 2 ChemVerbotsV: „Satz 1 Nr. 1 bis 3 gilt auch für die Abgabe von nicht nach der Gefahrstoffverordnung mit dem Gefahrensymbol O (brandfördernd) zu kennzeichnenden Wasserstoffperoxidlösungen (CAS-Nummer 7722-84-1) mit einem Massengehalt von mehr als 12 Prozent und den nicht mit dem Gefahrensymbol O (brandfördernd) zu kennzeichnenden ammoniumnitrathaltigen Zubereitungen, die einer der in Anhang I Nummer 5 der Gefahrstoffverordnung genannten Gruppen A oder E oder den Untergruppen B I, C I, D III oder D IV zugeordnet werden können".

§ 3 Abs. 1 S. 5 ChemVerbotsV: „Für die Abgabe von Stoffen und Zubereitungen, die bei bestimmungsgemäßer Verwendung Phosphorwasserstoff entwickeln, gilt Satz 1 Nr. 1 bis 5 auch dann, wenn diese Stoffe und Zubereitungen nicht mit einem der in Satz 1 genannten Gefahrensymbole und R-Sätze zu kennzeichnen sind; abweichend hiervon gilt Satz 1 Nr. 4 nicht, wenn die Stoffe und Zubereitungen portionsweise verpackt sind, bei bestimmungsgemäßer Verwendung nicht mehr als 15 Gramm Phosphorwasserstoff entwickeln und zur Schädlingsbekämpfung im Freien verwendet werden."

§ 3 Abs. 4 S. 3 Nr. 1–7 ChemVerbotsV: „Die Absätze 1 und 2 gelten nicht für

1. Gase im Sinne der Klasse 2 nach Unterabschnitt 2.2.2.1 Anlage A des Europäischen Übereinkommens vom 30. September 1957 über die internationale Beförderung gefährlicher Güter auf der Straße (ADR) in der Fassung der Bekanntmachung vom 28. August 2007 (BGBl. 2007 II S. 1399), sofern sie nach der Gefahrstoffverordnung mit dem Gefahrensymbol F+ (hochentzündlich) oder O (brandfördernd) zu kennzeichnen sind,
2. Klebstoffe, Härter, Mehrkomponentenkleber und Mehrkomponenten-Reparaturspachtel, die auf Grund ihrer Zusammensetzung nach der Gefahrstoffverordnung mit dem Gefahrensymbol O (brandfördernd) zu kennzeichnen sind,
3. Experimentierkästen für chemische oder ähnliche Versuche, die in Übereinstimmung mit DIN EN 71 Teil 4, Ausgabe November 1990, hergestellt worden sind, wobei Absatz 1 Satz 1 Nr. 3 unberührt bleibt,
4. Mineralien für Sammlerzwecke,
5. Heizöl und Dieselkraftstoffe,
6. Sonderkraftstoffe für motorbetriebene Arbeitsgeräte, die nach der Gefahrstoffverordnung mit dem Gefahrensymbol F+ (hochentzündlich) zu kennzeichnen sind, sowie
7. Photochemikalien mit den Gefahrensymbolen Xn und R 40/R 68 in Verpackungen mit kindergesicherten Verschlüssen".

Schließlich enthält § 4 Abs. 1 ChemVerbotsV auch noch einen Verweis auf die Regelung eines Selbstbedienungsverbots in § 22 Abs. 1 PflSchG. Indes enthält § 22 Abs. 1 PflSchG keine solche Regelung. Insoweit handelt es sich wohl um einen redaktionellen Fehler und gemeint ist § 23 Abs. 2 PflSchG (vgl. auch *Flanderka/Stroetmann* VerpackV *§ 3 Rn. 36*).

58 **b) Korrigierende Auslegung als dynamische Verweisung.** Zur Bestimmung des Selbstbedienungsverbotes wird über § 4 Abs. 1 iVm § 3 Abs. 1 der Chemikalien-Verbotsverordnung in der Fassung vom 24.2.2012 auf Gefahrensymbole der Gefahrstoffverordnung verwiesen, in der in § 4 auf Anhang VI der Richtlinie 67/548/EWG verwiesen wird. Nach Art. 60 der Verordnung (EG) Nr. 1272/2008 (im Folgenden: GHS-Verordnung) ist die Richtlinie 67/548/EWG (sogenannte „Stoff-Richtlinie") und die Richtlinie 1999/45/EG (sogenannte „Zubereitungs-Richtlinie") mit Wirkung vom 1.6.2015 aufgehoben worden. Nach Art. 61 GHS -Verordnung werden für die Kennzeichnung Übergangsfristen festgelegt, wonach Stoffe seit dem 1.12.2010 nach dem neuen Kennzeichnungssystem der GHS-Verordnung eingestuft und gekennzeichnet werden müssen, während Gemische spätestens ab dem 1.6.2015 nach der GHS-Verordnung eingestuft und gekennzeichnet werden müssen. Nach Art. 61 Abs. 4 GHS-Verordnung durften Lagerbestände mit alter Kennzeichnung im Hinblick auf Stoffe noch bis zum 1.12.2012 und Gemische bis zum 1.6.2017 in Verkehr gebracht werden.

59 Die Übergangsfristen der GHS-Verordnung und die Aufhebung der Stoff- und Zubereitungsrichtlinie führen dazu, dass spätestens seit Mitte 2017 ausschließlich Stoffe und Gemische nach der GHS-Verordnung eingestuft und mit den Gefahrensymbolen auf dem Kennzeichnungsetikett nach der GHS-Verordnung versehen werden müssen und auch die Sicherheitsdatenblätter ausschließlich die Gefahrensymbole der GHS-Verordnung verwenden dürfen.

60 Aufgrund der GHS-Verordnung ist auch die Chemikalien-Verbotsverordnung geändert worden. Die Chemikalien-Verbotsverordnung ist in der Fassung vom 20.1.2017 (BGBl. I S. 94) neu gefasst worden und das Selbstbedienungsverbot nunmehr in § 8 geregelt worden. § 8 Chemikalien-Verbotsverordnung verweist wiederum auf Anlage 2 zur Chemikalien-Verbotsverordnung, in der umfassend auf die neuen Kennzeichnungen nach der GHS-Verordnung abgestellt wird.

61 Geht man allein vom Wortlaut der Nr. 1 in Anlage 2 zu § 3 Abs. 7 VerpackG aus und dem ausdrücklichen Verweis auf die Fassung der Chemikalien-Verbotsverordnung nach der Bekanntmachung vom 13.6.2003, zuletzt geändert durch Gesetz vom 24.2.2012, könnte von einem rein statischen Verweis auf die bereits zum Zeitpunkt des Inkrafttretens des Verpackungsgesetzes außer Kraft getretene Fassung der Chemikalien-Verbotsverordnung ausgegangen werden. Dies hätte zur Folge, dass der Verweis auf die Chemikalien-Verbotsverordnung nach Nr. 1 faktisch ins Leere läuft, da die Regelung in dieser Fassung keine Anwendung finden kann. Aufgrund des Umstandes, dass die Kennzeichnung von Verpackungen ausschließlich mit Gefahrensymbolen nach der GHS-Verordnung zu versehen sind und auch die von der alten Fassung der Chemikalien-Verbotsverordnung in Bezug genommenen Gefahrensymbole über die außer Kraft getretene Regelung von § 4 Abs. 1 Chemikalien-Verbotsverordnung, führt dies schlichtweg dazu, dass eine Umsetzung des Selbstbedienungsverbotes nach der alten Fassung der Chemikalien-Verbotsverordnung (in der Fassung vom 24.2.2012) tatsächlich und rechtlich unmöglich geworden ist. Eine allein am Wortlaut orientierte Auslegung der Nr. 1 der Anlage 2 zu § 3 Abs. 7 VerpackG führt folglich zu einer Nichtanwendbarkeit der Regelung, was offensichtlich nicht dem Interesse des Gesetzgebers entsprechen kann.

62 Da der Wortlaut der Regelung zur Nichtanwendbarkeit führt, bedarf dieser der korrigierenden Auslegung. Auch wenn der Wortlaut als statische Verweisung zu verstehen ist, kommt eine Anwendbarkeit der Regelung nur unter der Voraussetzung in Betracht, dass die Verweisung auf die Chemikalien-Verbotsverordnung als „dynamische Verweisung" zu verstehen ist.

Dies entspricht vor allem dem eigentlichen Regelungszweck der Norm.

63 Zunächst ist der Wortlaut der Regelung zwar hinsichtlich der in Bezug genommenen Fassung der Chemikalien-Verbotsverordnung insoweit eindeutig, als das ausdrücklich auf die konkrete Fassung der Chemikalien-Verbotsverordnung vom 24.2.2012 verwiesen wird. Insoweit ist die Regelung aus § 3 Abs. 7 der Verpackungsverordnung übernommen und eingefügt worden, welche Fassung der Chemikalien-Verbotsverordnung gemeint ist. Der Gesetzgeber hat allerdings eine Anpassung hinsichtlich der Begrifflichkeiten vorgenommen, da er in Nr. 1 der Anlage 2 zu § 3 Abs. 7 VerpackG nunmehr von „Stoffen und Gemischen" spricht, während die Fassung in § 3 Abs. 7 VerpackV noch von „Stoffen und Zubereitungen" spricht. Während es sich bei dem Begriff der „Zubereitung" um die Formulierung aus der alten Fassung der Gefahrstoffverordnung/der alten Fassung des Chemikaliengesetzes handelt, wird seit dem Inkrafttreten der GHS-Verordnung anstatt des Begriffes „Zubereitung" der Begriff „Gemisch" verwendet. Auf diesen wird auch in der Fassung der Chemikalien-Verbotsverordnung von 2017 abgestellt. Auch die Einfügung des Begriffes „Gemische" führt folglich de facto zur Nichtanwendbarkeit der Regelung, da die Fassung des Verbotes in der Chemikalien-Verbotsverordnungen der Fassung von 2012 ausschließlich auf den Begriff der „Zubereitung" abstellt und nicht auf den Begriff „Gemische".

64 In der Begründung zum Verpackungsgesetz wird ausgeführt, dass die Begriffsbestimmung der schadstoffhaltigen Füllgüter materiell größtenteils der Regelung in § 3 Abs. 7 der Verpackungsverordnung entsprechen soll und aus redaktionellen Gründen die Auflistung der einzelnen Füllgüter in eine neue Anlage 2 aufgenommen wurde und die Definitionen an neue europäische Vorgaben im Gefahrstoffrecht angepasst worden sind (BT-Drs. 18/11274, S. 83). Des Weiteren wird in der Begründung dann weiter ausgeführt:

„Anlage 2 enthält eine abschließende Liste von Stoffen und Gemischen, die als schadstoffhaltige Füllgüter im Sinne von § 3 Abs. 7 gelten. Sie entspricht im Wesentlichen der Auflistung von schadstoffhaltigen Füllgütern in § 3 Abs. 7 der Verpackungsverordnung. Die Nr. 2 und 3 wurden jedoch redaktionell überarbeitet und an die neue Rechtslage angepasst, da die in der Verpackungsverordnung genannten R-Sätze mittlerweile durch die GHS-Kennzeichnung nach der EU-Verordnung Nr. 1272/2008 ersetzt wurden (BT-Drs. 18/11274, S. 136)".

65 Der Gesetzesbegründung lässt sich mithin kein Hinweis entnehmen, weshalb durch die Nr. 1 ausdrücklich auf das Selbstbedienungsverbot in der Altfassung der Chemikalien-Verbotsverordnung abgestellt wird. Demgegenüber lässt sich der Gesetzesbegründung entnehmen, dass man eine Anpassung an die neue Rechtslage hinsichtlich der GHS-Kennzeichnung erreichen wollte, die vom Wortlaut her dann allerdings nur in der Nr. 3 der Anlage 2 zu § 3 Abs. 7 VerpackG vollständig zum Tragen gekommen ist. In Nr. 1 hat man dagegen ausschließlich die Begrifflichkeit wie auch in Nr. 3 der Anlage 2 an die neuen europäischen Vorgaben im Gefahrstoffrecht angepasst. Ein Verständnis des Verweises in Nr. 1 als rein statischer Verweis würde mithin dem Gesetzeszweck geradezu widersprechen.

66 Darüber hinaus wird auch der ursprüngliche Zweck, der mit der Bezugnahme auf das Selbstbedienungsverbot nach der Chemikalien-Verbotsverordnung verfolgt wurde, durch einen statischen Verweis nicht gerecht. Der Bezug auf das Selbstbedienungsverbot nach der Chemikalien-Verbotsverordnung war bereits in § 3 Abs. 7 VerpackV enthalten. In der Verpackungsverordnung ist die Bestimmung der schadstoffhaltigen Füllgüter mit Bezug auf das Selbstbedienungsverbot nach der Chemikalien-Verbotsverordnung aus Vorsorgegründen im Hinblick auf das Gefährdungspotenzial des Füllgutes erfolgt. So war man der Auffassung, dass die in § 4 der Chemikalien-Verbotsverordnung getroffene Wertung bezüglich der Vertriebsbeschränkungen aufgrund umwelt- oder gesundheitsgefährli-

chen Potenzials auch für den Vorsorgeschutz auf dem Entsorgungsweg einen geeigneten Ansatz bietet (vgl. BT-Drs. 13/7761).

Dieser offensichtlich auf das Gefährdungspotenzial des Füllgutes abstellende Zweck gilt auch nach dem Verpackungsgesetz fort. Die in Bezug genommene Wertung bezüglich der Vertriebsbeschränkungen nach der Chemikalien-Verbotsverordnung aufgrund des umwelt- oder gesundheitsgefährlichen Potenzials kann folglich im Hinblick auf den Vorsorgeschutz auf dem Entsorgungsweg nur dann im vorliegenden Fall zur Anwendung kommen, wenn von einer dynamischen Verweisung ausgegangen wird, d. h. dass die Bezugnahme auf das Selbstbedienungsverbot nach der Chemikalien-Verbotsverordnung in der jeweils geltenden Fassung zur Anwendung kommen soll. Auch wenn sich dies nicht unmittelbar aus dem Wortlaut der Nr. 1 der Anlage 2 zu § 3 Abs. 7 VerpackG ergibt, so folgt dies aber jedenfalls aus teleologischen und systematischen Erwägungen. Anhand der Gesetzesmaterialien hat der Gesetzgeber damit eine nachweisbare Sachentscheidung getroffen, die in der Formulierung des Gesetzestextes nicht zum Ausdruck kommt. Folglich ist der Rechtsanwender nicht an den missglückten Normtext zu binden, sondern an das vom Gesetzgeber gewollte. Das Bundesverfassungsgericht hat in seiner jüngeren Rechtsprechung deutlich gemacht, dass der Wortlaut im Regelfall keine starre Auslegungsgrenze zieht und eine Abweichung vom Gesetzeswortlaut immer dann möglich ist, wenn diese sich „auf den Willen des Gesetzgebers stützt" (Bundesverfassungsgericht, Urteil vom 23.5.2016 – 1 BvR 2230/15 u. a. – NJW-RR 2016, S. 1366). 67

Folglich ist Nr. 1 der Anlage 2 zu § 3 Abs. 7 VerpackG dahingehend zu verstehen, dass auf das Selbstbedienungsverbot in der jeweils gültigen Fassung der Chemikalien-Verbotsverordnung abgestellt wird. Denn nur so kann gewährleistet werden, dass die bezüglich der Vertriebsbeschränkungen getroffene Wertung aufgrund des umwelt- oder gesundheitsgefährlichen Potenzials auch für den mit der Regelung bezweckten Vorsorgeschutz auf dem Entsorgungsweg zur Anwendung kommen kann. 68

3. Anlage 2 Nr. 2. Anders als die Verpackungsverordnung nimmt das Verpackungsgesetz keinen Rekurs auf die Definition von Pflanzenschutzmitteln in Art. 2 Abs. 1 der Europäischen Pflanzenschutzmittelverordnung (Verordnung (EG) Nr. 1107/2009). Im Zuge eines neuen Ansatzes stellt Anlage 2 Nr. 2 VerpackG darauf ab, dass die Pflanzenschutzmittel nur für berufliche Anwender nach Maßgabe des vorzitierten Pflanzenschutzgesetzes zugelassen sind. Mit der neuen Anknüpfung der Zulassungsbeschränkung für berufliche Anwender hat der Gesetzgeber erfreulicherweise für Klarheit gesorgt. Ein beruflicher Anwender ist nach § 2 Nr. 16 Pflanzenschutzgesetz jede Person, die im Zuge ihrer beruflichen Tätigkeit Pflanzenschutzmittel anwendet. 69

4. Anlage 2 Nr. 3. In Bezug auf Gemische von Diphenylmethan-4,4'-diisocyanat (MDI) nimmt Anlage 2 Nr. 3 VerpackG anders als die Verpackungsverordnung nicht mehr auf die R-Sätze Bezug, da diese mittlerweile durch die GHS-Kennzeichnung nach der EU-Verordnung Nr. 1272/2008 ersetzt wurden (BT-Drs. 18/11274, S. 136). 70

5. Anlage 2 Nr. 4. Im Vergleich zu der Verpackungsverordnung wurde die Liste der schadstoffhaltigen Füllgüter zudem um Öle, flüssige Brennstoffe und sonstige ölbürtige Produkte, für die bereits gesonderte Rücknahmesysteme der Hersteller existieren und deren haushaltsnahe Sammlung in den gelben Tonnen und Säcken aufgrund möglicher Restanhaftungen ein unzumutbares Umwelt- und Gesundheitsrisiko darstellen würden, erweitert (BT-Drs. 18/11274, S. 136). Damit hat der Gesetzgeber die Zielsetzung verfolgt, bereits gesondert existierende Rücknahmesysteme der Hersteller, namentlich das von der Mineralölwirtschaft bereits 1995 gegründete herstellereigene Rücknahmesystem für Gebinde der Mineralölwirtschaft rechtlich abzusichern (BT-Drs. 18/11274, S. 136). 71

Im Rahmen von Nr. 4 der Anlage 2 hat der Gesetzgeber Bremsflüssigkeiten mit dem Abfallschlüssel 16 01 13 und Kühlerfrostschutzmittel mit dem Abfallschlüssel 16 01 14* offensichtlich fehlerhaft als ölbürtige Produkte eingeordnet. Ausweislich der Gesetzesbegründung ist der Gesetzgeber irrtümlich davon ausgegangen, dass es sich bei den hinter den in Nr. 4 aufgeführten Abfallschlüsseln stehenden Produkten durchweg um ölbürtige Produkte handelt (BT-Drs. 18/11274, S. 83, 136).

72 Aufgrund des aus den Gesetzesmaterialien erkennbaren Willens des Gesetzesgebers, Produkte, welche unter einen der enumerativ aufgeführten Abfallschlüssel fallen, als schadtstoffhaltiges Füllgut im Sinne des § 3 Abs. 7 VerpackG zu qualifizieren, gilt dies auch für Bremsflüssigkeiten mit dem Abfallschlüssel 16 01 13 und Kühlerfrostschutzmittel mit dem Abfallschlüssel 160114*, obgleich es sich hierbei nicht um ölbürtige Produkte handelt (vgl. BVerfG NJW-RR 2016, S. 1366).

VIII. Systembeteiligungspflichtige Verpackungen (Abs. 8)

73 § 3 Abs. 8 definiert erstmals den Begriff der systembeteiligungspflichtigen Verpackungen. Ausweislich der Gesetzesbegründung ist die Einführung dieser Bestimmung auf redaktionelle Gründe zurückzuführen und soll nach dem ausdrücklichen Willen des Gesetzgebers in materieller Hinsicht keine erheblichen Konsequenzen nach sich ziehen (BT-Drs. 18/11274, S. 83).

74 Der Gesetzeswortlaut definiert drei kumulative Kriterien, welche vorliegen müssen, damit es sich um eine systembeteiligungspflichtige Verpackung im Sinne des Verpackungsgesetzes handelt. Es muss sich 1. um eine Verkaufsverpackung im Sinne von § 3 Abs. 1 Nr. 1 VerpackG oder eine Umverpackung nach § 3 Abs. 1 Nr. 2 VerpackG handeln, welche 2. mit Ware befüllt ist, und 3. als Abfall typischerweise beim privaten Endverbraucher anfällt.

75 **1. Verkaufsverpackung oder Umverpackung.** Hinsichtlich der Definition von Verkaufsverpackungen wird auf die Ausführungen zu § 3 Abs. 1 Nr. 1 VerpackG Bezug genommen. In Bezug auf die Definition der Umverpackung wird auf die begriffsbestimmenden Erläuterungen zu § 3 Abs. 1 Nr. 2 VerpackG verwiesen. Letztere zählen anders als nach der Konzeption der Verpackungsverordnung nun auch zu den systembeteiligungspflichtigen Verpackungen. Folgerichtig ist die vormals in § 5 VerpackV vorgesehene Rücknahmepflicht hinsichtlich von Umverpackungen, welche der Endverbraucher nicht mitnehmen will, entfallen.

76 Aus dem Umstand, dass § 3 Abs. 8 VerpackG die Verkaufs- und Umverpackungen als zwei von drei Verpackungsarten des § 3 Abs. 1 VerpackG als systembeteiligungspflichtig qualifiziert, die Transportverpackungen nach § 3 Abs. 1 Satz 1 Nr. 3 VerpackG hingegen nicht erwähnt, folgt *a maiore ad minus,* dass diese keine systembeteiligungspflichtigen Verpackungen darstellen.

77 **2. mit Ware befüllt.** Ausweislich des Gesetzeswortlauts sind nur mit Ware befüllte Verpackungen systembeteiligungspflichtig, d. h. unbefüllte bzw. leere Verpackungen sind grundsätzlich nicht als systembeteiligungspflichtige Verpackungen im Sinne des § 3 Abs. 8 VerpackG zu qualifizieren.

78 Eine Ausnahme von diesem Grundsatz bilden Serviceverpackungen. Diese sind, wie sich aus einem Umkehrschluss aus § 7 Abs. 2 VerpackG ergibt, auch bevor sie mit Ware *befüllt werden* systembeteiligungspflichtig.

3. als Abfall typischerweise beim privaten Endverbraucher anfällt. Nach dem Gesetzeswortlaut des § 3 Abs. 8 VerpackG gilt ein gegenüber der Verpackungsverordnung modifiziertes Anfallstellenprinzip. Nach der Verpackungsverordnung war entscheidend, dass die Verpackung tatsächlich beim Endverbraucher anfällt. Erforderlich war also, dass die Verpackung durch den Vertreiber übergeben und durch den Endverbraucher angenommen wird, ohne anschließend weiterveräußert zu werden (*Flanderka/Stroetmann* VerpackV § 3 Rn. 20). **79**

Demgegenüber wird das Anfallstellenprinzip im Rahmen des § 3 Abs. 8 VerpackG durch die Aufnahme des Adverbs „typischerweise" in den Gesetzeswortlaut um das Kriterium des Abstellens auf die allgemeine Verkehrsanschauung im Sinne einer typisierenden Betrachtung ergänzt. Anders als die Verpackungsverordnung (etwa in § 3 Abs. 1 Nr. 2) stellt das Verpackungsgesetz nicht mehr allein darauf ab, dass die Verpackung im vorbeschriebenen Sinn bei dem Endverbraucher anfällt, sondern enthält eine weitergehende ausdrückliche Konkretisierung dahingehend, dass diese gerade „als Abfall" anfallen muss. **80**

Unter der Verkehrsanschauung ist die Auffassung zu verstehen, die sich allgemein oder in dem in Rede stehenden Verkehrsgebiet gebildet hat. Der Beurteilungsmaßstab ist grundsätzlich ein objektiver. Ausweislich der Gesetzesbegründung ist hierbei eine ex-ante-Einschätzung bezüglich der späteren Anfallstelle vorzunehmen (BT-Drs. 18/11274, S. 83). **81**

Die Zentrale Stelle Verpackungsregister hat einen Katalog systembeteiligungspflichtiger Verpackungen (vgl. hierzu im Einzelnen auch die Kommentierung zu § 3 Abs. 8 VerpackG) und einen diesbezüglichen Leitfaden erlassen, um den unbestimmten Rechtsbegriff „typischerweise" im Wege einer norminterpretierenden Verwaltungsvorschrift auszuformen. Entgegen der Annahme der Zentralen Stelle Verpackungsregister ist weder die Schaffung eines Kataloges systembeteiligungspflichtiger Verpackungen, noch die eines Leitfadens, in wie auch immer gearteter Weise durch den Gesetzgeber vorgezeichnet worden und die Zentrale Stelle Verpackungsregister zu deren Erlass rechtlich nicht befugt. **82**

Die Auffassung der Zentralen Stelle Verpackungsregister, wonach Bezugsrahmen für den typischen Anfall einer Verpackung nicht das Schicksal der einzelnen Verpackung, sondern eine gesamtmarktbezogene Betrachtung sei, findet weder eine Stütze im Gesetzeswortlaut noch der Gesetzesbegründung. Unabhängig von der Frage, ob sich aus § 26 Abs. 2 Satz 1 Nr. 23 VerpackG eine von der Zentralen Stelle Verpackungsregister proklamierte „bundesweite Einordnungsbefugnis" ergibt, enthält die vorzitierte Norm nicht andeutungsweise eine Bezugnahme auf eine abstrakte gesamtmarktbezogene Betrachtungsweise. Insbesondere lässt sich der antragsbezogenen Befugnis aus § 26 Abs. 1 Satz 2 Nr. 23 VerpackG, mag diese sich auch auf das gesamte Bundesgebiet erstrecken, kein abstrakter Prüfungsmaßstab entnehmen. Es verbietet sich ein Rückschluss vom „ob" der Befugnis zur Einordnung auf das „wie" bzw. die Kriterien für eine Einordnungsentscheidung. **83**

In ihren Einordnungsentscheidungen führt die Zentrale Stelle Verpackungsregister rechtsfehlerhaft aus, dass eine im Einzelfall von der von ihr vorgenommenen Gesamtmarktbetrachtung abweichende Praxis des Inverkehrbringens unerheblich sei (vgl. statt vieler etwa die Einordnungsentscheidung „10 kg Blockbutter vom 18.12.2019 – 353603/XXX.SP.19#0001; „Kunststoffeimer für Flüssigkunststoff zur Abdichtung bzw. Beschichtung" vom 16.8.2019 – 353603/XXX.SP.19#0001). Insoweit stützt sich die Zentrale Stelle Verpackungsregister maßgeblich darauf, dass nach dem VerpackG bei der Einordnung einer Verpackung als Verkaufsverpackung — in Anlehnung an die entsprechende Definition in Artikel 3 Nummer 1 Buchstabe a) der EU-Verpackungsrichtlinie **84**

(Richtlinie 94/62/EG in der Fassung der Änderungen durch die Richtlinien 2004/12/EG und (EU) 2015/720) — eine abstrakte Zuordnung nach der „typischen" Verwendung vorgesehen sei (BT-Drs. 18/11274, S. 81). Ein anderweitiges Inverkehrbringen stelle demgegenüber keine typische Verwendung dar und sei für die Einordnung insoweit unbeachtlich.

85 Indem die Zentrale Stelle Verpackungsregister in Bezug auf die Systembeteiligungspflicht maßgeblich auf die Ausführungen der Gesetzesbegründung auf S. 81 der BT-Drs. 18/11274 Bezug nimmt, wird verkannt, dass die dortigen Ausführungen des Gesetzgebers lediglich die Einordnung als Verkaufsverpackung im Sinne des § 3 Abs. 1 VerpackG betreffen, nicht jedoch die Einordnung als systembeteiligungspflichtige Verpackung im Sinne von § 3 Abs. 8 VerpackG. Die Gesetzesbegründung vermag eine abstrakte gesamtmarktbezogene Betrachtung in Bezug auf die Systembeteiligungspflicht, insbesondere die Frage, ob die Verpackung „typischerweise als Abfall beim privaten Endverbraucher anfällt" nicht zu rechtfertigen.

86 Soweit die Gesetzesbegründung lediglich klarstellt, dass bisherige Erfahrungen mit vergleichbaren Verpackungen und Produkten einbezogen werden können, ist auf die Einordnung in die richtige Vergleichskategorie zu achten. Anknüpfungspunkt muss dabei stets die durch den Hersteller intendierte und validierte Vertriebs- bzw. Entsorgungspraxis sein. Sofern die Zentrale Stelle Verpackungsregister in ihren Einordnungsentscheidungen vielfach konstatiert, dass im Vergleich zu ihren Gesamtmarktbetrachtungen eine abweichende Praxis des Inverkehrbringens erfolge, hat die Zentrale Stelle Verpackungsregister schon die falsche Vergleichskategorie gewählt und eine nicht einschlägige bzw. nicht passende Katalogkategorie herangezogen (vgl. die Einordnungsentscheidungen „Likörflasche und Konfitürenglas" vom 14.5.2019 – 353603/XXX.SP.19/0001 und „Rehabilitationsmittel vom 13.6.2019 – 353603/XXX.HR.19#002; „Kunststoffeimer für Flüssigkunststoff zur Abdichtung bzw. Beschichtung" vom 16.8.2019 – 353603/XXX.SP.19#0001). Der charakteristische Vertriebsweg der konkreten Verpackung ist damit gerade nicht mit den Feststellungen im Rahmen der Gesamtmarktbetrachtung der Zentralen Stelle Verpackungsregister bzw. jenen im Katalog systembeteiligungspflichtiger Verpackungen vergleichbar und die dortigen Feststellungen schon sachgedanklich nicht einschlägig.

87 Primär ist damit auf Erkenntnisse oder Erfahrungen in Bezug auf die konkrete Verpackung abzustellen, da diese gegenüber einer vergleichenden Betrachtung mit gleichartigen Verpackungen und Produkten ein höheres Maß an Sachnähe und geringerer Fehlertoleranz aufweist.

88

a) Maßgebliche Einordnungskriterien. Die nachfolgend dargestellten Kriterien für die Einordnung einer Verpackung als systembeteiligungspflichtig im Sinne des § 3 Abs. 8 VerpackG sind nicht abschließend. Mit der Verwirklichung eines Einordnungskriteriums ist eine Indizwirkung für das Bestehen oder Nichtbestehen einer Systembeteiligungspflicht verbunden. Auch ist die von der Zuordenbarkeit zu einem Kriterium ausgehende Indiz- bzw. Regelwirkung aufgrund der mit der Verpackung im Zusammenhang stehenden, für diese charakteristischen (Sachverhalts-)Umstände widerlegbar.

89 Die typisierende Betrachtung im Rahmen des § 3 Abs. 8 VerpackG beschränkt sich dabei auf die Frage, ob die Verpackung nach Gebrauch in der Regel bei einem privaten Endverbraucher anfällt, nicht hingegen auf die Bildung von (abstrakten) Vergleichskategorien.

90 **aa) Vertriebsweg des Produktes.** Dem Vertriebsweg kommt für die Einordnung eines Produktes als Systembeteiligungspflichtig im Sinne des § 3 Abs. 8 VerpackG eine *Indizwirkung zu.*

Der Vertriebsweg ist insoweit richtungsweisend als er vorgibt, ob Produkte respektive deren Verpackungen im Regelfall überhaupt zu privaten Endverbrauchern gelangen oder nicht. Auch die Gesetzesbegründung geht davon aus, dass Produkte respektive deren Verpackungen abhängig vom Vertriebsweg in Bezug auf die Systembeteiligungspflicht unterschiedlich eingeordnet werden können und müssen (BT-Drs. 18/11274, S. 83). 91

Der Vertriebsweg determiniert die Ausprägung und Gestaltung der Verpackung, insbesondere deren Größe bzw. Volumen und nicht andersherum. Für die Beurteilung der Systembeteiligungspflicht ist damit eine Betrachtung der Kundenstruktur in Bezug auf das Produkt bzw. die jeweilige Verpackung maßgeblich. 92

Hinsichtlich der Bewertung der Systembeteiligungspflicht einer Verpackung ist der jeweils konkrete Vertriebsweg zugrunde zu legen. Dieser lässt sich nicht abstrakt durch eine Analyse einer Gesamtmarktbetrachtung für eine Produktgruppe bestimmen. Die erforderliche vertiefte Auseinandersetzung mit den Spezifika des individuellen Vertriebsweges ist im Rahmen einer Gesamtmarktbetrachtung nicht möglich. Diese ist im Vergleich zu einer Einzelfallanalyse in Bezug auf den Vertriebsweg des jeweils einzelnen Produktes nachrangig. Sofern der tatsächliche Vertriebsweg in Bezug auf die Verpackungen eines Produktes im konkreten Fall von den Feststellungen einer Gesamtmarktbetrachtung abweicht, ist der exakte Vertriebsweg für die Einordnungsentscheidung maßgeblich. 93

bb) Entsorgungsweg der Verpackung. Auch dem vorgesehenen Entsorgungsweg kommt für die Einordnung eines Produktes als Systembeteiligungspflichtig im Sinne des § 3 Abs. 8 VerpackG eine Indizwirkung zu. Dieser ist in Form der Konkretisierung des Wortlautes des Verpackungsgesetzes „als Abfall" in Bezug auf das Anfallstellenprinzip durch den Gesetzgeber in den Fokus gerückt worden. 94

Sieht der Entsorgungsweg eine Rücknahme und Verwertung der Verpackung über ein privates, beispielsweise herstellergetragenes Rücknahmesystem vor, in dessen Rahmen die Verpackung regelmäßig als Abfall anfällt, liegt keine systembeteiligungspflichtige Verpackung im Sinne von § 3 Abs. 8 VerpackG vor. 95

§ 3 Abs. 8 VerpackG sieht ausdrücklich vor, dass die Verpackung nach Gebrauch typischerweise beim privaten Endverbraucher „als Abfall" anfallen muss, um als systembeteiligungspflichtige Verpackung gelten zu können. Dies bedeutet, anders formuliert, dass eine Verpackung, welche typischerweise nicht als Abfall beim privaten Endverbraucher anfällt, keine systembeteiligungspflichtige Verpackung im Sinne von § 3 Abs. 8 VerpackG darstellt. 96

Der Gesetzgeber hat neben der Einführung dieses Tatbestandsmerkmals in der Legaldefinition der systembeteiligungspflichtigen Verpackungen in § 3 Abs. 8 VerpackG den Abfallanfall auch als Tatbestandsmerkmal in der Legaldefinition des § 3 Abs. 11 VerpackG (privater Endverbraucher) als auch in der Regelung des § 15 Abs. 1 Satz 1 Nr. 2 VerpackG zur Abgrenzung der nicht bei privaten Endverbrauchern anfallenden Verpackungen verwendet. 97

Berücksichtigt man, dass sich die Pflichten der Systeme allein auf die bei ihnen als Abfall anfallenden restentleerten Verpackungen erstreckt, dann kann von einer systembeteiligungspflichtigen Verpackung im Sinne von § 3 Abs. 8 VerpackG auch nur dann ausgegangen werden, wenn diese Verpackung typischerweise auch als Abfall im Erfassungssystem der Systeme anfällt. Denn nach dem Wortlaut von § 3 Abs. 8 VerpackG erstreckt sich das Adverb „typischerweise" auch auf das Tatbestandsmerkmal „als Abfall anfallen". 98

Anfallstelle des Abfalls ist der Ort, an dem der Abfall entsteht, d.h. von der Verpackung zum Abfall wird. Wann ein Stoff bzw. eine Verpackung zum Abfall wird, ergibt sich wiederum aus § 3 Abs. 1 und 2 KrWG. Maßgeblich für den Abfallbegriff ist mithin der Zeitpunkt, in welchem der Besitzer die Sache einem anderen überlässt oder bereit- 99 stellt. Der Abfallbesitzer muss sich mithin für einen Weg der Verwertung oder Beseitigung entschieden haben und im Hinblick darauf seinen Abfall zur Verwertung oder Beseitigung zur Verfügung gestellt haben (vgl. nur *Frenz* in Fluck/Frenz/Fischer/Franßen KrWG § 3 Rn. 7, 9).

100 Systembeteiligungspflichtig können mithin nur Verpackungen sein, die sich bei bzw. unmittelbar nach Gebrauch (Entleerung) typischerweise in einem privaten Haushalt oder in einer der in § 3 Abs. 11 Satz 2 VerpackG genannten vergleichbaren Anfallstellen befinden und die ihr Besitzer/Eigentümer dort einer Verwertung im Sinne der Anlage 2 oder einer Beseitigung im Sinne der Anlage 1 des KrWG zuführt oder über die er dort die tatsächliche Sachherrschaft unter Wegfall jeder weiteren Zweckbestimmung aufgibt. Da der Wegfall der Sachherrschaft bei einem Verbleib im Haus oder auf dem Grundstück nicht gegeben ist, kommt es für den Wandel einer Verpackung zum Abfall maßgeblich auf die Zuführung zur Verwertung oder Beseitigung an. Dementsprechend wird eine Verpackung zum system-beteiligungspflichtigen Abfall nur dann, wenn sie durch den Besitzer im bzw. am privaten Haushalt oder in bzw. an dem nach § 3 Abs. 11 Satz 2 VerpackG gleichgestellten Ort der für die Verpackungsentsorgung zuständigen Personen – d. h. dem jeweils von dem System beauftragten Entsorgungsunternehmen – überlässt oder bereitstellt und zur Verwertung oder Beseitigung zur Verfügung stellt. Dies geschieht typischerweise durch Einwurf in das von den Systemen bereitgestellte jeweilige Erfassungssystem.

101 Stellt der Besitzer seine Verpackung mit Entledigungswillen dagegen nicht in seinem privaten Haushalt bzw. nicht eine nach § 3 Abs. 11 Satz 2 VerpackG gleichgestellten Anfallstelle den mit der Verwertung/Beseitigung beauftragten Dritten durch Überlassung zur Verwertung oder Beseitigung zur Verfügung, sondern bringt er die betreffende Verpackung zu einer anderweitigen Rücknahmestelle oder lässt sie über ein gesondertes (herstellergetragenes) Rücknahmesystem abholen, so entsteht (fällt an) der Abfall am Ort dieser Anfallstelle. Dann liegt nach dem Wortlaut der §§ 3 Abs. 8 und 11 VerpackG, § 3 Abs. 1 und 2 KrWG nach einer systematischen Gesamtschau eine systembeteiligungspflichtige Verpackung nicht vor, da die Verpackung nicht in das Erfassungssystem der Systeme gelangt und damit typischerweise dort gerade nicht als Abfall anfällt.

102 Nach der objektiven Verkehrsanschauung fällt eine Verpackung nicht beim privaten Endverbraucher als Abfall an, wenn sie durch ein Systemkennzeichnen als Teil eines privatwirtschaftlichen Rücknahmesystems ausgewiesen ist. Dies hat die Zentrale Stelle Verpackungsregister in der Einordnungsentscheidung „Kraftpapiersack für Mineralfuttermittel Rinder" vom 22.10.2019 – 353603/XXX.SP.19#0002 in Bezug auf ein privatwirtschaftliches Rücknahmesystem für Kraftpapiersäcke rechtsfehlerhaft verkannt und zudem nicht berücksichtigt, dass die dualen Systeme – den Vortrag des Antragstellers insoweit als zutreffend unterstellt – zu dem durch den Hersteller intendierten Recycling der Verpackung technisch schlichtweg nicht in der Lage sind. Sofern Verpackungen von herstellergetragenen Rücknahmesystemen zurückgenommen und einer Verwertung zugeführt werden fallen diese damit „typischerweise" nicht bei den Erfassungssystemen der Systeme als Abfall an. Folglich handelt es sich insoweit nicht um systembeteiligungspflichtige Verpackungen.

103 **cc) Äußere Form und Gestaltung der Verpackung.** Die äußere Form und Ausprägung der Verpackung haben nur insoweit eine Bedeutung für die Einordnung einer Verpackung als systembeteiligungspflichtig im Sinne des § 3 Abs. 8 VerpackG sofern sich aus ihr Rückschlüsse auf den Vertriebs- oder den Entsorgungsweg ergeben.

104 Für die Frage der Systembeteiligungspflicht macht es beispielsweise keinen Unterschied, ob eine Verpackung quadratisch, rechteckig (quaderförmig) oder kegelförmig ist,

solange nur das Volumen bzw. die Füllgröße identisch ist. Eine Ausnahme kann einzig für Verpackungsdesigns gelten, welche evident darauf ausgerichtet sind eine industrielle oder private Endverbraucher begünstigende Handhabbarkeit zu ermöglichen. Angesprochen ist insoweit jedoch kein gestalterischer sondern ein funktionaler Aspekt.

Auch die Farbgebung und Aufmachung in Form des optischen Dekors sind primär für die Identifizierung einer Verpackung relevant, nicht jedoch für die Einordnung der Systembeteiligungspflicht. Eine Besonderheit gilt in den Fällen, in denen sich aus der optischen Gestaltung, etwa dem Fehlen von für einen Vertrieb an private Endverbraucher rechtlich erforderlichen Kennzeichnungsanforderungen Rückschlüsse auf den Vertriebsweg ergeben (vgl. Einordnungsentscheidung 10 kg Blockbutter vom 18.12.2019 – 353603/XXX.SP.19#0001). Auch eine sachliche Gestaltung und der Verzicht auf ein auffälliges, repräsentatives Design können als untergeordnetes Kriterium für die Einordnung als nicht systembeteiligungspflichtige Verpackung dienen. 105

Auch der Systemkennzeichnung durch eine Wort-/Bildmarke ausweislich derer die Verpackung Teil eines privatwirtschaftlichen Sammel- und Verwertungssystems für gebrauchte Verpackungen ist kommt eine Indizfunktion dafür zu, dass die Verpackung typischerweise nicht bei privaten Endverbrauchern als Abfall anfällt. Die Verkehrsanschauung geht zutreffend davon aus, dass eine Verpackung eines Herstellers bzw. Zeichennehmers, welche eine Systemkennzeichen eines (herstellergetragenen) Rücknahmesystems aufweist typischerweise im Rahmen dieses Systems zurückgenommen und verwertet wird. 106

dd) Volumen der Verpackung. Dem Volumen bzw. der Füllgröße einer Verpackung kommt für die Einordnung einer Verpackung bzw. eines Produktes als systembeteiligungspflichtig im Sinne des § 3 Abs. 8 VerpackG lediglich eine Indizwirkung zu. Die objektive Verkehrsanschauung misst dem Verpackungsvolumen im Rahmen einer typisierenden Betrachtung nur eine bedingte Aussagekraft zu und dies auch nur dann, wenn sich das Verpackungsvolumen hinsichtlich seiner Größe in einem evidenten Bereich bewegt, welcher Rückschlüsse darauf zulässt, ob das betreffende Produkt bzw. die Verpackung für den Endverbraucher bestimmt ist und folglich regelmäßig bei diesem als Abfall anfallen wird oder nicht. 107

Demgegenüber ist das Verpackungsvolumen bzw. die Füllgröße in „Grenzbereichen" kein geeignetes Abgrenzungskriterium. So erlaubt die Tatsache, ob eine Grundierung oder ein Lack in einem fünf oder in einem 7 Liter Eimer angeboten wird, keinen Rückschluss darüber, ob der Eimer als Verpackung mehrheitlich bei einem privaten Endverbraucher anfällt. Mag ein fünf Liter Eimer eher klein für einen gewerblichen und ein 7 Liter Eimer eher groß für einen privaten Endverbraucher sein, ist die Anzahl der Endverbraucher, welche sich als private für eine größere und als gewerbliche für eine kleinere Füllgröße entscheiden so hoch, dass eine trennscharfe Abgrenzung nicht möglich ist. Hieran vermag eine Mittelwertbetrachtung in Bezug auf eine vermeintlich repräsentative Gesamtmarktbetrachtung nichts zu ändern. 108

ee) Material der Verpackung. Auch dem Material der Verpackung kommt eine Bedeutung für die Einordnung einer Verpackung in Bezug auf die Systembeteiligungspflicht im Sinne des § 3 Abs. 8 VerpackG zu. Denn auch dieses kann etwa aufgrund seiner Wertigkeit und Masse Indizwirkung dafür entfalten, ob die Verpackungen üblicherweise bei einem privaten Endverbraucher als Abfall anfallen. 109

b) Katalog systembeteiligungspflichtiger Verpackungen. Die Zentrale Stelle Verpackungsregister hat den Katalog systembeteiligungspflichtiger Verpackungen nach eigenen Angaben als norminterpretierende Verwaltungsvorschrift erlassen und diesen 110 veröffentlicht. Der Katalog systembeteiligungspflichtiger Verpackungen gliedert sich in eine Vielzahl von sog. Produktgruppen, denen wiederum Produktkategorien in Form von Katalogblättern zugeordnet sind, welche die Warenwelt abbilden sollen. Die Produktgruppen, wie z. B. Getränke, Tiefkühlkost, Bauchemie, können übersichtsweise dem Inhaltsverzeichnis des Kataloges systembeteiligungspflichtiger Verpackungen entnommen werden. Innerhalb der Produktgruppen wird anhand von diversen Produkten unterschieden und die Zuordnung konkretisiert. Die Produktgruppenblätter enthalten stets ein Definitionsblatt mit Begründung, eine Kurzübersicht zur Systembeteiligungspflicht und einer Übersicht zur Systembeteiligungspflicht im Detail.

111 Unabhängig von der Frage der rechtlichen Zulässigkeit des Kataloges systembeteiligungspflichtiger Verpackungen (vgl. hierzu die Kommentierung zu § 26 Abs. 1 VerpackG) soll dieser nach Auffassung der Zentralen Stelle Verpackungsregister dazu dienen, dem Hersteller einer Verpackung einen Hinweis zu geben, wie seine Verpackung in Bezug auf die Systembeteiligungspflicht im Sinne des § 3 Abs. 8 VerpackG einzuordnen wäre. Ausweislich des Leitfadens der Zentralen Stelle Verpackungsregister zur Anwendung des Kataloges systembeteiligungspflichtiger Verpackungen, Stand September 2019, dort S. 4, trifft der Katalog eine Aussage darüber, wie die Zentrale Stelle Verpackungsregister entscheiden würde, sofern der Betreffende in Bezug auf eine bzw. seine Verpackung einen Antrag im Sinne des § 26 Abs. 1 Satz 2 Nr. 23 VerpackG stellen würde. Der Katalog systembeteiligungspflichtiger Verpackungen soll die Verwaltungspraxis der Zentralen Stelle Verpackungsregister antizipieren.

112 Dem Leitfaden der Zentralen Stelle Verpackungsregister zur Anwendung des Kataloges systembeteiligungspflichtiger Verpackungen, Stand September 2019, dort. S. 5, zufolge treffe der Katalog eine Einordnung als systembeteiligungspflichtige Verpackung oder nicht systembeteiligungspflichtige Verpackung ausschließlich in Bezug auf den typischen Anfallort in Form von Produktgruppen beschriebenen Verkaufs- oder Umverpackungen. Der Katalog gebe dem Erstinverkehrbringer damit insbesondere Hinweise zur Abgrenzung zu (groß)gewerblichen Verpackungen, also zu solchen, die typischerweise nicht beim privaten Endverbraucher als Abfall anfallen. Bei dem Katalog systembeteiligungspflichtiger Verpackungen handelt es sich um eine norminterpretierende Verwaltungsvorschrift, welche keine Außenwirkung gegenüber Dritten entfalten. Es handelt sich um bloßes „Innenrecht" der Zentralen Stelle Verpackungsregister. Der Katalog ist weder für die Vollzugsbehörden der Länder, noch für die Hersteller und Vertreiber von Verpackungen rechtlich bindend und wird im Verpackungsgesetz an keiner Stelle vorausgesetzt (so auch *Helmerking/Rennebarth* DStR 2019 948 (949)).

113 Die Aussagekraft des Kataloges ist dadurch begrenzt, dass sein Bezugsrahmen nicht die konkreten Umstände des Einzelfalles sind, namentlich eine Evaluierung der unter Gliederungspunkt a) dargestellten Einordnungskriterien in Bezug auf die jeweilige Verpackung, sondern eine produktgruppenorientierte gesamtmarktbezogene Betrachtung. Die Prämisse der Zentralen Stelle Verpackungsregister, dass „für eine von dieser Betrachtung abweichende Einordnungsentscheidung eines Erstinverkehrbringers oder eines Systems auf Basis eines Individual-Gutachtens oder eines im Einzelfall abweichenden Anfalls […] neben dieser gesamtmarktbezogenen Betrachtung kein Raum" sei, findet keine Stütze im Verpackungsgesetz und ist nicht zu rechtfertigen. Eine normative Anknüpfung oder eine dogmatische Rechtfertigung für dieses Postulat unter dem Verpackungsgesetz gibt es nicht und wird auch von der Zentralen Stelle Verpackungsregister nicht in Ansatz gebracht.

114 Maßgebend für die Frage der Systembeteiligungspflicht im Sinne des § 3 Abs. 8 VerpackG ist stets die Frage, wo die konkrete Verpackung, d. h. die nach Vertriebsweg, Entsorgungsweg, äußerer Form und Gestaltung, Volumen und Material bestimme Verpackung, charakteristischerweise anfällt. Dieses Verständnis liegt auch § 23 Abs. 1 Satz 2 Nr. 26 VerpackG zugrunde, welcher davon ausgeht, dass die Zentrale Stelle Verpackungsregister auf Antrag über die Systembeteiligungspflicht „einer" d. h. der exakten Verpackung in ihrem jeweiligen situativen Kontext entscheidet.

Eine abstrakte Betrachtung anhand von Produktgruppen und Katalog kann demgegenüber nur eine grobe Einordnung im Sinne einer unverbindlichen Orientierung, nicht jedoch eine effektive Einordnung in die Systembeteiligungspflicht ermöglichen (ähnlich *Wüstenberg* AbfallR 2019, 91 (92)). Dem Katalog kommt – selbst eine repräsentative und wissenschaftlich fundierte Gesamtmarktanalyse unterstellt – auch vor diesem Hintergrund keine Rechtswirkung zu. 115

IX. Inverkehrbringen (Abs. 9)

Mit der Bestimmung des § 3 Abs. 9 VerpackG wird erstmalig eine Definition des Begriffs Inverkehrbringen speziell für das Verpackungsrecht eingeführt. Dies bedeutet „jede entgeltliche oder unentgeltliche Abgabe an Dritte im Geltungsbereich dieses Gesetzes mit dem Ziel des Vertriebs, des Verbrauchs oder der Verwendung". 116

Zuvor musste mangels Legaldefinition oder amtlichen Erläuterungen vor allem auf die allgemeine Gesetzestradition dieses Begriffs in anderen Kontexten Rückgriff genommen werden. In diesem Zusammenhang wurde vormals an die Legaldefinition aus § 3 Nr. 9 Chemikaliengesetz sowie § 3 Nr. 1 Lebensmittel- und Futtermittelgesetzbuch i. V. m. Art. 3 Nr. 8 VO (EG)/2002 angeknüpft. 117

Die Rechtsprechung hatte den Begriff des Inverkehrbringens im Sinne des Verpackungsrechts dahingehend eingegrenzt, dass es wesentlich auf einen Gewahrsamswechsel ankommt (*OVG NRW,* BB 1995, 1263 ff.; Urteil vom 20.3.2014 – 20 A 931/12). Insgesamt hat das Fehlen einer Definition speziell für den Bereich des Verpackungsrechts aber zu Rechtsunsicherheit und Uneinigkeit geführt. So plädierten *Flanderka/Stroetmann* unter der Geltung der Verpackungsverordnung in Übereinstimmung mit der vorzitieren Rechtsprechung ebenfalls für die Erforderlichkeit eines Gewahrsamswechsels (*Flanderka/Stroetmann* VerpackV § 2 Rn. 4). Demgegenüber sprach sich *Roder* in seiner Kommentierung zur 5. Novelle der Verpackungsverordnung dafür aus, dass bereits das bloße Bereitstellen für die Abgabe und damit das Inverkehrbringen ausreichen solle (*Roder* VerpackV § 2 Rn. 3). 118

Diese Lücke wurde mit der Einführung des Verpackungsgesetzes geschlossen. Ausweislich des Gesetzeswortlautes des § 3 Abs. 9 VerpackG bedarf es zum Inverkehrbringen der Abgabe an einen Dritten und damit eines Gewahrsamswechsels. Aus der Gesetzesbegründung ergibt sich, dass § 3 Abs. 9 VerpackG maßgeblich an die Produktverantwortung anknüpfen will (BT-Drs. 18/11274, S. 84). 119

Aufgrund des Gesetzeswortlautes des § 3 Abs. 9 VerpackG bleibt offen, an welches Erzeugnis oder welchen Gegenstand der Begriff des Inverkehrbringens anknüpft, etwa ob an die Ware bzw. ein Produkt, die Verkaufseinheit zwischen Ware und Verpackung oder nur an die Verpackung. Diese Situation ist misslich, können die Zeitpunkte für die vorbeschriebenen Erzeugnisse doch auseinanderfallen. Da die Rücknahme und Verwertungspflichten des Verpackungsgesetzes nur für Verpackungen gelten, ist aufgrund der Systematik des Gesetzes in § 3 Abs. 9 VerpackG hineinzulesen, dass sich der Begriff des Inverkehrbringens im Sinne von § 3 Abs. 9 VerpackG auf das Inverkehrbringen der Verpackung bezieht und beschränkt. 120

Dabei orientiert sich die Begriffsbestimmung des Verpackungsgesetzes ausweislich der Gesetzesbegründung (BT-Drs. 18/11274, S. 84) neben dem Batteriegesetz auch an der 121

Definition des Inverkehrbringens in § 3 Nr. 7 des Elektro- und Elektronikgesetzes (ElektroG). Anders als § 3 Nr. 7 ElektroG erstreckt § 3 Abs. 9 VerpackG sich ausweislich seines Wortlautes nicht nur auf die erstmalige, sondern auf jedwede Abgabe. Auch knüpft § 3 Abs. 9 VerpackG gerade nicht an die erstmalige Bereitstellung auf dem Markt an. Auch eine Abgabe von gebrauchten Verpackungen an Dritte stellt damit unabhängig von der Entgeltlichkeit ein Inverkehrbringen im Sinne des § 3 Abs. 9 VerpackG dar, solange dies mit dem Ziel des Vertriebs, des Verbrauchs oder der Verwertung erfolgt.

122 Aufgrund des Erfordernisses der „Abgabe an Dritte" liegt ein Inverkehrbringen im Sinne des Verpackungsgesetzes nicht schon dann vor, wenn eine Bereitstellung im Lager des Herstellers erfolgt. Nach dem Verpackungsgesetz ist es rechtlich irrelevant, wenn Verpackungen im Internet oder in Katalogen oder wie auch immer beworben werden, da hierin, so wohl der Gedanke des Gesetzgebers, noch keine abfallwirtschaftlich relevante Verhaltensweise zu sehen ist. Wenn Verpackungen unter kontrollierten Bedingungen auf Fachmessen, Ausstellungen oder Demonstrationsveranstaltungen gezeigt werden liegt hierin kein Inverkehrbringen im Sinne des § 3 Abs. 9 des Verpackungsgesetzes. In Bezug auf aus dem Ausland eingeführte Verpackungen bedeutet dies, dass diese rechtstechnisch erst dann in Verkehr gebracht werden, wenn der Einführer diese „abgibt", nicht aber bereits bei Abgabe an den Einführer (vgl. *Hilf/Schleifenbaum* in Giesberts/Hilf ElektroG § 3 Rn. 45 f. für das ElektroG).

123 Von der Bestimmung ausdrücklich ausgenommen sind nach § 3 Abs. 9 S. 2 VerpackG die Fälle, in denen befüllte Verpackungen an einen Dritten abgegeben werden, wenn der Dritte zuvor seinerseits die Befüllung in Auftrag gegeben hat und die Verpackung ausschließlich mit seinem Namen, seiner Marke oder beidem gekennzeichnet ist. Diese Normierung soll ausweislich des Gesetzeswortlautes insbesondere sogenannte Handelsmarkenprodukte erfassen. Somit soll im Falle eines Weitervertriebs nicht der eigentliche Abfüller, sondern das Handelsunternehmen als Erstinverkehrbringer anzusehen und damit zu Systembeteiligung verpflichtet sein (Handelslizensierung). Hierdurch soll es zu einer transparenten Zuordnung der Produktverantwortung kommen (BT-Drs. 18/11274, S. 84). Die tatbestandliche Sonderregelung in S. 2 entspricht dem Urteil des Bundesverwaltungsgerichts vom 30.9.2015, welches den Begriff des Inverkehrbringens (mangels expliziter Regelung in der damaligen Verpackungsverordnung) extensiv im Sinne einer Zurechnung auslegte (*BVerwG* Urt. vom 30.9.2015 – 7 C 11/14 –, Rn. 12, juris). Der bis dato bestehende Streit (für eine Zurechnung damals etwa *Bund/Länder-Arbeitsgemeinschaft,* Abfall, Mitteilung 37, Stand Dezember 2009 mit Klarstellungen von März 2012, S. 7; BR-Drs. 800/1/07 S. 15; *Rummler/Seitel* AbfallR 2008, 129 (132); *Fischer* AbfallR 2008, 191 (193 f.); *Hendler/Belz* GewArch 2009, 5 (7); *Waggershauser/Massenberg* AbfallR 2010, 10 (11); *Roder* VerpackV § 6, Rn. 12; gegen eine Zurechnung: *Flanderka/Stroetmann* VerpackV § 6 Rn. 9; *Pauly* AbfallR 2008, 46 (48)) bezüglich der Zurechnungsmöglichkeit bei Handelsmarkenprodukten ist mit der Entscheidung des Bundesverwaltungsgerichts bzw. nunmehr durch die entsprechende Regelung des § 3 Abs. 9 S. 2 entschieden (*Kempkes/Bruckschen* in Kurth/Oexle/Faulstich Praxis-Hdb. KrWG, S. 354).

X. Endverbraucher (Abs. 10)

124 Der Begriff des Endverbrauchers in § 3 Abs. 10 VerpackG entspricht inhaltlich dem von § 3 Abs. 11 Satz 1 VerpackV. Dies ist derjenige, der die Ware in der an ihn gelieferten Form nicht mehr gewerbsmäßig in Verkehr bringt. Vorausgesetzt, dass diese die Ware – *in der konkreten Form* – nicht mehr gewerbsmäßig in Verkehr bringen, werden sowohl private als auch gewerbliche Anfallstellen erfasst. Da eine Verbindung (§ 947 BGB), Vermischung (§ 948 BGB) oder Verarbeitung (§ 950 BGB) eine Veränderung der gelieferten Form der Ware implizieren, ist auch der gewerbliche Abnehmer als Endverbraucher zu qualifizieren, welcher das gewonnene Produkt anschließend gewerblich in Verkehr bringt. Tatbestandsmäßig ist nur eine Formveränderung der Ware im engeren Sinne. Demgegenüber fällt derjenige, welche eine Ware lediglich umportioniert, ohne dass diese dabei in einer wie auch immer gearteten Weise bearbeitet würde, nicht unter den Begriff des Endverbrauchers, wenn er sie danach gewerblich weiterveräußert (*Roder* VerpackV § 3 Rn. 30).

Auf eine Entgeltlichkeit oder die Qualifikation des zugrunde liegenden Rechtsverhältnisses kommt es für die Einordnung als Endverbraucher im Sinne des § 3 Abs. 10 VerpackG nicht an. **125**

XI. Private Endverbraucher (Abs. 11)

In § 3 Abs. 11 Satz 1 VerpackG werden die privaten Endverbraucher ferner in § 3 Abs. 11 Satz 2 und 3 VerpackG die zu dieser Gruppe zählenden vergleichbaren Anfallstellen begrifflich definiert. Die Definitionen wurden ausweislich der Gesetzesbegründung lediglich redaktionell überarbeitetet und entsprechen inhaltlich den Begriffsbestimmungen in der Verpackungsverordnung. **126**

Nach Maßgabe des § 3 Abs. 11 Satz 1 VerpackG sind private Endverbraucher private Haushaltungen. Der Begriff der privaten Haushaltung ist im Verpackungsgesetz nicht gesetzlich definiert. Indes ist davon auszugehen, dass der Begriff deckungsgleich mit der Definition in § 2 Nr. 2 Gewerbeabfallverordnung ist. Private Haushaltungen setzen die Möglichkeit einer eigenständigen Haushaltsführung voraus, die eine selbstbestimmte Lebensgestaltung ermöglicht und die auf Dauer angelegt sind (so auch BVerwG, Urteil vom 27.4.2006 – 7 C 10.05, NVwZ-RR 2006, 638; Urteil vom 7.8.2008 – 7 C 51/07 zu § 17 Abs. 1 Satz 1 KrWG). Auch erfasst sind private Wohnungen und zugehörige Grundstücks- oder Gebäudeteile sowie vergleichbare Orte wie Wohnheime oder Einrichtungen des betreuten Wohnens. **127**

Die Kategorie der vergleichbaren Anfallstellen wird in § 3 Abs. 11 Satz 2 VerpackG nicht abschließend durch Beispiele aus dem Gaststätten-, Beherbergungs-, Verwaltungs-, Bildungs-, Kultur-, Freizeit- und Verteidigungsbereich sowie dem Gesundheitswesen, definiert. Hierzu zählen auch karitative Einrichtungen und Niederlassungen von Freiberuflern. Den vergleichbaren Anfallstellen gleichgestellt sind landwirtschaftliche Betriebe und Handwerksbetriebe sofern deren näher bezeichnete Verpackungsabfälle insbesondere ein Mengenkriterium von 1100-Liter je Sammelgruppe, im haushaltsüblichen Abfuhrrhythmus nicht überschreiten. **128**

XII. Vertreiber (Abs. 12)

Vertreiber im Sinne des § 3 Abs. 12 VerpackG ist, wer Verpackungen gewerbsmäßig in Verkehr bringt. Auf die Vertriebsmethode oder die Handelsstufe kommt es nicht an. **129**

Gegenüber der Verpackungsverordnung wurde der Begriff des Vertreibers in sachlich-personeller Hinsicht reduziert. Zum einen werden in sachlicher Hinsicht nur noch fertige Verpackungen erfasst und nicht wie noch unter der Verpackungsverordnung auch Packstoffe oder Erzeugnisse, aus denen Verpackungen hergestellt werden. Hierdurch soll der Kreis der Verpflichteten auf die relevanten Beteiligten reduziert werden (BT-Drs. 18/11274, S. 84). **130**

XIII. Letztvertreiber (Abs. 13)

131 Systematisch handelt es sich bei dem Letztvertreiber um eine Untergruppe des Vertreibers nach § 3 Abs. 12 VerpackG. Letztvertreiber ist der Vertreiber, welcher die Verpackung an den Endverbraucher abgibt. Auch nach der Verpackungsverordnung wurde der Letztvertreiber bereits an mehreren Stellen adressiert (§ 6 Abs. 8 VerpackV; § 7 Abs. 1 VerpackV), hingegen nicht definiert (BT-Drs. 18/11274, S. 84).

132 Im Rahmen des Verpackungsgesetzes betreffen § 15 Abs. 1 Satz 2; Abs. 2 Satz 2, Abs. 4 Satz 2 VerpackG und § 31 Abs. 2 Satz 6 VerpackG die Pflichtenstellung des Letztvertreibers.

XIV. Hersteller (Abs. 14)

133 Hersteller im Sinne von § 3 Abs. 14 Satz 1 VerpackG ist derjenige Vertreiber, der Verpackungen erstmals gewerbsmäßig in Verkehr bringt. Jeder Hersteller im Sinne des § 3 Abs. 14 Satz 1 VerpackG ist auch ein Vertreiber im Sinne des Gesetzes. Nach dem Verständnis des Verpackungsgesetzes handelt es sich bei dem Hersteller um eine Untergruppe des Vertreibers im Sinne des Verpackungsgesetzes (BT-Drs. 18/11274, S. 85). Auch zu den Herstellern zählt nun anders als noch unter § 3 Abs. 8 der Verpackungsverordnung ebenfalls nicht mehr derjenige, der Packstoffe oder Erzeugnisse, aus denen Verpackungen hergestellt werden, herstellt, sondern nur noch der Erstinverkehrbringer von fertigen Verpackungen (BT-Drs. 18/11274, S. 85). Nicht erfasst wird damit ein Inverkehrbringer von Verpackungsgrundstoffen.

134 § 3 Abs. 14 VerpackG knüpft nicht bereits an eine Entwicklung, die Herstellung bzw. die Produktion oder das Anbieten von Verpackungen an, sondern erst an deren Inverkehrbringung. Derjenige, der eine Verpackung entwickelt, produziert und bewirbt bzw. anbietet ist (noch) kein Hersteller im Sinne des Verpackungsgesetzes. Damit ist der Produzent und Anbieter von Verpackungen definitorisch noch kein pflichtiger Hersteller im Sinne des Verpackungsgesetzes.

135 Das Verpackungsgesetz führt die Linie des originär verpackungsrechtlichen Herstellerbegriffs fort. Eine Angleichung an das allgemeine Verständnis des Herstellerbegriffs, wonach Hersteller jede natürliche oder juristische Person ist, die ein Erzeugnis herstellt oder entwickeln oder herstellen lässt und dieses Erzeugnis unter ihrem eigenen Namen oder ihrer eigenen Marke vermarktet, erfolgt nicht (vgl. § 3 Nr. 14 ProdSG). Indem § 3 Abs. 14 Satz 1 VerpackG in keiner Weise (mehr) daran anknüpft, ob der Erstinverkehrbringer derjenige ist, der die Verpackung herstellt bzw. produziert oder entwickeln lässt, wird der Herstellerbegriff des Verpackungsgesetzes dem allgemeinen Begriffsverständnis weiter entrückt.

136 Nach § 3 Abs. 14 Satz 2 VerpackG gilt auch derjenige als Hersteller, der Verpackungen gewerbsmäßig in den Geltungsbereich dieses Gesetzes einführt. Diese Rechtsfigur wird auch als Einführer, Importeur oder Quasi-Hersteller bezeichnet. Derjenige, der eine Verpackung in den Geltungsbereich des Verpackungsgesetzes einführt ist damit auch schon dann pflichtiger Hersteller im Sinne des Verpackungsgesetzes unabhängig davon, ob er die Verpackung „anbietet" oder in Verkehr bringt.

XV. Registrierter Sachverständiger (Abs. 15)

137 § 3 Abs. 15 VerpackG enthält die Begriffsbestimmung des registrierten Sachverständigen im Sinne des Verpackungsgesetzes und übernimmt die Definition aus Nr. 2 Abs. 4

des Anhangs I der Verpackungsverordnung. Unter den Begriff des Sachverständigen fallen Sachverständige, welche nach § 36 GewO öffentlich bestellt sind (Nr 1), die nach Nr. 2 näher bestimmten Umweltgutachter, akkreditierte Sachverständige (Nr 3) und ausländische Sachverständige (Nr. 4).

Die Definition der Verpackungsverordnung wurde dahingehend ergänzt, dass für diese Sachverständigen aus Transparenzgründen ein Prüfregister nach § 27 VerpackG bei der Zentralen Stelle Verpackungsregister geführt wird, welches im Internet zugänglich ist. Für die Aufnahme in das Prüfregister muss der Sachverständige der Zentralen Stelle Verpackungsregister ausweislich von § 27 Abs. 1 Satz 2 einen der in § 3 Abs. 15 Nr. 1 bis 4 VerpackG genannten geeigneten Nachweise vorlegen. Zu dem Aufgabenfeld von registrierten Sachverständigen gehört die Durchführung von Prüfungen nach § 8 Abs. 1 Satz 2, § 11 Abs. 1 Satz 2 und § 17 Absatz 2 VerpackG. 138

XVI. System (Abs. 16)

§ 3 Abs. 16 VerpackG definiert erstmals den in der Verpackungsverordnung nicht enthaltenen Begriff des Systems, ohne dass damit materielle Änderungen einhergehen (BT-Drs. 18/11274, S. 85). Ein System ist eine privatrechtlich organisierte juristische Person oder Personengesellschaft, die mit Genehmigung nach § 18 in Wahrnehmung der Produktverantwortung der beteiligten Hersteller die in ihrem Einzugsgebiet beim privaten Endverbraucher als Abfall anfallenden restentleerten Verpackungen flächendeckend erfasst und einer Verwertung zuführt. 139

(Duale) Systeme erbringen Dienstleistungen im Zusammenhang mit der Erledigung der ordnungsgemäßen Rücknahme von Verkaufsverpackungen. Bei (dualen) Systemen handelt es sich um Unternehmen, mit denen Inverkehrbringer Beteiligungsverträge für ihre Verkaufsverpackungsmengen, die typischerweise bei privaten Haushalten anfallen, abschließen müssen, um ihrer gesetzlichen Verpflichtung zur sachgerechten Rücknahme der von ihnen in Verkehr gebrachten Verkaufsverpackungen nachzukommen (BKartA, Beschluss vom 11.7.2019 – B 4 – 21/19). Geschäftsfeld der dualen Systeme ist die Erfassung (synonym als Sammlung bezeichnet) von Verkaufsverpackungen, nicht hingehen die Erfassung von Haushaltsabfällen, zB Bio-, Rest- oder Sperrmüll. Die (dualen) Systeme organisieren, etwa über die gelbe Tonne bzw. Säcke, Glascontainer, anteilig auch Altpapiertonne bzw. –container, die haushaltsnahe Erfassung von Verkaufsverpackungen und die anschließende Verwertung der Verpackungsabfälle, vgl. Bund/Länder Arbeitsgemeinschaft Abfall (LAGA), Informationen vom 24.1.2014, Vollzug der Verpackungsverordnung (VerpackV: §§ 6 und 10), S. 1. Die Systeme gewährleisten die flächendeckende, d. h. bundesweite Rücknahme systembeteiligungspflichtiger Verpackungen gegen Zahlung eines Lizensierungsentgeltes, vgl. hierzu im Einzelnen die Kommentierung zu § 7 Abs. 1 VerpackG. 140

Um als duales System tätig werden zu können, bedarf es der vorherigen Genehmigung durch alle zuständigen Landesbehörden, die vom jeweiligen dualen System zu beantragen ist (§ 18 Abs. 1 S. 1 VerpackG). Genehmigungsvoraussetzungen sind dabei die Gewährleistung der flächendeckenden Sammelstruktur, mit den öffentlich-rechtlichen Entsorgungsträgern (örE) abgeschlossene Abstimmungsvereinbarungen nach § 22 VerpackG, Zugriff auf die nötigen Sortier- und Verwertungskapazitäten sowie eine mit der Stiftung Zentrale Stelle Verpackungsregister nach Maßgabe des § 18 Abs. 1 Nr. 4 VerpackG abgeschlossene Finanzierungsvereinbarung (BKartA, Beschluss vom 11.7.2019 – B 4 – 21/19, Rn. 91). 141

§ 3 Abs. 10 Satz 2 enthält nunmehr die vorher in § 3 Abs. 10 der Verpackungsverordnung enthaltene Definition des Einzugsgebietes. Das Einzugsgebiet bezeichnet das Ge- 142 biet eines Bundeslandes, in welchem die systembeteiligungspflichtigen Verpackungen eines beteiligten Herstellers in Verkehr gebracht werden.

XVII. Systemprüfer (Abs. 17)

143 Ausweislich von § 3 Abs. 17 VerpackG sind Systemprüfer Wirtschaftsprüfer, die gemäß § 20 Abs. 4 VerpackG einvernehmlich von den Systemen benannt worden sind und gemäß § 20 Abs. 2 Satz 1 VerpackG die Zwischen- und Jahresmeldungen der Systeme prüfen und bestätigen. Diese haben sich gemäß § 27 Abs. 2 VerpackG in der zweiten Abteilung des Prüfregisters der Zentralen Stelle Verpackungsregister registrieren zu lassen. Ihr Aufgabenfeld ist insbesondere die Prüfung und Bestätigung der Vollständigkeitserklärung nach § 11 Abs. 1 Satz 2 VerpackG.

XVIII. Zentrale Stelle (Abs. 18)

144 Ausweislich von § 3 Abs. 18 VerpackG ist die Zentrale Stelle die nach § 24 VerpackG zu errichtende Stiftung. Die Errichtung und die Tätigkeit der Zentralen Stelle Verpackungsregister sind Gegenstand des 5. Abschnitts des Verpackungsgesetzes. Die Zentrale Stelle wurde am 16.5.2017 als „Zentrale Stelle Verpackungsregister“ in der Rechtsform einer privatrechtlichen Stiftung im Sinne des § 80 Bürgerglichen Gesetzbuches (BGB) i. V. m. §§ 3 und 4 des Niedersächsischen Stiftungsgesetzes mit Sitz in Osnabrück gegründet.

145 Die Stiftung wird durch den Vorstand gerichtlich und außergerichtlich vertreten. Weitere Organe sind ausweislich der durch das Verpackungsgesetz vorgegebenen Struktur das Kuratorium, der Verwaltungsrat und der Beirat Erfassung, Sortierung und Verwertung. Die Fach- und Rechtsaufsicht über die Zentrale Stelle Verpackungsregister obliegt ausweislich § 26 Abs. 1 Satz 1 VerpackG dem Umweltbundesamt (UBA). § 26 VerpackG enthält eine enumerative und abschließende Auflistung der Aufgaben der Zentralen Stelle Verpackungsregister.

XIX. Werkstoffliche Verwertung (Abs. 19)

146 Ausweislich der Begriffsbestimmung in § 3 Abs. 19 VerpackG sind unter werkstofflicher Verwertung die Verwertung durch Verfahren zu verstehen, bei denen stoffgleiches Neumaterial ersetzt wird oder das Material für eine weitere stoffliche Nutzung verfügbar bleibt. Solange bei wirtschaftlicher Betrachtungsweise, unter Berücksichtigung der im einzelnen Abfall bestehenden Verunreinigungen, der Hauptzweck der Maßnahme in der Nutzung des Abfalls und nicht in der Beseitigung des Schadstoffpotentials liegt, ist eine stoffliche Verwertung gegeben (*Roder,* VerpackV, Anhang 1, Rn. 8). § 16 Abs. 2 Satz 2 i. V. m. § 14 Abs. 2 VerpackG bestimmt, dass die Systeme Kunststoffe zu 90 Masseprozent einer Verwertung zuzuführen haben, wobei mindestens 65% und ab dem 1.1.2022 70% dieser Verwertungsquote durch werkstoffliche Verwertung sicherzustellen sind.

147 Gegenüber den Verwertungsquoten in Nr. 1 Abs. 2 des Anhangs I der Verpackungsverordnung wurden die Verwertungsquoten damit deutlich erhöht. Basis hierfür bilden die Erfahrungen und Auswertungen, insbesondere des Umweltbundesamtes, aus der Umsetzung der Verpackungsverordnung sowie Erkenntnisse aus Studien. Die automatische Quotenerhöhung dient ausweislich der Gesetzesbegründung der Schaffung eines

Innovationsdruckes (vgl. BT-Drs. 18/11274, S. 100). Es bleibt allerdings abzuwarten, ob die ambitionierte Erhöhung der Quoten auch tatsächlich erreicht werden kann.

XX. Wertstoffhof (Abs. 20)

Der Wertstoffhof findet im Verpackungsgesetz erstmalig eine gesetzliche Definition **148**
(BT-Drs. 18/11274, S. 86). Er gilt hiernach als zentrale Sammelstelle zur getrennten Erfassung von Abfällen verschiedener Materialien, die typischerweise bei privaten Endverbrauchern anfallen.

§§ 4–6 VerpackG

(Kommentierungen folgen)

Abschnitt 2. Inverkehrbringen von systembeteiligungspflichtigen Verpackungen

§ 7 Systembeteiligungspflicht

(1) [1]Hersteller von systembeteiligungspflichtigen Verpackungen haben sich mit diesen Verpackungen zur Gewährleistung der flächendeckenden Rücknahme an einem oder mehreren Systemen zu beteiligen. [2]Dabei haben sie Materialart und Masse der zu beteiligenden Verpackungen sowie die Registrierungsnummer nach § 9 Absatz 3 Satz 2 anzugeben. [3]Die Systeme haben den Herstellern eine erfolgte Beteiligung unter Angabe von Materialart und Masse der beteiligten Verpackungen unverzüglich schriftlich oder elektronisch zu bestätigen; dies gilt auch, wenn die Beteiligung durch einen beauftragten Dritten nach § 33 vermittelt wurde. [4]Das gewerbsmäßige Inverkehrbringen von systembeteiligungspflichtigen Verpackungen, die der Hersteller nicht an einem System beteiligt hat, ist verboten.

(2) [1]Abweichend von Absatz 1 Satz 1 kann ein Hersteller von systembeteiligungspflichtigen Serviceverpackungen von den Vorvertreibern dieser Serviceverpackungen verlangen, dass sie sich hinsichtlich der von ihnen gelieferten unbefüllten Serviceverpackungen an einem oder mehreren Systemen beteiligen. [2]Der ursprünglich nach Absatz 1 Satz 1 verpflichtete Hersteller kann von demjenigen Vorvertreiber, auf den die Systembeteiligungspflicht übergeht, eine Bestätigung über die erfolgte Systembeteiligung verlangen. [3]Mit der Übertragung der Systembeteiligungspflicht gehen auch die Herstellerpflichten nach den §§ 9 bis 11 insoweit auf den verpflichteten Vorvertreiber über.

(3) [1]Soweit in Verkehr gebrachte systembeteiligungspflichtige Verpackungen wegen Beschädigung oder Unverkäuflichkeit nicht an den Endverbraucher abgegeben werden, kann der Hersteller die von ihm für die Systembeteiligung geleisteten Entgelte von den betreffenden Systemen zurückverlangen, wenn er die Verpackungen zurückgenommen und einer Verwertung entsprechend den Anforderungen des § 16 Absatz 5 zugeführt hat. [2]Die Rücknahme und anschließende Verwertung sind in jedem Einzelfall in nachprüfbarer Form zu dokumentieren. [3]In diesem Fall gelten die betreffenden Verpackungen nach Erstattung der Beteiligungsentgelte nicht mehr als in Verkehr gebracht.

(4) Wird die Genehmigung eines Systems vor Ablauf des Zeitraums, für den sich ein Hersteller an diesem System beteiligt hat, nach § 18 Absatz 3 widerrufen, so gilt die Systembeteiligung ab dem Zeitpunkt der Wirksamkeit des Widerrufs als nicht vorgenommen.

(5) [1]Soweit durch die Aufnahme einer systembeteiligungspflichtigen Verpackung in ein System zu befürchten ist, dass die umweltverträgliche Abfallbewirtschaftung, insbesondere die Durchführung einer ordnungsgemäßen und schadlosen Verwertung, erheblich beeinträchtigt oder das Wohl der Allgemeinheit, insbesondere die Gesundheit, gefährdet wird, kann die Zentrale Stelle die Aufnahme der systembeteiligungspflichtigen Verpackung im Einzelfall wegen Systemunverträglichkeit untersagen. [2]Die Untersagung ist aufzuheben, wenn ein System oder der Hersteller die Systemverträglichkeit der betreffenden Verpackung nachweist.

(6) Es ist Systembetreibern nicht gestattet, Vertreibern ein Entgelt oder sonstige wirtschaftliche Vorteile für den Fall zu versprechen oder zu gewähren, dass die Vertreiber Hersteller von systembeteiligungspflichtigen Verpackungen an ihr System vermitteln.

Schrifttum: *Di Fabio,* Staatliche Gewährleistungsverantwortung für Systeme gesellschaftlicher Selbstregulierung, Rechtsgutachten im Auftrag der ALBA Group plc & Co. KG, Bonn 2014; *Fischer,* Rechts- und Pflichtenstellung des Handels nach dem Verpackungsgesetz, AbfallR 2018, 115–120; *Fischer/Arndt (Hrsg.),* Kommentar zur Verpackungsverordnung, 2. Aufl., Mannheim 2006; *Flanderka/Stroetmann (Hrsg.),* Praktiker-Kommentar Verpackungsverordnung, 4. Aufl., München 2015; *Hendler/Belz,* Neuordnung der Entsorgung von Verkaufsverpackungen durch die 5. Novelle der Verpackungsverordnung, GewArch 2009, 5; *Keller,* Das Verpackungsgesetz, Leitfaden für Online-Händler, abrufbar unter https://www.it-recht-kanzlei.de/verpackungsgesetz.html#abschnitt_228; *Kurth/Oexle/Faulstich* (Hrsg.), *Kurth/Oexle/Faulstich,* Praxishandbuch der Kreislauf- und Rohstoffwirtschaft, Wiesbaden 2018, S. 347 ff.; *Roder,* Die Verpackungsverordnung – Kommentar, Stuttgart 2009; *Steindorf/Häberle,* in: Erbs/Kohlhaas/Steindorf/Häberle, Beck´sche Kurzkommentare – Strafrechtliche Nebengesetze, Verpackungsverordnung, 217. EL, München 2017; *Stroetmann/Below,* Verpackungsverordnung, Wertstoffgesetz, Verpackungsgesetz?, UPR 2016, 321–325; *Webersinn,* Das Verpackungsgesetz – Aufbruch in die Wertstoffwirtschaft?, UPR 2018, 96–101.

Übersicht

A. Allgemeines

Wie bereits innerhalb der Verpackungsverordnung (VerpackV) (dort § 6) stellt die Vorschrift über die grundsätzliche Pflicht zur Beteiligung an einem dualen System (Systembeteiligung, synonym: Lizenzierungspflicht) auch innerhalb des neuen Verpackungsgesetzes (VerpackG) eine der zentralen Vorschriften des Regelwerks dar (*Flanderka/Stroetmann* VerpackV § 6 Rn. 1, zur VerpackV). 1

Die Gründe hierfür gestalten sich durchaus vielfältig: zum einen sind die Regelungen über die Systembeteiligung bereits vom Grundgedanken her essentiell zur Gewährleistung einer flächendeckenden und lückenlosen Produktverantwortung (vgl. etwa *Steindorf/Häberle* in Erbs/Kohlhaas VerpackV § 6 Rn. 1). Zum anderen verdeutlichen statistische Werte die Wichtigkeit einer umfassenden und systematisierten Organisation der Verpackungsindustrie, betreffend insbesondere sog. Verkaufsverpackungen. Denn diese stellen als (nunmehr) eine Teilmenge der systembeteiligungspflichtigen Verpackungen mengenmäßig mit über 50% bereits einen beachtlichen Anteil an rückführungsbedürftigen Verpackungsabfällen dar (Quelle: Statistisches Bundesamt, Einsammlung und Rücknahme von Verpackungen – Ergebnistabellen 2017, abrufbar unter https://www.destatis.de/DE/Themen/Gesellschaft-Umwelt/Umwelt/Abfallwirtschaft/Tabellen/liste-verpackung-privat.html). 2

Hinzu kommt nach der Neugestaltung der Systembeteiligung durch § 7 bzw. § 3 Abs. 8 VerpackG noch die Menge tatbestandlicher Umverpackungen (§ 3 Abs. 1 S. 1 Nr. 2 VerpackG), die bis dato statistisch stets mit Transportverpackungen gemeinsam erfasst worden sind (Quelle: Statistisches Bundesamt, Einsammlung und Rücknahme von Verpackungen – Ergebnistabellen 2017, abrufbar unter https://www.destatis.de/DE/Themen/Gesellschaft-Umwelt/Umwelt/Abfallwirtschaft/Tabellen/liste-tuv-gewerblich-industriell.html#fussnote-1–266316). 3

Ungeachtet dieser Aspekte ist der (Neu-)Regelung aus Sicht der Hersteller auch insoweit eine besondere Bedeutung beizumessen, als die grundsätzliche Pflicht zur Systembeteiligung nunmehr insbesondere durch eine *vorherige* Registrierungsverpflichtung (§ 9 VerpackG) angereichert ist, vgl. § 7 Abs. 1 S 2 VerpackG und eine Pflicht zur Datenmeldung (§ 10 VerpackG). 4

Im Vergleich zur langen und durchaus komplexen Vorgängervorschrift, § 6 VerpackV, sind die mit der Systembeteiligung in Zusammenhang stehenden Vorschriften des Verpackungsgesetzes strukturell entzerrt. § 7 VerpackG übernimmt insoweit hauptsächlich die Regelungsinhalte des ursprünglichen § 6 Abs. 1 VerpackV, während die darüberhinausgehenden Norminhalte innerhalb des Verpackungsgesetzes nunmehr in gesonderte Paragraphen – wie etwa §§ 8, 18, 19 VerpackG – überführt wurden. 5

B. Historie und teleologischer Hintergrund

6 Die normative Ausgestaltung der Systembeteiligung im weiteren Sinne hat seit ihrer Einführung in der 1. Verpackungsverordnung 1991 einen deutlichen strukturellen Wandel erfahren. Noch bis zur 5. Novelle der Verpackungsverordnung vom 2.4.2008 (BGBl. I, 531) war nicht die Beteiligung an einem System, sondern die eigene Rücknahme und Verwertung von Verpackungen durch die Vertreiber als primäre Grundverpflichtung ausgestaltet (*Hendler/Belz* GewArch 2009, 5 (6); *Roder* VerpackV § 6 Rn. 1 f.; auch BT-Drs.: 16/7954 S. 18).

7 Die Systembeteiligung hingegen konstruierten die jeweiligen Verordnungsgeber lediglich als befreienden Ausnahmetatbestand (vgl. *Fischer/Arndt* VerpackV § 6 Rn. 2; *Flanderka/Stroetmann* VerpackV § 6 Rn. 1).

8 Viele Vertreiber konnten durch die ursprüngliche Konzeption einerseits der Beteiligung an einem dualen System sowie andererseits sogar ihrer originären Rücknahmeverantwortlichkeit entgehen, indem sie darauf spekulierten, dass Endverbraucher ihre Verkaufsverpackungen über das haushaltsnahe Sammelsystem entsorgten (*Webersinn,* UPR 2018, 96 (97); auch *Di Fabio,* Gewährleistungsverantwortung für Systeme, S. 7 sowie *BT* „Neuregelungen durch das Verpackungsgesetz gegenüber der Verpackungsverordnung", WD 8 – 3000 – 051/17, S. 10 Fn. 13). Dieser, damals akuten Trittbrettfahrer-Problematik begegnete der Verordnungsgeber durch die konzeptionelle Umkehr des Regel-Ausnahme-Verhältnisses. Die bisherige, mittelbare Verhaltenssteuerung wurde zu einer unmittelbaren Verhaltenssteuerung geformt (vgl. *Flanderka/Stroetmann* VerpackV § 6 Rn. 1 f.). Den Herstellern und Vertreibern oblag nunmehr im Grundsatz die Pflicht zur Systembeteiligung, von der sie sich im Ausnahmefall nur dann befreien konnten, wenn die Rücknahme der grundsätzlich systembeteiligungspflichtigen Verpackungen durch sie selbst lückenlos gewährleistet war (sog. Branchenlösung; zu deren damaligen Defiziten, auf die die VerpackV von 2014 durch Anhebung der formalen Voraussetzungen reagierte vgl. die Kommentierung zum heutigen § 8 VerpackG sowie BT-Drs.: 18/1281, S. 7).

9 Durch die Statuierung der originären und grundsätzlichen Systembeteiligungspflicht setzt § 7 VerpackG insgesamt die Linie des umgekehrten Regel-Ausnahme-Verhältnisses fort. Neben einem im Vergleich zur Verpackungsverordnung erweiterten sachlichen Anwendungsbereich hält die Regelung allerdings terminologische Neuerungen sowie Erweiterungen des herstellerbezogenen Pflichtenkreises bereit. Die Änderungen und Spezifizierungen dienen der Förderung einer flächendeckenden und insbesondere transparenten Wahrnehmung der zentralen Produktverantwortung (vgl. etwa *Steindorf/Häberle* in Erbs/Kohlhaas VerpackV § 6 Rn. 1), um so mit den im Verpackungsgesetz eingeführten Pflichten der Registrierung der Hersteller und der Datenmeldung in Form einer Pflichtentrias den Missbrauch durch Trittbrettfahrer zu verhindern.

C. Systembeteiligungspflicht (Abs. 1)

10 Entsprechend der gesetzlichen Vorgabe des § 7 Abs. 1 S. 1 VerpackG haben sich Hersteller von systembeteiligungspflichtigen Verpackungen mit diesen Verpackungen an einem oder mehreren Systemen zu beteiligen.

11 In der Vorgängerregelung des § 6 Abs. 1 S. 1 VerpackV fiel die tatbestandliche Umschreibung sowohl des personellen als auch des sachlichen Anwendungsbereichs noch etwas umfangreicher aus. Mit der terminologischen Straffung in § 7 VerpackG geht gleichwohl weder eine systematisch erleichterte Durchdringung der Vorschrift, noch eine tatbestandliche Verengung des Anwendungsbereichs einher.

Stattdessen dehnt die Neuregelung den Kreis der normgegenständlichen Verpackungen mittels der eingeführten Begrifflichkeit der systembeteiligungspflichtigen Verpackungen erstmals auch auf Umverpackungen aus (vgl. dazu die Kommentierung zu § 3 Abs. 8 VerpackG). Die tatbestandliche Umschreibung des persönlichen Anwendungsbereichs, namentlich der Bezug nur noch auf Hersteller, führt gleichermaßen nicht zu einer inhaltlichen Einschränkung. Denn auch nach der Verpackungsverordnung waren lediglich solche Vertreiber von der Systembeteiligungspflicht umfasst, die entsprechende Verpackungen erstmals in Verkehr brachten (BGBl. I S. 2745 in der Fassung vom 18.7.2017). Insoweit wurde der jetzigen Legaldefinition des § 3 Abs. 14 S. 1 zum Herstellerbegriff inhaltlich entsprochen. 12

Dem Ziel, die Produktverantwortung in Gestalt der Verpackungsrücknahme und -verwertung zu effektivieren, dient insoweit auch die terminologische Neuerung/Klarstellung „mit diesen Verpackungen". Der Gesetzgeber betont, dass sich der Hersteller mit sämtlichen von ihm in Verkehr gebrachten Verpackungen an einem oder mehreren Systemen zu beteiligen hat (BT-Drs.: 18/11274 S. 87). 14

I. Persönlicher und sachlicher Anwendungsbereich

1. Normadressaten. Der originären Systembeteiligungspflicht unterfallen Hersteller (insbesondere als Lieferanten des Handels). Dies sind nach der neu gefassten Legaldefinition des § 3 Abs. 14 S. 1 VerpackG diejenigen Vertreiber, die Verpackungen erstmals gewerbsmäßig in Verkehr bringen (vgl. im Einzelnen die Kommentierung zu § 3 Abs. 14 VerpackG). Normadressat ist aufgrund der erweiterten Herstellerdefinition in § 3 Abs. 14 VerpackG auch derjenige, der Verpackungen gewerbsmäßig in den Geltungsbereich des Verpackungsgesetzes einführt. Um die Rechtsfolgen des § 7 VerpackG auszulösen, muss es sich insoweit allerdings spezifisch um *systembeteiligungspflichtige* Verpackungen im Sinne des § 7 Abs. 1 S. 1 bzw. § 3 Abs. 8 VerpackG handeln (vgl. auch BT-Drs.: 18/11274 S. 87 sowie ähnlich *Fischer* AbfallR 2018, 115 (116)). Der personelle und der sachliche Anwendungsbereich greifen definitorisch und damit auch innerhalb der Subsumtion zwingend ineinander. Demgegenüber knüpft das Verkehrsverbot aus § 7 Abs. 1 Satz 4 VerpackG nicht an den Herstellerbegriff an, so dass auch andere Inverkehrbringer, insbesondere Vertreiber (zum Begriff vgl. die Kommentierung zu § 3 Abs. 12 VerpackG) insoweit Normadressaten sind. 14

2. Regelungsobjekt systembeteiligungspflichtige Verpackungen. Der sachliche Anwendungsbereich der Vorschrift erstreckt sich ausschließlich auf systembeteiligungspflichtige Verpackungen im Sinne des § 3 Abs. 8 VerpackG. Systembeteiligungspflichtige Verpackungen sind mit Ware befüllte Verkaufs- und Umverpackungen, die nach Gebrauch typischerweise beim privaten Endverbraucher als Abfall anfallen (vgl. die Kommentierung zu § 3 Abs. 8 VerpackG). Erfasst sind in Folge der erweiterten Legaldefinition im Sinne eines ausgedehnten sachlichen Anwendungsbereichs neben Verkaufs- nun auch Umverpackungen. Gesetzliche Bestimmungen der Begrifflichkeiten finden sich in § 3 Abs. 1 S. 1 Nr. 1 VerpackG (für Verkauf- bzw. auch darunter fallende Service- und Versandverpackungen) bzw. in § 3 Abs. 1 S. 1 Nr. 2 VerpackG (für Umverpackungen). Transportverpackungen (§ 3 Abs. 1 S. 1 Nr. 3 VerpackG) unterfallen nicht dem Anwendungsbereich der Systembeteiligungspflicht. 15

16 Überdies ist auf die Regelung des § 12 VerpackG hinzuweisen, nach der bestimmte (an sich systembeteiligungspflichtige) Verpackungen von der Lizenzierungspflicht sowie der damit einhergehenden Verpflichtungen (Registrierung, Entgeltzahlung) ausgenommen sind. Hierunter fallen explizit und abschließend Mehrwegverpackungen (Nr. 1), Einweggetränkeverpackungen, die nach § 31 VerpackG der Pfandpflicht unterliegen (Nr. 2), systembeteiligungspflichtige Verpackungen, die *nachweislich* nicht im Geltungsbereich dieses Gesetzes an den Endverbraucher abgegeben werden (Nr. 3) sowie Verkaufsverpackungen schadstoffhaltiger Füllgüter (nach Nr. 4) (zu den dahinterstehenden Erwägungen siehe die Kommentierung zu § 12 VerpackG).

II. Pflichtenfolge

17 Sofern die vorgenannten Tatbestandsmerkmale erfüllt sind, unterfallen die entsprechenden Hersteller hinsichtlich der Verpackungen gemäß § 7 Abs. 1 S. 1 VerpackG grundsätzlich einer umfassenden Systembeteiligungspflicht für die von der Pflicht erfassten Verpackungen (vgl. *Flanderka/Stroetmann* VerpackV § 6 Rn. 17 zur VerpackV).

18 Zu deren Erfüllung genügt allerdings seit Einführung des neuen § 7 VerpackG nicht mehr die bloße Lizenzierung. Vielmehr müssen die Hersteller bereits *vor* der eigentlichen Systembeteiligung ihrer Registrierungspflicht nach § 9 VerpackG nachkommen, wie sich mittelbar aus § 7 Abs. 1 S. 2 VerpackG ergibt (zur Registrierung vgl. die Kommentierung zu § 9 VerpackG).

19

1. Grundpflicht des Herstellers. Hersteller, bezüglicher derer die tatbestandlichen Voraussetzungen des § 7 Abs. 1 S. 1 VerpackG vorliegen, haben sich unter Angabe ihrer Registrierungsnummer hinsichtlich der entsprechenden Verpackungen an einem oder mehreren (Entsorgungs-)Systemen zu beteiligen. (Duale) Systeme sind verkürzt gesagt privatrechtlich organisierte juristische Personen oder Personengesellschaften, welche die Produktverantwortung der beteiligten Hersteller wahrnehmen und die als Abfall anfallenden restentleerten Verpackungen flächendeckend erfassen und einer Verwertung zuführen (vgl. zur Definition der Systeme die Kommentierung zu § 3 Abs. 16 VerpackG sowie zum 4. Abschnitt des VerpackG).

20 Behördlich festgestellte duale Systeme sind aktuell (1) BellandVision GmbH, (2) Der Grüne Punkt – Duales System Deutschland GmbH, (3) INTERSEROH Dienstleistungs GmbH, (4) Landbell AG für Rückhol-Systeme, (5) NOVENTIZ Dual GmbH, (6) PreZero Dual GmbH, (7) Reclay Systems GmbH, (8) Veolia Umweltservice Dual GmbH sowie (9) Zentek GmbH & Co. KG. Um seiner Systembeteiligungspflicht zu genügen schließt der Hersteller mit dem betreffenden (nach § 18 VerpackG genehmigten) System zunächst einen zivilrechtlichen Beteiligungsvertrag für seine Verkaufsverpackungsmengen, die typischerweise bei privaten Haushalten anfallen, um seiner gesetzlichen Verpflichtung zur sachgerechten Rücknahme der von ihm in Verkehr gebrachten Verkaufsverpackungen nachzukommen. Die Beteiligung der Verkaufsverpackungen von Inverkehrbringern an einem dualen System erfolgt durch die sogenannte Lizenzierung der Verkaufsverpackungen. Für die Lizenzierung sind als Gegenleistung für die flächendeckende Rücknahme unterschiedliche Lizenzentgelte an die dualen Systeme zu zahlen. Grundsätzlich unterliegt die Ausgestaltung der Beteiligungsentgelte der Preisgestaltungsfreiheit der im Wettbewerb stehenden Systeme. Durch die Ökologisierung der Lizensierungen nach § 21 VerpackG wird die Preisgestaltungsfreiheit durchbrochen, wonach die Systeme im Rahmen der Beteiligungsentgelte Anreize dafür zu schaffen haben, dass Verpackungen ökologischer hergestellt werden (*Kardetzky/Müller* BB 2019, 771 (774)). Die

Höhe der Lizenzentgelte hängt regelmäßig von der jeweiligen Materialart und der lizenzierten Menge, insbesondere deren Masse, vor allem aber vom Aufwand der Entsorgung beim jeweiligen dualen System ab (*BKartA*, Beschluss vom 11.7.2019 – B 4 – 21/19, Rn. 92).

Das (duale) System organisiert die Erfassung der Verkaufsverpackungen und stellt diese flächendeckend in dem jeweiligen Bundesland sicher (§ 18 Abs. 1 Nr. 1 VerpackG). Die Flächendeckung wird jedoch nicht individuell, sondern regelmäßig gemeinsam durch sämtliche genehmigten dualen Systeme sichergestellt. Zu diesem Zweck organisieren sich die dualen Systeme in der Gemeinsamen Stelle dualer Systeme (zur Gemeinsamen Stelle siehe die Kommentierung zu § 19 VerpackG) und haben untereinander entsprechende Verträge zur gemeinschaftlichen Organisation der Erfassungsleistungen geschlossen (*BKartA*, Sektoruntersuchung Duale Systeme, Az. B4–62/12, Abschnitte 2.2, 4.1). 21

Die Lizenzierung bei mehreren Systemen zugleich ist etwa dann möglich und sinnvoll, wenn Teilmengen bei verschiedenen Systemen eingebracht werden, marktüblicherweise durch eine Aufteilung nach Materialfraktionen (*Flanderka/Stroetmann* VerpackV § 6 Rn. 18; Di Fabio, Gewährleistungsverantwortung für Systeme, S. 16). Auch eine Differenzierung nach Bundesländern ist möglich (*Flanderka/Stroetmann* VerpackV § 6 Rn. 18; Di Fabio, Gewährleistungsverantwortung für Systeme, S. 16). 22

2. Datenmeldung gegenüber dem System (Abs. 1 S. 2 iVm § 9). Bei der Beteiligung an einem dualen System haben die verpflichteten Hersteller nach § 7 Abs. 1 S. 2 VerpackG gegenüber dem System Materialart und –masse der zu beteiligenden Verpackungen sowie die ihnen von der Zentralen Stelle Verpackungsregister zugeteilte Registrierungsnummer nach § 9 Abs. 3 S. 2 VerpackG anzugeben. 23

Da die Registrierungsnummer dem jeweiligen Hersteller nach § 9 Abs. 3 S. 2 VerpackG erst nach dessen Registrierung bei der Zentralen Stelle nach § 9 Abs. 1 VerpackG mitgeteilt wird, hat jeder Systembeteiligung zwingend die höchstpersönlich vorzunehmende Registrierung vorauszugehen (vgl. hierzu im Einzelnen die Kommentierung zu § 9 VerpackG). Ansonsten ist eine Systembeteiligung im Sinne des VerpackG nicht möglich (BT-Drs.: 18/11274 S. 87) und ein gewerbsmäßiges Inverkehrbringen sowohl nach § 7 Abs. 1 S. 4 VerpackG als auch nach § 9 Abs. 5 S. 1 VerpackG untersagt. 24

Grundvoraussetzung für die nach § 7 Abs. 1 Satz 2 VerpackG erforderliche Datenmeldung gegenüber dem System ist, dass der Hersteller Materialart und Masse seiner systembeteiligungspflichtigen Verpackungen ermittelt (*Kardetzky/Müller* BB 2019, 771 (774)). Die so ermittelten Werte bzw. Angaben sind nach § 7 Abs. 1 S. 2 VerpackG (zunächst) im Rahmen der Systembeteiligung selbst zu machen. Dabei melden die Inverkehrbringer ihre mengenmäßig in Verkehr gebrachten Verkaufsverpackungen differenziert nach Materialart an. Bei der Lizenzierung wird im Wesentlichen nach den drei großen Abfallfraktionen – Leichtverpackungen (LVP), Hohl-/Behälterglas (im Folgenden: Hohlglas) und Pappe-Papier-Karton (PPK) – unterschieden (*BKartA*, Beschluss vom 11.7.2019-B 4–21/19, Rn. 92). 25

3. Bestätigungspflicht durch das System (Abs. 1 Satz 3). Unverzüglich nach dem Vertragsschluss bzw. der jeweiligen Datenmeldung in Bezug auf die systembeteiligungspflichtigen Verpackungen hat das jeweilige System dem Herstelle diese gemäß § 7 Abs. 1 Satz 3 VerpackG schriftlich oder elektronisch zu bestätigen. Wie bereits Nr. 3 Abs. 2 des Anhangs I zur VerpackV, der eine entsprechende Bestätigungspflicht durch die dualen Systeme vorsah, enthält § 7 Abs. 1 S. 3 keinerlei weitere (Form-)Vorgaben für die Ausgestaltung der Bestätigungserklärungen (*Flanderka/Stroetmann* VerpackV Anhang I (zu 26

§ 6) Rn. 27). Insoweit besteht für die dualen Systeme Spielraum zur individuellen Konzeption (*Flanderka/Stroetmann* VerpackV Anhang I (zu § 6) Rn. 27).

27 Durch die Bestätigung soll der Hersteller in die Lage versetzt werden, die korrekte Umsetzung seiner Datenmeldung durch die Systeme zu kontrollieren. Dies trägt dem Umstand Rechnung, dass die Bestimmung bzw. Beurteilung der Verpackungsart, der Beteiligungsmenge und der Systembeteiligungspflicht originär beim Hersteller liegt. Sofern und soweit ein duales System die gemeldeten Verpackungen entgegen der Einschätzung des Herstellers für nicht lizenzierungspflichtig hält, hat es spätestens im Rahmen der Bestätigung nach § 7 Abs. 1 S. 3 VerpackG hierauf hinweisen (vgl. BT-Drs.: 18/11274 S. 87). Aufgrund der Letztverantwortlichkeit des Herstellers sind selbstständige Umdefinitionen und Mengenreduzierungen durch die dualen Systeme ohne Abstimmung und ausdrückliche Zustimmung des meldenden Herstellers unzulässig (vgl. BT-Drs.: 18/11274 S. 87).

28 Schließlich dient die Bestätigung der Systeme dem Hersteller als Systembeteiligungsnachweis, welcher etwa im Rahmen des Vollständigkeitsnachweises von der Zentralen Stelle Verpackungsregister angefordert werden kann.

29 § 7 Abs. 1 Satz 3 Halbsatz 2 VerpackG stellt klar, dass die Bestätigung dem Hersteller auch dann erteilt werden muss, wenn ein Dritter im Sinne von § 33 VerpackG die Systembeteiligung für ihn vornimmt. Unter praktischen Gesichtspunkten setzt dies voraus, dass der Dritte den Hersteller exakt und korrekt angeben muss.

30 **4. Verkehrsverbot bei fehlender Lizenzierung (Abs. 1 S. 4).** Ohne Systembeteiligung sämtlicher lizenzierungspflichtiger Verpackungen ist deren gewerbsmäßiges Inverkehrbringen verboten, § 7 Abs. 1 S. 4. Der Verbotstatbestand bezweckt im Speziellen die Eindämmung der Trittbrettfahrer-Problematik (*Flanderka/Stroetmann* VerpackV § 6 Rn. 27 zur VerpackV) und ist der entsprechenden Regelung im Elektrogesetz nachgebildet worden.

31 Dem Wortlaut nach beschränkt sich das Verbot des § 7 Abs. 1 Satz 4 VerpackG nicht auf den Hersteller, sondern erfasst auch alle anderen gewerblichen Inverkehrbringer, insbesondere den Vertreiber. Dies hat weitreichende Überprüfungserfordernisse für sämtliche Vertreiber systembeteiligungspflichtiger Verpackungen zur Konsequenz.

32 Eine Zuwiderhandlung gegen das Verkehrsverbot ist ausweislich des § 34 Abs. 1 Nr. 1 iVm Abs. 2 VerpackG mit einer Bußgeldandrohung in Höhe von bis zu 100 000 EUR belegt. Dies entspricht dem sich aus § 15 Abs. 1 Nr. 7 VerpackV iVm § 69 Abs. 1 Nr. 8 KrWG ergebenden alten Höchstmaß unter der Verpackungsverordnung. Unter den Bußgeldtatbestand fällt dabei ausweislich des Wortlauts nicht lediglich das gewerbsmäßige Inverkehrbringen von nicht (ordnungsgemäß) lizenzierten Verpackungen, sondern auch von derartigen Verpackungsbestandteilen.

D. Ansprüche gegenüber Vorvertreibern und Rechtsfolgen (Abs. 2)

33 § 7 Abs. 2 enthält einen singulären Ausnahmetatbestand zur Durchbrechung des grundsätzlichen Delegationsverbots der Lizenzierung nach § 7 Abs. 1 VerpackG. Allein für Hersteller von (systembeteiligungspflichtigen) Serviceverpackungen normiert das Verpackungsgesetz Befreiungen insoweit, als die Lizenzierungspflicht durch eine entsprechende Inanspruchnahme seitens des Abfüllers als eigentlichem Hersteller auf den Vorvertreiber übertragbar ist, § 7 Abs. 2 S. 1 VerpackG (sog. Vorlizenzierung).

34 Die von der Systembeteiligungspflicht dispensierende Vorschrift entspricht weitestgehend *§ 6 Abs. 1 S. 2 VerpackV* (BT-Drs.: 18/11274 S. 88). Sie trägt inhaltlich dem Gedanken Rechnung, insbesondere kleinere und mittelständische Hersteller (die grundsätzlich als tatsächliche Abfüller lizenzierungspflichtig sind) zu befreien, ohne die entsprechenden Serviceverpackungen damit dem systemischen Rücknahmeregime zu entziehen (*Flanderka/Stroetmann* VerpackV § 6 Rn. 22; vgl. auch *Hendler/Belz* GewArch 2009, 5 (6) jeweils zur VerpackV).

Gleichzeitig ermöglicht § 7 Abs. 2 VerpackG es den Vorvertreibern „vorlizensierte" Serviceverpackungen zu vertreiben. 35

I. Anspruch auf Systembeteiligung/Vorlizenzierung (Abs. 2 S. 1)

1. Persönlicher und sachlicher Anwendungsbereich. Die Vorschrift des § 7 Abs. 2 Satz 1 VerpackG gilt nur für Hersteller von Serviceverpackungen. Bei den Begünstigten der Regelung des § 7 Abs. 1 Satz 1 VerpackG handelt es sich um Vertreiber bzw. Befüller von Serviceverpackungen, welche diese mit Ware befüllen und daher als systembeteiligungspflichtige Hersteller im Sinne von § 3 Abs. 14 VerpackG gelten würden. Die Vorschrift hat kleinere Direktvertreiber, etwa von selbst hergestellten Waren, zum Beispiel kleinere Bäckereien, Metzgereien, Imbisse, Gärtnereien oder Winzer, im Blick, um diese von dem Aufwand einer eigenen Systembeteiligung zu entlasten. Diesen ist es im Rahmen der Vorverlagerung der Systembeteiligungspflicht nach § 7 Abs. 2 VerpackG, möglich ihre Waren in bereits systembeteiligten Verpackungen unmittelbar an private Endverbraucher abzugeben (BT-Drs. 18/11274, S. 81). 36

Dem Tatbestand unterfallende Serviceverpackungen sind Verkaufsverpackungen nach § 3 Abs. 1 Nr. 1, die die Übergabe von Waren an den Endverbraucher ermöglichen oder unterstützen, § 3 Abs. 1 S. 1 Nr. 1 lit. b) VerpackG. Serviceverpackungen stellen einen speziellen Fall von Verkaufsverpackungen dar (BT-Drs.: 18/11274 S. 81). Sie bringen die Besonderheit mit sich, dass sie in der Verkaufsstelle oder beim Letztvertreiber (dazu § 3 Abs. 1 S. 1 Nr. 1) mit Ware befüllt werden (näher zum Begriff der Serviceverpackungen siehe die Kommentierung zu § 3 Abs. 1 Satz 1 Nr. 1a) VerpackG). Versandverpackungen nach § 3 Abs. 1 S. 1 Nr. 1 lit. b) bilden zwar gleichermaßen einen Unterfall von Verkaufsverpackungen, unterfallen kraft expliziter definitorischer Abgrenzung von Serviceverpackungen (§ 3 Abs. 1 S. 1 Nr. 1 lit. a)) jedoch nicht dem Ausnahmetatbestand (BT-Drs.: 18/11274 S. 81 f.). Berücksichtigung findet insoweit eine im Vergleich zum Vertrieb von Serviceverpackungen divergierende Marktpraxiserfahrung, nach der im Versandhandel viele große Direktvertreiber agieren, welche dem Gesetzgeber nicht schutzwürdig erscheinen (BT-Drs.: 18/11274 S. 81 f.). 37

2. Aktiv-/Passivlegitimation und Inanspruchnahme. Die nach Maßgabe dieser Vorschrift privilegierten Hersteller systembeteiligungspflichtiger Serviceverpackungen können von deren Vorvertreibern verlangen, dass sie sich hinsichtlich der von Ihnen gelieferten unbefüllten Serviceverpackungen an einem oder mehreren Systemen beteiligen. Der Begriff des Vorvertreibers ist im Gegensatz zu dem des Letztvertreibers gesetzlich nicht definiert. Er ist weder in § 3 VerpackG aufgenommen, noch wird geregelt, ob auch diese als Vertreiber im Sinne von § 3 Abs. 12 VerpackG gelten (*Fischer,* AbfallR 2018, 115 (116)). In Anbetracht der Weite des Vertreiberbegriffs ist der Vorvertreiber auch als Vertreiber im Sinne des § 3 Abs. 12 VerpackG anzusehen. 38

In Anspruch genommen werden können dabei durch den Hersteller sämtliche Vorvertreiber innerhalb der maßgeblichen Handelskette, unabhängig von der Vertriebsstufe (*Flanderka/Stroetmann* VerpackV § 6 Rn. 24 zur VerpackV). Dies bedeutet, dass der Hersteller ein Wahlrecht hat, welchen Vorvertreiber er auswählt. Dieses lässt sich nicht zuletzt 39 aus der Verwendung des Plurals in § 7 Abs. 2 Satz 1 VerpackG in Bezug auf die Vorvertreiber ableiten. Eine Beschränkung auf den unmittelbaren Vorvertreiber in der Lieferkette lässt sich dem Verpackungsgesetz nicht entnehmen (ebenso: *Kardetzky/Müller* BB 2019, 771 (774); aA *Wüstenberg* AbfallR 2019, 30).

40 Für das Auslösen der Pflicht des Vorvertreibers zur Systembeteiligung ist keine schuldrechtliche Einigung erforderlich (*Flanderka/Stroetmann* VerpackV § 6 Rn. 24 zur VerpackV). Nach der gesetzgeberischen Konstruktion genügt vielmehr bereits das einseitig, unzweifelhaft und rechtsverbindlich geäußerte Verlangen des eigentlich verpflichteten Herstellers. Sobald dieses Verlangen – geäußert als einseitige, empfangsbedürftige Willenserklärung – dem Vorvertreiber (nachweislich) zugeht, ist die Pflicht wirksam delegiert (vgl. *Flanderka/Stroetmann* VerpackV § 6 Rn. 24 zur VerpackV).

41 Hinsichtlich der Vorgängervorschrift § 6 Abs. 1 Satz 2 VerpackV wurde problematisiert, ob die Lizenzierungspflicht auch durch den in Anspruch genommenen Vorvertreiber seinerseits innerhalb der Handelskette delegierbar ist (bejahend: *Flanderka/Stroetmann* VerpackV § 6 Rn. 24). *Flanderka/Stroetmann* vertraten die Auffassung, durch die personelle Rückverlagerung würde ermöglicht, dass die tatbestandlichen Verpackungsmengen beim Erstvertreiber der unbefüllten Serviceverpackungen konzentriert werden können (*Flanderka/Stroetmann* VerpackV § 6 Rn. 24; aA Mitteilung der *Bund/Länder-Arbeitsgemeinschaft Abfall (LAGA)* 37 vom 8.2.2017 – „Umsetzung der Verpackungsverordnung", S. 9).

42 Da es sich bei § 7 Abs. 2 VerpackG um eine Ausnahmeregelung handelt, ist diese eng auszulegen, so dass eine weitergehende personelle Rückverlagerung innerhalb der Handelskette nicht möglich ist. Der Vorvertreiber unterfällt schon nicht dem Herstellerbegriff des § 7 Abs. 2 VerpackG, so dass der persönliche Anwendungsbereich der Regelung für diesen nicht eröffnet ist. Der nach § 7 Abs. 2 VerpackG pflichtig gewordene Vorvertreiber kann die Systembeteiligungspflicht seinerseits nicht nach § 7 Abs. 2 VerpackG weiter delegieren.

II. Anspruch auf Systembeteiligungs-/Vorlizenzierungsbestätigung (Abs. 2 S. 2)

43 Um den Anspruch auf Vorlizenzierung für die Hersteller der Serviceverpackungen bzw. die damit einhergehende Entlastung verlässlich und praktikabel zu gestalten, enthält § 7 Abs. 2 S. 2 VerpackG einen Anspruch auf Bestätigung der erfolgten Vorlizenzierung. Indes kommt der Bestätigung nur eine deklaratorische Wirkung in Bezug auf die Delegation der Systembeteiligungspflicht zu.

44 Der Bestätigung kommt gleichwohl eine hohe Praxisrelevanz zu, da die (wirksame) Übertragung der Lizenzierungspflicht die Geltung des Verkehrsverbots für nicht lizenzierte Verpackungen unberührt lässt. Der delegierende Hersteller muss bei Inverkehrbringen der systembeteiligungspflichtigen Serviceverpackungen also sicher sein, dass er lediglich tatsächlich beteiligte Verpackungen in Umlauf bringt. Die dahingehende Darlegungs- und Beweislastlast obliegt ihm selbst (vgl. *Keller,* Das Verpackungsgesetz, Leitfaden für Online-Händler, in Bezug auf die Vorlizenzierung gebrauchter Verpackungen). § 7 Abs. 2 S. 2 VerpackG gibt dem Hersteller in diesem Kontext die Möglichkeit, sich einen spezifischen Nachweis über die real existierende Vorlizenzierung zu verschaffen.

III. Übergang der Herstellerpflichten (Abs. 2 S. 3)

45 Systematisch konsistent normiert § 7 Abs. 2 S. 3 VerpackG, dass mit der Übertragung der Systembeteiligungspflicht vom delegierenden Hersteller auf dessen Vorvertreiber auch sämtliche damit verbundenen Pflichten übergehen. Dies betrifft ausweislich des Gesetzestextes die Herstellerpflichten nach den §§ 9 bis 11 VerpackG, namentlich die (vorherige) Registrierungspflicht, die Datenmeldepflicht sowie die Pflicht zur Abgabe entsprechender Vollständigkeitserklärungen. Das mit der Lizenzierung zusammenhängende Pflichtenprogramm soll in gebündelter, personell konzentrierter Form übergehen, um eine vollzugshemmende Aufsplitterung der Herstellerpflichten zu verhindern (BT-Drs.: 18/11274 S. 88).

E. Anspruch auf Entgelterstattung gegenüber Dualen Systemen (Abs. 3)

Mit § 7 Abs. 3 enthält das VerpackG eine Regelung, die das Rechtsverhältnis zwischen den beteiligungspflichtigen Herstellern und den jeweiligen Systemen einseitig anspruchsbegründend konkretisiert Spezifisch geht es um die Rückerstattung bereits gezahlter Lizenzierungsentgelte. Diese können seitens der entgeltbelasteten Hersteller nunmehr nur noch zurückverlangt werden, wenn die in Verkehr gebrachten systembeteiligungspflichtigen Verpackungen wegen Beschädigung oder Unverkäuflichkeit nicht an den Endverbraucher abgegeben werden, der Hersteller die Verpackungen tatsächlich zurückgenommen und einer Verwertung entsprechend den Anforderungen des § 16 Abs. 5 VerpackG zugeführt hat (zum abschließenden Charakter auch BT-Drs.: 18/11274 S. 89). 46

Bisher war die Rückerstattung gezahlter Lizenzierungsentgelte der *vertraglichen* Ausgestaltung zwischen Systemen und Herstellern anheimgestellt (vgl. BT-Drs.: 18/11274 S. 88). Der Verordnungsgeber selbst ging innerhalb der Begründung zur 5. Novelle der Verpackungsverordnung von einer Abzugsfähigkeit hinsichtlich der lizenzierten Verpackungen etwa im Falle der Unverkäuflichkeit der Ware aus (BT-Drs.: 16/7954, S. 20). Die bis zur Einführung des Verpackungsgesetzes zuletzt geltende Verpackungsverordnung selbst enthielt keine dem § 7 Abs 3 vergleichbaren, ausdrücklichen Erstattungsgründe mehr. Die 5. sowie die 6. Novelle zur Verpackungsverordnung sahen in § 6 Abs. 1 S. 5 dagegen noch einen ähnlichen Erstattungsanspruch der Hersteller im Falle der Eigenrücknahme vor (vgl. dazu noch *Roder,* VerpackV, § 6, Rn. 16). Auf Grundlage dieser individuellen Konzeptionsoffenheit etablierte sich eine (allzu) subjektive, ungleiche und letztlich undurchsichtige Praxis, innerhalb derer sich die Systeme durch die Erstattungen mitunter sogar wettbewerbliche (Präferenz-)Vorteile gegenüber Marktkonkurrenten verschafften (vgl. BT-Drs.: 18/11274 S. 88). 47

Durch die Einführung dieser recht klar umrissenen *gesetzlichen* Grundlage im Verpackungsgesetz soll die bisherige Anzahl an divergierenden Erstattungsgründen auf eine überschaubare Anzahl an erfassten, objektiv gerechtfertigten Rückzahlungskonstellationen reduziert werden (BT-Drs.: 18/11274 S. 88). 48

Im Sinne dieses gesetzgeberischen Anliegens ist die Vorschrift, insbesondere hinsichtlich der Merkmale Beschädigung oder Unverkäuflichkeit, eng auszulegen (BT-Drs.: 18/11274 S. 88). 49

Um eine effektive Kontrolle zu ermöglichen und eine Umgehung bzw. Überdehnung der abschließenden Erstattungsgründe zu verhindern, begründet die Regelung für den beanspruchenden Hersteller eine Reihe verschiedener Dokumentationsverpflichtungen (siehe unten). 50

Aus Perspektive der entgeltbelasteten Hersteller ist eine Eigenrücknahme gegenüber der durch die Lizenzierungsentgelte finanzierten, systemorganisierten Verpackungsrücknahme wirtschaftlich meist attraktiver (vgl. auch *Keller,* Das Verpackungsgesetz, Leitfaden für Online-Händler in Bezug auf Branchenlösungen). Trotz inhaltlicher Verschärfung durch die eng auszulegenden Erstattungsgründe, ist die Vorschrift nicht unumstritten. 51

Zum einen wird der Erstattungsanspruch unter Wettbewerbsgesichtspunkten durchaus kritisch betrachtet (*Di Fabio,* Gewährleistungsverantwortung für Systeme, S. 42; *Kempkes/Bruckschen,* in Kurth/Oexle/Faulstich Praxis-Hdb. KrWG S. 355). Zum anderen keimen angesichts historisch schlechter Erfahrungen mit der Erstattungslogik bei Eigenrücknahmen, die mit der 7. Novelle der VerpackV gerade abgeschafft wurde, erneut Sorgen vor missbräuchlichem Marktverhalten auf (*Kempkes/Bruckschen,* in Kurth/Oexle/Faulstich Praxis-Hdb. KrWG S. 355 mVa BR-Drs.: 244/14, S. 4).

I. Gesetzlicher Erstattungsgrund/Tatbestand

52 **1. In Verkehr gebrachte systembeteiligungspflichtige Verpackungen.** Eine Erstattung gezahlter Lizenzierungsentgelte kommt lediglich bei systembeteiligungs- und lizenzierungsentgeltpflichtigen Verpackungen in Betracht. Insoweit kann auf die Ausführungen zu § 7 Abs. 1 VerpackG verweisen werden. Erforderlich ist überdies, dass die tatbestandlichen Verpackungen bereits in Verkehr gebracht sind. Auch insoweit ist auf die Ausführungen, betreffend § 7 Abs. 1 VerpackG zu verweisen.

53 **2. Entgeltzahlung.** Die entsprechende Entgeltzahlungspflicht muss gegenüber den dualen Systemen seitens der verpflichteten Hersteller notwendigerweise auch bereits erfüllt sein („zurückverlangen"), damit eine Erstattung möglich ist.

54 **3. Keine Abgabe an Endverbraucher wegen Beschädigung oder Unverkäuflichkeit.** Voraussetzung für die Entstehung des Erstattungsanspruchs ist ferner, dass die maßgeblichen, in Verkehr gebrachten Verpackungen wider Erwarten nicht an den Endverbraucher abgegeben werden. Endverbraucher ist gemäß § 3 Abs. 10 VerpackG derjenige, der die Ware in der an ihn gelieferten Form nicht mehr gewerbsmäßig in Verkehr bringt.

55 Als abschließende und restriktiv auszulegende Gründe für das Abreißen der Lieferkette vor dem Endverbraucher nennt § 7 Abs. 3 S. 1 VerpackG einerseits die Beschädigung (der Verpackung) bzw. andererseits die Unverkäuflichkeit (der Ware)(zur restriktiven Handhabung BT-Drs.: 18/11274 S. 88f.). Ursächlich sein können hierfür etwa Unfall- bzw. Brandfolgen oder auch der biologische Verderb der Ware (BT-Drs.: 18/11274 S. 88f.). Eine den Vertrieb der befüllten Verpackung nach allgemeiner Verkehrsanschauung nicht zwingend ausschließende Beeinträchtigung, wie etwa ein produktionsbedingter Materialfehler, welcher lediglich ein optisches, aber kein funktionales Defizit der Verpackung darstellt, genügt danach nicht.

56 Zwischen der Beschädigung bzw. der Unverkäuflichkeit und der finalen Nicht-Abgabe an den Endverbraucher muss ein Kausalzusammenhang bestehen. Im Sinne einer engen Auslegung, die ausweislich der gesetzgeberischen Begründung teleologisch bedingt geboten ist, muss die Beschädigung bzw. die Unverkäuflichkeit die Ursache dafür sein, dass die Verpackung nicht an den Endverbraucher abgegeben wurde (BT-Drs.: 18/11274 S. 88f.).

57 **4. Rücknahme und Verwertung durch Hersteller.** Um in den Genuss der Entgelterstattung zu kommen, ist weiterhin erforderlich, dass der Hersteller die Verpackungen tatsächlich zurückgenommen *und* einer Verwertung entsprechend den Anforderungen des § 16 Abs. 5 VerpackG zugeführt hat. Primär anzustreben ist die Vorbereitung zur Wiederverwendung oder das Recycling der maßgeblichen Verpackungen. Explizit angeknüpft wird mittels des Verweises auf § 8 KrWG an die ursprünglich aus dem Unionsrecht stammenden, allgemeinen abfallhierarchischen Vorgaben.

II. Rechtsfolgen

1. Entgelterstattungsanspruch des Herstellers (§ 7 Abs. 3 S. 1). Soweit die ausgeführten Tatbestandsvoraussetzungen vorliegen, kann der betroffene Hersteller die von ihm für die Systembeteiligung *geleisteten Entgelte* von den *betreffenden Systemen* zurückverlangen. Es steht ihm damit inhaltlich ein vollumfänglicher Erstattungsanspruch zu, der sich gegen dasjenige System richtet, an das der Hersteller die Lizenzentgelte aufgrund gesetzlicher Vorgaben und vertraglicher Ausgestaltung gezahlt hat (bzgl. eines ähnlichen Erstattungsanspruchs innerhalb der 5. Novelle der Verpackungsverordnung und dem Streit bzgl. möglicher Anspruchsgegner, *Roder* VerpackV § 6 Rn. 16). Der beanspruchende Hersteller kann sich hinsichtlich seines Rückzahlungsersuchens nicht an beliebige Systeme richten, zu denen er in keinerlei vertraglicher Beziehung steht (vgl. ebenso *Roder* VerpackV § 6 Rn. 16). In diesem Sinne ist wohl auch der Wortlaut zu lesen und zu verstehen, der insoweit von „den *betreffenden* Systemen" spricht. 58

2. Dokumentationsverpflichtung des Herstellers (§ 7 Abs. 3 S. 2). § 7 Abs. 3 S. 2 VerpackG schreibt vor, dass Rücknahme und anschließende Verwertung seitens des Herstellers in jedem Einzelfall in nachprüfbarer Form zu dokumentieren sind. Dies soll ausweislich der Gesetzesbegründung zumindest durch schriftlich fixierte Rücknahme- und Transportbelege sowie entsprechende Verwertungsnachweise erfolgen (BT-Drs.: 18/11274 S. 89). Zur genauen inhaltlichen Ausgestaltung der Nachweisdokumente, anhand derer sich alle rücknahme- und verwertungsrelevanten Einzelaspekte zweifelsfrei und ausreichend identifizieren lassen (sollen), schweigt das Verpackungsgesetz im Rahmen des § 7 Abs. 3 indes. 59

In Anbetracht des hinter sämtlichen Nachweisverpflichtungen (Dokumentation nach § 7 Abs. 3 S. 2 VerpackG, Datenmeldepflicht nach § 10 Abs. 1 S. 2 VerpackG, Vollständigkeitserklärung nach § 11 Abs. 2 S. 1 Nr. 5 und Nr. 7 VerpackG) stehenden, identischen Kontrollzwecks ist hinsichtlich des erforderlichen Inhalts sinnvollerweise auf die spezifischen Ausführungen der §§ 10 und 11 zu rekurrieren. So bestimmt § 10 Abs. 1 Satz 2 VerpackG ausdrücklich, dass eventuelle Rücknahmen gemäß § 7 Abs. 3 Satz 1 VerpackG der Zentralen Stelle Verpackungsregister entsprechend den Anforderungen aus § 10 Abs. 1 Nr. 1 bis 4 VerpackG zu melden sind. Alleine vor diesem Hintergrund sind Hersteller bereits gehalten, eine hinreichend genaue Dokumentation vorzunehmen. Eine im Sinne des § 7 Abs. 3 Satz 2 VerpackG ausreichende Dokumentation liegt demnach nur vor, wenn sie (1) die Registrierungsnummer, (2) die Materialart und die Masse der zurückgenommenen Verpackungen; (3) den Name des Systems, bei dem die Rücknahme vorgenommen wurde und (4) den Zeitpunkt, zu dem die Rücknahme erfolgt ist, ausweist. Zudem muss die Dokumentation einen Nachweis über die ordnungsgemäße Verwertung enthalten, da die Zentrale Stelle Verpackungsregister diesen gemäß § 11 Abs. 3 Satz 3 VerpackG anfragen kann. Gutachten über pauschale Mengenabzüge wegen Beschädigung oder Unverkäuflichkeit sind nicht ausreichend (BT-Drs.: 18/11274 S. 89). 60

Die Erfüllung der Dokumentationspflicht ist keine tatbestandliche Voraussetzung für das Entstehen des Erstattungsanspruchs, sondern davon unabhängig, da deren Erfüllung, anders als die Rücknahme und Verwertung nicht mit dem Wort „wenn" in § 7 Abs. 3 Satz 1 VerpackG verknüpft ist. 61

Zuwiderhandlungen gegen die Dokumentationspflicht aus § 7 Abs. 3 S. 2 VerpackG selbst sind mangels expliziter Aufführung in § 34 VerpackG nicht bußgeldbewährt. Allerdings können sich Mängel und Unvollständigkeiten (spätestens) im Rahmen der Voll- 62 ständigkeitserklärung sowie der Datenmeldung gegenüber der Zentralen Stelle Verpackungsregister auswirken, deren nicht ordnungsgemäße Handhabung wiederum bußgeldbewährt ist.

63 **3. Entfallen des Inverkehrbringens (§ 7 Abs. 3 S. 3).** § 7 Abs. 3 Satz 3 VerpackG enthält ausweislich der Gesetzesbegründung eine Klarstellung, wonach die gemäß diesem Absatz zurückgenommenen und einer Verwertung zugeführten Verpackungen nicht mehr als in Verkehr gebracht gelten (BT-Drs.: 18/11274 S. 89). Dabei ist davon auszugehen, dass sich die ungenaue Formulierung „in diesem Fall" nicht nur auf die voranstehende Erfüllung der Dokumentationspflicht, sondern das Vorliegen sämtlicher tatbestandlicher Voraussetzungen des § 7 Abs. 3 Satz 1 und Satz 2 VerpackG bezieht. Der Gesetzeswortlaut („gelten") legt dabei die Ausgestaltung als gesetzliche Fiktion nahe.

64 **4. Datenmeldeverpflichtung des Herstellers aus § 10 Abs. 1 S. 2.** Dem nach § 7 Abs. 3 S. 2 VerpackG zurücknehmenden Hersteller obliegen Datenmeldepflichten gegenüber der Zentralen Stelle Verpackungsregister, die inhaltlich denjenigen bei der erstmaligen Lizensierung entsprechen. Dies ergibt sich aus § 10 Abs. 1 S. 2 VerpackG, der durch die „entsprechende" Datenmeldepflicht letztlich auf die Inhalte des § 10 Abs. 1 S. 1 verweist (vgl. im Einzelnen die Kommentierung zu § 10 VerpackG). Sanktioniert sind Zuwiderhandlungen gegen die Datenmeldepflicht über die Vorschrift des § 34 Abs. 1 Nr. 10 VerpackG. Zur Erfüllung des Bußgeldtatbestandes genügt nicht nur die gänzlich unterbliebene Übermittlung einer Angabe, sondern auch die unrichtige, unvollständige und nicht rechtzeitige Datenmeldung (vgl. im Einzelnen die Kommentierung zu § 34 VerpackG).

65 **5. Datenmeldeverpflichtung des Herstellers im Rahmen der Vollständigkeitserklärung (§ 11 Abs. 2 S. 1).** Auch innerhalb der jährlich abzugebenden und geprüften Vollständigkeitserklärung nach § 11 VerpackG sind Angaben zu solchen Verpackungen obligatorisch, die der jeweilige Hersteller zurückgenommenen und der Verwertung zugeführt hat (zu den Besonderheiten des § 11 Abs. 4 VerpackG wird auf die dortige Kommentierung verwiesen). Nach § 11 Abs. 2 S. 1 Nr. 5 VerpackG müssen Materialart und Masse aller im vorangegangenen Kalenderjahr zurückgenommenen Verpackungen angegeben werden, überdies sind gemäß § 11 Abs. 2 S. 1 Nr. 7 VerpackG alle Aspekte zur Erfüllung der Verwertungsanforderungen bezüglich der zurückgenommenen Verpackungen angabepflichtig.

66 Die unterbliebene Hinterlegung ist nach § 34 Abs. 1 Nr. 11 VerpackG ebenso bußgeldbewährt wie die unrichtige, unvollständige und nicht rechtzeitige Hinterlegung der Vollständigkeitserklärung.

67 **6. Informationspflichten der Systeme (§ 20).** Neben den Herstellern trifft die Pflicht zur umfangreichen Datenmeldung und Informationsweitergabe ausdrücklich auch die dualen Systeme, und zwar nicht nur hinsichtlich der ursprünglichen Lizenzierung, sondern auch hinsichtlich etwaiger Entgelterstattungen auf Grundlage des § 7 Abs. 3 VerpackG, vgl. § 20 Abs. 1 VerpackG. Durch Abgleich der hersteller- sowie der systemseitigen Informationen soll die Früherkennung von Fehlentwicklungen durch die Zentrale Stelle Verpackungsregister ermöglicht und gefördert werden (BT-Drs.: 18/11274 S. 105; *Kempkes/Bruckschen* in Kurth/Oexle/Faulstich Praxis-Hdb. KrWG, S. 356).

F. Systembeteiligung bei Widerruf der Systemgenehmigung (Abs. 4)

68 § 7 Abs. 4 VerpackG regelt die Konsequenzen eines Widerrufs der Systemgenehmigung nach § 18 Abs. 3 VerpackG für die Herstellerbeteiligungen an dem jeweils betroffenen dualen System, nicht hingegen die Voraussetzungen des Widerrufs an sich (vgl. hierzu die Kommentierung zu § 18 Abs. 3 VerpackG).

69 Ab bzw. für die Zeit nach Wirksamwerden des Genehmigungswiderrufs gilt die Beteiligung/Lizenzierung als nicht vorgenommen. Betroffene Hersteller haben sich bzw. die von ihnen hergestellten Verpackungen zur Wahrnehmung ihrer Produktverantwortung und zur Achtung des Verkehrsverbots für nicht lizenzierte Verpackungen (§ 7 Abs. 1 S. 4 VerpackG) fortan stattdessen an einem anderen genehmigten System zu beteiligen (vgl. auch BT-Drs.: 18/11274 S. 89). Die (äußere) Wirksamkeit des Genehmigungswiderrufs tritt ausweislich des § 18 Abs. 3 S. 2 VerpackG mit dessen öffentlicher Bekanntgabe ein.

G. Untersagung der Systembeteiligung und Aufhebung der Untersagung (Abs. 5)

I. Untersagungsverfügung

70 Mit § 7 Abs. 5 enthält das VerpackG eine normative Ermächtigungsgrundlage zur Untersagung der Aufnahme einer systembeteiligungspflichtigen Verpackung in ein duales System wegen sog. Systemunverträglichkeit. Die im Einzelfall mögliche Untersagungsverfügung ist ein Verwaltungsakt im Sinne der jeweiligen Verwaltungsverfahrensgesetze der Länder (etwa § 35 S. 1 VwVfG NRW).

71 Systemunverträgliche Verkaufs- und Umverpackungen unterliegen den sich aus § 15 VerpackG ergebenden Pflichten (§ 15 Abs. 1 Nr. 3 VerpackG).

72 Zum Erlass der jeweiligen Einzelfallverfügung berechtigt ist unter dem Regime des Verpackungsgesetzes nicht mehr die zuständige Landesabfallbehörde, sondern nunmehr die Zentrale Stelle Verpackungsregister.

73 Inhaltlich knüpft die Vorschrift des § 7 Abs. 5 VerpackG ausweislich der Gesetzesbegründung grundsätzlich an die bisherige Nr. 3 Abs. 4 S. 3 des Anhangs I der Verpackungsverordnung an (vgl. auch BT-Drs.: 18/11274 S. 89). Neben den bis dato niedergelegten Untersagungsgrund, dem Wohl der Allgemeinheit für Gesundheit und Wohlbefinden der Menschen, tritt allerdings mit dem Aspekt der umweltverträglichen Abfallbewirtschaftung zur Berücksichtigung auch ökologischer und aufbereitungstechnischer Gesichtspunkte ein weiterer Untersagungsgrund (vgl. auch BT-Drs.: 18/11274 S. 89). Nennenswert – wenn auch angesichts des nach dem einschlägigen Verwaltungsverfahrensgesetz grundsätzlich ohnehin bestehenden Anhörungserfordernisses in der Praxis relativiert – ist überdies die abgewandelte, normgestalterische Konzeption. Nach den maßgeblichen Vorschriften der Verpackungsverordnung hatte die Antragsbehörde nach entsprechender Risikoeinschätzung zunächst die Glaubhaftmachung der Systemverträglichkeit zu verlangen. Erst auf dieser Grundlage, namentlich bei misslungener Glaubhaftmachung, konnte eine Untersagungsverfügung ergehen (vgl. auch *Flanderka/Stroetmann* VerpackV Anhang I (zu § 6) Rn. 29). Unter dem Regime des Verpackungsgesetzes kann bei antizipierter, freilich fundiert festgestellter, Systemunverträglichkeit zunächst die untersagende Verfügung ergehen, gegen die sich Hersteller bzw. Systeme sodann im Nachhinein durch Führung eines Gegennachweises (nicht mehr bloß: Glaubhaftma-

chung) zur Wehr setzen können. § 7 Abs. 5 S. 2 VerpackG enthält insoweit ein subjektives Recht der Hersteller/Systeme (hierzu sogleich).

74 Ausweislich der Gesetzesbegründung, die sich explizit auf entsprechende Darstellungen der bisherigen Systembetreiber stützt, sind Untersagungsverfügungen durch die bisher zuständigen Landesbehörden nur selten ergangen (BT-Drs.: 18/11274 S. 57).

75 **1. Tatbestandsvoraussetzungen.** Soweit durch die Aufnahme einer systembeteiligungspflichtigen Verpackung in ein System zu befürchten ist, dass die umweltverträgliche Abfallbewirtschaftung, insbesondere die Durchführung einer ordnungsgemäßen und schadlosen Verwertung, erheblich beeinträchtigt oder das Wohl der Allgemeinheit, insbesondere die Gesundheit, gefährdet wird, kann die Zentrale Stelle Verpackungsregister die Aufnahme der systembeteiligungspflichtigen Verpackung im Einzelfall wegen Systemunverträglichkeit untersagen, § 7 Abs. 5 S. 1 VerpackG.

76 **a) Prognoseentscheidung.** Die von der Zentralen Stelle im Zweifel zu treffende Entscheidung fußt auf einer an objektiven Kriterien zu messenden Risiko- und Prognoseeinschätzung („zu befürchten"). In Anbetracht grundrechtlicher Erwägungen und nach allgemeinen ordnungsrechtlichen Grundsätzen hat sich diese Prognose an einem objektiven ex-ante Maßstab zu orientieren, innerhalb dessen auch (etwa stoffbezogene) Erfahrungswerte Eingang finden können.

77 **b) Systemunverträglichkeit.** Voraussetzung einer jeden Untersagungsverfügung ist, dass alternativ oder kumulativ eine erhebliche Beeinträchtigung der Abfallbewirtschaftung bzw. eine Allgemeinwohlgefährdung durch die konkrete Systembeteiligung in Aussicht steht (prognostizierte Systemunverträglichkeit). Den gedanklichen Ausgangspunkt im Rahmen der anzustellenden Risikoanalyse bildet die Aufnahme der entsprechenden Verpackung in das System bzw. die Systeme. Daran anknüpfend sind als Kernbestandteile einer jeden Systembeteiligung (§ 14 Abs. 1 und 2 VerpackG) die ökologischen und gesundheitlichen Konsequenzen von *Sammlung und Verwertung* der spezifischen Verpackung zu eruieren und objektiv zu bewerten.

78 Mittels des Gesichtspunkts „Abfallbewirtschaftung" finden zuvorderst ökologische und aufbereitungsbezogene Belange Eingang in die anzustellende Risikoanalyse (BT-Drs.: 18/11274 S. 89). Maßgeblich ist im weitesten Sinne, in welchem Ausmaß die Beteiligung der konkreten Verpackung einer ordnungsgemäßen, ökologisch unbedenklichen und letztlich schadlosen Sammlung und Verwertung entgegenstehen wird (BT-Drs.: 18/11274 S. 89). Dabei kommt es ausweislich der gesetzlichen Begründung nicht zwingend nur auf die ökologischen Folgen hinsichtlich der geprüften Verpackung selbst an. Vielmehr kann auch der ökologisch nachteilige Einfluss der geprüften Verpackung auf andere Verpackungen im Sortier- und Verwertungsprozess zu einer negativen Risikoprognose führen (BT-Drs.: 18/11274 S. 89 mit Beispielen: Gefahr der Störung des Sortier- und Verwertungsprozesses bzw. Verunreinigung der Wertstoffkonzentrate etwa durch mangelnde Sortierbarkeit; Gefahr der Beschädigung von Sortier- und Verwertungsanlagen durch spezifische störende Eigenschaften). Um eine Untersagungsverfügung zu rechtfertigen, muss die zu erwartende Beeinträchtigung allerdings eine gewisse Intensität bzw. Erheblichkeit aufweisen.

79 Unter dem Aspekt des „Allgemeinwohls" sind schließlich insbesondere personell-gesundheitliche Belange zu berücksichtigen. Obgleich der Gesetzeswortlaut einen breiten Anwendungsbereich nahelegt, bezieht sich der Begriff des Allgemeinwohls ausweislich der Gesetzesbegründung in erster Linie auf die Gesundheit und die an der Abfallbewirtschaftung beteiligten Personen (BT-Drs.: 18/11274 S. 89).

Nicht jedwede Beeinträchtig genügt. Vielmehr ist im Lichte des Verhältnismäßigkeitsgrundsatzes das Erreichen bzw. Überschreiten einer Erheblichkeitsschwelle erforderlich. Naturgemäß ist eine fixe und abstrakte Festlegung der Parameter, anhand derer sich die die Erheblichkeit zweifelsfrei und allgemeingültig bestimmen ließe, nicht möglich (so etwa für das BNatschG → BNatSchG § 19 Rn. 18). Notwendig ist stattdessen stets eine Betrachtung des Einzelfalls unter Berücksichtigung und Gewichtung der individuellen Besonderheiten. 80

c) Kausalität. Zwischen der Aufnahme der systembeteiligungspflichtigen Verpackung in das System, notwendigerweise verbunden mit deren Sammlung und anschließender Verwertung, und dem zu erwartenden Risiko muss ein unmittelbarer Kausalzusammenhang bestehen („durch die Aufnahme […] erheblich beeinträchtigt oder […] gefährdet wird“). 81

2. Aktiv- und Passivlegitimation. Ausweislich von § 7 Abs. 5 Satz 1 VerpackG ist die Zentrale Stelle Verpackungsregister berechtigt, die Aufnahme der systembeteiligungspflichtigen Verpackung im Einzelfall wegen Systemunverträglichkeit zu untersagen. 82

Aufgrund des Wortlauts des § 7 Abs. 5 Satz 1 VerpackG ist demgegenüber unklar, wer nach der gesetzlichen Konzeption Adressat der Untersagungsverfügung sein soll. Hierzu schweigt sich das Verpackungsgesetz aus. 83

Ausweislich der Gesetzesbegründung greift § 7 Abs. 5 Satz 1 VerpackG die bisherige Regelung aus Nr. 3 Abs. 4 Satz 3 des Anhangs I zur Verpackungsverordnung auf. Aus der vorbezeichneten Regelung der Verpackungsverordnung ergibt sich unter Berücksichtigung des kontextuellen Zusammenhangs mit Nr. 3 Abs. 1 Satz 2 VerpackV, dass Adressaten der Untersagungsverfügung sowohl die (dualen) Systeme sind, als auch der jeweilige Hersteller. 84

Dieses Verständnis ist auch dem Verpackungsgesetz zu Grunde zu legen, sind es doch die Systeme, welche die systemunverträglichen Verpackungen potentiell aufnehmen und es so zu einer nicht ordnungsgemäßen und schadlosen Verwertung kommt. Ausgehend von der *Ratio* des § 7 Abs. 5 VerpackG, einen effektiven Schutz in Bezug auf systemunverträgliche Verpackungen zu gewährleisten, ist der Adressatenkreis nicht auf ein konkretes System beschränkt, sondern erfasst vielmehr alle Systeme und den jeweiligen Hersteller. 85

Aus der Systematik des Verpackungsgesetzes ergibt sich, dass die Untersagungsverfügung für Hersteller der betreffenden Verpackung aber auch die in der Lieferkette nachfolgenden Vertreiber einen drittbelastenden Verwaltungsakt darstellen können, da die Untersagungsverfügung für sie ausweislich von § 15 Abs. 1 Nr. 3 VerpackG eine Rücknahmeverpflichtung auslöst, auf der anderen Seite aber auch eine begünstigende Wirkung auslöst, indem die Verpackungen nicht mehr als systembeteiligungspflichtig einzustufen sind. 86

3. Ermessen. Die Entscheidung über den Erlass einer Untersagungsverfügung wegen Systemunverträglichkeit steht auf Rechtsfolgenseite im Ermessen der Zentralen Stelle Verpackungsregister. Es gilt die allgemeine Ermessensfehlerlehre (vgl. §§ 40 VwVfG; 114 VwGO). 87

4. Rücknahme- und Verwertungsäquivalent. Mit der Untersagungsverfügung gegenüber den (dualen) Systemen entfällt in Bezug auf die konkrete Verpackung deren Verpflichtung zur Gewährleistung einer flächendeckenden systemorganisierten Verpa- 88 ckungssammlung und -verwertung. In diesem Fall greift der sachliche Anwendungsbereich des § 15 Abs. 1 Satz 1 Nr. 3 VerpackG ein. Hersteller und Vertreiber von Verkaufs- und Umverpackungen, für die wegen Systemunverträglichkeit nach § 7 Abs. 5 VerpackG eine Systembeteiligung nicht möglich ist (§ 15 Abs. 1 S. 1 Nr. 3 VerpackG), sind nach Maßgabe der § 15 Abs. 2 bzw. 3 VerpackG zur Eigenrücknahme bzw. zur anschließenden Verwertung verpflichtet (vgl. im Einzelnen die Kommentierung zu § 15 VerpackG).

II. Anspruch auf Untersagungsaufhebung

89 § 7 Abs. 5 S. 2 VerpackG eröffnet sowohl dem Hersteller als auch den betroffenen Systemen explizit die Möglichkeit zum positiven Nachweis der Systemverträglichkeit.

90 Die Norm enthält zugunsten der Berechtigten ein subjektives Recht, gerichtet auf Aufhebung der Untersagungsverfügung. Bei der beanspruchten Entscheidung der Zentralen Stelle Verpackungsregister handelt es sich nach dem actus-contrarius-Gedanken um einen Verwaltungsakt im Sinne des § 35 VwVfG.

91 **1. (Anspruchs)Voraussetzungen.** Die Anforderungen an den Nachweis der Systemverträglichkeit ergeben sich über § 7 Abs. 5 Satz 2 VerpackG spiegelbildlich und im Umkehrschluss zu Satz 1. Sofern nachgewiesenermaßen keine erhebliche Beeinträchtigung der Abfallbewirtschaftung *und* keine (konkrete) Gefahr für das Allgemeinwohl durch die Aufnahme der betreffenden Verpackung in das System zu erwarten ist, obliegt der Zentralen Stelle bindend die Aufhebung der erlassenen Untersagungsverfügung.

92 **2. Aktiv- und Passivlegitimation.** Anspruchsberechtigt sind sowohl der betroffene Hersteller als auch die Systeme. Demgegenüber steht den von der Rücknahmeverpflichtung des § 15 VerpackG betroffenen nachfolgenden Vertreibern, soweit es sich nicht um den Hersteller handelt, der vorbezeichnete Gegennachweis nicht offen. Als Anspruchsgegner kommt nach der Neukonzeption durch das Verpackungsgesetz lediglich die Zentrale Stelle als beliehener Rechtsträger in Betracht.

93 **3. Gebundene Entscheidung.** Gelingt der Nachweis, ist die Aufhebung der Untersagungsverfügung verpflichtend. Es besteht auf Rechtsfolgenseite kein Ermessen.

III. Rechtsschutz

94 Gegen eine Untersagungsverfügung nach § 7 Abs. 5 Satz 1 VerpackG können sich die Systeme und der betroffene Hersteller im Wege einer Anfechtungsklage nach § 42 Abs. 1 Alt. 1 VwGO zur Wehr setzen. Ihr Ziel, die grundsätzlich systembeteiligungspflichtige Verpackung aufnehmen zu können bzw. zu dürfen, erreichen sie schon mit der Beseitigung der betreffenden Untersagungsverfügung im Wege der Anfechtungsklage, so dass diese einschlägig ist.

95 Hebt die Zentrale Stelle Verpackungsregister die Untersagungsverfügung trotz entsprechendem Nachweis des Herstellers im Sinne des § 7 Abs. 5 Satz 2 VerpackG nicht auf, steht diesem die Erhebung einer Verpflichtungsklage nach § 42 Abs. 1 Alt. 2 VwGO offen.

96 Auch die Systeme können im Fall einer bestandskräftig gewordenen Untersagungsverfügung den entsprechenden Nachweis führen und im Wege der Verpflichtungsklage vorgehen, vgl. § 7 Abs. 5 Satz 2 VerpackG.

H. Entgeltzahlungsverbot (Abs. 6)

Die Vorschrift des § 7 Abs. 6 VerpackG verbietet Systembetreibern, den Vertreibern ein Entgelt oder sonstige wirtschaftliche Vorteile für die Vermittlung von Herstellern systembeteiligungspflichtiger Verpackungen an ihr System zu versprechen und/oder zu gewähren (vgl. auch den Wortlaut der entsprechenden Ordnungswidrigkeitsvorschrift des § 34 Abs. 1 Nr. 4 VerpackG). Untersagt ist damit ausweislich der Gesetzesbegründung etwa das Versprechen oder Gewähren von sog. „Kick-back"-Zahlungen/verdeckten Provisionen (BT-Drs.: 18/11274 S. 90; auch *Flanderka/Stroetmann* VerpackV § 6, Rn. 10 sowie *Stroetmann/Below* UPR 2016, 321 (324)). **97**

Ohne Entgelt- oder Vorteilsversprechung bzw. -gewährung sind Vermittlungen und Empfehlungen am Markt dagegen in der Praxis oftmals vorgenommen durch größere Handelsunternehmen gegenüber kleineren Verpackungsherstellern, weder unüblich noch generell unzulässig (BT-Drs.: 18/11274 S. 90). Im Einzelfall kann sogar ein berechtigtes und nachvollziehbares Interesse daran bestehen, dass sämtliche von einem Unternehmen vertriebenen Verpackungen lediglich bei zuverlässigen Systemen lizenziert werden bzw. sind (BT-Drs.: 18/11274 S. 90). **98**

Geht die Initiative der Systembeteiligung (gar) nicht von dem Vertreiber, sondern vom Hersteller oder vom System gegenüber dem Vertreiber aus, fehlt es nach formalistischer Auffassung von *Fischer* bereits an einer tatbestandlichen Vermittlungstätigkeit im Sinne des § 7 Abs. 6 (*Fischer* AbfallR 2018, 115 (119)). Wird ein Entgelt nicht für die Vermittlungstätigkeit („dafür"), sondern aus anderen Gründen gezahlt, fehlt es seiner Ansicht nach formal an dem tatbestandlich festgelegten Kausalzusammenhang (*Fischer,* AbfallR 2018, 115 (119)). **99**

Zuwiderhandlungen gegen § 7 Abs. 6 sind nach § 34 Abs. 1 Nr. 4 bußgeldbewährt (kritisch zur Pönalisierung einer Vermittlungstätigkeit gegen Entgelt überhaupt *Fischer* AbfallR Heft 2018, 115 (120)). **100**

§§ 8–35 VerpackG

(Kommentierungen folgen)

Kapitel 10. Bußgeld- und Strafvorschriften

§ 69 Bußgeldvorschriften

(1) Ordnungswidrig handelt, wer wissentlich entgegen § 39 Absatz 1 Nummer 1 ein wild lebendes Tier beunruhigt.

(2) Ordnungswidrig handelt, wer

1. entgegen § 44 Absatz 1 Nummer 1
   a) einem wild lebenden Tier nachstellt, es fängt oder verletzt oder tötet oder seine Entwicklungsformen aus der Natur entnimmt oder, beschädigt oder
   b) ein wild lebendes Tier tötet oder seine Entwicklungsformen zerstört,
2. entgegen § 44 Absatz 1 Nummer 2 ein wild lebendes Tier erheblich stört,
3. entgegen § 44 Absatz 1 Nummer 3 eine Fortpflanzungs- oder Ruhestätte aus der Natur entnimmt, beschädigt oder zerstört,
4. entgegen § 44 Absatz 1 Nummer 4
   a) eine wild lebende Pflanze oder ihre Entwicklungsformen aus der Natur entnimmt oder sie oder ihren Standort beschädigt oder
   b) eine wild lebende Pflanze oder ihre Entwicklungsformen zerstört,
5. entgegen § 44 Absatz 2 Satz 1 Nummer 1, auch in Verbindung mit § 44 Absatz 3
   a) ein Tier oder eine Pflanze einer anderen als in § 71a Absatz 1 Nummer 2 genannten besonders geschützten Art oder
   b) eine Ware im Sinne des Anhangs der Richtlinie 83/129/EWG in Besitz oder Gewahrsam nimmt, in Besitz oder Gewahrsam hat oder be- oder verarbeitet und erkennt oder fahrlässig nicht erkennt, dass sich die Handlung auf ein Tier oder eine Pflanze einer in Buchstabe a genannten Art oder auf eine in Buchstabe b genannte Ware bezieht oder
6. einer Rechtsverordnung nach § 54 Absatz 4 Satz 1 oder Absatz 4a oder einer vollziehbaren Anordnung auf Grund einer solchen Rechtsverordnung zuwiderhandelt, soweit die Rechtsverordnung für einen bestimmten Tatbestand auf diese Bußgeldvorschrift verweist.

(3) Ordnungswidrig handelt, wer vorsätzlich oder fahrlässig

1. ohne Genehmigung nach § 17 Absatz 3 Satz 1 einen Eingriff in Natur und Landschaft vornimmt,
2. einer vollziehbaren Anordnung nach § 17 Absatz 8 Satz 1 oder Satz 2, § 34 Absatz 6 Satz 4 oder Satz 5, § 42 Absatz 7 oder Absatz 8 Satz 1 oder Satz 2, auch in Verbindung mit § 43 Absatz 3 Satz 4, oder § 43 Absatz 3 Satz 2 oder Satz 3 zuwiderhandelt,
3. entgegen § 22 Absatz 3 Satz 3 eine dort genannte Handlung oder Maßnahme vornimmt,
4. entgegen § 23 Absatz 2 Satz 1 in Verbindung mit einer Rechtsverordnung nach § 57 Absatz 2 eine dort genannte Handlung oder Maßnahme in einem Meeresgebiet vornimmt, das als Naturschutzgebiet geschützt wird,

4a. entgegen § 23 Absatz 3, § 24 Absatz 3 Satz 2 oder § 33 Absatz 1a Satz 1 eine dort genannte Anlage errichtet,

5. entgegen § 30 Absatz 2 Satz 1 ein dort genanntes Biotop zerstört oder sonst erheblich beeinträchtigt,
6. entgegen § 33 Absatz 1 Satz 1, auch in Verbindung mit Absatz 2 Satz 1, eine Veränderung oder Störung vornimmt,

7. entgegen § 39 Absatz 1 Nummer 1 ein wild lebendes Tier ohne vernünftigen Grund fängt, verletzt oder tötet,
8. entgegen § 39 Absatz 1 Nummer 2 eine wild lebende Pflanze ohne vernünftigen Grund entnimmt, nutzt oder ihre Bestände niederschlägt oder auf sonstige Weise verwüstet,
9. entgegen § 39 Absatz 1 Nummer 3 eine Lebensstätte wild lebender Tiere oder Pflanzen ohne vernünftigen Grund erheblich beeinträchtigt oder zerstört,
10. entgegen § 39 Absatz 2 Satz 1 ein wild lebendes Tier oder eine wild lebende Pflanze aus der Natur entnimmt,
11. ohne Genehmigung nach § 39 Absatz 4 Satz 1 eine wild lebende Pflanze gewerbsmäßig entnimmt oder be- oder verarbeitet,
12. entgegen § 39 Absatz 5 Satz 1 Nummer 1 die Bodendecke abbrennt oder eine dort genannte Fläche behandelt,
13. entgegen § 39 Absatz 5 Satz 1 Nummer 2 einen Baum, eine Hecke, einen lebenden Zaun, ein Gebüsch oder ein anderes Gehölz abschneidet oder auf den Stock setzt,
14. entgegen § 39 Absatz 5 Satz 1 Nummer 3 ein Röhricht zurückschneidet,
15. entgegen § 39 Absatz 5 Satz 1 Nummer 4 einen dort genannten Graben räumt,
16. entgegen § 39 Absatz 6 eine Höhle, einen Stollen, einen Erdkeller oder einen ähnlichen Raum aufsucht,
17. ohne Genehmigung nach § 40 Absatz 1 Satz 1 eine dort genannte Pflanze oder ein Tier ausbringt,

17a. einer mit einer Genehmigung nach § 40c Absatz 1 Satz 1, auch in Verbindung mit § 40c Absatz 2, oder nach § 40c Absatz 3 Satz 1 verbundenen vollziehbaren Auflage zuwiderhandelt,

18. ohne Genehmigung nach § 42 Absatz 2 Satz 1 einen Zoo errichtet, erweitert, wesentlich ändert oder betreibt,
19. entgegen § 43 Absatz 3 Satz 1 eine Anzeige nicht, nicht richtig, nicht vollständig oder nicht rechtzeitig erstattet,
20. (weggefallen),
21. entgegen § 44 Absatz 2 Satz 1 Nummer 2, auch in Verbindung mit § 44 Absatz 3 Nummer 1 oder Nummer 2, diese in Verbindung mit einer Rechtsverordnung nach § 54 Absatz 4, ein Tier, eine Pflanze oder eine Ware verkauft, kauft, zum Verkauf oder Kauf anbietet, zum Verkauf vorrätig hält oder befördert, tauscht oder entgeltlich zum Gebrauch oder zur Nutzung überlässt, zu kommerziellen Zwecken erwirbt, zur Schau stellt oder auf andere Weise verwendet,
22. entgegen § 50 Absatz 1 Satz 1 ein Tier oder eine Pflanze nicht, nicht richtig oder nicht rechtzeitig zur Ein- oder Ausfuhr anmeldet oder nicht oder nicht rechtzeitig vorführt,
23. entgegen § 50 Absatz 2 eine Mitteilung nicht, nicht richtig, nicht vollständig oder nicht rechtzeitig macht,
24. entgegen § 52 Absatz 1 eine Auskunft nicht, nicht richtig, nicht vollständig oder nicht rechtzeitig erteilt,
25. entgegen § 52 Absatz 2 Satz 2 eine beauftragte Person nicht unterstützt oder eine geschäftliche Unterlage nicht, nicht richtig, nicht vollständig oder nicht rechtzeitig vorlegt,
26. entgegen § 61 Absatz 1 Satz 1 oder Satz 2 an einem Gewässer eine bauliche Anlage errichtet oder wesentlich ändert oder

27. einer Rechtsverordnung nach
    a) (weggefallen),
    b) § 54 Absatz 5,
    c) § 54 Absatz 6 Satz 1, Absatz 7 oder Absatz 8

oder einer vollziehbaren Anordnung auf Grund einer solchen Rechtsverordnung zuwiderhandelt, soweit die Rechtsverordnung für einen bestimmten Tatbestand auf diese Bußgeldvorschrift verweist.

(4) Ordnungswidrig handelt, wer gegen die Verordnung (EG) Nr. 338/97 des Rates vom 9. Dezember 1996 über den Schutz von Exemplaren wildlebender Tier- und Pflanzenarten durch Überwachung des Handels (ABl. L 61 vom 3.3.1997, S. 1, L 100 vom 17.4.1997, S. 72, L 298 vom 1.11.1997, S. 70, L 113 vom 27.4.2006, S. 26), die zuletzt durch die Verordnung (EG) Nr. 318/2008 (ABl. L 95 vom 8.4.2008, S. 3) geändert worden ist, verstößt, indem er vorsätzlich oder fahrlässig

1. entgegen Artikel 4 Absatz 1 Satz 1 oder Absatz 2 Satz 1 oder Artikel 5 Absatz 1 oder Absatz 4 Satz 1 eine Einfuhrgenehmigung, eine Ausfuhrgenehmigung oder eine Wiederausfuhrbescheinigung nicht, nicht richtig, nicht vollständig oder nicht rechtzeitig vorlegt,
2. entgegen Artikel 4 Absatz 3 Halbsatz 1 oder Absatz 4 eine Einfuhrmeldung nicht, nicht richtig, nicht vollständig oder nicht rechtzeitig vorlegt,
3. entgegen Artikel 8 Absatz 1, auch in Verbindung mit Absatz 5, ein Exemplar einer dort genannten Art kauft, zum Kauf anbietet, zu kommerziellen Zwecken erwirbt, zur Schau stellt oder verwendet oder ein Exemplar verkauft oder zu Verkaufszwecken vorrätig hält, anbietet oder befördert oder
4. einer vollziehbaren Auflage nach Artikel 11 Absatz 3 Satz 1 zuwiderhandelt.

(5) Ordnungswidrig handelt, wer gegen die Verordnung (EWG) Nr. 3254/91 des Rates vom 4. November 1991 zum Verbot von Tellereisen in der Gemeinschaft und der Einfuhr von Pelzen und Waren von bestimmten Wildtierarten aus Ländern, die Tellereisen oder den internationalen humanen Fangnormen nicht entsprechende Fangmethoden anwenden (ABl. L 308 vom 9.11.1991, S. 1), verstößt, indem er vorsätzlich oder fahrlässig

1. entgegen Artikel 2 ein Tellereisen verwendet oder
2. entgegen Artikel 3 Absatz 1 Satz 1 einen Pelz einer dort genannten Tierart oder eine dort genannte Ware in die Gemeinschaft verbringt.

(6) Ordnungswidrig handelt, wer ein Exemplar einer invasiven Art nach einem Durchführungsrechtsakt nach Artikel 4 Absatz 1 Satz 1 oder Artikel 10 Absatz 4 Satz 1 der Verordnung (EU) Nr. 1143/2014 des Europäischen Parlaments und des Rates vom 22. Oktober 2014 über die Prävention und das Management der Einbringung und Ausbreitung invasiver gebietsfremder Arten (ABl. L 317 vom 4.11.2014, S. 35) verbringt, hält, züchtet, befördert, in Verkehr bringt, verwendet, tauscht, zur Fortpflanzung, Aufzucht oder Veredelung bringt oder in die Umwelt freisetzt.

(7) Die Ordnungswidrigkeit kann in den Fällen der Absätze 1 und 2, des Absatzes 3 Nummer 1 bis 6, 17a, 18, 20, 21, 26 und 27 Buchstabe b, des Absatzes 4 Nummer 1 und 3 und der Absätze 5 und 6 mit einer Geldbuße bis zu fünfzigtausend Euro, in den übrigen Fällen mit einer Geldbuße bis zu zehntausend Euro geahndet werden.

(8) Die Länder können gesetzlich bestimmen, dass weitere rechtswidrige und vorwerfbare Handlungen, die gegen Vorschriften dieses Gesetzes oder Rechtsvorschriften verstoßen, die auf Grund dieses Gesetzes erlassen worden sind oder fortgelten, als Ordnungswidrigkeiten geahndet werden können.

Schrifttum: *Blum/Agena,* Niedersächsisches Naturschutzgesetz (NAGBNatSchG), 15. Aktualisierung, Stand April 2019; *Bohnert,* OWiG, 3. Aufl. 2010; *Cornelius,* „Anforderungen des Parlamentsvorbehalts an unionsrechtsakzessorische Strafblankette – Zugleich eine Besprechung von *BVerfG,* Beschl. v. 21.9.2016 –2 BvL 1/15“, NStZ 2017, 682; *Frenz/Müggenborg,* BNatSchG, 2. Aufl. 2016; *Gassner/Heugel,* Das neue Naturschutzrecht, 2010; *Giesberts/Reinhardt,* Beck'scher Online-Kommentar Umweltrecht, 50. Ed., Stand 1.4.2019; *Göhler,* Ordnungswidrigkeitengesetz, 16. Aufl. 2012; *Hecker,* „Verfassungswidrige Strafvorschrift im Rindfleischetikettierungsgesetz“, NJW 2016, 3648; *Hoven,* „Zur Verfassungsmäßigkeit von Blankettstrafgesetzen – Eine Betrachtung der aktuellen Rechtsprechung zu § 52 Absatz 2 VTabakG und § 10 RiFlEtikettG, NStZ 2016, 377; *Kloepfer,* Umweltrecht, 4. Aufl. 2016; *Konrad/Mühlbauer/Müller-Walter/Stöckel,* Bundesnaturschutzgesetz, 3. Aufl. 2013; *Krenberger/Krumm,* Ordnungswidrigkeitengesetz, 5. Aufl. 2018; *Landmann/Rohmer,* Umweltrecht, Vorkommentierung abrufbar unter www.beck-online.de; *Lütkes/Ewer,* BNatSchG, 2. Aufl. 2018; *Meßerschmidt,* Bundesnaturschutzrecht, 143. Aktualisierung 2019, Stand April 2019; *Meyer-Goßner/Schmitt,* Strafprozessordnung, 62. Aufl. 2019; *Mitsch,* „Grundzüge des Ordnungswidrigkeitenrechts (Teil 1)“, JA 2008, 241; *Salomon/Schumacher:* Natura 2000-Gebiete in der deutschen AWZ – Wann wird aus Schutzgebieten Schutz? ZUR 2018, 84; *Schlacke,* Gemeinschaftskommentar zum Bundesnaturschutzgesetz, 2. Aufl. 2016; *Schumacher/Fischer-Hüftle,* Bundesnaturschutzgesetz, 2. Aufl. 2010.

Übersicht

A. Allgemeines

I. Bedeutung und Struktur der Vorschrift

§ 69 BNatSchG regelt auf der Grundlage der Gesetzgebungskompetenz des Bundes für das Strafrecht (Art. 74 Abs. 1 Nr. 1 GG) die bundesgesetzlichen Ordnungswidrigkeiten im Naturschutzrecht. **Abs. 1** greift aus dem allgemeinen Artenschutzrecht allein den Fall der Beunruhigung wild lebender Tiere heraus. **Abs. 2** betrifft vorsätzlich begangene Verletzungstatbestände aus dem besonderen Artenschutzrecht nach § 44 Abs. 1 und 2 BNatSchG sowie Verstöße gegen die Rechtsverordnungen, die das Bundesumweltministerium zur Eindämmung von Gefahren durch invasive Arten nach § 54 Abs. 4 Satz 1 und Abs. 4a erlassen kann. In **Abs. 3** sind in siebenundzwanzig Nummern auch fahrlässig begehbare Ordnungswidrigkeiten geregelt, die Verstöße im Zusammenhang mit der Eingriffsregelung, dem Gebiets- und gesetzlichen Biotopschutz sowie dem allgemeinen und besonderen Artenschutz enthalten. Weiter sind in Abs. 2 die Missachtung von Melde- oder Nichtbefolgung von Auskunftspflichten nach den §§ 50 bis 52 sowie nach § 61 unzulässige bauliche Maßnahmen an Gewässern und in Uferzonen erfasst. Die **Abs. 4–6** betreffen Ordnungswidrigkeiten durch Verstöße gegen die europäische Artenschutzverordnung (EG) Nr. 338/97, die Tellereisenverordnung (EWG) Nr. 3254/91 und gegen die Verordnung (EU) Nr. 1143/2014 über die Prävention und das Management der Einbringung und Ausbreitung invasiver gebietsfremder Arten. Den Katalogen der ordnungswidrigen Handlungen folgt in **Abs. 7** eine Festlegung der Höchstgrenzen für Bußgelder. **Abs. 8** erlaubt es den Ländern, weitere Handlungen als Ordnungswidrigkeiten zu ahnden, wenn diese gegen Bundesnaturschutzrecht verstoßen. 1

In der **Vollzugspraxis** kommt den artenschutzrechtlichen Bußgeldtatbeständen des § 69 die größte Bedeutung zu. Typische Verstöße im Bereich der unerlaubten Einfuhr geschützter Arten werden von Touristen, Sammlern aber auch von professionellen Händlern begangen (*Engelstätter* in GK-Schlacke Vorbem. zu §§ 69–73 Rn. 3). Für das Jahr 2017 verzeichnete das Bundesamt für Naturschutz 1028 von Bundesbehörden geführte Beschlagnahme- und Bußgeldverfahren wegen Verstößen gegen Artenschutzbestimmungen. Dabei wurden im Einzelfall Bußgelder bis zu einer Höhe von 7500 EUR verhängt. Die Zahl der 2017 in den Ländern durchgeführten Ordnungswidrigkeitenverfahren wegen Verletzungen von Artenschutzbestimmungen beläuft sich lediglich auf 104 (aktuelle Statistiken unter: https://www.bfn.de/themen/cites/statistik/andere-statistiken.html, Abruf am 18.5.2019). Allerdings wird von einer **Aufklärungsrate** von 60% ausgegangen (*Meßerschmidt* vor §§ 69–73, Rn. 9 mwN). Für die zahlreichen übrigen von § 69 sanktionierten Tatbestände aus der ganzen Breite des allgemeinen Naturschutzrechts dürfte die Bußgeldbewehrung im Verhältnis zu den eigentlichen Schutzvorschriften eine noch stärker nur „flankierende Wirkung" (vgl. *Engelstätter* in GK-Schlacke Vorbem. zu §§ 69–73 Rn. 1) zukommen. 2

II. Entstehungsgeschichte

3 Das **Reichsnaturschutzgesetz** (RNG) vom 26. Juni 1935 (RGBl. I 821) enthielt in § 21 Strafandrohungen für vorsätzliche und fahrlässige Zuwiderhandlungen gegen Bestimmungen des RNG und gegen Verordnungen oder Anordnungen der Naturschutzbehörden in Bezug auf Naturschutzgebiete, Naturdenkmäler, Pflanzen und Tiere sowie geschützte Landschaftsteile. Mit Geld- oder Haftstrafe belegt waren ferner Verstöße gegen die Naturschutzverordnung vom 18. März 1936 (RGBl. I 181).

4 Bei Schaffung des **Bundesnaturschutzgesetzes vom 20. November 1976** (BGBl. I 3574) standen dem Gesetzgeber mit dem Strafrecht und Ordnungswidrigkeitenrecht zwei unterschiedliche Sanktionierungsinstrumente zur Verfügung. Aufgenommen wurden zunächst nur Bußgeldtatbestände in § 30 Abs. 1. Das Erste Gesetz zur Änderung des Bundesnaturschutzgesetzes vom 10. Dezember 1986 (BGBl. I 2349) diente u. a. der Durchführung der auf das **Washingtoner Artenschutzübereinkommen** zurückgehenden europäischen Artenschutzverordnung (EWG) Nr. 3626/82 vom 3. Dezember 1982 (EU-ArtSchV), der Umsetzung der Vogelschutzrichtlinie sowie der zwischenzeitlich entstandenen internationalen Artenschutzübereinkommen, insbesondere der Bonner und Berner Konvention. Erhebliche Teile des zuvor in verschiedenen Bundes- und Ländervorschriften zersplittert geregelten Artenschutzrechts wurden in das Bundesnaturschutzgesetz überführt (BR-Drs. 251/85, 1, 35). Neben den dadurch ergänzten Straftatbeständen in § 30a beinhaltete die Neuregelung eine wesentliche Erweiterung des Ordnungswidrigkeitenkataloges in § 30, ua um Verstöße gegen die Schutzvorschriften für besonders geschützte Tier- und Pflanzenarten nach § 20e, gegen die Ein- und Ausfuhrverbote sowie gegen Vermarktungsvorschriften nach § 21. In § 30 Abs. 2 Nr. 1 wurde zudem die Grundlage geschaffen, um Zuwiderhandlungen gegen die in der fast zeitgleich in Kraft getretenen **Bundesartenschutzverordnung** (BArtSchV) in der Fassung vom 19. Dezember 1986 (BGBl. I 2705) konkretisierten Ge- und Verbote als Ordnungswidrigkeiten zu ahnden. Mit dem Zweiten Gesetz zur Änderung des Bundesnaturschutzgesetzes vom 30. April 1998 (BGBl. I 823) wurden die Verbote der Verwendung von Tellereisen und der Einfuhr bestimmter Pelze aufgrund der **Tellereisenverordnung** (EWG) Nr. 3254/91 vom 4. November 1991 bußgeldbewehrt und Anpassungen aufgrund der neuen **EG-Artenschutzverordnung** (EG) Nr. 338/97 vom 9. Dezember 1996 vorgenommen. Das Gesetz zur Neuregelung des Rechts des Naturschutzes und der Landschaftspflege vom 25. März 2002 (BGBl. I 1193) überführte den § 30 mit geringen Anpassungen vor allem an EG-Recht (vgl. die Gesetzesbegründung BT-Drs. 14/6378, 63) in § 65. Mit diesem Gesetz wurde das BNatSchG 1976 vollständig abgelöst.

5 Nachdem ihm bis dahin für das Naturschutzrecht nur die Kompetenz zur Rahmengesetzgebung nach Art. 75 GG aF zur Verfügung stand, erhielt der Bund mit der **Föderalismusreform** vom September 2006 erstmals die Möglichkeit, das Naturschutz- und Wasserrecht umfassend zu regeln (eingehend zum Gesetzgebungsverfahren, *Meßerschmidt* § 69 Rn. 12). Das hierzu erlassene **Gesetz zur Neuregelung des Rechts des Naturschutzes und der Landschaftspflege** vom 29. Juli 2009 (BGBl. I 2542) verschob die Ordnungswidrigkeitentatbestände gliederungstechnisch von § 65 BNatSchG 2002 in den jetzigen § 69 und ergänzte neben kleineren Änderungen beim besonderen Artenschutz die Verstöße gegen § 39 Abs. 1 Nr. 1 in Abs. 1. Eine wesentliche Neuerung bestand weiter in der Bußgeldbewährung einer Reihe von Vorschriften des nicht unmittelbar artenschutzbezogenen **allgemeinen Naturschutzrechts.** Ordnungswidrig sind seitdem die ungenehmigte Durchführung von Eingriffen, die Zerstörung oder sonstige erhebliche Beeinträchtigung eines gesetzlich geschützten Biotops, Verstöße gegen das Ver-

schlechterungsverbot nach § 33 Abs. 1 S. 1, gegen Naturschutzgebietsverordnungen für die **Meeresbereiche** der ausschließlichen Wirtschaftszone (AWZ) und des Festlandsockels nach § 57 Abs. 2 sowie gegen das Bauverbot des § 61 Abs. 1. Im Rahmen der Neuregelung wurden auch die Verstöße beim Betrieb von Zoos oder Tiergehegen nach den heutigen Nummern 18 und 19 des Abs. 3 sowie der heutige Abs. 8 aufgenommen (BR-Drs. 278/09, 243). Das 45. Strafrechtsänderungsgesetz vom 6. Dezember 2011 (BGBl. I 2557) brachte im Ergebnis keine Änderung des § 69 mit sich (*Kraft* in Lütkes/Ewer Rn. 2a).

Die jüngeren punktuellen Ergänzungen betrafen 2016 das **Frackingverbot** in Schutzgebieten (Abs. 3 Nr. 4a), das durch das Gesetz zur Änderung wasser- und naturschutzrechtlicher Vorschriften zur Untersagung und zur Risikominimierung bei den Verfahren der Fracking-Technologie vom 4. August 2016 (BGBl. I 1972) eingeführt wurde, sowie 2017 das Beseitigen von Bäumen, Gebüschen, lebenden Zäunen, Hecken und Gehölzen als Folgeänderung zu § 39 Abs. 5 S. 1 Nr. 2 durch das Gesetz zur Änderung des Bundesnaturschutzgesetzes vom 15. September 2017 (BGBl. I 3434). Kurz zuvor war noch eine umfangreichere Ergänzung zur Umsetzung von Unionsrecht durch die Schaffung der Tatbestände in Abs. 3 Nr. 17a und Abs. 6 durch das Gesetz zur Durchführung der **IAS-Verordnung** (EU) Nr. 1143/2014 über die Prävention und das Management der Einbringung und Ausbreitung invasiver gebietsfremder Arten vom 8. September 2017 (BGBl. I 3270) erfolgt. 6

III. Bestimmtheit

Die Vorschrift ist als **Blankettnorm** ausgestaltet, d. h. das tatbestandsmäßige Verhalten wird in § 69 nicht umfassend beschrieben, sondern ergibt sich vollständig erst aus der Zusammenschau mit einer Ausfüllungsnorm im BNatSchG oder anderen gesetzlichen, untergesetzlichen oder unionsrechtlichen Regelungen (*Kraft* in Lütkes/Ewer § 69 Rn. 3). Zum Auffinden der einzelnen bußgeldbewehrten Handlungen müssen teils mehrfache **Verweisungen** nachverfolgt werden. Die daraus resultierenden Schwierigkeiten im Hinblick auf die Erkennbarkeit des sanktionierten Verhaltens (*Kraft* in Lütkes/Ewer Rn. 4; *Schumacher* in Schumacher/Fischer-Hüftle Rn. 1; *Sanden* Vorkommentierung → 59. EL 2010 Rn. 5) sind am **Bestimmtheitsgrundsatz** (Art. 103 Abs. 2 GG) zu messen. Wie für Straftatbestände muss auch für Bußgeldtatbestände (BVerfG NJW 2010, 754 (754) = BVerfG Beschl. v. 15.9.2011 – 1 BvR 519/10, Rn. 11) sichergestellt sein, dass die Normadressaten im Regelfall bereits anhand des Wortlauts der gesetzlichen Vorschrift voraussehen können, ob ein Verhalten sanktioniert wird oder nicht (BVerfG Beschl. v. 23.6.2010 – 2 BvR 2559.08 Rn. 72; zu den Bestimmtheitsanforderungen an Blankettstrafnormen BVerfG Beschl. v. 21.9.2016 – 2 BvL 1.15, *Cornelius* NStZ 2017, 682; *Hoven* NStZ 2016, 377; *Hecker* NJW 2016, 3648). Verweisungen erfüllen grundsätzlich diese Voraussetzungen, solange sie eindeutig und lückenlos sind (OLG Stuttgart NStZ-RR 1999, 379 (379). Art. 103 Abs. 2 GG steht auch solchen Verweisungsketten nicht generell entgegen, die sich statisch oder dynamisch, wie es über § 7 Abs. 3 zum Beispiel in § 69 Abs. 2 Nr. 5 lit. b und Abs. 4 bis 6 der Fall ist, auf **EU-Vorschriften** beziehen (BVerfG Beschl. v. 21.9.2016 – 2 BvL 1.15, Rn. 43). Die Rechtsprechung hat in der Verweisung auf die Verordnung (EWG) Nr. 3626/82 bzw. die Bundesartenschutzverordnung in den Straftatbeständen der §§ 30a Abs. 2 und 30 Abs. 1 Nr. 3 BNatSchG aF keinen Verfassungsverstoß gesehen (BGH NJW 1996, 3220 (3220); OLG Stuttgart, NStZ-RR 1999, 379). 7

Es ist auch nicht grundsätzlich unzulässig, für die Konkretisierung der bußgeldbewehrten Handlungen, wie z. B. in Abs. 3 Nr. 27, auf nationale **Rechtsverordnungen** zu 8 verweisen (BVerfG Beschluss vom 21.9.2016 – 2 BvL 1/15, Rn. 47). Gleiches gilt für Verweise auf behördliche **Anordnungen** oder **Auflagen** auf Grundlage von Unionsrecht wie etwa in Abs. 3 Nr. 2 bzw. Abs. 4 Nr. 4, denn der Bestimmtheitsgrundsatz hindert den Gesetzgeber nicht daran, verwaltungsrechtliche Pflichten und verwaltungsrechtliche Anordnungen mit Strafen oder Geldbußen zu bewehren, um auf diese Weise der Befolgungspflicht Nachdruck zu verleihen (BVerfG Beschl. v. 9.10.2000 – 1 BvR 1627/95, Rn. 56). Neben Art. 103 Abs. 2 GG erfordern hierbei auch das **Demokratieprinzip** (Gewaltenteilung) und das **Wesentlichkeitsgebot**, dass die Entscheidung über die Verfolgbarkeit einer Handlung vom Gesetzgeber und nicht allein von der Exekutive getroffen wird (*Cornelius* NStZ 2017, 682 (684)). Das Gesetz hat in diesen Fällen den Typus und den Regelungsumfang der Rechtsverordnungen oder Verwaltungsakte so weit festzulegen, wie der Verstoß gegen die entsprechende Verhaltenspflicht strafbewehrt sein soll. Zudem muss der konkrete Verwaltungsakt hinreichend bestimmt sein (BVerfG Beschl. v. 9.10.2000 – 1 BvR 1627/95, Rn. 56). In § 69 dürften diese Voraussetzungen in den genannten Tatbeständen noch gewahrt sein (zu Abs. 3 Nr. 27 → Rn. 47; zu Abs. 4 Rn. 43). Die Komplexität, die Mehrstufigkeit und die schiere Zahl an Varianten der Verweisungen erreicht jedoch ohne Zweifel ein Ausmaß, das die Anforderungen von Art. 103 Abs. 2 GG zumindest bis an die Grenze des Möglichen ausreizt (*Kraft* in Lütkes/Ewer § 69 Rn. 5), sodass im Zweifel eine genauere verfassungsrechtliche Prüfung angeraten sein kann.

IV. Abgrenzung zu anderen Vorschriften

9 Die Ordnungswidrigkeiten nach § 69 sind von den **Straftatbeständen** nach § 71 und 71a sowie nach § 329 StGB (Gefährdung schutzbedürftiger Gebiete) abzugrenzen. Einige Tatbestände des § 69 werden zB durch Änderung des Tatobjekts oder im Fall der gewerbs- oder gewohnheitsmäßigen Begehung oder zusätzlichen Beeinträchtigung eines Schutzgebietes zu einer Straftat. Es handelt sich insoweit aufgrund der Überschneidung hinsichtlich der Grundtatbestände um sog. unechte Mischtatbestände, für die aus den allgemeinen Grundsätzen der **Gesetzeskonkurrenz** abgeleitet wird, dass die Ordnungswidrigkeit bei Vorliegen der die Strafbarkeit begründenden Merkmale zurücktritt oder in der Straftat aufgeht (*Gürtler* in Göhler OWiG § 21 Rn. 10). Gleiches gilt, wenn dieselbe Handlung durch Qualifizierung des Tatobjekts oder der Begehungsweise zu einem mit höherem Bußgeld bewehrten Ordnungswidrigkeitentatbestand wird. Neben den bundesrechtlich in § 69 BNatSchG geregelten Ordnungswidrigkeiten kommt auch die Verwirklichung weiterer Bußgeldtatbestände aus dem **Landesnaturschutzrecht** in Betracht (→ Rn. 58). Insbesondere bei von § 69 erfassten Verstößen gegen das Artenschutzrecht kann zu prüfen sein, ob die Tathandlung nach dem **Tierschutzrecht** (§ 18 TierSchG) oder dem **Jagdrecht** (§ 39 BJagdG) als Ordnungswidrigkeit geahndet werden kann.

V. Anwendung des allgemeinen Ordnungswidrigkeitenrechts

10 Die Verfolgung von Ordnungswidrigkeiten des Bundes- und Landesrechts richtet sich nach dem **Gesetz über Ordnungswidrigkeiten** (OWiG) vom 24.5.1968 (BGBl. I 481) in der jeweils geltenden Fassung (§ 2 OWiG). Die Ahndung setzt eine rechtswidrige und vorwerfbare Handlung voraus, die einen Bußgeldtatbestand verwirklicht (§ 1 Abs. 1 OWiG).

11 Der **räumliche Anwendungsbereich** des OWiG umfasst nach § 5 OWiG bei Fehlen abweichender gesetzlicher Bestimmungen grundsätzlich nur das Hoheitsgebiet Deutschlands (§ 5 S. 1 OWiG). Nach § 56 Abs. 1 gelten die Vorschriften des Bundesnaturschutzgesetzes mit Ausnahme der Landschaftsplanung auch in den Meeresbereichen der deutschen ausschließlichen Wirtschaftszone und des Festlandsockels. Dort vorgenommene, nach § 69 bußgeldbewehrte Handlungen (zB § 69 Abs. 3 Nr. 4, Nr. 5–7) können daher nach Maßgabe des OWiG geahndet werden. Reine **Auslandstaten** können nicht verfolgt werden (*Meßerschmidt* Rn. 19). Der maßgebliche Ort der Handlung (§ 7 OWiG) für typische artenschutzrechtliche Bußgeldverstöße im Zusammenhang mit der Ein-, Aus- und Durchfuhr liegt regelmäßig im Inland.

Als Ordnungswidrigkeit kann nur **vorsätzliches** Handeln geahndet werden, außer wenn das Gesetz für **fahrlässiges** Handeln ausdrücklich eine Geldbuße androht (§ 10 OWiG), wie es in § 69 Abs. 3–5 der Fall ist. Die Begriffe Vorsatz und Fahrlässigkeit entsprechen denen des Kriminalstrafrechts (*Mitsch* JA 2008, 241 (244)). Bei Bestehen einer entsprechenden Garantenpflicht kann eine Ordnungswidrigkeit auch durch ein dem aktiven Tun gleichwertiges **Unterlassen** begangen werden (§ 8 OWiG). Die Garantenpflicht kann sich bereits aus den gesetzlichen Tatbestandsmerkmalen ergeben, wenn der Taterfolg ausdrücklich in der Nichtvornahme einer Handlung besteht. Als Beispiele sind in Bezug auf § 69 die Unterlassung von Mitwirkungshandlungen nach §§ 50 oder 52 (§ 69 Abs. 3 Nr. 22–25) oder Unterlassungen bei der Führung eines Annahme- und Auslieferungsbuchs im Zusammenhang mit dem Handel besonders geschützter Arten nach § 6 BArtSchV (§ 69 Abs. 3 Nr. 27) zu nennen. Liegt ein solcher echter Unterlassungstatbestand nicht vor, ist eine Garantenpflicht auch aus familiären oder amtsbezogenen Fürsorgepflichten möglich (*Kraft* in Lütkes/Ewer Rn. 7 mwN). Der **Versuch** kann nur geahndet werden, wenn das Gesetz es ausdrücklich bestimmt (§ 13 Abs. 2 OWiG). Hiervon wurde in § 69 abgesehen. Die **Beteiligung** an einer Ordnungswidrigkeit ist möglich, ohne dass wie im Strafrecht zwischen Anstiftung, Beihilfe und Täterschaft unterschieden würde (§ 14 OWiG). Es gilt das **Einheitstäterprinzip.** Eine schwächere Beteiligungsform ist aber bei der Bemessung der Bußgeldhöhe zu berücksichtigen (*Bohnert* OWiG § 14 Rn. 3). 12

Bei Vorliegen von Ausnahmen oder Befreiungen (§ 67) von repressiven Verboten mit Befreiungsvorbehalt entfällt regelmäßig die **Rechtswidrigkeit** von bußgeldbewehrten Handlungen (*Kraft* in Lütkes/Ewer Rn. 7). Soweit es sich allerdings um präventive Verbote mit Erlaubnisvorbehalt handelt und der Bußgeldtatbestand ausdrücklich ein Handeln ohne Erlaubnis sanktioniert (vgl. etwa § 69 Abs. 3 Nr. 1), fehlt es bei Vorliegen der Erlaubnis bereits an der Tatbestandsmäßigkeit (*Gürtler* in Göhler OWiG vor § 1 Rn. 22a). Nicht rechtswidrig sind nach §§ 15, 16 OWiG durch Notwehr oder rechtfertigenden Notstand gerechtfertigte Handlungen. **Tatbestands-** und **Verbotsirrtümer** werden nach § 11 OWiG in Anlehnung an §§ 16, 17 StGB berücksichtigt. Die Vielzahl teilweise rechtlich vorgeprägter Tatbestandsvoraussetzungen wie zB der Schutzstatus einer Art oder die Genehmigungsbedürftigkeit bestimmter Handlungen, kann zu Schwierigkeiten führen, diesbezügliche Fehlvorstellungen einzuordnen (*Kraft* in Lütkes/Ewer Rn. 7 mwN; grundsätzlich *Mitsch* JA 2008, 241 (244)). Der Irrtum über den Schutzstatus einer Art wurde von der Rechtsprechung als vorsatzausschließender Tatbestandsirrtum gewertet (OLG Hamburg, NuR 1994, 398 (398); ähnlich OLG Schleswig, NuR 1987, 381 zum Schutz eines Baumes durch einen Bebauungsplan). In Abs. 2 Nr. 5 hat der Gesetzgeber das Erkennen oder fahrlässige Nichterkennen ausdrücklich zum Tatbestandsmerkmal erklärt. 13

Die Verwirklichung von Ordnungswidrigkeiten durch **Kinder** vor Vollendung des vierzehnten Lebensjahrs ist nicht vorwerfbar. **Jugendlichen** bis zur Vollendung des achtzehnten Lebensjahres (§ 1 Abs. 2 JGG) sind Ordnungswidrigkeiten nur dann vorwerfbar, wenn sie nach ihrer sittlichen und geistigen Entwicklung reif genug sind, das Unrecht 13a der Tat einzusehen und nach dieser Einsicht zu handeln (§ 12 Abs. 1 OWiG iVm § 3 Abs. 2 JGG). Bei **Heranwachsenden** bis einundzwanzig Jahre bestehen keine Besonderheiten (*Gürtler* in Göhler OWiG § 1 Rn. 7).

14 Mehrere Ordnungswidrigkeiten können in **Tateinheit** nebeneinander stehen. In diesen Fällen wird nur eine Geldbuße festgesetzt (§ 19 Abs. 1 OWiG). Ist eine Handlung **gleichzeitig** Straftat und Ordnungswidrigkeit, so wird nach § 21 OWiG nur das Strafgesetz angewendet. Gleichzeitigkeit bedeutet hierbei materiell-rechtliche Tateinheit im Sinne von § 19 Abs. 1 OWiG, dh Straf- und Ordnungswidrigkeitentatbestand müssen durch dieselbe Handlung erfüllt werden (*Bohnert* OWiG § 21 Rn. 2). Bei **Tatmehrheit** wird abweichend von § 53 StGB jede Geldbuße gesondert festgesetzt (§ 20 OWiG). Ordnungswidrigkeiten unterliegen einer **Verfolgungsverjährung**, die nach § 31 Abs. 2 OWiG vom Höchstmaß der Geldbuße abhängt. Die nach § 69 Abs. 7 mit einer Geldbuße von bis zu 50 000 EUR bedrohten Handlungen verjähren danach in 3 Jahren, die Taten, für die eine Geldbuße von bis zu 10 000 EUR bestimmt ist, verjähren in 2 Jahren nach der Beendigung der Handlung. Die Verfolgungsverjährung wird während des Verfahrens nach Maßgabe von § 32 Abs. 1, Abs. 2 OWiG unterbrochen. Die absolute Verjährung ergibt sich aus § 32 Abs. 3 OWiG.

15 Das **Verfahren** zur Ahndung von Ordnungswidrigkeiten ist durch das **Opportunitätsprinzip** gekennzeichnet. Nach § 47 Abs. 1 OWiG liegt die Verfolgung von Ordnungswidrigkeiten im pflichtgemäßen Ermessen der Verfolgungsbehörde. Die für die Verfolgung sachlich zuständige Verwaltungsbehörde bestimmt sich nach § 36 Abs. 1 Nr. 1 OWiG in der Regel nach den Fachgesetzen (§ 70 BNatSchG). Sie ist in ungebundener Entscheidung zur Einstellung befugt, solange das Verfahren bei ihr anhängig ist (*Krenberger/Krumm* OWiG § 47 Rn. 5). Bei geringfügigen Ordnungswidrigkeiten kann die Verwaltungsbehörde den Betroffenen verwarnen und ein Verwarnungsgeld von 5 bis 55 EUR erheben oder lediglich eine **Verwarnung** ohne Verwarnungsgeld erteilen (§ 56 OWiG). Soweit nichts anderes bestimmt ist, finden die allgemeinen Gesetze über das Strafverfahren sinngemäß Anwendung (§ 46 Abs. 1 OWiG). Die Verfolgungsbehörde hat, soweit das OWiG nichts anderes bestimmt, im Bußgeldverfahren dieselben Rechte und Pflichten wie die Staatsanwaltschaft bei der Verfolgung von Straftaten (§ 46 Abs. 2 OWiG), dh sie kann insbesondere nach § 161 Abs. 1 StPO von allen Behörden Auskunft verlangen und **Ermittlungen** jeder Art entweder selbst vornehmen oder durch die Behörden und Beamten des Polizeidienstes vornehmen lassen, soweit nicht andere gesetzliche Vorschriften ihre Befugnisse besonders regeln (zu Einschränkungen der Befugnisse im Verhältnis zur StPO siehe *Seitz* in: Göhler OWiG § 46 Rn. 7 f.). § 73 erlaubt zusätzlich die Hinzuziehung von Behörden der **Zollverwaltung**. Spätestens vor dem Abschluss der Ermittlungen ist dem Betroffenen in einer formlosen **Anhörung** Gelegenheit zur Äußerung zu geben (§ 55 Abs. 1 iVm § 163a Abs. 1 StPO). Sind Anhaltspunkte für eine Straftat vorhanden, gibt die Behörde das Verfahren an die Staatsanwaltschaft ab (§ 41 OWiG). Führt sie das Verfahren selbst weiter und liegen keine Einstellungsgründe vor, erlässt die Behörde einen **Bußgeldbescheid** (§ 65 OWiG), der als Nebenfolge die Einziehung von Gegenständen mit Bezug zur Tat anordnen kann (§ 22 OWiG iVm § 72 BNatSchG) und Gebühren und Auslagen erhebt (§ 107 OWiG). Werden während des Verfahrens Tiere verwahrt und gefüttert, kommt insbesondere die Festsetzung hierauf entfallender Auslagen in Betracht (*Schrader* in BeckOK UmwR Rn. 42).

16 Gegen den Bußgeldbescheid kann innerhalb von zwei Wochen nach Zustellung **Einspruch** erhoben werden (§ 67 OWiG). Hält die Behörde den Bescheid nach erneuter Prüfung und ggf. weiteren Ermittlungen aufrecht, gibt sie die Akten über die Staatsanwaltschaft an das zuständige Amtsgericht ab. Mit dem Eingang bei der Staatsanwaltschaft

geht auch die Verfahrenshoheit auf sie über. Wenn die Staatsanwaltschaft nicht selbst weiter ermittelt oder das Verfahren einstellt, legt sie die Akten beim zuständigen Amtsgericht vor, in dessen Bezirk die zuständige Verwaltungsbehörde ihren Sitz hat (§ 69 OWiG). Gegen einen Beschluss oder ein Urteil des Amtsgerichts kann der Adressat unter den Voraussetzungen der §§ 79, 80 OWiG **Rechtsbeschwerde** beim Amtsgericht einlegen (*Müggenborg* in Frenz/Müggenborg Rn. 69), über die das Oberlandesgericht (§ 121 Abs. 1 Nr. 1 lit. a GVG) entscheidet.

B. Regelungsinhalt

I. Ordnungswidrigkeiten wegen Verstößen gegen Vorschriften des BNatSchG (Abs. 1–3)

Die Absätze 1 bis 3 betreffen Zuwiderhandlungen gegen das Bundesnaturschutzgesetz und sind nach der möglichen Begehungsform im subjektiven Tatbestand (wissentlich, vorsätzlich, vorsätzlich oder fahrlässig) gegliedert. **Thematisch zusammenhängende Ordnungswidrigkeiten** sind daher nicht immer nacheinander aufgeführt. So finden sich Verstöße gegen § 44 Abs. 1 in Abs. 2 Nr. 1–5, aber solche gegen § 44 Abs. 2 in Abs. 3 Nr. 21. Innerhalb der Absätze 2 und 3 folgt die Gliederung weitestgehend der numerischen Reihenfolge der bußgeldbewehrten Schutznormen im Bundesnaturschutzgesetz, wirkt jedoch ua durch eingefügte Verweise auf Verordnungsrecht unübersichtlich. Die folgende Darstellung für die Absätze 1–3 orientiert sich an der thematischen Zuordnung zu den relevanten Abschnitten des Bundesnaturschutzgesetzes. Soweit auf die Tatbestandsmerkmale nicht im Einzelnen eingegangen wird, müssen die **Begriffsbestimmungen** nach § 7 und die Kommentierungen zu den einschlägigen Schutzvorschriften hinzugezogen werden. 17

1. Ungenehmigte Eingriffe in Natur und Landschaft (§§ 13 ff.)

Regelmäßig treten Eingriffe in Natur und Landschaft im Zusammenhang mit der Durchführung von zulassungspflichtigen Vorhaben auf, bei deren Genehmigung die Eingriffsregelung im sog. „Huckepack-Verfahren" mitgeprüft wird (§ 17 Abs. 1). Bedarf ein Eingriff iSv § 14 Abs. 1 keiner behördlichen Zulassung oder Anzeige nach anderen Rechtsvorschriften und wird er nicht von einer Behörde durchgeführt, ist nach § 17 Abs. 3 S. 1 eine Genehmigung der zuständigen Naturschutzbehörde erforderlich (→ § 17 Rn. 11). Die vorsätzliche oder fahrlässige Durchführung des **Eingriffs ohne Genehmigung** ist nach **Abs. 3 Nr. 1** ordnungswidrig. Untersagt die Behörde die weitere Durchführung des ungenehmigten Eingriffs nach § 17 Abs. 8 S. 1 und ordnet sie ggf. Maßnahmen zur Wiederherstellung des rechtmäßigen Zustands nach § 17 Abs. 8 S. 2 an, ist auch die vorsätzliche oder fahrlässige Zuwiderhandlung gegen die in der Verfügung getroffenen **vollziehbaren Anordnungen** nach **Abs. 3 Nr. 2 Var. 1** bußgeldbewehrt. Die Anordnungen sind vollziehbar, wenn sie bestandskräftig sind oder ein Widerspruch nach § 80 VwGO keine aufschiebende Wirkung hat. 18

In **Niedersachsen** bestimmt § 43 Abs. 1 NAGBNatSchG, dass Abs. 3 Nr. 1 keine Anwendung findet, da eine Genehmigungspflicht und entsprechende Anordnungsermächtigung nach § 17 Abs. 3 im dortigen Landesrecht nicht besteht (§ 7 Abs. 3 NAGBNatSchG). Die Abweichung begegnet mit Blick auf eine etwaige Sperrwirkung nach Art. 72 Abs. 1 GG keinen Bedenken (*Schrader* in BeckOK UmwR Rn. 38; im Ergebnis 19 wohl auch so: *Engelstätter* in GK-Schlacke Rn. 38; aA *Blum* in Blum/Agena NAGBNatSchG § 43 Rn. 65). Die Bußgeldbewehrung ändert nichts daran, dass der abweichungsfeste Kern der Eingriffsregelung sich allein auf den allgemeinen Grundsatz nach § 13 erstreckt. Danach entziehen sich nur die Vermeidungspflicht und die grundsätzliche Pflicht zur Kompensation durch Realmaßnahmen oder Ersatzgeld der Abweichungsgesetzgebung der Länder nach Art. 72 Abs. 2 Nr. 3 GG.

2. Gebiets- und Biotopschutz (§§ 20 ff.)

20 Zuwiderhandlungen gegen den Gebietsschutz sind in erster Linie durch Bestimmungen der **Landesnaturschutzgesetze** iVm den Verboten in landesrechtlichen **Schutzgebietserklärungen** nach § 22 als Ordnungswidrigkeiten sanktioniert (→ Rn. 59). Eine Bußgeldbewehrung ist jedoch bundesrechtlich in Abs. 3 Nr. 3–6 für einige spezielle gebietsschutzrechtliche Verstöße sowie solche gegen den **gesetzlichen Biotopschutz** (§ 30) vorgesehen.

21 **Abs. 3 Nr. 3** betrifft Verstöße gegen Verbote in **einstweiligen Sicherstellungsanordnungen** nach § 22 Abs. 3. S. 3. Danach können Teile von Natur und Landschaft, deren Schutz als Naturschutzgebiet, Nationalpark, Nationales Naturmonument, Biosphärenreservat, Landschaftsschutzgebiet, Naturpark, Naturdenkmal oder geschützter Landschaftsbestandteil beabsichtigt ist, für einen Zeitraum von bis zu zwei Jahren einstweilig sichergestellt werden, wenn zu befürchten ist, dass durch Veränderungen oder Störungen der beabsichtigte Schutzzweck gefährdet wird (→ § 22 Rn. 25 ff.). Die vorsätzliche oder fahrlässige Vornahme von Handlungen und Maßnahmen, die nach Maßgabe einer einstweiligen Sicherstellungserklärung hinsichtlich solcher Gebiete verboten und geeignet sind, den Schutzgegenstand nachteilig zu verändern, ist ordnungswidrig. **Unklar** bleibt, ob der Gesetzgeber hier anders als in Abs. 3 Nr. 2 auch nicht vollziehbare Sicherstellungsanordnungen abdecken wollte (mit Bedenken hinsichtlich der Rechtsstaatlichkeit *Kraft* in Lütkes/Ewer Rn. 19).

22 In **Abs. 3 Nr. 4** werden vorsätzliche und fahrlässige Zuwiderhandlungen gegen das Veränderungsverbot nach § 23 Abs. 2 S. 1 iVm Rechtsverordnungen des Bundesumweltministeriums über die Erklärung von **Meeresnaturschutzgebieten** im Bereich der ausschließlichen Wirtschaftszone **(AWZ)** oder des Festlandsockels nach § 57 Abs. 2 sanktioniert. In der AWZ der Nord- und Ostsee wurden durch die Verordnungen NSGBRgV, NSGDgBV, NSGSylRV, NSGFmbV, NSGPBRV und NSGKdRV vom 22. September 2017 (BGBl. I 3394–3414) sechs Naturschutzgebiete ausgewiesen, die als FFH- und Vogelschutzgebiete zum Natura 2000-Netzwerk gehören (*Salomon/Schumacher* ZUR 2018, 84). Die Schutzgebietsverordnungen verbieten dort weitgehend alle Handlungen zum Zweck der Erforschung und Ausbeutung, Erhaltung und Bewirtschaftung, die zu einer Zerstörung, Beschädigung oder Veränderung des Naturschutzgebietes oder seiner Bestandteile oder zu einer nachhaltigen Störung führen können. Insbesondere sind u. a. verboten die Errichtung und die wesentliche Änderung künstlicher Inseln, Anlagen und Bauwerke, die Einbringung von Baggergut, die Einrichtung und der Betrieb mariner Aquakulturen, sowie teilweise saisonal oder auf bestimmte Zonen der Gebiete begrenzt, die Freizeitfischerei (siehe als Beispiel für die in den AWZ-Schutzgebieten jeweils vergleichbaren Regelungen etwa § 4 Abs. 1 und 2 NSGBRgV). Während die Verbote der AWZ-Schutzgebietsverordnungen, zT völker- oder unionsrechtlich bedingt, für die Luftfahrt, Schifffahrt, die nach internationalem Recht erlaubte militärische Nutzung und die berufsmäßige Seefischerei sowie Handlungen im Zusammenhang mit der Erfüllung bestimmter öffentlicher Aufgaben gar nicht gelten (§ 4 Abs. 3 NSGBRgV), sind Projekte

zur Gewinnung von erneuerbaren Energien aus Wasser, Strömung und Wind, zur Ausbeutung von Bodenschätzen, zum Bau und Betrieb von unterseeischen Kabeln und Rohrleitungen sowie bestimmte Meeresforschungsvorhaben nach Durchführung einer **Verträglichkeitsprüfung** zulässig (vgl. zB § 5 NSGBRgV). Mit Blick auf diese Einschränkungen ist allerdings zu beachten, dass für Verstöße gegen § 33 Abs. 1 S. 1 (Verschlechterungsverbot) ggf. zu prüfen ist, ob über § 69 Abs. 3 Nr. 6 (→ Rn. 25) dennoch eine Ordnungswidrigkeit vorliegt.

Nach **Abs. 3 Nr. 4a** ist in Naturschutzgebieten, Nationalparken und Natura 2000- **23** Gebieten die Errichtung von Anlagen zur Gewinnung von Rohstoffen mit Techniken des sog. **Frackings** bußgeldbewehrt. Bei der Fracking-Technologie werden über Tiefbohrungen mittels hydraulischen Drucks künstliche Risse im Gestein erzeugt, durch die das in den Poren eingeschlossene Erdgas freigesetzt wird und gefördert werden kann. Die Fracking-Technologie wird nicht nur bei der Erdgas-, sondern in Einzelfällen auch für die Erdölförderung und die Nutzung der Tiefengeothermie verwendet und birgt u. a. aufgrund der eingebrachten Flüssigkeiten Gefahren insbesondere für das Grundwasser (BR-Drs. 143/15, 1 f.). In **Naturschutzgebieten** (§ 23 Abs. 3) und **Nationalparken** (§ 24 Abs. 3 S. 2) bezieht sich die Ordnungswidrigkeit auf die Errichtung von Anlagen zur Gewässerbenutzung i. S. v. § 9 Abs. 2 Nr. 3 und 4 WHG, dh zum Aufbrechen von Gesteinen unter hydraulischem Druck zur Aufsuchung oder Gewinnung von Erdgas, Erdöl oder Erdwärme, einschließlich der zugehörigen Tiefbohrungen sowie zur untertägigen Ablagerung von Lagerstättenwasser, das bei den genannten Maßnahmen oder anderen Maßnahmen zur Aufsuchung oder Gewinnung von Erdgas oder Erdöl anfällt. Dagegen umfasst das von Abs. 3 Nr. 4a in Bezug genommene Verbot in § 33 Abs. 1a in **Natura 2000-Gebieten** nur Anlagen zum hydraulischen Aufbrechen von **bestimmten** Gesteinsformationen (Schiefer-, Ton- oder Mergelgestein oder Kohleflözgestein) zur Aufsuchung oder Gewinnung von Erdgas einschließlich der untertägigen Ablagerung des Lagerstättenwassers (sog. unkonventionelles Fracking). Ordnungswidrig ist die Errichtung der Anlagen in den Schutzgebieten (zum Fracking-Verbot in Natura 2000-Gebieten → § 33 Rn. 13).

Abs. 3 Nr. 5 sanktioniert die vorsätzliche oder fahrlässige Zerstörung oder erhebliche **24** Beeinträchtigung eines in § 30 Abs. 2 S. 1 genannten **gesetzlich geschützten Biotopes.** Die Formulierung „dort genanntes Biotop" stellt den Bezug zur Aufzählung in § 30 Abs. 2 S. 1 klar und macht so deutlich, dass landesrechtliche Erweiterungen auf weitere Biotope diesbezügliche Beeinträchtigungshandlungen nicht automatisch nach Abs. 3 Nr. 5 ahndbar machen können. Soweit die Länder weitere Biotope unter den Schutz des § 30 Abs. 1 gestellt haben (→ § 30 Rn. 10), hat eine Bußgeldbewehrung ebenfalls durch Landesrecht zu erfolgen. Auch können landesrechtliche Einschränkungen im Biotopschutz wie zB in § 24 Abs. 1 NAGBNatSchG bestehen, bei deren Vorliegen die Ordnungswidrigkeit entfallen kann, weil Abs. 3 Nr. 5 insoweit ins Leere geht (→ Rn. 61).

3. Netz „Natura 2000" (§§ 31 ff.)

Verstöße gegen das **Verschlechterungsverbot** für Natura-2000-Gebiete (§ 33 Abs. 1 **25** S. 1), dh vorsätzlich oder fahrlässig herbeigeführte Veränderungen und Störungen, die zu einer erheblichen Beeinträchtigung eines Natura 2000-Gebiets in seinen für die Erhaltungsziele oder den Schutzzweck maßgeblichen Bestandteilen führen können (→ § 33 Rn. 4 ff.), sind nach **Abs. 3 Nr. 6** ordnungswidrig. Die Bußgeldbewehrung erstreckt sich auch auf die Beeinträchtigung von Konzertierungsgebieten iSv Art. 5 FFH-RL, die von den Mitgliedstaaten nicht gelistet wurden, aber aus Sicht der Europäischen Kommission für den Fortbestand eines prioritären Lebensraumtyps oder einer prioritären Art unerlässlich sind. Beachte die Überschneidung mit § 329 Abs. 4 StGB (*Kraft* in Lütkes/Ewer § 69 Rn. 19).

26 Während die FFH-Verträglichkeit eines Vorhabens in der Regel im fachrechtlichen Zulassungsverfahrens durch die zuständige Genehmigungsbehörde geprüft wird („Huckepack-Prinzip"), gilt für nicht genehmigungsbedürftige Projekte, die ein Natura 2000-Gebiet erheblich beeinträchtigen können, die subsidiäre **Anzeigepflicht** bei der zuständigen Naturschutzbehörde nach § 34 Abs. 6 S. 1. In diesem Zusammenhang sanktioniert **Abs. 3 Nr. 2** die vorsätzliche oder fahrlässige Zuwiderhandlung gegen eine **vollziehbare Anordnung** (→ Rn. 18), mit der nach § 34 Abs. 6 S. 4 oder S. 5 die vorläufige Einstellung der Durchführung eines Projekts oder seine Untersagung verfügt werden kann, wenn bei einem im Übrigen nicht zulassungsbedürftigen Vorhaben die Anzeige unterblieben ist.

4. Artenschutzrecht

27 **a) Allgemeines Artenschutzrecht (§§ 39 ff.).** Die in Abs. 1 und Abs. 3 Nr. 7–16 enthaltenen Tatbestände bilden die ordnungswidrigkeitenrechtliche Flankierung des durch § 39 vermittelten Mindestschutzes (→ § 39 Rn. 1) für **wild lebende** Tiere und Pflanzen sowie für bestimmte Strukturen, die als deren Lebensraum besondere Bedeutung haben. „Wild lebend" sind die hierzulande in Freiheit vorkommenden Arten ohne Rücksicht auf ihre Heimat (für Tiere: OLG Düsseldorf NVwZ-RR 1990, 69). Mit Ausnahme von Abs. 3 Nr. 10 sind sie **unabhängig von ihrem Schutzstatus** erfasst. Sind besonders oder streng geschützte Arten betroffen, können bei ggf. im Übrigen identischer Tathandlung Ordnungswidrigkeiten nach Abs. 2 Nr. 1–4 oder Straftatbestände nach §§ 71, 71a erfüllt sein (zum Zusammentreffen → Rn. 14).

28 **aa) Beeinträchtigungen wild lebender Tiere und Pflanzen entgegen § 39.** Nach **Abs. 1** kann das wissentliche **Beunruhigen eines wild lebenden Tieres** entgegen § 39 Abs. 1 Nr. 1 als Ordnungswidrigkeit geahndet werden. Da schon die in Bezug genommene Schutzvorschrift eine **mutwillige,** dh bewusste und ohne nachvollziehbaren Grund mit einer destruktiven Willensrichtung vorgenommene Handlung voraussetzt (→ § 39 Rn. 4), stellt die Vorschrift über das Merkmal **wissentlich** lediglich deklaratorisch klar, dass ein direkter Vorsatz erforderlich ist. Bedingter Vorsatz genügt nicht (*Stöckel* in Konrad/Mühlbauer/Müller-Walter/Stöckel § 39 Rn. 16). Denkbare Fälle des Beunruhigens sind beispielsweise absichtlicher Lärm, Schreckschuss, Annäherung oder Laufenlassen eines Hundes (→ § 39 Rn. 4). Trotz des regelmäßig eher geringen Unrechtsgehalts der eigentlichen Tathandlung und ihrer Folgen mit einer Geldbuße von bis zu 50 000 EUR geahndet werden.

29 Die Tatbestände in **Abs. 3 Nr. 7–9** sanktionieren das vorsätzliche oder fahrlässige **Fangen, Verletzen, Töten wild lebender Tiere,** die **Entnahme, Nutzung, Verwüstung** von **Pflanzen oder Pflanzenbeständen** sowie die erhebliche Beeinträchtigung und **Zerstörung von Lebensstätten** der Pflanzen oder Tiere **ohne vernünftigen Grund** entgegen § 39 Abs. 1 Nr. 1–3 (→ § 39 Rn. 5–9). Ein vernünftiger Grund liegt vor, wenn die in Rede stehende Handlung nach dem Urteil eines durchschnittlichen und für den Gedanken des Naturschutzes aufgeschlossenen Betrachters sachlich gerechtfertigt ist (→ § 39 Rn. 6 mwN). Kein vernünftiger Grund ist der ästhetisch motivierte Wunsch nach „Landschaftsverschönerung" (VG Oldenburg Urt. v. 10.9.2009 – 5 A 89/09, BeckRS 2009, 39770). Die Verbote gelten auch im **besiedelten Bereich** (*VGH München* Urt. v. 8.7.1998 – 9 B 97.00468). Soweit Räume betroffen sind, die

unmittelbar zu Wohn- oder Geschäftszwecken dienen, kann die Anwendbarkeit jedoch eingeschränkt sein (OLG Düsseldorf NVwZ-RR 1990, 69 (70); näher *Engelstätter* in GK-Schlacke Rn. 9 mwN). Nicht entgegen § 39 Abs. 1 Nr. 2 handelt, wer nach Maßgabe von § 39 Abs. 3 wild lebende Blumen, Gräser, Farne, Moose, Flechten, Früchte, Pilze, Tee- und Heilkräuter sowie Zweige wild lebender Pflanzen aus der Natur an Stellen, die keinem Betretungsverbot unterliegen, in geringen Mengen für den persönlichen Bedarf pfleglich entnimmt oder sich aneignet (sog. **„Handstraußregelung"**).

Ordnungswidrig nach **Abs. 3 Nr. 10** ist die vorsätzliche oder fahrlässige **Entnahme** aus der Natur von wild lebenden Tieren und Pflanzen nach **Anhang V der FFH-RL**, darunter Lachs und Flussneunauge (→ § 39 Rn. 10 mit einigen weiteren Beispielen) **entgegen § 39 Abs. 2 S. 1.** Die Tatbestandsmäßigkeit entfällt bei Vorliegen einer landesrechtlich möglichen Ausnahme, die den Voraussetzungen des § 45 Abs. 7 oder Art. 14 FFH-RL genügt (*Gassner/Heugel* Rn. 536). Das Verbot des § 39 Abs. 2 gilt vorbehaltlich jagd- oder fischereirechtlicher Bestimmungen, sodass sich die Zulässigkeit der Entnahme der dem Jagd- und Fischereirecht unterfallenden Arten nach diesen Regelungen richtet. 30

Abs. 3 Nr. 11 sanktioniert die vorsätzliche oder fahrlässige **gewerbsmäßige Entnahme** und die Be- oder Verarbeitung einer wild lebenden Pflanze **ohne Genehmigung** der zuständigen Naturschutzbehörde nach § 39 Abs. 4 S. 1. Gewerbsmäßig erfolgt die Naturentnahme bzw. Be- oder Verarbeitung, wenn es dem Bestreben des Handelnden entspricht, sich eine fortlaufende Haupt- oder Nebenerwerbsquelle von einiger Dauer und einigem Umfang zu schaffen (→ § 39 Rn. 15; *Lau* in Frenz/Müggenborg § 39 Rn. 10). 31

Die Ordnungswidrigkeiten nach **Abs. 3 Nr. 12–15** betreffen verschiedene verbotene Praktiken und Eingriffe mit Bezug zu dort genannten Flächen, Landschafts- und Pflanzenstrukturen **entgegen § 39 Abs. 5 S. 1** (→ § 39 Rn. 18 ff.). Im Einzelnen können folgende vorsätzliche oder fahrlässige Handlungen geahndet werden: das **Abbrennen der Bodendecke** auf Wiesen, Feldrainen, Hochrainen und ungenutzten Grundflächen sowie an Hecken und Hängen oder die Behandlung von nicht land-, forst- oder fischereiwirtschaftlich genutzte Flächen in einer Weise, dass die Tier- oder Pflanzenwelt erheblich beeinträchtigt wird (§ 39 Abs. 5 S. 1 Nr. 1), das **Abschneiden, auf den Stock Setzen oder Beseitigen** von Bäumen, die außerhalb des Waldes, von Kurzumtriebsplantagen oder gärtnerisch genutzten Grundflächen stehen, von Hecken, lebenden Zäunen, Gebüschen und andere Gehölze in der Zeit vom 1. März bis zum 30. September; zulässig sind schonende Form- und Pflegeschnitte zur Beseitigung des Zuwachses der Pflanzen oder zur Gesunderhaltung von Bäumen (§ 39 Abs. 5 S. 1 Nr. 2), das **Zurückschneiden** von Röhrichten in der Zeit vom 1. März bis zum 30. September; außerhalb dieser Zeiten dürfen Röhrichte nur in Abschnitten zurückgeschnitten werden (§ 39 Abs. 5 S. 1 Nr. 3), das Räumen von ständig wasserführenden Gräben unter Einsatz von **Grabenfräsen,** wenn dadurch der Naturhaushalt, insbesondere die Tierwelt erheblich beeinträchtigt wird (§ 39 Abs. 5 S. 1 Nr. 4). Die Tathandlungsvariante des „Beseitigens" nach § 39 Abs. 5 S. 1 Nr. 2 wurde 2017 ergänzt, weil es nach Auffassung der Rechtsprechung das vollständige Entfernen von Landschaftselementen samt Wurzelwerk bislang nicht von der Formulierung des Abschneidens und auf den Stock Setzens abgedeckt war (OLG Stuttgart NStZ-RR 2015, 89; BT-Drs. 168/17, 14). Zu beachten sind die möglichen **Ausnahmen** nach § 39 Abs. 5 S. 2, insbesondere für behördliche Maßnahmen und zugelassene Eingriffe oder Bauvorhaben, die tatbestandsausschließend wirken. Für die jahreszeitlich beschränkten Rückschnittverbote nach § 39 Abs. 5 S. Nr. 2 und 3 können die Landesregierungen nach § 39 Abs. 5 S. 3 durch Rechtsverordnung erweiterte Verbotszeiträume vorsehen und den Verbotszeitraum aus klimatischen Gründen um bis zu zwei Wochen **verschieben.** Nicht zulässig ist die Verkürzung des Verbotszeitraumes durch die Länder (Art. 72 Abs. 1 iVm Art. 72 Abs. 2 Nr. 3 Nr. 2 GG). 32

33 **Abs. 3 Nr. 16** sanktioniert in der Zeit vom 1. Oktober bis zum 31. März das vorsätzliche oder fahrlässige **Aufsuchen** von Höhlen, Stollen, Erdkellern und ähnlichen Räumen, die als **Fledermausquartiere** dienen, **entgegen § 39 Abs. 6** (→ § 39 Rn. 29). Ausgenommen sind unaufschiebbare und nur geringfügig störender Handlungen sowie solche in touristisch erschlossenen oder stark genutzten Bereichen (§ 39 Abs. 6 Hs. 2). Im Zusammenhang mit der Störung überwinternder Fledermäuse können zugleich Abs. 2 Nr. 2 (Verstoß gegen § 44 Abs. 1 Nr. 2) und Abs. 3 Nr. 5 (erhebliche Beeinträchtigung eines nach § 30 Abs. 2 Nr. 3 geschützten Stollens oder einer Höhle) verwirklicht sein.

34 **bb) Ausbringen von Tieren und Pflanzen ohne Genehmigung nach § 40 Abs. 1.** Nach **Abs. 3 Nr. 17** handelt ordnungswidrig, wer vorsätzlich oder fahrlässig **ohne Genehmigung** nach § 40 Abs. 1 S. 1 eine dort genannte Pflanze oder ein Tier ausbringt. Abs. 3 Nr. 17 betrifft die ehemals unter dem Begriff der **gebietsfremden** Arten (§ 7 Abs. 2 Nr. 8 aF) erfassten Arten nach § 40 Abs. 4 aF. Mit dem Gesetz zur Durchführung der IAS-Verordnung (EU) Nr. 1143/2014 über die Prävention und das Management der Einbringung und Ausbreitung invasiver gebietsfremder Arten vom 8. September 2017 (BGBl. I 3270) entfiel der Begriff, sein Inhalt wurde aber weitgehend in § 40 Abs. 1 übernommen (BT-Drs. 278/09, 216). Die Genehmigungspflicht erstreckt sich für **Pflanzen** auf das Ausbringen von Arten in der freien Natur, die in dem betreffenden Gebiet in freier Natur nicht oder seit mehr als 100 Jahren nicht mehr vorkommen. Soweit das Ausbringen von invasiven Pflanzenarten, die sich in dem betreffenden Gebiet bereits etabliert haben, deren Freisetzung in die Umwelt nicht bereits durch Art. 7 Abs. 1 lit. h VO (EU) 1143/2014 schlechthin untersagt und somit nach Abs. 3 Nr. 17a bußgeldbewehrt ist, dürfen diese zwar theoretisch sogar ohne Genehmigung nach § 40 Abs. 1 ausgebracht werden. Derartige Handlungen sind aber regelmäßig als Eingriff iSv § 14 zu qualifizieren (VG Frankfurt (Oder) Beschl. v. 20.4.2010 – 5 L 273/0, BeckRS 2010, 48410; → § 40 Rn. 12 mwN) und daher vorbehaltlich landesrechtlicher Abweichungen nach **Abs. 3 Nr. 1** ordnungswidrig. Das Ausbringen von **Tieren** ist nicht nur in der freien Natur, sondern wegen ihrer Mobilität auch im besiedelten Bereich genehmigungsbedürftig. Auch ist nicht von Belang, ob es sich um Tiere handelt, die gebietsfremd sind oder im betreffenden Gebiet vorkommen und dort heimisch sind (→ § 14 Rn. 14). § 40 Abs. 1 S. 3 enthält eine Reihe von Ausnahmen vom Genehmigungsbedürfnis für die Land- und Forstwirtschaft, für den Einsatz von Tieren im biologischen Pflanzenschutz, für das Ansiedeln von Tieren, die dem Jagd- oder Fischereirecht unterliegen, sowie für das Ausbringen von Gehölzen und Saatgut außerhalb ihrer Vorkommensgebiete bis zum 1. März 2020 (→ § 40 Rn. 15 ff.).

35 **cc) Verstoß gegen Auflagen zu Genehmigungen für Forschung mit invasiven Arten nach § 40c.** Die Ordnungswidrigkeiten nach **Abs. 3 Nr. 17a** betreffen Zuwiderhandlungen gegen vollziehbare **Auflagen** zu Genehmigungen für Forschung an und Ex-situ-Erhaltung von **invasiven Arten** (§ 40c Abs. 1 S. 1), für die wissenschaftliche Herstellung und die anschließende medizinische Verwendung von Produkten, die aus invasiven Arten hervorgegangen sind, wenn die Verwendung der Produkte unvermeidbar ist, um Fortschritte für die menschliche Gesundheit zu erzielen (§ 40c Abs. 2). Geahndet werden können auch Verstöße gegen Auflagen zu Genehmigungen für „andere Tätigkeiten" im Zusammenhang mit invasiven Arten, die nur im Ausnahmefall nach Maßgabe von Art. 9 der **IAS-Verordnung** (EU) Nr. 1143/2014 vorbehaltlich (IAS-VO) der Zustimmung der EU-Kommission aus Gründen zwingenden öffentlichen Interesses erteilt werden können (§ 40c Abs. 3). Die Bußgeldtatbestände in Abs. 3 Nr. 17a wurden gemeinsam mit der Anpassung von Abs. 3 Nr. 17 und der Einfügung von Abs. 6 durch das

Gesetz zur Durchführung der IAS-Verordnung (EU) Nr. 1143/2014 über die Prävention und das Management der Einbringung und Ausbreitung invasiver gebietsfremder Arten vom 8. September 2017 (BGBl. I 3270) eingeschoben. **Invasive Arten** sind nach § 7 Abs. 1 Nr. 9 zunächst die gebietsfremden invasiven Arten iSv Art. 3 Nr. 2 IAS-VO, die in der laufend aktualisierten **Unionsliste** nach Art. 4 Abs. 1 IAS-VO (siehe Durchführungsverordnung (EU) 2016/1141) aufgeführt sind. Die erste Erweiterung der Unionsliste mit 12 invasiven Arten ist am 2.8.2017 in Kraft getreten, wobei die Listung des Marderhundes erst seit dem 2.2.2019 gilt. Mit der Durchführungsverordnung (EU) 2019/1262 wurden 17 weitere Arten ergänzt. Von Abs. 3 Nr. 17a sind zudem nicht auf der Unionsliste stehende Arten erfasst, für die **Dringlichkeitsmaßnahmen** nach Art. 10 Abs. 4 oder **Durchführungsrechtsakte** nach Artikel 11 Abs. 2 S. 2 der IAS-Verordnung in Kraft sind. Schließlich sind invasive Arten nach § 7 Abs. 1 Nr. 9 auch solche, die in einer Rechtsverordnung nach § 54 Abs. 4 S. 1 Nr. 1 oder Nr. 3 aufgeführt sind (nationale Liste nach Art. 12 Abs. 1 IAS-VO). Für invasive Arten, die etwa nationalen Dringlichkeitsmaßnahmen unterstellt werden sollen, kann in einer nationalen Verordnung nach § 54 Abs. 4 S. 1 artbezogen festgelegt werden, welche Anforderungen und Beschränkungen der IAS-VO zur Anwendung gelangen sollen (*Lütkes* in Lütkes/Ewer § 54 Rn. 22). Eine solche Verordnung existiert derzeit noch nicht. **Weitere Ordnungswidrigkeiten** im Zusammenhang mit invasiven Arten enthalten Abs. 6 und Abs. 2 Nr. 6.

dd) Verstöße im Zusammenhang mit Zoos und Tiergehegen nach §§ 42 und 43. Nach **Abs. 3 Nr. 18** handelt ordnungswidrig, wer vorsätzlich oder fahrlässig **ohne Genehmigung** nach § 42 Abs. 2 S. 1 einen **Zoo** errichtet, erweitert, wesentlich ändert oder betreibt (→ § 42 Rn. 9 ff.). Zoos sind nach § 42 Abs. 1 dauerhafte Einrichtungen mit Ausnahme von Zirkussen, Tierhandlungen und bestimmten Wildgehegen, in denen lebende Tiere wild lebender Arten zwecks Zurschaustellung während eines Zeitraumes von mindestens sieben Tagen im Jahr gehalten werden. Der Tatbestand ergänzt die aufgrund der Zoo-Richtlinie 1999/22/EG eingeführten Genehmigungserfordernisse. Mit Bußgeld bewehrt ist nach **Abs. 3 Nr. 19** auch das vorsätzliche oder fahrlässige Unterlassen der **Anzeige** einer geplanten Errichtung, Erweiterung, wesentlichen Änderung und des Betriebes eines **Tiergeheges** entgegen § 43 Abs. 3 S. 1 mindestens einen Monat im Voraus (→ § 43 Rn. 7 ff.). Tiergehege sind dauerhafte Einrichtungen, in denen Tiere wild lebender Arten außerhalb von Wohn- und Geschäftsgebäuden während eines Zeitraums von mindestens sieben Tagen im Jahr gehalten werden und die kein Zoo im Sinne des § 42 Abs. 1 sind (§ 43 Abs. 1). **Abs. 3 Nr. 2** sanktioniert ergänzend Zuwiderhandlungen gegen **vollziehbare Anordnungen** im Hinblick auf rechtswidrig betriebene Zoos nach § 42 Abs. 7 oder Abs. 8 S. 1 oder S. 2, in Verbindung mit § 43 Abs. 3 S. 4 oder § 43 Abs. 3 S. 2 oder S. 3 auch im Hinblick auf Tiergehege. 36

b) Besonderes Artenschutzrecht (§§ 44 ff.) Die Ordnungswidrigkeiten durch Verstöße gegen das besondere Artenschutzrecht nach § 44 finden sich in Abs. 2 Nr. 1–5 und Nr. 21. Sanktioniert sind mit Ausnahme der Vorsatz-Fahrlässigkeitskombinationen in Nr. 5 nur vorsätzliche Verstöße. **Tatgegenstände** sind Tiere und Pflanzen mit einem Schutzstatus. **Besonders geschützte** Arten sind nach § 7 Abs. 2 Nr. 13 Tier- und Pflanzenarten, die in Anhang A oder Anhang B der EU-ArtSchV aufgeführt sind, oder soweit sie nicht bereits dort aufgeführt sind, solche nach Anhang IV der FFH-RL, alle europäischen Vogelarten sowie Arten die darüber hinaus aufgrund von § 54 Abs. 1 in der BArtSchV besonders geschützt werden, weil sie in ihrem Bestand gefährdet sind oder die Bundesrepublik Deutschland für sie in hohem Maße verantwortlich ist. **Streng geschützte** Arten sind nach § 7 Abs. 2 Nr. 14 besonders geschützte Arten, die in An- 37 hang A der EU-ArtSchV oder Anhang IV der FFH-RL aufgeführt oder aufgrund § 54 Abs. 2 nach der **BArtSchV** streng geschützt werden, weil sie im Inland vom Aussterben bedroht sind oder für die die Bundesrepublik Deutschland in besonders hohem Maße verantwortlich ist. **Europäische Vogelarten** sind nach Art. 1 Abs. 1 der Vogelschutz-RL sämtliche wildlebenden Vogelarten, die im europäischen Gebiet der Mitgliedstaaten heimisch sind, auf das sich die Geltung des Primärrechts der Union erstreckt. Eine erste Orientierung über den Schutzstatus von Arten bietet das Informationssystem WISIA, das vom Bundesamt für Naturschutz unter www.wisia.de zur Verfügung gestellt wird.

38 **aa) Zugriffsverbote nach § 44 Abs. 1.** Die artenschutzrechtlichen Zugriffsverbote (→ § 44 Rn. 4 ff.) sind nach Abs. 2 Nr. 1–4 bußgeldbewehrt. **Abs. 2 Nr. 1a)** und **b)** erfassen im Hinblick auf wild lebende besonders geschützte Tierarten das Nachstellen, Fangen, Verletzen, das Entnehmen oder Beschädigen ihrer Entwicklungsformen sowie das Töten und Zerstören ihrer Entwicklungsformen entgegen § 44 Abs. 1 Nr. 1. **Abs. 2 Nr. 2** erfasst erhebliche Störungen wild lebender Tiere der streng geschützten Arten und der europäischen Vogelarten während der Fortpflanzungs-, Aufzucht-, Mauser-, Überwinterungs- und Wanderungszeiten entgegen § 44 Abs. 1 Nr. 2. Nach **Abs. 2 Nr. 3** kann es als Ordnungswidrigkeit verfolgt werden, Fortpflanzungs- oder Ruhestätten der wild lebenden Tiere der besonders geschützten Arten entgegen § 44 Abs. 1 Nr. 3 aus der Natur zu entnehmen, zu beschädigen oder zu zerstören. **Abs. 2 Nr. 4 lit. a** und **lit. b** betreffen die Entnahme wild lebender Pflanzen der besonders geschützten Arten oder ihrer Entwicklungsformen aus der Natur sowie die Beschädigung oder Zerstörung ihrer Standorte.

39 **bb) Besitzverbote nach § 44 Abs. 2 S. 1 Nr. 1. Abs. 2 Nr. 5** betrifft einzelne Varianten der Verbote nach § 44 Abs. 2 S. 1 Nr. 1, auch i. V. m. § 44 Abs. 3 (→ § 44 Rn. 25 ff.) hinsichtlich des **Besitzes** oder des **Gewahrsams** sowie der **Be- oder Verarbeitung** von besonders geschützten Arten, die nicht in § 71a Abs. 1 Nr. 2 (→ § 71a Rn. 7) genannt sind, sowie von Waren im Sinne der **Jungrobben-Richtlinie** 83/129/EWG, dh von rohen oder verarbeiteten Pelzen von jungen Mützenrobben oder Sattelrobben. Besondere subjektive Tatbestandsvoraussetzung ist das Erkennen oder **fahrlässige Nichterkennen,** dass sich die Tat auf solch eine Art oder Ware bezieht. Der Tatbestand war bis 2017 im dafür gestrichenen Abs. 3 Nr. 20 enthalten (BR-Drs. 792/16, 35). Äußerst problematisch ist die Frage, ob nach der versäumten Anpassung der Rechtslage an die **Streichung des § 44 Abs. 3 Nr. 2** die Arten nach § 3 BArtSchV unter die Verbote des § 44 Abs. 2 S. 1 Nr. 1 fallen. Mangels Bezugnahme in Abs. 2 Nr. 5 scheidet jedenfalls die Ahndung von Verstößen gegen die Besitzverbote wegen dieser Arten aus (*Kraft* in Lütkes/Ewer Rn. 15b).

40 **cc) Vermarktungsverbote nach § 44 Abs. 2 S. 1 Nr. 2.** Nach **Abs. 3 Nr. 21** handelt ordnungswidrig, wer entgegen § 44 Abs. 2 S. 1 Nr. 2 (→ § 44 Rn. 27 ff.), ein Tier, eine Pflanze oder eine Ware der **besonders geschützten** Arten i. S. v. § 7 Abs. 2 Nr. 13 lit. b und c verkauft, kauft, zum **Verkauf** oder **Kauf** anbietet, zum Verkauf **vorrätig hält** oder **befördert,** tauscht oder **entgeltlich** zum Gebrauch oder zur Nutzung überlässt, zu **kommerziellen Zwecken** erwirbt, zur Schau stellt oder auf andere Weise **verwendet.** Ausgenommen sind die nach § 7 Abs. 2 Nr. 13 lit. a besonders geschützten Arten der Anhänge A oder B der EU-ArtSchV. Umfasst sind aber Verstöße in Verbindung mit § 44 Abs. 3 bezüglich Waren nach der **Jungrobben-Richtlinie** 83/129/EWG. Die Vermarktung von Arten nach § 3 BArtSchV kann nach Abs. 3 Nr. 21 nicht mehr geahndet werden (*Kraft* in Lütkes/Ewer Rn. 21).

c) Verbringen von Tieren und Pflanzen (§§ 48 ff.). aa) Anmelde-, Vorführungs- und Mitteilungspflicht nach § 50. Vorsätzliche oder fahrlässige Pflichtverstöße gegen die **Anmeldepflicht** nach § 50 Abs. 1 S. 1 bei Ein- und Ausfuhr oder Verbringung in einen Drittstaat von Tieren oder Pflanzen, die einer unionsrechtlichen Ein- oder Ausfuhrregelung unterliegen oder deren Verbringen aus einem Drittstaat einer Ausnahme des Bundesamtes für Naturschutz bedarf, sind nach **Abs. 3 Nr. 22** bußgeldbewehrt. Die in Bezug genommenen Unionsvorschriften sind insbesondere die nach der EU-ArtSchV aber auch beliebige sonstige Ein- oder Ausfuhrregelungen der Europäischen Union (*Fellenberg* in Lütkes/Ewer § 50 Rn. 4). Nach § 50 Abs. 1 S. 1 müssen die ein-, aus-, oder durchgeführten Arten bei der zuständigen Zollstelle unter Vorlage der erforderlichen Genehmigungen und Dokumente angemeldet und auf Verlangen der Behörde vorgeführt werden. Die Anmeldung der **Durchfuhr** ist zwar nach § 50 Abs. 1 S. 1 vorgeschrieben, jedoch in Abs. 3 Nr. 22 nicht erwähnt und kann daher nicht geahndet werden (*Kraft* in Lütkes/Ewer Rn. 22). Ordnungswidrig nach **Abs. 3 Nr. 23** ist auch die vorsätzlich oder fahrlässig unterlassene, unrichtige oder nicht rechtzeitige **Mitteilung der Ankunftszeit** lebender Tiere mit mindestens 18 Stunden Vorlauf entgegen § 50 Abs. 2. 41

bb) Auskunfts-, Unterstützungs- und Vorlagepflicht nach § 52. Die Tatbestände des **Abs. 3 Nr. 24 und 25** sanktionieren vorsätzliche oder fahrlässige Verstöße gegen die Auskunfts- und Unterstützungspflichten nach § 52, die den zuständigen und mitwirkenden Behörden, sowie ggf. von ihnen beauftragten Personen zur Durchsetzung der **unions- und nationalrechtlichen Artenschutzvorschriften** nach Kapitel 4 BNatSchG oder aufgrund des BNatSchG erlassenen Vorschriften zur Verfügung stehen. Ordnungswidrig handelt, wer entgegen § 52 Abs. 1 eine **Auskunft** nicht, nicht richtig, nicht vollständig oder nicht rechtzeitig erteilt **(Nr. 24)**. Mitzuteilen sind auf Verlangen der Behörde alle Informationen, die zur Durchführung der in § 52 Abs. 1 genannten Rechtsvorschriften erforderlich sind, dh wenn eine behördliche Maßnahme ohne sie nicht, nicht rechtzeitig oder nicht sachgemäß durchgeführt werden könnte (*Fellenberg* in Lütkes/Ewer § 52 Rn. 5). Das Merkmal „auf Verlangen der Behörde" grenzt die Tathandlung von Mitteilungspflichten ab, die aus eigener Initiative zu erfüllen sind. Nicht rechtswidrig ist die Verweigerung der Auskunft, wenn dem Betroffenen ein **Auskunftsverweigerungsrecht** nach § 53 Abs. 3 i. V. m. § 55 StPO zur Seite steht, dh die Hingabe der Information ihm selbst oder einem der in § 52 Abs. 1 bezeichneten Angehörigen die Gefahr zuziehen würde, wegen einer Straftat oder einer Ordnungswidrigkeit verfolgt zu werden. Dabei ist es bereits ausreichend, wenn die Einleitung eines Ermittlungsverfahrens droht (*Meyer-Goßner* in Meyer-Goßner/Schmitt StPO § 55 Rn. 7). Der Verweis in § 52 Abs. 3 bezieht sich auch auf die Pflicht zur Belehrung über das Auskunftsrecht nach § 55 Abs. 2 StPO. Ordnungswidrig handelt auch, wer entgegen § 52 Abs. 2 S. 2 eine von den Behörden nach § 52 Abs. 1 beauftragte Person **nicht unterstützt** oder eine **geschäftliche Unterlage** nicht, nicht richtig, nicht vollständig oder nicht rechtzeitig vorlegt **(Nr. 25)**. § 52 Abs. 2 soll klarstellen, dass die Unterstützungspflichten auch bei Kontrolltätigkeiten auf Seeanlagen und Schiffen in der AWZ gelten (BR-Drs. 278/09, 224), wobei für Betretungsrechte von Schiffen unter fremder Flagge die seerechtlichen Vorgaben (Art. 92 SRÜ) zu beachten sind. Die von Nr. 24 erfassten Handlungen sind trotz der sachlichen Nähe zwar keine Auskünfte im engeren Sinne. Das Auskunftsverweigerungsrecht nach § 52 Abs. 3 i. V. m. § 55 StPO erstreckt sich aber auch auf sie (→ § 52 Rn. 10 mwN; anders zu § 52 BImSchG BVerwG Urt. vom 13.2.1997, NVwZ 1997; *Jarass* BImSchG § 52 Rn. 56). 42

d) Ge- und Verbote in Rechtsverordnungen nach § 54 Abs. 5, Abs. 6 und Abs. 8. Die Ordnungswidrigkeiten in **Abs. 3 Nr. 27 lit. b und c** (zum Wegfall von 43 lit. a siehe *Kraft* in Lütkes/Ewer § 69 Rn. 23a) betreffen vorsätzliche oder fahrlässige Zuwiderhandlungen gegen Rechtsverordnungen nach § 54 Abs. 5, Abs. 6 S. und Abs. 8 oder gegen auf dieser Grundlage getroffene **vollziehbare Anordnungen,** soweit die Rechtsverordnung für einen bestimmten Tatbestand auf Abs. 3 Nr. 27 verweist.

44 Von den in der Vorschrift genannten Verordnungsermächtigungen hat das Bundesumweltministerium in der BArtSchV Gebrauch gemacht (*Kloepfer* Rn. 501; *Stöckel* in Konrad/Mühlbauer/Müller-Walter/Stöckel Rn. 59). Im Sinne von Nr. 27 lit. b handelt nach § 16 Abs. 1 BArtSchV ordnungswidrig, wer entgegen § 3 Abs. 2 BArtSchV lebende Tiere der Arten **amerikanische Biber, Schnappschildkröte, Geierschildkröte** oder **Grauhörnchen** anbietet, zur Abgabe vorrätig hält, feilhält, an andere abgibt oder züchtet. § 16 Abs. 2 BArtSchV enthält eine Reihe von Bußgeldtatbeständen im Sinne von Nr. 27 lit. c. So sanktioniert **§ 16 Abs. 2 Nr. 1** BArtSchV das **Nachstellen, Anlocken, Fangen** oder **Töten** von wild lebenden Tieren der besonders geschützten Arten und der nicht besonders geschützten Wirbeltierarten, die nicht dem Jagd- oder Fischereirecht unterliegen, unter Verwendung der in § 4 Abs. 1 S. 1 genannten **Methoden** (u. a. Benutzung von lebenden Tieren als Lockmittel, Schlingen, Netze, Haken, Armbrüste, halbautomatische oder automatische Waffen oder Nutzung von Luft- und Kraftfahrzeugen). Die weiteren Ordnungswidrigkeiten im Sinne von Nr. 27 lit. c nach **§ 16 Abs. 2 BArtSchV** betreffen in **Nr. 2–4** Pflichtverstöße im Zusammenhang mit der Führung eines **Aufnahme- und Auslieferungsbuches** bei gewerbsmäßigem Handel oder der Be- oder Verarbeitung von Pflanzen oder Tieren der besonders geschützten Arten entgegen § 6 BArtSchV, in **Nr. 5** Verstöße gegen die **Anzeigepflicht** für die Haltung von Tieren nach § 3 Abs. 1 S. 1 BArtSchV, in **Nr. 6–8** Verstöße gegen das Zucht-, Haltungs- und Freilassungsverbot für **Greifvogelhybride** entgegen §§ 9 ff. BArtSchV sowie in **Nr. 9–12** die Verletzung von **Kennzeichnungspflichten** (Beringung, Anbringen von Transpondern) bei der Haltung von Tieren nach Anlage 6 Spalte 1 der BArtSchV entgegen §§ 12, 13 BArtSchV.

45 Zur **Verfassungsmäßigkeit** der Vorschrift des Abs. 3 Nr. 27 als Blankettnorm mit Rückverweisungsklausel wurden in Hinsicht auf den Bestimmtheitsgrundsatz (Art. 103 Abs. 2 GG) und das Demokratieprinzip Bedenken geäußert (*Engelstätter* in GK-Schlacke Rn. 22–24; ebenfalls zweifelnd *Kraft* in Lütkes/Ewer Rn. 23b). Eine zu weit gehende Delegation von Regelungsbefugnissen auf den Verordnungsgeber ist jedoch anders als im vom BVerfG entschiedenen Fall (BVerfG NJW 2016, 3648) der Nichtigkeit einer Strafvorschrift im Rindfleischetikettierungsgesetz (RiFlEtikettG) nicht zu erkennen. Der Verordnungsgeber war in § 10 Abs. 3 RiFlEtikettG aF ermächtigt, durch Rechtsverordnung Straftatbestände zu bezeichnen, die zur Durchsetzung von unmittelbar geltenden Vorschriften in Rechtsakten der Union im Anwendungsbereich des § 1 Abs. 1 RiFlEtikettG erforderlich sind und mit einem Rückverweis die Strafbarkeit nach der Blankettstrafvorschrift in § 10 Abs. 1 RiFlEtikettG aF herbeizuführen. Nach Auffassung des BVerfG fehlte es damit an einer gesetzgeberischen Entscheidung zu Inhalt und Programm der Strafnorm. Es war weder erkennbar noch vorhersehbar, in welchen Fällen und mit welcher Tendenz der Verordnungsgeber von dieser Ermächtigung und der unbegrenzt an ihn delegierten Entscheidungsbefugnis Gebrauch machen würde und welchen Inhalt die aufgrund der Ermächtigung erlassene Verordnung haben könnte (BVerfG NJW 2016, 3648 (3653)). Dagegen sind die in Abs. 3 Nr. 27 in Bezug genommenen gesetzlichen Ermächtigungen in § 54 Abs. 5, Abs. 7 S. 1 und Abs. 8 **hinreichend präzise** gefasst, indem sie mit ihren Aufzählungen der möglichen Gegenstände der Verordnungen und damit die nach Abs. 3 Nr. 27 als Ordnungswidrigkeit verfolgbaren Handlungen bereits deutlich umreißen (vgl. VGH Kassel Beschl. v. 13.8.2012 – 4 B 632/12, BeckRS 2012, 56734 zu § 54 Abs. 5 S. 1).

5. Freihaltung von Gewässern und Uferzonen nach § 61. Nach **Abs. 3 Nr. 26** ordnungswidrig ist die vorsätzliche oder fahrlässige Errichtung oder wesentliche Änderung einer bauliche Anlage **entgegen § 61 Abs. 1 S. 1 oder S. 2** an einem Gewässer. Danach dürfen zum Schutz der ökologischen und der Erholungsfunktion von Uferrandgebieten (→ § 61 Rn. 1) im Außenbereich an Bundeswasserstraßen und nach Landesrecht festgelegten Gewässern erster Ordnung sowie an stehenden Gewässern mit einer Größe von mehr als 1 Hektar im Abstand bis 50 Meter von der Uferlinie keine baulichen Anlagen errichtet oder wesentlich geändert werden. An den **Küstengewässern** ist ein Abstand von mindestens 150 Metern von der mittleren Hochwasserlinie an der Nordsee und von der Mittelwasserlinie an der Ostsee einzuhalten. Das Verbot gilt nach Maßgabe von § 61 Abs. 2 S. 1 nicht für bestimmte bestandsgeschützte oder im Rahmen von wasserrechtlichen Maßnahmen errichtete bauliche Anlagen und Anlagen des öffentlichen Verkehrs einschließlich Nebenanlagen und Zubehör, des Rettungswesens, des Küsten- und Hochwasserschutzes sowie der Verteidigung. Die Erteilung von Ausnahmen ist nach § 61 Abs. 1 möglich. Zu beachten sind landesrechtliche Abweichungen hinsichtlich des Ausnahmeregimes (§ 61 Abs. 2 S. 2) und zum Verbot nach § 61 Abs. 1 mit teilweise anderen Mindestabständen (§ 35 LNatSchG SH, § 29 NatSchAG M-V, § 15 HmbBNatSchAG). 46

II. Ordnungswidrigkeiten wegen Verstößen gegen die EU-Artenschutzverordnung (Abs. 4)

In **Abs. 4** sind **vorsätzliche** und **fahrlässige** Verstöße gegen verschiedene Vorschriften der EU-Artenschutzverordnung (EG) Nr. 338/97 (EU-ArtSchV) bußgeldbewehrt. Abs. 4 bezieht sich auf die inzwischen nicht mehr aktuelle Fassung der EU-ArtSchV nach der Änderung durch die Verordnung (EG) Nr. 318/2008 (ABl. L 95, 3) und stellt durch die Nennung der konkreten Fassung den **statischen** Charakter der Verweisung klar (*Kraft* in Lütkes/Ewer Rn. 24; aA *Meßerschmidt* Rn. 72). Soweit es allerdings für die Ordnungswidrigkeitentatbestände nach der Verordnung auf ihre **Anhänge** ankommt, sind diese kraft § 7 Abs. 3 jeweils in der sich aus den Veröffentlichungen im EU-Amtsblatt Teil L ergebenden geltenden Fassung maßgeblich, sodass diesbezüglich doch eine **dynamische** Verweisung vorliegt. Gegen die **Bestimmtheit** von Abs. 4 bestehen keine Bedenken (BGH NJW 1996, 3220 (3220); *Meßerschmidt* Rn. 72; Vorkommentierung *Sanden* Rn. 14; Kraft in Lütkes/Ewer Rn. 28; *Müggenborg* in Frenz/Müggenborg Rn. 48; mit aA zu Abs. 4 Nr. 4 *Engelstätter* in GK-Schlacke Rn. 26). Im Einzelnen werden Verstöße gegen folgende Handelsbeschränkungen nach Abs. 4 bußgeldbewehrt: 47

Nach **Abs. 4 Nr. 1** können die Nichtvorlage, die nicht vollständige oder nicht rechtzeitige Vorlage einer **Einfuhrgenehmigung,** einer **Ausfuhrgenehmigung** oder einer **Wiederausfuhrbescheinigung** entgegen Art. 4 Abs. 1 S. 1 oder Abs. 2 S. 1 oder Art. 5 Abs. 1 oder Abs. 4 S. 1 der EU-ArtSchV als Ordnungswidrigkeit verfolgt werden. Die Genehmigungs- und Bescheinigungspflichten greifen bei Arten nach Anhang A, B oder C der Verordnung. 48

Abs. 4 Nr. 2 betrifft die gleichen Versäumnisse bei der Vorlage einer **Einfuhrmeldung** bezüglich Arten des Anhangs C oder D entgegen Art. 4 Abs. 3 HS. 1 oder Abs. 4 EU-ArtSchV. Entscheidend ist nicht die tatsächliche „Vorlage“ der Genehmigung oder Bescheinigung, sondern die Tatsache ihrer Erteilung (*Engelstätter* in GK-Schlacke Rn. 27). Zu beachten sind die Abweichungsvorschriften nach Art. 7 EU-ArtSchV. Bei der Ein- Aus und Durchfuhr von Arten, die unionsrechtlichen Beschränkungen unterliegen, ist die Missachtung zollamtlicher Modalitäten nach Abs. 3 Nr. 22–23 bußgeldbewehrt. 49

50 **Abs. 4 Nr. 3** betrifft die **europäischen Vermarktungsverbote** nach Art. 8 EU-ArtSchV. Den Tatbestand verwirklicht, wer entgegen Art. 8 Abs. 1 EU-ArtSchV hinsichtlich Arten des Anhangs B, oder in Verbindung mit Abs. 5 hinsichtlich Arten des Anhangs B, Exemplare dieser Art **kauft, zum Kauf anbietet,** zu kommerziellen Zwecken **erwirbt, zur Schau stellt** oder **verwendet** oder **verkauft** oder zu **Verkaufszwecken** vorrätig hält, anbietet oder **befördert.** Ausnahmen können im Einzelfall von den Vollzugsbehörden nach Art. 8 Abs. 3 erteilt werden. Im Zusammenhang mit den Vermarktungsverboten können Konkurrenzen und Überschneidungen im Verhältnis zu Abs. 3 Nr. 21 und eine ggf. vorliegende Qualifizierung zur Straftat nach § 71 Abs. 2 oder § 71a Abs. 2 zu beachten sein.

51 Erlässt die für eine nach der EU-ArtSchV erforderliche Genehmigung oder Bescheinigung zuständige Behörde **Auflagen** nach Art. 11 Abs. 3 S. 1 EU-ArtSchV und sind diese vollziehbar, ist die Zuwiderhandlung nach **Abs. 4 Nr. 4** ordnungswidrig. Für Einzelheiten zu den Tatbestandsvoraussetzungen und typische Problemstellungen siehe die Kommentierung bei *Engelstätter* in GK-Schlacke Rn. 25 ff. und die dortigen weiterführenden Nachweise.

III. Ordnungswidrigkeiten wegen Verstößen gegen die TellereisenVO (Abs. 5)

52 **Abs. 3** sanktioniert die **Verwendung** von **Tellereisen** entgegen Art. 2 der Verordnung (EWG) Nr. 3254/91 4. November 1991 (TellereisenVO, ABl. EG L 308, 1), und die **Verbringung** von Pelzen einer in Art. 3 Abs. 1 S. 1 der Verordnung genannten Tierart oder Ware **in die Gemeinschaft** aus solchen Ländern, die Tellereisen oder den internationalen humanen Fangnormen nicht entsprechende Fangmethoden anwenden. Der Tatbestand hat somit zumindest auch eine tierschutzrechtliche Zweckrichtung (Vorkommentierung *Sanden* → 59. EL 2010 Rn. 19). Ein **Tellereisen** ist ein Gerät zum Festhalten oder Fangen von Tieren durch Bügel, die über einem Lauf oder mehreren Läufen der Tiere zuschnappen und so verhindern, dass das Tier sich befreit (Art. 1 TellereisenVO). Art. 2 der Verordnung verbietet ihre Verwendung unionsweit und vollständig. Das **Verbringungsverbot** bezieht sich auf die Wildtierarten nach Art. 3 Abs. 1 S. 1 iVm Anhang I der TellereisenVO (Biber, Otter, Steppenwolf, Wolf, Luchs, Rotluchs, Zobel, Waschbär, Bisamratte, Fischmarder, Dachs, Fichtenmarder und Hermelin) sowie auf Waren, dh rohe oder bearbeitete Pelze und andere Ausgangsmaterialien der Pelzindustrie, die Bestandteile der Arten nach Anhang II der TellereisenVO enthalten. **Nicht verboten** ist die Verbringung in die EU aus Ursprungsländern, die in einer von der Kommission im EU-Amtsblatt veröffentlichten Liste aufgeführt sind, weil dort entweder angemessene Rechts- oder Verwaltungsvorschriften über das Verbot der Verwendung von Tellereisen in Kraft sind oder die Fangmethoden für die in Anhang I genannten Tierarten den international vereinbarten humanen Fangnormen entsprechen (Art. 3 Abs. 1 S. 1 Hs. 2 TellereisenVO). Die Liste der Länder diesen Tierarten enthält die **Entscheidung Nr. 97/602/EG** (ABl. EG L 242, 64) in der jeweils geltenden Fassung.

IV. Ordnungswidrigkeiten im Zusammenhang mit der IAS-Verordnung (Abs. 6, Abs. 2 Nr. 6)

53 Die mit dem Gesetz zur Durchführung der IAS-Verordnung vom 8. September 2017 (BGBl. I, 3270) eingeführten Tatbestände in Abs. 6 und Abs. 2 Nr. 6 belegen Verstöße gegen unionsrechtliche und untergesetzliche nationale Regelungen zum Schutz vor Be-

einträchtigungen von Natur und Landschaft durch **invasive Arten** mit einem Bußgeld. Nach **Abs. 6** ist das vorsätzliche **Verbringen, Halten,** Züchten, **Inverkehrbringen,** Verwenden, Tauschen, zur Fortpflanzung, **Aufzucht** oder zur Veredelung Bringen oder in die Umwelt **Freisetzen** von Exemplaren einer invasiven Art ordnungswidrig. Der Tatbestand soll Verstöße gegen Art. 7 Abs. 1 IAS-VO sanktionieren (BT-Drs. 18/11942, 34), vergisst aber den räumlichen Bezug der Handlungsmodalität des Verbringens zu benennen (*Kraft* in Lütkes/Ewer § 69 Rn. 32a–32f mit berechtigter Kritik an der regelungstechnischen Umsetzung und Bedenken zur Verhältnismäßigkeit). Tatobjekte nach Abs. 6 sind invasive Arten im Sinne der Definition des § 7 Abs. 2 Nr. 9 lit. a und lit. b, allerdings mit **Ausnahme** der von § 7 Abs. 2 Nr. 9 lit. c erfassten Fälle. Damit führt die, bisher nicht vollzogene, jedoch nach § 54 Abs. 4 S. 1 mögliche Schaffung einer Rechtsverordnung mit einer weitergehenden nationalen Liste invasiver Arten, für die die Anwendbarkeit bestimmter Artikel der IAS-VO differenziert angeordnet werden kann (*Kraft* in Lütkes/Ewer § 69 Rn. 15c; zur Verordnungsermächtigung *Gläß* in BeckOK UmwR Rn. 25) **nicht** zu einer automatischen Erweiterung auch des Bußgeldtatbestandes in Abs. 6 (siehe aber → Rn. 54).

Nach **Abs. 2 Nr. 6** handelt ordnungswidrig, wer vorsätzlich einer Rechtsverordnung nach § 54 Abs. 4 S. 1 oder Abs. 4a oder einer **vollziehbaren Anordnung** auf Grund einer solchen Rechtsverordnung zuwiderhandelt, soweit sie für einen bestimmten Tatbestand auf Abs. 2 Nr. 6 verweist. Ergänzend zu den Inhalten einer Verordnung nach § 54 Abs. 4 S. 1, die hier trotz der ausdrücklichen Ausnahme in Abs. 6 **doch** bußgeldbewehrt werden, werden auch Zuwiderhandlungen gegen in einer Rechtsverordnung aufgrund von § 54 Abs. 4a bestimmte Verfahren erfasst, die Mittel oder Geräte für Maßnahmen gegen invasive Arten vorschreiben (*Gläß* in BeckOK UmwR § 54 Rn. 28b). Abs. 2 Nr. 6 **läuft derzeit leer,** weil entsprechende Verordnungen noch nicht erlassen wurden (*Kraft* in Lütkes/Ewer Rn. 15c). 54

V. Bußgeldrahmen (Abs. 7)

Wegen Ordnungswidrigkeiten nach Abs. 1, Abs. 2, Abs. 3 Nr. 1 bis 6, 17a, 18, 21, 26 und 27 lit. b, des Abs. 4 Nummer 1 und 3 sowie der Absätze 5 und 6 kann im **Höchstmaß** eine Geldbuße von bis zu 50 000 EUR verhängt werden. Für die Übrigen Fälle gilt eine Höchstgrenze von 10 000 EUR. Als **Untergrenze** legt § 17 Abs. 1 OWiG den Mindestbetrag von 5 EUR fest. 55

Die **Bußgeldbemessung** richtet sich nach § 17 Abs. 3 OWiG. Grundlage für die Zumessung der Geldbuße sind die Bedeutung der Ordnungswidrigkeit und der Vorwurf, der den Täter trifft. Die Bedeutung der Ordnungswidrigkeit betrifft den sachlichen Gehalt und Umfang der Handlung. Der Vorwurf meint den individuellen Schuldvorwurf, für dessen Bewertung die strafrechtlichen Zumessungskriterien „mit Vorsicht" (*Gürtler* in Göhler OWiG § 17 Rn. 17) herangezogen werden können. Auch die wirtschaftlichen Verhältnisse des Täters kommen bei der Bußgeldbemessung in Betracht, bleiben jedoch in der Regel bei geringfügigen Ordnungswidrigkeiten unberücksichtigt (§ 17 Abs. 3 OWiG). Da in § 69 Abs. 7 für das **Höchstmaß** der Geldbuße nicht zwischen vorsätzlichen und fahrlässigen Handlungen unterschieden wird, kann fahrlässiges Handeln im Höchstmaß nur mit der Hälfte des angedrohten Höchstbetrages der Geldbuße, dh mit maximal 25 000 EUR bzw. 5000 EUR geahndet werden (§ 17 Abs. 2 OWiG). Auch eine **Überschreitung** des gesetzlichen Höchstmaßes ist möglich, wenn dieses nicht ausreicht, um den wirtschaftlichen Vorteil abzuschöpfen, den der Täter aus der Ordnungswidrigkeit gezogen hat. Die Geldbuße soll den wirtschaftlichen Vorteil übersteigen, den der Täter 56 aus der Ordnungswidrigkeit gezogen hat (§ 17 Abs. 4 OWiG). Während die Einziehung nach §§ 22 ff. OWiG i. V. m. § 72 BNatSchG nur auf Gegenstände mit Bezug zur Tat gerichtet ist, erfolgt die Abschöpfung von Vermögensvorteilen aus der Ordnungswidrigkeit entweder durch die Geldbuße selbst, also ggf. auch durch Überschreitung des Höchstmaßes, oder, wenn keine Geldbuße festgesetzt wird, durch Einziehung der Taterträge nach § 29a OWiG. Die zugänglichen Zahlen aus der **Vollzugspraxis** deuten darauf hin, dass die nicht unbeträchtlichen Bußgeldrahmen selten ausgeschöpft werden (→ Rn. 2 und Beispiele bei *Meßerschmidt* § 69 Rn. 77).

VI. Schaffung weiterer Ordnungswidrigkeitentatbestände durch die Länder (Abs. 8)

57 Nach Abs. 8 können die **Länder** gesetzlich bestimmen, dass weitere rechtswidrige und vorwerfbare Handlungen, die gegen Vorschriften des BNatSchG oder Rechtsvorschriften verstoßen, die aufgrund des BNatSchG erlassen worden sind oder fortgelten, als Ordnungswidrigkeiten geahndet werden können. Der Bundesgesetzgeber stellt in § 69 Abs. 8 klar, dass er von seiner konkurrierenden Gesetzgebungskompetenz auf dem Gebiet des Strafrechts bzw. Ordnungswidrigkeitenrechts nach Art. 74 Abs. 1 Nr. 29 GG in Bezug auf die Schutzvorschriften des Bundesnaturschutzgesetzes nur „soweit" im Sinne des Art. 72 Abs. 1 GG Gebrauch gemacht hat, als dass die Länder weitere Verstöße gegen die genannten Vorschriften als Ordnungswidrigkeit festlegen können. Ungewöhnlich ist hierbei die Konstellation, dass die Länder Verstöße gegen **Bundesrecht** mit Geldbuße belegen können (siehe *Kraft* in Lütkes/Ewer Rn. 36).

58 Die zahlreichen **landesgesetzlichen Bußgeldtatbestände** finden sich überwiegend in den Katalogvorschriften der Landesnaturschutzgesetze (zB § 69 NatSchG BaWü, Art. 57 BayNatSchG, § 49 NatSchGBln, § 73 BbgNatSchG, § 29 HmbBNatSchAG, § 28 HAGBNatSchG, § 43 NatSchAG M-V, § 43 NAGBNatSchG, § 77 LNatSchG NRW, § 37 LNatSchG RP, § 49 SächsNatSchG, § 34 NatSchG LSA, § 57 LNatSchG SH, § 54 ThürNatG) und in Vorschriften zur Unterschutzstellung von bestimmten Teilen von Natur und Landschaft (z. B. § 28 NWattNPG).

59 Als durch Landesgesetze nach Abs. 8 bußgeldbewehrbare Rechtsvorschriften, die **aufgrund** des Bundesnaturschutzgesetzes erlassen wurden, kommen insbesondere solche zur **Unterschutzstellung von Schutzgebieten** nach § 22 Abs. 1 in Betracht, die in § 69 nicht unmittelbar bußgeldbewährt sind (*Müggenborg* in Frenz/Müggenburg Rn. 59). **Fortgeltende** Rechtsvorschriften sind solche, die insbesondere auf Grundlage von Vorfassungen des BNatSchG erlassen wurden und nach der Rechtsprechung (BVerfGE 78, 179 (198)) ungeachtet des Wegfalls oder der Änderung der ursprünglichen Verordnungsermächtigung fortbestehen (*Meßerschmidt* Rn. 79; *Kraft* in Lütkes/Ewer Rn. 35). Ob eine Norm fortgilt oder außer Kraft gesetzt wurde, ist im Einzelfall zu prüfen. Unwirksam ist eine Bestimmung in einer landesrechtlichen Schutzgebietsverordnung, die eine Bestrafung nach dem Reichsnaturschutzgesetz androht (AG Hannover NuR 2003, 191; *Stöckel* in Konrad/Mühlbauer/Müller-Walter/Stöckel Rn. 1).

60 Die Schaffung weiterer Ordnungswidrigkeiten wegen Verstößen gegen im Rahmen der Abweichungsbefugnis nach Art. 72 Abs. 3 Nr. 2 GG erlassenes **Landesnaturschutzrecht** sind auf Grundlage von Art. 74 Abs. 1 Nr. 29 GG unbedenklich, ohne dass es hierzu auf § 69 Abs. 8 oder eine sonstige zusätzliche Befugnis ankäme (vgl. *Kraft* in Lütkes Ewer Rn. 36). Allerdings ist jeweils zu prüfen, ob sich solche landesrechtlichen Tatbestände in dem ihnen verfassungsmäßig vorgegebenen, verbleibenden Kompetenzrahmen halten (BayVerfGH, NVwZ-RR 2014, 945).

Nicht von Abs. 8 abgedeckt sind Fälle, in denen durch Landesrecht angeordnet wird, dass einzelne Tatbestände des § 69 **keine Anwendung** finden (zB § 43 Abs. 1 NAGBNatSchG, § 57 Abs. 1 LNatSchG SH). Im Hinblick darauf wird diskutiert, ob sich länderrechtliche Beschränkungen von § 69 noch als eine zulässige Folgewirkung der Ausübung der Abweichungskompetenz, oder als eigenständige inhaltliche Änderung auf dem Gebiet des Art. 74 Abs. 1 Nr. 1 GG darstellen, die womöglich einer **Sperrwirkung** aufgrund von Art. 72 Abs. 2 GG unterfällt (mit Zweifeln insbesondere zu § 43 Abs. 2 NAGBNatSchG, *Engelstätter* in GK-Schlacke Rn. 38; *Meßerschmidt* Rn. 79; aA *Schrader* in BeckOK UmweltR Rn. 38). Die Länder können jedoch im Rahmen der Abweichungsgesetzgebung nach Art. 72 Abs. 3 Nr. 2 GG eine bundesnaturschutzrechtliche Schutzvorschrift abändern, auch wenn ihre Verletzung nach § 69 eine Ordnungswidrigkeit darstellt, und bereits auf diesem Wege indirekt die Anwendbarkeit eines Tatbestands aus § 69 aufheben. Andernfalls könnte der Bundesgesetzgeber durch die einfachgesetzliche Bußgeldbewehrung eine Sperrwirkung erzeugen und dadurch Bereiche des länderdisponiblen Naturschutzrechts im Widerspruch zu Art. 73 Abs. 3 Nr. 2 GG der Abweichungskompetenz entziehen. Auch ohne einen expliziten Anwendungsausschluss im Landesrecht würde die jeweilige Ordnungswidrigkeit allerdings auf dem Territorium des jeweiligen Landes leer laufen, wenn die von der Ordnungswidrigkeit in Bezug genommene Verbotsnorm in diesem Land aufgrund einer zulässigen Abweichung nicht eingreift (vgl. *Engelstätter* in GK-Schlacke Rn. 39). 61

§ 70 Verwaltungsbehörde

Verwaltungsbehörde im Sinne des § 36 Absatz 1 Nummer 1 des Gesetzes über Ordnungswidrigkeiten ist

1. das Bundesamt für Naturschutz in den Fällen

a) des § 69 Absatz 2 Nummer 5 und 6, Absatz 3 Nummer 21, Absatz 4 Nummer 3 und Absatz 6 bei Handlungen im Zusammenhang mit der Einfuhr in die oder der Ausfuhr aus der Gemeinschaft oder dem Verbringen in die oder aus der Bundesrepublik Deutschland,

b) des § 69 Absatz 3 Nummer 24 bei Verletzungen der Auskunftspflicht gegenüber dem Bundesamt,

c) des § 69 Absatz 3 Nummer 25 und Absatz 4 Nummer 4 bei Maßnahmen des Bundesamtes,

d) des § 69 Absatz 4 Nummer 1 und Absatz 5 Nummer 2,

e) von sonstigen Ordnungswidrigkeiten nach § 69 Absatz 1 bis 6, die im Bereich der deutschen ausschließlichen Wirtschaftszone oder des Festlandsockels begangen worden sind,

2. das zuständige Hauptzollamt in den Fällen des § 69 Absatz 3 Nummer 22 und 23 und Absatz 4 Nummer 2,

3. in allen übrigen Fällen die nach Landesrecht zuständige Behörde.

Schrifttum: *Giesberts/Reinhardt,* Beck'scher Online-Kommentar Umweltrecht, 50. Ed., Stand 1.4.2019; *Frenz/Müggenborg,* BNatSchG, 2. Aufl. 2016; *Lütkes/Ewer,* BNatSchG, 2. Aufl. 2018; Schlacke, Gemeinschaftskommentar zum Bundesnaturschutzgesetz, 2. Aufl. 2016; *Schumacher/Fischer-Hüftle,* Bundesnaturschutzgesetz, 2. Aufl. 2010.

Übersicht

A. Allgemeines

I. Grundzüge und Zweck der gesetzlichen Regelung

1 § 70 BNatSchG bestimmt die für die Verfolgung von Ordnungswidrigkeiten nach § 69 sachlich zuständige Verwaltungsbehörde im Sinne des § 36 Abs. 1 Nr. 1 OWiG. Zuständig ist in den jeweils aufgezählten Fällen der Nr. 1 das Bundesamt für Naturschutz, in den Fällen der Nr. 2 das zuständige Hauptzollamt und in allen übrigen Fällen nach Nr. 3 die nach Landesrecht zuständige Behörde (*Schumacher* in Schumacher/Fischer-Hüftle Rn. 1 ff.).

II. Rechtsentwicklung und Verhältnis zu anderen Bestimmungen

2 Die Zuständigkeitsregelung entspricht in ihrer Grundstruktur dem durch das Erste Gesetz zur Änderung des Bundesnaturschutzgesetzes vom 18.12.1986 (BGBl. I 2349) einge-

führten § 30 Abs. 4 und knüpft für die Verfolgungs- und Ahndungszuständigkeit daran an, bei welcher Behörde der Vollzug der materiellen Regelungen liegt (BR-Drs. 251/85, S. 36). Die Bestimmung wurde 2002 in § 65 Abs. 6 verschoben und findet sich seit der Novelle 2009 als eigenständige Vorschrift in § 70. Mit den Zuständigkeitszuweisungen an Bundesbehörden in Nr. 1 und Nr. 2 ist der Bundesgesetzgeber nach Art. 84 Abs. 1 S. 1 GG von dem Grundsatz des Art. 83 GG abgewichen, nach dem bei Ausführung von Bundesgesetzen als eigene Angelegenheit der Länder diese grundsätzlich auch die Einrichtung der Behörden und das Verfahren regeln. Die Länder könnten von den Bundeszuständigkeiten in Nr. 1 und Nr. 2 nach Art. 84 Abs. 1 S. 2 GG abweichen, dies ist jedoch bisher nicht geschehen (*Schrader* in BeckOK UmweltR Rn. 2). Rückabweichungen des Bundes wären nach Art. 84 Abs. 1 S. 3 GG ebenfalls möglich.

B. Regelungsinhalt

I. Zuständigkeiten des Bundesamts für Naturschutz

3 Als selbstständige Bundesoberbehörde (Art. 87 Abs. 3 S. 1 GG) im Geschäftsbereich des Bundesumweltministeriums mit Sitz in Bonn (§ 1 BfNatSchG) erledigt das Bundesamt für Naturschutz nach § 2 Abs. 1 BfNatSchG Verwaltungsaufgaben des Bundes auf den Gebieten des Naturschutzes und der Landschaftspflege, die ihm durch das Bundesnaturschutzgesetz oder andere Bundesgesetze oder auf Grund dieser Gesetze zugewiesen werden.

4 Das Bundesamt für Naturschutz ist nach § 70 Nr. 1 lit. a zuständige Verfolgungsbehörde für die **artenschutzrechtlichen Ordnungswidrigkeiten** des § 69 Abs. 2 Nr. 5 und 6, Abs. 3 Nr. 21, Abs. 4 Nr. 3 und Abs. 6, soweit Handlungen im Zusammenhang mit der **Einfuhr** in die oder der Ausfuhr aus der Gemeinschaft oder dem **Verbringen** in die oder aus der Bundesrepublik Deutschland vorliegen (siehe mit Aufschlüsselung der einzelnen Tathandlungen *Müggenborg* in Frenz/Müggenborg Rn. 6). Mit der Schaffung der Ordnungswidrigkeitentatbestände in § 69 Abs. 6 zur Durchführung von Art. 7 der IAS-VO (EU) Nr. 1143/2014 wurde 2017 auch die Verfolgungszuständigkeit des Bundesamtes für Naturschutz erweitert (*Kraft* in Lütkes/Ewer § 69 Rn. 2), soweit die Tatmodalität des Verbringens invasiver Arten erfüllt ist.

5 § 70 Nr. 1 lit. b und c betreffen Verstöße nach § 69 Abs. 3 Nr. 24 gegen **Auskunfts- und Mitwirkungspflichten** gegenüber dem Bundesamt für Naturschutz nach § 52 sowie die Zuwiderhandlungen gegen vollziehbare Auflagen zu Verwaltungsakten des Bundesamts auf Grundlage der EU-ArtSchV.

6 Nach § 70 Nr. 1 lit. d ist das Bundesamt für Naturschutz auch zuständig bei Ordnungswidrigkeiten nach § 69 Abs. 4 Nr. 1 (Verstöße im Zusammenhang mit der Vorlagepflicht einer Ein-, Aus, oder Wiederausfuhrbescheinigung nach EU-ArtSchV).

7 Als Naturschutzbehörde für den Bereich der **deutschen ausschließlichen Wirtschaftszone und des Festlandsockels** (AWZ) wird dem Bundesamt für Naturschutz (§ 58 Abs. 1 S. 1) in § 70 Nr. 1 lit. e über die Fälle der lit. a bis c hinaus die Verfolgungszuständigkeit für alle sonstigen Ordnungswidrigkeiten nach § 69 Abs. 1 bis 6 zugewiesen, die in der AWZ begangen worden sind (s. *Müggenborg* in Frenz/Müggenborg Rn. 7f.). Hier kommen insbesondere nach § 69 Abs. 3 Nr. 4 bußgeldbewehrte Verstöße gegen § 23 Abs. 2 S. 1 iVm den Bestimmungen der AWZ-Schutzgebietsverordnungen, zB das Verbot der Freizeitfischerei oder das Ausbringen gebietsfremder Tiere und Pflanzen in Betracht (zB § 4 Abs. 2 NSGBRgV). Genauso können jedoch ordnungswidrige Verstöße gegen anderes allgemeines Naturschutzrecht in der ausschließlichen

Wirtschaftszone begangen werden (*Engelstätter* in GK-Schlacke Rn. 2), zB § 69 Abs. 3 Nr. 5–7.

II. Zuständigkeiten der Hauptzollämter

Die Hauptzollämter repräsentieren als örtliche Behörden nach § 1 FVG die unterste Ebene im dreistufigen Aufbau der Bundesfinanzbehörden. Die **Bundesfinanzverwaltung** wird nach Art. 87 Abs. 1 S. 1 GG in bundeseigener Verwaltung mit eigenem Verwaltungsunterbau geführt. Welches Hauptzollamt zuständig ist, richtet sich gemäß § 37 Abs. 1 OWiG grundsätzlich nach dem Ort der Begehung oder dem Wohnsitz des Betroffenen. Die Bezirke der Hauptzollämter werden nach § 12 FGV von der Generalzolldirektion bestimmt. In den Fällen des § 69 Abs. 3 Nr. 22 ist die Zuständigkeit für die Anmeldepflichten der nach § 50 iVm § 49 Abs. 2 S. 1 im Bundesanzeiger bekannt gegebenen Zollstellen zu beachten (*Schrader* in BeckOK UmweltR § 79 Rn. 7). 8

Die Verfolgungszuständigkeit der Hauptzollämter erstreckt sich nach § 70 Nr. 2 zum einen auf die Fälle des § 69 Abs. 3 Nr. 22 und 23, dh auf Verstöße gegen Mitteilungs- oder Anmelde- bzw. Vorführungspflichten nach § 50. Zum anderen fallen in die Zuständigkeit der Hauptzollämter Zuwiderhandlungen nach § 69 Abs. 4 Nr. 2 gegen die Vorlagepflichten für Einfuhrmeldungen nach Art. 4 EU-ArtSchV. 9

III. Zuständigkeiten der Länderbehörden

In allen nicht von § 70 Nr. 1 und Nr. 2 erfassten Fällen sind nach Nr. 3 die nach Landesrecht bestimmten Behörden zuständig. Die Zuständigkeitsbestimmungen finden sich zumeist in den Landesnaturschutzgesetzen (siehe etwa § 57 NatSchGBln; § 30 Abs. 3 BbgNatSchAG; § 28 Abs. 4 HAGBNatSchG; § 43 Abs. 5 NatSchAG M-V; § 78 Abs. 5 LNatSchG NRW; § 49 Abs. 3 SächsNatSchG; § 54 Abs. 4 ThürNatG). Dies sind regelmäßig die **unteren Naturschutzbehörden.** 10

Die landesrechtlichen Zuständigkeitsregelungen für die Verfolgung naturschutzrechtlicher Ordnungswidrigkeiten sind jedoch insgesamt divers. Im Einzelfall können auch die **Gemeinden,** zB bei Verstößen gegen als Satzung erlassene Gebietsschutzerklärungen, oder die **höhere Naturschutzbehörde** bei von ihr erlassenen vollziehbaren Anordnungen (zB § 69 Abs. 4 NatSchG BW) sein. In Bremen wird die Zuständigkeit der **Ortspolizeibehörde** zugewiesen (§ 38 Abs. 2 BremNatG).

IV. Zuständigkeit der Staatsanwaltschaft nach OWiG

Liegen Sachverhalte vor, bei denen **gleichzeitig** eine **Straftat** und eine **Ordnungswidrigkeit** verwirklicht sein kann (ausführlich zu diesen Fällen *Engelstätter* in GK-Schlacke § 70 Rn. 3 ff.), ist nach § 40 OWiG im Strafverfahren die **Staatsanwaltschaft** für die Verfolgung der Tat auch unter dem rechtlichen Gesichtspunkt einer Ordnungswidrigkeit zuständig. Hat die zuständige Verwaltungsbehörde im Bußgeldverfahren Anhaltspunkte dafür, dass möglicherweise eine Straftat, zB nach §§ 71 oder 71a vorliegt, ist sie nach § 41 OWiG verpflichtet, das Verfahren an die Staatsanwaltschaft **abzugeben.** Anhaltspunkte sind gegeben, wenn konkrete Tatsachen vorliegen, die darauf hindeuten, dass eine Straftat verwirklicht ist (*Müggenborg* in Frenz/Müggenborg Rn. 12 mwN). Nach Maßgabe von § 42 OWiG kann die Staatsanwaltschaft aus einem laufenden Ordnungswidrigkeitenverfahren bei der Verwaltungsbehörde bis zum Erlass eines Bußgeldbe- 11 scheides die Verfolgung auch der Ordnungswidrigkeit übernehmen, wenn sie eine Straftat verfolgt, die mit der Ordnungswidrigkeit zusammenhängt.

§ 71 Strafvorschriften

(1) **Mit Freiheitsstrafe bis zu fünf Jahren oder mit Geldstrafe wird bestraft, wer eine in**

1. § 69 Absatz 2 Nummer 1 Buchstabe a, Nummer 2, 3 oder Nummer 4 Buchstabe a,

2. § 69 Absatz 2 Nummer 1 Buchstabe b oder Nummer 4 Buchstabe b oder

3. § 69 Absatz 3 Nummer 21, Absatz 4 Nummer 1 oder Absatz 5

bezeichnete vorsätzliche Handlung begeht, die sich auf ein Tier oder eine Pflanze einer streng geschützten Art bezieht.

(2) **Ebenso wird bestraft, wer entgegen Artikel 8 Absatz 1 der Verordnung (EG) Nr. 338/97 des Rates vom 9. Dezember 1996 über den Schutz von Exemplaren wildlebender Tier- und Pflanzenarten durch Überwachung des Handels (ABl. L 61 vom 3.3.1997, S. 1), die zuletzt durch die Verordnung (EG) Nr. 398/2009 (ABl. L 126 vom 21.5.2009, S. 5) geändert worden ist, ein Exemplar einer in Anhang A genannten Art**

1. verkauft, kauft, zum Verkauf oder Kauf anbietet oder zu Verkaufszwecken vorrätig hält oder befördert oder

2. zu kommerziellen Zwecken erwirbt, zur Schau stellt oder verwendet.

(3) **Wer in den Fällen der Absätze 1 oder 2 die Tat gewerbs- oder gewohnheitsmäßig begeht, wird mit Freiheitsstrafe von drei Monaten bis zu fünf Jahren bestraft.**

(4) **Erkennt der Täter in den Fällen der Absätze 1 oder 2 fahrlässig nicht, dass sich die Handlung auf ein Tier oder eine Pflanze einer dort genannten Art bezieht, so ist die Strafe Freiheitsstrafe bis zu drei Jahren oder Geldstrafe.**

(5) **Handelt der Täter in den Fällen des Absatzes 1 Nummer 2 leichtfertig, so ist die Strafe Freiheitsstrafe bis zu zwei Jahren oder Geldstrafe.**

(6) **Die Tat ist nicht nach Absatz 5 strafbar, wenn die Handlung eine unerhebliche Menge der Exemplare betrifft und unerhebliche Auswirkungen auf den Erhaltungszustand der Art hat.**

Schrifttum: *Frenz/Müggenborg,* BNatSchG, 2. Aufl. 2016; *Giesberts/Reinhardt,* Beck'scher Online-Kommentar Umweltrecht, 50. Ed., Stand 1.4.2019; *Koch/Hofmann/Reese,* Umweltrecht, 5. Aufl. 2018; *Konrad/Mühlbauer/Müller-Walter/Stöckel,* Bundesnaturschutzgesetz, 3. Aufl. 2013; *Lütkes/Ewer,* BNatSchG, 2. Aufl. 2018; Meßerschmidt, Bundesnaturschutzgesetz, Kommentar, Loseblattsammlung, § 66 (Stand August 2008); *Landmann/Rohmer,* Umweltrecht, Vorkommentierung abrufbar unter www.beck-online.de; *Pfohl,* das deutsche Umweltstrafrecht – eine Erfolgsmodell?, NuR 2012, 307–315; *Pfohl,* Artenschutz-Strafrecht 2017, NuR 2017, 812–821; *Schönke/Schröder/Cramer,* StGB, 28. Aufl., München 2009; *Schlacke,* Gemeinschaftskommentar zum Bundesnaturschutzgesetz, 2. Aufl. 2016; Schumacher/Fischer-Hüftle, Bundesnaturschutzgesetz, 2. Aufl. 2010; *Stahn,* Tierärztliche Grenzkontrollen an deutschen Flughäfen zur Implementierung des Washingtoner Übereinkommens am Beispiel des Flughafens Frankfurt/Main in der Zeit von 1975–2002 – Eine Untersuchung der Durchsetzung des Artenschutzübereinkommens und der darauf bezogenen Aufgaben von Tierärzten und Zöllnern am Flughafen Frankfurt/Main, digitale Dissertation der FU Berlin 2006, *http://www.diss.fu-berlin.de/2006/139/;* *Stegmann,* Artenschutz-Strafrecht. Der strafrechtliche Schutz wildlebender Tier- und Pflanzenarten im nationalen und internationalen Recht, Konstanz 2000; *Szesny/Görtz,* Das neue Umweltstrafrecht – Kritisches zur Umsetzung der Richtlinie Umweltstrafrecht ZUR 2012, 405–412.

Übersicht

A. Allgemeines

I. Grundzüge und Zweck der gesetzlichen Regelung

1 § 71 enthält zusammen mit § 71a die naturschutzrechtlichen Straftatbestände des Nebenstrafrechts. Die Vorschrift qualifiziert bestimmte artenschutzrechtliche Bußgeldtatbestände zur Straftat, wenn das Tatobjekt zu den **streng geschützten Arten** gehört. **Abs. 1** stellt nach § 69 Abs. 2, Abs. 3 Nr. 21, Abs. 4 Nr. 1 und Abs. 5 ordnungswidrige, vorsätzliche Verstöße gegen § 44, gegen die EU-ArtSchV und die TellereisenVO (EWG) Nr. 3254/91 unter Strafe. **Abs. 2** begründet die Strafbarkeit bei nach § 69 Abs. 4 bußgeldbewehrten Verstößen gegen Art. 8 Abs. 1 EU-ArtSchV, wenn sich die Tat auf eine in Anhang A der EU-ArtSchV genannte streng geschützte Art bezieht. Während **Abs. 3** eine Strafschärfung für **gewerbs- oder gewohnheitsmäßige** Begehung bestimmt, enthält **Abs. 4** bei geringerer Strafandrohung eine **Erweiterung der Strafbarkeit** auf Fälle, in denen der Täter leichtfertig nicht erkennt, dass seine Handlung sich auf eine im jeweiligen Tatbestand genannte Art bezieht. Nach **Abs. 5** wird auch die nicht vorsätzliche, aber **leichtfertige** Begehung von Taten nach Abs. 1 Nr. 2 strafbewehrt, sofern die Strafbarkeit nach Abs. 5 nicht aufgrund der **Unerheblichkeitsschwelle** nach **Abs. 6** ausgeschlossen ist.

2 **Schutzgüter** des § 71 sind wild lebende Tiere und Pflanzen der **streng geschützten** Arten nach § 7 Abs. 2 Nr. 14 sowie der **besonders geschützten** Arten, die in **Anhang A** der **EU-ArtSchV** oder **Anhang IV der FFH-RL** aufgeführt oder aufgrund § 54 Abs. 2 nach der **BArtSchV** streng geschützt werden, weil sie im Inland vom Aussterben bedroht sind oder für die die Bundesrepublik Deutschland in besonders hohem Maße verantwortlich ist. Geschützt werden nur lebende Tiere und nicht solche, die bereits ausgestorben sind (*Pfohl,* NuR 2017, 812 (814)). Die Strafvorschriften zielen auf die Erhaltung der Natur in ihrer natürlichen und historisch gewachsenen, gegenwärtig anzutreffenden Vielfalt (*Müggenborg* in Frenz/Müggenborg Rn. 10; *Stegmann* S. 93 ff.). Geschützt werden die ökologischen Schutzgüter auf Grund ihres eigenen Wertes und als Grundlage für Leben und Gesundheit des Menschen auch in Verantwortung für die künftigen Generationen. Die lange Zeit im Schrifttum diskutierte Frage, ob dem Umwelt- und Naturschutzrecht ein anthropozentrischer oder ein ökozentrischer Ansatz zugrunde liegt oder zugrunde zu legen ist (*Müggenborg* in Frenz/Müggenborg Rn. 10; *Sanden Vorkommentierung* → 59. El 2010 Rn. 2 mwN), ist mit Blick auf § 1 Abs. 1

und Art. 20a GG inzwischen im Sinne einer Zusammenführung beider Standpunkte beantwortet worden.

II. Entstehungsgeschichte

Mit dem BNatSchG 1986 wurden in § 30a zusätzlich zu den Bußgeldtatbeständen im damaligen § 30 erstmals artenschutzrechtliche **Strafvorschriften** ins BNatSchG aufgenommen. Diese wurden mit der Novelle von 2002 zunächst in § 66, dann durch das Gesetz zur Neuregelung des Rechts des Naturschutzes und der Landschaftspflege vom 29.7.2009 (BGBl. I 2542) noch weitestgehend unverändert in § 71 verschoben. Mit dem **45. Strafrechtsänderungsgesetz** vom 6.12.2011 (BGBl. I 2557) erfolgte die Ergänzung der Straftatbestände zur Umsetzung der Richtlinie 2008/99/EG über den strafrechtlichen Schutz der Umwelt **(Umweltstrafrechtsrichtlinie)** und die damit verbundene Schaffung von nunmehr zwei Paragrafen mit Straftatbeständen in § 71 und § 71a. Mit dem **Gesetz zur effektiveren Ausgestaltung des Strafverfahrens** vom 17.8.2017 (BGBl. I 3202) erhöhte sich der Strafrahmen des § 71 Abs. 4 auf Freiheitsstrafe bis zu drei Jahren. Zugleich wurden in Abs. 5 der Leichtfertigkeitstatbestand bzw. der Strafausschließungsgrund in Abs. 6 eingeführt (*Kraft* in Lütkes/Ewer Rn. 1b; → Rn. 4). 3

III. EU-Recht

§§ 71 und 71a dienen auch der Umsetzung der **EU-ArtSchV** (EG) Nr. 338/97 und der **Umweltstrafrechtsrichtlinie** 2008/99/EG (ABl. EG 2008 L 328, 28), in denen Mindeststandards für die Strafbewehrung und Verfolgung artenschutzrechtlicher Verstöße enthalten sind. Nach **Art. 16 Abs. 1 EU-ArtSchV** sorgen die Mitgliedstaaten durch geeignete Maßnahmen dafür, dass die dort genannten Verbote, insbesondere im Zusammenhang mit der Ein- und Ausfuhr oder der Verbringung sowie dem Handel mit durch die Verordnung geschützten Arten, Sanktionen verhängt werden. Nach der zentralen Vorgabe in Art. 3 Umweltstrafrechtsrichtlinie stellen die Mitgliedstaaten sicher, dass bestimmte in der Vorschrift aufgezählte Umweltschädigungen unter Strafe gestellt werden, wenn sie rechtswidrig sind und vorsätzlich oder zumindest grob fahrlässig begangen werden. Für den in §§ 71 und 71a abgedeckten artenschutzrechtlichen Bereich sind insbesondere **Art. 3 lit. f und g der Umweltstrafrechtsrichtlinie** von Bedeutung, wonach die Tötung, die Zerstörung, der Besitz oder die Entnahme von Exemplaren geschützter, wildlebender Tier- oder Pflanzenarten sowie der Handel mit geschützten wildlebenden Tier- oder Pflanzenarten, Teilen oder Erzeugnissen davon, mit wirksamen, angemessenen und abschreckenden strafrechtlichen Sanktionen zu ahnden sein müssen. Ausgenommen sind Fälle, in denen die Handlung eine unerhebliche Menge dieser Exemplare betrifft und unerhebliche Auswirkungen auf den Erhaltungszustand der Art hat. Die unionsrechtliche Anforderung auch **grob fahrlässiges Verhalten** zu bestrafen veranlasste den Gesetzgeber auf die berechtigte Kritik aus dem Schrifttum hin (*Engelstätter* in GK-Schlacke Rn. 6), erst 2017, lange nach Verstreichen der Umsetzungsfrist der Richtlinie (*Pfohl* NuR 2012, 307), die leichtfertigen Begehungsformen in § 71 Abs. 5 und § 71a Abs. 4 zu ergänzen. 4

IV. Bestimmtheit

Die Strafvorschriften in § 71 unterliegen wie die Grundtatbestände des § 69 den Anforderungen des Bestimmtheitsgebotes nach **Art. 103 Abs. 2 GG.** Es muss sicherge- 5 stellt sein, dass die Normadressaten im Regelfall bereits anhand des Wortlauts der gesetzlichen Vorschrift voraussehen können, ob ein Verhalten sanktioniert wird oder nicht (BVerfG Beschl. v. 23.6.2010 – 2 BvR 2559.08, Rn. 72). Der Gesetzgeber ist zudem schon nach Art. 20 Abs. 3 GG **(Rechtsstaatsgebot)** gehalten, Vorschriften so bestimmt zu fassen, wie dies nach der Eigenart der zu ordnenden Lebenssachverhalte mit Rücksicht auf den Normzweck möglich ist (BVerfG Urt. v. 24.7.2018 – 2 BvR 309/15, 2 BvR 502/16, Rn. 77). Die zu § 69 diskutierten, nicht völlig unberechtigten Bedenken hinsichtlich der Verfassungsmäßigkeit unter Bestimmtheitsgesichtspunkten (→ § 69 Rn. 7) schlagen uneingeschränkt auf § 71 durch (vgl. Vorkommentierung *Sanden* § 71 Rn. 5). Aufgrund der Bewehrung der Taten mit Freiheitsstrafe gilt zudem nach **Art. 104 Abs. 2 GG** der Vorbehalt des förmlichen Gesetzes, sodass Verweisungen, mit denen für strafbegründende Voraussetzungen auf untergesetzliche oder unionsrechtliche Vorschriften Bezug genommen wird, sich in der Tendenz als noch problematischer darstellen können, als im Rahmen der nicht freiheitsentziehenden Bußgeldtatbestände. Bei der bisher nur punktuellen Überprüfung zu §§ 30, 30a aF durch die Rechtsprechung wurde kein Verfassungsverstoß festgestellt (BGH NJW 1996, 3220 (3220); OLG Stuttgart NStZ-RR 1999, 379). In Erwartung weiterer Rechtsprechung bietet das nur noch mit äußerstem Aufwand durchschaubare Artenschutzstrafrecht (siehe auch die Kritik von u. a. Pfohl NuR 2017, 812 (821)) jedoch weiterhin Anlass zu hinterfragen, ob sich trotz strenger verfassungsrechtlicher Vorgaben zur Bestimmtheit die komplizierte Gestaltung der Tatbestände dadurch rechtfertigt, dass der Gesetzgeber in der Lage bleiben muss, der Vielgestaltigkeit des Lebens (vgl. BVerfG Beschl. v. 15.4.1970 – BvR 396/69), Herr zu werden (mit ähnlichem Fazit: *Kraft* in Lütkes/Ewer Rn. 5; *Pfohl,* NuR 2012, 307 (311 f.); *Schrader* in BeckOK UmweltR Rn. 9; siehe auch *Müggenborg* in Frenz/Müggenborg Rn. 8).

V. Abgrenzung zu anderen Vorschriften

6 § 71 gehört wie § 71a zum naturschutzbezogenen Nebenstrafrecht und sanktioniert ausschließlich Artenschutzverstöße, soweit streng geschützte Arten betroffen sind. Straftatbestände zum Schutz von Naturschutzgebieten, als Naturschutzgebiet einstweilig sichergestellten Flächen, Nationalparken und Natura-2000-Gebieten enthält das Hauptstrafrecht in **§ 329 Abs. 3 und 4 StGB** (Gefährdung schutzbedürftiger Gebiete) und in der Qualifikation des § 330 StGB (Besonders schwerer Fall). Bei typischen Sachverhaltskonstellationen im Zusammenhang mit Straftaten nach § 71 können weitere Delikte wie beispielsweise **Wilderei** (§ 292 StGB) oder Tierquälerei (§ 17 TierSchG) Betracht kommen. Bei der illegalen Einfuhr geschützter Arten wird sehr oft auch der Tatbestand der versuchten **Steuerhinterziehung** (§ 370 AO) verwirklicht sein (vgl. Vorkommentierung *Sanden* § 71 Rn. 6). Die Fälschung von CITES-Papieren nach § 267 ff. StGB kann ebenfalls mit Straftaten nach § 71 BNatSchG einhergehen (vgl. *Stahn,* S. 37 ff.). Hingewiesen wird ferner auf denkbare Überschneidungen mit dem Tatbestand des sog. **Jagdfrevels** nach § 38 BJagdG (*Schrader* in BeckOK UmweltR Rn. 8) oder § 39 PflSchG (*Engelstätter* in GK-Schlacke Rn. 13 ff.). Die regelungstechnische Gestaltung durch unechte Mischtatbestände, bei denen bestimmte Ordnungswidrigkeiten nach § 69 bei anderem Schutzgegenstand oder einer anderen Begehungsform zu Straftaten erhoben werden, erfordern daher stets eine gründliche Prüfung der unterschiedlichen, sich teilweise überschneidenden Varianten und Modalitäten der §§ 69, 71 und 71a.

VI. Geltung des allgemeinen Strafrechts

7 Für die Verfolgung von Taten nach § 71 gelten die Vorschriften des Allgemeinen Teils des Strafgesetzbuches (§§ 1–79b StGB) und der StPO. Es gilt das **Legalitätsprinzip,** sodass eine Einstellung aus Opportunitätsgründen nur unter den Voraussetzungen der §§ 153, 153a StPO möglich ist (*Kraft* in Lütkes/Ewer § 71 Rn. 7). Fragen der **Teilnahme** richten sich nach §§ 26 ff. StGB, solche des subjektiven Tatbestands nach § 15 StGB i. V. m. den spezifischen **Vorsatz- bzw. Fahrlässigkeitsanforderungen** des § 71 Abs. 1 bis 5 sowie Fragen der Irrtümer nach §§ 16 f. StGB. Der **Versuch** von Taten nach § 71 ist mit Blick auf § 23 i. V. m. § 12 StGB nicht strafbar. In Bezug auf die Tatbestandsvarianten nach § 71 Abs. 1 Nr. 1 Var. 1 (Nachstellen) ist zu beachten, dass hier ein **Tätigkeitsdelikt** für Vorbereitungshandlungen gegeben ist, ohne dass es auf die Voraussetzungen der allgemeinen Versuchsstrafbarkeit ankommen würde. Aspekte der **Rechtmäßigkeit,** wie etwa des Notstands (§ 34 StGB bzw. § 228 BGB) sowie der **Schuld sind** nach den allgemeinen Regeln des Strafgesetzbuches zu prüfen (Vorkommentierung *Sanden* → 59. EL 2010 Rn. 7). Rechtfertigungsgründe können insbesondere behördliche Genehmigungen, Ausnahmen und Befreiungen begründen (*Engelstätter* in GK-Schlacke § 71 Rn. 7 ff.). Für **Auslandstaten** ist § 7 Abs. 2 StGB einschlägig. Für das Zusammentreffen von Ordnungswidrigkeit und Straftat gilt nach § 21 OWiG, dass nur der Straftatbestand angewandt wird. **Konkurrenzen** richten sich im Übrigen nach den allgemeinen strafrechtlichen Grundsätzen, soweit keine spezialgesetzlichen Regelungen bestehen, wie etwa in § 372 Abs. 2 AO. Verwirklicht eine Tat nach § 71 gleichzeitig auch den Tatbestand des § 372 Abs. 1 AO **(Bannbruch)** so tritt die Tat nach § 372 Abs. 2 AO hinter § 71 als ein „anderes Einfuhr-, Ausfuhr- oder Durchfuhrverbot" zurück (*Müggenborg* in Frenz/Müggenborg § 71 Rn. 31). Die **Verjährung** beträgt aufgrund der Strafandrohung nach § 78 Abs. 3 Nr. 4 StGB für alle Varianten fünf Jahre. Für Altfälle ist im Blick zu behalten, dass das Strafmaß mehrfach schrittweise erhöht wurde, zuletzt 2017 durch das Gesetz zur effektiveren und praxistauglicheren Ausgestaltung des Strafverfahrens (→ Rn. 3). Die allgemeinen Vorschriften über das Ruhen oder die Unterbrechung der Verjährungsfrist finden Anwendung (*Kraft* in Lütkes/Ewer Rn. 13). Zu tatbestandsspezifischen **Strafzumessungserwägungen** und zur **Einziehung** als Nebenfolge siehe OLG Frankfurt a. M. Beschl. v. 24.9.2014, Az.: 1 Ss 122/14.

B. Regelungsinhalt

I. Straftaten nach Abs. 1

8 Die Straftaten nach Abs. 1 **Nr. 1 und Nr. 2** betreffen die nach § 69 Abs. 2 Nr. 1–4 ordnungswidrigen Verstöße gegen die **Zugriffsverbote** nach § 44 Abs. 1, wenn sich die Tat auf eine **streng geschützte Art** bezieht und **vorsätzlich** begangen wird. Die Aufspaltung in die Nr. 1 und Nr. 2 ergibt erst Sinn, wenn man die nur auf Abs. 1 Nr. 2 bezogene Leichtfertigkeitsvariante in Abs. 5 in den Blick nimmt.

9 Nach **Nr. 3** sind vorsätzliche Verstöße gegen § 69 Absatz 3 Nr. 21 (**Handelsverbote** nach § 44 Abs. 2 S. 1 Nr. 2), gegen § 69 Abs. 4 Nr. 1 **(Ein-, Aus- und Durchfuhrverbote nach der EU-ArtSchV)** oder gegen § 69 Abs. 5 **(Handelsverbote nach der TellereisenVO)** strafbar. Nicht nach § 71 Abs. 1 Nr. 3 strafbar sind Taten, die sich auf von der TellereisenVO umfasste, jedoch nicht zugleich im Sinne von § 7 Abs. 2 Nr. 14 BNatSchG streng geschützte Tiere (zB Waschbär) beziehen (*Kraft* in Lütkes/Ewer

Rn. 8). Für die einzelnen Tatbestandsmerkmale wird auf die Kommentierung zu § 69 bzw. § 44 verwiesen. Die Strafandrohung nach Abs. 1 sieht eine Freiheitsstrafe bis zu 5 Jahren oder Geldstrafe vor.

II. Straftaten nach Abs. 2 (EU-ArtSchV)

10 Nach Abs. 2 macht sich strafbar, wer entgegen Art. 8 Abs. 1 EU-ArtSchV ein Exemplar einer in Anhang A der VO genannten Art verkauft, kauft, zum Verkauf oder Kauf anbietet oder zu Verkaufszwecken vorrätig hält oder befördert oder zu kommerziellen Zwecken erwirbt, zur Schau stellt oder verwendet. **Kommerzielle Zwecke** verfolgt, wer zumindest auch einen wirtschaftlichen Vorteil oder wirtschaftlichen Nutzen durch die konkrete Verwendung anstrebt (*Meßerschmidt* § 44 Rn. 103). Tatobjekte können nur Arten des **Anhangs A,** nicht aber sonstige im Sinne von § 7 Abs. 2 Nr. 14 lit. b und lit. c streng geschützte Arten sein. Dieselben Tathandlungen stehen aber im Hinblick auf streng geschützte Arten nach § 7 Abs. 2 Nr. 14 lit. b und lit. c nach Abs. 1 Nr. 3 unter Strafe. Unter **Verkauf** ist nach Art. 2 lit. p der EU-ArtSchV auch des Vermieten und Verleihen zu verstehen (*Müggenborg* in Frenz/Müggenborg Rn. 19). Zu Zweifeln an der Bestimmtheit wegen der letzten Änderung der Anhänge der EU-ArtSchV (*Kraft* in Lütkes/Ewer Rn. 9), siehe *Schrader* in BeckOK UmweltR Rn. 15.

III. Strafschärfung nach Abs. 3

11 Abs. 3 verschärft den Strafrahmen für Taten nach Abs. 1 und Abs. 2 auf eine **Freiheitsstrafe** von mindestens **drei Monaten bis zu fünf Jahren,** wenn die Tat gewerbs- oder gewohnheitsmäßig begangen wird. Aufgrund der Bestimmung der geringen Mindestfreiheitsstrafe ist bei der Strafbemessung § 47 Abs. 1 StGB zu beachten, demzufolge eine Freiheitsstrafe von unter sechs Monaten nur verhängt wird, wenn besondere tat- oder persönlichkeitsbezogene Umstände die Verhängung einer Freiheitsstrafe zur Einwirkung auf den Täter oder zur Verteidigung der Rechtsordnung unerlässlich machen. Ist die Unerlässlichkeit einer Freiheitsstrafe zu verneinen, wird eine **Geldstrafe** verhängt (§ 47 Abs. 2 StGB), obwohl diese im Strafrahmen des Abs. 3 nicht vorgesehen ist.

12 **Gewerbsmäßiges Handeln** liegt vor, wenn es das Bestreben des Täters ist, sich aus wiederholter Begehung eine fortlaufende Einnahmequelle von einiger Dauer und einigem Umfang zu schaffen (*Schumacher* in Schumacher-Fischer-Hüftle Rn. 9). Darauf, dass es sich um eine wiederholte Handlung handelt, kommt es nicht an, weswegen auch eine einzige Handlung ausreichend sein kann. Ebenso unerheblich ist, ob sich der Täter mit der Tat einen wesentlichen Teil seiner Einkünfte beschaffen wollte oder nicht (Vorkommentierung *Sanden* → 59. EL 2010 Rn. 12). **Gewohnheitsmäßigkeit** liegt vor, wenn der Täter aus einem durch wiederholte Begehung ausgebildeten, selbständig fortwirkenden Hang handelt, ihm also weitere Förderungsakte ohne sich mit ihnen innerlich auseinandersetzen zu müssen von der Hand gehen (*Stree* in Schönke/Schröder/Cramer StGB vor §§ 52ff. Rn. 98f.). Neben dem unbewussten Hang zur Tatbegehung zählt dazu auch die planmäßige Ausrottung einer Art (Vorkommentierung *Sanden* → 59. EL 2010 Rn. 12; *Schumacher* in Schumacher-Fischer-Hüftle Rn. 12). Die Merkmale des gewerbsmäßigen Handelns sowie der Gewohnheitsmäßigkeit sind **persönliche Merkmale** im Sinne von § 28 StGB (OLG Düsseldorf Beschl. v. 19.3.1997, 5 Ss 59/97-15/97 I, NuR 1997, 620; *Kraft* in Lütkes/Ewer Rn. 10). Ein Anstifter oder Gehilfe kann deshalb nur dann wegen der Straftat verurteilt werden, wenn er ebenfalls eines der qualifizierenden Merkmale verwirklicht hat. Fehlt es für den Beteiligten an den Merkmalen der Straf-

tat (vgl. § 14 Abs. 1 OWiG), kann er nur wegen der dann täterschaftlichen Begehung (zum Einheitstäterprinzip → § 69 Rn. 12; Krenberger/Krumm OWiG § 14 Rn. 1) einer Ordnungswidrigkeit verfolgt werden.

IV. Fahrlässiges Nichterkennen der betroffenen Art bei Taten nach Abs. 1 oder 2 (Abs. 4)

Abs. 4 erweitert die Strafbarkeit bei vermindertem Strafrahmen auf Freiheitsstrafe bis zu drei Jahren oder Geldstrafe, wenn der Täter in den Fällen der Absätze 1 oder 2 **fahrlässig nicht erkennt,** dass sich die Handlung auf ein Tier oder eine Pflanze einer streng geschützten Art bezieht. Die Fahrlässigkeit darf sich nur auf das Erkennen der Art beziehen, während hinsichtlich der weiteren Tatbestandsmerkmale zumindest bedingter Vorsatz vorliegen muss. Andernfalls ist lediglich eine Ordnungswidrigkeit gegeben. Es handelt sich somit um eine **Vorsatz-Fahrlässigkeitskombination** (BGH Beschl. v. 30.7.1996, Az. 5 StR 37/96, NStZ 1996, 606 zu §§ 30, 30a aF). 13

V. Leichtfertige Begehung nach Abs. 5

Abs. 5 erweitert die Strafbarkeit bei verminderter Strafandrohung auf eine Freiheitsstrafe bis zu **zwei Jahren** oder **Geldstrafe,** wenn der Täter in den Fällen des **Absatzes 1 Nr. 2** (Tötung streng geschützter Tiere oder Zerstörung ihrer Entwicklungsformen und Zerstörung streng geschützter Pflanzen oder ihrer Entwicklungsformen) nur **leichtfertig** und **nicht vorsätzlich** handelt. Anders als in den Fällen des Absatzes 4 ist ein Vorsatz auch nicht im Hinblick auf die Tatbestandsmerkmale erforderlich, die sich nicht auf das Erkennen des Tatobjekts als streng geschützte Art beziehen. Mit Abs. 5 wollte der Gesetzgeber die Umweltstrafrechtsrichtlinie umsetzen (BR-Drs. 792/16, 20), die auch eine strafrechtliche Ahndung der grob fahrlässigen Tötung und Zerstörung streng geschützter wildlebender Tier- und Pflanzenarten verlangt, die durch die bis dahin bestehende Vorsatz-Fahrlässigkeits-Kombination in § 71 Abs. 4 aF nicht sichergestellt war (*Engelstätter* in GK-Schlacke § 71 Rn. 6). **Leichtfertigkeit** liegt vor, wenn der Täter nicht beachtet, was sich nach seinen Erkenntnissen und Fähigkeiten hätte aufdrängen müssen (*Engelstätter* in Koch/Hofmann/Reese Rn. 145; *Kraft* in Lütkes/Ewer Rn. 1b; *Pfohl* NuR 2017 812 (819)). Teilweise wird unter Leichtfertigkeit auch ein Verschulden verstanden, das über die grobe Fahrlässigkeit hinausgeht, aber noch keinen Vorsatz darstellt (*Schrader* in Beck-CK UmweltR Rn. 18b). 14

VI. Strafausschließungsgrund nach Abs. 6 für Taten nach Abs. 5

Abs. 6 enthält einen besonderen Strafausschließungsgrund (zur dogmatischen Einordnung siehe *Engelstätter* in GK-Schlacke § 71a Rn. 6) für **leichtfertig** begangene Taten nach Abs. 5, wenn die Handlung eine **unerhebliche Menge** der Exemplare betrifft und **unerhebliche Auswirkungen** auf den Erhaltungszustand der Art hat (Minima-Klausel). Die Strafbarkeit entfällt nicht nach Abs. 6, wenn die Tat nicht unter Abs. 5 fällt, sondern vorsätzlich begangen wurde. Beide Merkmale müssen **kumulativ** vorliegen. Wann hinsichtlich Menge und Auswirkungen auf die betroffene Art eine Erheblichkeit gegeben ist, bestimmt die Vorschrift nicht näher. Praktisch dürfte insbesondere die Feststellung einer erheblichen Menge von Exemplaren Schwierigkeiten bereiten. Auch im Hinblick auf die Auswirkungen auf die betroffene Art werden in vielen Fällen Sachverständigen- 15 gutachten einzuholen sein (*Schrader* in BeckOK UmweltR Rn. 18c). Hiergegen werden verfassungsrechtliche Bedenken wegen der Wahrung des Bestimmtheitsgebots des Art. 103 Abs. 1 GG geäußert (ausführlich *Szesny/Görtz* ZUR 2012, 405). Allerdings verwendet auch das allgemeine Strafrecht an verschiedenen Stellen zumindest die Wendung „nicht unerheblich" als Tatbestandsmerkmal (z. B. § 304 Abs. 2, § 329 Abs. 3, § 69 Abs. 2 Nr. 3 StGB). Zweifel bei der Feststellung der Erheblichkeit sind *in dubio pro reo* zugunsten des Angeklagten zu werten (*Szesny/Görtz* ZUR 2012, 405 (411); *Müggenborg* in Frenz/Müggenborg § 71a Rn. 23; aA *Schrader* BeckOK UmweltR § 71a Rn. 11; *Kraft* in Lütkes/Ewer § 71a Rn. 11 mit weiterem Hinweis auf *Pfohl,* MüKo BNatSchG § 71a Rn. 23).

§ 71a Strafvorschriften

(1) Mit Freiheitsstrafe bis zu drei Jahren oder mit Geldstrafe wird bestraft, wer

1. entgegen § 44 Absatz 1 Nummer 1 ein wildlebendes Tier einer besonders geschützten Art, die in Artikel 4 Absatz 2 oder Anhang I der Richtlinie 2009/147/EG des Europäischen Parlaments und des Rates vom 30. November 2009 über die Erhaltung der wildlebenden Vogelarten (ABl. L 20 vom 26.1.2010, S. 7) aufgeführt ist, tötet oder seine Entwicklungsformen zerstört,

1a. entgegen § 44 Absatz 1 Nummer 1 Entwicklungsformen eines wildlebenden Tieres, das in Artikel 4 Absatz 2 oder Anhang I der Richtlinie 2009/147/EG aufgeführt ist, aus der Natur entnimmt,

2. entgegen § 44 Absatz 2 Satz 1 Nummer 1 ein Tier oder eine Pflanze in Besitz oder Gewahrsam nimmt, in Besitz oder Gewahrsam hat oder be- oder verarbeitet, das oder die

a) einer streng geschützten Art angehört, die in Anhang IV der Richtlinie 92/43/EWG des Rates vom 21. Mai 1992 zur Erhaltung der natürlichen Lebensräume sowie der wildlebenden Tiere und Pflanzen (ABl. L 206 vom 22.7.1992, S. 7), die zuletzt durch die Richtlinie 2006/105/EG (ABl. L 363 vom 20.12.2006, S. 368) geändert worden ist, aufgeführt ist oder

b) einer besonders geschützten Art angehört, die in Artikel 4 Absatz 2 oder Anhang I der Richtlinie 2009/147/EG aufgeführt ist, oder

3. eine in § 69 Absatz 2 Nummer 1 bis 4, Absatz 3 Nummer 21, Absatz 4 Nummer 1 oder Absatz 5 bezeichnete vorsätzliche Handlung gewerbs- oder gewohnheitsmäßig begeht.

(2) **Ebenso wird bestraft, wer entgegen Artikel 8 Absatz 5 in Verbindung mit Absatz 1 der Verordnung (EG) Nr. 338/97 ein Exemplar einer in Anhang B genannten Art**

1. verkauft, kauft, zum Verkauf oder Kauf anbietet oder zu Verkaufszwecken vorrätig hält oder befördert oder

2. zu kommerziellen Zwecken erwirbt, zur Schau stellt oder verwendet.

(3) **Erkennt der Täter in den Fällen des Absatzes 1 Nummer 1, 1a oder Nummer 2 oder des Absatzes 2 leichtfertig nicht, dass sich die Handlung auf ein Tier oder eine Pflanze einer dort genannten Art bezieht, so ist die Strafe Freiheitsstrafe bis zu zwei Jahren oder Geldstrafe.**

(4) **Handelt der Täter in den Fällen des Absatzes 1 Nummer 1 leichtfertig, so ist die Strafe Freiheitsstrafe bis zu einem Jahr oder Geldstrafe.**

(5) **Die Tat ist nicht nach Absatz 1 Nummer 1, 1a oder Nummer 2, Absatz 2, 3 oder Absatz 4 strafbar, wenn die Handlung eine unerhebliche Menge der Exemplare betrifft und unerhebliche Auswirkungen auf den Erhaltungszustand der Art hat.**

Schrifttum: *Erbs/Kohlhaas,* Strafrechtliche Nebengesetze, Band 3, 195. Ergänzungslieferung 2013; *Frenz/Müggenborg,* BNatSchG, 2. Aufl. 2016; *Giesberts/Reinhardt,* Beck'scher Online-Kommentar Umweltrecht, 50. Ed., Stand 1.4.2019; *Koch/Hofmann/Reese,* Umweltrecht, 5. Aufl. 2018; *Lütkes/Ewer,* BNatSchG, 2. Aufl. 2018; *Pfohl,* Artenschutz-Strafrecht 2017, NuR 2017, 812–821; *Szesny/Görtz,* Das neue Umweltstrafrecht – Kritisches zur Umsetzung der Richtlinie Umweltstrafrecht ZUR 2012, 405–412; *Schlacke* Gemeinschaftskommentar zum Bundesnaturschutzgesetz, 2. Aufl. 2016.

Übersicht

A. Allgemeines

I. Grundzüge und Zweck der gesetzlichen Regelung

1 § 71a ergänzt die in § 71 enthaltenen naturschutzrechtlichen Straftatbestände des Nebenstrafrechts. Während § 71 nur Verstöße gegen Schutzvorschriften für streng geschützte Arten sanktioniert, sind Tatobjekte des § 71a im Wesentlichen **besonders geschützte Arten,** wenngleich diese Systematik nicht ganz konsequent eingehalten ist (zu Abs. 1 Nr. 2a *Kraft* in Lütkes/Ewer § 71a Rn. 3). An der **geringeren Strafandrohung** von Geldstrafe oder Freiheitsstrafe bis zu 3 Jahren wird deutlich, dass weniger gravierende Verstöße umfasst sind, als in § 71. **Abs. 1** betrifft verschiedene vorsätzliche Verstöße gegen die Zugriffs- und Besitzverbote des § 44 Abs. 1 und 2, wenn sie sich auf bestimmte Arten, u. a. auf **Vogelarten** nach Anhang I der Vogelschutzrichtlinie 2009/147/EG beziehen (Nr. 1–2). Zudem werden gewohnheits- oder gewerbsmäßige Ordnungswidrigkeiten nach § 69 Abs. 2 Nr. 1–4, Abs. 3 Nr. 21 zu Straftaten qualifiziert (Nr. 3). **Abs. 2** sanktioniert vorsätzliche Verstöße gegen die Handelsverbote nach Art. 8 Abs. 5 iVm Abs. 1 EU-ArtSchV. Ähnlich dem Aufbau des § 71, enthält **Abs. 3** eine Weiterung der Strafbarkeit bei leichtfertigem Nichterkennen einer in § 71a genannten Art, während **Abs. 4** die Strafbarkeit von Taten nach Abs. 1 Nr. 1 auf insgesamt leichtfertige Begehung ausweitet. **Abs. 5** enthält eine Minima-Klausel für unerhebliche Fälle.

II. Rechtsentwicklung

2 Die Vorschrift des § 71a wurde durch das 45. Strafrechtsänderungsgesetz vom 6.12.2011 (BGBl. I 2557) gleichzeitig mit geringeren Änderungen des § 71 eingefügt. Die von § 71a umfassten Tatbestände waren zuvor großenteils lediglich als Ordnungswidrigkeiten in § 69 erfasst (*Kraft* in Lütkes/Ewer Rn. 1). Mit der Novellierung 2011 sollten im Wesentlichen die Vorgaben der **Umweltstrafrechtsrichtlinie 2008/99/EG** umgesetzt werden, die u. a. Mindestsanktionen für bestimmte umweltrechtliche Verstöße fordern (→ § 71 Rn. 3f.; zu den Umsetzungserfordernissen im Einzelnen siehe die Gesetzesbegründung BT-Drs. 17/5391, S. 21). Zu weiteren Änderungen des § 71a kam es zuletzt durch das Gesetz zur effektiveren und praxistauglicheren Ausgestaltung des Strafverfahrens vom 17.8.2017 (BGBl. I 3202).

III. Verhältnis zu anderen Bestimmungen

3 Für die Einordnung des § 71a in das naturschutzrechtliche Nebenstrafrecht und zur Abgrenzung von § 69 und anderen Bestimmungen wird auf die Ausführungen zu § 71

verwiesen, ebenso für die Geltung des allgemeinen Strafrechts (→ § 71 Rn. 6 und 7). Aufgrund der gegenüber § 71 geringeren Strafandrohung **verjähren** Taten nach § 71a Abs. 1 bis 3 gemäß § 78 Abs. 3 Nr. 4 StGB nach **fünf Jahren** bzw. Taten nach Abs. 4 gemäß § 78 Abs. 3 Nr. 5 StGB nach **drei Jahren.**

B. Regelungsinhalt

I. Straftaten nach Abs. 1

In Abs. 1 finden sich insgesamt **sechs Tatbestandsvarianten** von denen die Nr. 1–2 an die Zugriffs- und Besitzverbote des § 44 Abs. 1 und Abs. 2 anknüpfen. Strafbar ist nur die **vorsätzliche** Begehung, soweit nicht Abs. 3 oder Abs. 4 eingreift. 4

Abs. 1 Nr. 1 sanktioniert die Tötung oder Zerstörung von Entwicklungsformen **besonders geschützter** wildlebender **europäischer Vogelarten,** die entweder in Anhang I der Vogelschutzrichtlinie 2009/147/EG aufgezählt oder in Art. 4 Abs. 2 in Bezug genommen sind. Art. 4 Abs. 2 der Vogelschutzrichtlinie führt allerdings keine konkreten Arten auf, sondern verpflichtet die Mitgliedstaaten zu bestimmten Schutzmaßnahmen für „regelmäßig auftretende Zugvogelarten". Der Wortlaut „aufgeführt sind" ist insoweit im Hinblick auf Art. 4 Abs. 2 der Vogelschutzrichtlinie nicht ganz zutreffend. Welche Arten umfasst sind, dürfte dem Rechtsunterworfenen in vielen Fällen insbesondere hinsichtlich der Regelmäßigkeit es Auftretens und der Zuordnung als Zugvogelart Schwierigkeiten bereiten. Zwar könnten hierzu die Anhänge der BArtSchV herangezogen werden, ein dahingehender Verweis fehlt aber (mit Bedenken hinsichtlich der Bestimmtheit *Kraft* in Lütkes/Ewer Rn. 6; für Unanwendbarkeit: *Schrader* in Beck-OK § 71a Rn. 3). Der Status als besonders geschützte Art ergibt sich für europäische Vogelarten aus § 7 Abs. 2 Nr. 13 lit. b Var. bb. 5

Die Tatbestandsmodalität in **Abs. 1 Nr. 1a** bezieht sich für die Tatobjekte auf dieselben **Vogelarten** wie Nr. 1, erfasst als Tathandlung aber nur die Entnahme aus der Natur. Die Ausgliederung in die Nr. 1a begründet sich verweisungstechnisch daher, dass die leichtfertige Begehung nach Abs. 4 nur auf die Tötungs- und Zerstörungsvariante nach Abs. 1 Nr. 1 bezogen ist. 6

Abs. 1 Nr. 2 bedroht Verstöße gegen die Besitzverbote des § 44 Abs. 2 S. 1 Nr. 1 mit Strafe, wenn sie sich auf **streng geschützte** Arten nach Anhang IV der FFH-RL 92/43/EWG **(lit. a)** oder auf **besonders geschützte** wildlebende europäische Vogelarten **(lit. b)** beziehen, die von Nr. 1 und Nr. 1a im Hinblick auf das Tötungsverbot erfasst sind (→ Rn. 5). Der Einschluss streng geschützter Arten in lit. a wirkt vor dem Hintergrund der systematisch danach eigentlich in § 71 zu verortenden Straftat verwirrend (zur Eingrenzung der Tatobjekte *Kraft* in Lütkes/Ewer § 71a Rn. 7). Betreffen vorsätzliche Verstöße gegen die Besitzverbote des § 44 Abs. 2 S. 1 Nr. 1 andere als die in lit. b in Bezug genommen besonders geschützten Arten, liegt eine Ordnungswidrigkeit nach § 69 Abs. 2 Nr. 5 vor. 7

Abs. 1 Nr. 3 qualifiziert die vorsätzliche **gewerbs-** oder **gewohnheitsmäßige** Begehung (→ § 71 Rn. 12) von Ordnungswidrigkeiten nach § 69 Abs. 2 Nr. 1–4 (Verstöße gegen die Zugriffsverbote des § 44 Abs. 1), Abs. 3 Nr. 21 (Vermarktungsverbote des § 44 Abs. 2, Abs. 3), Abs. 4 Nr. 1 (Verstöße gegen die EU-ArtSchV) oder Abs. 5 (Verstöße gegen die TellereisenVO) zu Straftaten. Fraglich ist, ob der Gesetzgeber bewusst auch solche Verstöße gegen die TellereisenVO unter Strafe stellen wollte, die sich weder auf besonders noch auf streng geschützte Pelztierarten beziehen. Denn anders als in § 71 Abs. 1 Nr. 1 und Nr. 2 ist eine diesbezügliche Eingrenzung in Nr. 3 nicht enthalten (vgl. 8

Pfohl NuR 2017, 812 (820). Umfasst sind nur **vorsätzliche** Taten, auch soweit in § 69 Abs. 4 Nr. 1 fahrlässige Verstöße bußgeldbewehrt sind. Für die Grundtatbestände siehe die Kommentierung zu → § 69 Rn. 1 ff.

II. Straftaten nach Abs. 2

9 Die Tatbestandsvarianten in Abs. 2 betreffen die in Art. 8 Abs. 5 i. V. m. Abs. 1 der EU-ArtSchV (EG) Nr. 338/97 enthaltenen Vermarktungsverbote bezüglich des Verkaufens, Kaufens, zum Kauf oder zum Verkauf Anbietens, zu Verkaufszwecken vorrätig Haltens oder der Beförderung oder des Erwerbs zu kommerziellen Zwecken, des zur Schau Stellens oder Verwendens (zu den einzelnen Tathandlungen: *Müggenborg* in Frenz/Müggenborg § 71 Rn. 19), wenn sich die Tat auf ein Exemplar einer **besonders geschützten** Art nach **Anhang B der EU-ArtSchV** (§ 7 Abs. 2 Nr. 13 lit. a) bezieht. Für die Tatverwirklichung muss hinsichtlich aller Merkmale Vorsatz vorliegen. Bei Leichtfertigkeit hinsichtlich des Erkennens der betroffenen Art greift Abs. 3. Liegt eine Straftat nach Abs. 2 vor, ist zugleich § 69 Abs. 4 Nr. 3 verwirklicht (vgl. *Kraft* in Lütkes/Ewer Rn. 9, Rn. 4), der allerdings in Hinsicht auf die Tatobjekte weiter gefasst ist, indem auch Arten nach Anhang A der EU-ArtSchV geschützt werden (→ § 69 Rn. 50). Die Strafbarkeit der genannten Handlungen für Anhang A-Arten ergibt sich aus § 71 Abs. 2.

III. Leichtfertiges Nichterkennen der betroffenen Art (Abs. 3)

10 Der Abs. 3 erweitert bei einem **verringerten Strafmaß** von Freiheitsstrafe bis zu zwei Jahren oder Geldstrafe die Strafbarkeit auf Fälle des Absatzes 1 Nr. 1, Nr. 1a oder Nr. 2 oder Abs. 2, in denen der Täter nur **leichtfertig** nicht erkennt, dass sich die Handlung auf ein Tier oder eine Pflanze der dort genannten Art bezieht, im Übrigen aber vorsätzlich handelt. Die Regelung korrespondiert mit § 71 Abs. 4, lässt aber nicht bereits Fahrlässigkeit genügen. Von Abs. 3 ausgenommen ist die Variante in Abs. 1 Nr. 3. Es handelt sich um eine Vorsatz-Leichtfertigkeits-Kombination (*Kraft* in Lütkes/Ewer Rn. 10). Der Begriff der **Leichtfertigkeit** entspricht dem in § 71 Abs. 5 (→ § 71 Rn. 14).

IV. Leichtfertige Begehung von Taten nach Abs. 1 Nr. 1 (Abs. 4)

11 Für Straftaten nach Abs. 1 Nr. 1 (Tötungs- und Zerstörungsverbot hinsichtlich der dort genannten europäischen Vogelarten) wird in Abs. 4 die insgesamt nur leichtfertige Begehung mit **Freiheitsstrafe bis zu zwei Jahren** oder **Geldstrafe** bedroht. Hintergrund der durch das Gesetz zur effektiveren und praxistauglicheren Ausgestaltung des Strafverfahrens vom 17.8.2017 (BGBl. I S. 3202) eingeführten Vorschrift war wiederum die Vorgabe in Art. 3 der Umweltstrafrechtsrichtlinie, zumindest auch grob fahrlässige Verstöße ua gegen das Tötungs- und Zerstörungsverbot hinsichtlich der nach der Richtlinie geschützten Vogelarten mit einer hinreichenden Sanktionierungsmöglichkeit zu versehen. Anders als in Abs. 3 genügt es in den Fällen des Abs. 4, wenn auch hinsichtlich der Tötung oder Zerstörung von Entwicklungsformen Leichtfertigkeit vorliegt.

V. Strafausschließungsgrund nach Abs. 5

12 Abs. 5 enthält wie § 71 Abs. 6 einen Strafausschließungsgrund (zur dogmatischen Einordnung siehe *Engelstätter* in GK-Schlacke Rn. 6) in Form einer **Minima-Klausel,**

die auf Art. 3 lit. g und f der Umweltstrafrechtsrichtlinie zurückgeht (*Stöckel/Müller-Walter* in Erbs/Kohlhaas Rn. 4). Danach ist die Tat nach § 71a Abs. 1 – **mit Ausnahme der Nr. 3** – oder Abs. 2 nicht strafbar, wenn die Handlung eine **unerhebliche** Menge der Exemplare betrifft und **unerhebliche** Auswirkungen auf den Erhaltungszustand der Art hat. Die Voraussetzungen müssen kumulativ vorliegen. Die Ausführungen zu § 71 Abs. 6 gelten entsprechend (→ § 71 Rn. 15). Die die Ausfuhr von zehn bzw. fünf Exemplaren der Reptiliengattungen *boa constrictor* und *clelia clelia* wurde von der Rechtsprechung als nicht mehr unerhebliche Menge bewertet und angenommen, dass die Handlung nicht unerhebliche Auswirkungen auf den Erhaltungszustand der jeweiligen Art hatte, wobei auf die Feststellung kein Schuldspruch gestützt wurde (OLG Dresden, Beschl. v. 10.7.2014, Az.: OLGAusl 53/14, BeckRS 2014, 21174, beck-online; *Schrader* in BeckOK UmweltR Rn. 8).

§ 72 Einziehung

Ist eine Ordnungswidrigkeit nach § 69 Absatz 1 bis 6 oder eine Straftat nach § 71 oder § 71a begangen worden, so können

1. Gegenstände, auf die sich die Straftat oder die Ordnungswidrigkeit bezieht, und

2. Gegenstände, die zu ihrer Begehung oder Vorbereitung gebraucht worden oder bestimmt gewesen sind,

eingezogen werden. § 23 des Gesetzes über Ordnungswidrigkeiten und § 74a des Strafgesetzbuches sind anzuwenden.

Schrifttum: *Frenz/Müggenborg,* BNatSchG, 2. Aufl. 2016; *Giesberts/Reinhardt,* Beck'scher Online-Kommentar Umweltrecht, 50. Ed., Stand 1.4.2019; *Göhler,* Ordnungswidrigkeitengesetz, 16. Aufl. 2012; *Lütkes/Ewer,* BNatSchG, 2. Aufl. 2018; *Landmann/Rohmer,* Umweltrecht, Vorkommentierung abrufbar unter www.beck-online.de; *Pfohl,* Artenschutz-Strafrecht 2017, NuR 2017, 812–821; *Schlacke,* Gemeinschaftskommentar zum Bundesnaturschutzgesetz, 2. Aufl. 2016.

Übersicht

A. Allgemeines

I. Grundzüge und Zweck der gesetzlichen Regelung

§ 72 regelt die Einziehung von Tatobjekten und Tatmitteln als **Nebenfolge** einer Ordnungswidrigkeit nach § 69 Abs. 1 bis 6 oder als **Nebenstrafe** (BGH Beschl. v. 29.6.2017 – 3 StR 58/17) für eine Straftat nach § 71 oder § 71a. Rechtsfolge ist der **Entzug des Eigentums** oder der sonstigen Rechtsposition am eingezogenen Gegenstand zugunsten des Staates (§ 26 OWiG, § 75 StGB). Die Vorschrift ergänzt die allgemeinen Regelungen des § 22 OWiG und § 74 StGB und erlaubt nach S. 2 unter den Voraussetzungen von § 23 OWiG bzw. § 74a StGB die Einziehung auch dann, wenn die Gegenstände zur Zeit der Entscheidung nicht dem Täter oder Teilnehmer gehören oder zustehen. Die Einziehung nach § 72 hat **Strafcharakter** und ist im Rahmen der Strafzumessung bei der gebotenen Gesamtbetrachtung der Rechtsfolgen der Tat zu berücksichtigen (OLG Frankfurt a. M. Beschl. v. 24.9.2014 – 1 Ss 122/14). In den Fällen des § 72 iVm 22 Abs. 2 Nr. 2 OWiG hat die Einziehung von Gegenständen **Sicherungscharakter** (*Müggenborg* in Frenz/Müggenborg Rn. 5). 1

II. Rechtsentwicklung

2 Die Regelung entspricht inhaltlich dem bereits im BNatSchG 1986 enthaltenen § 30b (BGBl. I 2349), wurde 2002 in § 67 verschoben und findet sich seit 2009 in § 72. Das **Gesetz zur Reform der strafrechtlichen Vermögensabschöpfung** vom 21.4.2017 (BGBl. I 872) brachte für die in § 72 geregelten Einziehungsfälle keine wesentliche Änderung des Regelungsgehalts oder der rechtlichen Einordnung (BT Drs. 18/9525, S. 48; näher *Kraft* in Lütkes/Ewer § 72 Rn. 2a). Im Zuge der Ergänzung des § 69 Abs. 6 (→ § 69 Rn. 6) wurde 2017 auch § 72 auf den neuen Tatbestand erweitert (BGBl. I 3370). Mit der Norm wird Deutschland seiner Verpflichtung aus **Art. 16 Abs. 2 der EU-ArtSchV** (EG) Nr. 338/97 gerecht, Bestimmungen über die Beschlagnahme und Einziehung bei Verstößen gegen die Verordnung zu erlassen (Vorkommentierung *Sanden* → 59. EL 2010 Rn. 3).

III. Verhältnis zu anderen Bestimmungen

3 Die Einziehung nach § 72 ist von **ordnungsrechtlichen** Beschlagnahmen, Inverwahrungnahmen und Einziehungen nach § 47 und § 51 zu unterscheiden, die präventiven Charakter haben (*Kraft* in Lütkes/Ewer § 72 Rn. 2; *Schrader* in Beck-OK § 72 Rn. 2) und keine Ordnungswidrigkeit oder Straftat als Anknüpfungstatbestand voraussetzen. Beschlagnahme oder Verwahrung sind im Gegensatz zur Einziehung vorläufige Maßnahmen zur Sicherstellung von Gegenständen. Nach **§ 47 Abs. 1** können die zuständigen **Naturschutzbehörden** geschützte Tiere und Pflanzen beschlagnahmen oder einziehen, wenn der Besitzer nicht nachweisen kann, dass er die betroffenen Exemplare vor ihrer Unterschutzstellung als besonders geschützte Art in Besitz hatte. Nach **§ 51 Abs. 2** haben die zuständigen **Zollbehörden** Tiere oder Pflanzen, die ohne die vorgeschriebenen Genehmigungen oder sonstigen Dokumente ein-, durch- oder ausgeführt werden, zu beschlagnahmen. Werden die Unterlagen nicht binnen Monatsfrist vorgelegt, ordnet die Zollbehörde die Einziehung an. Bei fehlender Genehmigungsfähigkeit werden sie sofort eingezogen.

4 Aufgrund der verschiedenen Voraussetzungen und Zielrichtungen besteht zwischen § 72 und §§ 47, 51 **kein Spezialitätsverhältnis** (Vorkommentierung *Sanden* → 59. EL 2010 Rn. 3; *Schrader* in BeckOK UmweltR Rn. 3; aA zu § 47 *Müggenborg* in Frenz/Müggenborg Rn. 2). Auch die gesonderten Möglichkeiten der Beschlagnahme (§§ 46 Abs. 1 OWiG, 111b StPO) und Einziehung oder weiteren Formen der Vermögensabschöpfung im Straf- und Ordnungswidrigkeitenrecht (§§ 73 ff. StGB bzw. §§ 22 ff. OWiG) sind von der Einziehung nach § 72 **unabhängig** und gelten daneben bzw. ergänzend. Der mit der Einziehung einhergehende Verlust der Rechtsposition an dem eingezogenen Gegenstand ist eine **zulässige Inhalts- und Schrankenbestimmung** des Eigentums nach Art. 14 Abs. 1 S. 2 GG (BVerfG NVwZ 1997, 159).

B. Regelungsinhalt

I. Voraussetzungen der Einziehung nach § 72

5 § 72 räumt der zuständigen Behörde oder dem Gericht ein **Ermessen** ein, ob die Einziehung von Gegenständen angeordnet wird. Der Eigentumsverlust darf nicht außer *Verhältnis zur* Bedeutung der Tat bzw. dem Tatvorwurf stehen (siehe Vorkommentierung

Sanden → 59. EL 2010 Rn. 7). Als Konkretisierung des **Verhältnismäßigkeitsgrundsatzes** ist nach § 24 OWiG und § 74f StGB insbesondere zu prüfen, ob weniger einschneidende Mittel zur Verfügung stehen, die den Zweck der Einziehung ebenfalls erreichen würden, zB Unbrauchbarmachung, Änderung oder geeignete Verfügungen.

1. Anknüpfungstat nach § 69 Abs. 1–6, § 71 oder § 71a. Die Einziehung nach § 72 ist nur möglich, wenn eine Ordnungswidrigkeit nach § 69 Abs. 1 bis 6 oder eine Straftat nach § 71 oder § 71a vorliegt. Erforderlich ist grundsätzlich eine **tatbestandsmäßige, rechtswidrige** und **schuldhafte** Verwirklichung (*Kraft* in Lütkes/Ewer Rn. 3; *Müggenborg* in Frenz/Müggenborg Rn. 7; *Engelstätter* in GK-Schlacke Rn. 4; zu den Fällen des § 22 Abs. 3 OWiG bzw. § 74b Abs. 1 Nr. 2 StGB → Rn. 10). Kann niemand wegen der Anknüpfungstat verfolgt werden, zB weil der Täter flüchtig ist, kommt eine **selbstständige Einziehung** nach § 27 OWiG bzw. § 76a StGB in Betracht (*Müggenborg* in Frenz/Müggenborg § 72 Rn. 28; *Kraft* in Lütkes/Ewer Rn. 10). Einer selbstständigen Einziehung im Strafverfahren stehen auch andere als tatsächliche Strafverfolgungshindernisse, wie Verjährung oder persönliche Strafausschließungsgründe nicht entgegen (*Engelstätter* in GK-Schlacke Rn. 12). 6

2. Tauglicher Einziehungsgegenstand. Eingezogen werden können nach **§ 72 Abs. 1 Nr. 1** Gegenstände, auf die sich die Straftat oder die Ordnungswidrigkeit bezieht **(Tatobjekte).** Tatobjekte sind Sachen oder Rechte, die nicht Werkzeuge der der Tatbegehung, sondern notwendiger Gegenstand der Tat selbst sind, ohne zugleich deren Produkt zu sein (*Kraft* in Lütkes/Ewer Rn. 4 mit Verweis auf *Fischer* StGB § 74 Rn. 10). In den von § 72 abgedeckten Fällen können dies zB Tiere oder Pflanzen sein, die ordnungswidrig oder strafbar getötet, aus der Natur entnommen, gehandelt, zur Schau gestellt oder sonst tatbestandsmäßig behandelt wurden. **§ 72 Abs. 1 Nr. 2** ermöglicht weiter die Einziehung solcher Gegenstände, die zur Begehung der Straftat oder der Ordnungswidrigkeit oder zu deren Vorbereitung gebraucht worden oder bestimmt gewesen sind **(Tatmittel).** Umfasst sind hierbei zB Fanggeräte, Transportbehältnisse, Bearbeitungswerkzeuge für Tierpräparationen usw. (vgl. *Pfohl* NuR 2017 812 (821)). Während in der von § 74 Abs. 1 und Abs. 2 StGB verwendeten Terminologie zusätzlich Gegenstände erfasst sind, die durch eine vorsätzliche Tat „hervorgebracht wurden" (Tatprodukte), nennt § 72 diese Kategorie nicht. Dies ändert nichts daran, dass bei strafbaren Handlungen nach § 71 oder § 71a auch unmittelbar nach § 74 Abs. 1 StGB eingezogen werden kann (*Kraft* in Lütkes/Ewer § 72 Rn. 2a und 4 mwN). Es stellt sich jedoch zB im Fall des § 69 Abs. 3 Nr. 5 die Frage, ob das Produkt einer bußgeldbewehrten **Verarbeitung** geschützter Arten noch § 72 unterfällt. Die Rechtsprechung hatte – allerdings vor der Legaldefinierung der Tatobjekte, -mittel und -produkte durch das Gesetz zur Reform der strafrechtlichen Vermögensabschöpfung (→ Rn. 2) – auch verarbeitete Elefantenstoßzähne als Beziehungsgegenstände im Sinne von § 30b a. F. anerkannt (BVerfG Beschl. v. 27.7.1992 – 2 BvR 595/92; vgl. Vorkommentierung *Sanden* → 59. EL 2010 Rn. 8). 7

3. Berechtigung des Täters am Einziehungsgegenstand. Wie sich aus § 22 Abs. 2 Nr. 1 bzw. § 74 Abs. 3 S. 1 StGB ergibt, ist die Einziehung grundsätzlich nur zulässig, wenn die Gegenstände zur Zeit der Entscheidung dem Täter oder Teilnehmer **gehören** oder **zustehen.** Gemeint ist die zivilrechtliche Eigentumsposition (§ 903 BGB) oder eine gesicherte Erwerbsposition wie etwa ein Anwartschaftsrecht (*Müggenborg* in Frenz/Müggenborg Rn. 8). Bei Miteigentum müssen die Einziehungsvoraussetzungen gegenüber allen Miteigentümern vorliegen (*Engelstätter* in GK-Schlacke Rn. 5; *Gürtler* in Göhler OWiG § 22 Rn. 11). 8

9 **4. Einziehung von Gegenständen, die nicht dem Täter gehören oder zustehen.** Unter den Voraussetzungen des S. 2 und seiner Verweisung auf § 23 OWiG bzw. § 74a StGB können auch solche Gegenstände nach § 72 eingezogen werden, die nicht dem Täter gehören oder zustehen. Nach § 23 OWiG bzw. § 74a StGB kann die Einziehung auch gegenüber demjenigen angeordnet werden, der zwar weder Täter noch Teilnehmer der Anknüpfungstat ist, aber mindestens **leichtfertig** dazu **beigetragen** hat, dass die betroffenen Gegenstände als Tatmittel verwendet worden oder Tatobjekt gewesen sind (Nr. 1), oder der sie in Kenntnis der Umstände, welche die Einziehung zugelassen hätten, in **verwerflicher Weise erworben** hat (Nr. 2). Ein leichtfertiger Beitrag ist gegeben, wenn der Gegenstand objektiv als Tatobjekt oder Tatmittel fungierte und der Dritte dies aus besonders grober Fahrlässigkeit verkannt hat. Die Variante der Nr. 2 betrifft den Fall der sog. Quasi-Hehlerei (*Kraft* in Lütkes/Ewer § 72 Rn. 6 mit Verweis auf *Joecks* in MüKo StGB § 74a Rn. 13). Objektiv muss der Gegenstand Tatmittel oder -objekt geworden sein, subjektiv erfordert die Verwerflichkeit, dass es dem Handelnden in Kenntnis der einziehungsbegründenden Umstände gerade darauf ankam, die Einziehung zu vereiteln (*Müggenborg* in Frenz/Müggenborg Rn. 23; *Kraft* in Lütkes/Ewer Rn. 6).

10 Die Einziehung von täterfremden Gegenständen kann weiter zur Vermeidung **von Gefahren für die Allgemeinheit** nach § 22 Abs. 2 Nr. 2 OWiG bzw. § 74b Abs. 1 StGB erfolgen. Erforderlich ist, dass die Gegenstände die Allgemeinheit gefährden oder die Gefahr besteht, dass sie der Begehung von Handlungen dienen werden, die mit Strafe oder mit Geldbuße bedroht sind. Die Gefahr für die Allgemeinheit kann sich entweder aus der **Art** des Gegenstandes (zB der Giftigkeit) oder auch aus den **Umständen,** etwa der unsachgemäßen Haltung eines Tieres ergeben. Als Beispiel für Gegenstände, die der Begehung weiterer ordnungswidriger oder strafbarer Handlungen dienen könnten, sind beispielsweise gefälschte Einfuhrpapiere für geschützte Arten zu nennen (Vorkommentierung *Sanden* § 72 Rn. 7). Obwohl auch dort jeweils eine Anknüpfungstat vorausgesetzt ist, gilt nach § 22 Abs. 3 OWiG bzw. § 74b Abs. 1 Nr. 1 StGB, dass für die Einziehung zur Vermeidung von Gefahren oder Verhinderung weiterer Tatbegehungen auch nicht vorwerfbare bzw. schuldlose Handlungen genügen.

II. Zuständigkeit und Verfahren

11 Die Einziehung nach § 72 wird im Rahmen des Bußgeldverfahrens von der zuständigen **Verwaltungsbehörde,** dh dem Bundesamt für Naturschutz, den Hauptzollämtern oder den nach Landesrecht zuständigen Naturschutzbehörden mit dem Bußgeldbescheid vorgenommen. Im Strafverfahren erfolgt die Einziehung im Urteil oder Strafbefehl durch das **Gericht** (ausführlich zum Verfahren zB *Müggenborg* in Frenz/Müggenborg Rn. 24 ff.). Mit der Rechtskraft der Einziehung geht das Eigentum oder Recht an dem Gegenstand auf den Staat, dh in der Regel auf den Rechtsträger der einziehenden Behörde oder des Gerichts über (§ 75 Abs. 1 StGB, § 26 Abs. 1 OWiG). Für das weitere Schicksal der eingezogenen Gegenstände kommen die **Veräußerung,** soweit diese artenschutzrechtlich zulässig ist, die **Verwahrung** (zB durch unentgeltliche Zurverfügungstellung für einen Zoo, siehe Vorkommentierung *Sanden* → 59. EL 2010 Rn. 7, LG Hannover Beschl. v. 20.4.2009, 96 AR 3/09; zur Kostenfrage der Einziehung und anschließenden Unterbringung von Tieren vgl. VG Gießen Urt. v. 5.7.2002 – 2 E 2380/99) oder **Rückführung** in das Ursprungsland in Betracht. Tote Exemplare können vernichtet oder Museen übergeben werden (*Schrader* in BeckOK UmweltR Rn. 10). Eine ausdrückliche Regelung hierzu fehlt im BNatSchG, sodass im Einzelfall zu entscheiden ist.

§ 73 Befugnisse der Zollbehörden

Die zuständigen Verwaltungsbehörden und die Staatsanwaltschaft können im Rahmen ihrer Zuständigkeit zur Aufklärung von Straftaten oder Ordnungswidrigkeiten nach diesem Gesetz Ermittlungen auch durch die Hauptzollämter oder die Behörden des Zollfahndungsdienstes und deren Beamte vornehmen lassen. § 21 Absatz 2 bis 4 des Außenwirtschaftsgesetzes gilt entsprechend.

Schrifttum: *Erbs/Kohlhaas,* Strafrechtliche Nebengesetze, Band 3, Bundesnaturschutzgesetz, 193. Ergänzungslieferung, Stand Januar 2013; *Frenz/Müggenborg,* BNatSchG, 2. Aufl. 2016; *Giesberts/Reinhardt,* Beck'scher Online-Kommentar Umweltrecht, 50. Ed., Stand 1.4.2019; *Lütkes/Ewer,* BNatSchG, 2. Aufl. 2018; Meßerschmidt, Bundesnaturschutzrecht, 143. Aktualisierung 2019, Stand April 2019; *Landmann/Rohmer,* Umweltrecht, Vorkommentierung abrufbar unter www.beck-online.de; *Schlacke,* Gemeinschaftskommentar zum Bundesnaturschutzgesetz, 2. Aufl. 2016; *Schumacher/Fischer-Hüftle,* Bundesnaturschutzgesetz, 2. Aufl. 2010.

Übersicht

A. Allgemeines

I. Grundzüge und Zweck der gesetzlichen Regelung

§ 73 S. 1 BNatSchG **erlaubt** den zuständigen Verwaltungsbehörden und der Staatsanwaltschaft bei der Aufklärung von Straftaten und Ordnungswidrigkeiten nach dem BNatSchG, Ermittlungen durch die Hauptzollämter und die Behörden des Zollfahndungsdienstes vornehmen zu lassen. § 73 S. 2 **bestimmt** für diese Fälle die Kompetenzen der genannten Zollbehörden. Werden die Zollbehörden nach § 73 hinzugezogen, können sie sich auf dieselben Befugnisse stützen, die ihnen nach § 21 Abs. 2–4 AWG bei der Verfolgung von Straftaten und Ordnungswidrigkeiten aufgrund eigener Zuständigkeit oder auf Ersuchen der Staatsanwaltschaft nach § 21 Abs. 1 AWG zur Verfügung stehen. 1

Der **Zweck** der Regelung liegt darin, den Rückgriff auf die besonderen Fachkunde und Erfahrung der Zollbehörden insbesondere bei artenschutzrechtlichen Verstößen im Zusammenhang mit der Ein-, Aus- und Durchfuhr von Tieren und Pflanzen zu ermöglichen (*Kraft* in Lütkes/Ewer Rn. 2; *Sanden* Vorkommentierung → 59. EL 2010 Rn. 3). Diese Erwägung erscheint deshalb sinnvoll, weil die Zollbehörden u. a. aufgrund ihrer Mitwirkung bei der Überwachung des Verbringens von Tieren und Pflanzen oder bei der Entgegennahme von Anmeldungen und Anzeigen (§ 49) in der Praxis regelmäßig als erste Behörde mit Sachverhalten konfrontiert sind, die möglicherweise eine Aufklärung im Hinblick auf artenschutzrechtliche Verbotstatbestände erfordern. 2

II. Rechtsentwicklung

Vor der Einführung der Straftatbestände im BNatSchG bestand bereits eine dem § 73 vergleichbare Regelung in § 10 Abs. 4 des Durchführungsgesetzes zur Verordnung 3

(EWG) Nr. 3626/82 (BGBl. I 1571) für die Hinzuziehung des Zolls bei der Aufklärung von Ordnungswidrigkeiten aus dem Bereich des Artenschutzrechts. Die heutige Vorschrift geht auf den durch das Erste Gesetz zur Änderung des Bundesnaturschutzgesetzes vom 10.12.1986 (BGBl. I 2349) eingeführten § 30c zurück. Dieser beschränkte den Anwendungsbereich noch ausdrücklich auf Straftaten und Ordnungswidrigkeiten „im Zusammenhang mit der Ein- oder Ausfuhr von Tieren und Pflanzen". Trotz der zwischenzeitlichen **Streichung** dieser Beschränkung dürften hier jedoch weiterhin die wesentliche Anwendungsfälle vorkommen. Während noch die Vorgängerregelung in § 68 BNatSchG 2002 nur die Befugnisse der Hauptzoll- und Zollfahndungsämter regelte (*Kraft* in Lütkes/Ewer § 73 Rn. 2), erfasst § 73 seit 2010 auch die Befugnisse des **Zollkriminalamts,** das ebenfalls zu den Behörden des Zollfahndungsdienstes gehört (§ 1 ZFdG). Seitdem blieb die Regelung inhaltlich unverändert. Wegen Änderungen im AWG, die mit einer Verschiebung der in Bezug genommenen Vorschrift in den heutigen § 21 AWG einherging (zuvor § 37 AWG), wurde durch das Gesetz zur Modernisierung des Außenwirtschaftsrechts vom 6.6.2013 (BGBl. I 1482) lediglich der Verweis in § 73 S. 2 angepasst (*Engelstätter* in GK-Schlacke Rn. 1).

B. Regelungsinhalt

I. Ermittlungen durch die Hauptzollämter und Behörden des Zollfahndungsdienstes (S. 1)

4 Die Vorschrift ergänzt die Handlungsmöglichkeiten der zuständigen Verwaltungsbehörden und Staatsanwaltschaften durch Schaffung einer speziell geregelten **Amtshilfepflicht** der Zollbehörden (vgl. *Müggenborg* in Frenz/Müggenborg Rn. 7). Das Ermittlungsersuchen muss sich im Rahmen der Zuständigkeiten der ersuchenden Verwaltungsbehörde oder Staatsanwaltschaft halten.

5 Die **Hauptzollämter** sind nach § 1 FVG die örtlichen Behörden der unterste Ebene im dreistufigen Aufbau der Bundesfinanzbehörden. Sie sind die Verfolgung von Ordnungswidrigkeiten nach § 69 in den Fällen des § 70 Nr. 2 selbst zuständige Verwaltungsbehörde im Sinne von § 36 Abs. 1 S. 1 OWiG. Die **Behörden des Zollfahndungsdienstes** sind das Zollkriminalamt als Direktion der Generalzolldirektion und die Zollfahndungsämter (§ 1 ZFdG). Wenn die genannten Zollbehörden ein Ersuchen nach § 73 S. 1 erhalten, sind sie bei Vorliegen der sachlichen Voraussetzungen zur Vornahme der Ermittlungen **verpflichtet** (*Müggenborg* in Frenz/Müggenborg Rn. 6; *Kraft* in Lütkes/Ewer Rn. 2; *Stöckel/Müller-Walter* in Erbs/Kohlhaas Rn. 2; *Engelstätter* in GK-Schlacke Rn. 1; *Sanden* Vorkommentierung → 59. EL 2010 Rn. 4; *Schrader* in BeckOK UmweltR Giesberts/Reinhardt § 73 Rn. 8). An der Zuständigkeit der Verfolgungsbehörden ändert das Ersuchen nach § 73 jedoch nichts (*Sanden* Vorkommentierung → 59. EL 2010 Rn. 4; *Müggenborg* in Frenz/Müggenborg Rn. 7; *Kratsch* in Schumacher/Fischer-Hüftle § 68 Rn. 2). Eigene Ermittlungen oder der Rückgriff auf Behörden und Beamte des Polizeidienstes zur Aufklärung der Ordnungswidrigkeit oder Straftat (§ 46 Abs. 2 OWiG, §§ 161 ff. StPO) bleiben damit zulässig. Ob Zollbehörden oder ggf. auch Polizeibehörden für Ermittlungen hinzugezogen werden, liegt im Ermessen der Verfolgungsbehörde.

II. Befugnisse nach § 21 Abs. 2–4 AWG (S. 2)

6 Nach § 73 S. 2 gilt für die Ermittlungstätigkeiten der nach S. 1 ersuchten Zollbehörden § 21 Abs. 2–4 AWG entsprechend. Damit erhält auch das von § 73 S. 1 mitumfasste

Zollkriminalamt (→ Rn. 5) diese Ermittlungsbefugnisse, obwohl es In § 21 Abs. 2 AWG nicht genannt ist (dazu *Schrader* in BeckOK UmweltR Rn. 11).

Nach § 21 Abs. 2 AWG sind die Hauptzollämter, die Zollfahndungsämter sowie deren Beamte auch **ohne entsprechendes Ersuchen** nach § 73 BNatSchG verpflichtet, Ordnungswidrigkeiten bzw. Straftaten nach §§ 69, 71 oder 71a zu verfolgen, wenn diese die Ausfuhr, Einfuhr, Verbringung oder Durchfuhr von Waren betreffen (S. 1) oder Gefahr im Verzug ist (S. 2) Liegt keine dieser Voraussetzungen vor, bestehen die Befugnisse erst **nach einem Ersuchen** nach § 73 S. 1. Unberührt bleiben nach S. 3 die §§ 163 StPO und 53 OWiG. Dadurch wird klargestellt, dass die allgemeinen Ermittlungsbefugnisse und -pflichten der Polizei zur Erforschung von Ordnungswidrigkeiten und Straftaten nicht eingeschränkt werden. 7

Werden die Zollbehörden nach § 73 i. V. m. § 21 Abs. 2 AWG tätig, haben sie nach § 21 Abs. 3 AWG die Rechte und Pflichten der **Polizeibeamten** nach den Bestimmungen der Strafprozessordnung und des Gesetzes über Ordnungswidrigkeiten. Sie sind insoweit Ermittlungspersonen der Staatsanwaltschaft (§ 152 GVG). Auch können die ermittelnden Zollbehörden sowie deren Beamte im Bußgeldverfahren nach § 21 Abs. 4 **Beschlagnahmen, Durchsuchungen** und **Untersuchungen** vornehmen sowie sonstige Maßnahmen nach Maßgabe der StPO ergreifen. Unter den Voraussetzungen des § 111p Abs. 2 S. 2 StPO, beispielsweise nach einer Beschlagnahme von Tieren, deren Unterbringung mit erheblichen Kosten oder Schwierigkeiten verbunden ist, können auch die Hauptzollämter die **Notveräußerung** anordnen (*Kraft* in Lütkes/Ewer Rn. 3). Da § 21 Abs. 3 und 4 AWG die Befugnisse „in den Fällen der Absätze 1 und 2" bestimmen, sind diese Befugnisse auch für die Zollfahndungsämter abschließend, sodass die zum Teil aufgabenspezifisch weitergehenden Kompetenzen nach §§ 27 ff. ZFdG bei Ermittlungen wegen Taten nach §§ 69, 71, 71a nicht einschlägig sind. 8

Kapitel 11. Übergangs- und Überleitungsvorschrift

§ 74 Übergangs- und Überleitungsregelungen

(1) **Vor dem 1. März 2010 begonnene Verfahren zur Anerkennung von Vereinen sind zu Ende zu führen**

1. **durch das Bundesministerium für Umwelt, Naturschutz, Bau und Reaktorsicherheit nach § 59 des Bundesnaturschutzgesetzes in der bis zum 28. Februar 2010 geltenden Fassung,**
2. **durch die zuständigen Behörden der Länder nach den im Rahmen von § 60 Absatz 1 und 3 des Bundesnaturschutzgesetzes in der bis zum 28. Februar 2010 geltenden Fassung erlassenen Vorschriften des Landesrechts.**

(2) **Vor dem 3. April 2002 begonnene Verwaltungsverfahren sind nach § 29 des Bundesnaturschutzgesetzes in der bis zu diesem Tag geltenden Fassung zu Ende zu führen. Vor dem 1. März 2010 begonnene Verwaltungsverfahren sind nach § 58 des Bundesnaturschutzgesetzes in der bis zu diesem Tag geltenden Fassung zu Ende zu führen.**

(3) **Die §§ 63 und 64 gelten auch für Vereine, die nach § 29 des Bundesnaturschutzgesetzes in der bis zum 3. April 2002 geltenden Fassung oder nach § 59 oder im Rahmen von § 60 Absatz 1 und 3 des Bundesnaturschutzgesetzes in der bis zum 1. März 2010 geltenden Fassung vom Bund oder den Ländern anerkannt worden sind.**

Schrifttum: *Frenz/Müggenborg,* BNatSchG, 2. Aufl. 2016; *Giesberts/Reinhardt,* Beck'scher Online-Kommentar Umweltrecht, 50. Ed., Stand 1.4.2019; *Kolodziejcok/Endres/Krohn/Markus,* Naturschutz, Landschaftspflege und einschlägige Regelungen des Jagd- und Forstrechts, Lfg. 1/13; *Lütkes/Ewer,* Bundesnaturschutzgesetz, 2. Aufl. 2018; *Schlacke,* Gemeinschaftskommentar zum Bundesnaturschutzgesetz, 2. Aufl. 2016; *Schumacher/Fischer-Hüftle,* Bundesnaturschutzgesetz, 2. Aufl. 2010.

Übersicht

A. Allgemeines

I. Grundzüge und Zweck der gesetzlichen Regelung

1 § 74 enthält **Übergangsregelungen** zum Umgang mit den 2002 und 2010 in Kraft getretenen Rechtsänderungen hinsichtlich der **Anerkennung von Naturschutzvereinigungen** und der dadurch vermittelten **Mitwirkungs- und Klagerechte.** Der Zweck der Vorschrift liegt darin, die Verbandsanerkennungen nach altem Recht in die neue Rechtslage zu überführen, ohne dadurch deren Reichweite zu ändern (*Leppin* in Lütkes/Ewer Rn. 4; OVG Berlin-Brandenburg Urt. v. 17.7.2015 – OVG 6 A 11.14 –,

Rn. 15). **Abs. 1** regelt die Fälle, in denen zur Zeit der Rechtsänderung Verbandsanerkennungsverfahren bereits begonnen, aber noch nicht beendet waren. **Abs. 2** betrifft die Mitwirkung schon anerkannter Vereine in zur Zeit der Rechtsänderung unbeendeten Verwaltungsverfahren. Nach **Abs. 3** gelten die §§ 63, 64 auch für nach altem Recht anerkannte Naturschutzvereinigungen fort. Maßgeblicher Zeitpunkt für den Beginn des Anerkennungs- und Verwaltungsverfahrens ist nach § 22 S. 2 Nr. 2 VwVfG die Antragstellung (*Schrader* in BeckOK UmweltR Rn. 1). Ein Verfahren endet mit der Bestandskraft des jeweiligen Bescheides. Die Vorschrift dürfte infolge des Zeitablaufs inzwischen nur noch geringe praktische Bedeutung haben.

II. Rechtsentwicklung

2 § 74 wurde mit dem Gesetz zur Neuregelung des Rechts des Naturschutzes und der Landschaftspflege vom 29. Juli 2009 (BGBl. I 2542) neu gefasst und folgt § 69 BNatSchG 2002 nach, der die damals erforderlichen Überleitungen bereits nach **demselben Modell** regelte. Seitdem sind keine Änderungen erfolgt (*Maus* in Frenz/Müggenborg Rn. 4).

B. Regelungsinhalt

I. Zur Zeit der Rechtsänderung laufende Vereinsanerkennungsverfahren (Abs. 1)

3 Abs. 1 enthält eine Übergangsregelung für den Abschluss von vor dem Inkrafttreten des BNatSchG 2010 am 1.3.2010 bereits begonnenen Anerkennungsverfahren. Sie werden nach **altem Recht** zu Ende geführt. Für die Vereinsanerkennung müssen in diesen zeitlichen Konstellationen also dieselben Voraussetzungen vorliegen, die nach der Rechtslage zur Stellung des Antrags bestand.

4 Der Abschluss von Anerkennungsverfahren durch das Bundesumweltministerium nach **§ 74 Abs. 1 Nr. 1** erfolgt nach § 59 BNatSchG in der bis zum 28.2.2010 geltenden Fassung. Diese Vorschrift hatte folgenden Wortlaut:

„§ 59 Anerkennung durch das Bundesministerium für Umwelt, Naturschutz und Reaktorsicherheit

(1) Die Anerkennung wird auf Antrag erteilt. Sie ist zu erteilen, wenn der Verein

1. nach seiner Satzung ideell und nicht nur vorübergehend vorwiegend die Ziele des Naturschutzes und der Landschaftspflege fördert,
2. einen Tätigkeitsbereich hat, der über das Gebiet eines Landes hinausgeht,
3. im Zeitpunkt der Anerkennung mindestens drei Jahre besteht und in diesem Zeitraum im Sinne der Nummer 1 tätig gewesen ist,
4. die Gewähr für eine sachgerechte Aufgabenerfüllung bietet; dabei sind Art und Umfang seiner bisherigen Tätigkeit, der Mitgliederkreis sowie die Leistungsfähigkeit des Vereins zu berücksichtigen,
5. wegen Verfolgung gemeinnütziger Zwecke nach § 5 Abs. 1 Nr. 9 des Körperschaftsteuergesetzes von der Körperschaftsteuer befreit ist und
6. den Eintritt als Mitglied, das in der Mitgliederversammlung volles Stimmrecht hat, jedermann ermöglicht, der die Ziele des Vereins unterstützt. Bei Vereinen, deren Mitglieder ausschließlich juristische Personen sind, kann von der in Satz 1 genannten

Voraussetzung abgesehen werden, sofern die Mehrzahl dieser juristischen Personen diese Voraussetzung erfüllt.

In der Anerkennung ist der satzungsgemäße Aufgabenbereich, für den die Anerkennung gilt, zu bezeichnen.

(2) Die Anerkennung wird durch das Bundesministerium für Umwelt, Naturschutz und Reaktorsicherheit ausgesprochen."

Der Abschluss von Anerkennungsverfahren durch die **zuständigen Behörden der Länder** nach **§ 74 Abs. 1 Nr. 2** erfolgt ebenfalls nach altem Recht, d.h. nach den im Rahmen von § 60 Abs. 1 und 3 in der bis zum 28.2.2010 geltenden Fassung erlassenen Vorschriften des Landesrechts. § 60 Abs. 1 und 3 BNatSchG 2002 hatte folgenden Wortlaut: 5

„§ 60 Von den Ländern anerkannte Vereine

(1) Die Länder erlassen Vorschriften über die Mitwirkung und Anerkennung von rechtsfähigen Vereinen nach den in den Absätzen 2 und 3 genannten Maßgaben. […]

(3) Für die Anerkennung ist § 59 Abs. 1 Satz 2 Nr. 1 und 4 bis 6 entsprechend anzuwenden."

II. Zur Zeit der Rechtsänderung laufende Verwaltungsverfahren (Abs. 2)

Abs. 2 enthält eine Übergangsregelung für die **Mitwirkung von Vereinen** und stellt die weitere Mitwirkung der Verbände in jeweils vor den genannten Stichtagen begonnenen Verwaltungsverfahren auf der Grundlage des bis dahin geltenden Rechts (BNatSchG idF vom 21.9.1998, BGBl. I 1998 S. 2994) sicher. Maßgeblich ist der Beginn des Verwaltungsverfahrens (→ Rn. 1), nicht der der Mitwirkung (*Maus* in Frenz/Müggenborg Rn. 7). 6

Vor dem 3.4.2002 begonnene Verwaltungsverfahren sind hinsichtlich der Verbandsbeteiligung gemäß **§ 74 Abs. 2 S. 1** nach § 29 BNatSchG in der bis zu diesem Tag geltenden Fassung zu Ende zu führen. Die Formulierung „bis zu diesem Tage" meint offensichtlich den Ablauf des Vortages (Kolodziejcok/Endres/Krohn/Markus Rn. 3; vgl. *Maus* in Frenz/Müggenborg Rn. 10). § 29 BNatSchG aF regelte die Mitwirkung anerkannter Verbände bis zum 3.4.2002 in folgendem Wortlaut: 7

„§ 29 Mitwirkung von Verbänden

(1) Einem rechtsfähigen Verein ist, soweit nicht in anderen Rechtsvorschriften eine inhaltsgleiche oder weitergehende Form der Mitwirkung vorgesehen ist, Gelegenheit zur Äußerung sowie zur Einsicht in die einschlägigen Sachverständigengutachten zu geben

1. bei der Vorbereitung von Verordnungen und anderen im Range unter dem Gesetz stehenden Rechtsvorschriften der für Naturschutz und Landschaftspflege zuständigen Behörden,
2. bei der Vorbereitung von Programmen und Plänen im Sinne der §§ 5 und 6, soweit sie dem einzelnen gegenüber verbindlich sind,
3. vor Befreiungen von Verboten und Geboten, die zum Schutz von Naturschutzgebieten und Nationalparken erlassen sind,
4. in Planfeststellungsverfahren über Vorhaben, die mit Eingriffen in Natur und Landschaft im Sinne des § 8 verbunden sind,

soweit er nach Absatz 2 anerkannt ist und durch das Vorhaben in seinem satzungsgemäßen Aufgabenbereich berührt wird. § 28 Abs. 2 Nr. 1 und 2, Abs. 3 und § 29 Abs. 2 des

Verwaltungsverfahrensgesetzes vom 25. Mai 1976 (BGBl. I S. 1253) gelten sinngemäß. […]“

8 Gemäß **§ 74 Abs. 2 S. 2** sind vor dem 1.3.2010 begonnene Verwaltungsverfahren hinsichtlich der Verbandsbeteiligung nach Maßgabe von § 58 BNatSchG 2002, zu Ende zu führen. § 58 BNatSchG 2002 hatte folgenden Wortlaut:

„§ 58 Vom Bundesministerium für Umwelt, Naturschutz und Reaktorsicherheit anerkannte Vereine

(1) Einem vom Bundesministerium für Umwelt, Naturschutz und Reaktorsicherheit anerkannten rechtsfähigen Verein ist Gelegenheit zur Stellungnahme und zur Einsicht in die einschlägigen Sachverständigengutachten zu geben

1. bei der Vorbereitung von Verordnungen und anderen im Range unter dem Gesetz stehenden Rechtsvorschriften auf dem Gebiet des Naturschutzes und der Landschaftspflege durch die Bundesregierung oder das Bundesministerium für Umwelt, Naturschutz und Reaktorsicherheit,
2. in Planfeststellungsverfahren, die von Behörden des Bundes durchgeführt werden, soweit es sich um Vorhaben handelt, die mit Eingriffen in Natur und Landschaft verbunden sind und der Verein einen Tätigkeitsbereich hat, der das Gebiet der Länder umfasst, auf die sich das Verfahren bezieht,
3. bei Plangenehmigungen, die von Behörden des Bundes erlassen werden, die an die Stelle einer Planfeststellung im Sinne der Nummer 2 treten und für die eine Öffentlichkeitsbeteiligung vorgesehen ist,

soweit er durch das Vorhaben in seinem satzungsgemäßen Aufgabenbereich berührt wird.

(2) § 28 Abs. 2 Nr. 1 und 2, Abs. 3 und § 29 Abs. 2 des Verwaltungsverfahrensgesetzes gelten sinngemäß. Eine in anderen Rechtsvorschriften vorgeschriebene inhaltsgleiche oder weitergehende Form der Mitwirkung bleibt unberührt.

(3) Absatz 1 Nr. 2 und 3 gilt auch für von den Ländern im Rahmen des § 60 anerkannte Vereine, soweit diese in ihrem Tätigkeitsbereich betroffen sind.“

III. Mitwirkungs- und Klagerechte aufgrund von Altanerkennungen (Abs. 3)

9 Abs. 3 des § 74 enthält eine Überleitungsregelung für vor den Stichtagen anerkannte Verbände im Hinblick auf die in den **§§ 63 und 64** vorgesehenen Mitwirkungs- und Klagerechte (vgl. die Gesetzesbegründung, BR-Drs. 278/09, S. 244). Danach gelten die §§ 63 und 64 in der geltenden Fassung auch für Vereine, die nach § 29 in der bis zum 3.4.2002 geltenden Fassung oder nach § 59 oder im Rahmen von § 60 Abs. 1 und 3 in der bis zum 1.3.2010 geltenden Fassung vom Bund oder den Ländern anerkannt worden sind, soweit sich deren Rechte nicht aufgrund der Regelung in Abs. 2 in bereits begonnen Verwaltungsverfahren nach altem Recht richten. Bereits anerkannte Vereine bedürfen daher keiner neuen Anerkennung (*Maus* in Frenz/Müggenborg Rn. 12; *Schumacher* in Schumacher/Fischer-Hüftle Rn. 5; *Schlacke* in GK Schlacke Rn. 5).

10 Altanerkennungen nach § 59 in der Fassung vom 28.2.2010 und auf Grund landesrechtlicher Vorschriften im Rahmen des § 60 in der Fassung vom 28. Februar 2010, die vor dem 1.3.2010 erteilt worden sind, sowie Anerkennungen des Bundes und der Länder nach § 29 in der bis zum 3.4.2002 geltenden Fassung gelten nach der Überleitungsvorschrift in **§ 8 Abs. 3 UmwRG** fort und vermitteln somit auch die im UmwRG geregelten Rechte (zum umgekehrten Fall *Leppin* in Lütkes/Ewer Rn. 4).

11.5 Verordnung (EG) Nr. 338/97 DES RATES vom 9. Dezember 1996 über den Schutz von Exemplaren wildlebender Tier- und Pflanzenarten durch Überwachung des Handels

(ABl. L 61 v. 3.3.1997, S. 1) idF d VO (EU) 2019/2117 der Kommission vom 29.11.2019 (ABl. L 320 v. 11.12.2019)

DER RAT DER EUROPÄISCHEN UNION –
gestützt auf den Vertrag zur Gründung der Europäischen Gemeinschaft[4] , insbesondere auf Artikel 130s Absatz 1,
auf Vorschlag der Kommission,[1]
nach Stellungnahme des Wirtschafts- und Sozialausschusses,[2]
gemäß dem Verfahren des Artikels 189c des Vertrags,[3]
in Erwägung nachstehender Gründe:

(1) Mit der Verordnung (EWG) Nr. 3626/82[4] wird das Übereinkommen über den internationalen Handel mit gefährdeten Arten freilebender Tiere und Pflanzen in der Gemeinschaft mit Wirkung vom 1. Januar 1984 durchgeführt. Ziel dieses Übereinkommens ist es, die gefährdeten Tier- und Pflanzenarten durch die Überwachung des internationalen Handels mit Exemplaren dieser Arten zu schützen.

(2) Um die wildlebenden Tier- und Pflanzenarten, die durch den Handel gefährdet werden oder gefährdet werden könnten, besser zu schützen, muß die Verordnung (EWG) Nr. 3626/82 durch eine Verordnung ersetzt werden, die den seit ihrer Annahme gewonnenen wissenschaftlichen Erkenntnissen und der gegenwärtigen Struktur des Handels Rechnung trägt. Des weiteren müssen aufgrund der Aufhebung der Kontrollen an den Binnengrenzen infolge der Verwirklichung des Binnenmarkts strengere Maßnahmen zur Kontrolle des Handels an den Außengrenzen der Gemeinschaft ergriffen und die entsprechenden Dokumente und Waren an der Einfuhrzollstelle kontrolliert werden.

(3) Unbeschadet der Bestimmungen dieser Verordnung können die Mitgliedstaaten unter Einhaltung des Vertrags, insbesondere in bezug auf den Besitz von Exemplaren von Arten, die unter diese Verordnung fallen, strengere Maßnahmen ergreifen oder beibehalten.

(4) Für die Einbeziehung der wildlebenden Tier- und Pflanzenarten in die Anhänge zu dieser Verordnung sind objektive Kriterien festzulegen.

(5) Zur Durchführung dieser Verordnung müssen gleiche Bedingungen für die Erteilung, Verwendung und Vorlage der Dokumente im Zusammenhang mit der Genehmigung der Einfuhr von Exemplaren der unter diese Verordnung fallenden Arten in die Gemeinschaft oder ihre Ausfuhr oder Wiederausfuhr aus der Gemeinschaft festgelegt werden. Die Durchfuhr von Exemplaren durch die Gemeinschaft ist besonders zu regeln.

---

[1] [Amtl. Anm.:] ABl. Nr. C 26 vom 3.2.1992, S. 1, und ABl. Nr. C 131 vom 12.5.1994, S. 1.

[2] [Amtl. Anm.:] ABl. Nr. C 223 vom 31.8.1992, S. 19.

[3] [Amtl. Anm.:] Stellungnahme des Europäischen Parlaments vom 15. Dezember 1995 (ABl. Nr. C 17 vom 22.1.1996, S. 430), gemeinsamer Standpunkt des Rates vom 26. Februar 1996 (ABl. Nr. C 196 vom 6.7.1996, S. 58) und Beschluß des Europäischen Parlaments vom 18. September 1996 (ABl. Nr. C 320 vom 28.10.1996).

[4] [Amtl. Anm.:] ABl. Nr. L 384 vom 31.12.1982, S. 1. Verordnung zuletzt geändert durch die Verordnung (EG) Nr. 558/95 der Kommission (ABl. Nr. L 57 vom 15.3.1995, S. 1).

(6) Es obliegt der jeweiligen Vollzugsbehörde des Bestimmungsmitgliedstaats mit Unterstützung der wissenschaftlichen Behörde dieses Mitgliedstaats und gegebenenfalls unter Berücksichtigung jeglicher Stellungnahme der Wissenschaftlichen Prüfgruppe über die Anträge auf Einfuhr von Exemplaren in die Gemeinschaft zu befinden.

(7) Die Bestimmungen über die Wiederausfuhr müssen durch ein Konsultationsverfahren ergänzt werden, damit die Gefahr von Verstößen eingeschränkt wird.

(8) Um einen wirksamen Schutz der wildlebenden Tier- und Pflanzenarten sicherzustellen, können die Einfuhr von Exemplaren in die Gemeinschaft und ihre Ausfuhr aus der Gemeinschaft zusätzlich eingeschränkt werden. Ergänzend dazu können für lebende Exemplare auf Gemeinschaftsebene auch der Besitz oder die Beförderung in der Gemeinschaft eingeschränkt werden.

(9) Es sind besondere Vorschriften für in Gefangenschaft geborene und gezüchtete oder künstlich vermehrte Exemplare, für Exemplare, die als persönliche oder Haushaltsgegenstände gebraucht werden, sowie für das nichtkommerzielle Verleihen und Verschenken oder Tauschen von Exemplaren zwischen registrierten Wissenschaftlern und wissenschaftlichen Einrichtungen vorzusehen.

(10) Um einen möglichst umfassenden Schutz der unter diese Verordnung fallenden Arten sicherzustellen, müssen Bestimmungen über die Kontrolle des Handels und der Beförderung von Exemplaren innerhalb der Gemeinschaft sowie Bedingungen für die Unterbringung von Exemplaren vorgesehen werden. Die Erteilung, Gültigkeit und Verwendung der gemäß dieser Verordnung ausgestellten Bescheinigungen, die zur Kontrolle der vorgenannten Tätigkeiten beitragen, müssen gemeinsamen Vorschriften unterliegen.

(11) Es müssen Maßnahmen ergriffen werden, um für lebende Exemplare die negativen Auswirkungen des Transports in die, aus der oder innerhalb der Gemeinschaft möglichst gering zu halten.

(12) Zur Sicherstellung wirksamer Kontrollen und zur Erleichterung der Zollverfahren sollten Zollstellen bezeichnet werden, die über ausgebildetes Personal verfügen, das für die Durchführung der erforderlichen Förmlichkeiten und der entsprechenden Überprüfungen bei der Ausfuhr oder Wiederausfuhr von Exemplaren aus der Gemeinschaft oder bei deren Einfuhr in die Gemeinschaft zuständig ist, um deren zollrechtliche Bestimmung im Sinne der Verordnung (EWG) Nr. 2913/92 des Rates vom 12. Oktober 1992 zur Festlegung des Zollkodex der Gemeinschaft[1] zu ermitteln. Des weiteren sollten Einrichtungen zur Verfügung stehen, die eine ausreichende Unterbringung und Pflege lebender Exemplare gewährleisten.

(13) Die Durchführung dieser Verordnung erfordert ferner die Bezeichnung von Vollzugsbehörden und wissenschaftlichen Behörden in den Mitgliedstaaten.

(14) Die Unterrichtung und Sensibilisierung der Öffentlichkeit im Hinblick auf die Vorschriften dieser Verordnung, insbesondere an den Grenzübergangsstellen, erleichtern die Einhaltung dieser Vorschriften.

(15) Um die wirksame Durchsetzung dieser Verordnung sicherzustellen, sollten die Mitgliedstaaten die Einhaltung ihrer Bestimmungen streng überwachen und zu diesem Zweck untereinander und mit der Kommission eng zusammenarbeiten. Dies erfordert ferner die Übermittlung von Informationen über die Durchführung dieser Verordnung.

(16) Die Überwachung des Umfangs des Handels mit Arten wildlebender Tiere und Pflanzen, die unter diese Verordnung fallen, ist für die Beurteilung der Auswirkungen des

---

[1] [Amtl. Anm.:] ABl. Nr. L 302 vom 19.10.1992, S. 1. Verordnung zuletzt geändert durch die Beitrittsakte von *1994.*

Art. 15 Weitergabe von Informationen[1]

(1) Die Mitgliedstaaten und die Kommission tauschen die für die Durchführung dieser Verordnung notwendigen Informationen aus. Die Mitgliedstaaten und die Kommission sorgen dafür, daß alle erforderlichen Maßnahmen ergriffen werden, um die Öffentlichkeit zu sensibilisieren und diese über die Durchführungsbestimmungen zu dem Übereinkommen, über diese Verordnung und ihre Durchführungsbestimmungen zu informieren.

(2) Die Kommission steht mit dem Sekretariat des Übereinkommens in Verbindung, um die wirksame Durchführung des Übereinkommens im gesamten räumlichen Geltungsbereich dieser Verordnung sicherzustellen.

(3) Die Kommission teilt den Vollzugsbehörden der betreffenden Mitgliedstaaten sämtliche Stellungnahmen der Wissenschaftlichen Prüfgruppe unverzüglich mit.

(4) a) Die Vollzugsbehörden der Mitgliedstaaten übermitteln der Kommission alljährlich vor dem 15. Juni alle Informationen über das vorige Jahr, die zur Erstellung der in Artikel VIII Absatz 7 Buchstabe a) des Übereinkommens genannten Berichte erforderlich sind, sowie entsprechende Informationen über den internationalen Handel mit allen Exemplaren der in den Anhängen A, B und C aufgeführten Arten und über die Einfuhr von Exemplaren der in Anhang D aufgeführten Arten in die Gemeinschaft. Die zu übermittelnden Informationen und deren Form werden von der Kommission nach dem Regelungsverfahren des Artikels 18 Absatz 2 festgelegt.

b) Ausgehend von den in Buchstabe a) genannten Informationen erstellt die Kommission jedes Jahr vor dem 31. Oktober einen statistischen Bericht über die Einfuhr der unter diese Verordnung fallenden Exemplare in die Gemeinschaft und die Ausfuhr bzw. Wiederausfuhr solcher Exemplare aus der Gemeinschaft und übermittelt dem Sekretariat des Übereinkommens die Informationen über die unter das Übereinkommen fallenden Arten.

c) Unbeschadet der Bestimmungen des Artikels 20 übermitteln die Vollzugsbehörden der Mitgliedstaaten der Kommission jedes zweite Jahr – und erstmals 1999 – vor dem 15. Juni alle Informationen über die zwei vorhergehenden Jahre, die zur Erstellung der in Artikel VIII Absatz 7 Buchstabe b) des Übereinkommens genannten Berichte erforderlich sind, sowie entsprechende Informationen zu den Bestimmungen dieser Verordnung, die nicht in den Geltungsbereich des Übereinkommens fallen. Die zu übermittelnden Informationen und deren Form werden von der Kommission nach dem Regelungsverfahren des Artikels 18 Absatz 2 festgelegt.

d) Ausgehend von den in Buchstabe c) genannten Informationen erstellt die Kommission jedes zweite Jahr – und erstmals 1999 – vor dem 31. Oktober einen Bericht über die Durchführung und die Anwendung dieser Verordnung.

(5) Zur Vorbereitung der Änderungen der Anhänge übermitteln die zuständigen Behörden der Mitgliedstaaten der Kommission alle einschlägigen Informationen. Die Kommission legt die erforderlichen Informationen nach dem Regelungsverfahren des Artikels 18 Absatz 2 fest.

(6) Unbeschadet der Richtlinie 90/313/EWG des Rates vom 7. Juni 1990 über den freien Zugang zu Informationen über die Umwelt ergreift die Kommission geeignete Maßnahmen zum Schutz der Vertraulichkeit von Informationen, die bei der Durchführung dieser Verordnung übermittelt wurden.

---

[1] Die Änderung des Art. 15 EG-Artenschutz-VO durch VO (EU) 2019/1010 v. 5.6.2019 (ABl. L 170 S. 115) ist im Gesetzestext und in der Kommentierung noch nicht berücksichtigt. Eine Anpassung erfolgt mit einer der nächsten Ergänzungslieferungen.

Schrifttum: *Feichtner,* Verordnung (EG) Nr. 338/97 des Rates über den Schutz von Exemplaren wildlebender Tier- und Pflanzenarten durch Überwachung des Handels, in: Krenzler/Herrmann/Niestedt, EU-Außenwirtschafts- und Zollrecht, 8. EL September 2016.

Übersicht

A. Übersicht

1 Art. 15 regelt den **Austausch und die Verbreitung von Informationen** auf mitgliedstaatlicher, europäischer und internationaler Ebene in der laufenden Verwaltungsarbeit (Abs. 1–3) und im Hinblick auf die Fortentwicklung der Verordnung (Abs. 5). Daneben spricht die Vorschrift aber auch die Öffentlichkeitsarbeit an (Abs. 1 UAbs. 2) und regelt die Vorarbeiten für die Berichte an das Sekretariat des WA (Abs. 4 lit. a–d) und für den eigenen Bericht der EU zu der Verordnung (Abs. 4 lit. c–d). Zusätzlich findet sich ein Verweis auf die Rechtsgrundlagen für den Informationszugang und im Hinblick auf den Datenschutz (Abs. 6).

2 Die Vorschrift dient der Erfüllung der völkerrechtlichen Verpflichtungen aus **Art. VIII Abs. 7, 8 iVm Art. XII WA.**

3 Art. 15 wird konkretisiert durch **Art. 45, 69 f. DVO 865/2006/EG.**

B. Abs. 1 UAbs. 1 – Informationsaustausch zwischen Mitgliedstaaten und Kommission

4 Art. 15 Abs. 1 UAbs. 1 sieht zunächst ganz allgemein einen **Informationsaustausch zwischen Mitgliedstaaten und der Kommission** hinsichtlich der „für die Durchführung dieser Verordnung notwendigen Informationen" vor. Dies erfasst neben **allgemeinen Beobachtungen und Informationen** durchaus auch **einzelfallbezogene Kenntnisse.** Dies findet sich konkretisiert in speziellen Vorschriften. Ein Beispiel ist etwa Art. 11 Abs. 2 lit. a, nach der die Kommission im Wege der Rücksprache Informationen mit der eine Genehmigung oder Bescheinigung ausstellenden zuständigen Behörde im Einzelfall austauscht, bevor sie feststellt, dass die ausstellende zuständige Behörde zu Unrecht angenommen hat, die Bedingungen für die Ausstellung seien erfüllt, und damit Ungültigkeit der jeweiligen Genehmigung oder Bescheinigung sowie der darauf basierenden Genehmigungen und Bescheinigungen eintritt (→ Art. 11 Rn. 15).

5 Überdies findet sich eine weitgehende **Übermittlungspflicht** in Art. 45 Abs. 1 EU Durchführungsverordnung 865/2006/EG. Danach müssen Zollstellen unverzüglich **alle Dokumente,** die ihnen nach der Verordnung und der Durchführungsverordnung übergeben worden sind, den zuständigen Vollzugsbehörden ihres Mitgliedsstaates übermitteln. Diese Vollzugsbehörden müssen solche übermittelten Dokumente, die von anderen Mitgliedsstaaten ausgestellt wurden, dann unverzüglich den zuständigen Vollzugsbehörden

LANDMANN/ROHMER

UMWELTRECHT

BAND III

KOMMENTAR

Herausgegeben von

Prof. Dr. Martin Beckmann
Rechtsanwalt und Fachanwalt für Verwaltungsrecht, Honorarprofessor der Universität Münster

Prof. Dr. Dr. Wolfgang Durner LL. M.
Rheinische Friedrich-Wilhelms-Universität Bonn und Direktor des Instituts für das Recht der Wasser- und Entsorgungswirtschaft

Prof. Dr. Thomas Mann
Direktor des Instituts für Öffentliches Recht, Lehrstuhl für Verwaltungsrecht der Georg-August-Universität Göttingen

Prof. Dr. Marc Röckinghausen
Hochschule für Polizei und öffentliche Verwaltung NRW, Abteilung Gelsenkirchen, Fachbereich Allgemeine Verwaltung/ Rentenversicherung

Stand: 1. Februar 2020
(92. Ergänzungslieferung)

(Zum Bearbeitungsstand im Einzelnen siehe die Datumszeile am unteren Ende jeder Seite)

C.H.BECK

Dieses Titelblatt entstammt der 92. Ergänzungslieferung Februar 2020

(Anschluss an die 91. Ergänzungslieferung September 2019)

ISBN 978 3 406 75341 1

Der Kommentar wurde von der 1. bis zur 50. Ergänzungslieferung von Prof. Dr. Klaus Hansmann und von der 51. bis zur 58. Ergänzungslieferung von Prof. Dr. Martin Beckmann herausgegeben.

Zitiervorschläge:

Beckmann in Landmann/Rohmer UmweltR KrWG § 17 Rn. 1
Landmann/Rohmer UmweltR/*Beckmann* KrWG § 17 Rn. 1

www.beck.de

Grundwerk ISBN 978 3 406 34327 8 ergänzt bis ISBN 978 3 406 75341 1

Wilhelmstraße 9, 80801 München
Satz und Druck: Druckerei C. H. Beck Nördlingen
(Adresse wie Verlag)

chbeck.de/nachhaltig

Gedruckt auf säurefreiem, alterungsbeständigem Papier
(hergestellt aus chlorfrei gebleichtem Zellstoff)

Inhaltsübersicht

Band I

Umweltverfassungsrecht

Umweltrecht Allgemeiner Teil

Umweltrecht Besonderer Teil

Band II

Umweltrecht Besonderer Teil

Band III

Umweltrecht Besonderer Teil

Übersicht

Band IV

Umweltrecht Besonderer Teil

Bearbeiterverzeichnis (Band I–IV)

Prof. Dr. Martin Beckmann Rechtsanwalt in Münster	Vorb. Abfallrecht, §§ 1–2, 4–39, 41–57, 62–68, 70–72 KrWG § 5 UVPG, Umweltschadensgesetz (mit Wittmann)
Dr. Christian-Dietrich Bracher Rechtsanwalt in Bonn	§§ 41 bis 43 BImSchG, 16. und 24. BImSchV
Prof. Dr. Peter Bruckmann Landesamt für Natur, Umwelt und Verbraucherschutz Nordrhein-Westfalen, Essen	39. BImSchV (mit Strecker und Vogt), 43. BImSchV (mit van Endern und Vogt)
Prof. Dr. Pascale Cancik O. Professorin an der Universität Osnabrück	Vorb. §§ 47a ff. BImSchG, §§ 47a–47f BImSchG (§§ 47a–47c, 47e und 47f mit Hansmann)
Prof. Dr. Johannes Dietlein O. Professor an der Universität Düsseldorf	§§ 1, 2, Vorb. §§ 4–21, 4 bis 8, 9 bis 11, 16a, 19, 23a–23c und 25a BImSchG, 9. BImSchV
Prof. Dr. Matthias Dombert Rechtsanwalt in Potsdam	§§ 4–6, 8, 13, 14, 20, 24, 25 BBodSchG
Rolf-Dieter Dörr Ministerialrat a. D.	OberflächengewässerV (mit Walter)
Prof. Dr. Dr. Wolfgang Durner LL. M. O. Professor an der Universität Bonn	Umweltvölkerrecht, Vorb. §§ 27 ff. WHG, §§ 27–31, 34, 35, 82–85 WHG
Benedikt van Endern Ministerium für Umwelt, Landwirtschaft, Natur- und Verbraucherschutz des Landes Nordrhein-Westfalen	43. BImSchV (mit Bruckmann und Vogt)
Prof. Dr. Astrid Epiney LL. M. O. Professorin an der Université de Fribourg	Art. 191–193 AEUV
Prof. Dr. Wolfgang Ewer Rechtsanwalt in Kiel	Vorb. BBodSchG, §§ 9, 15, 16 BBodSchG
Prof. Dr. Kurt Faßbender O. Professor an der Universität Leipzig	§§ 1–5, 33, 36–38 WHG
Dr. Frank Fellenberg LL. M. Rechtsanwalt in Berlin	Fluglärmgesetz (mit Reidt und Schiller), Umweltrechtsbehelfsgesetz (mit Schiller)
Dr. Henrik Flatter Bundesamt für Naturschutz, Bonn	§§ 69–74 BNatSchG
Dr. Matthias Ganske Rechtsanwalt in Bonn	§§ 25, 26, 54–61 WHG

Prof. Dr. Klaus Ferdinand Gärditz O. Professor an der Universität Bonn	Art. 20a GG
Prof. Dr. Martin Gellermann Rechtsanwalt, apl. Professor an der Universität Osnabrück	Vorb. BNatSchG, §§ 4, 7–48, §§ 49–51, §§ 52–56, §§ 57–68 Vorb. §§ 37, 38, §§ 37–40, BNatSchG (§§ 41–43 mit Sanden)
Nela Gies Richterin am Verwaltungsgericht Gelsenkirchen	§§ 41, 42 WHG
Prof. Dr. Christoph Görisch Hochschule für Polizei und öffentliche Verwaltung NRW, Abteilung Münster	§§ 4–14 UAG
Dipl.-Met. Arno Graff Umweltbundesamt, Dessau	Nr. 5.5 TA Luft (mit Hansmann), Vorb. zu Anhang 3 der TA Luft
Moritz Grunow Rechtsanwalt in Düsseldorf	Vorb. AwSV, § 1 AwSV
Prof. Dr. Günter Hager O. Professor an der Universität Freiburg	§ 1 UmweltHG (mit Rehbinder), §§ 6–10, 19–23 UmweltHG
Prof. Dr. Klaus Hansmann Leitender Ministerialrat a. D.	§§ 17, 18, 20, 21, 26–37, 38–40, 44–47c, 47e, 47f, 52, 52b–58d, 59, 60, 62–72, 74 BImSchG (§§ 17, 18 mit Ohms, Vor § 26, §§ 26–31 mit Pabst, Vor § 38, §§ 38–40 mit Hofmann, §§ 20, 21, Vor 32, §§ 32–37, Vorb. §§ 44–47, §§ 45, 46, 46a, 47, 52, 52b, 62, 66 und 67 mit Röckinghausen, §§ 47a–47c, 47e und 47f mit Cancik), Vor § 53, §§ 53–58d mit Maciejewski, 14., 32. und 34. BImSchV, TA Lärm, TA Luft (ohne Vorb. zu Anhang 3), 4., 11., 20., 21., 25., 27., 28., 30. und 35. BImSchV (mit Röckinghausen), 2. BImSchV (mit Mahrwald und Röckinghausen), 5. BImSchV mit Maciejewski, 12. BImSchV (mit König), BzBlG, 1. DVO BzBlG
Dr. Felix Hardach Bundesministerium für Umwelt, Naturschutz und nukleare Sicherheit	§§ 1, 8, 11–13, 17, 20, 22, 23, 26 31, 32, 35 TEHG
Prof. Dr. Torsten Heilshorn Rechtsanwalt in Freiburg	Vor § 22 BImSchG, §§ 22–25 BImSchG (mit Sparwasser)
Michael Heugel Bundesministerium für Umwelt, Naturschutz und nukleare Sicherheit	§§ 5, 6 BNatSchG

Prof. Dr. Ekkehard Hofmann O. Professor an der Universität Trier	Vorb. § 38, §§ 38–40 BImSchG
Dr. Frank Hofmann Bundesministerium für Umwelt, Naturschutz und nukleare Sicherheit	§ 23 WHG
Dr. Georg Hünnekens Rechtsanwalt in Münster	§§ 50–53 WHG, Vorb. §§ 64–66, §§ 64–66 WHG, Vorb. §§ 72–81 WHG, §§ 72–81 WHG
Georg Kahl † Ministerialrat a. D.	7. BImSchV
Lutz Keppner Bundesministerium für Umwelt, Naturschutz und nukleare Sicherheit	Grundwasserverordnung
Dr. Andreas Kersting Rechtsanwalt in Münster	§§ 58–61 KrWG
Dr. Heike Kieserling Deutsche Bahn AG	§§ 13, 14, 25–38 AwSV
Dr. Jens Martin König Hessisches Ministerium für Umwelt, Klimaschutz, Landwirtschaft und Verbraucherschutz	12. BImSchV (mit Hansmann)
Dr. Olaf Konzak Rechtsanwalt in Köln	§§ 2, 3 und 7 VerpackG (mit Körner)
Dr. Michael Körner, LL.M. Rechtsanwalt in Köln	§§ 2, 3 und 7 VerpackG (mit Konzak)
Dr. Philip Kubitza Richter auf Probe, Rheinland-Pfalz	§§ 100–102 WHG
Prof. Dr. Silke Ruth Laskowski O. Professorin an der Universität Kassel	§ 24 WHG, § 58e BImSchG mit der EMASPrivilegV
Prof. Dr. Joachim Lege O. Professor an der Universität Greifswald	§§ 96–99 WHG
Dr. Rasso Ludwig LL. M. Bayerisches Staatsministerium für Umwelt und Verbraucherschutz	§§ 19, 21–23, 26 BBodSchG
Prof. Dr. Karim Maciejewski Hochschule des Bundes für öffentliche Verwaltung	Vor § 53 BImSchG, §§ 53–58d BImSchG (mit Hansmann), 5. BImSchV (mit Hansmann)
Birgit Mahrwald Bundesministerium für Umwelt, Naturschutz und nukleare Sicherheit	2. BImSchV (mit Hansmann und Röckinghausen)
Prof. Dr. Thomas Mann O. Professor an der Universität Göttingen	§§ 8a, 12 BImSchG, Vorb. ElektroG, §§ 1, 2 ElektroG
Dr. Cedric Christian Meyer Rechtsanwalt in Köln	§§ 46–49, 62–63 WHG
Dr. Uwe Neuser Bundesministerium für Umwelt, Naturschutz und nukleare Sicherheit	§§ 2, 27, 33, 34 TEHG

Volkmar Nies Landwirtschaftsdirektor bei der Landwirtschaftskammer Rheinland	§§ 1, 2, 7, 17, 18 BBodSchG
Dr. Martin Ohms Rechtsanwalt in Berlin	§§ 17, 18 BImSchG (mit Hansmann), 13. BImSchV, 17. BImSchV (z. T. mit Sahm)
Prof. Dr. Heinz-Joachim Pabst Hochschule des Bundes für öffentliche Verwaltung	Vor § 26, §§ 26–31 BImSchG (mit Hansmann), § 61 BImSchG, 41. BImSchV
Dr. Kay Artur Pape Rechtsanwalt in Bonn	Vorb. WHG, §§ 6–22 WHG
Dr. Malte Petersen LL. M. Bundesnetzagentur, Bonn	§§ 89–95 WHG
Prof. Dr. Alexander Proelß O. Professor an der Universität Trier	§§ 43–45l WHG
Prof. Dr. Eckard Rehbinder Em. Professor an der Universität Frankfurt/Main	§ 14 BImSchG §§ 1–5, 11–18 UmweltHG (§ 1 mit Hager)
Prof. Dr. Olaf Reidt Rechtsanwalt in Berlin	§ 16 BImSchG (mit Schiller), 18. BImSchV (mit Schiller), Fluglärmgesetz (mit Fellenberg und Schiller), Umweltinformationsgesetz (mit Schiller)
Dr. Christoph Riese Rechtsanwalt in Berlin	§§ 67–71, 86 WHG
Prof. Dr. Marc Röckinghausen Hochschule für Polizei und öffentliche Verwaltung NRW, Abteilung Gelsenkirchen	§§ 20, 21, Vor § 32, §§ 32–37, Vorb. §§ 44–47, §§ 45, 46, 46a, 47, 52, 52b, 62, 66, 67 BImSchG (mit Hansmann), §§ 37a bis 37f, 52a, 73 BImSchG, 1., 10., 26., 36., 37., 38., 42. BImSchV, 4., 11., 20., 21., 25., 27., 28., 30. und 35. BImSchV (mit Hansmann), 2. BImSchV (mit Hansmann und Mahrwald), Schadstofffreisetzungs- und Verbringungsregistergesetz
Christoph Sahm LL. M. E.ON Kernkraft GmbH	§§ 23–25, 27 der 17. BImSchV (mit Ohms)
Prof. Dr. Dr. Joachim Sanden † Behörde für Stadtentwicklung und Umwelt, Freie und Hansestadt Hamburg, zugl. Apl. Prof. an der Universität Lüneburg	§§ 41–43 (mit Gellermann)
Dr. Gernot Schiller Rechtsanwalt in Berlin	§ 16 BImSchG (mit Reidt), 18. BImSchV (mit Reidt), Fluglärmgesetz (mit Reidt und Fellenberg), Umweltinformationsgesetz (mit Reidt) Umweltrechtsbehelfsgesetz (mit Fellenberg), §§ 14a, 15 BImSchG

Matthias Schleifenbaum, LL.M. Rechtsanwalt in Köln	Vorb. BattG, § 1 BattG
Prof. Dr. Hendrik Schoen Hochschule für Polizei und öffentliche Verwaltung NRW, Abteilung Münster	§ 50 BImSchG
Prof. Dr. Meinhard Schröder Em. Professor an der Universität Trier	EG-Abfallverbringungs-VO
Prof. Dr. Max-Jürgen Seibert Vorsitzender Richter am Oberverwaltungsgericht Münster	§ 13 BImSchG
Prof. Dr. Reinhard Sparwasser Rechtsanwalt in Freiburg	Vor § 22 BImSchG, §§ 22–25 BImSchG (mit Heilshorn)
Prof. Dr. Indra Spiecker genannt Döhmann, LL.M. O. Professorin an der Universität Frankfurt a. M.	UStatG
Prof. Dr. Peter-Tobias Stoll O. Professor an der Universität Göttingen	EG-Artenschutzverordnung
Silvia Strecker Ministerium für Umwelt, Landwirtschaft, Natur- und Verbraucherschutz des Landes Nordrhein-Westfalen	39. BImSchV (mit Bruckmann und Vogt)
Prof. Dr. Dr. Markus Thiel Deutsche Hochschule der Polizei, Münster	§§ 3, 48–48b BImSchG
Dr. Christian Tünnesen-Harmes Rechtsanwalt in Duisburg	AbfAEV
Dr. Klaus Vogt Landesamt für Natur, Umwelt und Verbraucherschutz Nordrhein-Westfalen	39. BImSchV (mit Bruckmann und Strecker), 43. BImSchV (mit Bruckmann und van Endern)
Anne-Barbara Walter Umweltbundesamt	OberflächengewässerV (mit Dörr)
Dr. Dirk Weinreich Bundesministerium für Umwelt, Naturschutz und nukleare Sicherheit	Vorb. TEHG, §§ 7, 19 TEHG
Dr. Armin von Weschpfennig Akademischer Rat, Universität Bonn	§§ 13a, 13b, 103–107 WHG
Dr. Antje Wittmann Rechtsanwältin in Münster	UmweltschadensG (zusammen mit Beckmann)
Frank Wolke Umweltbundesamt, Deutsche Emissionshandelsstelle	§§ 4, 18, 24 TEHG

Bearbeiter

LANDMANN/ROHMER

UMWELTRECHT

BAND IV

KOMMENTAR

Herausgegeben von

Prof. Dr. Martin Beckmann
Rechtsanwalt und Fachanwalt für
Verwaltungsrecht,
Honorarprofessor der Universität Münster

Prof. Dr. Dr. Wolfgang Durner LL. M.
Rheinische Friedrich-Wilhelms-Universität
Bonn und Direktor des Instituts für das Recht
der Wasser- und Entsorgungswirtschaft

Prof. Dr. Thomas Mann
Direktor des Instituts für
Öffentliches Recht,
Lehrstuhl für Verwaltungsrecht der
Georg-August-Universität Göttingen

Prof. Dr. Marc Röckinghausen
Hochschule für Polizei und öffentliche
Verwaltung NRW, Abteilung Gelsenkirchen,
Fachbereich Allgemeine Verwaltung/
Rentenversicherung

Stand: 1. Februar 2020
(92. Ergänzungslieferung)

(Zum Bearbeitungsstand im Einzelnen siehe die Datumszeile
am unteren Ende jeder Seite)

C.H.BECK

Dieses Titelblatt entstammt der 92. Ergänzungslieferung Februar 2020

(Anschluss an die 91. Ergänzungslieferung September 2019)

ISBN 978 3 406 75341 1

Der Kommentar wurde von der 1. bis zur 50. Ergänzungslieferung von Prof. Dr. Klaus Hansmann und von der 51. bis zur 58. Ergänzungslieferung von Prof. Dr. Martin Beckmann herausgegeben.

Zitiervorschläge:

Beckmann in Landmann/Rohmer UmweltR KrWG § 17 Rn. 1
Landmann/Rohmer UmweltR/*Beckmann* KrWG § 17 Rn. 1

www.beck.de

Grundwerk ISBN 978 3 406 34327 8 ergänzt bis ISBN 978 3 406 75341 1

Wilhelmstraße 9, 80801 München
Satz und Druck: Druckerei C. H. Beck Nördlingen
(Adresse wie Verlag)

CO2 neutral
chbeck.de/nachhaltig

Gedruckt auf säurefreiem, alterungsbeständigem Papier
(hergestellt aus chlorfrei gebleichtem Zellstoff)

Inhaltsübersicht

Band I

Umweltverfassungsrecht

Umweltrecht Allgemeiner Teil

Umweltrecht Besonderer Teil

Band II

Umweltrecht Besonderer Teil

Band III

Umweltrecht Besonderer Teil

Übersicht

Band IV

Umweltrecht Besonderer Teil

2. Verordnungen zum Bundes-Immissionsschutzgesetz (BImSchV)
3. Verwaltungsvorschriften zum Bundes-Immissionsschutzgesetz (TA Luft, TA Lärm)
4. Hinweise und Empfehlungen der Bund/Länder-Arbeitsgemeinschaft für Immissionsschutz
5. Handel mit Emmissionsberechtigungen (TEHG, ZuV 2020)

Inhaltsverzeichnis (Band IV)

Umweltrecht Besonderer Teil (Fortsetzung)

2. Verordnungen zum Bundes-Immissionsschutzgesetz (BImSchV)

Kommentierungen

Bearbeiterverzeichnis (Band I–IV)

Prof. Dr. Martin Beckmann Rechtsanwalt in Münster	Vorb. Abfallrecht, §§ 1–2, 4–39, 41–57, 62–68, 70–72 KrWG § 5 UVPG, Umweltschadensgesetz (mit Wittmann)
Dr. Christian-Dietrich Bracher Rechtsanwalt in Bonn	§§ 41 bis 43 BImSchG, 16. und 24. BImSchV
Prof. Dr. Peter Bruckmann Landesamt für Natur, Umwelt und Verbraucherschutz Nordrhein-Westfalen, Essen	39. BImSchV (mit Strecker und Vogt), 43. BImSchV (mit van Endern und Vogt)
Prof. Dr. Pascale Cancik O. Professorin an der Universität Osnabrück	Vorb. §§ 47a ff. BImSchG, §§ 47a–47f BImSchG (§§ 47a–47c, 47e und 47f mit Hansmann)
Prof. Dr. Johannes Dietlein O. Professor an der Universität Düsseldorf	§§ 1, 2, Vorb. §§ 4–21, 4 bis 8, 9 bis 11, 16a, 19, 23a–23c und 25a BImSchG, 9. BImSchV
Prof. Dr. Matthias Dombert Rechtsanwalt in Potsdam	§§ 4–6, 8, 13, 14, 20, 24, 25 BBodSchG
Rolf-Dieter Dörr Ministerialrat a. D.	OberflächengewässerV (mit Walter)
Prof. Dr. Dr. Wolfgang Durner LL. M. O. Professor an der Universität Bonn	Umweltvölkerrecht, Vorb. §§ 27 ff. WHG, §§ 27–31, 34, 35, 82–85 WHG
Benedikt van Endern Ministerium für Umwelt, Landwirtschaft, Natur- und Verbraucherschutz des Landes Nordrhein-Westfalen	43. BImSchV (mit Bruckmann und Vogt)
Prof. Dr. Astrid Epiney LL. M. O. Professorin an der Université de Fribourg	Art. 191–193 AEUV
Prof. Dr. Wolfgang Ewer Rechtsanwalt in Kiel	Vorb. BBodSchG, §§ 9, 15, 16 BBodSchG
Prof. Dr. Kurt Faßbender O. Professor an der Universität Leipzig	§§ 1–5, 33, 36–38 WHG
Dr. Frank Fellenberg LL. M. Rechtsanwalt in Berlin	Fluglärmgesetz (mit Reidt und Schiller), Umweltrechtsbehelfsgesetz (mit Schiller)
Dr. Henrik Flatter Bundesamt für Naturschutz, Bonn	§§ 69–74 BNatSchG
Dr. Matthias Ganske Rechtsanwalt in Bonn	§§ 25, 26, 54–61 WHG

Prof. Dr. Klaus Ferdinand Gärditz O. Professor an der Universität Bonn	Art. 20a GG
Prof. Dr. Martin Gellermann Rechtsanwalt, apl. Professor an der Universität Osnabrück	Vorb. BNatSchG, §§ 4, 7–48, §§ 49–51, §§ 52–56, §§ 57–68 Vorb. §§ 37, 38, §§ 37–40, BNatSchG (§§ 41–43 mit Sanden)
Nela Gies Richterin am Verwaltungsgericht Gelsenkirchen	§§ 41, 42 WHG
Prof. Dr. Christoph Görisch Hochschule für Polizei und öffentliche Verwaltung NRW, Abteilung Münster	§§ 4–14 UAG
Dipl.-Met. Arno Graff Umweltbundesamt, Dessau	Nr. 5.5 TA Luft (mit Hansmann), Vorb. zu Anhang 3 der TA Luft
Moritz Grunow Rechtsanwalt in Düsseldorf	Vorb. AwSV, § 1 AwSV
Prof. Dr. Günter Hager O. Professor an der Universität Freiburg	§ 1 UmweltHG (mit Rehbinder), §§ 6–10, 19–23 UmweltHG
Prof. Dr. Klaus Hansmann Leitender Ministerialrat a. D.	§§ 17, 18, 20, 21, 26–37, 38–40, 44–47c, 47e, 47f, 52, 52b–58d, 59, 60, 62–72, 74 BImSchG (§§ 17, 18 mit Ohms, Vor § 26, §§ 26–31 mit Pabst, Vor § 38, §§ 38–40 mit Hofmann, §§ 20, 21, Vor 32, §§ 32–37, Vorb. §§ 44–47, §§ 45, 46, 46a, 47, 52, 52b, 62, 66 und 67 mit Röckinghausen, §§ 47a–47c, 47e und 47f mit Cancik), Vor § 53, §§ 53–58d mit Maciejewski, 14., 32. und 34. BImSchV, TA Lärm, TA Luft (ohne Vorb. zu Anhang 3), 4., 11., 20., 21., 25., 27., 28., 30. und 35. BImSchV (mit Röckinghausen), 2. BImSchV (mit Mahrwald und Röckinghausen), 5. BImSchV mit Maciejewski, 12. BImSchV (mit König), BzBlG, 1. DVO BzBlG
Dr. Felix Hardach Bundesministerium für Umwelt, Naturschutz und nukleare Sicherheit	§§ 1, 8, 11–13, 17, 20, 22, 23, 26 31, 32, 35 TEHG
Prof. Dr. Torsten Heilshorn Rechtsanwalt in Freiburg	Vor § 22 BImSchG, §§ 22–25 BImSchG (mit Sparwasser)
Michael Heugel Bundesministerium für Umwelt, Naturschutz und nukleare Sicherheit	§§ 5, 6 BNatSchG

Bearbeiter

Prof. Dr. Ekkehard Hofmann O. Professor an der Universität Trier	Vorb. § 38, §§ 38–40 BImSchG
Dr. Frank Hofmann Bundesministerium für Umwelt, Naturschutz und nukleare Sicherheit	§ 23 WHG
Dr. Georg Hünnekens Rechtsanwalt in Münster	§§ 50–53 WHG, Vorb. §§ 64–66, §§ 64–66 WHG, Vorb. §§ 72–81 WHG, §§ 72–81 WHG
Georg Kahl † Ministerialrat a. D.	7. BImSchV
Lutz Keppner Bundesministerium für Umwelt, Naturschutz und nukleare Sicherheit	Grundwasserverordnung
Dr. Andreas Kersting Rechtsanwalt in Münster	§§ 58–61 KrWG
Dr. Heike Kieserling Deutsche Bahn AG	§§ 13, 14, 25–38 AwSV
Dr. Jens Martin König Hessisches Ministerium für Umwelt, Klimaschutz, Landwirtschaft und Verbraucherschutz	12. BImSchV (mit Hansmann)
Dr. Olaf Konzak Rechtsanwalt in Köln	§§ 2, 3 und 7 VerpackG (mit Körner)
Dr. Michael Körner, LL.M. Rechtsanwalt in Köln	§§ 2, 3 und 7 VerpackG (mit Konzak)
Dr. Philip Kubitza Richter auf Probe, Rheinland-Pfalz	§§ 100–102 WHG
Prof. Dr. Silke Ruth Laskowski O. Professorin an der Universität Kassel	§ 24 WHG, § 58e BImSchG mit der EMASPrivilegV
Prof. Dr. Joachim Lege O. Professor an der Universität Greifswald	§§ 96–99 WHG
Dr. Rasso Ludwig LL. M. Bayerisches Staatsministerium für Umwelt und Verbraucherschutz	§§ 19, 21–23, 26 BBodSchG
Prof. Dr. Karim Maciejewski Hochschule des Bundes für öffentliche Verwaltung	Vor § 53 BImSchG, §§ 53–58d BImSchG (mit Hansmann), 5. BImSchV (mit Hansmann)
Birgit Mahrwald Bundesministerium für Umwelt, Naturschutz und nukleare Sicherheit	2. BImSchV (mit Hansmann und Röckinghausen)
Prof. Dr. Thomas Mann O. Professor an der Universität Göttingen	§§ 8a, 12 BImSchG, Vorb. ElektroG, §§ 1, 2 ElektroG
Dr. Cedric Christian Meyer Rechtsanwalt in Köln	§§ 46–49, 62–63 WHG
Dr. Uwe Neuser Bundesministerium für Umwelt, Naturschutz und nukleare Sicherheit	§§ 2, 27, 33, 34 TEHG

Bearbeiter

Volkmar Nies Landwirtschaftsdirektor bei der Landwirtschaftskammer Rheinland	§§ 1, 2, 7, 17, 18 BBodSchG
Dr. Martin Ohms Rechtsanwalt in Berlin	§§ 17, 18 BImSchG (mit Hansmann), 13. BImSchV, 17. BImSchV (z. T. mit Sahm)
Prof. Dr. Heinz-Joachim Pabst Hochschule des Bundes für öffentliche Verwaltung	Vor § 26, §§ 26–31 BImSchG (mit Hansmann), § 61 BImSchG, 41. BImSchV
Dr. Kay Artur Pape Rechtsanwalt in Bonn	Vorb. WHG, §§ 6–22 WHG
Dr. Malte Petersen LL. M. Bundesnetzagentur, Bonn	§§ 89–95 WHG
Prof. Dr. Alexander Proelß O. Professor an der Universität Trier	§§ 43–45l WHG
Prof. Dr. Eckard Rehbinder Em. Professor an der Universität Frankfurt/Main	§ 14 BImSchG §§ 1–5, 11–18 UmweltHG (§ 1 mit Hager)
Prof. Dr. Olaf Reidt Rechtsanwalt in Berlin	§ 16 BImSchG (mit Schiller), 18. BImSchV (mit Schiller), Fluglärmgesetz (mit Fellenberg und Schiller), Umweltinformationsgesetz (mit Schiller)
Dr. Christoph Riese Rechtsanwalt in Berlin	§§ 67–71, 86 WHG
Prof. Dr. Marc Röckinghausen Hochschule für Polizei und öffentliche Verwaltung NRW, Abteilung Gelsenkirchen	§§ 20, 21, Vor § 32, §§ 32–37, Vorb. §§ 44–47, §§ 45, 46, 46a, 47, 52, 52b, 62, 66, 67 BImSchG (mit Hansmann), §§ 37a bis 37f, 52a, 73 BImSchG, 1., 10., 26., 36., 37., 38., 42. BImSchV, 4., 11., 20., 21., 25., 27., 28., 30. und 35. BImSchV (mit Hansmann), 2. BImSchV (mit Hansmann und Mahrwald), Schadstofffreisetzungs- und Verbringungsregistergesetz
Christoph Sahm LL. M. E.ON Kernkraft GmbH	§§ 23–25, 27 der 17. BImSchV (mit Ohms)
Prof. Dr. Dr. Joachim Sanden † Behörde für Stadtentwicklung und Umwelt, Freie und Hansestadt Hamburg, zugl. Apl. Prof. an der Universität Lüneburg	§§ 41–43 (mit Gellermann)
Dr. Gernot Schiller Rechtsanwalt in Berlin	§ 16 BImSchG (mit Reidt), 18. BImSchV (mit Reidt), Fluglärmgesetz (mit Reidt und Fellenberg), Umweltinformationsgesetz (mit Reidt) Umweltrechtsbehelfsgesetz (mit Fellenberg), §§ 14a, 15 BImSchG

Matthias Schleifenbaum, LL.M. Rechtsanwalt in Köln	Vorb. BattG, § 1 BattG
Prof. Dr. Hendrik Schoen Hochschule für Polizei und öffentliche Verwaltung NRW, Abteilung Münster	§ 50 BImSchG
Prof. Dr. Meinhard Schröder Em. Professor an der Universität Trier	EG-Abfallverbringungs-VO
Prof. Dr. Max-Jürgen Seibert Vorsitzender Richter am Oberverwaltungsgericht Münster	§ 13 BImSchG
Prof. Dr. Reinhard Sparwasser Rechtsanwalt in Freiburg	Vor § 22 BImSchG, §§ 22–25 BImSchG (mit Heilshorn)
Prof. Dr. Indra Spiecker genannt Döhmann, LL.M. O. Professorin an der Universität Frankfurt a. M.	UStatG
Prof. Dr. Peter-Tobias Stoll O. Professor an der Universität Göttingen	EG-Artenschutzverordnung
Silvia Strecker Ministerium für Umwelt, Landwirtschaft, Natur- und Verbraucherschutz des Landes Nordrhein-Westfalen	39. BImSchV (mit Bruckmann und Vogt)
Prof. Dr. Dr. Markus Thiel Deutsche Hochschule der Polizei, Münster	§§ 3, 48–48b BImSchG
Dr. Christian Tünnesen-Harmes Rechtsanwalt in Duisburg	AbfAEV
Dr. Klaus Vogt Landesamt für Natur, Umwelt und Verbraucherschutz Nordrhein-Westfalen	39. BImSchV (mit Bruckmann und Strecker), 43. BImSchV (mit Bruckmann und van Endern)
Anne-Barbara Walter Umweltbundesamt	OberflächengewässerV (mit Dörr)
Dr. Dirk Weinreich Bundesministerium für Umwelt, Naturschutz und nukleare Sicherheit	Vorb. TEHG, §§ 7, 19 TEHG
Dr. Armin von Weschpfennig Akademischer Rat, Universität Bonn	§§ 13a, 13b, 103–107 WHG
Dr. Antje Wittmann Rechtsanwältin in Münster	UmweltschadensG (zusammen mit Beckmann)
Frank Wolke Umweltbundesamt, Deutsche Emissionshandelsstelle	§§ 4, 18, 24 TEHG

2.10 Zehnte Verordnung zur Durchführung des Bundes-Immissionsschutzgesetzes (Verordnung über die Beschaffenheit und die Auszeichnung der Qualitäten von Kraft- und Brennstoffen – 10. BImSchV)

Vom 8. Dezember 2010

(BGBl. I S. 1849, geändert durch Art. 8 d. VO vom 2.5.2013, BGBl. I S. 1021/1074, durch Art. 1 d. VO vom 1.12.2014, BGBl. I S. 1890, und durch Art. 1 d. VO vom 13.12.2019, BGBl. I S. 2739)

Vorbemerkung

Schrifttum: Vgl. die Hinweise in der Vorbemerkung zu §§ 32 bis 37 BImSchG sowie *Scheidler,* Brennstoffe, Treibstoffe und Schmierstoffe als Gegenstand des Immissionsschutzrechts, Immissionsschutz 2011, 191; *ders.,* Bio-Benzin E10 – Probleme und Rechtsgrundlagen, WiVerw 2011, 185; *ders.,* Immissionsschutzrechtliche Anforderungen an die Beschaffenheit von Brennstoffen, Treibstoffen und Schmierstoffen – Zu den Vorgaben des § 34 BImSchG, WiVerw 2012, 227.

Übersicht

A. Inhalt und Bedeutung der Verordnung

I. Verbraucherschutz

Die 10. BImSchV diente nach ihrer ursprünglichen Zielbestimmung (vgl. Rn. 5) dem Verbraucherschutz. Zu diesem Zweck enthält sie für Ottokraftstoffe **Detailregelungen zu den Anforderungen des § 2a des Benzinbleigesetzes** (BzBlG, abgedruckt in Band II unter Nr. 4.1). § 2a BzBlG fordert im Interesse der Kraftfahrzeughalter die Offenlegung der Tatsachen, deren Kenntnis für die Qualitätsbeurteilung von Ottokraftstoffen erforderlich ist. So muss der **Veräußerer** die mindestens gewährleistete Qualität der angebotenen Kraftstoffe kenntlich machen (vgl. → BzBlG § 2a Rn. 3–6), 1 der **Lieferer** muss den Veräußerer über die Qualität des angelieferten Kraftstoffes unterrichten (→ BzBlG § 2a Rn. 7–10) und die **Hersteller** sowie die gewerblichen **Importeure** von Ottokraftstoffen müssen die für ihre Ottomotoren empfohlenen Kraftstoffqualitäten öffentlich bekannt geben (→ BzBlG § 2a Rn. 11). Diese Verbraucher schützenden Regelungen enthält die 10. BImSchV in gleichem Umfang für alle anderen in §§ 3 bis 9a normierten Kraftstoffe. Die **Ermächtigungsgrundlage** für die jeweiligen Vorschriften finden sich dabei in §§ 34, 37 und 38 des Bundes-Immissionsschutzgesetzes (Rn. 12).

II. Immissionsschutz

2 Soweit die 10. BImSchV **Anforderungen an die Beschaffenheit** bestimmter Kraft- oder Brennstoffe stellt, dient sie dem Schutz vor schädlichen Umwelteinwirkungen. Mit den Regelungen soll erreicht werden, dass Kraftfahrzeuge, Schiffe und andere mobile Geräte mit Kraft- und Brennstoffen betrieben werden, die möglichst geringe Luftverunreinigungen verursachen. Die Verordnung stellt keine Anforderungen an den Betrieb von Anlagen oder Fahrzeugen, sondern begrenzt den Schadstoffgehalt in bestimmten flüssigen Kraft- und Brennstoffen, um durch die **Qualitätsanforderungen** an die Einsatzstoffe Luftverunreinigungen zu vermindern (→ BImSchG Vorb. zu §§ 32 bis 37 Rn. 1). Auf diese Weise sollen nicht nur unmittelbar drohende Schäden verhindert werden, sondern es soll auch dem Entstehen schädlicher Umwelteinwirkungen vorgebeugt werden (vgl. → BImSchG Vorb. zu §§ 32 bis 37 Rn. 2). Die 10. BImSchV ist damit ein zentrales Instrument des **produktbezogenen Immissionsschutzes.** Die Auszeichnungs-, Unterrichtungs- und Bekanntmachungspflichten (§§ 13 bis 15) sollen in diesem Zusammenhang die Beachtung der Immissionsschutzanforderungen sicherstellen. Zu diesem Zweck können auch die Überwachungsbefugnisse des § 52 BImSchG genutzt werden.

III. Klimaschutz

3 Im Bemühen, die mittlerweile auch im **Bundes-Klimaschutzgesetz** (KSG) vom 12.12.2019 (BGBl. I S. 2513) verbindlich festgelegten Klimaschutzziele zu erreichen, hat die Bundesregierung Maßnahmen unterschiedlichster Art in diversen Bereichen ergriffen. Die Förderung des Einsatzes regenerativer Energieträger nimmt dabei eine wichtige Rolle ein, um im **Verkehrssektor** den Ausstoß von Treibhausgasen zu reduzieren. Diesbezüglich beinhaltet das Bundes-Immissionsschutzgesetz seit dem Inkrafttreten des **Biokraftstoffquotengesetzes** in §§ 37a bis 37g Pflichten zum Inverkehrbringen wachsender Anteile an Biokraftstoffen (vgl. dazu → BImSchG § 37a Rn. 1 ff. bis → BImSchG § 37g Rn. 1 ff.). Im Konflikt zwischen der Qualitätssicherung der verwendeten Kraftstoffe und der Erfüllung der Biokraftstoffquoten muss die Grenze zulässiger Beimischung von Biokraftstoffen zu Regelkraftstoffen immer wieder neu bestimmt werden. Für Dieselkraftstoff war diese Grenze in Abstimmung mit der Kraftfahrzeugindustrie in der DIN 51628, Ausgabe August 2008, auf 7 Volumenprozent Biodiesel festgelegt worden. Nach Anpassung der europäischen Norm an die entsprechenden Anforderungen der Richtlinie 98/70/EG wurde die nationale Norm zunächst durch die DIN EN 590, Ausgabe Mai 2010, mit Inkrafttreten der 1. Änderungsverordnung vom 1.12.2014 (BGBl. I S. 1890) am 1.1.2015 durch die Ausgabe April 2014 ersetzt. Mit dem Inkrafttreten der Verordnung zur Umsetzung der Richtlinie 2014/94/EU vom 13.12.2019 (BGBl. I S. 2739) am 20.12.2019 fand eine Aktualisierung auf die Ausgabe Oktober 2017 statt. Die Aufnahme weiterer Kraftstoffe

aus regenerativen Energiequellen (Ethanolkraftstoff E 85 in § 6, Biogas in § 8, Pflanzenölkraftstoff in § 9, Wasserstoff als Kraftstoff in § 9a) in die 10. BImSchV dient ebenfalls Klima schützenden Zielen. Nach der erstmaligen Definition von Qualitätsanforderungen für E 10 (Beimischung von 10 Volumenprozent Bioethanol zu Ottokraftstoff) in der E DIN 51626-1, Ausgabe November 2010, war dieser Kraftstoff mit der Neuregelung vom 8. Dezember 2010 ebenfalls in die Verordnung ausgenommen worden. Gleichzeitig wurde in § 3 Abs. 2 und 3 die Verpflichtung zum Anbieten sog. Bestandsschutzsorten aufgenommen. Das ist Ottokraftstoff, der einen maximalen Sauerstoffgehalt von 2,7 Massenprozent und einen maximalen Ethanolgehalt von 5 Volumenprozent hat. Derartige Sorten müssen an einer Tankstelle angeboten werden, sofern dort auch E 10 angeboten wird. Mittlerweile sind die Spezifikationen zu E 10 auch in der DIN EN 228, Ausgabe August 2017, enthalten, so dass die Bezugnahme in § 3 Abs. 1 auf die nationale Norm E DIN 51626-1 entfallen konnte.

B. Entstehungsgeschichte

I. Die Vorgängerverordnungen

Die 10. BImSchV vom 8. Dezember 2010 hat gleich drei Verordnungen ersetzt. **4**
Zugleich mit dem Inkrafttreten am 14. Dezember 2010 sind die Verordnung über die Beschaffenheit und die Auszeichnung der Qualitäten von Kraftstoffen (10. BImSchV) vom 27. Januar 2009 (BGBl. I S. 123), die **Verordnung über den Schwefelgehalt bestimmter flüssiger Kraft- und Brennstoffe** (3. BImSchV) vom 24. Juni 2002 (BGBl. I S. 2243, geändert durch Verordnung vom 3. Juli 2009, BGBl. I S. 1720) und die **Verordnung über Chlor- und Bromverbindungen als Kraftstoffzusatz** (19. BImSchV) vom 17. Januar 1992 (BGBl. I S. 75, geändert durch Gesetz vom 21. Dezember 2000, BGBl. I S. 1956/1963) außer Kraft getreten.

Die 10. BImSchV vom 27. Januar 2009 hatte bereits mehrere Vorgängerverordnungen. **5**
Die erste 10. BImSchV aus dem Jahr 1978 bezog sich auf Beschränkungen von PCB, PCT und VC. Diese Verordnung ist im Jahr 1989 durch die auf das Chemikaliengesetz gestützte PCB-, PCT-, VC-Verbotsverordnung ersetzt worden, die ihrerseits wiederum in der Chemikalien-Verbotsverordnung aufgegangen ist. Im Hinblick auf die nunmehr in der 10. BImSchV geregelte Materie war die **Benzinqualitätsverordnung (10. BImSchV) vom 27. Juni 1988** (BGBl. I S. 969) die erste Vorläuferin der geltenden Verordnung. Die Verordnung wurde nach etwas mehr als fünf Jahren durch die **Verordnung über die Beschaffenheit und die Auszeichnung der Qualitäten von Kraftstoffen** (10. BImSchV) vom 13. Dezember 1993 (BGBl. I S. 2036) abgelöst. Nach weiteren zehn Jahren ersetzte die gleich lautende Verordnung vom 24. Juni 2004 (BGBl. I S. 1342) diese Verordnung wieder. Die Neuregelung im Jahr 2004 war vor allem durch die Vorgaben des Gemeinschaftsrechts erforderlich geworden (→ Rn. 13). Mit der 10. BImSchV aus dem Jahr 2009 wurden die genannten Ziele weiter verfolgt und der Einsatz von Biokraftstoffen verstärkt gefördert.

Die erste Fassung der nunmehr aufgehobenen 3. BImSchV, durch die die Richtlinie **6**
1999/32/EG in deutsches Recht umgesetzt werden sollte, hatte die Bundesregierung im Jahr 2000 vorgelegt (BR-Drs. 826/00). Nach langwierigen Auseinandersetzungen mit dem Bundesrat über die Kennzeichnung von leichtem Heizöl als „schwefelfrei" ist die Verordnung am 29. Juni 2002 in Kraft getreten. Eine Änderung erfuhr die 3. BImSchV im Jahr 2009, als sich Anpassungsbedarf im Bereich der Schiffskraftstoffe ergeben hatten (vgl. BR-Drs. 293/09).

7 Die ebenfalls aufgehobene 19. BImSchV hatte mit Wirkung vom 25. Juli 1992 an die Verwendung von Chlor- und Bromverbindungen als Kraftstoffzusatz unterbunden. Hintergrund war der vermehrte Nachweis von Dioxinen und Furanen in der Nähe von Straßen, die auf die motorinterne Verbrennung chlor- und bromhaltiger Zusätze in verbleitem Benzin zurückgeführt wurden (vgl. BR-Drs. 551/91, S. 4f.).

II. Die Verordnung vom 8. Dezember 2010

8 Mit der neuen Verordnung über die Beschaffenheit und die Auszeichnung der Qualitäten von Kraft- und Brennstoffen verfolgen die Verordnungsgeber im Wesentlichen zwei Ziele: Neben der Zusammenfassung der Anforderungen an Kraft- und Brennstoffe in einer einzigen Verordnung ging es um die Anpassung an die Änderungen der zu Grunde liegenden Richtlinien 98/70/EG und 1999/32/EG durch die Richtlinie 2009/30/EG (ABl. L 140, S. 88ff.). Dazu gehört auch die Einführung von Ottokraftstoffen mit einem Anteil an Bioethanol von bis zu 10 Volumenprozent. Die Bundesregierung begründet die von ihr am 27. Oktober 2010 beschlossene Verordnung im allgemeinen Teil wie folgt (BR-Drs. 675/10, S. 23f.):

„Diese Verordnung dient der Umsetzung der Richtlinie 98/70/EG des Europäischen Parlaments und des Rates vom 13. Oktober 1998 über die Qualität von Otto- und Dieselkraftstoffen und zur Änderung der Richtlinie 93/12/EWG des Rates (ABl. L 350 vom 28.12.1998, S. 58) sowie der Richtlinie 1999/32/EG des Rates vom 26. April 1999 über eine Verringerung des Schwefelgehaltes bestimmter flüssiger Kraft- oder Brennstoffe und zur Änderung der Richtlinie 93/12/EWG (ABl. L 121 vom 11.5.1999, S. 13). Beide Richtlinien wurden zuletzt durch die Richtlinie 2009/30/EG (ABl. L 140 vom 5.6.2009, S. 88) geändert, was zu Umsetzungsbedarf führt. Die in den Richtlinien festgelegten stofflichen Anforderungen an Kraftstoffe und Brennstoffe sowie weitere nationale Bestimmungen sind derzeit in folgenden Verordnungen zum Bundes-Immissionsschutzgesetz geregelt:

- Verordnung über den Schwefelgehalt bestimmter flüssiger Kraft- oder Brennstoffe (3. BImSchV)
- Verordnung über die Beschaffenheit und Auszeichnung der Qualitäten von Kraftstoffen (10. BImSchV)
- Verordnung über Chlor- und Bromverbindungen als Kraftstoffzusatz (19. BImSchV).

Mit der vorgelegten Verordnung werden die stofflichen Anforderungen an Kraftstoffe und Brennstoffe zukünftig in einer Verordnung zusammengefasst. Dies entspricht zugleich einem Anliegen des Bundesrats (vgl. Beschluss vom 15.5.2009 BR-Drs. 293/09).

Mit der vorgelegten Verordnung werden insbesondere die Beimischungsgrenzen für Ethanol im Ottokraftstoff in dem Rahmen erhöht, der nunmehr nach der Änderung der Richtlinie 98/70/EG zuzulassen ist. Die Beimischungsgrenze für Ethanol wird von bisher 5 Volumenprozent auf 10 Volumenprozent Ethanol erhöht.

Die Qualitätsanforderungen für Ottokraftstoff mit einem Höchstgehalt von 10 Volumenprozent Ethanol (E10) sind in der E DIN 51626-1, Ausgabe November 2010, festgelegt und werden in die Verordnung aufgenommen. Zugleich werden nach den Vorgaben der Richtlinie 98/70/EG Anforderungen an Bestandschutzsorten mit einem maximalen Sauerstoffgehalt von 2,7 Massenprozent und einem maximalen Ethanolgehalt von 5 Volumenprozent (E5) nach der selben DIN Norm in die Verordnung aufgenommen. Die Verordnung sieht eine Regelung zum Anbieten der Bestandsschutzsorten und zur Information der Verbraucher vor. Ottokraftstoff nach den Anforderungen der bisher zitierten DIN EN 228 (Ethanol-Höchstgehalt 5 Volumenprozent), deren Verweis auf die aktuell gültige DIN-Norm vom November 2008 angepasst wird, bleibt weiterhin zugelassen.

Nach Anpassung der europäischen Norm für Dieselkraftstoff an die Anforderungen der Richtlinie 98/70/EG wird die nationale Norm DIN 51628, Ausgabe August 2008, nicht mehr benötigt und entfällt durch Verweis auf die neue Fassung der Norm für Dieselkraftstoff, DIN EN 590, Ausgabe Mai 2010.

Die Verweise auf die Anforderungsnormen für Biodiesel und Flüssiggas werden den aktuell gültigen Normen DIN EN 14214, Ausgabe April 2010, bzw. DIN EN 589, Ausgabe November 2008, angepasst.

Die Kennzeichnungspflicht für Kraftstoffe mit metallischen Additiven wird in dieser Verordnung erstmals aufgenommen, wodurch die in der letzen Änderung neu eingeführte Vorgabe der Richtlinie 98/70/EG umgesetzt wird.

Der Schwefelgehalt bei Dieselkraftstoff für mobile Maschinen und Geräte (einschließlich Binnenschiffe) wird nach der Vorgabe der Richtlinie 98/70/EG ab dem Jahr 2011 von 1000 Milligramm pro Kilogramm Dieselkraftstoff auf 10 Milligramm pro Kilogramm Dieselkraftstoff gesenkt.

Die Verordnung soll auch nach dem WTO-Übereinkommen über technische Handelshemmnisse notifiziert werden."

Der Bundesrat hat der Verordnung am 26. November 2010 ohne Änderungen zugestimmt. Zugleich hat er folgende Entschließung gefasst (BR-Drs. 675/10 – Beschluss): 9

„Der Bundesrat bittet die Bundesregierung, bei der EU darauf hinzuwirken, dass das ab 1. Januar 2011 geltende Verwendungsverbot von Dieselkraftstoff mit einem Schwefelgehalt von mehr als 10 Milligramm pro Kilogramm in Binnenschiffen und Sportbooten (vgl. § 4 Absatz 2) zügig auf die gesamte Binnenschifffahrt einschließlich der auf Binnengewässern befindlichen Seeschiffe (flussgängige Seeschiffe) übertragen wird.

Die Bundesregierung wird außerdem gebeten, nach Änderung des geltenden EU-Rechts im vorgenannten Sinne unverzüglich eine Anpassung der 10. BImSchV vorzunehmen."

Damit konnte die neue 10. BImSchV am 8. Dezember 2010 ausgefertigt und am 13. Dezember 2010 im Bundesgesetzblatt (Teil I S. 1849) verkündet werden. Gemäß § 21 trat sie am 14. Dezember 2010 in Kraft; zugleich traten die 3. BImSchV, die 19. BImSchV und die 10. BImSchV vom 27. Januar 2009 außer Kraft. Eine redaktionelle Änderung erfuhr die 10. BImSchV durch Art. 8 der Verordnung zur Umsetzung der Richtlinie über Industrieemissionen vom 2.5.2013 (BGBl. I S. 1021) in § 10 Absatz 2 Satz 2 Nummer 1. Dort wurde der Verweis auf die 13. BImSchV an die geänderte Bezeichnung dieser Verordnung angepasst. 10

III. Die Erste Verordnung zur Änderung der 10. BImSchV vom 1. Dezember 2014

Anlass für den Erlass der Ersten Verordnung zur Änderung der 10. BImSchV vom 1.12.2014 (BGBl. I S. 1890) war die Notwendigkeit der Aktualisierung der Verordnung an mehreren Stellen. Sowohl die Richtlinie 1999/32/EG hinsichtlich des Schwefelgehalts von Schiffskraftstoffen als auch die Richtlinie 98/70/EG über die Qualität von Otto- und Dieselkraftstoffen waren geändert worden, so dass sich ein Umsetzungsbedarf ergab. Zusätzlich sind die Normverweise aktualisiert worden und die Kraftstoffqualität „Normal" wurde gestrichen. Erstmals aufgenommen wurden hingegen Qualitätsanforderungen für Pflanzenölkraftstoffe – alle Saaten – in § 9 Abs. 2 (vgl. dazu auch die Begründung der Bundesregierung, BR-Drs. 492/14, S. 15f.). 10a

IV. Die Verordnung zur Umsetzung der Richtlinie 2014/94/EU

Anlass für eine erneute Änderung der 10. BImSchV bot die Umsetzungsverpflichtung hinsichtlich der Richtlinie 2014/94/EU des Europäischen Parlaments und des Rates vom 22. Oktober 2014 über den Aufbau der Infrastruktur für alternative Kraftstoffe (ABl. L 307 vom 28.10.2014, S. 1ff.). Nach Ablauf der Umsetzungsfrist am 18. November 2016 hatte die Kommission bereits ein Vertragsverletzungsverfahren gegen die Bundesrepublik eingeleitet. Als alternative Kraftstoffe sieht die Richtlinie in einer nicht abschließenden Aufzählung Elektrizität, Wasserstoff, Biokraftstoffe, synthetische und paraffinhaltige Kraftstoffe, Erdgas und Flüssiggas an (Art. 2 Nr. 1). Soweit es um in der Richtlinie 10b normierte Kennzeichnungspflichten zur Kompatibilität zwischen Fahrzeugen und Kraftstoffen geht, fällt dies in den Regelungsgehalt der 10. BImSchV. Auch die Aufnahme von Wasserstoff als Kraftstoff in § 9a fügt sich ohne weiteres in den Kanon der anderen Kraftstoffe ein. Zweifel sind hingegen angebracht, ob die Vorschriften zur Ladeinfrastruktur für Elektrofahrzeuge (§ 13 Abs. 6) von den in der Präambel genannten Verordnungsermächtigungen gedeckt sind (vgl. dazu → Rn. 12a).

C. Übereinstimmung mit der Ermächtigungsgrundlage und mit den unionsrechtlichen Vorgaben

I. Eingangsformel der Verordnung

11 Die Erste Verordnung zur Änderung der 10. BImSchV enthält eine Präambel, die sämtliche Regelungen der gesamten Verordnung und nicht nur die geänderten Teile erfasst. Damit wird die Präambel der Verordnung vom 8.12.2010 inhaltlich unverändert auf den aktuellen Gesetzesstand gebracht:

„Es verordnen auf Grund
– des § 34 Absatz 1 und 3 des Bundes-Immissionsschutzgesetzes in der Fassung der Bekanntmachung vom 17. Mai 2013 (BGBl. I S. 1274) die Bundesregierung nach Anhörung der beteiligten Kreise,
– des § 34 Absatz 2 und des § 37 Satz 1 des Bundes-Immissionsschutzgesetzes und auf Grund des § 2a Absatz 3 des Benzinbleigesetzes, der durch Artikel 1 Nummer 3 des Gesetzes vom 25. November 1975 (BGBl. I S. 2919) eingefügt worden ist, die Bundesregierung,
– des § 3 Absatz 1 Nummer 2 Buchstabe a in Verbindung mit Absatz 2 Nummer 2 und Absatz 5 Satz 1 und 2 des Binnenschifffahrtsaufgabengesetzes, von denen die Absätze 1 und 5 zuletzt durch Artikel 313 Nummer 2 Buchstabe a und b der Verordnung vom 31. Oktober 2006 (BGBl. I S. 2407) geändert worden sind und Absatz 2 durch Artikel 1 Nummer 3 Buchstabe b des Gesetzes vom 19. Juli 2005 (BGBl. I S. 2186) geändert worden ist, in Verbindung mit § 1 Absatz 2 des Zuständigkeitsanpassungsgesetzes vom 16. August 2002 (BGBl. I S. 3165) und dem Organisationserlass der Bundeskanzlerin vom 17. Dezember 2013 (BGBl. I S. 4310) das Bundesministerium für Verkehr und digitale Infrastruktur und das Bundesministerium für Umwelt, Naturschutz, Bau und Reaktorsicherheit im Einvernehmen mit dem Bundesministerium für Arbeit und Soziales sowie
– des § 38 Absatz 2 des Bundes-Immissionsschutzgesetzes in der Fassung der Bekanntmachung vom 17. Mai 2013 (BGBl. I S. 1274) in Verbindung mit § 1 Absatz 2 des Zuständigkeitsanpassungsgesetzes vom 16. August 2002 (BGBl. I S. 3165) und dem Organisationserlass der Bundeskanzlerin vom 17. Dezember 2013 (BGBl. I S. 4310) das Bundesministerium für Verkehr und digitale Infrastruktur und das Bundesministerium für Umwelt, Naturschutz, Bau und Reaktorsicherheit nach Anhörung der beteiligten Kreise:“

11a Einen anderen Weg wählt die Verordnung zur Umsetzung der Richtlinie 2014/84/EU und weiterer immissionsschutzrechtlicher Rechtsakte der Europäischen Union vom 13.12.2019, mit der neben der 10. BImSchV auch die 30. BImSchV geändert wird, so dass die gesamte Änderungsverordnung auch auf Verordnungsermächtigungen aus § 7 BImSchG gestützt werden musste:

„Es verordnen
– die Bundesregierung auf Grund des § 7 Absatz 1 Satz 1 Nummer 1, 2 und 3 und des § 34 Absatz 1 und 3 des Bundes-Immissionsschutzgesetzes in der Fassung der Bekanntmachung vom 17. Mai 2013 (BGBl. I S. 1274) nach Anhörung der beteiligten Kreise sowie auf Grund des § 34 Absatz 2 und des § 37 Satz 1 des Bundes-Immissionsschutzgesetzes in der Fassung der Bekanntmachung vom 17. Mai 2013 (BGBl. I S. 1274) sowie des § 2a Absatz 3 des Benzinbleigesetzes, der durch Artikel 1 Nummer 3 des Gesetzes vom 25. November 1975 (BGBl. I S. 2919) eingefügt *worden ist*,

– das Bundesministerium für Verkehr und digitale Infrastruktur auf Grund des § 36 Absatz 3 des Gesetzes über Ordnungswidrigkeiten, der durch Artikel 1 Nummer 5 Buchstabe b des Gesetzes vom 26. Januar 1998 (BGBl. I S. 156) geändert worden ist,
– das Bundesministerium für Verkehr und digitale Infrastruktur und das Bundesministerium für Umwelt, Naturschutz und nukleare Sicherheit auf Grund des § 38 Absatz 2 Satz 1 des Bundes-Immissionsschutzgesetzes, der durch Artikel 76 Nummer 2 der Verordnung vom 31. August 2015 (BGBl. I S. 1474) geändertworden ist, in Verbindung mit § 1 Absatz 2 des Zuständigkeitsanpassungsgesetzes vom 16. August 2002 (BGBl. I S. 3165) und dem Organisationserlass vom 14. März 2018 (BGBl. I S. 374) nach Anhörung der beteiligten Kreise sowie
– das Bundesministerium für Wirtschaft und Energie auf Grund des § 49 Absatz 4 Satz 1 Nummer 1 des Energiewirtschaftsgesetzes, der zuletzt durch Artikel 1 Nummer 15 des Gesetzes vom 26. Juli 2016 (BGBl. I S. 1786) geändert worden ist:“

II. Übereinstimmung mit den Ermächtigungsgrundlagen

Durch die angeführten Ermächtigungsgrundlagen sind alle Bestimmungen der 10. BImSchV abgedeckt. Soweit mit der 10. BImSchV Anforderungen aus den in der Fußnote zum Normkopf zitierten Richtlinien 98/70/EG und 2016/802 erfüllt werden, ist § 37 bereits eine hinreichende Ermächtigungsgrundlage (→ BImSchG § 37 Rn. 1 ff.). Die Bestimmungen können darüber hinaus auf weitere Grundlagen gestützt werden. Die Beschaffenheitsanforderungen in §§ 2 bis 10 sowie die Gleichwertigkeitsklausel in § 11 konnten auf § 34 Abs. 1 BImSchG, die Auszeichnungspflichten an den Zapfsäulen und Tankstellen in § 13 – mit Ausnahme der Auszeichnungpflicht für Ladepunkte in § 13 Abs. 6 – konnten auf § 2a Abs. 3 BzBlG und auf § 34 Abs. 2 Nr. 6 BImSchG gestützt werden. Nach § 34 Abs. 1 Satz 4 in Verbindung mit § 7 Abs. 5 BImSchG ist die Bezugnahme auf technische Normen grundsätzlich zulässig; die Bezugsquelle der technischen Normen wird in § 17 genannt. § 14 Abs. 1 findet seine Grundlage in § 34 Abs. 2 Nr. 7 und 37 BImSchG, § 14 Abs. 2 in § 34 Abs. 2 Nr. 5 und § 15 in § 38 Abs. 2 BImSchG. Die in § 19 vorgesehenen Nachweis- und Meldepflichten des Einführers können auf § 34 Abs. 2 Nrn. 1 bis 4 BImSchG gestützt werden. §§ 16 bis 22 enthalten Annexregelungen, die von den zitierten Vorschriften mit erfasst werden (vgl. zur Reichweite der Ermächtigungen in § 34 BImSchG: *Scheidler* WiVerw 2012, 227). **12**

Keine Grundlage in den erwähnten Vorschriften des Bundes-Immissionsschutzgesetzes oder des Benzinbleigesetzes finden hingegen die auf Elektrizität als Antriebsenergie Bezug nehmenden Regelungen in § 13 Abs. 6 und § 15, mit denen Anforderungen der Richtlinie 2014/94/EU umgesetzt werden. Auch wenn § 1 Abs. 18 Satz 2 Nr. 1 Elektrizität als alternativen *Kraftstoff* definiert, handelt es sich nicht um einen Brenn-, Treib- oder Schmierstoff. Konsequenterweise stützt sich die 10. BImSchV daher nun auch auf die Verordnungsermächtigung in § 49 Abs. 3 Satz 1 Nummer 1 des Energiewirtschaftsgesetzes, wonach Anforderungen an die technische Sicherheit von Ladepunkten, ihre Errichtung und ihren Betrieb festgelegt werden können. Nicht unberechtigt ist dabei der Einwand, dass die hier in Rede stehenden verbraucherschützenden Regelungen zumindest ebenso gut in der Ladesäulenverordnung vom 9. März 2016 (BGBl. I S. 457) aufgehoben wären. **12a**

III. Übereinstimmung mit europäischem Unionsrecht

Unionsrechtliche Anforderungen an das Inverkehrbringen von Dieselkraftstoff und bestimmten Gasölen waren erstmals in der Richtlinie 75/716/EWG vom 24. November 1975 (ABl. L 307; S. 22 ff.) enthalten und wurden danach mehrfach geändert und **13** verschärft. Maßgebend ist nunmehr die Richtlinie (EU) 2016/802 vom 11. Mai 2016 über eine Verringerung des Schwefelgehalts bestimmter flüssiger Kraft- oder Brennstoffe (ABl. L 132, S. 58 ff.), mit der die mehrfach geänderte Richtlinie 1999/32/EG kodifiziert wurde. Die in Art. 3 bis 7 der Richtlinie (EU) 2016/802 enthaltenen Regelungen über den maximalen Schwefelgehalt entsprechen denen in § 4 Abs. 2 bis 5 der 10. BImSchV.

14 Mit dem Erlass der 10. BImSchV vom 24. Juni 2004 setzte die Bundesrepublik Deutschland unionsrechtliche Vorgaben mit dem Ziel der Qualitätssicherung bei Kraftstoffen und der Förderung erneuerbarer Kraftstoffe um. Diese Absicht hat auch die 10. BImSchV vom 8. Dezember 2010, in der durch die Erste Änderungsverordnung vom 1. Dezember 2014 geänderten Fassung, was auch in der amtlichen Fußnote zum Ausdruck kommt:

„Die Verordnung dient der Umsetzung der
- Richtlinie 2012/33/EU des Europäischen Parlaments und des Rates vom 21. November 2012 zur Änderung der Richtlinie 1999/32/EG des Rates hinsichtlich des Schwefelgehalts von Schiffskraftstoffen (ABl. L 327 vom 27.11.2012, S. 1) und
- Richtlinie 98/70/EG des Europäischen Parlaments und des Rates vom 13. Oktober 1998 über die Qualität von Otto- und Dieselkraftstoffen und zur Änderung der Richtlinie 93/12/EWG des Rates (ABl. L 350 vom 28.12.1998, S. 58), die zuletzt durch die delegierte Richtlinie 2014/77/EU (ABl. L 170 vom 11.6.2014, S. 62) geändert worden ist."

15 Im Zuge einer erneuten Änderung der 10. BImSchV wurde die amtliche Fußnote nicht nur aktualisiert (vgl. → Rn. 13), sondern auch um den Verweis auf die Richtlinie 2014/94/EU über den Aufbau der Infrastruktur für alternative Kraftstoffe (vgl. → Rn. 10b) ergänzt. Wesentliche Inhalte dieser Richtlinie waren bereits mit der Festlegung eines nationalen Strategierahmens über den Aufbau der Infrastruktur für alternative Kraftstoffe durch Kabinettsbeschluss vom 9. November 2016 sowie den Erlass der Ladesäulenverordnung vom 9. März 2016 (BGBl. I S. 457) umgesetzt. Mit der Änderungsverordnung vom 13. Dezember 2019 (BGBl. I S. 2739) wurden nun auch noch diejenigen Anforderungen der Richtlinie 2014/94/EU erfüllt, auf die sich das Vertragsverletzungsverfahren der Kommission bezog. Neben den in Art. 5 Abs. 2 der Richtlinie geforderten Regelungen über Wasserstoff als Kraftstoff, die nun in §§ 9a und 13 der 10. BImSchV enthalten sind, betraf dies die Verbraucher schützenden Regelungen in Art. 7 Abs. 1, 2 und 5 der Richtlinie 2014/94/EU, sofern Elektrizität als alternativer Kraftstoff zum Einsatz kommt (vgl. dazu auch → Rn. 12a).

Inhaltsübersicht

§ 1 Begriffsbestimmungen

(1) **Für diese Verordnung gelten die in den Absätzen 2 bis 18 geregelten Begriffsbestimmungen.**

(2) **Ottokraftstoff ist jedes flüchtige Mineralölerzeugnis im Sinne des Kapitels 27 der Kombinierten Nomenklatur, einschließlich der Zubereitungen mit einem Gehalt an Mineralöl von mindestens 70 Gewichtshundertteilen, in denen diese Öle Grundbestandteil sind, das**

1. **unter die Unterpositionen 2710 12 41, 2710 12 45, 2710 12 49 oder 2710 12 50 der Kombinierten Nomenklatur fällt und**
2. **zum Betrieb von Fahrzeugverbrennungsmotoren mit Fremdzündung bestimmt ist.**

(3) **Dieselkraftstoff ist jedes Gasölerzeugnis im Sinne des Kapitels 27 der Kombinierten Nomenklatur, einschließlich der Zubereitungen mit einem Gehalt an Mineralöl von mindestens 70 Gewichtshundertteilen, in denen diese Öle Grundbestandteil sind, das**

1. **unter die Unterpositionen 2710 20 11, 2710 20 15, 2710 20 17 (bis zu einem Schwefelgehalt von 0,05 Gewichtshundertteilen), 2710 19 43, 2710 19 46 oder 2710 19 47 (bis zu einem Schwefelgehalt von 0,05 Gewichtshundertteilen) der Kombinierten Nomenklatur fällt und**
2. **verwendet wird zum Antrieb von Fahrzeugen im Sinne**
   a) **der Verordnung (EG) Nr. 715/2007 des Europäischen Parlaments und des Rates vom 20. Juni 2007 über die Typgenehmigung von Kraftfahrzeugen hinsichtlich der Emissionen von leichten Personenkraftwagen und Nutzfahrzeugen (Euro 5 und Euro 6) und über den Zugang zu Reparatur- und Wartungsinformationen für Fahrzeuge (ABl. L 171 vom 29.6.2007, S. 1), die zuletzt durch die Verordnung (EU) 2018/858 (ABl. L 151 vom 14.6.2018, S. 1) geändert worden ist, oder**
   b) **der Verordnung (EG) Nr. 595/2009 des Europäischen Parlaments und des Rates vom 18. Juni 2009 über die Typgenehmigung von Kraftfahrzeugen und Motoren hinsichtlich der Emissionen von schweren Nutzfahrzeugen (Euro VI) und über den Zugang zu Fahrzeugreparatur- und -wartungsinformationen, zur Änderung der Verordnung (EG) Nr. 715/2007 und der Richtlinie 2007/46/EG sowie zur Aufhebung der Richtlinien 80/1269/EWG, 2005/55/EG und 2005/78/EG (ABl. L 188 vom 18.7.2009, S. 1; L 200 vom 31.7.2009, S. 52), die zuletzt durch die Verordnung (EU) 2019/1242 (ABl. L 198 vom 25.7.2019, S. 202) geändert worden ist.**

(4) **Dieselkraftstoff zur Verwendung für mobile Maschinen und Geräte, für land- und forstwirtschaftliche Zugmaschinen sowie für Binnenschiffe und Sportboote ist jeder aus Erdöl gewonnene flüssige Kraftstoff im Sinne des Kapitels 27 der Kombinierten Nomenklatur, einschließlich der Zubereitungen mit einem Gehalt an Mineralöl von mindestens 70 Gewichtshundertteilen, in denen diese Öle der Grundbestandteil sind, der**

1. **unter die Unterpositionen 2710 20 11, 2710 20 15, 2710 20 17 (bis zu einem Schwefelgehalt von 0,05 Gewichtshundertteilen), 2710 19 43, 2710 19 46 oder 2710 19 47 (bis zu einem Schwefelgehalt von 0,05 Gewichtshundertteilen) der Kombinierten Nomenklatur fällt und**
2. **für den Betrieb von Kompressionszündungsmotoren bestimmt ist, die in den folgenden Rechtsakten der Europäischen Union genannt werden:**
   a) **Richtlinie 2013/53/EU des Europäischen Parlaments und des Rates vom 20. November 2013 über Sportboote und Wassermotorräder und zur Aufhe-**

bung der Richtlinie 94/25/EG (ABl. L 354 vom 28.12.2013, S. 90; L 297 vom 13.11.2015, S. 9),

b) **Verordnung (EU) 2016/1628 des Europäischen Parlaments und des Rates vom 14. September 2016 über die Anforderungen in Bezug auf die Emissionsgrenzwerte für gasförmige Schadstoffe und luftverunreinigende Partikel und die Typgenehmigung für Verbrennungsmotoren für nicht für den Straßenverkehr bestimmte mobile Maschinen und Geräte, zur Änderung der Verordnungen (EU) Nr. 1024/2012 und (EU) Nr. 167/2013 und zur Änderung und Aufhebung der Richtlinie 97/68/EG (ABl. L 252 vom 16.9.2016, S. 53; L 231 vom 6.9.2019, S. 29) oder**

c) **Verordnung (EU) Nr. 167/2013 des Europäischen Parlaments und des Rates vom 5. Februar 2013 über die Genehmigung und Marktüberwachung von land- und forstwirtschaftlichen Fahrzeugen (ABl. L 60 vom 2.3.2013, S. 1), die zuletzt durch die Verordnung (EU) 2019/519 (ABl. L 91 vom 29.3.2019, S. 42) geändert worden ist.**

(5) **Schiffskraftstoff ist jeder aus Erdöl gewonnene flüssige Kraft- oder Brennstoff, der zur Verwendung auf einem Schiff bestimmt ist oder auf einem Schiff verwendet wird, einschließlich Kraft- oder Brennstoffen im Sinne der Definition nach DIN ISO 8217, Ausgabe Oktober 2018.**

(6) **Gasöl für den Seeverkehr ist jeder Schiffskraftstoff gemäß der Definition der Güteklassen DMX, DMA und DMZ nach Tabelle 1 der DIN ISO 8217, Ausgabe Oktober 2018, ohne Berücksichtigung des Schwefelgehalts.**

(7) **Schiffsdiesel ist jeder Schiffskraftstoff gemäß der Definition der Güteklasse DMB nach Tabelle 1 der DIN ISO 8217, Ausgabe Oktober 2018, ohne Berücksichtigung des Schwefelgehalts.**

(8) **„Sonstige Schiffskraftstoffe" sind die nicht in den Absätzen 6 und 7 genannten Schiffskraftstoffe.**

(9) **Leichtes Heizöl ist jedes Erdölerzeugnis, einschließlich der Zubereitungen, die Komponenten aus Synthese oder Hydrotreatment oder Komponenten biogener Herkunft enthalten, mit Ausnahme der in den Absätzen 3 bis 8 genannten Kraft- und Brennstoffe, das nach dem Prüfverfahren der DIN EN ISO 3405, Ausgabe April 2011, bei 350 Grad Celsius mindestens 85 oder bei 360 Grad Celsius mindestens 95 Raumhundertteile Destillat ergibt.**

(10) **Schweres Heizöl ist jeder aus Erdöl gewonnene flüssige Kraft- oder Brennstoff mit Ausnahme der in den Absätzen 3 bis 9 genannten Kraft- und Brennstoffe, der nach dem Prüfverfahren der DIN EN ISO 3405, Ausgabe April 2011, bei 250 Grad Celsius weniger als 65 Raumhundertteile Destillat ergibt. Kann die Destillation nicht anhand der Methode DIN EN ISO 3405, Ausgabe April 2011, durchgeführt werden, wird das Erdölerzeugnis ebenfalls als Schweres Heizöl eingestuft.**

(11) **Einführer ist, wer Kraft- oder Brennstoffe gewerbsmäßig oder im Rahmen wirtschaftlicher Unternehmungen einführt.**

(12) **Vermischer ist, wer Kraft- oder Brennstoffe gewerbsmäßig oder im Rahmen wirtschaftlicher Unternehmungen vermischt oder die Vermischung veranlasst.**

(13) **Großverteiler ist, wer Kraft- oder Brennstoffe gewerbsmäßig oder im Rahmen wirtschaftlicher Unternehmungen verteilt und über eine Lagerkapazität von mehr als 1000 Kubikmeter verfügt. Das Verteilen nach Satz 1 schließt die Abgabe an Schiffe ein.**

(14) **Inverkehrbringen ist jedes Überlassen an andere.**

(15) **Kombinierte Nomenklatur ist die Warennomenklatur nach Artikel 1 in Verbindung mit Anhang I der Verordnung (EWG) Nr. 2658/87 des Rates vom 23. Juli 1987 über die zolltarifliche und statistische Nomenklatur sowie den Gemeinsamen**

Zolltarif (ABl. L 256 vom 7.9.1987, S. 1; L 341 vom 3.12.1987, S. 38; L 378 vom 31.12.1987, S. 120; L 130 vom 26.5.1988, S. 42; L 151 vom 8.6.2016, S. 22), die zuletzt durch die Durchführungsverordnung (EU) 2019/13 (ABl. L 3 vom 7.1.2019, S. 1) geändert worden ist, einschließlich ihrer Anmerkungen, in der am 1. Januar 2019 geltenden Fassung.

(16) **Tankstelle ist eine Tankanlage zur Abgabe eines Kraftstoffs – mit Ausnahme von Flüssigerdgas (LNG) – über eine ortsfeste oder mobile Vorrichtung.**

(17) **LNG-Tankstelle ist eine Tankanlage für die Abgabe von Flüssigerdgas (LNG), die aus einer ortsfesten oder mobilen Anlage, einer Offshore-Anlage oder einem anderen System besteht.**

(18) **Alternative Kraftstoffe sind Kraftstoffe oder Energiequellen, die zumindest teilweise als Ersatz für Erdöl als Energieträger für den Verkehrssektor dienen und die zur Reduzierung der Kohlenstoffdioxidemissionen beitragen und die Umweltverträglichkeit des Verkehrssektors erhöhen können. Hierzu zählen insbesondere:**

1. **Elektrizität,**
2. **Wasserstoff,**
3. **Biokraftstoffe gemäß der Definition in Artikel 2 Buchstabe i der Richtlinie 2009/28/EG des Europäischen Parlaments und des Rates vom 23. April 2009 zur Förderung der Nutzung von Energie aus erneuerbaren Quellen und zur Änderung und anschließenden Aufhebung der Richtlinien 2001/77/EG und 2003/30/EG (ABl. L 140 vom 5.6.2009, S. 16; L 216 vom 22.7.2014, S. 5; L 265 vom 5.9.2014, S. 33), die zuletzt durch die Richtlinie (EU) 2015/1513 (ABl. L 239 vom 15.9.2015, S. 1) geändert worden ist,**
4. **synthetische und paraffinhaltige Kraftstoffe,**
5. **Erdgas, einschließlich Biogas, gasförmig (komprimiertes Erdgas (CNG)) und flüssig (verflüssigtes Erdgas (LNG)), und**
6. **Autogas (LPG).**

I. Erdölerzeugnisse und andere Kraft- und Brennstoffe

1 § 1 Abs. 1 bis 10 führen die Begriffsbestimmungen der zuvor von der 3. BImSchV erfassten Erdölerzeugnisse mit denen der Richtlinie 98/70/EG zusammen. Damit enthält die 10. BImSchV eigenständige Definitionen für Ottokraftstoffe und zum Antrieb von Fahrzeugen verwendete Dieselkraftstoffe. Inhaltlich entsprechen diese Definitionen Art. 2 Nrn. 1 bis 3 der Richtlinie 98/70/EG. Die aus der 3. BImSchV übernommenen Definitionen entsprechen Art. 2 lit. b) bis e) der Richtlinie (EU) 2016/802. Da mit der Regelung die Beschaffenheitsanforderungen grundsätzlich zum Zeitpunkt des Inverkehrbringens vorliegen müssen, enthält § 1 Abs. 14 eine eigenständige Definition des Inverkehrbringens. Mit der gewählten Definition bewegt sich die 10. BImSchV in Übereinstimmung mit der bereits zuvor gebräuchlichen Auslegung (vgl. dazu → BImSchG § 32 Rn. 9 f.).

1a Mit der Verordnung zur Umsetzung der Richtlinie 2014/94/EU wurden die Begriffsdefinitionen an den aktuellen Stand der in Bezug genommenen Vorschriften gebracht. Im Einzelnen begründet die Bundesregierung die Änderungen wie folgt (BR-Drs. 486/19, S. 44 f.):

„§ 1 übernimmt inhaltlich die bisherigen Begriffsbestimmungen des § 1 der 10. BImSchV in aktualisierter Fassung mit Blick auf die Nummern der Kombinierten Nomenklatur und zitierten *Richtlinien, Verordnungen und die* Kombinierte Nomenklatur.

Die Begriffsbestimmungen für Otto- und Dieselkraftstoff werden zur Klarstellung, dass neben Mischkraftstoffen wie E5, E10 und B7 auch synthetische Kraftstoffe unter die jeweiligen Definitionen fallen, an die Benennung der Kombinierten Nomenklatur angepasst. Die Anmerkungen aus Kapitel 27 der Kombinierten Nomenklatur nach Artikel 1 der Verordnung (EWG) Nr. 2658/87 des Rates vom 23. Juli 1987 über die zolltarifliche und statistische Nomenklatur sowie den Gemeinsamen Zolltarif (ABl. L 256 vom 7.9.1987, S. 1, L 341 vom 3.12.1987, S. 38, L 378 vom 31.12.1987, S. 120, L 130 vom 26.5.1988, S. 42), die zuletzt durch die Durchführungsverordnung (EU) Nr. 2018/1602 (ABl. L 273 vom 31.10.2018, S. 1) geändert worden ist, in der am 1. Januar 2019 geltenden Fassung, bleiben dabei unberührt. Insbesondere gilt gemäß Kapitel 27, Anmerkung 2 in der Kombinierten Nomenklatur, dass unter der Bezeichnung „Erdöl und Öl aus bituminösen Mineralien“ in der Position 2710 neben Erdöl und Öl aus bituminösen Materialien auch ähnliche Öle ohne Rücksicht auf das Herstellungsverfahren zu verstehen sind, in denen die nicht aromatischen Bestandteile im Gewicht gegenüber den aromatischen Bestandteilen überwiegen. Auch paraffinischer Diesel ist ein „ähnliches Öl“ im Sinne der genannten Anmerkung. Er fällt somit unter den Begriff „Erdöl und Öl aus bituminösen Mineralien“, weil die Einordnung in der Nomenklatur vom Herstellungsverfahren (Raffination oder Synthese) und der Quelle (fossil oder biogen) unabhängig erfolgt. In der Begriffsbestimmung wird die Nomenklatur durch Bezug auf die Nummern 2710 12 41, 2710 12 45, 2710 12 49, 2710 12 50, 2710 20 11, 2710 20 15, 2710 20 17 (bis zu einem Schwefelgehalt von 0,05 Gewichtshundertteilen), 2710 19 43, 2710 19 46 oder 2710 19 47 (bis zu einem Schwefelgehalt von 0,05 Gewichtshundertteilen) dem aktuellen Stand angepasst, wobei die Richtlinie 98/70/EG weiterhin 1:1 umgesetzt wird.

…

Weitere Verweise auf Normen und Europäische Rechtsvorschriften werden aktualisiert. Es erfolgt eine Klarstellung zur Möglichkeit der Zugabe von Brenn- oder Kraftstoffen biogener Herkunft, bzw. aus Synthese oder Hydrotreatment, deren Ausgangsstoffe Gase, Biomasse oder Kohle sein können, zu Kraftstoffen. Bei Heizölen bleiben die Anforderungen an die Brennstoffe in den einschlägigen DIN-Normen unberührt. Die Begriffsbestimmungen von „Gasöl für den Seeverkehr“ und „Schiffsdiesel“ entsprechen den Vorgaben der Richtlinie 2016/802/EU.

In Absatz 10 wird mit Satz 2 ein Auffangtatbestand für Schweres Heizöl ergänzt.

Die Begriffe Tankstelle, LNG-Tankstelle sowie Alternative Kraftstoffe wurden hinzugefügt, um Begriffsbestimmungen der Richtlinie 2014/94/EU umzusetzen.“

II. Einführer

§ 1 Abs. 11 enthält eine besondere Definition des Einführers im Sinne der 10. BImSchV. Die Regelung wurde aus § 2 Abs. 4 der 3. BImSchV übernommen und ist weiterhin erforderlich, weil nach der Ermächtigung des § 34 BImSchG nur das gewerbsmäßige oder im Rahmen einer wirtschaftlichen Unternehmung durchgeführte Einführen erfasst und damit auch nur einem entsprechenden Einführer Nachweis- und Meldepflichten (vgl. § 19) auferlegt werden können (vgl. → BImSchG § 34 Rn. 21). Wegen des Begriffs des Einführers wird im Übrigen auf die Erläuterungen zu → BImSchG § 32 Rn. 9–12 verwiesen. 2

III. Vermischer

Durch § 1 Abs. 12 soll der in §§ 14 Abs. 2 und 18 Abs. 2 verwandte Begriff des Vermischers näher bestimmt werden. Die „Definition“, die bereits in § 2 Abs. 5 der 3. BImSchV enthalten war, ist jedoch nicht aussagekräftig, da ein Begriff („Vermischer“) mit demselben Begriff („vermischt“) umschrieben wird. Sie lässt zahlreiche Fragen offen, nämlich: 3

– Wird jedes Zusammenfügen von leichtem Heizöl bzw. Dieselkraftstoff aus verschiedenen Beständen erfasst?

– Muss (objektiv) ein homogenes Gemisch hergestellt werden?
– Muss die Herstellung eines homogenen Gemischs oder zumindest das Zusammenfügen ganz bestimmter Mengen beabsichtigt sein (finale Betrachtung)?
– Müssen besondere Einrichtungen zur Vermischung verwandt werden (zB Umwälzpumpe)?
– Muss nach dem Zusammenfügen der Stoffe noch ein Überlassen an andere beabsichtigt sein?

Sicher ist, dass nach dem Zweck der 10. BImSchV nicht jedes – ggf. zufällige – Zusammenfügen von Kraft- oder Brennstoff als Vermischung im Sinne der Definition angesehen werden kann; andernfalls müsste der Eigentümer eines Einfamilienhauses, in dessen Tank für die Gebäudeheizung leichtes Heizöl nachgefüllt wird, nach § 14 Abs. 2 ein Tankbelegbuch führen. Andererseits wird man aber auch nicht nur die Herstellung eines homogenen Gemischs mit Hilfe besonderer Apparaturen als Vermischung ansehen können; die Anforderungen der §§ 14 Abs. 2 und 18 Abs. 2 könnten dann zu leicht umgangen werden. Eine vernünftige Eingrenzung erscheint nur dadurch möglich, dass man auf das Ziel des Zusammenfügens der Stoffe abstellt: Soll der Schwefelgehalt verändert werden, ist eine Vermischung anzunehmen, andernfalls nicht.

§ 2 Chlor- und Bromverbindungen

(1) **Kraftstoffe für Kraftfahrzeuge im Sinne des § 1 Absatz 2 des Straßenverkehrsgesetzes dürfen nur dann gewerbsmäßig oder im Rahmen wirtschaftlicher Unternehmungen in den Verkehr gebracht werden, wenn sie keine Chlor- oder Bromverbindungen als Zusatz enthalten.**

(2) **Chlor- und Bromverbindungen als Zusatz zu Kraftstoffen nach Absatz 1 dürfen gewerbsmäßig oder im Rahmen wirtschaftlicher Unternehmungen nicht in den Verkehr gebracht werden.**

(3) **Die Absätze 1 und 2 gelten nicht für das Inverkehrbringen zum Zweck der Forschung, Entwicklung oder Analyse.**

§ 2 übernimmt inhaltlich die Kernregelung der aufgehobenen 19. BImSchV. Gegenüber der dortigen Formulierung wurde lediglich der Bezug auf die Verwendung für Kraftfahrzeuge im Sinne des Straßenverkehrsgesetzes neu aufgenommen. Absatz 1 untersagt das Inverkehrbringen von Kraftstoffen, denen bewusst Chlor- oder Bromverbindungen zugesetzt wurden, während Absatz 2 das Inverkehrbringen von Chlor- oder Bromverbindungen untersagt, sofern diese als Kraftstoffzusatz dienen sollen.

§ 3 Anforderungen an Ottokraftstoffe; Bestandsschutzsortenregelung

(1) **Ottokraftstoff darf nur dann gewerbsmäßig oder im Rahmen wirtschaftlicher Unternehmungen gegenüber dem Letztverbraucher in den Verkehr gebracht werden, wenn er den Anforderungen der DIN EN 228, Ausgabe August 2017, genügt.**

(2) **Wer Ottokraftstoffe nach Absatz 1 der Qualität „Super" mit mehr als 5 Volumenprozent Ethanol anbietet, ist verpflichtet, an derselben Abgabestelle auch Ottokraftstoffe nach Absatz 1 der Qualität „Super" mit einem maximalen Sauerstoffgehalt von 2,7 Massenprozent und einem maximalen Ethanolgehalt von 5 Volumenprozent anzubieten.**

(3) **Wer Ottokraftstoffe nach Absatz 1 der Qualität „Super Plus" mit mehr als 5 Volumenprozent Ethanol anbietet, ist verpflichtet, an derselben Abgabestelle**

auch Ottokraftstoffe nach Absatz 1 der Qualität „Super Plus“ mit einem maximalen Sauerstoffgehalt von 2,7 Massenprozent und einem maximalen Ethanolgehalt von 5 Volumenprozent anzubieten.

(4) **An Abgabestellen, an denen im Durchschnitt der zwei jeweils vorangegangenen Kalenderjahre weniger als 500 Kubikmeter Ottokraftstoffe nach Absatz 1 in den Verkehr gebracht wurden, gelten die Verpflichtungen nach Absatz 2 und Absatz 3 nicht. Die Voraussetzungen des Satzes 1 sind durch geeignete Belege gegenüber der zuständigen Behörde auf Verlangen nachzuweisen.**

(5) **Zweitaktmischungen zur Verwendung in Zweitakt-Ottomotoren dürfen nur dann gewerbsmäßig oder im Rahmen wirtschaftlicher Unternehmungen gegenüber dem Letztverbraucher in den Verkehr gebracht werden, wenn derdafür verwendete Ottokraftstoff vor der Herstellung der Mischung den Anforderungen der DIN EN 228, Ausgabe August 2017, genügt hat.**

Nach der ursprünglichen Konzeption der 10. BImSchV waren die einzelnen Kraftstoffe mit einem Veräußerungsverbot belegt, sofern sie nicht die Beschaffenheitsanforderungen erfüllten, die sich aus den statischen Verweisungen auf außerrechtliche Normen ergaben. Demgegenüber wird nunmehr in den §§ 2 bis 10 auf den Tatbestand des Inverkehrbringens abgestellt, der in § 1 Abs. 14 als jedes Überlassen an andere definiert wird. Damit wird der auch im Bundes-Immissionsschutzgesetz verwendete Begriff übernommen (vgl. dazu die Erläuterungen zu → BImSchG § 37a Rn. 1). Die Bundesregierung begründet ihre Fassung der Verordnung vom 8.12.2010 wie folgt (BR-Drs. 675/10, S. 30f.): 1

„§ 3 Absatz 1 entspricht § 1 der 10. BImSchV unter Berücksichtigung der neuen Definition des „In Verkehr bringen“. Letztverbraucher ist derjenige, der am Ende der geschäftlichen/gewerbsmäßigen Lieferkette steht. Das sind unter anderem die Endkunden an der Tankstelle, aber auch Tankstellen selbst, die lediglich einem privaten Fahrzeugpark dienen. Daneben wurde die Vorschrift sprachlich vereinfacht.

Durch § 3 Absatz 1 wird neben Ottokraftstoff, der der aktualisierten Norm DIN EN 228, Ausgabe November 2008, entspricht, zusätzlich Ottokraftstoff, der der neuen Norm E DIN 51626-1, Ausgabe November 2010, entspricht, aufgenommen. Der Verweis auf die Norm E DIN 51626-1, Ausgabe November 2010, eröffnet die Möglichkeit, E10-Kraftstoff anzubieten. Ottokraftstoff nach der E DIN 51626-1, Ausgabe November 2010, lässt einen Höchstgehalt von 10 Volumenprozent Ethanol zu, sowie eine Bestandsschutzsorte mit einem Höchstgehalt von 5 Volumenprozent Ethanol und einem maximalen Sauerstoffgehalt von 2,7 Massenprozent nach den Anforderungen der Richtlinie 98/70/EG.

In den Absätzen 2 und 3 werden zur Umsetzung der Richtlinie 98/70/EG die Anbieter, die Kraftstoff mit 10 Volumenprozent Ethanol anbieten, verpflichtet, sicherzustellen, dass zugleich Ottokraftstoff der entsprechenden Qualität mit einem maximalen Sauerstoffgehalt von 2,7% und einem maximalen Ethanolgehalt von 5% angeboten wird. Dies ist notwendig, um die stetige Versorgung von Fahrzeugen, die nicht E10-verträglich sind, mit geeignetem Kraftstoff sicherzustellen.

In Absatz 4 wird zur Erleichterung für Tankstellen, die im Durchschnitt der zwei jeweils vorangegangenen Kalenderjahre weniger als 500 Kubikmeter Ottokraftstoffe in den Verkehr gebracht haben, eine Ausnahmeregelung zu der Verpflichtung des Angebotes einer Bestandsschutzsorte nach den Absätzen 2 und 3 getroffen. Auch unter Berücksichtigung dieser Ausnahmeregelung für Kleinsttankstellen bleibt für Verbraucher, deren Fahrzeuge E10-Kraftstoff nicht vertragen, die Versorgungsdichte nahezu unverändert. Das Vorliegen der Voraussetzungen für diese Erleichterung ist vom Betreiber durch geeignete Belege gegenüber der zuständigen Behörde nachzuweisen.“

Mit Inkrafttreten der Ersten Änderungsverordnung vom 1.12.2014 (BGBl. I S. 1890) hat § 3 zwei Modifikationen erfahren. Absatz 1 wurde an die aktuelle Ausgabe (Oktober 2014) der DIN EN 228 angepasst. Da in dieser Ausgabe auch Spezifikationen zu E 10 enthalten waren, konnte die Bezugnahme auf die nationale E 10 Norm (E DIN 51626-1) gestrichen werden. Weiterhin wurde in Absatz 2 die Kraftstoffqualität „Normal“ gestri- 2 chen, da Kraftstoff dieser Qualität (Ottokraftstoff mit 91 Oktan) nicht mehr am Markt angeboten wurde. Nachdem der Normalkraftstoff aus der Norm DIN EN 228 bereits gestrichen war, wurde er dann auch aus der 10. BImSchV entfernt.

3 Eine erneute Aktualisierung auf die Ausgabe August 2017 erfuhr der Verweis auf die DIN EN 228 durch die Verordnung zur Umsetzung der Richtlinie 2014/94/EU vom 13.12.2019 (BGBl. I S. 2739). Zugleich wurde Absatz 5 angefügt, wodurch eine Abgabe von Ottokraftstoff für Zweitaktmischungen, einem Kraftstoff für Zweitakt-Ottomotoren aus einer Mischung aus Kraftstoff und Zweitaktöl, aus Zweitaktzapfsäule, Mopedzapfsäule oder Moped-Betankungsgeräten ermöglicht wird (vgl. BR-Drs. 486/19, S. 45).

§ 4 Anforderungen an Dieselkraftstoff, Gasöl und andere flüssige Kraftstoffe; Schwefelgehalt; Verwendung für Binnenschiffe und Sportboote

(1) **Dieselkraftstoff darf nur dann gewerbsmäßig oder im Rahmen wirtschaftlicher Unternehmungen gegenüber dem Letztverbraucher in den Verkehr gebracht werden, wenn er den Anforderungen der DIN EN 590, Ausgabe Oktober 2017, genügt.**

(2) **Dieselkraftstoff zur Verwendung für mobile Maschinen und Geräte, für land- und forstwirtschaftliche Zugmaschinen sowie für Binnenschiffe und Sportboote darf nur dann gewerbsmäßig oder im Rahmen wirtschaftlicher Unternehmungen gegenüber dem Letztverbraucher in den Verkehr gebracht werden, wenn sein Gehalt an Schwefelverbindungen, berechnet als Schwefel, 10 Milligramm pro Kilogramm Dieselkraftstoff nicht überschreitet.**

(3) **Gasöl für den Seeverkehr darf nur dann gewerbsmäßig oder Rahmen wirtschaftlicher Unternehmungen gegenüber dem Letztverbraucher in den Verkehr gebracht werden, wenn sein Gehalt an Schwefelverbindungen, berechnet als Schwefel, 1,0 Gramm pro Kilogramm Gasöl für den Seeverkehr nicht überschreitet.**

(4) **Schiffsdiesel darf nur dann gewerbsmäßig oder im Rahmen wirtschaftlicher Unternehmungen gegenüber dem Letztverbraucher in den Verkehr gebracht werden, wenn sein Gehalt an Schwefelverbindungen, berechnet als Schwefel, 15,0 Gramm pro Kilogramm Schiffsdiesel nicht überschreitet.**

(5) **Für Binnenschiffe und Sportboote dürfen Gasöle für Binnenschiffe und andere flüssige Kraftstoffe nur dann verwendet werden, wenn ihr Schwefelgehalt den für Dieselkraftstoff nach Absatz 2 zulässigen Schwefelgehalt nicht überschreitet.**

1 Die Begründung der Bundesregierung (BR-Drs. 675/10, S. 31) zu § 4 in der Fassung der Verordnung vom 8.12.2010 lautet:

„§ 4 Absatz 1 entspricht § 2 der 10. BImSchV unter Berücksichtigung der neuen Definition des „In Verkehr bringen". Die Berichtigung der DIN EN 590 vom Mai 2010 wurde berücksichtigt und ersetzt die dadurch unnötig gewordene nationale Norm DIN 51 628, Ausgabe August 2008.

Absatz 2 entspricht – unter Berücksichtigung der neuen Definition des „In Verkehr bringen" – § 3 Absatz 5 der 3. BImSchV und zusätzlich mit Erweiterungen und der Absenkung des zulässigen Schwefelgehaltes zum 1. Januar 2011 zur Umsetzung von Artikel 4 Absatz 2 der Richtlinie 98/70/EG. Mit der Abgrenzung des Anwendungsbereiches in den Absätzen 1 und 2 wurden bestehende Überschneidungen und Abgrenzungsprobleme der 3. und 10. BImSchV beseitigt.

Absatz 3 entspricht § 3 Absatz 1a Satz 2 der 3. BImSchV.

Absatz 4 entspricht § 3 Absatz 1a Satz 1 der 3. BImSchV.

Der Wortlaut und die Einheiten wurden zur Vereinheitlichung zwischen der 3. und 10. BImSchV jeweils angepasst."

2 Gegenüber der Vorgängerregelung in § 2 der 10. BImSchV vom 27. Januar 2009 ergibt sich eine Vereinfachung in § 4 Abs. 1, da in der aktualisierten Fassung der DIN EN

590 sowohl die Begrenzung des Schwefelgehalts auf 10 mg/kg als auch die Beimischungsgrenze von 7 Volumenprozent für Biodiesel bereits enthalten ist. Die Gleichwertigkeitsklausel des § 11 ist zu beachten.

Eine erste Aktualisierung hat § 4 durch die Erste Verordnung zur Änderung der 10. BImSchV vom 1.12.2014 (BGBl. I S: 1890) erhalten. Dabei wurde in Absatz 1 die Verweisung auf die zu diesem Zeitpunkt aktuelle Fassung der DIN EN 590 angepasst sowie in den Absätzen 3 und 4 eine Präzisierung beim zulässigen Schwefelgehalt von Schiffskraftstoffen vorgenommen (1,0 statt 1 und 15,0 statt 15 g/kg). 3

Erneut aktualisiert wurde der Verweis auf die DIN EN 590 in Absatz 1 mit der Verordnung zur Umsetzung der Richtlinie 2014/94/EU vom 13.12.2019 (BGBl. I S. 2739). Nicht zuletzt um zahlreichen Einwänden im Rahmen der Länder- und Verbändeanhörung gerecht zu werden, hat die Bundesregierung in der Begründung zu der Änderungsverordnung klarstellend darauf hingewiesen, dass damit auch paraffinische Dieselkraftstoffe erfasst sind (BR-Drs. 486/19, S. 45): 4

„§ 4 Absatz 1 wird durch Inbezugnahme der aktuellen Norm, DIN EN 590, Ausgabe Oktober 2017, an den neuesten wissenschaftlichen Stand angepasst. Paraffinischer Dieselkraftstoff darf aufgrund dieser Regelung im Rahmen der Beimischung dem konventionellen Dieselkraftstoff zugefügt werden, solange das Endprodukt die Anforderungen der DIN EN 590, Ausgabe Oktober 2017 einhält. Aufgrund der unterschiedlichen Dichte von konventionellem und paraffinischem Diesel ist somit eine Beimischung bis zu etwa 26% paraffinischem Dieselkraftstoff möglich."

Redaktioneller Art war die weitere Änderung, die darin bestand, dass der vormalige Absatz 2 Satz 2 zu einem eigenen Absatz 5 wurde.

§ 5 Anforderungen an Biodiesel

Biodiesel darf nur dann gewerbsmäßig oder im Rahmen wirtschaftlicher Unternehmungen gegenüber dem Letztverbraucher in den Verkehr gebracht werden, wenn er den Anforderungen der DIN EN 14214, Ausgabe Mai 2019, genügt. Das gilt auch für Biodiesel als Zusatz zum Dieselkraftstoff.

Eine dem § 5 entsprechende Vorschrift enthielt § 3 der 10. BImSchV vom 27. Januar 2009 sowie deren Vorgängerregelung vom 24. Juni 2004. Auch hier ist nun der Tatbestand des Inverkehrbringens und nicht mehr das Veräußern maßgeblich. Zugleich wurde die Verweisung an die aktuelle Fassung der DIN EN-Norm mittlerweile mehrfach angepasst.

§ 6 Anforderungen an Ethanolkraftstoff (E85)

Ethanolkraftstoff (E85) darf nur dann gewerbsmäßig oder im Rahmen wirtschaftlicher Unternehmungen als Kraftstoff gegenüber dem Letztverbraucher in den Verkehr gebracht werden, wenn er dem Anforderungen der DIN EN 15293, Ausgabe Oktober 2018, genügt.

§ 6 übernimmt die Vorgängerregelung des § 4 der 10. BImSchV, mit der eine neue Kraftstoffqualität in die 10. BImSchV aufgenommen worden war. Möglich wurde das durch die Normierung von Ethanolkraftstoff in der DIN 51625, Ausgabe August 2008. Die Bundesregierung führte dazu in ihrer Begründung zur Verordnung aus dem Jahre 2009 Folgendes aus (BR-Drs. 857/08, S. 15): 1

„Mit § 4 wird Ethanolkraftstoff (E 85), der durch die DIN 51 625, Ausgabe August 2008 genormt ist, erstmals in diese Verordnung aufgenommen. Da aufgrund klimatischer Bedingungen der Ethanolgehalt in der Sommer- und Winterware unterschiedlich ist (zB Winterware mit 75 Volumenprozent) steht die Bezeichnung „E 85" in Klammern."

2 Die Inbezugnahme auf die neue Norm DIN EN 15293, Ausgabe Oktober 2018, geht zurück auf die Verordnung zur Umsetzung der Richtlinie 2014/94/EU vom 13.12.2019 (BGBl. I S. 2739).

§ 7 Anforderungen an Autogas

Autogas darf nur dann gewerbsmäßig oder im Rahmen wirtschaftlicher Unternehmungen gegenüber dem Letztverbraucher in den Verkehr gebracht werden, wenn er den Anforderungen der DIN EN 589, Ausgabe März 2019, genügt.

1 § 7 regelt – vergleichbar den Vorschriften der §§ 3 bis 6 – das Inverkehrbringen von Flüssiggaskraftstoff an den Letztverbraucher. Die Beschaffenheitsanforderungen werden durch die (statische) Verweisung auf die DIN EN 589 festgelegt. Die Neufassung dieser Norm aus März 2019 wurde im Rahmen der Verordnung zur Umsetzung der Richtlinie 2014/94/EU vom 13.12.2019 (BGBl. I S. 2739) berücksichtigt. § 11 ist zu beachten.

2 Gleichzeitig mit der Aktualisierung der Verweisung wurde eine begriffliche Umstellung von „Flüssiggaskraftstoff" auf „Autogas" vorgenommen, ohne dabei eine inhaltliche Änderung zu bewirken (vgl. BR-Drs. 486/19, S. 46):

„Zur Vermeidung von Verwechselungsgefahren an der Tankstelle sowie einer unnötigen Verunsicherung des Verbrauchers wurde die Benennung vom Begriff „Flüssiggas" zum Begriff „Autogas" geändert, einschließlich des Titels des Paragraphen. Es handelt sich hierbie um die gängigste Bezeichnung für den Einsatz des Energieträgers in der motorischen Anwendung. Mit dem Begriff „Flüssiggas" wird LPG dagegen zur Verwendung in Haushalten zum Heizen und Kochen, im Campingbereich etc. regelmäßig als klassisches „Brenngas" in Gasflaschen gehandelt und gegenüber den Verbrauchern auch entsprechend kommuniziert. Im Kern sind beide Produkte „Brenngas" und „Autogas" zwar gleich, unterscheiden sich jedoch in einigen Parametern der jeweiligen Anforderungsnormen."

§ 8 Anforderungen an Erdgas und Biogas als Kraftstoffe

(1) **Erdgas und Biogas dürfen nur dann als Kraftstoff gewerbsmäßig oder im Rahmen wirtschaftlicher Unternehmungen gegenüber dem Letztverbraucher in den Verkehr gebracht werden, wenn sie den Anforderungen der DIN EN 16723-2, Ausgabe Oktober 2017, genügen. Für Mischungen von Erdgas und Biogas in jedem Verhältnis gilt Satz 1 entsprechend mit der Maßgabe, dass das fertige Produkt den Anforderungen der DIN EN 16723-2, Ausgabe Oktober 2017, genügt. Für Anforderungen, Grenzwerte und zugehörige Prüfverfahren für Erdgas und Biogas als Kraftstoffe für Kraftfahrzeuge ist in den Fällen der Sätze 1 und 2 Tabelle D.1 der DIN EN 16723-2, Ausgabe Oktober 2017, anzuwenden. Für Anforderungen an zugesetzte Additive gilt Abschnitt 5.2 der DIN 51624, Ausgabe Februar 2008.**

(2) **Erdgas und Biogas der Qualität „L" müssen in den Fällen von Absatz 1 Satz 1 und 2 abweichend von Absatz 1 Satz 3 einen unteren Wobbe-Index von mindestens 36,3 Megajoule pro Kubikmeter und einen Heizwert von mindestens 39 Megajoule pro Kilogramm aufweisen. Im Übrigen gelten die Anforderungen der Tabelle D.1 der DIN EN 16723-2, Ausgabe Oktober 2017, und die Anforderungen nach Absatz 1 Satz 4 entsprechend.**

(3) **Die Absätze 1 und 2 gelten entsprechend für verflüssigtes Erdgas und Biogas sowie Mischungen hieraus.**

1 Die 10. BImSchV vom 24. Juni 2004 nahm für die Veräußerung von Erdgas als Kraftstoff noch Bezug auf das Arbeitsblatt G 260, Ausgabe Januar 2000 der Deutschen Vereinigung des Gas- und Wasserfaches e. V. (DVGW). Nachdem mit der DIN 51624, Ausgabe Februar 2008, erstmals eine DIN-Norm Qualitätsanforderungen an Erdgas zur Verwendung in Verbrennungsmotoren definierte, löste dieses technische Regelwerk das DVGW-Arbeitsblatt ab.

2 Gegenüber der Vorgängerregelung in § 6 der 10. BImSchV wollte die Bundesregierung ausweislich ihrer Begründung (BR-Drs. 675/10, S. 32) keine inhaltliche Einschränkung vornehmen, so dass nach wie vor auch reines Biogas als Kraftstoff verwendet werden kann, soweit es die Beschaffenheitsanforderungen erfüllt. Vgl. hierzu aus der Begründung eines Änderungsantrages des Bundesrats (BR-Drs. 857/08 (Beschluss)):

„Durch diesen Änderungsvorschlag soll sichergestellt werden, dass auch Biomethan (Biogas) in Kraftstoffqualität uneingeschränkt verwendet werden kann. Mit der Klarstellung wird die erforderliche Einheitlichkeit mit dem Gesetzentwurf zur Änderung der Förderung von Biokraftstoffen (BR-Drs. 830/08) hergestellt.

Dieser Gesetzentwurf verweist zwar auf die 10. BImSchV, ohne jedoch zu berücksichtigen, dass in der 10. BImSchV nur Erdgas erwähnt wird. Dies könnte bei enger Auslegung bedeuten, dass tatsächlich nur Erdgas, aber kein Biogas verwendet werden darf.

Zwar ist nach DIN 51624 die Zumischung von Biogas zulässig, doch könnte dies durch die 10. BImSchV als rechtlich übergeordnete Vorschrift wegen der ausschließlichen Verwendung des Begriffs „Erdgas" eingeschränkt sein. Außerdem lässt die DIN-Norm offen, ob damit auch die Verwendung von reinem Biogas zulässig ist."

3 Durch die Verordnung zur Umsetzung der Richtlinie 2014/94/EU vom 13.12.2019 (BGBl. I S. 2739) sind zum einen die Anforderungen aktualisiert und zum anderen weitere Kraftstoffe in den Anwendungsbereich der 10.BImSchV aufgenommen worden (vgl. BR-Drs. 486/19, S. 46):

„§ 8 Absatz 1 Satz 1 wird durch Inbezugnahme der Norm DIN EN 16723-2, Ausgabe Oktober 2017, an eine europäische Norm angepasst. Die vormals zitierte deutsche Norm entfällt. Die Absätze 1 und 2 der derzeit gültigen 10. BImSchV wurden zur Vereinfachung zusammengezogen.

§ 8 Absatz 1 Satz 2 erklärt die Anforderungen an Erdgas und Biogas als Kraftstoff oder Kraftstoff-Gemisch aus Tabelle D.1 der DIN EN 16723-2, Ausgabe Oktober 2017 für bindend. Im Rahmen der Normung wurde von deutscher Seite nur unter dem Vorbehalt zugestimmt, dass in Deutschland weiter die bisher gültigen strengen Anforderungen an Erdgas und Biogas als Kraftstoff gelten sollten. Die Fahrzeug-Hersteller unterstützen zwar die Einführung einer Europäischen Norm EN 16723-2 für Erdgas und Biomethan, empfehlen jedoch einen Schwefelgrenzwert von 10 mg S/m^3 (s. auch Tabelle 1, Fußnote c der Norm), weil dies sicherstellt, dass Erdgas, das diese Anforderungen erfüllt, auch die bestehenden Erdgas-Fahrzeug-Flotten und auch zukünftige Motorenkonzepte betrieben werden können. Die Anforderungen in Anhang D.1 der Norm sind daher für Erdgas und Biogas als Kraftstoff in Deutschland vorzusehen. Die Spezifikationen entsprechen damit den bisherigen Anforderungen an Erdgas und Biogas als Kraftstoff in Deutschland. Für Anforderungen an zugesetzte Additive wird in Ergänzung zur vorgenannten Norm weiterhin auf Abschnitt 5.2 der DIN 51624, Ausgabe Februar 2008, verwiesen.

§ 8 Absatz 2 definiert eine Erdgas und Biogas-Norm der Qualität L, im Gegensatz zu den Anforderungen aus Tabelle D.1 der DIN EN 16723-2, Ausgabe Oktober 2017, die Gas der Qualität H festlegt. Dies stellt sicher, dass Verbraucher in allen Regionen Deutschlands weiterhin schnell die Qualität des angebotenen Erdgases erkennen und Preise entsprechend vergleichen können.

Mit § 8 Absatz 3 wird verflüssigtes Erdgas und Biogas (liquefied natural gas – LNG) als Kraftstoff erstmals in die 10. BImSchV aufgenommen. Der Kraftstoff muss denselben Anforderungen genügen wie komprimiertes Erdgas (compressed natural gas – CNG)."

§ 9 Anforderung an Pflanzenölkraftstoffe

(1) **Pflanzenölkraftstoff – Rapsöl – darf nur dann gewerbsmäßig oder im Rahmen wirtschaftlicher Unternehmungen gegenüber dem Letztverbraucher in den Verkehr gebracht werden, wenn er den Anforderungen der DIN 51605, Ausgabe Januar 2016, genügt.**

(2) **Pflanzenölkraftstoff – alle Saaten – darf nur dann gewerbsmäßig oder im Rahmen wirtschaftlicher Unternehmungen gegenüber dem Letztverbraucher in den Verkehr gebracht werden, wenn er den Anforderungen der DIN 51623, Ausgabe Dezember 2015, genügt.**

1 Pflanzenölkraftstoff wurde erstmals in § 7 der 10. BImSchV vom 27. Januar 2009 aufgenommen. Neben Ethanolkraftstoff (E 85), der nunmehr in § 6 geregelt ist, war dies die zweite neue Kraftstoffqualität. Grundlage für die Aufnahme war die Verabschiedung der DIN V 51605, Ausgabe Juli 2006. Wenngleich es sich um eine Vornorm handelte, die das DIN selbst nicht als verbindliche Norm betrachtet, erlangte sie durch die Verweisung in § 9 der 10. BImSchV für den Geltungsbereich der Verordnung Verbindlichkeit. Die Bundesregierung führte dazu in ihrer Begründung aus (BR-Drs. 857/08, S. 16):

„Mit § 7 wird Pflanzenölkraftstoff, der durch die DIN V 51605, Ausgabe Juli 2006, genormt ist, erstmals in diese Verordnung aufgenommen."

2 Durch die Erste Verordnung zur Änderung der 10. BImSchV (BGBl. I S. 1890) wurde die Verweisung auf die in der Zwischenzeit verabschiedete DIN Norm aktualisiert. Außerdem wurde der Kreis der einsetzbaren Pflanzenölkraftstoffe durch den neu eingefügten Absatz 2 erweitert. Aus Sicht des Bundesrats griff die Erweiterung aber noch zu kurz. Seine Zustimmung verweigerte der Bundesrat aus diesem Grund zwar nicht, beschloss folgende Entschließung aber mit der Mehrheit seiner Stimmen (BR-Drs. 492/14 (Beschluss):

„Der Bundesrat bittet die Bundesregierung, die Bezeichnung „Pflanzenölkraftstoff – alle Saaten –" dahingehend zu ändern, dass auch aus Algen gewonnene Kraftstoffe und andere fortschrittliche Biokraftstoffe eingeschlossen werden, eine geeignete Formulierung zur Be- und Kennzeichnung solcher Kraftstoffe aufzunehmen und im Rahmen der Normung die Grundlagen zur Definition dieser Kraftstoffe legen zu lassen.

Die Bundesregierung wird darum gebeten, entsprechende Änderungen bei der nächsten Novellierung der Zehnten Verordnung zur Durchführung des Bundes-Immissionsschutzgesetzes (Verordnung über die Beschaffenheit und die Auszeichnung der Qualitäten von Kraft- und Brennstoffen – 10. BImSchV) vorzunehmen."

3 Im Rahmen der durch die Verordnung zur Umsetzung der Richtlinie 2014/94/EU vom 13.12.2019 (BGBl. I S. 2739) erfolgenden Aktualisierung sind die Normverweise in Absatz 1 und 2 auf den neuesten Stand gebracht worden.

§ 9a Anforderungen an Wasserstoff als Kraftstoff

Wasserstoff darf nur dann gewerbsmäßig oder im Rahmen wirtschaftlicher Unternehmungen als Kraftstoff gegenüber dem Letztverbraucher in den Verkehr gebracht werden, wenn er den Anforderungen der DIN EN 17124, Ausgabe Juli 2019, genügt.

§ 9a wurde durch die Verordnung zur Umsetzung der Richtlinie 2014/94/EU vom *13.12.2019 (BGBl. I S. 2739)* neu in die 10. BImSchV aufgenommen. Die in Bezug genommene Norm ist diejenige, die in Anhang II Nummer 2.2 der Richtlinie 2014/94/EU in der durch Art. 6 der Delegierten Verordnung (EU) 2019/1745 vom 13. August 2019 (ABl. L 268, S. 1 ff.) geänderten Fassung genannt ist.

§ 10 Schwefelgehalt von Heizöl

(1) **Leichtes Heizöl darf nur dann gewerbsmäßig oder im Rahmen wirtschaftlicher Unternehmungen gegenüber dem Letztverbraucher in den Verkehr gebracht werden, wenn sein Gehalt an Schwefelverbindungen, berechnet als Schwefel, 1,0 Gramm pro Kilogramm leichtes Heizöl nicht überschreitet.**

(2) **Schweres Heizöl darf nur dann gewerbsmäßig oder im Rahmen wirtschaftlicher Unternehmungen gegenüber dem Letztverbraucher in den Verkehr gebracht werden, wenn sein Gehalt an Schwefelverbindungen, berechnet als Schwefel, 10,0 Gramm pro Kilogramm schweres Heizöl nicht überschreitet. Schweres Heizöl mit höheren Schwefelgehalten darf nur dann gewerbsmäßig oder im Rahmen wirtschaftlicher Unternehmungen gegenüber dem Letztverbraucher in den Verkehr gebracht werden, wenn dieses Heizöl:**

1. **in Übereinstimmung mit den Anforderungen der Verordnung über Großfeuerungs-, Gasturbinen- und Verbrennungsmotoranlagen in Verbrennungseinrichtungen eingesetzt werden darf oder**
2. **in Übereinstimmung mit den Anforderungen zur Vorsorge gegen schädliche Umwelteinwirkungen der Technischen Anleitung zur Reinhaltung der Luft vom 24. Juli 2002 (GMBl. 2002 S. 511) in Verbrennungseinrichtungen eingesetzt werden darf und sichergestellt ist, dass die maximalen Schwefeldioxidemissionen von 1700 Milligramm Schwefeldioxid pro Normkubikmeter bei einem Sauerstoffgehalt des Rauchgases von 3 Volumeneinheiten im trockenen Bezugszustand nicht überschritten werden.**

Mit § 10 übernimmt die 10. BImSchV die Kernregelung der aufgehobenen 3. BImSchV (Verordnung über den Schwefelgehalt bestimmter flüssiger Kraft- oder Brennstoffe), die lange Zeit eine große Bedeutung für die Begrenzung sauerstoffhaltiger Schwefelverbindungen hatte. Der Schwefelgehalt von leichtem und schwerem Heizöl war in § 3 Abs. 1 und 2 der 3. BImSchV begrenzt. Mit der Übernahme in die 10. BImSchV wurden nun die Einheiten an die übrige Terminologie angepasst, eine Verschärfung der Anforderungen wurde nicht vorgenommen. Eine Ergänzung hat lediglich Absatz 2 Nr. 2 erhalten, der nun einen anlagenbezogenen Grenzwert enthält. Die Bundesregierung hat dazu ausgeführt (BR-Drs. 675/10, S. 32):

„Absatz 2 entspricht § 3 Absatz 2 der 3. BImSchV mit einer Ergänzung zur Klarstellung im Rahmen der Umsetzung der Richtlinie 1999/32/EG. Die eingefügten Anforderungen an das Inverkehrbringen sind Produktanforderungen an das schwere Heizöl mit einem höheren Schwefelgehalt als nach Satz 1 und ergeben sich aus der oben genannten Richtlinie. Die Überwachung der Einhaltung der maximalen Schwefeldioxidemissionen erfolgt wie bislang durch die für die Anlage zuständige Behörde der Länder. Unbeschadet dessen sind für die Überwachung des maximalen Schwefelgehalts von Heizöl wie bislang die Regelungen des § 18 Absatz 2 bis 5 dieser Verordnung einschlägig."

§ 11 Gleichwertigkeitsklausel

Den Kraftstoffen nach § 3 und § 4 Absatz 1 sowie den §§ 5 bis 9a sind solche Kraftstoffe gleichgestellt, die den Anforderungen anderer Normen oder technischer

Spezifikationen genügen, die in einem anderen Mitgliedstaat der Europäischen Union oder einem anderen Vertragsstaat des Abkommens über den Europäischen Wirtschaftsraum oder in der Türkei oder einem anderen Mitglied der Welthandelsorganisation in Kraft sind, sofern

1. diese Normen oder technischen Spezifikationen mit einer der folgenden Normen übereinstimmen:
   a) DIN EN 228, Ausgabe August 2017,
   b) DIN EN 590, Ausgabe Oktober 2017,
   c) DIN EN 14 214, Ausgabe Mai 2019,
   d) DIN EN 15 293, Ausgabe Oktober 2018,
   e) DIN EN 589, Ausgabe März 2019,
   f) DIN EN 16723-2, Ausgabe Oktober 2017, mit der Maßgabe, dass für Anforderungen, Grenzwerte und zugehörige Prüfverfahren für Erdgas und Biogas als Kraftstoffe für Kraftfahrzeuge Tabelle D.1 der DIN EN 16723-2, Ausgabe Oktober 2017, gilt und dass für Anforderungen an zugesetzte Additive Abschnitt 5.2 der DIN 51624, Ausgabe Februar 2008, gilt,
   g) DIN 51 605, Ausgabe Januar 2016,
   h) DIN 51 623, Ausgabe Dezember 2015, oder
   i) DIN EN 17124, Ausgabe Juli 2019, und

2. die Kraftstoffe die klimatischen Anforderungen erfüllen, die in den unter Nummer 1 angegebenen Normen für die Bundesrepublik Deutschland festgelegt sind.

Eine dem § 11 entsprechende Gleichwertigkeitsklausel war bereits in der 10. BImSchV vom 27. Januar 2009 sowie in deren Vorgängerverordnung enthalten. Sie beruht auf einem entsprechenden Monitum der EG-Kommission, nach dem Handelshemmnisse innerhalb des Binnenmarktes zu vermeiden sind. Gegenüber der 10. BImSchV aus dem Jahr 2009 ist die Vorschrift lediglich redaktionell an die aktuellen Fassungen der Normen angepasst worden. Die praktische Bedeutung des § 11 ist jedoch gering.

§ 12 Einschränkungen

(1) **Für Kraft- und Brennstoffe nach § 1 Absatz 4 bis 10, die eingeführt oder sonst in den Geltungsbereich dieser Verordnung verbracht werden und die unter diese Verordnung fallen, sind § 4 Absatz 2 bis 4 und § 10 erst von dem Zeitpunkt an anzuwenden, an dem sie in den zollrechtlich freien Verkehr überführt werden.**

(2) **Die in dieser Verordnung festgelegten Grenzwerte für den Schwefelgehalt bestimmter flüssiger Kraft- oder Brennstoffe, die aus Erdöl gewonnen werden, gelten nicht für Kraft- oder Brennstoffe zur Verwendung auf Kriegsschiffen und anderen zu militärischen Zwecken eingesetzten Schiffen.**

(3) **Die in dieser Verordnung festgelegten Anforderungen gelten nicht für Kraft- oder Brennstoffe zur Verwendung in Luftfahrzeugen.**

1 § 12 Absatz 1 entspricht § 3 Absatz 4 der aufgehobenen 3. BImSchV (Verordnung über den Schwefelgehalt bestimmter flüssiger Kraft- oder Brennstoffe) und betrifft ausschließlich die in § 1 Abs. 4 bis 10 definierten Kraft- und Brennstoffe. Durch die Vorschrift wird – wie die Verwendung des Wortes „erst" zeigt – der Regelungsgehalt der §§ 4 Absatz 2 bis 4 und 10 nicht erweitert, sondern eingeschränkt. Aus § 12 Absatz 1 darf daher nicht geschlossen werden, dass die Anforderungen der Vorschriften bei jeder Abfertigung in den zollrechtlich freien Verkehr vorliegen müssen. Der zulässige Höchstgehalt an Schwefelverbindungen darf nur bei der späteren Überlassung an den Letzt-

verbraucher nicht überschritten sein. Der Einführer kann demgemäß noch nach der Abfertigung in den zollrechtlich freien Verkehr durch Vermischung mit weniger schwefelhaltiger Ware die Anforderungen erfüllen. Absatz 1 enthält eine Erleichterung, und zwar insoweit, als das Überlassen an andere vor der Abfertigung in den zollrechtlich freien Verkehr in jedem Fall zulässig ist.

Mit § 12 Absatz 2 wird die vorherige Ausnahmeregelung des § 1 der 3. BImSchV übernommen. Diese war mit der Ersten Verordnung zur Änderung der 3. BImSchV vom 3. Juli 2009 (BGBl. I S. 1720) aufgenommen worden. Zu der damit bewirkten Ausnahme führte die Bundesregierung in ihrer Begründung seinerzeit Folgendes aus (BR-Drs. 293/09, S. 10): 2

„Die Einschränkung des Anwendungsbereichs ergibt sich aus Artikel 1 Absatz 2 Buchstabe e der Richtlinie 2005/33/EG des Europäischen Parlaments und des Rates vom 6. Juli 2005 zur Änderung der Richtlinie 1999/32/EG hinsichtlich des Schwefelgehalts von Schiffskraftstoffen (ABl. L 191 vom 22.7.2005, S. 59). Mit dieser Ausnahme kann sichergestellt werden, dass Kriegsschiffe im Rahmen ihres weltweiten Einsatzes auch mit Kraftstoffen, die nicht den Qualitätsanforderungen der Richtlinie entsprechen, die Häfen in Nord- und Ostsee anlaufen können. Die Ausnahme umfasst auch den Verbrauch der vorhandenen Kraftstoffmengen. Die Definition von Kriegsschiffen gemäß Artikel 2 Nummer 3h der Richtlinie 2005/33/EG schließt Kriegsschiffe anderer Nationen ein."

Durch die Verordnung zur Umsetzung der Richtlinie 2014/94/EU vom 13.12.2019 (BGBl. I S. 2739) wurde Absatz 3 angefügt. Eine materiell-rechtliche Änderung wurde damit nicht bewirkt. Die Vorschrift hat lediglich klarstellende Wirkung. 3

§ 13 Auszeichnung von Kraft- und Brennstoffen

(1) **Wer gewerbsmäßig oder im Rahmen wirtschaftlicher Unternehmungen gegenüber dem Letztverbraucher Kraftstoffe in den Verkehr bringt, hat die Qualität an den entsprechenden Zapfsäulen der Tankstelle oder LNG-Tankstelle und ihren Zapfventilen gemäß Satz 2 und 3 sowie Absatz 3 Satz 1 in folgender Weise deutlich sichtbar zu machen:**

1. **Schwefelfreier Ottokraftstoff mit einem maximalen Sauerstoffgehalt von 2,7 Massenprozent und einem maximalen Ethanolgehalt von 5 Volumenprozent, der den Anforderungen der DIN EN 228, Ausgabe August 2017, genügt oder gleichwertig nach § 11 ist, wird mit der Bezeichnung „Super" oder „Super Plus" und dem jeweils zutreffenden Zeichen nach Anlage 1 oder 2 gekennzeichnet; der Hinweis „Enthält bis zu 5 % Bioethanol" muss im Zeichen Teil a enthalten sein;**
2. **Schwefelfreier Ottokraftstoff, der den Anforderungen der DIN EN 228, Ausgabe August 2017, genügt oder gleichwertig nach § 11 ist und dessen Sauerstoffgehalt 2,7 Massenprozent oder dessen Ethanolgehalt 5 Volumenprozent überschreiten kann, wird mit der Bezeichnung „Super E10" oder „Super Plus E10" und dem jeweils zutreffenden Zeichen nach Anlage 3 oder 4 gekennzeichnet; die Hinweise „Enthält bis zu 10 % Bioethanol" und „Verträgt Ihr Fahrzeug E10? Herstellerinformation einholen! Im Zweifel Super oder Super Plus tanken!" müssen im Zeichen Teil a enthalten sein;**
3. **Dieselkraftstoff, der den Anforderungen der DIN EN 590, Ausgabe Oktober 2017, genügt oder gleichwertig nach § 11 ist, wird mit der Bezeichnung „Diesel" und dem Zeichen nach Anlage 5 gekennzeichnet; der Hinweis „Enthält bis zu 7 % Biodiesel" muss im Zeichen Teil a enthalten sein;**
4. **Fettsäure-Methylester für Dieselmotoren, die den Anforderungen der DIN EN 14214, Ausgabe Mai 2019, genügen oder gleichwertig nach § 11 sind, werden**

mit der Bezeichnung „Biodiesel“ und dem Zeichen nach Anlage 6 gekennzeichnet;

5. Ethanol für Kraftfahrzeuge, das den Anforderungen der DIN EN 15293, Ausgabe Oktober 2018, genügt oder gleichwertig nach § 11 ist, wird mit der Bezeichnung „Ethanolkraftstoff (E85)“ und dem Zeichen nach Anlage 7 gekennzeichnet;
6. Autogas, das den Anforderungen der DIN EN 589, Ausgabe März 2019, genügt oder gleichwertig nach § 11 ist, wird mit der Bezeichnung „Autogas“ und dem Zeichen nach Anlage 8 gekennzeichnet;
7. Erdgas- und Biogaskraftstoffe, die den Anforderungen der DIN EN 16723-2, Ausgabe Oktober 2017, genügen, wobei für die Anforderungen, Grenzwerte und zugehörigen Prüfverfahren für Erdgas und Biogas als Kraftstoffe für Kraftfahrzeuge Tabelle D.1 der DIN EN 16723-2, Ausgabe Oktober 2017 anzuwenden ist, oder gleichwertige Kraftstoffe nach § 11, werden gekennzeichnet
   a) sofern sie als komprimiertes Erdgas (CNG) in den Verkehr gebracht werden
      aa) mit der Bezeichnung „Erdgas H“ und dem Zeichen nach Anlage 9 oder
      bb) mit der Bezeichnung „Erdgas L“ und dem Zeichen nach Anlage 10, sofern abweichend von Tabelle D.1 der DIN EN 16723-2, Ausgabe Oktober 2017, die Qualität nur den Anforderungen eines unteren Wobbe-Index von mindestens 36,3 Megajoule pro Kubikmeter genügt und einen Heizwert von mindestens 39 Megajoule pro Kilogramm aufweist, oder
   b) sofern sie als verflüssigtes Erdgas (LNG) in Verkehr gebracht werden
      aa) mit der Bezeichnung „Erdgas H“ und dem Zeichen nach Anlage 11 oder
      bb) mit der Bezeichnung „Erdgas L“ und dem Zeichen nach Anlage 12, sofern abweichend von Tabelle D.1 der DIN EN 16723-2, Ausgabe Oktober 2017, die Qualität nur den Anforderungen eines unteren Wobbe-Index von mindestens 36,3 Megajoule pro Kubikmeter genügt und einen Heizwert von mindestens 39 Megajoule pro Kilogramm aufweist;
8. Pflanzenölkraftstoff, der den Anforderungen der DIN 51605, Ausgabe Januar 2016, genügt oder gleichwertig nach § 11 ist, wird mit der Bezeichnung „Pflanzenölkraftstoff – Rapsöl –“ und dem Zeichen nach Anlage 13 gekennzeichnet;
9. Pflanzenölkraftstoff, der den Anforderungen der DIN 51623, Ausgabe Dezember 2015, genügt oder gleichwertig nach § 11 ist, wird mit der Bezeichnung „Pflanzenölkraftstoff – alle Saaten –“ und dem Zeichen nach Anlage 14 gekennzeichnet;
10. Wasserstoff als Kraftstoff, der den Anforderungen der DIN EN 17124, Ausgabe Juli 2019, genügt oder gleichwertig nach § 11 ist, wird mit der Bezeichnung „Wasserstoff“ und dem Zeichen nach Anlage 15 gekennzeichnet.

Für die Auszeichnung der Zapfsäulen ist das Zeichen nach Teil a der jeweils zutreffenden Anlage zu verwenden. Für die Auszeichnung des Zapfventils ist das Zeichen nach Teil b der jeweils zutreffenden Anlage zu verwenden.

(2) Wer gewerbsmäßig oder im Rahmen wirtschaftlicher Unternehmungen gegenüber dem Letztverbraucher Kraftstoffe mit metallhaltigen Zusätzen in den Verkehr bringt, hat im untersten Abschnitt des Zeichens an der Zapfsäule den folgenden Hinweis nach Absatz 3 Satz 1 anzubringen: „Enthält metallhaltige Zusätze. Fragen Sie Ihren Fahrzeughersteller, ob diese Zusätze für Ihr Fahrzeug geeignet sind. Verwenden Sie im Zweifelsfall Kraftstoff ohne metallhaltige Zusätze.“

(3) Für die Auszeichnung nach den Absätzen 1 und 2 gilt die DIN EN 16942, Ausgabe Dezember 2016. Für das Zeichen nach Teil a der jeweils zutreffenden Anlage wird eine Mindestbreite von 40 Millimetern empfohlen.

(4) Leichtes Heizöl, das nach § 11 Absatz 1 in den Verkehr gebracht wird, kann

1. als „schwefelarm“ bezeichnet werden, wenn sein Schwefelgehalt 50 Milligramm pro Kilogramm leichtes Heizöl nicht überschreitet,

2. als „stickstoffarm“ bezeichnet werden, wenn sein Schwefelgehalt 50 Milligramm und sein Stickstoffgehalt 140 Milligramm pro Kilogramm leichtes Heizöl nicht überschreitet.

(5) Die Absätze 1 bis 3 finden keine Anwendung im Bereich der Kraft- und Brennstoffe nach § 1 Absatz 4 bis 10.

(6) Wer gewerbsmäßig oder im Rahmen wirtschaftlicher Unternehmungen einen Ladepunkt betreibt im Sinne des § 2 Nummer 12 der Ladesäulenverordnung vom 9. März 2016 (BGBl. I S. 457), die durch Artikel 1 der Verordnung vom 1. Juni 2017 (BGBl. I S. 1520) geändert worden ist, hat deutlich sichtbar

1. einen Hinweisauf die Verträglichkeit der am Ladepunkt bereitgestellten elektrischen Verbindung nach den Anforderungen der DIN EN 17186, Ausgabe Oktober 2019, anzubringen und

2. die Verbraucherinformation nach Abschnitt 6.3 der DIN EN 17186, Ausgabe Oktober 2019, gemäß Satz 2 und 4 anzubringen.

In der Verbraucherinformation ist in Abschnitt A des Zeichens nach Abschnitt 6.3.1 der DIN EN 17186, Ausgabe Oktober 2019, die Bezeichnung „Laden von E-Fahrzeugen“ einzutragen. Für das Zeichen in Abschnitt B wird eine Mindestbreite von 40 Millimetern empfohlen. In Abschnitt C ist gemäß der Empfehlung der DIN EN 17186, Ausgabe Oktober 2019, die berechnete Leistung anzugeben.

§ 13 Abs. 1 verpflichtet diejenigen, die die nach §§ 3 bis 9a zulässigen Kraftstoffe gegenüber dem Verbraucher in den Verkehr bringen, zur Auszeichnung der Qualitäten an den Zapfsäulen. Die zuvor von der außer Kraft getretenen 3. BImSchV erfassten Kraft- und Brennstoffe sind davon gemäß Absatz 5 auch weiterhin nicht erfasst. Bis zum Inkrafttreten der Verordnung zur Umsetzung der Richtlinie 2014/94/EU vom 13.12.2019 (BGBl. I S. 2739) war neben der Auszeichnung an den Zapfsäulen auch eine Auszeichnung an der Tankstelle vorgeschrieben. Diese Pflicht wurde nunmehr ersetzt durch die Pflicht zur Auszeichnung an den Zapfventilen. Diese Änderung begründet die Bundesregierung wie folgt (BR-Drs. 486/19, S. 47): 1

„Im Rahmen der Umsetzung des Artikel 7 Absatz 1 und 2 Richtlinie 2014/94/EU wurden Informationspflichten über Kennzeichnungspflichten zur Kompatibilität zwischen Fahrzeugen und Kraftstoffen umgesetzt. Damit soll es dem Verbraucher möglich sein, EU-weit durch einfachen Vergleich des Zeichens im Fahrzeug oder im Handbuch mit dem Zeichen an der Zapfsäule oder am Zapfventil zu erkennen, ob Kraftstoff und Fahrzeug kompatibel sind. Es wird zur Umsetzung der Richtlinie 2014/84/EU eine Kennzeichnung neben der Zapfsäule auch am Zapfventil festgelegt. Dafür entfällt die bisher in der 10. BImSchV vorgesehene allgemeine Kennzeichnungspflicht an der Tankstelle. Die jeweils in Teil a der Anlagen vorgesehene Auszeichnung folgt der Empfehlung gemäß Abschnitt 9 der DIN EN 16942, Ausgabe Dezember 2016. Hierdurch ist sichergestellt, dass Verbraucher dieselbe Information an der Tankstelle vorfinden, wie auch gemäß der derzeit gültigen 10. BImSchV vorgesehen.“ 2

Seit Erlass der 10. BImSchV vom 8. Dezember 2010 erstreckt sich die Informationspflicht auch auf den Biokraftstoffanteil des Ottokraftstoffs in Absatz 1 Nr. 1 und 2. Neu aufgenommen wurde ebenfalls die Informationspflicht in Absatz 2 über den Gehalt an metallischen Zusätzen in Kraftstoffen. Seit Inkrafttreten der Verordnung zur Umsetzung der Richtlinie 2014/94/EU vom 13.12.2019 (BGBl. I S. 2739) trifft Absatz 3 nähere Festlegungen über die Art der Auszeichnung nach Absatz 1 und 2. Zur Begründung hat die Bundesregierung dabei Folgendes ausgeführt (BR-Drs. 486/19, S. 48): 3

4 „§ 13 Absatz 3 dient der Umsetzung des Artikel 7 Absatz 5 der Richtlinie 2014/94/EU durch Bezugnahme auf den Europäischen Standard zur Identifizierung der Fahrzeug-Kompatibilität, DIN EN 16942, Ausgabe Dezember 2016. Die Anwendung der europäischen Norm ermöglicht die Einführung einer europaweit einheitlichen Kompatibilitätskennzeichnung für unterschiedliche auf dem Markt befindliche Kraftstoffe. Sie enthalten eine grafische Darstellung einschließlich farblicher Vorgaben. Die grafische Darstellung steht mit den folgenden Anforderungen des Artikels 7 der Richtlinie 2014/94/EU in Einklang: sie dient der sachdienlichen, in sich widerspruchsfreien und verständlichen Information darüber, welche Kraftfahrzeuge regelmäßig mit welchen einzelnen in Verkehr gebrachten Kraftstoffen betankt werden können (Artikel 7 Absatz 1); sie ist eindeutig und leicht verständlich; und sie ermöglicht eine deutlich sichtbare Anbringung (Artikel 7 Absatz 2)

– an den entsprechenden Kraftstoffpumpen und ihren Zapfventilen an Tankstellen (Artikel 7 Absatz 2 Buchstabe a)
– an oder in unmittelbarer Nähe der Kraftstoffeinfüllstutzen von Kraftfahrzeugen, für die der betreffende Kraftstoff empfohlen und geeignet ist und im Kraftfahrzeughandbuch (Artikel 7 Absatz 2 Buchstabe b).

Nach DIN EN 16942, Ausgabe Dezember 2016, wird zum Vorteil des Verbrauchers und zur besseren Erkennbarkeit der Auszeichnung empfohlen, einen möglichst großen Maßstab für die Auszeichnung zu wählen, mindestens jedoch eine Breite von 30mm für die Auszeichnung an der Zapfsäule vorgeschrieben. Dessen unbenommen wird mit derselben Absicht in Absatz 3 eine Mindestbreite von 40mm empfohlen. Angaben über die jeweilige Mindestgröße der Zeichen, der Anbringungsorte, Schriftarten, Größe und Farbvorgaben finden sich detailliert in der Norm und sind anzuwenden."

5 Die Auszeichnungspflichten sind über § 20 Abs. 1 Nr. 5 und 6 auch bußgeldbewehrt. Die Auszeichnungspflicht trifft denjenigen, der die Kraftstoffe in den Verkehr bringt. Soweit an einer Tankstelle das Mineralölunternehmen selbst durch Handelsvertreter oder Bedienstete im Angestelltenverhältnis Kraftstoffe verkauft, liegt die Auszeichnungspflicht auch beim Unternehmen.

6 Mit Absatz 4 wurde der Regelungsgehalt des § 3a der aufgehobenen 3. BImSchV übernommen. Damit bleibt es bei der Möglichkeit einer Auszeichnung als „schwefelarm". Eine Auszeichnung als „schwefelfrei" bei einem Schwefelgehalt von bis zu 10 mg/kg, die der Bundesrat bereits im Rechtsetzungsverfahren zum Erlass der 3. BImSchV im Jahre 2000 ermöglichen wollte (BR-Drs. 826/00 – Beschluss, Nr. 2), bleibt weiterhin ausgeschlossen. Um einen Anreiz zur weiteren Minderung des Stickstoffanteils in leichtem Heizöl zu schaffen, ermöglicht Absatz 4 Nr. 2 seit dem Inkrafttreten der Verordnung zur Umsetzung der Richtlinie 2014/94/EU vom 13.12.2019 (BGBl. I S. 2739) eine Auszeichnung mit der Bezeichnung „stickstoffarm". Zeitgleich wurde § 13 um Absatz 6 erweitert, über den die Anforderungen des Artikel 7 der Richtlinie 2014/94/EU über die Nutzerinformationen in Bezug auf Ladepunkte für Elektrofahrzeuge (vgl. dazu auch → Vorb. Rn. 12a).

§ 14 Nachweisführung

(1) **Wer gewerbsmäßig oder im Rahmen einer wirtschaftlichen Unternehmung Kraftstoffe in den Verkehr bringt, hat den nach § 13 Absatz 1 bis 5 Auszeichnungspflichtigen bei Anlieferung der Ware darüber zu unterrichten, dass die Kraftstoffe**

1. den in den § 3 und § 4 Absatz 1 sowie den §§ 5 bis 9a genannten Anforderungen genügen oder

2. nach § 11 gleichwertig sind.

Die Unterrichtung erfolgt schriftlich oder elektronisch. Sie kann für jede einzelne Lieferung separat vorgenommen werden oder für mehrere zeitlich aufeinander folgende Lieferungen; in diesem Fall ist sie bei der ersten Lieferung vorzunehmen.

(2) **Auskunftspflichtige nach § 52 Absatz 3 Satz 1 in Verbindung mit Absatz 2 Satz 1 des Bundes-Immissionsschutzgesetzes, die Kraft- und Brennstoffe nach § 1 Absatz 4 bis 10 als Hersteller, Vermischer, Einführer oder Großverteiler lagern, haben Tankbelegbücher zu führen und auf Verlangen vorzulegen, aus denen hervorgeht, welche Lieferanten den Kraft- und Brennstoff geliefert haben.**

I. Unterrichtungspflicht

Die Unterrichtungspflicht nach § 14 Abs. 1 entspricht – soweit sie sich auf Ottokraftstoffe bezieht – der Regelung in § 2a Abs. 1 Satz 2 BzBlG (abgedruckt in Band I unter Nr. 4.1). Im Hinblick auf die übrigen Kraftstoffe beruht sie auf § 34 Abs. 2 Nr. 7 BImSchG (vgl. dazu → BImSchG § 34 Rn. 20af.). Ladepunkte sind von der Unterrichtungspflicht nicht betroffen. Um Problemen im Vollzug entgegenzuwirken, war der vergleichbare § 10 gegenüber der Vorgängerregelung um Abs. 1 Satz 2 ergänzt worden. Der Bundesrat hatte in seiner Begründung zu dieser Ergänzung ausgeführt (BR-Drs. 857/07 (Beschluss)): 1

„In der Praxis kommt es an den Tankstellen immer wieder zu Problemen mit dem Nachweis der gelieferten Kraftstoffqualitäten. Hier ist eine Präzisierung analog zur Allgemeinen Verwaltungsvorschrift in der Verordnung selbst erforderlich, um vor dem Hintergrund der nach wie vor unzureichenden Qualitäten einzelner Kraftstoffsorten (insbesondere Biodiesel) und der fehlenden Erfahrung mit den Alternativkraftstoffen (insbesondere E 85 und Erdgas) für den Vollzug eine rechtlich bindende Vorschrift zu erhalten, die die Ahndung von Verstößen erleichtern hilft."

Die jetzige Neufassung verfolgt immer noch den genannten Zweck und wird von der Bundesregierung wie folgt begründet (BR-Drs. 675/10, S. 33): 2

„Die Verpflichtung zur schriftlichen Unterrichtung soll Problemen mit dem Nachweis der gelieferten Kraftstoffqualitäten vorbeugen. Die Unterrichtung kann für jede einzelne Lieferung vorgenommen werden – zB durch Vermerk auf dem Lieferschein oder auf der Auftragsbestätigung – oder für mehrere zeitlich aufeinander folgende Lieferungen bei der ersten. In jedem Fall muss die Unterrichtung eindeutig erkennen lassen, auf welche Kraftstofflieferungen sich die Qualitätsangaben beziehen."

Seit Inkrafttreten der Verordnung zur Umsetzung der Richtlinie 2014/94/EU vom 13.12.2019 (BGBl. I S. 2739) kann die Unterrichtung nicht nur in schriftlticher, sondern auch in elektronischer Form erfolgen. Die Funktion des Schriftformerfordernisses wird auch damit gewahrt. 2a

II. Führung von Tankbelegbüchern

Die Pflicht zur Führung von Tankbelegbüchern wurde inhaltsgleich aus § 5 Abs. 1 der aufgehobenen 3. BImSchV übernommen. 3

1. Verhältnis zu § 52 BImSchG. Die Pflichten und Befugnisse der zuständigen Überwachungsbehörden ergeben sich nicht aus § 14 Abs. 2 der Verordnung, sondern aus § 52 BImSchG. In § 52 Abs. 2 und 3 BImSchG ist insbesondere geregelt, dass die Angehörigen und die Beauftragten der Überwachungsbehörde Auskünfte verlangen, Grundstücke betreten, Stichproben entnehmen und sonstige Prüfungen durchführen dürfen (vgl. dazu auch die Erläuterungen zu → BImSchG § 52 Rn. 37ff.). Durch die Begründung der Pflicht nach § 14 Abs. 2 soll die behördliche Überwachung lediglich erleichtert werden. Insoweit handelt es sich um eine ergänzende Regelung zu § 52 BImSchG. 4

5 **2. Verpflichteter Personenkreis.** Zur Führung der Tankbelegbücher können nur Auskunftspflichtige nach § 52 Abs. 2 und 3 BImSchG verpflichtet sein (vgl. dazu → BImSchG § 52 Rn. 38 ff.). Auskunftspflichtig nach § 52 Abs. 2 und 3 BImSchG sind dabei alle Eigentümer und alle (unmittelbaren und mittelbaren) Besitzer von Brenn- oder Kraftstoffen, die in § 1 Abs. 4 bis 10 definiert sind. Damit wird ein weiter Personenkreis erfasst. § 14 Abs. 2 schränkt die Pflichten in Bezug auf die Tankbelegbücher daher auf diejenigen Auskunftspflichtigen ein, die die betroffenen Erdölprodukte als Hersteller, Vermischer, Einführer oder Großverteiler lagern.

6 **3. Inhalt der Tankbelegbücher.** In § 14 Abs. 2 wird ausdrücklich nur bestimmt, dass sich aus den Tankbelegbüchern die Lieferanten des Kraft- oder Brennstoffs ergeben müssen (vgl. auch → BImSchG § 34 Rn. 20). Nach dem Sinn und Zweck der Vorschrift sind hierbei aber auch Angaben darüber erforderlich,
– welche (Teil-)Mengen von den verschiedenen Lieferanten stammen,
– wann die geliefert worden sind und
– in welche Tanks sie eingefüllt wurden.

Soweit der Hersteller die Erdölprodukte selbst lagert, hat er in sein Tankbelegbuch einzutragen, welche Mengen er zu welchem Zeitpunkt in einen bestimmten Tank eingefüllt hat.

7 **4. Vorlage der Tankbelegbücher.** Die zur Führung von Tankbelegbüchern Verpflichteten haben die Bücher auf Verlangen der zuständigen Behörde zur Einsichtnahme vorzulegen. Das Verlangen ist ein anfechtbarer Verwaltungsakt. Zu zuständigen Behörden sind in den einzelnen Bundesländern in der Regel die Überwachungsbehörden (vgl. → BImSchG § 52 Rn. 25 f.) bestimmt worden.

§ 15 Bekanntmachung der Kraftstoffqualität für den Betrieb von Kraftfahrzeugen

(1) **Wer gewerbsmäßig oder im Rahmen einer wirtschaftlichen Unternehmung Kraftfahrzeuge herstellt, einführt oder im Rahmen wirtschaftlicher Unternehmungen gegenüber dem Letztverbraucher in den Verkehr bringt, hat die vom Kraftfahrzeughersteller empfohlenen und verwendbaren Kraftstoffqualitäten für den Betrieb der Kraftfahrzeuge, die er in den Verkehr bringt, bekannt zu machen. Die Bekanntmachung der Kraftstoffqualitäten umfasst**

1. die Bekanntgabe gegenüber den Vertragswerkstätten und -händlern sowie der Öffentlichkeit,

2. die Angabe in den Betriebsanleitungen oder anderen für den Kraftfahrzeughalter bestimmten Unterlagen und

3. die deutlich sichtbare Anbringung an allen Kraftstoffeinfüllstutzen oder Fahrzeugsteckern von Kraftfahrzeugen, für die der betreffende Kraftstoff empfohlen und geeignet ist, oder in unmittelbarer Nähe der Einfüllstutzen oder Fahrzeugstecker dieser Fahrzeuge.

(2) **Die Bekanntmachung der Kraftstoffqualität muss**

1. für flüssige oder gasförmige Kraftstoffe gemäß den Anforderungen der DIN EN 16942, Ausgabe Dezember 2016, erfolgen,

2. für Strom für das Laden von Elektrofahrzeugen gemäß den Anforderungen der DIN EN 17186, Ausgabe Oktober 2019, erfolgen.

(3) **Bei der Bekanntmachung der Kraftstoffqualität sind**

1. **für flüssige oder gasförmige Kraftstoffe die Bezeichnungen nach § 13 für die Qualität der Kraftstoffe und die Zeichen nach den Anlagen 1 bis 15, jeweils Teil b, gemäß den Anforderungen der DIN EN 16942, Ausgabe Dezember 2016, zu verwenden,**
2. **für Strom für das Laden von Elektrofahrzeugen die Bezeichnungen und Zeichen gemäß DIN EN 17186, Ausgabe Oktober 2019, zu verwenden.**

1. Gegenstand und Form der Bekanntgabe. § 15 regelt die auch in § 2a Abs. 2 BzBlG für Ottokraftstoffe vorgeschriebene und im Übrigen auf Grund des § 38 Abs. 2 BImSchG geforderte (→ Vorb. Rn. 12) Bekanntgabe der empfohlenen Kraftstoffqualitäten für den Betrieb von Kraftfahrzeugen. Über die Form der Bekanntgabe enthielt § 15 bis zum Inkrafttreten der Verordnung zur Umsetzung der Richtlinie 2014/94/EU vom 13.12.2019 (BGBl. I S. 2739) nur verhältnismäßig unbestimmte Aussagen. In Erfüllung der Verpflichtung zur Umsetzung des Unionsrechts wurde die Vorschrift dabei neu gefasst und erweitert. Erstmals wird neben dem Hersteller und dem Importeur auch der Fahrzeughändler verpflichtet. Neu ist darüber hinaus die Pflicht zur Kennzeichnung der Fahrzeuge selbst (Absatz 1 Satz 2 Nr. 3). Die Bekanntgabe hat gegenüber den Vertragswerkstätten, den Vertragshändlern und gegenüber der Öffentlichkeit zu erfolgen (Absatz 1 Satz 2 Nr. 1). Die Art und Weise der Bekanntmachung wird nunmehr über Absatz 2 und 3 durch Festlegungen in den Normen DIN EN 16942, Ausgabe Dezember 2016, für flüssige und gasförmige Kraftstoffe sowie DIN EN 17186, Ausgabe Oktober 2019, für Strom für das Laden von Elektrofahrzeugen ausdrücklich festgelegt. Dazu gehört insbesondere die Verwendung der grafischen Zeichen nach den Anlagen 1 bis 15 der 10. BImSchV. Weiterhin sind die empfohlenen und verwendbaren Kraftstoffqualitäten in den Betriebsanleitungen oder anderen für den Kraftfahrzeughalter bestimmten Unterlagen anzugeben (Absatz 1 Satz 2 Nr. 2). 1

2. Unterlassen der Bekanntgabe. Das Unterlassen der Bekanntgabe nach § 15 ist nur bei Ottokraftstoffen eine Ordnungswidrigkeit im Sinne des § 7 Abs. 1 Nr. 2c BzBlG (abgedruckt in Band I unter Nr. 4.1). Eine unrichtige Angabe ist nicht bußgeldbewehrt. Da sie für den Hersteller und den gewerblichen Importeur ohnehin mit wirtschaftlichen Nachteilen verbunden wäre (Regressansprüche, Absatzverluste), war eine entsprechende Sanktionsvorschrift im Benzinbleigesetz nicht erforderlich. Bei anderen Kraftstoffen als Ottokraftstoffen stellt das Unterlassen der Bekanntgabe nach § 15 keine Ordnungswidrigkeit dar. 2

§ 16 Ausnahmen

(1) **Die zuständige Behörde kann auf Antrag Ausnahmen von den Anforderungen der § 3 und § 4 Absatz 1 sowie §§ 5 bis 9a bewilligen, soweit dies in besonderen Einzelfällen zu Forschungs- und Erprobungszwecken erforderlich ist und schädliche Umwelteinwirkungen nicht zu erwarten sind. Die Bewilligung ist zu befristen.**

(2) **Keine Ausnahmebewilligung nach Absatz 1 Satz 1 ist erforderlich für Kraftstoffe, die betriebsintern zu Forschungs- und Erprobungszwecken verwandt und nicht über öffentliche Tankstellen oder LNG-Tankstellen in den Verkehr gebracht werden und die keine schädlichen Umwelteinwirkungen erwarten lassen.**

(3) **Die zuständige Behörde bewilligt im Benehmen mit dem Bundesamt für Wirtschaft und Ausfuhrkontrolle auf Antrag Ausnahmen von § 4 Absatz 2 bis 5 und § 10 für Kraft- und Brennstoffe nach § 1 Absatz 4 bis 10, soweit die Einhaltung des**

zulässigen Höchstgehalts an Schwefelverbindungen zu einer erheblichen Gefährdung der Versorgung des Verbrauchers mit Kraft- und Brennstoffen nach § 1 Absatz 4 bis 10 führen würde. Die Bewilligungen können unter Bedingungen erteilt und mit Auflagen verbunden werden. Die Bewilligungen sind zu befristen. Sie können widerrufen werden, wenn die Voraussetzungen für ihre Erteilung nicht mehr vorliegen.

I. Bedeutung der Ausnahmen

1 **1. Bedürfnis nach Ausnahmemöglichkeiten.** Die 10. BImSchV verbietet generell das Inverkehrbringen der erfassten Kraft- und Brennstoffe, wenn die inhaltlichen Anforderungen nicht erfüllt sind. Aus unterschiedlichen Gründen, die in den Absätzen 1 und 2 auf der einen und Absatz 3 auf der anderen Seite genannt sind, kann sich dabei das Bedürfnis nach Ausnahmen ergeben. Kann die **Versorgungssicherheit des Verbrauchers** bei den in § 1 Abs. 4 bis 10 definierten Kraft- und Brennstoffen Ausnahmen rechtfertigen, sind es bei den Otto- und Dieselkraftstoffen **Forschungszwecke,** die eine Ausnahme rechtfertigen können.

2 **2. Wirkung der Ausnahmebewilligungen.** Die Ausnahmebewilligungen nach § 16 werden nicht personen-, sondern **sachbezogen** erteilt. Das bedeutet, dass sie nicht nur für den Antragsteller (zB den Hersteller oder Einführer) gelten, sondern auch für dessen Abnehmer (zB den Tankstellenbetreiber oder den Heizölhändler).

II. Ausnahmen zu Forschungs- und Erprobungszwecken

3 § 16 Abs. 1 ermöglicht Ausnahmen von den Beschaffenheitsanforderungen der §§ 3, 4 Abs. 1 und 5 bis 9a zuzulassen. Voraussetzung für die Erteilung einer Ausnahmeerlaubnis ist dabei zum einen die Erforderlichkeit für Forschungs- und Erprobungszwecke und zum anderen, dass schädliche Umwelteinwirkungen nicht zu erwarten sind. Als Forschung ist dabei die **planmäßige und zielgerichtete Suche nach neuen Erkenntnissen** über die Eigenschaft von Stoffen und Produkten anzusehen, wobei nicht nur die Grundlagenforschung, sondern insbesondere die auf konkrete Stoffe, Erzeugnisse oder Verfahren bezogene angewandte Forschung erfasst wird (vgl. dazu die Erläuterungen zu § 1 Abs. 6 der 4. BImSchV in Band IV, → 4. BImSchV § 1 Rn. 13b). Aus § 16 Abs. 2 ergibt sich darüber hinaus, dass eine Erlaubnis nur dann eingeholt werden muss, wenn Forschungs- und Erprobungskraftstoffe über öffentliche Tankstellen in den Verkehr gebracht und nicht nur betriebsintern verwandt werden sollen. Eine Auszeichnung derartiger Kraftstoffe gemäß § 13 Abs. 1 kommt nicht in Betracht, da die dort genannten Voraussetzungen gerade nicht vorliegen.

III. Ausnahmen aus Gründen der Versorgungssicherheit

4 Nach § 16 Abs. 3 sind Ausnahmen von den Regelungen über den Schwefelgehalt bestimmter Kraft- und Brennstoffe zu bewilligen, wenn andernfalls die Versorgung des Verbrauchers mit den betroffenen Erdölprodukten erheblich gefährdet würde; ein Ermessensspielraum für die zuständige Behörde ist insoweit nicht gegeben. Bloße Versorgungs**schwierigkeiten** stellen noch keine **erhebliche** Gefährdung dar. Vielmehr müssen nach Dauer und Ausmaß schwerwiegende Störungen der Versorgung zu erwarten sein. Diese Störungen können – beispielsweise infolge internationaler Energiekrisen – bundesweit auftreten. Unter Umständen kann eine erhebliche Gefährdung der Versorgung auch bei

einer regional begrenzten Mangellage angenommen werden. Dann muss es jedoch objektiv unmöglich sein, den ungedeckten Bedarf durch ausreichend schwefelarme Ware aus dem Ausland oder aus anderen Teilen des Bundesgebiets zu decken. Die Höhe der Kosten kann dabei nur in extremen Ausnahmefällen die objektive Unmöglichkeit begründen. Aber auch bei einer erheblichen Gefährdung der Versorgung des Verbrauchers gestattet § 16 Abs. 3 keine unbeschränkten Ausnahmen. Die Bewilligung darf nur soweit gehen, wie dies zur Abwehr der erheblichen Gefährdung erforderlich ist. Die zuständige Behörde hat deshalb zu prüfen, bei welchem Höchstgehalt an Schwefelverbindungen eine ausreichende Versorgung des Verbrauchers (noch) sichergestellt ist. Dabei hat sie zu berücksichtigen, dass der Schwefelgehalt unter Umständen auch durch eine Vermischung mit weniger schwefelhaltiger Ware gesenkt werden kann.

IV. Bewilligungsverfahren

1. Antrag. Ausnahmen nach § 16 werden nur auf Antrag bewilligt. Den Antrag kann 5 jeder stellen, der einen der erfassten Kraft- oder Brennstoffe in Verkehr bringen will. Ist für eine bestimmte Ware bereits eine Ausnahme bewilligt worden, gilt diese auch für weitere Überlassensvorgänge; an einer zusätzlichen Ausnahme fehlt dann in der Regel ein Sachbescheidungsinteresse.

2. Nebenbestimmungen. In Absatz 3 wird ausdrücklich bestimmt, dass die Bewilli- 6 gung unter Bedingungen erteilt und mit Auflagen verbunden werden kann. Damit wird der Vorschrift des § 36 Abs. 1 VwVfG entsprochen, wonach ein Verwaltungsakt, auf den ein Anspruch besteht, mit einer Nebenbestimmung versehen werden darf, wenn sie durch Rechtsvorschrift zugelassen ist. Da die Bewilligung einer Ausnahme nach Absatz 1 im Ermessen der zuständigen Behörde steht, kann sie gemäß § 36 Abs. 2 VwVfG mit Nebenbestimmungen verbunden werden, ohne dass es einer ausdrücklichen Bestimmung bedarf. In keinem Fall aber darf eine Nebenbestimmung dem Zweck des Verwaltungsaktes zuwiderlaufen (§ 36 Abs. 3 VwVfG).

Als Bedingung zu einer Ausnahme nach Absatz 3 kann festgelegt werden, dass die 7 Ware vor dem Inverkehrbringen bis zu einem bestimmten **Höchstgehalt an Schwefelverbindungen** mit anderer Ware gemischt sein muss. Auch kann die Wirksamkeit der Bewilligung davon abhängig gemacht werden, dass das leichte oder das schwere Heizöl oder der Dieselkraftstoff nur in bestimmten Gebieten in Verkehr gebracht wird. Im Wege der Auflage kann u. a. verlangt werden, dass der bewilligenden Behörde die Menge und der Schwefelgehalt der Ware mitzuteilen sind, die unter Ausnutzung der Ausnahme in den Verkehr gebracht worden ist. Auflagen und Bedingungen, die einer Ausnahme nach Absatz 1 hinzugefügt werden, sollten in jedem Fall zum **Schutz des Verbrauchers** die Auszeichnung an den Zapfsäulen regeln.

Ausnahmebewilligungen nach Absatz 1 und 3 sind in jedem Fall zu befristen (Abs. 1 8 S. 2, Abs. 3 S. 3). Im Fall des Absatzes 1 ist dabei auf das mit dem Forschungs- oder Erprobungsvorhaben verfolgte Ziel abzustellen. Bei Ausnahmen nach Absatz 3 hingegen kommt es auf die voraussichtliche Dauer der (erheblichen) Versorgungsschwierigkeiten an. Eine Fristverlängerung ist in beiden Fällen denkbar.

3. Rücknahme und Widerruf. Eine rechtswidrig erteilte Ausnahmebewilligung 9 kann unter den Voraussetzungen des § 48 VwVfG zurückgenommen werden. Sind die Voraussetzungen für die Erteilung einer Ausnahme nach Absatz 3 nachträglich entfallen, kann sie gemäß Absatz 3 Satz 4 widerrufen werden. § 16 Abs. 3 Satz 4 ist insoweit **lex specialis** zu § 49 Abs. 2 Nr. 3 VwVfG, mit der Folge, dass eine Entschädigung nach

§ 49 Abs. 5 VwVfG nicht in Betracht kommt. Im Übrigen werden die Widerrufsmöglichkeiten nach § 49 Abs. 2 VwVfG durch die 10. BImSchV nicht berührt.

V. Zuständigkeit

10 Die zuständigen Behörden für die Bewilligung von Ausnahmen nach Absatz 1 oder 3 werden durch die Länder bestimmt (Art. 84 Abs. 1 GG). Die entsprechenden Regelungen sind in den bei § 52 BImSchG (Bd. III, → BImSchG § 52 Rn. 25f.) angegebenen Vorschriften enthalten. Vor der Bewilligung einer Ausnahme nach Absatz 3 hat sich die zuständige Landesbehörde mit dem Bundesamt für Wirtschaft und Ausfuhrkontrolle (BAFA) ins Benehmen zu setzen; dh sie haben dem BAFA Gelegenheit zur Stellungnahme zu geben. Eine Bindung an den Inhalt der Stellungnahme besteht nicht.

§ 17 Zugänglichkeit der Normen

DIN-, DIN EN-, ISO-, DIN ISO- und DIN EN ISO-Normen, auf die in dieser Verordnung verwiesen wird, sind bei der Beuth-Verlag GmbH, Berlin und Köln, erschienen und dort zu beziehen. Das in § 18 Absatz 1 genannte DVGW-Arbeitsblatt ist bei der Wirtschafts- und Verlagsgesellschaft Gas und Wasser mbH, Bonn, erschienen und dort zu beziehen. Die DIN-, DIN EN-, ISO-, DIN ISO- und DIN EN ISO-Normen und das DVGW-Arbeitsblatt sind beim Deutschen Patent- und Markenamt in München archivmäßig gesichert niedergelegt.

Die Regelung in § 17 ist im Hinblick auf § 34 Abs. 1 Satz 4 in Verbindung mit § 7 Abs. 5 BImSchG erforderlich, da es sich bei den bezeichneten Normen um jedermann zugängliche Bekanntmachungen sachverständiger Stellen im Sinne des § 7 Abs. 5 BImSchG handelt. Die Vorschrift entspricht weitgehend der Vorgängerregelung in § 13 der 10. BImSchV aus dem Jahr 2009 sowie § 7 der aufgehobenen 3. BImSchV. Erweitert wurde die Vorschrift um das neu zitierte DVGW Arbeitsblatt. Zur Bedeutung der Regelung wird hier auf die Erläuterungen zu § 7 BImSchG (Band III → BImSchG § 7 Rn. 115–120) Bezug genommen.

§ 18 Überwachung

(1) **Die zuständigen Behörden überwachen die in den §§ 3 bis 9a gestellten Anforderungen an Kraftstoffe sowie die in § 13 gestellten Anforderungen an die Auszeichnungspflicht dieser Kraftstoffe anhand der in den §§ 3 bis 9a genannten DIN- und DIN EN-Normen angegebenen Prüfverfahren und nach den in DIN EN 14 274, Ausgabe Mai 2013, DIN EN ISO 3170, Ausgabe Juni 2004, DIN EN ISO 3171, Ausgabe November 2000, und DIN 51 610, Ausgabe Juni 1983, sowie in dem DVGW Arbeitsblatt G 264, Ausgabe September 2016, vorgeschriebenen Verfahren. Abweichend von den Angaben in DIN EN 590, Ausgabe Oktober 2017, und DIN EN 14 214, Ausgabe Mai 2019, findet für die Bestimmung der Gesamtverschmutzung bei der Überprüfung des in Verkehr gebrachten Kraftstoffes das Prüfverfahren nach DIN EN 12 662, Ausgabe Juli 2008, weiterhin Anwendung.**

(2) **Der Auszeichnungspflichtige nach § 13 [*§ 14 Absatz 1 oder 2*] hat auf Verlangen der zuständigen Behörde den nach § 14 Absatz 1 erhaltenen Unterrichtungsnach-**

weis vorzulegen. Auskunftspflichtige nach § 14 Absatz 2, die Kraft- und Brennstoffe nach § 1 Absatz 4 bis 10 lagern, haben auf Verlangen der zuständigen Behörde eine Erklärung des Herstellers oder Vermischers über die Beschaffenheit dieser Kraft- oder Brennstoffe vorzulegen. Sofern der Hersteller oder Vermischer nicht selbst geliefert hat, muss die Erklärung zusätzlich Angaben des Lieferanten über die gelieferte Menge enthalten. Für die Erklärung ist ein Vordruck nach dem Muster der Anlage 16 zu verwenden. Die zuständige Behörde kann dem Auskunftspflichtigen für die Vorlage der Erklärung eine Frist setzen.

(3) Die zuständigen Behörden überwachen durch Probenahmen, ob der Schwefelgehalt der verwendeten und der in Verkehr gebrachten Kraft- und Brennstoffe den Anforderungen nach § 4 Absatz 2 bis 5 und nach § 10 entspricht. Die Probenahmen müssen mit ausreichender Häufigkeit und ausreichenden Mengen vorgenommen werden, so dass die Ergebnisse für den geprüften Kraft- und Brennstoff repräsentativ sind.

(4) Der Schwefelgehalt in Dieselkraftstoff zur Verwendung für mobile Maschinen und Geräte, für land- und forstwirtschaftliche Zugmaschinen sowie für Binnenschiffe und Sportboote ist im Rahmen der Überwachung nach Absatz 3 durch eines der folgenden Prüfverfahren zu bestimmen:

1. nach DIN EN ISO 20 846, Ausgabe Januar 2012,
2. nach DIN EN ISO 20 884, Ausgabe Juli 2011, oder
3. nach DIN EN ISO 13 032, Ausgabe Juni 2012.

Als Referenzverfahren dient das Prüfverfahren nach DIN EN ISO 20 846, Ausgabe Januar 2012, oder nach DIN EN ISO 20 884, Ausgabe Juli 2011.

(5) Für die Bestimmung des Schwefelgehalts in leichtem Heizöl ist im Rahmen der Überwachung nach Absatz 3 eines der folgenden Prüfverfahren zu verwenden:

1. nach DIN EN ISO 8754, Ausgabe Dezember 2003, oder
2. nach DIN EN ISO 14 596, Ausgabe Dezember 2007.

Als Referenzverfahren dient das Prüfverfahren nach DIN EN ISO 8754, Ausgabe Dezember 2003.

Bei leichtem Heizöl, das zusätzlich nach § 14 Absatz 4 Nummer 1 mit dem Begriff „schwefelarm“ ausgezeichnet ist, ist eines der folgenden Prüfverfahren zu verwenden:

1. nach DIN EN ISO 20 846, Ausgabe Januar 2012, oder
2. nach DIN EN ISO 20 884, Ausgabe Juli 2011.

Bei leichtem Heizöl, das zusätzlich nach § 14 Absatz 4 Nummer 2 mit dem Begriff „stickstoffarm“ ausgezeichnet ist, ist das Prüfverfahren nach DIN 51444, Ausgabe November 2003, zu verwenden.

(6) Für die Bestimmung des Schwefelgehalts in schwerem Heizöl ist im Rahmen der Überwachung nach Absatz 3 eines der folgenden Prüfverfahren zu verwenden:

1. nach DIN 51400-3, Ausgabe Juni 2001,
2. nach DIN EN ISO 8754, Ausgabe Dezember 2003, oder
3. nach DIN EN ISO 14 596, Ausgabe Dezember 2007.

Als Referenzverfahren dient das Prüfverfahren nach DIN EN ISO 14 596, Ausgabe Dezember 2007.

(7) Für die Bestimmung des Schwefelgehalts in Gasöl für den Seeverkehr, für Schiffsdiesel und für sonstige Schiffskraftstoffe nach § 1 Absatz 8 ist im Rahmen der Überwachung nach Absatz 3 eines der folgenden Prüfverfahren zu verwenden:

1. nach DIN EN ISO 8754, Ausgabe Dezember 2003, oder

2. nach DIN EN ISO 14 596, Ausgabe Dezember 2007.

Als Referenzverfahren dient das Prüfverfahren nach DIN EN ISO 8754, Ausgabe Dezember 2003.

(8) **Die nach Landesrecht zuständigen obersten Landesbehörden oder die von ihnen bestimmten Behörden übermitteln dem Umweltbundesamt bis spätestens zum 30. April eine jährliche Übersicht der Überwachungsergebnisse nach Absatz 1 und 3 zur Weiterleitung an die Europäische Kommission.**

I. Durchführung der Verordnung

1 Die 10. BImSchV wird – soweit sie auf § 2a Abs. 3 BzBlG gestützt ist – von den nach § 5 BzBlG zuständigen Behörden überwacht; im Übrigen gilt § 52 BImSchG. Die Pflichten und Befugnisse der Überwachungsbehörden ergeben sich aus diesen gesetzlichen Vorschriften, nicht aus § 18 der 10. BImSchV. Die jeweiligen Ermächtigungsgrundlagen für behördliche Maßnahmen sowie die materiellen Ordnungspflichten sind § 5 Abs. 1 und 3 BzBlG (vgl. dazu in Bd. I Nr. 4.1 die Erläuterungen zu → BzBlG § 5) sowie § 52 Abs. 2 und 3 BImSchG (vgl. dazu → BImSchG § 52 Rn. 37 ff., 60 ff. und 75 ff.) zu entnehmen. Durch die in § 18 Abs. 1 bis 3 getroffenen Regelungen soll die behördliche Überwachung erleichtert werden. Keine Bedeutung hat § 18 für die in § 13 Abs. 6 enthaltenen Pflichten bezüglich der Ladepunkte für Elektrofahrzeuge. In Absatz 1 geht es ausschließlich um Kraftstoffe nach §§ 3 bis 9a und in Absatz 2 geht es um die Nachweisführung nach § 14, die sich nicht auf Ladepunkte erstreckt. Die Zuständigkeit für die Überwachung der Einhaltung der in der 10. BImSchV normierten Anforderungen an Ladepunkte bestimmt sich nach den energiewirtschaftlichen Vorschriften.

II. Beschaffenheitsanforderungen und Auszeichnungspflicht

2 Art. 8 Abs. 2 der Richtlinie 98/70/EG über die Qualität von Otto- und Dieselkraftstoffen vom 13.10.1998 (ABl. L 350, S. 58 ff.), zuletzt geändert durch die Verordnung (EU) 2018/1999 vom 21.12.2018 (ABl. L 328, S. 1), verlangt die Errichtung eines Systems zur Überwachung der Kraftstoffqualität im Einklang mit den jeweiligen Europäischen Normen. Diesem Ziel dient Absatz 1 insoweit, als dort auf die Beschaffenheitsanforderungen in den §§ 3 bis 9a abgestellt wird. Sämtliche in den §§ 3 bis 9a sowie in § 18 Abs. 1 genannte Normen entsprechen inhaltlich den Anforderungen der in der Richtlinie genannten Normen. Mit Blick auf die in § 13 festgeschriebenen Auszeichnungspflichten prüfen die zuständigen Behörden die Übereinstimmung der Auszeichnung mit den tatsächlichen Qualitäten. Über den Wortlaut des Absatzes 1 hinaus überwacht die zuständige Behörde auch die Übereinstimmung der Auszeichnungen mit den Anforderungen des § 13 sowie die Erfüllung der Pflichten aus § 3 Abs. 2 und 3, die sog. Bestandsschutzsorten anzubieten.

3 Die Formulierung des Absatzes 2 Satz 1 begründet die Bundesregierung wie folgt (BR-Drs. 675/10, S. 34 f.):

„Absatz 2 Satz 1 entspricht zur Klarstellung der Verpflichtung zur Vorlage des Unterrichtungsnachweises der Nummer 3.1 der aktuellen Allgemeinen Verwaltungsvorschrift zur 10. BImSchV. Wer Kraftstoffe als Händler veräußert oder in einer Eigenverbrauchstankstelle abgibt, muss der zuständigen Behörde auf Anforderung den dem Auszeichnungspflichtigen zu erteilenden Unterrichtungsnachweis vorweisen. Wird die Tankstelle von einem Handelsvertreter oder einem Bediensteten in einem Anstellungsverhältnis geführt, sollte der Unterrichtungsnachweis an der Tankstelle hinterlegt sein. Die Pflicht zur Vorlage des Lieferscheins trifft das Unternehmen, das Veräußerer ist. Veräußerer ist derjenige, in dessen Namen die Kraftstoffe an der Tankstelle verkauft oder abgegeben werden. Der Name der Veräußerers geht regelmäßig aus den Tankquittungen oder sonstigen Hinweisen auf der Tankstelle hervor."

III. Erklärung über die Beschaffenheit gelagerter Kraft- oder Brennstoffe

1. Umfang der Verpflichtung. Der nach § 14 Abs. 2 verpflichtete Personenkreis (→ § 14 Rn. 5) ist auf Grund des Absatzes 2 Satz 2 gehalten, auf Verlangen der zuständigen Behörde eine Erklärung über die Beschaffenheit des gelagerten Brenn- oder Kraftstoffs vorzulegen. Diese Verpflichtung setzt voraus, dass der Lagerer sich eine entsprechende Erklärung verschafft. Dazu ist er ohne Weiteres in der Lage, wenn er selbst Hersteller oder Vermischer ist. In allen anderen Fällen muss der Lagerer durch vertragliche Vereinbarungen mit den Lieferanten sicherstellen, dass ihm eine Beschaffenheitserklärung stets oder auf besonderes Verlangen übergeben wird. Da es eine gewisse Zeit in Anspruch nehmen kann, die geforderte Beschaffenheitserklärung zu besorgen, ist in Absatz 2 Satz 5 ausdrücklich vorgesehen, dass dem auskunftspflichtigen Lagerer für die Vorlage der Erklärung eine Frist gesetzt werden kann. 4

2. Aussteller der Erklärung. Die Erklärung muss von demjenigen ausgestellt sein, der für die Beschaffenheit des gelieferten Kraft- oder Brennstoffs verantwortlich ist, d. h. deren Zusammensetzung zuletzt verändert hat. Das ist entweder der Hersteller oder der (letzte) Vermischer. Ist der Kraft- oder Brennstoff nicht unmittelbar durch den Hersteller oder den Vermischer geliefert worden, muss die Erklärung auch Angaben der Lieferanten über die gelieferten Mengen enthalten (Absatz 2 Satz 3). 5

3. Inhalt und Form der Erklärung. Aus der Erklärung muss sich die Beschaffenheit des gelagerten (richtiger wohl des gelieferten) Kraft- oder Brennstoffs ergeben. Im Einzelnen ist der erforderliche Inhalt der Erklärung der Anlage 16 zur Verordnung zu entnehmen. Die Anlage 16 ist Bestandteil der Verordnung und hat insoweit Rechtsnormcharakter. Absatz 2 Satz 4 schreibt darüber hinaus vor, dass die Erklärung auch der Form nach dem Muster der Anlage 16 entsprechen muss. Ob diese Forderung mit der Ermächtigungsgrundlage des § 34 BImSchG vereinbar ist, erscheint zweifelhaft (→ BImSchG § 34 Rn. 18). Für die Betroffenen dürfte es jedenfalls zweckmäßig sein, das vorgesehene Formular zu verwenden. 6

IV. Pflichten der Behörden (Abs. 3 bis 8)

Die Absätze 3 bis 8 richten sich nicht an die Ordnungspflichtigen, sondern an die Behörden. Die Absätze 3 bis 7 übernehmen die Regelung des § 5 Abs. 3 der aufgehobenen 3. BImSchV und regeln die Art und Häufigkeit der behördlichen Kontrollen. Eine Eingriffsermächtigung ergibt sich daraus nicht. Absatz 8 fasst die bisherigen Regelungen des § 5 Abs. 4 der 3. BImSchV und der Nummer 3.1 der Allgemeinen Verwaltungsvorschrift zur 10. BImSchV vom 17.7.2009 (BAnz. S. 2483) zusammen. Im Rahmen der Vereinheitlichung wurde das Berichtsdatum aus der Allgemeinen Verwaltungsvorschrift übernommen. Die Entnahme und Untersuchung von Kraftstoffproben zur Überwachung der Einhaltung der §§ 13 und 14 ist detailliert in Nr. 4 der Allgemeinen Verwaltungsvorschrift zur Durchführung der 10. BImSchV vom 4.9.2012 (BAnz. AT 10.9.2012 B2, im Internet einschließlich aller Anlagen abrufbar unter: http://www.verwaltungsvorschriften-im-internet.de/bsvwvbund_04092012_IGI64540553.htm) geregelt. Nr. 5 der 7

Verwaltungsvorschrift befasst sich mit Probenahmen zur Bestimmung des Schwefelgehalts.

§ 19 Einfuhr von Heizöl, Schiffskraftstoff und Dieselkraftstoff

(1) **Der Einführer von Kraft- und Brennstoffen nach § 1 Absatz 4 bis 10 hat der für den ersten Bestimmungsort zuständigen Behörde die Sendung so rechtzeitig zu melden, dass die Behörde vor dem Eintreffen der Sendung am ersten Bestimmungsort davon Kenntnis erhält.**

(2) **Der Einführer von Kraft- und Brennstoffen nach § 1 Absatz 4 bis 10 hat die für die Zollabfertigung vom Einführer vorgelegten Qualitäts- oder Analysezertifikate am ersten Bestimmungsort der Sendung verfügbar zu halten, solange sich die Sendung oder Teile der Sendung dort befinden. Der Einführer hat die Qualitäts- oder Analysezertifikate ab dem Zeitpunkt des Eintreffens der Sendung am ersten Bestimmungsort mindestens ein Jahr aufzubewahren.**

(3) **Die Absätze 1 und 2 sind nicht anzuwenden beim Verbringen aus Staaten der Europäischen Union.**

I. Bedeutung der Vorschrift

1 § 19 dient ebenso wie § 18 der Erleichterung der Überwachung (→ § 18 Rn. 1). Die Vorschrift beruht auf § 34 Abs. 2 Nrn. 1 bis 4 BImSchG (→ BImSchG § 34 Rn. 17 bis 19). Besondere Regelungen im Zusammenhang mit der Einfuhr sind geboten, weil hier in besonderem Maße die Gefahr besteht, dass Ware mit unzulässig hohem Schwefelgehalt unkontrolliert auf den Inlandsmarkt gelangt. Im Hinblick auf den europäischen Binnenmarkt gelten die Anforderungen nicht für Einfuhren aus Staaten der Europäischen Union (Abs. 3). § 19 übernimmt inhaltlich die Regelungen aus § 6 Abs. 2 bis 4 der aufgehobenen 3. BImSchV. Mit der Novelle weggefallen ist die Pflicht des Einführers, den Zolldienststellen eine Erklärung über die Beschaffenheit des Kraft- oder Brennstoffs vorlegen und bis zum ersten Bestimmungsort mitführen zu müssen. Da die Angaben der Erklärung nach § 18 Abs. 2 Satz 2 entnommen werden können, war die Regelung entbehrlich.

II. Meldepflicht

2 Vor dem Eintreffen der Ware am ersten Bestimmungsort hat der Einführer die Sendung der für den Bestimmungsort zuständigen Behörde zu melden. Bestimmungsort ist derjenige Ort, an dem die Sendung im Geltungsbereich des Bundes-Immissionsschutzgesetzes erstmals gelagert oder einem anderen überlassen wird; der Firmensitz des Einführers ist als solcher nicht erster Bestimmungsort. Sachlich zuständig sind dieselben Behörden, die die Vorlage von Tankbelegbüchern nach § 14 Abs. 2 und Beschaffenheitserklärungen nach § 18 Abs. 2 Satz 2 verlangen können. Eine bestimmte Form ist für die Meldung nicht vorgeschrieben. Inhaltlich sollte die Meldung folgende Angaben enthalten:

- Einführer
- Menge
- Art der Anlieferung (zB durch Tankschiff oder Kesselwagen)
- verfügbare Angaben über den Schwefelgehalt

– erster Bestimmungsort
– voraussichtliche Ankunft
– ggf. Empfänger (falls die Sendung unmittelbar einem Dritten überlassen wird).

III. Beschaffenheitserklärung

Absatz 2 regelt die Pflichten des Einführers in Bezug auf die Beschaffenheitserklärung im Sinne des § 18 Abs. 2 Satz 2. Die Erklärung muss von dem (ausländischen) Hersteller oder (letzten) Vermischer der Ware ausgestellt sein (→ § 18 Rn. 5). Inhalt und Form der Erklärung ergeben sich aus Anlage 9 zur Verordnung. Die Erklärung muss am ersten Bestimmungsort (vgl. → Rn. 2) vorliegen, solange die Ware – auch nur teilweise – dort vorhanden ist. Unabhängig von der Verweildauer am ersten Bestimmungsort muss der Einführer die Erklärung ein Jahr aufzubewahren und auf Verlangen der zuständigen Behörde vorlegen. 3

§ 20 Ordnungswidrigkeiten

(1) Ordnungswidrig im Sinne des § 62 Absatz 1 Nummer 7 des Bundes-Immissionsschutzgesetzes handelt, wer vorsätzlich oder fahrlässig

1. entgegen
   a) § 2 Absatz 1, § 4 Absatz 2, Absatz 3 oder Absatz 4 oder § 10 Absatz 1 oder Absatz 2 Satz 1 oder
   b) § 3 Absatz 1, § 4 Absatz 1, §§ 5 bis 9 oder § 9a, jeweils auch in Verbindung mit § 11, einen Brenn- oder Kraftstoff in den Verkehr bringt,

2. entgegen § 2 Absatz 2 Chlor- oder Bromverbindungen als Zusatz zu Kraftstoffen in den Verkehr bringt,

3. entgegen § 3 Absatz 2 oder Absatz 3 einen dort genannten Kraftstoff nicht anbietet,

4. entgegen § 4 Absatz 5 einen dort genannten Kraftstoff verwendet,

5. entgegen § 13 Absatz 1 Satz 1 eine Qualität nicht oder nicht richtig sichtbar macht,

6. entgegen § 13 Absatz 2 einen dort genannten Hinweis nicht, nicht richtig, nicht vollständig oder nicht in der vorgeschriebenen Weise anbringt,

7. entgegen § 14 Absatz 1 Satz 1 den Auszeichnungspflichtigen nicht, nicht richtig oder nicht rechtzeitig unterrichtet,

8. entgegen § 14 Absatz 2 ein Tankbelegbuch nicht oder nicht richtig führt oder nicht oder nicht rechtzeitig vorlegt,

9. entgegen § 18 Absatz 2 Satz 1 oder Satz 2 einen Unterrichtungsnachweis oder eine dort genannte Erklärung nicht oder nicht rechtzeitig vorlegt,

10. entgegen § 19 Absatz 1 eine Meldung nicht, nicht richtig oder nicht rechtzeitig macht,

11. entgegen § 19 Absatz 2 Satz 1 die Qualitäts- oder Analysezertifikate nicht oder nicht für die vorgeschriebene Dauer verfügbar hält oder

12. entgegen § 19 Absatz 2 Satz 2 die Qualitäts- oder Analysezertifikate nicht oder nicht mindestens ein Jahr aufbewahrt.

(2) **Ordnungswidrig im Sinne des § 95 Absatz 1 Nummer 5 Buchstabe c des Energiewirtschaftsgesetzes handelt, wer vorsätzlich oder fahrlässig entgegen § 13 Absatz 6 Satz 1 einen dort genannten Hinweis oder eine dort genannte Verbraucherinformation nicht, nicht richtig, nicht vollständig oder nicht in der vorgeschriebenen Weise anbringt.**

(3) **Die Zuständigkeit für die Verfolgung und Ahndung von Ordnungswidrigkeiten nach Absatz 1 Nummer 4 wird im Anwendungsbereich des § 1 Absatz 1 Nummer 2 erster Halbsatz des Binnenschifffahrtsaufgabengesetzes in der Fassung der Bekanntmachung vom 5. Juli 2001 (BGBl. I S. 2026), das zuletzt durch Artikel 146 des Gesetzes vom 20. November 2019 (BGBl. I S. 1626) geändert worden ist, auf die Generaldirektion Wasserstraßen und Schifffahrt übertragen.**

I. Die Ordnungswidrigkeitentatbestände

1 In § 20 werden die Ordnungswidrigkeitenvorschriften der aufgehobenen 3. BImSchV (§ 8) und 19. BImSchV (§ 4) mit der Regelung aus § 14 der Vorgängerverordnung zusammengeführt. § 20 Abs. 1 legt fest, welche Verstöße gegen die 10. BImSchV Ordnungswidrigkeiten im Sinne des § 62 Abs. 1 Nr. 7 BImSchG sind. § 20 Abs. 1 schließt nicht aus, dass eine Zuwiderhandlung gegen eine § 2a BzBlG konkretisierende Regelung (→ Vorb. Rn. 1) als Ordnungswidrigkeit nach § 7 Abs. 1 Nrn. 1 oder 2 BzBlG (vgl. die Erläuterungen zu § 7 BzBlG in Band I unter Nr. 4.1) geahndet wird. Bedeutung hat dies insbesondere für den Fall einer unterlassenen Bekanntgabe der Qualitäten von Ottokraftstoffen nach § 15 (→ § 15 Rn. 2).

2 Große praktische Bedeutung haben die Tatbestände des § 20 Abs. 1 Nr. 1a) und b). Sie sind nicht erfüllt, wenn für die betreffenden Kraft- oder Brennstoffe eine Ausnahmebewilligung nach § 16 vorliegt. Insoweit stellt § 20 Abs. 1 Nr. 1 nicht auf die allgemeine, sondern die konkret zulässige Beschaffenheit der in Verkehr gebrachten Ware ab.

3 Neu aufgenommen wurde der Tatbestand des Absatzes 1 Nr. 3, mit dem das Nichtanbieten von Bestandsschutzsorten sanktioniert wird. Während die Pflicht zum Anbieten in der zu Grunde liegenden Vorschrift des Art. 3 Abs. 3 der Richtlinie 98/70/EG nur bis zum 31.12.2013 bestand, hat weder die Verordnungsermächtigung in § 34 Abs. 3 BImSchG noch die konkrete Verpflichtung in § 3 Abs. 2 und 3 der 10. BImSchV diese zeitliche Begrenzung aufgenommen. Daher endete die Sanktionsmöglichkeit ebenfalls nicht ohne Weiteres mit dem Ablauf des Jahres 2013.

4 § 20 Abs. 2 beinhaltet einen Ordnungswidrigkeitentatbestand im Geltungsbereich des Energiewirtschaftsgesetzes und betrifft die in § 13 Abs. 6 enthaltenen Auszeichnungspflichten in Bezug auf Ladepunkte für Elektrofahrzeuge. Ausdrücklich sanktionsbewehrt ist dabei allein ein Verstoß gegen die in Satz 1 des § 13 Abs. 6 enthaltene Pflicht. Die in den Sätzen 2 und 3 konkretisierend enthaltenen Anforderungen an die Art der Auszeichnung dürften jedoch in gleichem Maße erfasst sein, da dies als „vorgeschriebene Weise" der Verbraucherinformation angesehen werden kann.

4a Die Zuständigkeitsbestimmung in § 20 Abs. 3 steht im Zusammenhang mit der Schließung einer Regelungslücke durch die Verordnung zur Umsetzung der Richtlinie 2014/94/EU vom 13. Dezember 2019 (BGBl. I S. 2739). Das in § 4 Abs. 5 enthaltene Verwendungsverbot von Kraftstoffen mit einem unzulässig hohen Schwefelgehalt in Binnenschiffen und Sportbooten stützt sich auf die immissionsschutzechtliche Verordnungsermächtigung des § 38 Abs. 2 Satz 1 BImSchG. Anders als zuvor kann damit eine Ahndung als Ordnungswidrigkeit auch außerhalb von Bundeswasserstraßen erfolgen. Die Zuständigkeit für die Verfolgung der Ordnungswidrigkeit liegt unverändert bei der Generaldirektion Wasserstraßen und Schifffahrt.

II. Verantwortliche Personen

5 Ordnungswidrig handelt diejenige Person, die vorsätzlich oder fahrlässig einen der in § 20 Abs. 1 oder 2 aufgeführten Tatbestände verwirklicht. Treffen die bußgeldbewehrten Pflichten nach der 10. BImSchV eine juristische Person, sind die Mitglieder der vertretungsberechtigten Organe verantwortlich (§ 9 Abs. 1 OWiG); gegen die juristische Person kann dann unter Umständen zusätzlich eine Geldbuße festgesetzt werden (§ 30 OWiG). Unter den Voraussetzungen des § 9 Abs. 2 OWiG kann eine Geldbuße auch gegen den Betriebsleiter und denjenigen verhängt werden, der ausdrücklich beauftragt ist, in eigener Verantwortung Pflichten zu erfüllen, die den Inhaber eines Betriebs treffen. Bei der Vernachlässigung von Aufsichtspflichten kommt auch eine Geldbuße auf Grund des § 130 OWiG in Betracht.

III. Höhe der Geldbuße

6 Eine vorsätzlich begangene Ordnungswidrigkeit im Sinne des § 20 Abs. 1 kann mit einer Geldbuße bis zu 50 000,– Euro geahndet werden (§ 62 Abs. 4 BImSchG). Für vorsätzliche Verstöße nach § 20 Abs. 2 legt § 95 Abs. 2 Energiewirtschaftsgesetz den Höchstbetrag auf 100 000,– Euro fest. Bei fahrlässigem Handeln liegt der Höchstbetrag jeweils bei der Hälfte (§ 17 Abs. 2 OWiG). Der Höchstbetrag kann überschritten werden, um die wirtschaftlichen Vorteile, die der Täter aus der Ordnungswidrigkeit gezogen hat, abzuschöpfen (§ 17 Abs. 4 OWiG).

§ 21 Übergangsvorschriften

(1) **Die Verwaltungsbehörde hat in den Fällen des § 20 Absatz 1 Nummer 5 und 6 bis zum 19. Juni 2020 von einer Ahndung abzusehen, sofern bis zu diesem Tag die Auszeichnung gemäß § 13 Absatz 1 und 2 dieser Verordnung in der bis zum 19. Dezember 2019 geltenden Fassung deutlich sichtbar an den Zapfsäulen sowie an der Tankstelle angebracht ist.**

(2) **§ 13 Absatz 6, § 15 Absatz 2 Nummer 2 und Absatz 3 Nummer 2 sowie § 20 Absatz 2 sind erst ab dem 19. März 2021 anzuwenden.**

(3) **§ 15 Absatz 1 ist für den alternativen Kraftstoff Strom, erst ab dem 19. März 2021 anzuwenden.**

Die Übergangsvorschrift des § 21 wurde durch die Verordnung zur Umsetzung der Richtlinie 2014/94/EU vom 13. Dezember 2019 (BGBl. I S. 2739) neu in die 10. BImSchV aufgenommen. Zur Begründung führt die Bundesregierung dabei aus (BR-Drs. 486/19, S. 51):

„Absatz 1 regelt, dass Ordnungswidrigkeiten bei Verstoß gegen die neuen Anforderungen zur Auszeichnung in den ersten 6 Monaten nach Inkrafttreten der Verordnung nicht verfolgt werden dürfen, sofern die bisher vorgeschriebene Auszeichnung noch vorhanden ist. Diese Regelung soll den Adressaten der Norm ausreichend Zeit geben, die Änderung der Auszeichnung unter Berücksichtigung der technischen Voraussetzungen vorzunehmen.

Die Absätze 2 und 3 legen fest, dass die Anforderungen für die Verbraucherinformation in Bezug auf Elektrofahrzeuge erst ab dem 19. März 2021 anzuwenden sind. Damit wird den Adressaten der Norm der nach EU-Recht maximal zulässige Zeitraum (24 Monate nach Annahme der Norm am 20. März 2019) eingeräumt, die Anforderungen umzusetzen.“

§ 22 Inkrafttreten, Außerkrafttreten

Diese Verordnung tritt am Tag nach der Verkündung in Kraft. Gleichzeitig treten die Verordnung über den Schwefelgehalt bestimmter flüssiger Kraft- oder Brennstoffe vom 24. Juni 2002 (BGBl. I S. 2243), die durch die Verordnung vom 3. Juli 2009 (BGBl. I S. 1720, 3140) geändert worden ist, die Verordnung über die Beschaffenheit und die Auszeichnung der Qualitäten von Kraftstoffen vom 27. Januar 2009 (BGBl. I S. 123) sowie die Verordnung über Chlor- und Bromverbindungen als Kraftstoffzusatz vom 17. Januar 1992 (BGBl. I S. 75), die durch Artikel 35 des Gesetzes vom 21. Dezember 2000 (BGBl. I S. 1956) geändert worden ist, außer Kraft.

Die 10. BImSchV vom 8. Dezember 2010 ist am 13. Dezember 2010 im Bundesgesetzblatt (Teil I S. 1849) veröffentlicht worden und damit 14. Dezember 2010 in Kraft getreten. Zu diesem Zeitpunkt sind auch die 3. BImSchV und die 19. BImSchV sowie die 10. BImSchV vom 27. Januar 2009 außer Kraft getreten.

Anlage 1
(zu § 13 Absatz 1 Satz 1 Nummer 1)

Zeichen Super

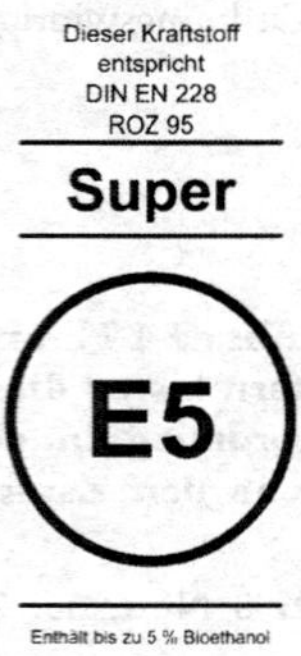

Teil a

Teil b

Anlage 2
(zu § 13 Absatz 1 Satz 1 Nummer 1)

Zeichen Super Plus

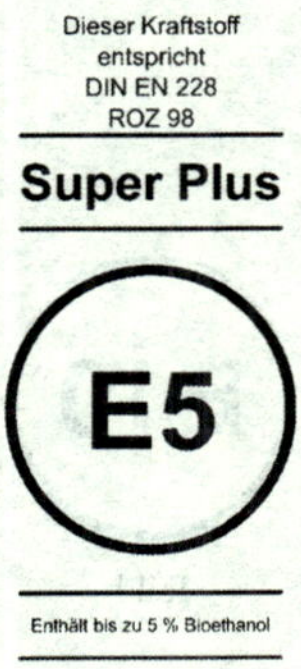

Teil a

Teil b

Anlage 3
(zu § 13 Absatz 1 Satz 1 Nummer 2)

Zeichen Super E 10

Teil a

Teil b

Anlage 4
(zu § 13 Absatz 1 Satz 1 Nummer 2)

Zeichen Super Plus E 10

Teil a

Teil b

Anlage 5
(zu § 13 Absatz 1 Satz 1 Nummer 3)

Zeichen Diesel

Teil a

Teil b

Anlage 6
(zu § 13 Absatz 1 Satz 1 Nummer 4)

Zeichen Biodiesel

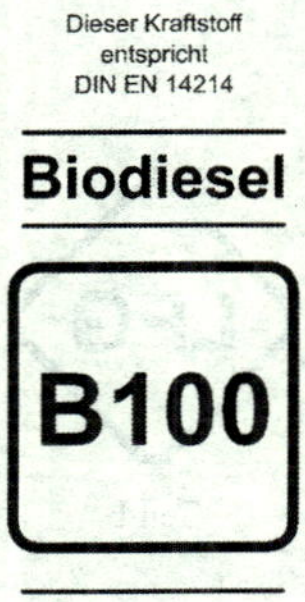

Teil a

Teil b

Anlage 7
(zu § 13 Absatz 1 Satz 1 Nummer 5)

Zeichen Ethanolkraftstoff

Teil a

Teil b

Anlage 8
(zu § 13 Absatz 1 Satz 1 Nummer 6)

Zeichen Autogas

Teil a

Teil b

Anlage 9
(zu § 13 Absatz 1 Satz 1 Nummer 7 Buchstabe a Doppelbuchstabe aa)

Zeichen Erdgas und Biogas als Kraftstoff – CNG Gruppe H

Teil a

Teil b

Anlage 10
(zu § 13 Absatz 1 Satz 1 Nummer 7 Buchstabe a Doppelbuchstabe bb)

Zeichen Erdgas und Biogas als Kraftstoff – CNG Gruppe L

Teil a

Teil b

Anlage 11
(zu § 13 Absatz 1 Satz 1 Nummer 7 Buchstabe b Doppelbuchstabe aa)

Zeichen Erdgas und Biogas als Kraftstoff – LNG Gruppe H

Teil a

Teil b

Anlage 12
(zu § 13 Absatz 1 Satz 1 Nummer 7 Buchstabe b Doppelbuchstabe bb)

Zeichen Erdgas und Biogas als Kraftstoff – LNG Gruppe L

Teil a

Teil b

Anlage 13
(zu § 13 Absatz 1 Satz 1 Nummer 8)

Zeichen Pflanzenölkraftstoff – Rapsöl

Teil a

Teil b

Anlage 14
(zu § 13 Absatz 1 Satz 1 Nummer 9)

Zeichen Pflanzenölkraftstoff – alle Saaten

Dieser Kraftstoff
entspricht
DIN 51623

Pflanzenölkraftstoff
alle Saaten

PÖ

Teil a

PÖ

Teil b

Anlage 15
(zu § 13 Absatz 1 Satz 1 Nummer 10)

Zeichen Wasserstoff

Dieser Kraftstoff
entspricht
DIN EN 17124

Wasserstoff

H2

Teil a

H2

Teil b

Anlage 16
(zu § 18 Absatz 2 Satz 4)

Erklärung des Herstellers, Vermischers oder Lieferanten über die Beschaffenheit flüssiger Kraft- und Brennstoffe

1. Erklärung des Herstellers oder Vermischers über die Beschaffenheit flüssiger Kraft- und Brennstoffe

Nummer der Ausfertigung:

	Dieselkraftstoff gemäß § 1 Absatz 4	Gasöl für den Seeverkehr gemäß § 1 Absatz 6	Schiffsdiesel gemäß § 1 Absatz 7	Sonstige Schiffskraftstoffe gemäß § 1 Absatz 8	Leichtes Heizöl gemäß § 1 Absatz 9	Schweres Heizöl gemäß § 1 Absatz 10
Menge in t						
Erster Bestimmungsort der Sendung						
Kenndaten						
a) Dichte bei 15 Grad C nach DIN EN ISO 3675*, Ausgabe November 1999, oder DIN EN ISO 12 185 (Referenzverfahren), Ausgabe November 1997, in kg/cbm; bei schwerem Heizöl DIN 51 757, Ausgabe Januar 2011, in kg/cbm:						
b) Viskosität in mm^2/s:	bei 40 Grad C nach DIN EN ISO 3104, Ausgabe Dezember 1999:	bei 40 Grad C nach DIN EN ISO 3104, Ausgabe Dezember 1999:	bei 40 Grad C nach DIN EN ISO 3104, Ausgabe Dezember 1999:	bei 40 Grad C nach DIN EN ISO 3104, Ausgabe Dezember 1999:	bei 20 Grad C nach DIN 51 562-1, Ausgabe Januar 1999:	bei 100 und 150 Grad C nach DIN EN ISO 3104, Ausgabe Januar 1999, DIN 51 366, Ausgabe Dezember 2013, oder DIN 51 562-1, Ausgabe Januar 1999:

	Dieselkraftstoff gemäß § 1 Absatz 4	Gasöl für den Seeverkehr gemäß § 1 Absatz 6	Schiffsdiesel gemäß § 1 Absatz 7	Sonstige Schiffskraftstoffe gemäß § 1 Absatz 8	Leichtes Heizöl gemäß § 1 Absatz 9	Schweres Heizöl gemäß § 1 Absatz 10
c) Siedeverlauf; aufgefangene Destillatmenge in Vol.-%:	nach DIN EN ISO 3405, Ausgabe April 2011, oder DIN EN ISO 3924, Ausgabe Juni 2006: bis 250 Grad C: bis 350 Grad C: bis 360 Grad C:				nach DIN EN ISO 3405, Ausgabe April 2011: bis 250 Grad C: bis 350 Grad C:	
d) Schwefelgehalt	nach DIN EN ISO 20 846, Ausgabe Januar 2012, oder DIN EN ISO 20 884, Ausgabe Juli 2011, oder DIN EN ISO 13 032, Ausgabe Juni 2012, in mg/kg:	nach DIN EN ISO 8754, Ausgabe Dezember 2003, oder DIN EN ISO 14 596, Ausgabe Dezember 2007, in Gew.-%	nach DIN EN ISO 8754, Ausgabe Dezember 2003, oder DIN EN ISO 14 596, Ausgabe Dezember 2007, in Gew.-%	nach DIN EN ISO 8754, Ausgabe Dezember 2003, oder DIN EN ISO 14 596, Ausgabe Dezember 2007, in Gew.-%	nach DIN EN ISO 8754, Ausgabe Dezember 2003, oder DIN EN ISO 14 596, Ausgabe Dezember 2007, in % (m/m) oder mg/kg: bzw. bei Auszeichnung als „Schwefelarm" nach DIN EN ISO 20 846, Ausgabe	nach DIN 51 400-3, Ausgabe Juni 2001, DIN EN ISO 8754, Ausgabe Dezember 2003, oder DIN EN ISO 14 596, Ausgabe Dezember 2007, in Gew.-%:

	Diesel-kraftstoff gemäß § 1 Absatz 4	Gasöl für den See-verkehr gemäß § 1 Absatz 6	Schiffs-diesel ge-mäß § 1 Absatz 7	Sonstige Schiffs-kraftstoffe gemäß § 1 Absatz 8	Leichtes Heizöl gemäß § 1 Absatz 9	Schweres Heizöl ge-mäß § 1 Absatz 10
					Januar 2012, oder DIN EN ISO 20 884, Ausgabe Juli 2011, in % (m/m) oder mg/kg:	
e) Stickstoffgehalt					bei Aus-zeichnung als „Stick-stoffarm" nach DIN 51 444, Ausgabe November 2003, in mg/kg:	

* Referenzverfahren im Streitfall.

Ort, Datum und Nummer der Prüfung:
Hersteller (Name und Anschrift):
Unterschrift:

2. Zusätzliche Erklärung des Lieferanten nach § 18 Absatz 2 Satz 3

Firmenname und Geschäftssitz:
Gelieferte Menge:
Empfänger:
Bestimmungsort:
Ort, Datum:
Unterschrift:

2.30 Dreißigste Verordnung zur Durchführung des Bundes-Immissionsschutzgesetzes (Verordnung über Anlagen zur biologischen Behandlung von Abfällen – 30. BImSchV)

Vom 20. Februar 2001

(BGBl. I S. 305/317, geändert durch Art. 3 d. VO v. 27. April 2009, BGBl. I S. 900/950, durch Art. 3 d. VO v. 27. September 2017, BGBl. I S. 3465, und durch Art. 2 d. VO v. 13. Dezember 2019, BGBl. I S. 2739)

Vorbemerkung

I. Bedeutung der Verordnung

Die 30. BImSchV ist als Art. 2 der Verordnung über die umweltverträgliche Ablagerung von Siedlungsabfällen und über biologische Abfallbehandlungsanlagen vom 20.2.2001 (BGBl. I S. 305) erlassen worden. Anlass für die Regelung der Anforderungen an die Ablagerung von Abfällen waren die Erfahrungen mit dem Vollzug der TA Siedlungsabfall, der nach Auffassung der Bundesregierung wegen der zahlreichen Ausnahmen unbefriedigend war. Deshalb sollten die Kriterien für die Ablagerung von Abfällen durch eine Rechtsverordnung eindeutig festgelegt und die Ausnahmemöglichkeiten eingeschränkt werden. 1

Zur Erfüllung der Kriterien für die Ablagerung ist in zahlreichen Fällen eine Vorbehandlung der Abfälle erforderlich. Dies kann durch thermische und durch biologische Verfahren geschehen. Die Anforderungen an Anlagen zur thermischen Behandlung von Abfällen sind in der 17. BImSchV (abgedruckt in diesem Band unter Nr. 2.17) festgelegt. Bisher fehlten jedoch konkrete rechtliche Anforderungen an biologische Abfallbehandlungsanlagen. Diese Lücke wird durch die 30. BImSchV geschlossen. Mit ihr werden insbesondere die Vorsorgepflichten aus § 5 Abs. 1 Nr. 2 BImSchG im Hinblick auf die Luftreinhaltung konkretisiert (vgl. § 1 Abs. 3); wegen der übrigen Anforderungen an die Errichtung und den Betrieb der Anlagen ist auf die allgemeinen Vorschriften bzw. deren Konkretisierung in anderen Regelwerken (zB in der TA Lärm, abgedruckt in diesem Band unter Nr. 3.1) zurückzugreifen. 2

II. Entstehungsgeschichte

Dem Erlass der 30. BImSchV ist eine längere Kontroverse zwischen dem Bundesumweltministerium und einzelnen Landesumweltministerien über die umweltgerechte Vorbehandlung von Abfällen vor ihrer Ablagerung vorausgegangen. Im Grundsatz einigte man sich darauf, dass an Anlagen zur mechanisch-biologischen Abfallbehandlung Anforderungen zu stellen sind, die denen für Abfallverbrennungsanlagen vergleichbar sind. Ein konkreter Verordnungsentwurf wurde eingehend diskutiert und der EG-Kommission zugeleitet (vgl. Rn. 6). Schließlich beschloss die Bundesregierung am 27.9.2000 die Verordnung über die umweltverträgliche Ablagerung von Siedlungsabfällen und über biologische Abfallbehandlungsanlagen und leitete sie am 29.9.2000 dem Bundesrat zur Zustimmung zu (BR-Drs. 596/00). Im allgemeinen Teil der Begründung wird zur 30. BImSchV folgendes ausgeführt 3

„Nach § 7 BImSchG wird die Bundesregierung ermächtigt, nach Anhörung der beteiligten Kreise mit Zustimmung des Bundesrates in Rechtsverordnungen vorzuschreiben, dass genehmigungsbedürftige Anlagen bestimmten Anforderungen genügen müssen.

Die Verordnung enthält Anforderungen an die Errichtung, die Beschaffenheit und den Betrieb von biologischen Abfallbehandlungsanlagen für Siedlungsabfälle oder andere Abfälle mit biologisch abbaubaren Anteilen, die nach § 4 oder § 16 BImSchG iVm den im Anhang der Verordnung über genehmigungsbedürftige Anlagen genannten Abfallentsorgungsanlagen genehmigungsbedürftig sind, in denen Siedlungsabfälle oder andere Abfälle mit biologisch abbaubaren Anteilen mit biologischen oder einer Kombination von biologischen mit physikalischen Verfahren behandelt werden, soweit biologisch stabilisierte Abfälle, heizwertreiche Fraktionen, Ersatzbrennstoffe oder Biogase erzeugt werden.

Die Verordnung gilt für neue Anlagen und für Altanlagen. Die Zahl der bestehenden Anlagen mit biologischer Behandlung von Siedlungsabfällen zur Erzeugung biologisch stabilisierter Abfälle als Vorbehandlung zur Ablagerung in Deponien oder vor einer thermischen Behandlung sowie zur energetischen Verwertung einschließlich der Müllvergärungsanlagen zur Biogaserzeugung beträgt derzeitig ca. 30 Anlagen.

Bei überwiegend ungekapselt betriebenen Anlagen können durch das Freisetzen geruchsintensiver Stoffe erhebliche Geruchsbelästigungen in der Nachbarschaft auftreten. Auch die Möglichkeit des Freisetzens von gesundheitsrelevanten Mikroorganismen (zB thermophile Actinomyceten und Aspergillus fumigatus) aus diesen Anlagen, die zu Keimimmissionen in der Nachbarschaft führen können, hat eine besondere Bedeutung für die Umwelt. Weil die Keime und ihre Abbauprodukte (wie die Endotoxine gramnegativer Bakterien oder die krebserzeugenden Aflatoxine der Aspergillen) bei der Behandlung fester Stoffe in der Regel an Staubpartikel gebunden sind, müssen die auftretenden staubförmigen Emissionen entsprechend begrenzt werden. Neben bestimmten organischen Einzelstoffen, die als geruchsintensive Stoffe erhebliche Geruchsbelästigungen hervorrufen können, werden aus biologischen Abfallbehandlungsanlagen auch andere organische Stoffe im erheblichen Maße emittiert. So wird bei den organischen Stoffen der Wirkungsklasse I die Massenstromschwelle von 0,1 kg/h nach Nr. 3.1.7 der Ersten Allgemeinen Verwaltungsvorschrift zum BImSchG (Technische Anleitung zur Reinhaltung der Luft – TA Luft) häufig überschritten. Zu beachten sind dabei auch bestimmte kanzerogene Einzelstoffe (wie Benzol und Trichlorethan) sowie Stoffe mit möglicher krebserzeugender Wirkung (zB Dichlormethan und Tetrachlorethen), die unter Umständen mit wesentlicher Fracht emittiert werden können.

Als Produkte des biologischen Abbaus der Siedlungsabfälle und anderer Abfälle mit biologisch abbaubaren Anteilen werden zwangsläufig auch klimarelevante Gase wie Kohlendioxid (CO_2) und Methan (CH_4) gebildet. Während das auf der Grundlage von biogenem Kohlenstoff entstandene Kohlendioxid als treibhausneutral angesehen wird, muss das Methan mit einem wirkungsspezifischen CO_2-Äquivalent von 21 als klimarelevantes Gas beachtet werden. Insbesondere bei mit Ammoniak (NH_3) und Aminen beladenen Abgasströmen kann es bei der Abgasreinigung zur Bildung von Distickstoffoxid (N_2O) kommen, welches wegen seines wirkungsspezifischen CO_2-Äquivalents von 310 als Luftverunreinigung für den Treibhauseffekt besonders zu beachten ist.

Ziel der Verordnung über biologische Abfallbehandlungsanlagen für Siedlungsabfälle ist es daher, die Emissionsfrachten dieser relevanten Luftverunreinigungen durch geeignete bauliche und betriebliche Maßnahmen sowie durch die Festlegung anspruchsvoller Emissionsgrenzwerte so zu begrenzen, dass eine ausreichende Vorsorge für die Nachbarschaft und die Allgemeinheit gegen schädliche Umwelteinwirkungen durch Luftverunreinigungen gegeben ist. Hierzu sollen vor allem auch die Betriebsergebnisse und Auslegungen von neuen und geplanten Anlagen sowie die vorliegenden Erfahrungen bei der Emissionsminderung von anderen genehmigungsbedürftigen Anlagentypen mit vergleichbaren Abgasen berücksichtigt werden.

Zur Vermeidung von diffusen Emissionsquellen ist zunächst eine Ausführung aller emissionsrelevanten Anlagenteile und Verfahrensschritte der biologischen Abfallbehandlungsanlage in gekapselten Einrichtungen oder in geschlossenen Räumen mit Schleusen und die Erfassung aller Abgasströme mit Zuführung zu einer Abgasreinigungseinrichtung vor ihrer Ableitung in die Atmosphäre erforderlich. Diese baulichen und betrieblichen Anforderungen werden deshalb sowohl an die Einrichtungen zur biologischen Behandlung als auch an die Einrichtungen zur Anlieferung, mechanischen Aufbereitung, physikalischen Trennung, Lagerung und zum Transport der Einsatzstoffe und der anfallenden Abfälle gestellt. Außerdem werden mit den baulichen und betrieblichen Anforderungen an den Abtransport staubender Güter und an Fahrwege und ihre Benutzung sowie an die Behandlung von Prozesswässern und Brüdenkondensaten weitere Vorkehrungen getroffen, dass auch von diesen Einrichtungen und Vorgängen keine relevanten Emissionen ausgehen können.

Für die zur Ableitung in die Atmosphäre bestimmten Abgasströme werden entsprechend des fortgeschrittenen Standes der Technik anspruchsvolle Emissionsgrenzwerte für Gesamtstaub, organische Stoffe und Geruchsstoffe als Massenkonzentrationen bzw. Geruchsstoffkonzentration festgelegt. Zusätzlich werden für Distickstoffoxid und organische Stoffe zulässige Emissionsfaktoren (definiert als auf die Einsatzstoffe bezogene Massenverhältnisse) festgelegt, welche als Monatsmittelwerte einzuhalten sind: Eine Festlegung von Emissionsgrenzwerten für gesundheitsrelevante Keime ist wegen der unzureichenden epidemilogischen Bewertung, der ungeklärten Dosis-Wirkungs-Beziehungen der fakultativ pathogen wirkenden Mikroorganismengruppen und ihrer Abbauprodukte (wie die Endotoxine gramnegativer Bakterien oder die krebserzeugenden Aflatoxine der Aspergillen) und wegen fehlender standardisierter Verfahren zur Überwachung nicht möglich. Die Anforderungen zur kontinuierlichen Überwachung der Einhaltung der Emissionsgrenzwerte für Gesamtstaub, organische Stoffe und Distickstoffoxid sowie zur kontinuierlichen Messung der Bezugsgrößen (Abgastemperatur, Abgasvolumenstrom, Druck und Feuchtegehalt an Wasserdampf sowie Masse der zugeführten Einsatzstoffe) sollen in Verbindung mit besonderen Maßnahmen, die bei Störungen des Betriebs zu treffen sind, sicherstellen, dass ausreichend Vorsorge gegen schädliche Umwelteinwirkungen durch Luftverunreinigungen getroffen wird. Für die Überwachung der Einhaltung der zulässigen Geruchsstoffkonzentration werden Einzelmessungen vorgeschrieben, die im ersten Jahr nach der Inbetriebnahme alle zwei Monate mindestens an einem Tag und danach wiederkehrend jährlich mindestens an drei aufeinander folgenden Tagen durchzuführen sind.

Der Betreiber der biologischen Abfallbehandlungsanlagen wird weiterhin verpflichtet, Messberichte über die Ergebnisse der Messungen zu erstellen und diese der zuständigen Behörde vorzulegen und die Öffentlichkeit einmal jährlich über die Beurteilung der Messungen von Emissionen zu unterrichten; über Betriebsstörungen sind die zuständigen Behörden unverzüglich zu unterrichten.

Unbeschadet dieser Emissionsgrenzwerte und Überwachungsvorschriften sowie der einzuhaltenden baulichen und betrieblichen Anforderungen wird für die Errichtung von neuen Anlagen ein Mindestabstand zur nächstgelegenen oder in einem Bebauungsplan festgesetzten Wohnbebauung festgelegt, welcher vor allem bei Störungen des Betriebs die unmittelbare Nachbarschaft von biologischen Abfallbehandlungsanlagen vor möglichen Geruchsbelästigungen und Gesundheitsgefährdungen durch immissionsseitige Keimbelastungen weitgehend schützen soll.

Altanlagen müssen aus Gründen der Vorsorge den für neue Anlagen festgelegten Anforderungen angeglichen werden. Für diese Angleichung wird eine ausreichende Übergangsfrist nach Inkrafttreten dieser Verordnung vorgesehen, die dem Grundsatz der Verhältnismäßigkeit Rechnung trägt.

Die Anforderungen verlangen im Vergleich zur bisherigen Praxis vor allem bauliche Maßnahmen und geschlossene Systeme zur Erfassung aller Abgasströme, den Einsatz effektiver Abgasreinigungstechniken mit hohen Minderungsgraden für organische Stoffe und die Anwendung moderner Mess-, Steuer-, Regel- und Auswerteeinrichtungen zur Sicherstellung eines ordnungsgemäßen Betriebes. Die aus diesen Anforderungen resultierenden spezifischen Investitionsaufwendungen und Behandlungskosten werden zwar höher sein als die der bisherigen Einfachvarianten zur „low cost"-Vorbehandlung von Siedlungsabfällen mit ihren niedrigen Standards beim Umweltschutz (Freilandrotten oä), sie überschreiten aber nicht die der alternativen thermischen Behandlung von Siedlungsabfällen nach der Verordnung über Verbrennungsanlagen für Abfälle und ähnliche brennbare Stoffe in Müllverbrennungsanlagen.

Die Verordnung gewährleistet eine bundeseinheitliche Regelung bei der Emissionsbegrenzung für biologische Abfallbehandlungsanlagen und bringt die notwendige Planungs- und Rechtssicherheit für die Errichtung neuer Anlagen. Sie bringt für die Genehmigungs- und Überwachungsbehörden auch eine Erleichterung gegenüber dem Vollzug der TA Luft."

Der Bundesrat hat die Verordnung über die umweltverträgliche Ablagerung von Siedlungsabfällen und über biologische Abfallbehandlungsanlagen im Umweltausschuß (federführend), im Wirtschaftsausschuß sowie in den Ausschüssen für Innere Angelegenheiten und für Städtebau, Wohnungswesen und Raumordnung behandelt. Zur 30. BImSchV haben die Ausschüsse insgesamt 18 Empfehlungen ausgesprochen, von denen der Bundesrat 16 in seinen Maßgabebeschluß vom 21.12.2000 (BR-Drs. 596/00 – Beschluß) übernommen hat. Die Bundesregierung hat den Maßgaben des Bundesrates entsprochen und die Verordnung am 20.2.2001 ausgefertigt. Sie ist am 27.2.2001 veröffentlicht worden (BGBl. I S. 305) und gemäß Art. 4 am 1.3.2001 in Kraft getreten. 4

Geändert wurde die 30. BImSchV im Rahmen der Vereinfachung des Deponierechts in §§ 1 und 16 mit Wirkung vom 16. Juli 2009 (BGBl. I S. 900/950) sowie in § 1 Abs. 2 Nummer 1 im Rahmen der Neuordnung der Klärschlammverwertung mit Wirkung zum 3. Oktober 2017 (BGBl. I S. 3465/3504). Zum Zwecke der Umsetzung der BVT-Schlussfolgerungen für die Abfallbehandlung (Durchführungsbeschluss (EU) 2018/1147 vom 10. August 2018, ABl. L 208, S. 38) wurde die 30. BImSchV im Zusammenhang mit der Novellierung der 10. BImSchV durch die Verordnung zur Umsetzung der Richtlinie 2014/94/EU vom 13. Dezember 2019 (BGBl. I S. 2739) erneut geändert.

III. Übereinstimmung mit der Ermächtigungsgrundlage

5 Die 30. BImSchV ist auf § 7 Abs. 1 BImSchG gestützt. Diese Ermächtigungsgrundlage gestattet die Festlegung bestimmter Anforderungen lediglich für genehmigungsbedürftige Anlagen. Im letzten Teilsatz von § 1 Abs. 1 der 30. BImSchV wird deshalb ausdrücklich bestimmt, dass Abfallbehandlungsanlagen von der Verordnung nur erfasst werden, soweit sie nach § 4 BImSchG in Verbindung mit der 4. BImSchV (abgedruckt in diesem Band unter Nr. 2.4) genehmigungsbedürftig sind. Das bedeutet, dass bei der Anwendung der 30. BImSchV stets die Einschränkungen der 4. BImSchV (vgl. insbesondere dessen § 1 und die Leistungs- und Kapazitätsgrenzen im Anhang zur 4. BImSchV) beachtet werden müssen.

IV. Beachtung EG-rechtlicher Anforderungen

6 Da die 30. BImSchV technische Anforderungen enthält, musste der Entwurf der Verordnung zunächst der EG-Kommission zugeleitet werden (vgl. dazu → BImSchG Vor § 32 Rn. 15). Das ist geschehen. Die Verordnung vom 20.2.2001 enthält deshalb folgende amtliche Fußnote:

„Die Verpflichtungen aus der Richtlinie 98/34/EG des Europäischen Parlaments und des Rates vom 22. Juni 1998 über ein Informationsverfahren auf dem Gebiet der Normen und technischen Vorschriften und der Vorschriften für die Dienste der Informationsgesellschaft (ABl. EG Nr. L 204 S. 37), geändert durch die Richtlinie 98/48/EG des Europäischen Parlaments und des Rates vom 20. Juli 1998 (ABl. EG Nr. L 217 S. 18), sind beachtet worden."

Einen Notifizierungshinweis auf die in der Zwischenzeit aktualisierte Richtlinie (EU) 2015/1535 vom 9. September 2015 (ABl. L 241, S. 1) enthält auch die Verordnung zur Umsetzung der Richtlinie 2014/94/EU vom 13. Dezember 2019 (BGBl. I S. 2739), mit der die Anforderungen der BVT-Schlussfolgerungen für die Abfallbehandlung (Durchführungsbeschluss (EU) 2018/1147 vom 10. August 2018, ABl. L 208, S. 38) in die 30. BImSchV integriert wurden. Durch diese inhaltlichen Anpassungen genügt die 30. BImSchV demzufolge auch den materiell-rechtlichen Anforderungen des anlagenbezogenen Unionsrechts (vgl. → BImSchG § 7 Rn. 74a ff.).

V. Überblick über den wesentlichen Inhalt der Verordnung

7 Die 30. BImSchV konkretisiert insbesondere die Vorsorgeanforderungen zur Luftreinhaltung. Ihre Regelungen beziehen sich auf die Emissionen von Geruchsstoffen, Bioaerosolen (Keimemissionen), Stäuben, organischen Stoffen (beinhaltet ua krebserzeugende Verbindungen) sowie von klimaschädlichen Stoffen. Hierzu werden ua ein

Mindestabstand zur Wohnbebauung, die Einhausung und Kapselung von Anlagenteilen, die Erfassung und Reinigung von Abgasen sowie die Begrenzung von Emissionen (bezogen auf Konzentration und Fracht) nach dem Stand der Technik vorgeschrieben. Desweiteren werden Anforderungen an die Messung und Überwachung von Emissionen sowie für den Fall von Betriebsstörungen gestellt. Darüber hinaus beinhaltet die Verordnung eine 5-Jahres-Frist für die Anpassung von Altanlagen an den geforderten Stand der Technik. Schließlich werden Anforderungen zur Öffentlichkeitsinformation festgelegt sowie Regelungen zu Ausnahmemöglichkeiten getroffen.

(Fortsetzung nächstes Blatt)

Nummer 2: Durch die Aufzählung der gemeinten Emissionsminderungen in der Definition des Begriffs „Abgasreinigungseinrichtung" soll klargestellt werden, dass nur hierzu geeignete Maßnahmen gemeint sind, welche ua auch eine Emissionsminderung klimarelevanter Gase und eine Reduzierung lebens- und vermehrungsfähiger Keime mit erfüllen müssen. Das kann durch eine oder mehrere Einrichtungen zur Luftreinhaltung und unterschiedliche technische Verfahren erfolgen.

Nummer 3: Die Definition der „Altanlagen" umfasst den Bestand der zum Zeitpunkt der Verordnung genehmigten oder angezeigten Anlagen.

Nummer 4 und 6: Die umfassenden Begriffsbestimmungen für „Anfallende Abfälle" und „Einsatzstoffe" sind zur Klarstellung der gemeinten Stoffe bei den Regelungen in § 4 Abs. 1, 2 und 4 und § 5 Abs. 1 notwendig; die Bezeichnung als „anfallende Abfälle" erfolgt aufgrund der Abfalleigenschaft der Einsatzstoffe.

Der Begriff „„Anfallende Abfälle" umfasst dabei nicht nur die bei der biologischen Abfallbehandlung zwangsläufig und unerwünscht anfallenden festen und flüssigen Stoffe, sondern auch die damit bestimmungsgemäß erzeugten biologisch stabilisierten Abfalle, heizwertreichen Fraktionen oder Ersatzbrennstoffe, für welche die Abfallvermeidungspflicht des § 5 Abs. 1 Nr. 3 BImSchG keine Anwendung findet.

Nummer 5: Durch die Definition für „Abfälle mit biologisch abbaubaren Anteilen wird klargestellt, dass nur die in der Nummer 1 des Anhangs 1 der Bioabfallverordnung abschließend aufgeführten Abfälle mit hohem organischen Anteil und Abfälle, die aufgrund ihrer Beschaffenheit oder Zusammensetzung wie Siedlungsabfälle entsorgt werden, insbesondere Klärschlämme aus Abwasserbehandlungsanlagen zur Behandlung von kommunalem Abwasser oder Abwässern mit ähnlich geringer Schadstoffbelastung, Fäkalien, Fäkalschlamm, Rückstände aus Abwasseranlagen, Wasserreinigungsschlämme, Bauabfälle und produktspezifische Abfälle sowie Abfälle aus der Behandlung dieser Abfälle und von Siedlungsabfällen als solche gelten.

Nummer 9: Die allgemeine Definition der „Biologischen Abfallbehandlungsanlage" in Satz 1 entspricht dem in § 1 Abs. 1 festgelegten Anwendungsbereich der Verordnung. Die Aufzählung der typischen Anlagenteile und Verfahrensschritte mit den üblicherweise verwendeten und zur Einhaltung von Anforderungen dieser Verordnung notwendigen Einrichtungen in Satz 2 soll diese Definition weiter konkretisieren und auf den umfassenden Anlagenbegriff ausdrücklich hinweisen.

Nummer 10: Die Definition des Begriffs „Siedlungsabfälle" lehnt sich an die Definition in Nummer 2.2.1 der Dritten Allgemeinen Verwaltungsvorschrift zum Abfallgesetz (TA Siedlungsabfall) an."

Auf den Bundesrat geht die Formulierung in Nr. 5 „sowie andere Abfälle mit hohem biologisch abbaubaren Anteil" zurück. Zur Begründung hat er ausgeführt (BR-Drs. 596/00-Beschluß, Nr. 35): 2

„Zielsetzung der Verordnung ist es, Regelungen für Anlagen zu treffen, in denen Siedlungsabfälle oder andere Abfälle mit biologisch abbaubaren Anteilen mit biologischen oder einer Kombination von biologischen und physikalischen Verfahren behandelt werden. Durch die mit der Änderung vorgenommene begriffliche Klarstellung soll verhindert werden, dass entgegen dieser Zielstellung Abfälle ohne biologisch abbaubare Anteile oder mit geringen biologisch abbaubaren Anteilen in den Anlagen des Anwendungsbereiches behandelt werden. Ohne die Änderung könnten auch rein mineralische Abfälle, beispielsweise die unter dem Begriff „Bauabfälle" subsumierten Abfallarten Bauschutt und Bodenstaub (Erde und Steine), in der Anlage behandelt werden. Dies würde zum einen zu einer Verfehlung des mit der Verordnung gestellten Zieles führen. Zum anderen könnten die Regelungen der Verordnung, sowie insbesondere der Abfallablagerungsverordnung, auch insofern unterlaufen werden, als die mineralischen Abfälle zur Streckung der anderen Abfälle führen und das vom Verordnungsgeber unerwünschte Ergebnis eines Verdünnungseffektes haben."

Zweiter Teil. Anforderungen an die Errichtung, die Beschaffenheit und den Betrieb

§ 3 Mindestabstand

Bei der Errichtung von biologischen Abfallbehandlungsanlagen soll ein Mindestabstand von 300 Meter zur nächsten vorhandenen oder in einem Bebauungsplan festgesetzten Wohnbebauung nicht unterschritten werden.

Die Begründung der Bundesregierung zu § 3 lautet (BR-Drs. 596/00, S. 81):

„Der einzuhaltende Mindestabstand zur nächsten Wohnbebauung wird festgelegt, da nach heutigem Kenntnisstand insbesondere bei Betriebsstörungen die Entstehung von gesundheitsrelevanten Keimimmissionen und auch von Geruchsbelästigungen im Nahbereich von biologischen Abfallbehandlungsanlagen nicht ausgeschlossen werden kann. Der Mindestabstand gilt ab Anlagengrenze."

Der Bundesrat hat keine Änderungen zu § 3 gefordert.

§ 4 Emissionsbezogene Anforderungen für Anlieferung, Aufbereitung, Stofftrennung und Lagerung und Transport

(1) **Entladestellen, Aufgabe- oder Aufnahmebunker oder andere Einrichtungen für Anlieferung, Transport und Lagerung der Einsatzstoffe sind in geschlossenen Räumen mit Schleusen oder funktionell gleichwertigen Einrichtungen, zum Beispiel mit Luftschleieranlagen in Kombination mit Schnelllauftoren, zu errichten, in denen der Luftdruck durch Absaugung im Schleusenbereich oder im Bereich der Be- und Entladung und der Lagerung kleiner als der Atmosphärendruck zu halten ist. Das abgesaugte Abgas ist einer Abgasreinigungseinrichtung zuzuführen.**

(2) **Maschinen, Geräte oder sonstige Einrichtungen zur mechanischen Aufbereitung oder zur physikalischen Trennung der Einsatzstoffe oder der anfallenden Abfälle (zum Beispiel durch Zerkleinern, Klassieren, Sortieren, Mischen, Homogenisieren, Entwässern, Trocknen, Pelletieren, Verpressen) sind zu kapseln. Soweit eine abgasdichte Ausführung, insbesondere an den Aufgabe-, Austrags- oder Übergabestellen, nicht oder nur teilweise möglich ist, sind die Abgasströme dieser Einrichtungen zu erfassen und einer Abgasreinigungseinrichtung zuzuführen.**

(3) **Die Abgasströme nach Absatz 1 Satz 2 und Absatz 2 Satz 2 können auch als Zuluft für die beim Rottevorgang benötigte Prozessluft dienen.**

(4) **Für den Abtransport staubender Güter sind geschlossene Behälter zu verwenden.**

(5) **Die Fahrwege im Bereich der biologischen Abfallbehandlungsanlage sind mit einer Deckschicht aus Asphalt-Straßenbaustoffen, in Zementbeton oder gleichwertigem Material auszuführen und entsprechend dem Verschmutzungsgrad zu säubern. Es ist sicherzustellen, dass erhebliche Verschmutzungen durch Fahrzeuge nach Verlassen des Anlagenbereichs vermieden oder beseitigt werden, zum Beispiel durch Reifenwaschanlagen oder regelmäßiges Säubern der Fahrwege.**

Die Bundesregierung hat § 4 wie folgt begründet (BR-Drs. 596/00, S. 81 f.):

„Absatz 1: Insbesondere bei den in den Sommermonaten angelieferten Siedlungsabfällen und bei Einzelanlieferungen mit einem Anteil angegorener organischer Abfälle aus dem Gastronomie- und Kantinenbereich sowie bei Hausmüllanlieferungen mit lösungsmittelhaltigen Bestandteilen können beim Entladen, bei der Zwischenlagerung und beim weiteren Umschlag und Transport geruchsintensive und andere flüchtige organische Stoffe sowie Bioaerosole emittiert werden, die erhebliche Geruchsbelästigungen und möglicherweise auch gesundheitsrelevante Keimimmissionen in der Nachbarschaft hervorrufen können. Daher müssen diese Einrichtungen in geschlossenen Räumen mit Schleusen errichtet werden mit Zuführung der abzusaugenden Abgase zu einer Abgasreinigungseinrichtung.

Absatz 2: Da bei der mechanischen Aufbereitung (wie zB beim Zerkleinern oder Homogenisieren) und der physikalischen Trennung (wie zB beim Trocknen) der Einsatzstoffe und der anfallenden Abfälle (wie heizwertreiche Fraktion, Gärrückstände, Metalle, Rottegut, Rückstände und Störstoffe) Bioaerosole, Feststoffteilchen und organische Stoffe in erheblichem Umfang freigesetzt werden können, wird für die entsprechenden Aggregate eine geschlossene Ausführung durch Anla*genkapselung zur Vermeidung* von Emissionen festgelegt. Dort wo die geforderte Abgasdichtheit wegen der betrieblich notwendigen Zugänglichkeit nicht hergestellt werden kann, wird vorgeschrieben, dass die Abgase gezielt erfasst und einer Abgasreinigungseinrichtung zugeführt werden müssen.

Absatz 3: Die in den geschlossenen Anlagenbereichen der Anlieferung, Zwischenlagerung, mechanischen Aufbereitung und physikalischen Stofftrennung anfallenden Abgasströme können nach Wahl des Betreibers auch als Zuluft bei der biologischen Behandlung für den Abbau der organischen Bestandteile, zur Abführung der biologischen Reaktionswärme und für die Verdunstung der Feuchte im Rottegut genutzt werden.

Absatz 4: Die Anforderung dient der Verminderung luftbelastender Emissionen beim Abtransport staubender Güter aus der Anlage.

Absatz 5: Zur Vermeidung von Staubemissionen einschließlich gesundheitsrelevanter Keimemissionen sind Fahrwege und befahrbare Flächen außerhalb der geschlossenen Anlagenbereiche zu befestigen und ständig sauber zu halten."

Der Bundesrat hat keine Änderungen der Regierungsvorlage verlangt.

§ 5 Emissionsbezogene Anforderungen für biologische Behandlung, Prozesswässer und Brüdenkondensate

(1) **Einrichtungen zur biologischen Behandlung von Einsatzstoffen oder von anfallenden Abfällen unter aeroben Bedingungen (Verrottung) oder unter anaeroben Bedingungen (Vergärung) sind zu kapseln oder in geschlossenen Räumen mit Schleusen zu errichten, in denen der Luftdruck durch Absaugung im Schleusenbereich oder im Bereich der biologischen Behandlung kleiner als der Atmosphärendruck zu halten ist. Soweit eine abgasdichte Ausführung an den Aufgabe-, Austrags- oder Übergabestellen und beim Umsetzen des Rottegutes nicht oder nur teilweise möglich ist, sind die Abgasströme zu erfassen und einer Abgasreinigungseinrichtung zuzuführen.**

(2) **Das beim Rottevorgang in den Rottesystemen entstehende Abgas ist vollständig einer Abgasreinigungseinrichtung zuzuführen.**

(3) **Die beim Vergärungsvorgang in Einrichtungen zur Nass- oder Trockenfermentation entstehenden Biogase sind einer Gasreinigungsanlage zur Umwandlung in ein nutzbares Gas zuzuführen, soweit sie nicht unmittelbar in einer Verbrennungsanlage energetisch genutzt werden können.**

(4) **Möglichkeiten, die Emissionen durch den Einsatz emissionsarmer Verfahren und Technologien zu mindern, zum Beispiel durch eine Getrennthaltung unterschiedlich belasteter Abgasströme, eine Mehrfachnutzung von Abgas als Prozessluft beim Rottevorgang oder eine prozessintegrierte Rückführung anfallender Prozesswässer oder schlammförmiger Rückstände sind auszuschöpfen.**

(5) **Die Förder- und Lagersysteme sowie die anlageninternen Behandlungseinrichtungen für Prozesswässer und Brüdenkondensate sind so auszulegen und zu betreiben, dass hiervon keine relevanten diffusen Emissionen ausgehen können.**

§ 5 entspricht weitgehend der Vorlage der Bundesregierung. Diese hat zur Begründung der Vorschrift ausgeführt (BR-Drs. 596/00, S. 82f.): 1

„Absatz 1: Bei der Verrottung oder Vergärung organischer Bestandteile von Abfällen können insbesondere Bioaerosole (gesundheitsrelevante Mikroorganismen und deren toxische Abbauprodukte) sowie geruchsintensive und andere organische Stoffe im erheblichen Umfang freigesetzt werden. Zur Vermeidung von Emissionen wird festgelegt, dass die biologischen Behandlungseinrichtungen (wie Boxen, Container, Fermenter, Mieten, Reaktoren, Tunnel oder Trommeln) entweder zu kapseln sind oder nur in geschlossenen Räumen mit Schleusen, wo ein Unterdruck durch Absaugung aufrechterhalten wird, zu installieren sind. Dort wo die geforderte Abgasdichtheit wegen der betrieblich notwendigen Zugänglichkeit beim Aufgeben, Austragen und Umsetzen des Gutes nicht hergestellt werden kann, wird vorgeschrieben, dass die Abgase gezielt erfasst und einer Abgasreinigungseinrichtung zugeführt werden müssen.

Absatz 2: Die Vorschrift über die vollständige Zuführung der bei der aeroben Abfallbehandlung in den Rottesystemen entstehenden Abgase zu einer Abgasreinigung soll sicherstellen, dass schädliche Umwelteinwirkungen durch Luftverunreinigungen infolge einer unkontrollierten Ableitung ungereinigter Abgase aus dem Rottevorgang nicht hervorrufen können.

Absatz 3: Die Vorschrift über die Zuführung der bei der anaeroben Abfallbehandlung entstehenden Biogase zur Umwandlung in ein nutzbares Gas mittels Gasreinigungsanlage oder zu einer unmittelbaren Nutzung mittels Verbrennungsanlage soll sicherstellen, dass die in den Fermentern anfallenden Biogase umweltverträglich verwendet werden.

Absatz 4: Das grundsätzliche Gebot zur Ausschöpfung von primären Maßnahmen der Emissionsminderung wie des Einsatzes von emissionsarmen Prozesstechniken, die Mehrfachnutzung von Abgasen durch Umluftführung oder Kaskadennutzung oder die prozessintegrierte Rückführung anfallender Prozesswässer und Schlämme dient dazu, die Entstehung von Luftverunreinigungen von vornherein und prozessintegriert zu mindern.

Absatz 5: Die Anforderungen sollen sicherstellen, dass Emissionen bei der Förderung, Lagerung und Behandlung von Prozesswässern und Brüdenkondensaten vermieden werden."

2 Im Rahmen der Umsetzung der BVT-Schlussfolgerungen für die Abfallbehandlung (Durchführungsbeschluss (EU) 2018/1147 vom 10. August 2018, ABl. L 208, S. 38) wurde in Absatz 4 die beispielhafte Aufzählung um die Getrennthaltung der Abgasströme ergänzt (vgl. auch BR-Drs. 486/19, S. 52).

§ 6 Emissionsgrenzwerte

Der Betreiber hat die biologische Abfallbehandlungsanlage so zu errichten und zu betreiben, dass in den zur Ableitung in die Atmosphäre bestimmten Abgasströmen nach § 4 Abs. 1 Satz 2 und Abs. 2 Satz 2 und § 5 Abs. 1 Satz 2 und Abs. 2

1. kein Tagesmittelwert die folgenden Emissionsgrenzwerte überschreitet:
a) Gesamtstaub 5 mg/m³
b) organische Stoffe, angegeben als Gesamtkohlenstoff, 20 mg/m³

2. kein Halbstundenmittelwert die folgenden Emissionsgrenzwerte überschreitet:
a) Gesamtstaub 30 mg/m³
b) organische Stoffe, angegeben als Gesamtkohlenstoff, 40 mg/m³

3. kein Monatsmittelwert, bestimmt als Massenverhältnis nach § 10 Abs. 2, die folgenden Emissionsgrenzwerte überschreitet:
a) Distickstoffoxid 100 g/Mg
b) organische Stoffe, angegeben als Gesamtkohlenstoff, 55 g/Mg

4. kein Messwert einer Probe den folgenden Emissionsgrenzwert überschreitet:
Geruchsstoffe 500 GE/m³
und

5. kein Mittelwert, der über die jeweilige Probenahmezeit gebildet ist, den folgenden Emissionsgrenzwert überschreitet:
Dioxine/Furane, angegeben als Summenwert gemäß Anhang zur 17. BImSchV, 0,1 ng/m³.

1 § 6 ist die zentrale Vorschrift der 30. BImSchV. In der amtlichen Begründung wird dazu Folgendes ausgeführt (BR-Drs. 596/00, S. 84):

„Nummern 1, 2, und 4: Die zulässigen Massenkonzentrationen in Nummer 1 und 2 und die Geruchsstoffkonzentration in Nummer 4 beziehen sich auf die unverdünnten Abgase nach der Abgasreinigung, da wegen der verschiedenen verfahrenstechnischen Anlagenvarianten und der unterschiedlichen Abgasverhältnisse eine Normierung der Massenkonzentrationen und der Geruchsstoffkonzentration auf einen einheitlichen Bezugssauerstoffgehalt nicht sinnvoll ist.

Die in Nummer 1 Buchstabe b und Nummer 2 Buchstabe b festgelegte zulässige Massenkonzentration für organische Stoffe schließt Methan ein und dient damit auch dem Schutz des Klimas.

Nummer 3: Für Distickstoffoxid und für organische Stoffe (einschließlich Methan) wird eine Begrenzung über zulässige Emissionsfaktoren gemäß der Definition als Massenverhältnis nach § 2 Nummer 7 Buchstabe b und hier als Monatsmittelwerte festgelegt. Dabei werden die zugeführten Einsatzstoffe als Einsatzstoffe im jeweiligen Anlieferungszustand verstanden und nicht als Trockenmasse.

Das in Buchstabe a festgelegte zulässige Massenverhältnis für Distickstoffoxid dient ausschließlich dem Schutz des Klimas.

Das in Buchstabe b festgelegte zulässige Massenverhältnis für organische Stoffe wird aus dem zulässigen Tagesmittelwert der Massenkonzentration für organische Stoffe nach § 5 Abs. 1 Nr. 1 Buchstabe b der Verordnung über die Verbrennung von Abfällen und ähnlichen brennbaren Stoffen (17. BImSchV) und eines spezifischen Abgasvolumens von 5500 m^3/Mg Siedlungsabfalle errechnet und soll eine Gleichwertigkeit der Emissionsbegrenzung organischer Stoffe bei biologischen Abfallbehandlungsanlagen zu der bei thermischen Abfallbehandlungsanlagen sicherstellen."

Auf Grund der Stellungnahme des Bundesrates ist der Emissionsgrenzwert für Dioxine/Furane in Nr. 5 aufgenommen worden. Zur Begründung hat der Bundesrat Folgendes ausgeführt (BR-DrS. 596/00-Beschluß, Nr. 37): **2**

„Durch die Festlegung von Emissionsgrenzwerten für Gesamt-C in Anlehnung an die 17. BImSchV werden vorrangig thermische bzw. thermisch-regenerative Abgasreinigungsverfahren zum Einsatz kommen. Aufgrund der dabei auftretenden Temperaturbereiche ist die Bildung von Dioxinen/Furanen über Sekundärreaktionen nicht völlig auszuschließen. Vor diesem Hintergrund ist die Festlegung eines Emissionsgrenzwerts für Dioxine/Furane in Anlehnung an die Anforderungen für Abfallverbrennungsanlagen gerechtfertigt."

Im Rahmen der Umsetzung der BVT-Schlussfolgerungen für die Abfallbehandlung (Durchführungsbeschluss (EU) 2018/1147 vom 10. August 2018, ABl. L 208, S. 38) wurde der Grenzwert für Gesamtstaub in Nr. 1 Buchstabe a von 10 auf 5 mg/m^3 verschärft. Damit hat die Bundesregierung den oberen Wert der in den BVT-Schlussfolgerungen enthaltenen Bandbreite von 2–5 mg/m^3 ausgewählt (vgl. dazu auch → BImSchG § 7 Rn. 74a ff.). **3**

§ 7 Ableitbedingungen für Abgase

Der Betreiber hat die Abgasströme nach § 4 Abs. 1 Satz 2 und Abs. 2 Satz 2 und § 5 Abs. 1 Satz 2 und Abs. 2 so abzuleiten, dass ein ungestörter Abtransport mit der freien Luftströmung erfolgt; eine Ableitung über Schornsteine ist erforderlich.

Die Bundesregierung hat in der amtlichen Begründung (BR-DrS. 596/00, S. 85) auf die Erforderlichkeit der Regelung hingewiesen und weiter ausgeführt, daß insbesondere die jeweils vorliegenden standortspezifischen Ausbreitungsverhältnisse berücksichtigt werden. **1**

Auf den Bundesrat (BR-DrS. 596/00-Beschluß, Nr. 38) geht die Verwendung des Wortes „erfolgt" statt der Worte „ermöglicht wird" zurück. Nach seiner Auffassung muß sichergestellt sein, daß der ungestörte Abtransport über die freie Luftströmung tatsächlich erfolgt und nicht nur ermöglicht wird. **2**

Dritter Teil. Messung und Überwachung

§ 8 Messverfahren und Messeinrichtungen

(1) **Für die Messungen sind nach näherer Bestimmung der zuständigen Behörde Messplätze einzurichten; diese sollen ausreichend groß, leicht zugänglich und so**

beschaffen sein sowie so ausgewählt werden, dass repräsentative und einwandfreie Messungen gewährleistet sind.

(2) **Für Messungen zur Feststellung der Emissionen und zur Ermittlung der Bezugs- und Betriebsgrößen sind die dem Stand der Messtechnik entsprechenden Messverfahren und geeignete Messeinrichtungen nach näherer Bestimmung der zuständigen Behörde anzuwenden oder zu verwenden.**

(3) **Über den ordnungsgemäßen Einbau von Messeinrichtungen zur kontinuierlichen Überwachung ist eine Bescheinigung einer von der nach Landesrecht zuständigen Behörde bekannt gegebenen Stelle zu erbringen.**

(4) **Der Betreiber hat Messeinrichtungen, die zur kontinuierlichen Feststellung der Emissionen eingesetzt werden, durch eine von der nach Landesrecht zuständigen Behörde bekannt gegebenen Stelle vor Inbetriebnahme der Anlage kalibrieren und jährlich einmal auf Funktionsfähigkeit prüfen zu lassen; die Kalibrierung ist vor Inbetriebnahme einer wesentlich geänderten Anlage, im Übrigen im Abstand von drei Jahren zu wiederholen. Die Berichte über das Ergebnis der Kalibrierung und der Prüfung der Funktionsfähigkeit sind der zuständigen Behörde innerhalb von acht Wochen nach Eingang der Berichte vorzulegen.**

Zu § 8, der durch den Bundesrat keine Änderungen erfahren hat, wird in der amtlichen Begründung Folgendes ausgeführt (BR-DrS. 596/00, S. 85 f.):

„Absatz 1: Durch die Vorschrift über die Messplätze, die der Regelung in Nummer 3.2.1 der TA Luft entspricht, soll sichergestellt werden, dass bereits bei der Errichtung einer Anlage die zur Durchführung der Emissionsüberwachung notwendigen baulichen Maßnahmen in Übereinstimmung mit den Empfehlungen der VDI-Richtlinie 2066 Blatt 1 vom Oktober 1975 getroffen werden.

Absatz 2: Durch den geforderten Einsatz von geeigneten Messverfahren und Messeinrichtungen soll eine einheitliche, gesicherte Durchführung von Messungen erreicht werden. Wenn die Messvorschriften der TA Luft in Verbindung mit den entsprechenden VDI-Richlinien und DIN-Normen zur Emissionsmesstechnik beachtet werden, ist die Anforderung in der Regel als erfüllt anzusehen. Geeignete Messgeräte sowie Richtlinien über die Eignungsprüfung, den Einbau, die Kalibrierung und die Wartung von Messeinrichtungen und die Auswertung und Beurteilung kontinuierlicher Emissionsmessungen werden gemäß Nummer 3.2.3.5 Abs. 3 und Nummer 3.2.3.6 Abs. 5 der TA Luft durch das Bundesministerium für Umwelt, Naturschutz und Reaktorsicherheit veröffentlicht.

Absatz 3 und 4: Die durch das Eignungsprüfverfahren erzielte Qualität kontinuierlich arbeitender Emissionsmessgeräte kann nur ausgeschöpft werden, wenn auch deren Einbau in einer Anlage sowie deren regelmäßige Funktionsprüfung und Kalibrierung fachkundig betreut wird. Deshalb wird die Einschaltung einer sachverständigen Stelle verlangt, welche die in Absatz 3 geforderte Bescheinigung über den ordnungsgemäßen Einbau ausstellt und die in Absatz 4 vorgeschriebene Kalibrierung und jährliche Funktionsprüfung für diese Messeinrichtungen vornimmt."

§ 9 Kontinuierliche Messungen

Der Betreiber hat

1. **die Massenkonzentrationen der Emissionen nach § 6 Nr. 1 und 2,**
2. **die Massenkonzentrationen der Emissionen an Distickstoffoxid und**
3. **die zur Auswertung und Beurteilung des ordnungsgemäßen Betriebes erforderlichen Bezugsgrößen, insbesondere Abgastemperatur, Abgasvolumenstrom, Druck, Feuchtegehalt an Wasserdampf sowie Masse der zugeführten Einsatzstoffe im Anlieferungszustand**

kontinuierlich zu ermitteln, zu registrieren und gemäß § 10 Abs. 1 und 2 auszuwerten. Messeinrichtungen für den Feuchtegehalt an Wasserdampf sind nicht not-

wendig, soweit das Abgas vor der Ermittlung der Massenkonzentration der Emissionen getrocknet wird.

§ 9 entspricht der Vorlage der Bundesregierung. In der amtlichen Bundesregierung heißt es dazu (BR-Drs. 596/00, S. 86):

„Aus Gründen der Vorsorge ist bei biologischen Abfallbehandlungsanlagen die kontinuierliche Überwachung der mengenmäßig bedeutsamen Emissionen für Gesamtstaub, organische Stoffe und Distickstoffoxid erforderlich, zumal deren Massenströme durch die wechselnde Zusammensetzung der Einsatzstoffe und die wechselnde Betriebsweise der Anlage sowie aus prozesstechnischen Gründen häufigen und nicht vorhersehbaren Schwankungen unterliegen. In die Dauerüberwachung sind auch die Bezugsgrößen einzubeziehen, die für die Auswertung und Beurteilung der kontinuierlichen Emissionsmessungen benötigt werden; das gilt vor allem für die in Nummer 3 ausdrücklich genannten Bezugsgrößen zur Umrechnung auf den Normzustand der Abgase entsprechend der Begriffsbestimmung in § 2 Nr. 7 Buchstabe a sowie zur Ermittlung der Abgasmenge aus den Abgasströmen entsprechend § 10 Abs. 2 Satz 1."

§ 10 Auswertung und Beurteilung von kontinuierlichen Messungen

(1) **Während des Betriebes der biologischen Abfallbehandlungsanlage ist aus den Messwerten nach § 9 Satz 1 für jede aufeinander folgende halbe Stunde der Halbstundenmittelwert zu bilden und auf die Bedingungen nach § 2 Nr. 8 Buchstabe a umzurechnen. Aus den Halbstundenmittelwerten ist für jeden Tag der Tagesmittelwert, bezogen auf die tägliche Betriebszeit einschließlich der Anfahr- oder Abstellvorgänge, zu bilden.**

(2) **Aus den nach Absatz 1 Satz 2 gebildeten Tagesmittelwerten der Massenkonzentrationen für organische Stoffe, angegeben als Gesamtkohlenstoff, und für Distickstoffoxid und der Abgasmenge als Tagessumme der Abgasströme nach § 4 Abs. 1 Satz 2 und Abs. 2 Satz 2 und § 5 Abs. 1 Satz 2 und Abs. 2 sind die emittierten Tagesmassen dieser Luftverunreinigungen zu ermitteln. Aus den emittierten Tagesmassen sind die während des Betriebes der biologischen Abfallbehandlungsanlage emittierten Monatsmassen zu bilden. Die monatliche Einsatzstoffmenge ist als Monatssumme der zugeführten Einsatzstoffe im Anlieferungszustand zu erfassen. Aus den emittierten Monatsmassen nach Satz 2 und der monatlichen Einsatzstoffmenge nach Satz 3 ist das Massenverhältnis nach § 2 Nr. 8 Buchstabe b zu berechnen.**

(3) **Über die Auswertung der kontinuierlichen Messungen und die Bestimmung der Massenverhältnisse hat der Betreiber einen Messbericht zu erstellen und innerhalb von drei Monaten nach Ablauf eines jeden Kalenderjahres der zuständigen Behörde vorzulegen. Der Betreiber muss die Aufzeichnungen der Messgeräte nach dem Erstellen des Messberichtes fünf Jahre aufbewahren. Satz 1 gilt nicht, soweit die zuständige Behörde die telemetrische Übermittlung der Messergebnisse vorgeschrieben hat.**

(4) **Die Emissionsgrenzwerte sind eingehalten, wenn kein Tagesmittelwert nach § 6 Nr. 1, kein Halbstundenmittelwert nach § 6 Nr. 2 und kein Monatsmittelwert nach § 6 Nr. 3 den jeweiligen Emissionsgrenzwert überschreitet.**

Die Bundesregierung hat § 10, der durch den Bundesrat nicht verändert wurde, wie folgt begründet (BR-Drs. 596/00, S. 86 f.):

„Absatz 1: Die automatische Auswertung nach Nummer 3.2.3.6 der TA Luft soll die notwendigen Informationen über das Emissionsverhalten der Anlage liefern, damit das Bedienerpersonal jederzeit für einen ordnungsgemäßen Anlagenbetrieb sorgen kann oder die sonstigen Pflichten erfüllen kann, die sich insbesondere aus § 13 ergeben.

Absatz 2: Die Vorschriften in Satz 1 über die Ermittlung der emittierten Tagesmengen an organischen Stoffen, angegeben als Gesamtkohlenstoff, und an Distickstoffoxid, in Satz 2 über die Bildung der Monatsmassen dieser Luftverunreinigungen, die im jeweiligen Monat während der tatsächlichen Betriebszeit der Anlage emittiert wurden, und in Satz 3 über die Erfassung der monatlichen Einsatzstoffmenge sollen eine einheitliche Berechnung der Massenverhältnisse (Emissionsfaktoren) nach Satz 4 als Monatsmittelwerte sicherstellen.

Absatz 3: Der geforderte Messbericht dient der Überwachung durch die zuständige Behörde. Durch die alternativ vorschreibbare telemetrische Übermittlung der Messergebnisse kann die Aufsichtsbehörde sich jederzeit über den aktuellen Stand der im Beurteilungszeitraum bereits erreichten Häufigkeitsverteilungen informieren. Dadurch können seitens der zuständigen Behörde im Bedarfsfall auch sehr frühzeitig notwendige Maßnahmen gegen sich abzeichnende Überschreitungen der festgelegten Emissionen eingeleitet werden.

Absatz 4: Soweit alle zulässigen Tagesmittelwerte und Halbstundenmittelwerte sowie Monatsmittelwerte nicht überschritten werden, ist die Anlage hinsichtlich der Emissionen nicht zu beanstanden."

§ 11 Einzelmessungen

(1) **Der Betreiber hat nach Errichtung oder wesentlicher Änderung der biologischen Abfallbehandlungsanlage Messungen einer nach § 26 des Bundes-Immissionsschutzgesetzes bekannt gegebenen Stelle zur Feststellung, ob die Anforderungen nach § 6 Nr. 4 und 5 erfüllt werden, durchführen zu lassen. Die Messungen sind im Zeitraum von zwölf Monaten nach Inbetriebnahme alle zwei Monate mindestens an einem Tag und anschließend wiederkehrend spätestens alle zwölf Monate mindestens an drei Tagen durchführen zu lassen. Diese sollen vorgenommen werden, wenn die Anlagen mit der höchsten Leistung betrieben werden, für die sie bei den während der Messung verwendeten Einsatzstoffen für den Dauerbetrieb zugelassen sind. Auf Einzelmessungen nach § 6 Nummer 5 kann verzichtet werden, wenn der Betreiber mit ausreichender Sicherheit nachweist, dass die dort genannten Emissionsbegrenzungen nicht überschritten werden, zum Beispiel durch das Ergebnis einer Prüfung der Wirksamkeit von Einrichtungen zur Emissionsminderung, der Zusammensetzung der Einsatzstoffe oder der Art der Prozessbedingungen.**

(2) **Für jede Einzelmessung sollen je Emissionsquelle mindestens drei Proben genommen werden. Die olfaktometrische Analyse hat unmittelbar nach der Probenahme zu erfolgen.**

(3) **Nach Errichtung oder wesentlicher Änderung der biologischen Abfallbehandlungsanlage kann die zuständige Behörde vom Betreiber die Durchführung von Messungen einer nach § 26 des Bundes-Immissionsschutzgesetzes bekannt gegebenen Stelle zur Feststellung, ob durch den Betrieb der Anlage in der Nachbarschaft Geruchsimmissionen hervorgerufen werden, die eine erhebliche Belästigung im Sinne des § 3 Abs. 1 des Bundes-Immissionsschutzgesetzes darstellen, verlangen. Für die Ermittlung der Immissionsbelastung sind olfaktorische Feststellungen im Rahmen von Begehungen vorzunehmen. Die Messungen sind nach Erreichen des ungestörten Betriebes, jedoch spätestens zwölf Monate nach Inbetriebnahme durchführen zu lassen. Diese sollen vorgenommen werden, wenn die Anlagen mit der höchsten Leistung betrieben werden, für die sie bei den während der Messung verwendeten Einsatzstoffen für den Dauerbetrieb zugelassen sind.**

(4) **Werden in Abgaseinrichtungen Verbrennungstemperaturen von mehr als 800 Grad Celsius eingesetzt, soll für den betreffenden Abgasstrom auf die Festlegung einer Geruchsstoffkonzentration als Emissionsbegrenzung verzichtet werden.**

1 In der Begründung zu § 11 hat die Bundesregierung Folgendes ausgeführt (BR-DrS. *596/00, S. 87 f.):*

„Absatz 1: Der Zweck der festgelegten Einzelmessungen für die Geruchsstoffe besteht im Funktions- und Leistungsnachweis der Abgasreinigungseinrichtungen hinsichtlich der geforderten Geruchsminderung. Die Einzelmessungen sind daher im ersten Jahr der Inbetriebnahme verdichtet und alle zwei Monate durchzuführen; danach regelmäßig spätestens alle zwölf Monate. Während bei den relativ häufigen Einzelmessungen im ersten Jahr diese jeweils an einem Tag durchgeführt werden dürfen, sind die danach wiederkehrenden jährlichen Einzelmessungen zur Erhöhung ihrer Aussagefähigkeit verteilt auf mindestens drei Tage durchzuführen. Durch die Vorschrift in Satz 3 soll sichergestellt werden, dass stets die für die Beurteilung der Emissionsverhältnisse maßgeblichen Betriebsbedingungen vorliegen.

Absatz 2: Durch die Festlegung der Mindestanzahl der Probenahmen und der dann unmittelbar zu erfolgenden olfaktometrischen Analyse soll eine Gleichbehandlung bei der Durchführung dieser Messungen bewirkt werden."

Absatz 3 ist auf Grund des Beschlusses des Bundesrates angefügt worden (BR-Drs. 596/00-Beschluß, Nr. 39). Zur Begründung hat der Bundesrat Folgendes ausgeführt: 2

„Zusätzlich zu den in der Vorlage getroffenen Regelungen zur Begrenzung und Messung der Emission von Gerüchen sind zur Beurteilung, ob der Betreiber seinen Pflichten aus § 5 Abs. 1 Nr. 1 und 2 BImSchG hinsichtlich schädlicher Umwelteinwirkungen und erheblicher Belästigungen durch von der Anlage ausgehende Gerüche nachkommt, insbesondere Immissionsermittlungen geeignet. Die Beurteilung der Geruchsimmissionsbelastung durch Begehungen kann zB in Anlehnung an die Richtlinie VDI 3940 (Bestimmung der Geruchsstoffimmission durch Begehungen) erfolgen.

Die vorgeschlagene zusätzliche Abnahmemessung als Immissionsmessung hat den Vorteil, dass die Auswirkungen unstrittig vorhandener lokaler Einflüsse durch die örtliche Lage, die Bebauungs- und Nutzungssituation sowie durch topografische und klimatische Verhältnisse mit erfasst werden und somit schon bei der Errichtung der Anlage mit berücksichtigt werden müssen. Die Immissionsermittlung ist darüber hinaus akzeptorbezogen und liefert Aussagen über die Belastungssituation in der Nachbarschaft der Anlage. Dadurch wird Problemen mit von den Anlagen ausgehenden Geruchsimmissionen vorgebeugt und die Akzeptanz für die Anlagen kann erhöht werden."

Im Rahmen der Umsetzung der BVT-Schlussfolgerungen für die Abfallbehandlung (Durchführungsbeschluss (EU) 2018/1147 vom 10. August 2018, ABl. L 208, S. 38) wurde dem Absatz 1 der Satz 4 angefügt sowie der Absatz 4 hinzugefügt. Zur Begründung hat die Bundesregierung dabei Folgendes angeführt (BR-Drs. 486/19, S. 52): 3

Zu Absatz 1 Satz 4:

„Dient der Erleichterung bei Einzelmessungen von Dioxinen/Furanen. In den genannten BVT-Schlussfolgerungen sind für die mechanisch-biologische Abfallbehandlung keine Emissionsgrenzwerte für Dioxine/Furane vorgesehen. Umfangreiche Daten über die an mechanisch-biologischer Abfallbehandlung durchgeführten Dioxin/Furan-Messungen haben ergeben, dass ausschließlich Werte gemessen wurden, die sehr deutlich unterhalb des zulässigen Emissionswertes im Bereich der Nachweisgrenze liegen. Ein Nachweis für den Verzicht auf Einzelmessungen kann beispielsweise die Vorlage einer langjährigen Messreihe sein, die erkennen lässt, dass Messwerte in der Vergangenheit sehr deutlich unterhalb des zulässigen Emissionswertes lagen."

Zu Absatz 4:

„Die BVT 34 sieht einen Grenzwert für die Geruchsstoffkonzentration oder für Ammoniak (NH_3) vor. Auf Grund des bereits bestehenden Grenzwerts in § 6 Nummer 4 für Geruchsstoffe wurde dieser beibehalten. Darüber hinaus wird bereits in der seit 2001 geltenden Verordnung über den strengen Grenzwert für organische Stoffe, angegeben als Gesamtkohlenstoff in Höhe von 20 mg/m^3 (§ 6 Nummer 1 Buchstabe b), indirekt eine regenerative thermische Oxidation gefordert, die die Ammoniak-Konzentration auf einen Wert unterhalb des in der BVT 34 vorgeschlagenen Grenzwerts senkt.

Bei Verbrennungstemperaturen von mehr als 800 °C sind Emissionsbegrenzungen und damit die Vorgabe von Geruchsstoffkonzentrationen nicht erforderlich. Die Geruchsstoffe aus dem Abfallbehandlungsprozess werden unter diesen Prozessbedingungen vollständig zerstört, so dass nach der thermischen Abgasbehandlung keine solchen Emissionen mehr auftreten. Für das biologisch behandelte oder gemischte Abgas ist eine Geruchsmessung weiterhin erforderlich. Eine Geruchsmessung ist auch weiterhin erforderlich, wenn ein Abgasstrom aus der thermischen Nachverbrennung mit über 800 °C gemeinsam mit einem schwachbelasteten Abgas, das im Biofilter behandelt worden ist, abgeleitet wird."

§ 12 Berichte und Beurteilung von Einzelmessungen

(1) **Über die Ergebnisse der Messungen nach § 11 hat der Betreiber einen Messbericht zu erstellen und der zuständigen Behörde unverzüglich vorzulegen. Der Messbericht muss Angaben über die Messplanung, das Ergebnis jeder Einzelmessung, das verwendete Messverfahren und die Betriebsbedingungen, die für die Beurteilung der Messergebnisse von Bedeutung sind, enthalten.**

(2) **Die Emissionsgrenzwerte nach § 6 Nr. 4 und 5 gelten als eingehalten, wenn kein Ergebnis einer Einzelmessung diese Emissionsgrenzwerte überschreitet.**

§ 12 ist im Bundesratsverfahren nicht geändert worden. Die Bundesregierung hat zur Begründung der Vorschrift Folgendes ausgeführt (BR-Drs. 596/00, S. 88):

„Der geforderte Messbericht dient der Überwachung durch die zuständige Behörde. Insbesondere im Hinblick auf eine Plausibilitätsprüfung wird in Absatz 1 Satz 2 festgelegt, welche Anforderungen ein Messbericht zu erfüllen hat. Soweit kein Ergebnis einer Einzelmessung die zulässige Geruchsstoffkonzentration überschreitet, ist die Anlage hinsichtlich der Geruchsstoffemissionen nicht zu beanstanden."

§ 13 Störungen des Betriebes

(1) **Ergibt sich aus Messungen und sonstigen offensichtlichen Wahrnehmungen, dass Anforderungen an den Betrieb der Anlagen oder zur Begrenzung von Emissionen nicht erfüllt werden, hat der Betreiber dies den zuständigen Behörden unverzüglich mitzuteilen. Er hat unverzüglich die erforderlichen Maßnahmen für einen ordnungsgemäßen Betrieb zu treffen.**

(2) **Die Behörde soll für technisch unvermeidbare Abschaltungen, Störungen oder Ausfälle der Abgasreinigungseinrichtungen den Zeitraum festlegen, währenddessen von den Emissionsgrenzwerten nach § 6 unter bestimmten Voraussetzungen abgewichen werden darf. Der Weiterbetrieb der biologischen Abfallbehandlungsanlage darf unter den in Satz 1 genannten Bedingungen acht aufeinander folgende Stunden und innerhalb des Kalenderjahres 96 Stunden nicht überschreiten. Die Emission von Gesamtstaub darf eine Massenkonzentration von 100 Milligramm je Kubikmeter Abgas, gemessen als Halbstundenmittelwert, nicht überschreiten; § 2 Nr. 8 findet entsprechende Anwendung.**

(3) **Bei Stillstand der Abgasreinigungseinrichtungen ist das abgesaugte Abgas nach Maßgabe des § 7 abzuleiten. Sind Stillstandszeiten von mehr als acht Stunden zu erwarten, hat der Betreiber zusätzliche Maßnahmen zu treffen und die zuständige Behörde hierüber unverzüglich zu unterrichten.**

1 Die Bundesregierung hat in der Begründung zu § 13 Folgendes ausgeführt (BR-DrS. 596/00, S. 88 f.):

„Absatz 1: Die Vorschrift zur unverzüglichen Unterrichtung der zuständigen Behörde bei Überschreiten der zulässigen Emissionen dient der erhöhten Vorsorge bei Betriebsstörungen.

Absatz 2: Um auch bei Ausfall von Abgasreinigungseinrichtungen das Abfahren von Anlagenteilen oder das ordnungsgemäße Entleeren bestimmter Systeme zu ermöglichen, werden praxisgerechte Regelungen für einen befristeten Weiterbetrieb der biologischen Abfallbehandlungsanlage bei Betriebsstörungen getroffen. Die Festlegung der dabei unbedingt einzuhaltenden Emissionsbegrenzung für den Gesamtstaub in Satz 3 erfolgt im Hinblick auf die Vorsorge vor möglichen Keimbelastungen.

Absatz 3: Bei Ausfall der Abgasreinigungseinrichtung muss eine Ableitung der abgesaugten Abgase nach der Vorschrift in § 7 erfolgen. Die bei Stillstandszeiten von mehr als drei Tagen geforderten zusätzlichen Maßnahmen können beispielsweise in einer gebotenen Beräumung von Zwischenlager bestehen."

Auf den Bundesrat gehen mehrere Änderungen des § 13 zurück (BR-Drs. 596/00- **2**
Beschluß, Nrn. 40 bis 42). In Absatz 1 Satz 1 sind auf Grund seines Beschlusses die Worte „und sonstigen offensichtlichen Wahrnehmungen" eingefügt worden, weil gerade Störungen häufig meßtechnisch nicht erfaßt werden (zB Geruch, Ausfall von Meßgeräten, Freisetzungen an anderer Stelle). Ein zunächst vorgesehener Satz 3 in Absatz 1, wonach die zuständige Behörde dafür Sorge trägt, daß der Betreiber seinen rechtlichen Verpflichtungen nachkommt oder die Anlage stillegt, ist gestrichen worden, weil der Bundesrat in der Vorschrift eine nicht sachgerechte Einschränkung des Ermessensspielraums nach § 17 Abs. 1 BImSchG sah. Schließlich geht die Unterrichtungspflicht in Absatz 3 Satz 2 auf den Bundesrat zurück, der zur Begründung Folgendes ausgeführt hat (Nr. 42):

„Die Behörde erhält durch die Unterrichtung die Möglichkeit, beurteilen und den Betreiber ggf. beraten zu können, ob die von ihm vorgesehenen Maßnahmen im konkreten Fall geeignet sind. Weiterhin wird durch die kurzfristige Information ermöglicht, wahrscheinliche Anfragen aus der Bevölkerung qualifiziert beantworten zu können."

Vierter Teil. Anforderungen an Altanlagen

§ 14 Übergangsregelungen

(1) **Für Altanlagen gelten die Anforderungen dieser Verordnung nach Ablauf von fünf Jahren seit Inkrafttreten dieser Verordnung.**

(2) **Wird eine biologische Abfallbehandlungsanlage durch Zubau einer oder mehrerer weiterer Behandlungseinrichtungen in der Weise erweitert, dass die vorhandenen und die neu zu errichtenden Behandlungseinrichtungen eine gemeinsame Anlage bilden, so bestimmen sich die Anforderungen für die neu zu errichtenden Behandlungseinrichtungen nach den Vorschriften des zweiten und dritten Teils und die Anforderungen für die vorhandenen Einrichtungen nach den Vorschriften des vierten Teils dieser Verordnung.**

(Fortsetzung nächstes Blatt)